DIE FRANZÖSISCHE LYRIK

GRUNDRISS
DER LITERATURGESCHICHTEN
NACH GATTUNGEN

DIE FRANZÖSISCHE LYRIK

Herausgegeben von
DIETER JANIK

WISSENSCHAFTLICHE BUCHGESELLSCHAFT
DARMSTADT

CIP-Kurztitelaufnahme der Deutschen Bibliothek

Die französische Lyrik / hrsg. von Dieter Janik.
– Darmstadt: Wiss. Buchges., 1987.
 (Grundriß der Literaturgeschichten nach
 Gattungen)
 ISBN 3-534-04967-5
NE: Janik, Dieter [Hrsg.]

1 2 3 4 5

ᵂᴮ Bestellnummer 04967-5

Das Werk ist in allen seinen Teilen urheberrechtlich geschützt.
Jede Verwertung ist ohne Zustimmung des Verlages unzulässig.
Das gilt insbesondere für Vervielfältigungen,
Übersetzungen, Mikroverfilmungen und die Einspeicherung
und Verarbeitung in elektronische Systeme.

© 1987 by Wissenschaftliche Buchgesellschaft, Darmstadt
Satz: Maschinensetzerei Janß, Pfungstadt
Druck und Einband: Wissenschaftliche Buchgesellschaft, Darmstadt
Printed in Germany
Schrift: Linotype Garamond, 10/11

ISSN 0174-0679
ISBN 3-534-04967-5

INHALT

Die französische Lyrik aus gattungsgeschichtlicher Perspektive. Vorwort. Von Dieter Janik VII

Die Trobadorlyrik im Spiegel der poetischen Gattungen. Von Kurt Ringger 1

Die Dichtung der Trouvères. Von Michel Zink 62

Die französische Lyrik des 14. und 15. Jahrhunderts. Von Manfred Tietz 109

Die lyrische Poesie und ihre Gattungen im 16. Jahrhundert. Von Dieter Janik 178

Die französische Lyrik von 1610–1680. Von Klaus Meyer-Minnemann 228

Französische Lyrik im 18. Jahrhundert. Von Klaus W. Hempfer und Andreas Kablitz 267

Die romantische Lyrik. Von Winfried Engler 342

Zwischen Hugo und Mallarmé. Die lyrischen Gattungen in der Mitte des 19. Jahrhunderts. Von Sebastian Neumeister . . . 381

Lyrik im Zeitalter der Avantgarde. Die Entstehung einer „ganz neuen Ästhetik" zu Jahrhundertbeginn. Von Winfried Wehle . 408

Im „Meer" der «bagatelles» und «petits vers». Das Gattungsfeld der kurzen Verstexte seit Beginn des 16. Jahrhunderts. Von Fritz Nies 481

Bibliographie der zitierten Forschungsliteratur 519

Abkürzungen 545

Register 547

DIE FRANZÖSISCHE LYRIK
AUS GATTUNGSGESCHICHTLICHER PERSPEKTIVE

Vorwort

Gedicht und Gattung

Die Wirkungskraft des einzelnen Gedichts liegt in den festen, unwiederholbaren Bindungen und Verbindungen, die der Dichter in der Sprache und mit der Sprache schafft. Ein Ausdrucks- und Gestaltungswille wird sprachliches Ereignis, prägende und geprägte Form zugleich. In der jeweiligen Textgestalt sind individuelle Sprachgesten aufgehoben, die vom Leser in die Fülle des gesprochenen Wortes zurückverwandelt werden können. Die innere Ordnung des Gedichts wird ihm gewahr als rhythmisch gestaltete Zeit, als Beziehung von Lauten, Klängen, Bedeutungen, Bildern, Vorstellungen, Gedanken und Erfahrungen. Jedes Gedicht hat die Eigenständigkeit eines abgeschlossenen Werks. Durch seine Publikation wird es den Lesern übereignet; der Dichter bleibt zurück als bloßer Name, Autor oder Urheber, oft nur mehr ein blasser Verweis.

Gedichte mögen zuweilen an besondere Formen geselligen Daseins, an öffentliche oder private Anlässe, an andere Kunstformen und ihre Aufführungsbedingungen gebunden sein, doch zugleich sind sie diejenigen geistigen Schöpfungen, die am leichtesten Zeiten und kulturelle Räume durchqueren; sie sind vielfältig überlieferungsfähig und rezipierbar. Die Selbständigkeit und unangreifbare Eigenwertigkeit jedes gelungenen Gedichts tritt besonders dort zutage, wo es scheinbar in Konkurrenz tritt zu anderen Gedichten: in der Anthologie. Die Tatsache, daß schon seit Jahrtausenden Gedichte in Anthologien vereint werden, ist eine immer erneute Bestätigung der künstlerischen Autonomie des einzelnen Gedichts.

Das Lesen, Sprechen oder Singen eines Gedichts ist ein jeweils einmaliger, in sich abgeschlossener Vorgang, der keine Fortsetzung, allenfalls eine vertiefende Wiederholung fordert. Diese Zuwendung zum einzelnen Gedicht hat – auf der Ebene der wissenschaftlichen Betrachtungsweise – eine Parallele in der Gedichtinterpretation, die sich je nach methodologischem Ansatz ganz dem internen Strukturgefüge des Textes zuwendet oder – in Schritten und Stufen – einzelne Gestaltungszüge und schließlich die gesamte Textur auf umfassendere Kontexte projiziert. Dies geschieht mit dem Ziel, unabhängig von der künstlerischen Vollendung und Ausstrahlungskraft des betreffenden Gedichts seine Repräsentativität aufzuzeigen und die in ihm geleistete Verdichtung von Form und Bedeutung aus dieser erweiterten Perspektive vor Augen zu führen.

Die bislang behauptete Autonomie des einzelnen Gedichts erfährt freilich eine wesentliche Einschränkung, wenn man es nicht als – potentiell überzeitlichen – Auslöser individueller ästhetischer Erfahrung begreift, sondern wenn in historischer Einstellung gefragt wird, welche kulturellen Prozesse dem einzelnen Dichter überhaupt erst von Fall zu Fall die Möglichkeit eröffnet haben, bestimmte künstlerische Textformen in charakteristischer und zugleich ästhetisch wirkungsvoller Art zu gestalten. Aus dieser Sicht steht kein Gedicht für sich allein, sondern jedes erscheint vielmehr als Element eines Textuniversums, innerhalb dessen es in engsten, engeren oder ferneren Beziehungen zu anderen Texten und den sie prägenden Sageweisen steht. Diese faktischen Textbeziehungen schränken die Identität des Gedichts als singuläre Individualität ein, verleihen ihm jedoch eine andere, bedeutsamere Identität, nämlich eine kulturelle; und zwar in dem Sinne, daß das einzelne Gedicht mitsamt seiner Strukturierung als Exponent der geistigen und seelischen Antriebe, der gesellschaftlichen Einstellung und künstlerischen Interessen von Gruppen oder Schichten einer historischen Gesellschaftsformation identifiziert werden kann. Unmittelbar gegeben und faßbar sind freilich nur die wiederkehrenden und insofern als signifikant erscheinenden Textstrukturen. Die strukturelle Beziehung und formal-ästhetische Verwandtschaft zwischen Texten wird in der wissenschaftlichen Literaturanalyse seit Aristoteles als Zugehörigkeit verschiedener Texte zu einer Gattung beschrieben und diskutiert.

Gattungstheorie und Gattungsgeschichte

Geprägt durch das analytisch-deskriptive Vorgehen von Aristoteles, wie es in dessen Poetik zutage tritt, haben die humanistisch-klassizistische Literaturkritik und die zur Wissenschaftlichkeit drängende Literaturbetrachtung seit dem 19. Jahrhundert das Problem der Gattungshaftigkeit literarischer Werke vornehmlich – mit mehr oder minder guter Empirie und etwas Spekulation – phänomenologisch zu lösen versucht. Das dabei verfolgte Interesse war durchaus unterschiedlich. Im ersten Fall stand die normative Geltung der eruierten Gattungsregeln für die dichterische Praxis und den künstlerischen Rang des geschaffenen Werks selbst im Mittelpunkt, im zweiten galt das Interesse der Erkenntnis literarischer Grundformen und ihrer geschichtlichen Ausprägungen schlechthin.

Für die neuere literaturwissenschaftliche Beschäftigung mit der Gattungszugehörigkeit des einzelnen literarischen Werks – etwa seit den zwanziger Jahren unseres Jahrhunderts – ist das Auseinandertreten von gattungstheoretischer Reflexion und formgeschichtlicher Darstellung einzelner Gattungen und Untergattungen kennzeichnend. Die literarische Gattungstheorie verfuhr zunehmend deduktiv und versuchte die Gattungen einerseits als individuelle Gesamtheiten im Rahmen einer geschlossenen Typologie zu begreifen – so Julius Petersen – oder, in neuester Zeit, die Gattungsmöglichkeiten als solche aus Invarianten, dominanten Varianten und Variablen des literarischen Strukturierungsrepertoires zu konstruieren.[1] Die formgeschichtliche Betrachtungsweise ihrerseits lieferte zwar wesentliche Einsichten in die Bauformen und Baugesetzlichkeiten der einer Gattung in einer bestimmten historischen Phase zugehörigen Werke, arbeitete jedoch mit einem ungeklärten oder leeren Begriff von Geschichte. Denn die Begründung dafür, daß gemeinsame Formzüge von Texten, die erst die Vorstellung einer Gattung konstituieren, unbeschadet ihrer partiellen Wandlungen und ihrer Funktionsverschiebungen so etwas wie eine substantielle Gattung bilden, die eine eigene Geschichte hat, ist schwerlich zu erbringen. Die Kluft zwischen den Ansprüchen der abstrahierend und generalisierend verfahrenden Gattungstheorie und dem historischen Erklärungsbedürfnis, das aus dem faktischen Vorhandensein relativ homogener Textgruppen – und der auf sie verweisenden Gattungssignale und -bezeichnungen – resultiert, mußte überbrückt werden.

Das allmähliche Umdenken wurde durch die – verspätete – Aufnahme und Applikation einiger literaturgeschichtlicher Postulate der russischen Formalisten, besonders derjenigen Tynjanovs, eingeleitet. Danach ist der literarische Gesamtprozeß, der als Gleichzeitigkeit – Ausbildung, Transformation und Verschiebung – jeweils mehrerer Traditionslinien und ihrer Ausdrucksformen beschrieben werden kann, der einzig adäquate

---

[1] Dieser Ansatz ist – wenn auch mit unterschiedlicher Zielsetzung – im Gefolge von Jurij Tynjanov von Hans Robert Jauß und Klaus W. Hempfer fortgeführt worden. S. dazu: Klaus W. Hempfer, *Gattungstheorie. Information und Synthese*, München 1973, und Margit Schnur-Wellpott, *Aporien der Gattungstheorie aus semiotischer Sicht*, Tübingen 1983, S. 176 ff.

Gegenstand der Literaturgeschichte. Im Prozeß der Literatur wirken dieser Annahme folgend individuelle geistig-seelische Antriebe auf dem Hintergrund kultureller und gesellschaftlicher Impulse allgemeinerer Art, denen sich kein Dichter und Schriftsteller zu entziehen vermag. Aus dieser Perspektive wird die Gattungshaftigkeit von literarischen Texten in sehr spezifischer Weise aussagekräftig, aber nur und gerade im Vergleich von Textgruppen, die nebeneinander bestehen, sich voneinander abheben, abgrenzen, miteinander als Ausdrucksmuster konkurrieren. Diese Konkurrenzsituation läßt sich freilich nicht nur als eine Art Wettstreit der Autoren, also der Produzenten literarischer Werke, begreifen, sondern als ein komplexer Wirkungszusammenhang, in dem das Publikum der Rezipienten, ihr gesellschaftlicher Rang, ihre geistige Dignität, ihre Zahl, ihr Anspruch regulierende Kraft besitzen. Der Vorgang der Traditionsbildung, der neuerdings wieder als historische Wirkungsbedingung von Gattungen in den Vordergrund gestellt wird, ist ohne die kommunikativen Rahmenbedingungen, unter denen Texte und Textgruppen sich dem Bewußtsein als Gattungen einprägen, nicht zu erklären.[2] Manchen Überspitzungen des kommunikativen Aspekts muß man jedoch entgegenhalten, daß es die Autoren sind, die die Werke schaffen, und nicht die Rezipienten.

Unter dem Aspekt der Forschungsökonomie fällt es freilich schwer, jedes literarische Faktum immer vom Gesamtprozeß der Literatur einer Zeit her zu interpretieren. Es liegt nahe, bestimmte Einzelprozesse aus dem Gesamtgeschehen, das die Literatur eines historischen Moments bildet, auszugrenzen. Dies scheint in denjenigen Fällen legitim zu sein, wo das Objekt den Rang einer eigenen gesellschaftlichen Institution besitzt wie z. B. das Theater. Es scheint auch plausibel für wesentliche Bereiche der Erzählliteratur, die an historisch vorgeprägte Rezeptionssituationen und -formen gebunden sind. Der große Bereich der literarischen Textformen, die wir vereinfachend der Lyrik zuzurechnen gewohnt sind, läßt sich demgegenüber nicht gleicherweise als eine homogene Institution fassen – zumindest nicht für alle historischen Literaturepochen.

Diese Schwierigkeit – verbunden mit der eingangs erörterten, traditionell unvermittelten Zugangsweise zum vermeintlich autonomen Gedicht – hat dazu geführt, daß übergreifende geschichtliche Darstellungen lyrischer Dichtungsformen wenig zahlreich sind, gerade auch im Bereich der

---

[2] Vgl. Gottfried Willems, *Das Konzept der literarischen Gattung. Untersuchungen zur klassischen deutschen Gattungstheorie, insbesondere zur Ästhetik F. Th. Vischers*, Tübingen 1981, S. 349/350.

französischen Literaturwissenschaft.³ Selten ist der Versuch unternommen worden, in einer solchen Untersuchung eine einheitliche methodische Perspektive zur Geltung zu bringen.⁴ Vielmehr zeichnen sich diese Darstellungen durch wechselnde Orientierungsgrößen – die Person des Autors und seine Lebensumstände, Gesellschaft und Zeitgeschmack, Form- und Stiltraditionen, epochale Denk- und Empfindungsformen – aus.

LEITGEDANKEN DER DARSTELLUNG

Der Begriff „Lyrik" ist bei streng historischer Einstellung nicht dazu geeignet, die jeweilige Gesamtheit und die diachronisch feststellbaren Verbindungen der dichterischen Texte hinreichend zu kennzeichnen, die sich in einzelnen historischen Phasen als Exemplare grundverwandter Textgattungen zu erkennen geben. Dieser Begriff ist als literaturwissenschaftliche Kategorie zu allgemein oder, wenn man an die Geschichte des Wortes und der Bezeichnung in der französischen Sprache und Literaturkritik denkt, wiederum zu eng und zu stark historisch vorbelastet. Wenn im Titel des vorgelegten Bandes und in einzelnen Beiträgen von *französischer Lyrik* die Rede ist, dann bloß im Sinne eines literaturwissenschaftlichen Orientierungs- und Ordnungsbegriffs hoher Allgemeinheit. Die Präzisierung des Begriffs „Lyrik" in bezug auf konkrete Werke – Gedichtbände oder Einzeltexte – der französischen Literatur soll hier gerade über die Aufklärung der Gattungshaftigkeit und der Gattungsbindung der einzelnen Texte geleistet werden. Im Blickpunkt der Darstellung stehen demgemäß die Rahmenbedingungen – gleichsam die soziokulturellen Koordinaten –, die in einer bestimmten historischen Phase jeweils prägende Kraft bei der Ausformung, Erweiterung, Umbildung und Verschiebung des Formenspektrums „lyrischer" Textarten hatten. Der Hauptakzent der allgemeinen heuristischen Gesichtspunkte, die – überspitzt formuliert – das Programm der einzelnen Beiträge zu diesem Band bilden, liegt auf der Erklärung der Herausbildung eines jeweils geschichtlich

---

³ Im deutschsprachigen Raum vertritt die zweibändige, chronologisch angelegte Interpretationen-Anthologie, die von Hans Hinterhäuser herausgegeben wurde (*Die französische Lyrik. Von Villon bis zur Gegenwart*, Düsseldorf 1975), eine im engeren Sinne geschichtliche Darstellung.

⁴ Das sechsbändige Werk von Robert Sabatier, *Histoire de la Poésie Française*, Paris 1975–82, ist eine Geschichte französischer Dichterpersönlichkeiten, der großen und der kleinen, ihrer charakteristischen Sprechweisen und ihres Wirkungskreises.

bedingten Beziehungsgefüges von Ausdrucksformen und -tendenzen. Im einzelnen sollten zwei funktionale Beziehungen erkenntnisleitend sein:
- das innerliterarische Bezugsverhältnis von lyrischen Ausdrucksformen als literarische Gestaltungsweisen mit gattungsbildendem Rang;
- die Zuordnung charakteristischer lyrischer Textarten zu gesellschaftlichen Bezugs- und Bestimmungsgrößen, durch welche die Interaktion von Produktion und Rezeption der jeweils als Gattung in Erscheinung tretenden Texte hervorgerufen, ermöglicht, gefördert, gelenkt, determiniert oder – dann auch – gestört, eingeschränkt oder gar aufgehoben wird.

Grundsätzlich sollten alle historischen Indizien, die über die Zugehörigkeit von Einzeltexten zu Gattungen etwas auszusagen vermögen, berücksichtigt werden; keine Informationsquelle sollte *a priori* im Hinblick auf die Fundierung des Gattungscharakters eine privilegierte Stellung haben. So wurden die von Autoren oder Kritikern verwendeten Gattungsnamen, die poetologisch relevanten Autorenäußerungen – gleich, ob sie in den Gedichten selbst, in Vorworten oder anderen Texten zu finden sind –, die immanente Poetik der Texte wie auch die nachweisbaren gesellschaftlichen Funktionen, der gesellschaftliche Ort einer Gattung und ihre Aufführungs- und Rezeptionsbedingungen ausgewertet.

Die vorliegende Darstellung, bestehend aus zehn Einzelbeiträgen ausgewiesener Sachkenner – zugleich eine Begegnung mit zehn verschiedenen wissenschaftlichen Temperamenten und Diskursen –, bietet keine kontinuierliche Geschichte der französischen Lyrik. Dieses Faktum ist nicht als leidige Folge von Arbeitsteilung, sondern als notwendige Konsequenz einer konzeptionellen Entscheidung zu betrachten, durch die die synchronische Erfassung der Funktionen von Gattungen in bestimmten gesellschaftlichen Verhältnissen über den Nachweis der Dauer und Intensität formaler Traditionslinien gestellt wurde. Letztere Perspektive dominiert – gleichsam kompensatorisch – in der übergreifenden Studie zur „Kleinpoesie" von Fritz Nies, welche den Abschluß des Bandes bildet.

Der Leser der einzelnen Beiträge wird feststellen, daß über einzelne Gattungen in schon vorliegenden Gattungsmonographien oft mehr und Genaueres zu erfahren ist als bei dieser synthetisierenden Behandlung einer Vielzahl von koexistierenden und – teilweise – konkurrierenden Gattungen einzelner Epochen. Auch das mußte zugunsten der erweiterten Perspektive in Kauf genommen werden. Der vorliegende Band ist insofern nicht als Ersatz bisheriger Forschungsarbeiten gedacht, sondern als Versuch, eine komplementäre Sichtweise der geschichtlichen Transformationen der «écriture lyrique» zu eröffnen. Daß die Darstellung mit dem

Surrealismus abbricht und somit die Entwicklungen der letzten 50 Jahre nicht zur Sprache kommen, mag als Mangel empfunden werden. Gerade für die Epoche, der wir literarisch gesehen noch angehören, ist es jedoch besonders schwierig, die wirkenden Rahmenbedingungen der vielfältig gegliederten lyrischen Produktion gültig zu beschreiben. So sei für den deutschsprachigen Raum auf die Darstellungen von Wolfgang Raible und, neuerdings, Walter Pabst verwiesen, in denen zahlreiche ästhetische Richtungen und lyrische Sprachmuster differenziert präsentiert werden.[5]

Allen mitarbeitenden Kollegen, die die lange Verzögerung, welche zwischen dem Abschluß ihrer Beiträge und dem Erscheinen dieses Bandes zu beklagen war, mit Geduld und Fassung ertrugen, sei an dieser Stelle herzlich gedankt. Ein besonderer Dank gilt meiner Mitarbeiterin, Frau stud. phil. Sabine Lang, für die verantwortungsvolle Mitwirkung beim Korrekturlesen sowie bei der Erstellung von Bibliographie und Register.

Dieter Janik

---

[5] Wolfgang Raible, *Moderne Lyrik in Frankreich*, Stuttgart 1972. – Walter Pabst, *Französische Lyrik des 20. Jahrhunderts. Theorie und Dichtung der Avantgarden*, Berlin 1983.

DIE TROBADORLYRIK
IM SPIEGEL
DER POETISCHEN GATTUNGEN[*]

Von Kurt Ringger

Gewiß hat Hans Robert Jauß recht, wenn er betont, „zwischen den Formen und Gattungen des Mittelalters und der Literatur unserer Gegenwart besteh[e] keine anschaubare Kontinuität".[1] Das heißt nun freilich nicht, der 'archäologisch'-gelehrte Nachvollzug bleibe neben der übersetzerischen Nachdichtung, wie sie etwa Ezra Pound im Hinblick auf Arnaut Daniel versuchte, für den Menschen des ausgehenden 20. Jahrhunderts die einzig mögliche Art und Weise, sich jene *vers* anzueignen, die – um es mit dem Dichter Ludwig Uhland zu sagen, der zugleich einer der ersten deutschen Mediävisten war – „in den Talen der Provence" als

---

[*] Trobadortexte werden – soweit sie darin enthalten sind – nach der Anthologie Martín de Riquers zitiert: *Los Trovadores. Historia literaria y textos*, 3 Bde., Barcelona 1975.
Die Übersetzungen der okzitanischen Zitate besorgte Angelica Rieger, M. A.; für wertvolle Ergänzungen danke ich auch Dr. Cristine Schweickard.
Weitere Texte und die benutzte Sekundärliteratur finden sich jeweils in den Fußnoten aufgeführt; um den Apparat nicht übermäßig anwachsen zu lassen, wird zu jeder der erwähnten lyrischen Gattungen bloß auf ein bis zwei neuere Studien hingewiesen, welche weiterführende bibliographische Angaben enthalten.
Vgl. dazu Robert A. Taylor, *La littérature occitane du Moyen Age. Bibliographie sélective et critique*, Toronto Medieval Bibliographies 7 (1977), und Ulrich Mölk, „Die provenzalische Lyrik", in: *Neues Handbuch der Literaturwissenschaft*, Bd. 7, *Europäisches Hochmittelalter*, Wiesbaden 1981, S. 19–36, sowie Ulrich Mölk, *Trobadorlyrik*, München/Zürich 1982.

[1] Hans Robert Jauß, „Theorie der Gattungen und Literatur des Mittelalters", in: *Grundriß der romanischen Literaturen des Mittelalters (GRLMA)*, Heidelberg 1972 u. ö., Bd. I, S. 137.
Vgl. auch Sebastian Neumeister, «Le classement des genres lyriques des troubadours», in: *Actes du VIe Congrès international de langue et littérature d'oc et d'études franco-provençales*, Montpellier 1971, Bd. II, S. 401–415, und Pierre Bec, «Le problème du genres chez les premiers troubadours», *Cahiers de civilisation médiévale* 25 (1982), S. 31–47.

„Minnesang entsprossen".² Selbst jemand, der einen Bertran de Born längst nicht mehr ungebrochen vor dem Hintergrund jenes romantischen Bildes sieht, wonach „droben auf dem schroffen Steine / raucht in Trümmern Autafort", wird nämlich heute noch in der Oper ergriffen Brangänes „Habet acht!"-Rufen lauschen und entzückt Don Giovannis verführerischem Zwiegespräch mit dem Bauernmädchen Zerlina zuhören. Was der Literatur unserer Gegenwart unwiederbringlich abhanden gekommen ist, das hat die Musik über die Epochen hinweggerettet: *alba* und *pastorela*, zwei lyrische Gattungen, deren die Trobadors sich während der rund zwei Jahrhunderte ihres Wirkens – von Guillaume IX, der 1100 neunundzwanzig war, bis Guiraut Riquier, der um 1290 starb – zwar nicht häufig bedienten,³ zu denen aber so beliebte Stücke gehören wie das anonyme Tagelied *Quan lo rossinhols escria* und Marcabrus *L'autrier jost' una sebissa*.

Der vorliegende Gesamtbestand an Trobadorlyrik umfaßt rund 2700 Lieder; nur zu 260 Gedichten hat sich die Musik erhalten, was – die Varianten miteingerechnet – je nach Zählung 342 bzw. 256 Melodien ausmacht.⁴ Unter den 450 bekannten okzitanischen *trobadors* und *trobairitz* des 12. und 13. Jahrhunderts⁵ gibt es einige – wie beispielsweise Arnaut Romieu, Guilhem de Ribas, Peire de Monzo oder Bernart de Sissac –, deren bloßer Name der Nachwelt dank der Erwähnung bei einem anderen Trobador geläufig blieb.⁶ Von wenigen – als Beispiel sei Bernart Sicart de

---

² Vgl. dazu Joachim Storost, „Die Kunst der provenzalischen Trobadors", jetzt in: Rudolf Baehr (Hrsg.), *Der provenzalische Minnesang. Ein Querschnitt durch die neuere Forschungsdiskussion*, Wege der Forschung, Bd. VI, Darmstadt 1967, S. 1–2.

³ Was den prozentualen Anteil der einzelnen Gattungen am Gesamtbestand der Trobadorlyrik betrifft, vgl. Rupprecht Rohr, „Zur Interpretation der altprovenzalischen Lyrik. Hauptrichtungen der Forschung (1952–1962)", jetzt in: Rudolf Baehr (Hrsg.), *Der provenzalische Minnesang*, S. 111 ff.

⁴ Vgl. Pierre Bec, *La lyrique française au Moyen-Age (XIIe – XIIIe siècle)*, Paris 1977, Bd. I, S. 51, und Pierre Bec, *Anthologie des Troubadours*, Paris 1979, S. 367, sowie Riquer, *Los Trovadores*, Bd. I, S. 14, und H. J. van der Werf, *The Chansons of the Troubadours and Trouvères. A Study of the Melodies and Their Relations to the Poems*, Utrecht 1972, sowie Burkhard Kippenberg, *Der Rhythmus im Minnesang. Eine Kritik der literatur- und musikhistorischen Forschung mit einer Übersicht über die musikalischen Quellen*, München 1962.

⁵ Vgl. A. Pillet und H. Carstens, *Bibliographie des Troubadours*, Halle 1933.

⁶ Vgl. für Arnaut Romieu Ucs de Lescura Sirventes *De mots ricos no tem Peire Vidal*, in: Riquer, *Los Trovadores*, Bd. II, S. 927–930; für die anderen drei vgl.

Maruèjols politisches *sirventes* aus dem Jahr 1230 genannt [7] – besitzen wir noch ein einziges Gedicht, während das Œuvre des Katalanen Guillem de Cervera, dessen Dichtername Cervérí de Girona lautet und der 1285 letztmals urkundlich belegt ist, mit 114 Gedichten und fünf weiteren Werken als das umfangreichste gilt, das von einem Trobador, wenn nicht geschaffen, so doch überliefert wurde.[8] Stellt man auch verdorbene Handschriften, Bruchstücke und spätere Abschriften in Rechnung, so beläuft sich die Zahl der *chansonniers*, die als Träger okzitanischer Text- und Musiktradition in den Bibliotheken gehütet werden, auf 95.[9] Die frühesten Sammlungen trobadoresker «breu de parguamina»[10] stammen aus den Jahren 1254 und 1268, die jüngsten sind Kopien aus dem 16. Jahrhundert; sechs davon sind mit Miniaturen geschmückt,[11] die nicht nur wertvolle Hinweise zur Kleidermode jener Epochen liefern, sondern auch Aufschluß über die zur Aufführung von Trobadorliedern verwendeten Begleitinstrumente geben.[12]

Mithin ergänzen die Illustrationen, indem sie in den Handschriften oft zur *vida* oder *razo* gehören, welche einzelnen Liedern vorangestellt sind, die mitunter recht spärlichen und historisch gewiß nicht immer zuverlässigen Angaben, die solche Kurzbiographien bzw. Gedichterläuterungen (RATIONES) enthalten. Immerhin neigt die neuere Provenzalistik, nicht ohne damit nachträglich ein Urteil zu bestätigen, das einst Diez in seinem Buch über *Leben und Werke der Troubadours*[13] gefällt hatte, heute unter dem Einfluß der *histoire des mentalités* zum Eingeständnis, diese rund 225 Prosatexte aus dem 13. und 14. Jahrhundert, welche 101 Trobadors

---

Peires d'Alvernha *Cantarai d'aquest trobadors*, eine *galerie littéraire*, auf die sich der Mönch von Montaudon 1195 in seiner eigenen *Pois Peire d'Alvernh'a cantat* ausdrücklich beruft.

[7] Vgl. Riquer, *Los Trovadores*, Bd. III, S. 1203–1206.
[8] Vgl. Riquer, *Los Trovadores*, Bd. III, S. 1556.
[9] Vgl. Riquer, *Los Trovadores*, Bd. I, S. 12, und Bec, *La lyrique française au Moyen-Age*, Bd. I, S. 50.
Vgl. dazu auch Manfred und Margret Raupach, *Französisierte Trobadorlyrik. Zur Überlieferung provenzalischer Lieder in französischen Handschriften* (Beih. 171 zur ZrP), Tübingen 1979.
[10] Jaufre Rudel, *Quan lo rius de la fontana*, Vers 29.
[11] Vgl. Joseph Anglade, «Les miniatures des chansonniers provençaux», in: *Romania* 50 (1924), S. 593–604.
[12] Vgl. Rupprecht Rohr, a. a. O., S. 102.
[13] Vgl. Friedrich Diez, *Leben und Werke der Troubadours*, Leipzig ²1882, S. 488.

betreffen[14] (101 *vidas* und – je nach Einteilung – ca. 124 *razos*[15]), hätten sich trotz ihres bisweilen geradezu novellistischen Einschlags[16] für weit stichhaltiger erwiesen, als ihr Ruf es haben wollte[17]:

> Ainsi, c'est en recherchant le romanesque dans les *Vidas* et dans les *Razos* que l'on risque de découvrir – sans les y avoir cherchés – les éléments 'historiques' les moins contestables, puisqu'ils correspondent à des réalités spirituelles. Il faut demander aux biographes moins de nous dire ce qu'ils ont réellement vu, que ce qu'ils ont pensé de leur temps avec leur temps.[18]

Abgesehen davon, stellt beispielsweise der letzte Herausgeber Guillems de Berguedà nunmehr fest, auch im Bereich des Biographischen enthalte die *Vida* dieses Trobadors viele «datos rigurosamente ciertos».[19]

An Romaneskem fehlt es in diesen fast ausschließlich anonymen Texten – nur drei Autoren sind bekannt: der Trobador Uc de Saint Circ als Verfasser der *Vida* Bernarts de Ventadorn und der *razos* zu zwei Gedichten Savarics de Mauleon, Miquel de la Tor als Biograph Peire Cardenals sowie der Trobador Uc de Pena[20] – allerdings keineswegs. Sie gehören zu den frühen Zeugnissen europäischer Novellenkunst, deren Ausstrahlung als *biographies romancées* von Boccaccio und Petrarca bis Stendhal, Uhland, Heine, Browning, Swinburne, Carducci, Edmond Rostand, Pirandello und Alfred Döblin anregend wirkte: man denke dabei nur an Guilhems de Cabestanh *Vida*, die erzählt, wie Guilhems *domna* von ihrem eifersüchtigen Gatten gezwungen wurde, das Herz ihres meuchlings ermor-

---

[14] Vgl. Jean Boutière und A.-H. Schutz, *Biographies des Troubadours*, Toulouse/Paris 1950, S. II.

[15] Vgl. René Nelli und René Lavaud, *Les Troubadours*, Bd. II, Brüssel 1966, S. 256.

[16] Vgl. Alberto Limentani, *L'eccezione narrativa. La Provenza medievale e l'arte del racconto*, Turin 1977; Margarita Egan, «'Razo' and 'Novella'. A Case Study in Narrative Forms», in: *Medioevo Romanzo* VI (1979), S. 302–314, und M. L. Meneghetti, «'Enamoratz' e 'fenhedors': Struttura ideologica e modelli narrativi nelle biografie trobadoriche», in: *Medioevo Romanzo* VI (1979), S. 271 bis 301.

[17] Vgl. Bruno Panvini, *Le biografie provenzali. Valore e attendibilità*, Bibl. dell'*Archivum romanicum*, Serie I, Vol. 34, Florenz 1952, und Guido Favati, *Le biografie trovadoriche. Testi provenzali dei secoli XII e XIII*, Biblioteca degli Studi mediolatini e volgari, Bologna 1961.

[18] Nelli–Lavaud, a. a. O., S. 259.

[19] Riquer, *Los Trovadores*, Bd. I, S. 519.

[20] Vgl. Riquer, *Los Trovadores*, Bd. I, S. 27.

deten Trobadors zu verspeisen, oder an Jaufre Rudels *Vida*, deren Verfasser, indem er das Thema des *amor de lonh* aus der Kanzone *Lanquan li jorn son lonc en mai* weiterspann, die geheimnisvolle Liebesgeschichte zwischen dem Dichter-Fürsten von Blaye und der fernen Gräfin von Tripoli gestaltete.

Sowohl die *vidas* als auch die *razos* sind das Werk von *joglars* (JOCULARES), Spielleuten, die als professionelle Sänger und Musiker die Lieder der *trobadors* vortrugen. Hochadelige Trobadors wie Richard Löwenherz, Wilhelm IX., Herzog von Aquitanien, oder die Könige Alfonso II. und Pedro III. von Aragon, wie Savaric de Mauleon, Jaufre Rudel, die vier Trobadors aus dem Hause Ussel, oder Raimbaut d'Aurenga, Raimon Jordan und die Comtesse de Die traten freilich nicht selbst öffentlich auf, sondern hielten sich – wie die *Vida* II des mit den Söhnen König Heinrichs II. von England befreundeten «vescoms d'Autafort» schildert – einen Spielmann (oder – wie Guillem de Berguedà – auch mehrere[21]):

Molt fo bons trobaire de sirventes et anc no fes chansos fors doas; e·l reis d'Arago donet per moiller la chansos d'En Guiraut de Borneill a sos sirventes. Et *aquel que cantava per el avia nom Papiols*. Et era azautz hom e cortes.[22]

Er war ein sehr guter Sirventesen-Dichter und schrieb – außer zweien – niemals Kanzonen; und der König von Aragon stellte seinen Sirventesen die Kanzonen Guiraut de Borneills zur Seite. Und der für ihn sang, trug den Namen Papiols. Und er war ein gewandter und höfisch gebildeter Mann.

Auch vom gelehrten Giraut de Bornelh berichtet die *Vida*,

que tot l'invern estava en escola et apredia letras, e tota la estat anava per cortz e menava ab se dos cantadors que cantavan las soas chansos.[23]

daß er den ganzen Winter in der Studierstube verbrachte und Literatur studierte und den ganzen Sommer über von Hof zu Hof zog und zwei Spielleute mit sich führte, die seine Lieder sangen.

Andererseits finden sich unter den bürgerlichen Trobadors solche, die sich zugleich als Dichter und *joglar* verstanden: Cercamon gehört zu diesen, Arnaut Daniel und Peire Rogier, von dem die *Vida* – Arnauts *Vida* in dieser Hinsicht nicht unähnlich – meldet, der Kanoniker

---

[21] Vgl. Riquer, *Los Trovadores*, Bd. I, S. 31.
[22] J. Boutière, A.-H. Schutz und I.-M. Cluzel, *Biographies des Troubadours*, Paris ²1973, S. 68.
[23] Boutière–Schutz–Cluzel, *op.cit.*, S. 39.

fo gentils hom e bels et avinenz, e savis de letras e de sen natural; e cantava e trobava ben. E *laisset la canorga e fetz se joglars, et anet per cortz*, e foron grasit li sieu cantar.[24]

Er war ein edler, schöner, anmutiger Mann, bewandert in der Literatur und wahrhaft weise; und er verstand zu singen und zu dichten. Daher gab er den geistlichen Stand auf und wurde Spielmann und zog von Hof zu Hof, und sein Singen wurde hoch geschätzt.

Schenkt man einer *vida* Glauben wie derjenigen des vornehmlich an italienischen Höfen wirkenden Guillem de la Tor, so erläuterte der *joglar* jeweils als Einleitung zu seinem Liedvortrag den Text, indem er in einer *razo* den Inhalt auslegte:

Guillems de la Tor si fon joglars e fo de Peiregorc, d'un castel q'om ditz la Tor, e venc en Lombardia. E sabia cansos assatz e s'entendia e chantava e ben e gen, e trobava. Ma *quant volia dire sas cansos, el fazia plus lonc sermon de la rason que non era la cansos*.[25]

Guillem de la Tor war ein Spielmann, der aus dem Perigord stammte, aus einem Schloß, la Tor genannt, und er kam in die Lombardei. Und er kannte viele Kanzonen und interpretierte und sang schön und gefällig und dichtete auch. Aber wenn er seine Kanzonen vortrug, war die Erläuterung länger als die ganze Kanzone.

So zeigt sich doch deutlich, daß *vidas* und *razos* unabhängig von ihrem von Fall zu Fall mehr oder weniger hohen Wert als zeitgeschichtlich-biographische Dokumente immerhin bedeutsame Belege nicht nur für das Selbstverständnis der Trobadors und für ihr Schaffen darstellen, sondern auch für die Art und Weise, wie das Publikum sie auffaßte.

Diese okzitanischen Dichterbiographien und Liedkommentare sind somit als zeitgenössische 'Sekundärliteratur' neben jene frühen Poetiken und Grammatiken zu stellen, die seit Raimon Vidals de Bezalú zwischen 1190 und 1213 anzusetzenden *Razos de trobar*[26] und Uc Faidits etwas später (um 1240) entstandenem *Donatz Proensals*[27] bis zu den zwischen 1328 und 1356 in drei verschiedenen Fassungen weiterentwickelten und nach 1350 von Guilhem Molinier redigierten *Leys d'amors* aus Toulouse den provenzalischen Minnesang begleiten.[28] Dazu gehören Geronimo Terra-

---

[24] Boutière–Schutz–Cluzel, *op.cit.*, S. 267.
[25] Boutière–Schutz–Cluzel, *op.cit.*, S. 236.
[26] Vgl. die Ausgabe von J. H. Marshall, *The "Razos de trobar" of Raimon Vidal and Associated Texts*, London 1972, S. LXX.
[27] Vgl. die Ausgabe von J. H. Marshall, *The "Donatz Proensals" of Uc Faidit*, London 1969, S. 63.
[28] Vgl. Riquer, *Los Trovadores*, Bd. I, S. 33–34, und Robert Lafont, «Les

magninos da Pisa *Doctrina d'Acort*, eine zwischen 1282 und 1296 abgefaßte Versbearbeitung der *Razos de trobar*, mit denen der Erzähler Raimon Vidal zugleich die erste Grammatik einer romanischen Sprache geschaffen hatte,[29] und Jofres de Foixà dem Raimon Vidal sehr verpflichteten *Regles de trobar*, die der katalanische Geistliche und Diplomat zwischen 1286 und 1291[30] redigierte,

per que cells qui no·s entenen en gramatica, mas estiers han sobtil e clar engyn, pusquen mils *conexer e aprendre lo saber de trobar*.[31]

damit jene, die nichts von Grammatik verstehen, aber sonst einen feinsinnigen und klaren Verstand haben, die Kunst des *trobar* besser kennenlernen und erlernen können.

Hinzu kommen mehrere anonyme Abhandlungen wie die im letzten Jahrzehnt des 13. Jahrhunderts entstandene und gleichfalls mit den *Razos de trobar* zusammenhängende *Doctrina de compondre dictats*[32], als deren Ergänzung man die beiden kurzen nach 1346 abgefaßten[33] Traktate aus der Handschrift Ripoll 129 betrachten darf,[34] Texte, die auch unter dem Titel *Tractat poetic* bekannt sind.[35] In die von Raimon Vidal begründete Tradition grammatisch-poetologischer Sprach- und Literaturbetrachtung fügt sich auch Berenguers d'Anoya *Mirall de trobar* aus dem beginnenden 14. Jahrhundert; und nicht unerwähnt bleibe schließlich Raimons de Cornet *Doctrinal de trobar* (1324), ein Text, zu welchem Joan de Castellnou 1341 ein *Glosari* beisteuerte.[36] Indessen bliebe diese Übersicht über die «en vulgar provençal» geschriebene[37] dichtungstheoretische Literatur der Trobadorzeit, in die auch Jacme Marchs *Diccionari de rims* (1371) und Luys' d'Averçó *Torcimany*, eine Rhetorik aus dem letzten Drittel des

---

‹Leys d'Amors› et la mutation de la conscience occitane», in: *Revue des Langues romanes* 76 (1966), S. 13–59, sowie Gérard Gonfroy, «Les grammairiens occitans-catalans du moyen âge et la dénomination de leur langue», in: *La Licorne* (1980/4), S. 47–76.

[29] Vgl. Marshall, *Raimon Vidal*, S. XXVIII und S. LXXI.
[30] Vgl. Marshall, *Raimon Vidal*, S. LXXII ff. und S. LXXXIX ff.
[31] Vgl. Marshall, *Raimon Vidal*, S. 56.
[32] Vgl. Marshall, *Raimon Vidal*, S. LXXV–LXXVIII.
[33] Vgl. Riquer, *Los Trovadores*, Bd. I, S. 33.
[34] Vgl. Marshall, *Raimon Vidal*, S. LXXVIII–LXXIX und S. XCV–XCVI.
[35] Vgl. Cesare Segre, «Le forme e le tradizioni didattiche», *GRLMA*, Bd. VI/I, S. 118.
[36] Vgl. Riquer, *Los Trovadores*, Bd. I, S. 34.
[37] Uc Faidit, *Donatz Proensals*, Ed. Marshall, S. 88.

14. Jahrhunderts, gehören, doch unvollständig, verzichtete man darauf, jene poetologischen Äußerungen dazuzuzählen, die sich in den Strophen der Trobadors selbst finden, und zwar besonders in der Exordialcobla oder in der Schlußcobla.[38] Unbedingt sind unter vielen anderen Gedichten in eine solche Anthologie einmal zwei Lieder Peires d'Alvernha aufzunehmen, in denen es um Fragen des *trobar clus* bzw. des *trobar leu* geht, nämlich das Sirventes *Be m'es plazen*, das Ulrich Mölk als „erste uns bekannte ästhetische Rechtfertigung des *trobar clus*" bezeichnet,[39] überdies der in Bernart Martís Sirventes *D'entier vers far ieu non pes* heftig angegriffene dichtungstheoretische *vers Sobre·l viell trobar e·l novel*, den man durchaus als persönliches poetisches Manifest des von Dante in *De vulgari eloquentia* (I, 10) ehrenvoll unter die „antiquiores doctores" versetzten Auvergnaten auffassen kann;[40] zum anderen eine im Winter 1168 oder 1170 ausgetragene Tenzone *Era·m platz, Giraut de Bornelh*, «le plus ancien exemple de controverse littéraire que nous trouvions dans une langue moderne»,[41] wobei Raimbaut d'Aurenga das verschlüsselt deutungsbedürftige *trobar clus* bzw. *ric* verteidigt, während Giraut de Bornelh die Vorzüge des unmittelbar verständlichen *trobar leu* preist. Außerdem gehören in diesen Rahmen als besonders eindrucksvolle Belege für die Auffassung von Dichtung als Ausdruck persönlicher Ergriffenheit zwei Lieder Bernarts de Ventadorn, die beiden *vers Chantar no pot gaire valer* und *Non es meravelha s'eu chan*; ganz anderer Art endlich – um ein letztes Beispiel für Texte zu geben, die in diese Rubrik gehören – ist ein *sirventes-ensenhamen* des katalanischen Trobadors Guiraut de Cabrera, der um 1150 in den 216 Versen seines Lehrgedichts *Cabra joglar* einem *joglar* namens Cabra „ein nahezu vollständiges Repertoire spielmännischer Fähigkeiten und Kenntnisse"[42] vermittelt, die der „ideale Jongleur im französisch-provenzalischen Sprachbereich um die Mitte des 12. Jahrhunderts"[43] zur erfolgreichen Ausübung seines Berufs nötig hatte; ein Beruf,

---

[38] Vgl. dazu besonders auch Jörn Gruber, *Die Dialektik des Trobar. Untersuchungen zur Struktur und Entwicklung des occitanischen und französischen Minnesangs des 12. Jahrhunderts* (Beiheft 194 zur ZrP), Tübingen 1983, eine Studie, der diese Übersicht manche Anregung verdankt.
[39] Ulrich Mölk, *Trobar clus – trobar leu. Studien zur Dichtungstheorie der Trobadors*, München 1968, S. 109.
[40] Vgl. Riquer, *Los Trovadores*, Bd. I, S. 326.
[41] Nelli–Lavaud, *op. cit.*, S. 635.
[42] Dietmar Rieger, „Das Sirventes", *GRLMA*, Bd. II/1, fasc. 4, S. 11.
[43] Dietmar Rieger, *Gattungen und Gattungsbezeichnungen der Trobadorlyrik* (Beih. 148 zur *ZrP*), Tübingen 1976, S. 121.

der ihn als öffentlichen Interpreten von Literatur im Mittelalter zum
«centre de la communication textuelle»[44] machte. In diesen Rahmen gehören neben Raimon Vidals *Abril issi'e mays intrava* und N'Ats de Mons *Si tot non es enquistz* auch Guirauts de Calanson Cabrera-Nachahmung *Fadet juglar*, Bertrans de Paris en Rouergue *Gordotz, ie·us fatz un sol sirventes l'an* und Cerverís de Girona *Pistola*.[45] Eigentliche *ensenhamens* zu Lebensfragen überhaupt, zur Erziehung junger Mädchen, Knappen, Damen und Ritter verfaßten überdies Arnaut de Mareuil, Raimon Vidal de Besalú, Lunel de Montech, Garin lo Brun, Amanieu de Sescars, Arnaut Guilhem de Marsan und Sordello. So ergibt sich für das Gebiet, das Raimon Vidal in den *Razos* der «parladura de Lemosin»[46] zuweist, eine poetologische Bibliothek von einer Reichhaltigkeit, die den Bestand derjenigen weit übertrifft, die sich im Bereich der *langue d'oil* zusammentragen ließe, wo erst 1393 mit Eustache Deschamps' *Art de dictier et de fere chançons* die erste französische Poetik erschien.[47]

Wie sehr Dichten den Trobadors als Tätigkeit von durchaus existentiellem und universellem Zuschnitt erschien, ergibt sich aus der Einleitung zu Raimon Vidals *Razos de trobar*:

Totas genz cristianas, iusieuas et sarazinas, emperador, princeps, rei, duc, conte, vesconte, contor, valvasor, clergue, borgues, vilans, paucs et granz, meton *toz iorns* lor entendiment en trobar et en chantar, o q'en volon *trobar* o q'en volon *entendre* o q'en volon *dire* o q'en volon *auzir* [...] E *tuit li mal e·l ben del mont sont mes en remembransa per trobadors*. Et ia non trobares mot [ben] ni mal dig, po[s] trobaires l'a mes en rima, qe tot iorns [non sia] en remembranza, qar *trobars et chantars son movemenz de totas galliardias*.[48]

---

[44] Bec, *La lyrique française au Moyen-Age*, Bd. I, S. 25. Zum Publikum der Trobadors vgl. Maria Luisa Meneghetti, *Il pubblico dei trovatori: Ricezione e riuso dei testi lirici cortesi fino al 14° secolo*, Modena 1984.

[45] Vgl. François Pirot, *Recherches sur les connaissances littéraires des troubadours occitans et catalans des XIIe et XIIIe siècles. Les ‹sirventes-ensenhamens› de Guerau de Cabrera, Guiraut de Calanson et Bertrand de Paris*, Memorias de la Real Academia de Buenas Letras de Barcelona 14 (1972), Zum *ensenhamen* vgl. neben Pirot (S. 17–73) J. Bathe, „Der Begriff des provenzalischen 'ensenhamen'", in: *Archiv für das Studium der neueren Sprachen und Literaturen* 113 (1904), S. 394–399, und zusammenfassend Alfred Monson, *Les «ensenhamens» occitans*, Paris 1981.

[46] Ed. Marshall, S. 6. Vgl. dazu Gérard Gonfroy, «‹Lemozi›, Limousin et ‹Trobar›», *Trames: Le Limousin et son patrimoine culturel*, Limoges 1982, S. 173–186.

[47] Vgl. Bec, *La lyrique française au Moyen-Age*, Bd. I, S. 36.

[48] Ed. Marshall, S. 2.

Alle – Christen, Juden und Mohammedaner, Kaiser, Fürsten, Könige, Herzöge, Grafen, Vizegrafen, Freiherren, Lehensmänner, Kleriker, Bürger, Gemeine, Arm und Reich – setzen allzeit ihr Wissen und Können für die Dichtung und Gesang ein, als Verfasser, Kritiker, Vortragende oder Zuhörer. [. . .] Und alles Gute und alles Böse auf der Welt wird von Trobadors für die Nachwelt festgehalten. Und es gibt keinen guten und keinen schlechten Spruch, den nicht ein Trobador in Reime gefaßt hätte, damit er nicht in Vergessenheit gerate, denn Dichtung und Gesang sind die Triebkräfte jeglicher Lebensfreude.

Ob Christ, ob Jude oder Moslem, vom Kaiser bis zum einfachen Bauern will jeder sich stets mit *trobar* und *chantar* befassen: sei es als Dichter oder Vortragender, sei es als Kritiker oder Zuhörer, denn – so möchte man beinahe, Hölderlin bemühend, Raimon Vidal paraphrasieren – was die Welt bedeutet, das „stiften die Dichter". Und so erwachsen aus Sagen und Singen eben eigentliche Lebensimpulse. Dem umfassenden Anspruch des *trobar* entspricht mithin die hohe Selbsteinschätzung der Trobadors, die sich – Guillaume IX vergleichbar, der im Lied *Ben vuelh que sapchon li pluzor* bereits von sich erklärt: «Ieu conosc ben sen e folhor» – letztlich stets anheischig machen, als Liebende im Gedicht „die sittliche Ordnung sichtbar" werden zu lassen.[49] Allein schon die Einsicht in die unbestreitbare Verbindlichkeit eines derartigen Selbstverständnisses, das sich aus *vidas, razos* und eigenen Reflexionen für viele Trobadors explizit nachweisen läßt, müßte der Vorstellung gegenüber Mißtrauen erwecken, wonach das *trobar* vor allen Dingen eine „schon zu den Anfängen autonomer Kunst zu rechnende *poésie formelle*"[50] darstelle. Die Aufgabe, die der Trobador sich vornimmt, erscheint nämlich vielfältiger, als sich selbst aus den Formulierungen der *vidas* ablesen läßt, die immer wieder – wie bei Richart de Berbezilh – betonen:

mas ben cantava e disia sons, e *trobava* avinenmen *motz* e *sons*.[51]

Er sang schön und trug Melodien gut vor und verfaßte geschickt Texte und Melodien.

Daß es für den Trobador – ob man nun zur Erklärung des Verbs *trobar* auf die hymnologischen Begriffe TROPUS bzw. *TROPARE zurückgreift oder nicht[52] – um mehr geht als darum, Text und Melodie bzw. Worte

---

[49] Dietmar Rieger, „Das Sirventes", *GRLMA*, Bd. II/1, fasc. 4, S. 53.
[50] Hans Robert Jauß, *Alterität und Modernität der mittelalterlichen Literatur. Gesammelte Aufsätze 1956–1976*, München 1977, S. 18.
[51] Boutière–Schutz–Cluzel, *op. cit.*, S. 309.
[52] Vgl. Rupprecht Rohr, a. a. O., S. 101–102; darüber hinaus vgl. Pierre Gui-

(*motz*) und deren musikalische (d. h. melodisch-rhythmische) Gestalt (*sons*) zu 'erfinden', belegt Jaufre Rudels Lied *No sap chantar qui so non di*; ein *vers*, dessen Eröffnungscobla, die sich auf Guillaumes IX *Pos de chantar m'es pres talenz* bezieht, das Wesen allen *trobars* geradezu programmatisch entwickelt[53]:

> No sap chantar qui *so* non di,
> ni vers trobar qui *motz* no fa,
> ni conois de rima co·s va
> si *razo* non enten en si.
>
> Wer keine Melodien harmonisieren kann, weiß nicht zu singen,
> so wenig wie jemand dichten kann, der die Worte nicht zu ordnen weiß;
> und der weiß nicht, wie ein Gedicht aufgebaut sein muß,
> der nicht sein Thema in seinem Inneren versteht.

Ein echter Trobador – das Wort ist erstmals um 1150 in Cercamons Sirventes-Kanzone *Puois nostre temps comens' a brunezir* (Vers 19) belegt, worin der Dichter auf Marcabrus als *Vers del lavador* bekannt gewordenes Kreuzzugslied anspielt – ist demnach erst derjenige, der es versteht, die 'Worte' als sprachlich-stilistische Vergegenwärtigung eines poetischen Einfalls[54] und die Noten sowie die dem Ganzen zugrunde liegende *razo* auszudenken.

Was man sich unter *dir so* und *far motz* vorzustellen hat, versteht sich wohl von selbst; bei der Frage nach der Bedeutung von *entendre razo* – wobei *razo* in diesem Zusammenhang natürlich von der textauslegenden *Razo*-Prosa zu unterscheiden ist – helfen zunächst die *Regles de trobar* weiter:

Rayso deu hom guardar per ço cor la mellor causa que ha mester totz cantars es que la *rasos sia bona* e que hom la vaye continuan, ço es a entendre que de aquella rayso que començara son cantar, perfassa lo mig e la fi. Car si tu comences a far

---

raud, «Les structures étymologiques du trobar», in: *Poétique* 8 (1971), S. 417 bis 426, und María Rosa Menocal, "Provençal ‹trobar, trobador›: A Return to the 'Third Solution'", in: *Romance Philology* 36 (1982), S. 137–153.

[53] Vgl. dazu besonders das Kapitel „‹Trobar et entendre› oder Poetik und Hermeneutik" in der oben zitierten Habilitationsschrift Jörn Grubers sowie Margherita Beretta Spampinato, «‹Mot› e ‹so› nella lirica trobadorica», in: *Atti del XIV° Congresso internazionale di linguistica e filologia romanza*, Bd. 5, Neapel 1981, S. 279–286.

[54] Vgl. Ulrich Mölk, *Trobar clus – trobar leu*, S. 95, Anm. 2, und Dietmar Rieger, *Gattungen und Gattungsbezeichnungen der Trobadorlyrik*, S. 204 und Anm. 58.

un sirventesch de fayt de guerra o de reprendimen o de lausors, no·s tayn que·y
mescles raho d'amor; o si faç canço o dança d'amor, no·s tayn que·y mescles fayt
d'arm ne maldit de gens, si donchs per semblances no o podiets aportar a raho.[55]

Auf das Thema muß man besonders achten, denn das Wichtigste beim Dichten ist
ein gutes Thema und daß man es stimmig durchführt, das heißt, daß man das
Thema, mit dem das Lied beginnt, auch in der Mitte und am Ende ausführt. Denn
wenn man ein *sirventes* über den Krieg oder der Kritik oder des Lobes anstimmt,
schickt es sich nicht, Liebesdinge hineinzubringen, und wenn man eine *canso*
oder *danza* über die Liebe verfaßt, schickt es sich nicht, Waffendinge oder Beschimpfungen einzuflechten, es sei denn, man könne so in Form von Vergleichen
zum Verständnis des Themas beitragen.

Gerade das Beispiel, das hier angeführt wird, um die Struktur- und Gattungsbezogenheit einer bestimmten *razo* hervorzuheben, die man als
Dichter einmal für gut befunden und somit in einem Sirventes oder einer
Kanzone zu gestalten beschlossen hat, erlaubt es, den poetologischen Gehalt des Begriffs zu bestimmen. Mit *razo* bezeichnet Jofre de Foixà den
Gegenstand eines Gedichts, das thematische Material, auf das der Trobador als 'Erfinder' seinen Sinn richtet (*entendre*) und das er den Gesetzen
der jeweils gewählten lyrischen Gattung gemäß in *motz* und *so* stimmig
durchführen sollte (*continuar*). Daß literarische Qualität von der Kohärenz abhängt, mit der Thematik und sprachlicher Ausdruck gehandhabt
werden, betont auch Raimon Vidal in seinen *Razos de trobar*:

Par aqui mezeis deu gardar, si vol far un cantar o un romans, qe diga *rasons et
paraulas continuadas* et proprias et avinenz, et qe sos cantars o sos romans non
sion de paraulas biasias ni de doas parladuras *ni de razons mal continuadas ni mal
seguidas*.[56]

Ebenso muß man da beachten, wenn man ein Lied oder eine Erzählung verfassen
will, daß man zusammenhängende, stimmige und gefällige Themen und Worte
wähle, und daß das Gedicht oder die Erzählung weder unangemessene Ausdrücke
noch zwei verschiedene Sprachen noch schlecht durchgeführte und unzusammenhängende Themen enthalte.

Genau so verwendet den Begriff denn auch der Verfasser der erläuternden
Razo zu Raimons de Miraval Kanzone *Entre dos volers sui pensius*, wenn
er, Raimons trauriges Erlebnis mit Azalais de Boissazon und Pedro II.
von Aragon ansprechend, mitteilt:

---

[55] Jofre de Foixà, *Regles de trobar*, Ed. Marshall, in: *Raimon Vidal*, S. 56–57.
[56] Ed. Marshall, S. 22.

Longuamen se plais del mal que la dona l'avia fag e de la felonia que·l reis avia faita de lui. Don el *d'aquesta razo fes aquesta chanso* que diz: «Entre dos volers sui pensius.»[57]

Er beklagte sich des langen und des breiten über das Leid, das ihm die Dame angetan, und über die Arglist, mit welcher der König gegen ihn gehandelt habe. Deshalb verfaßte er zu diesem Thema die folgende Kanzone, die mit den Worten beginnt: «Entre dos volers sui pensius.»

Weibliches *mal* und königliche *felonia* bieten also Raimon de Miraval Anlaß und Gegenstand seiner *canso*. Daß nicht nur spätgeborene Theoretiker des *trobar* den Begriff *razo* im Ausdruck *entendre razo* so auffaßten, sondern auch die Trobadors selbst, ergibt sich zudem aus mancher poetologischen Betrachtung, die sich da und dort in ihren Liedern findet; so stellt beispielsweise Peire Vidal fest, niemand verstehe es wie er, Worte und Klang kunstreich zu verknüpfen, wenn ihm erst ein trefflicher Gegenstand eingefallen sei:

> Ajostar e lassar
> sai tant gent *motz e so*,
> que del car ric trobar
> no.m ven hom al talo,
> *quant n'ai bona razo*.[58]

> Zusammenzustellen und zu verknüpfen
> weiß ich so geschickt Worte und Töne,
> daß in solch kunstvollem Dichten
> mir keiner das Wasser reicht,
> wenn ich nur erst ein gutes Thema gefunden habe.

Trobar – das Verb kennt schon Guillaume IX, der in *Farai un vers de dreyt nien* sagt, dies Lied, «fo *trobatz* en durmen» – bedeutet offensichtlich mehr als Worte und Töne richtig setzen. Indem er sich als *trobador* (*trobaire*) darstellt, versteht sich der okzitanische Lyriker – sei er nun Kaiser wie Friedrich II. von Sizilien oder ein «Panperdut» wie Marcabru – von Anfang an so, wie Guiraut Riquier ihn, auf Ciceros *De inventione* anspielend,[59] 1275 im Gegensatz zum bloß ausübenden Spielmann gesehen haben will:

---

[57] Boutière–Schutz–Cluzel, *op. cit.*, S. 392.
[58] Peire Vidal, *Ajostar e lassar*, Verse 1–5, Ed. D'Arco Silvio Avalle, Mailand/Neapel 1960, Bd. 1, S. 37.
[59] Vgl. Riquer, *Los Trovadores*, Bd. I, S. 20 und S. 72.

> segon proprietat
> de lati, qui l'enten,
> [...]
> son *inventores*
> dig *tug li trobador*.⁶⁰
>
> der lateinischen Wortbedeutung entsprechend,
> sofern man Latein versteht,
> [...]
> werden alle Trobadors
> Erfinder genannt.

Indem *trobar* zugleich «cono[isser] sen e folhor» bedeutet und *entendre razo* meint, sichert diese kreative Beschäftigung den daraus hervorgehenden Gebilden (*vers*) eine welt- und erkenntnisstiftende Dimension, die weit über das hinausreicht, was die bloße Fertigkeit, *motz* und *so* zu verknüpfen – das nennen die Trobadors *entremesclar* oder *entrebescar* –, allein erreichen könnte. Dadurch, daß sie die Meisterschaft im *dire* dem Spielmannsdasein zuweist, diejenige des *entendre* aber dem Stand des Trobador, liefert die kurze *Vida* Aimerics de Sarlat einen sehr klaren Beweis für diesen Sachverhalt:

E fez se *joglars*. E fo fort *subtils* de *dire* e d'*entendre*, e venc *trobaire*.⁶¹

Und er wurde Spielmann. Und da er sehr kunstfertig war, was den Vortrag und die Dichtung angeht, so wurde er zum Trobador.

Die *Regles de trobar* als solche sind bestimmt einigermaßen lernbar, doch «venir a perfeccio» ist in dieser Kunst nur dem vergönnt, der – so will es die *Doctrina de compondre dictats* – auch «subtils d'entencio» ist.⁶² Somit führt die poetische *queste* Raimbauts d'Aurenga erst in dem Maße zum freudigen Erlebnis erhellenden Gelingens – selbst wenn es sich dabei nur um Einbildung handelte –, als sich *entrebescar* und *pensar* durchdringen:

> Cars bruns e tenz
> *motz entrebesc,*
> *pensius pensanz*
> enqier e serc
> com si *liman*
> pogues roire

---

⁶⁰ *Declaratio*, Verse 128–137, Ed. Valeria Bertolucci Pizzorusso, «La ‹Supplica› di Guraut Riquier e la risposta di Alfonso X di Castiglia», in: *Studi mediolatini e volgari* XIV (1966), S. 102.
⁶¹ Boutière–Schutz–Cluzel, *op. cit.*, S. 196.
⁶² Ed. Marshall, in: *Raimon Vidal*, S. 98.

> l'estrain roïl
> ni·l fer tiure,
> don mon escur
> cor esclaire.[63]
>
> Schwierige, dunkle und unklare
> Worte verflechte ich,
> gedankenvoll und umsichtig
> suche und erforsche ich,
> wie ich durch Feilen
> den unpassenden Rost
> wegätzen könnte
> und den häßlichen Belag,
> um mein trauriges
> Herz zu erheitern.

Trobadorlyrik als Kunst von Autoren, denen es stets um «trobar ni entendre»[64] zu gehen hat, ist dementsprechend ausgedachte Dichtung, beziehungsreich gefügtes Wort-Ton-Gebilde und – dies gehört selbstverständlich auch dazu – handwerklich ausgefeiltes Lied, das – um bei dem von Marcabru in *Lo vers comens qan vei del fau* benutzten Bild zu bleiben – keine Rostflecke duldet («mot de roïl», Vers 52). *Limar* und *polir*, *afinar* und *forbir*, *lassar* und *liar*, *ajostar* und *colorar*: mit solchen Tätigkeitswörtern, die auf den Bereich des Handwerks hinweisen, pflegen die Trobadors ihr schöpferisches Tun zu beschreiben, das *sen* und *saber* voraussetzt:

> e qui belhs motz lass' e lia
> de belh *art* s'es entremes,
>
> Und wer schöne Worte verbindet und verknüpft,
> der betreibt eine schöne Kunst,

sagt Bernart Martí im Sirventes *D'entier vers far ieu non pes*; und Arnaut Daniel, der als «miglior *fabbro del parlar* materno» – so sieht ihn Dante (*Purg.*, XXVI, 117) – mit seiner formal bis ins letzte ausgeklügelten Sestine *Lo ferm voler q'el cor m'intra* eine überall oft nachgeahmte, bezüglich der komplizierten Reimverknüpfung der Strophen mit der *canso*

---

[63] Raimbaut d'Aurenga, *Cars douz e feinz*, in: Jacques Roubaud, *Les Troubadours*, Paris 1971, S. 148. Vgl. dazu auch M. Shapiro, «'Entrebescar los motz': Word-Weaving and Divine Rhetoric in Medieval Romance Lyric», in: ZrP 100 (1984), S. 355–383.

[64] Raimon Vidal, *Razos de trobar*, Ed. Marshall, S. 4 und S. 44.

redonda[65] vergleichbare, metrische Spielart der Kanzone schuf, greift für seine Arbeit bewußt zum Bild vom 'Verseschmied', dessen Kunst um so verbindlicher bleibt, je vollkommener die Liebe und deren Gegenstand ist:

> *Obre e lim*
> *motz de valor*
> *ab art d'amor.*[66]
>
> Ich bearbeite und feile
> Worte von Wert
> mit der Kunst der Liebe.

Indem die *Vida* des Trobador-Mönchs Gausbert de Poicibot von diesem berichtet, «saub ben *letras* e ben *cantar* e ben *trobar*»,[67] faßt sie auf knappstem Raum die Eigenschaften zusammen, die eine Trobadorpersönlichkeit ausmachen: Bildung, musikalische Begabung, Einbildungskraft. Der Umstand, daß von manchem Trobador ein vergleichsweise schmales Œuvre vorliegt, hat mitunter zu bewegten Klagen über die vermutlich recht zahlreichen Textverluste geführt, mit denen wir uns nur schwer abfinden. Vieles mag freilich den Fährnissen der Zeit zum Opfer gefallen sein; indessen verhindert die trobadoreske Arbeitsweise – wird sie so streng gehandhabt, wie es oft den Anschein hat – aus der Natur der Sache selbst schon jegliche literarische Massenproduktion. Allerdings dürfte Bernart Martí, glaubt man seinem eben erwähnten Sirventes, denn doch einen Extremfall darstellen:

> *e si fatz vers tota via,*
> *en l'an un o dos o tres.*
>
> Und so schreibe ich stetsfort
> pro Jahr ein, zwei oder drei Gedichte.

Indem er sich im Lied *Ben vuelh que sapchon li pluzor* in der Pose des Künstlers zeigt, der in seiner „poetischen Werkstatt"[68] als Hersteller von *vers* wirkt, unterstreicht schon Guillaume IX die Tatsache, daß er ein *mestier* ausübt, den die *Doctrina de compondre dictats* folgerichtig «art

---

[65] Vgl. Alfred Jeanroy, *La poésie lyrique des troubadours*, Bd. II, Toulouse/Paris 1934, S. 83 ff.
[66] Arnaut Daniel, *Chanzo don·l mot son plan e prim*, Verse 12–14, Ed. Maurizio Perugi, Bd. 2, Mailand–Neapel, 1978, S. 104.
[67] Boutière–Schutz–Cluzel, *op. cit.*, S. 229.
[68] Ulrich Mölk, *Trobar clus – trobar leu*, S. 45.

de trobar» nennt und Raimon Vidal de Besalú als «saber de trobar» bezeichnet:

> Ben vuelh que sapchon li pluzor
> d'est vers si's de bona color,
> qu'ieu ai trag de mon *obrador*:
> qu'ieu port d'ayselh *mestier* la flor,
> et es vertaz
> e puesc ne traire·l vers auctor
> quant er *lassatz*.

> Ich möchte gern, daß die Kenner
> von diesem *vers*, der meiner Werkstatt entstammt,
> wissen, daß er von hoher Qualität ist:
> denn ich bin Meister in diesem Handwerk
> – das ist die Wahrheit –,
> und den *vers* kann ich als Zeugen anführen,
> wenn er nur erst geknüpft sein wird.

Man darf somit den Satz als durchaus 'aus dem Leben gegriffen' betrachten, den der sehr produktive späte Trobador Cerverí de Girona in seiner Kanzone *Si nuyll temps fuy pessius ne cossiros* Besuchern zuruft, die ihn bei der Arbeit am «tan douz jornal» stören:

> Laxatz m'estar, seyner, que coblas fatz.[69]

> Laßt mich in Ruhe, Ihr Herren, denn ich bin dabei, *coblas* zu dichten.

Ob die Kunst des *trobar* nun mehr bestimmten, klassisch-lateinische Tradition verkörpernden Ovid-, Vergil- oder Seneca-Reflexen verpflichtet ist; oder der mittellateinischen Gelehrtenliteratur eines Venantius Fortunatus bzw. Hildebert de Lavardin, der ein Zeitgenosse Guillaumes IX war; oder der im Kraftfeld der Abtei von Saint-Martial in Limoges entwickelten liturgischen Poesie; oder dem arabisch-andalusischen *zaǧal* bzw. den erst 1948 entdeckten mozarabischen *ḫarǧas*; oder 'volkstümlichen' Gesängen wie Mailiedern bzw. galizisch-portugiesischen *cantigas de amigo*; oder den lateinischen Strophen fahrender Goliarden; oder dem katharisch inspirierten geistlichen Mystizismus; oder widersprüchlichen, die südfranzösische Feudalgesellschaft des 11. Jahrhunderts bedingenden soziokulturellen, ökonomischen und politischen Erscheinungen, die zu einem fruchtbaren Spannungsverhältnis zwischen Hochadel und aufstrebendem niederen Adel (*Joven*) führten; oder endlich – was wohl der

---

[69] Vgl. dazu Riquer, *Los Trovadores*, Bd. I, S. 71 und Bd. III, S. 1581, sowie Jacques Roubaud, *Les Troubadours, Anthologie bilingue*, Paris 1971, S. 39.

historischen Wirklichkeit am ehesten gerecht wird – der wechselweisen zeitlich und geographisch gleitenden Durchdringung mehrerer Aspekte: es wirkt jedenfalls, stellt man den hohen Reflexionsstand in Rechnung, der seit Guillaume IX allem *trobar* innewohnt, wenig verwunderlich, daß der okzitanische Minnesang sich nicht nur in den verschiedensten lyrischen Gattungen ausprägte, sondern auch diese Einzelgattungen zu einem nachvollziehbaren und „hierarchisch geordneten trobadoresken Gattungssystem" verknüpfte,[70] in das sich jede der von den *Leys d'amors* registrierten und beschriebenen zehn Haupt- und siebzehn Nebengattungen fügt. Der Verfasser der *Doctrina de compondre dictats* hingegen verspricht Einblick in sechzehn Gattungen, die er gleich eingangs aufzählt:

Aço es manera de doctrina, per la qual poras saber e conoxer que es *canço, vers, lays, serventesch, retronxa, pastora, dança, plant, alba, gayta, estampida, sompni, gelosesca, discort, cobles esparses, tenso*: per la qual raho, per les rahons desus dites quez en t'ay mostrades, poras venir a perfeccio de fer aquestes sens errada, ses reprendimen, com fer ne volrras.[71]

Dies ist eine Art Lehrwerk, mit dessen Hilfe du in der Lage sein wirst, zu wissen und zu erkennen, was *canço, vers, lays, serventesch, retronxa, pastora, dança, plant, alba, gayta, estampida, sompni, gelosesca, discort, cobles esparses* und *tenso* bedeuten: durch diese Erläuterung und mit Hilfe der obigen Ausführungen, die ich dir gegeben habe, wirst du bei deren Verfertigung Vollkommenheit erreichen können, ohne Fehler, ohne Tadel, wie es dir gefällt.

Vergleicht man nun die *Leys* mit der *Doctrina*, so fällt auf, daß diese in Übereinstimmung mit einer Gattungshierarchie, die auch Dante bestätigen wird, indem er die *canso* (<CANTIO) als „modum excellentissimum" (*De vulgari eloquentia*, II, 3) bezeichnet, mit der Kanzone anhebt, während jene – vielleicht im Bewußtsein historischer Abläufe – die *canso* erst nach dem *vers*, jedoch gleich vor dem *sirventes* einreihen. Tatsächlich gibt sich „fast ein Drittel der überlieferten Lieder"[72] der zweiten Trobador-

---

[70] Dietmar Rieger, *Gattungen und Gattungsbezeichnungen der Trobadorlyrik*, S. 37. Vgl. dazu auch Rupprecht Rohr, „Zur Form der altprovenzalischen lyrischen Gattungen", in: *'Matière', 'sens', 'conjointure': Methodologische Einführung in die französische und provenzalische Literatur des Mittelalters*, Darmstadt 1978, S. 94–115. Zur Diskussion um die Etymologie von *trobar* vgl. als neuesten Beitrag María Rosa Menocal, "The Etymology of Old Provençal 'trobar', 'trobador': A Return to the 'Third Solution'", in: *Romance Philology* 36 (1982), S. 137–153.
[71] Ed. Marshall, in: *Raimon Vidal*, S. 95.
[72] Dietmar Rieger, *Gattungen und Gattungsbezeichnungen der Trobadorlyrik*, S. 199.

generation (dazu gehören Jaufre Rudel, Marcabru, Cercamon, Bernart Martí, Alegret) jeweils noch als *vers*; eine Feststellung, die mit dem Befund der *Vida II* Marcabrus übereinstimmt, dessen frühester Gönner Wilhelm X. von Aquitanien war, der Sohn des ersten Trobadors:

Et en aqel temps non appellava hom cansson, mas *tot qant hom cantava eron vers*.[73]

Und zu jener Zeit nannte man sie nicht *canso*, denn alles, was man sang, hieß *vers*.

Diese Beobachtung befriedigt zunächst denjenigen einigermaßen, der in *vers* eine sehr alte Bezeichnung für 'Lied' annehmen möchte; denn die ursprüngliche Bedeutung des Begriffes mag wirklich 'Verszeile' gewesen sein.[74] Indessen warnen dann die *Leys d'amors* vor diesem Gebrauch der Vokabel *vers* für die Verszeile, nämlich

deu hom dire bordo o basto, o bordonet, bastonet, o verset, e no *vers*.[75]

muß man *bordo* oder *basto* oder *bordonet* oder *bastonet* oder *verset* sagen und nicht *vers*.

Die präzisierende Einschränkung leuchtet ein, bedient sich doch bereits Guillaume IX mehrfach in der Wendung «farai un vers» des Wortes *vers* im Sinn von 'Lied'; ein Gebrauch, über dessen entsprechende Bedeutung in Marcabrus Gedichten *Cortesamen voill comensar* und *Pax in nomine Domini*, wo das Syntagma «lo vers e·l so» vorkommt, kein Zweifel mehr entstehen kann, zumal es bei Raimbaut d'Aurenga dann in eindeutiger Gegenüberstellung zweier Gattungen heißt: «A mon *vers* dirai *chansso*.»[76] Nun wurden ja in Saint-Martial im ausgehenden 11. Jahrhun-

---

[73] Boutière–Schutz–Cluzel, *op. cit.*, S. 12. – Zum gesamten, in diesem Beitrag erörterten Fragenkomplex vgl. nunmehr auch Frank M. Chambers, *An Introduction to Old Provençal Versification*, Philadelphia, 1985.

[74] Vgl. Dietmar Rieger, *Gattungen und Gattungsbezeichnungen der Trobadorlyrik*, S. 204 – Zum *vers* vgl. Jacques Chailley, «Les premiers troubadours et le 'versus' de l'école d'Aquitaine», in: *Romania* 76 (1955), S. 212–239; ders., «Notes sur les troubadours, les 'versus', et la question arabe», in: *Mélanges de linguistique et de littérature romanes à la mémoire d'I. Frank*, Saarbrücken 1957, S. 118 bis 128; J. H. Marshall, «Le 'vers' au XIIe siècle: genre poétique?», in: *Actes et Mémoires du IIIe Congrès international de langue et littérature d'oc (Bordeaux, 3–8 sept. 1961)*, Bd. II. Bordeaux 1965, S. 55–63. Zum Problem der frühen Trobador-Gattungen vgl. Pierre Bec, «Le problème des genres chez les premiers troubadours», in: *Cahiers de Civilisation médiévale* 25 (1982), S. 31–47.

[75] Zit. in: Riquer, *Los Trovadores*, Bd. I, S. 35.

[76] Zit. in: Riquer, *Los Trovadores*, Bd. I, S. 50.

dert lateinische Versgebilde gesungen, die man VERSUS nannte, so daß der Verfasser der *Leys d'amors* philologisch durchaus plausibel vorgeht, wenn er erklärt:

Enpero, segon lati, 'vers' se pot deshendre de *verto, vertis*, que vol dir 'girar' o 'virar' [...][77]

Aber man kann *vers* vom Lateinischen *verto, vertis* ableiten, was soviel wie «girar» (drehen) oder «virar» (wenden) bedeutet [...]

Daß 'Literaten', die sich als TROPATORES in der «parladura de Lemosin» ausdrücken wollten, von welcher Raimon Vidals *Razos de trobar* übrigens behaupten, sie sei – im Gegensatz zur «parladura francesca», die sich für «romanz et pasturellas» eigne – die richtige Sprache für «vers et cansons et serventes»,[78] dabei auf den Gedanken kamen, ihre Lieder vorerst *vers* zu nennen, ist einleuchtend. Der Terminus bezeichnet anfänglich denn auch weniger eine lyrische Gattung als vielmehr das Trobadorlied überhaupt. Die im Rückblick auf mindestens drei Generationen Trobadorlyrik ordnend und deutend rubrizierenden *Leys d'amors* halten freilich die im Sinn der historischen Etymologie gegebene Auslegung des *vers* für unbefriedigend. Indem sie die Technik der allegorischen Etymologie nach Isidors Muster anwenden, schlagen die *Leys* zwei zusätzliche Herleitungen des Begriffs *vers* vor, die beide – trotz Pierre Becs Vorbehalten gegenüber der terminologischen Ergiebigkeit mittelalterlicher Poetiken[79] – erhellenden Einblick ins zeitgenössische Selbstverständnis des mit der Bezeichnung *vers* gemeinten Liedtypus gewähren:

Vers es us dictatz en romans que compren de .V. coblas a .X. amb una oz am doas tornadas [...] E deu tractar de sen; e per so *es digz 'vers', que vol dir 'verays'*, quar veraya cauza es parlar de sen. Enpero, segon lati 'vers' se pot deshendre de 'verto', 'vertis', que vol dir 'girar' o 'virar', et enayssi que *'vers' sia digz de 'virar'*, e segon aysso vers pot tractar no solamen de sen, ans o fay ysshamen d'amors, de lauzors, o de reprehensio, per donar castier; et enayssi 'vers' de 'virar', quar ades se vira, que tracta d'amors o de lauzors o de reprehensio; e d'aquesta maniera trobam mans trobadors ques han uzat.[80]

Der *vers* ist ein Werk in Vulgärsprache, mit 5 bis 10 *coblas* und einer oder zwei *tornadas* [...] Und er muß ein Thema mit philosophischem Gehalt behandeln; und man sagt deshalb *vers*, was «verays» (wahr) bedeutet, weil es eine rechtschaffene

---

[77] Carl Appel, *Provenzalische Chrestomathie*, Leipzig ²1902, S. 197.
[78] Ed. Marshall, *Raimon Vidal*, S. 6.
[79] Vgl. Bec, *La lyrique française au Moyen-Age*, Bd. I, S. 35.
[80] Appel, *op. cit.*, S. 197.

Sache ist, ein Thema mit philosophischem Gehalt zu behandeln. Aber man kann *vers* auch vom Lateinischen *verto, vertis* ableiten, was «girar» (drehen) oder «virar» (wenden) bedeutet, und entsprechend der Annahme, daß *vers* zu *virar* gehört, kann der *vers* nicht nur ein Thema mit philosophischem Gehalt behandeln, sondern eben auch genausogut die Liebe oder Lob und Tadel, um zu ermahnen. Und daher kommt *vers* von «virar», weil er sich immer wandelt und von Liebe, Lob oder Tadel handelt; und auf diese Weise finden wir viele Trobadors, die ihn benutzten.

Auf die den metrischen Aufbau des *vers* als Liedform beschreibende Angabe folgt hier eine auf den geistigen Gehalt, die *razo* des *dictatz*, bezogene Bemerkung, die offensichtlich den philosophischen Anspruch (*sen*) der Gattung hervorhebt, zumal ihr Name wortallegorisch mit VERUS/ VERITAS in Verbindung gebracht wird. Obgleich die Verbindung nach den Kriterien der modernen Sprachwissenschaft unzulässig ist, bleibt sie dennoch ein 'sprechendes' Dokument für die zeitgenössische Auffassung von *vers*, zumal es sich dabei um eine Auffassung handelt, die nicht erst nachträglich von Dichtungstheoretikern entwickelt wurde; sie läßt sich immerhin bereits um 1200 bei Guilhem Ademar nachweisen, der ein Lied in einem sehr nachdrücklichen *figura-etymologica*-Stil eröffnend mitteilt, es gehe da um

> un vers vertadier e verai,
> tot ver veramen...[81]

> einen wahrhaftigen und wahren *vers*,
> wirklich ganz wahr...

Diese Würde des *vers* findet sich auch in Guiraut Riquiers *Suplicatio* von 1274 betont, indem der Autor in seiner Schrift die Befähigung, *vers* und *cansos* zu schreiben, jenen Dichtern zuerkennt, die als «sabens trobadors» allein «ensenhamens/durables per tot temps» (Verse 722–723) zu gestalten wissen. Andererseits erklären die *Leys d'amors* den *vers* als Ableitung von VERTERE strukturbezogen in stilistisch-thematischer Hinsicht, indem sie sowohl die „Wende" (*girar, virar*) hervorheben, die den Aufbau dieses Liedtypus bestimmt, als auch den damit verbundenen Themenkontrast ansprechen, der verherrlichende Liebe (*amors, lauzors*) verdammenswürdigen Lastern (*reprehensio, castier*) gegenüberstellt.[82]

Formal gesehen entspricht diese Beschreibung des *vers* genau der späteren Gattung der Sirventes-Kanzone. Was den thematischen Bestand be-

---

[81] Zit. in: Riquer, *Los Trovadores*, Bd. I, S. 51.
[82] Vgl. Rupprecht Rohr, a. a. O., S. 111–113.

trifft, so erfaßt sie den Bereich, den der *vers* abdeckt, womit bis gegen Ende des 12. Jahrhunderts das trobadoreske Kunstlied bezeichnet wird,[83] obgleich sich bereits in Cercamons zwischen 1147 und 1149 entstandenem *vers Puois nostre temps comens' a brunezir* Anzeichen für die bevorstehende Aufspaltung des *vers*, der das preiswürdige Ideal der höfischen Liebe und die gerügte Wirklichkeit „wenn nicht problemlos, so doch konfliktlos vereinigte",[84] in die neuen Gattungen *canso* und *sirventes* finden. Zu diesem Bereich gehören neben dem Frühlings-Natureingang, der Darstellung der *fin'amors* und der Verherrlichung der *joi*-stiftenden *domna* die Geißelung unhöfischer Liebesvorstellungen und der ihnen verfallenen *fals amador* sowie Verbitterung über die *malvestat* der Welt und den die *Joven* bedrängenden Eigennutz der Mächtigen.[85] So liegt einleuchtende Folgerichtigkeit in der restaurativen Neigung später Trobadors wie Guiraut Riquier, ihren *sirventes*-artigen Liedern wieder den Namen zu geben,[86] den Guillaume IX selbst dann verwandte, wenn es ihm bloß darum ging, «un vers de dreyt nien» zu dichten.

Der erste thematische Aspekt, den die *Leys d'amors* bei der Erörterung des *vers* erwähnen, ist die Liebe. In diesem Zusammenhang findet sich in der *Vida* Aimerics de Peguilhan eine Stelle, die für die Trobadordichtung ebenso emblematisch ist wie Jaufre Rudels *vers* vom «Amors de terra lonhdana»:

N'Aimerics de Peguilha si fo de Tolosa, fils d'un borges qu'era mercachiers, que tenia draps a vendre. Apres cansos e sirventes, mas molt mal cantava. Et enamoret se d'una borgesa, soa visina. Et aquella *amors li mostret trobar*.[87]

Aimeric de Peguilhan stammte aus Toulouse, Sohn eines Bürgers, der Händler war und Stoffe feilbot. Er lernte *cansos* und *sirventes* auswendig, sang aber sehr schlecht. Da verliebte er sich in eine Bürgersfrau, seine Nachbarin. Und diese Liebe wies ihm den Weg zur Dichtung.

---

[83] Vgl. Dietmar Rieger, *Gattungen und Gattungsbezeichnungen der Trobadorlyrik*, S. 223.
[84] Erich Köhler, „Die Sirventes-Kanzone: 'genre bâtard' oder legitime Gattung?", in: *Mélanges offerts à Rita Lejeune*, Gembloux 1969, Bd. I, S. 180.
[85] Vgl. Dietmar Rieger, „Das Sirventes", *GRLMA*, II/1, fasc. 4, S. 25. Vgl. dazu jetzt auch Cristine Schweickard, «*Sobre·l viell trobar e·l novel*». Zwei Jahrhunderte Troubadourlyrik: Thematische Schwerpunkte und Schlüsselbegriffe, „Untersuchungen zur romanischen Philologie/Neue Folge", Bd. 5, Frankfurt a. M. 1984.
[86] Vgl. Dietmar Rieger, „Das Sirventes", *GRLMA*, II/1, fasc. 4, S. 34.
[87] Boutière–Schutz–Cluzel, *op.cit.*, S. 425.

«Amors li mostret trobar»: mit dieser Formel ist eine Beziehung dargestellt, die für alle Trobadorlyrik – selbst für scheinbare Randphänomene des höfischen Minnesangs – mit Ausnahme des Sirventes von allem Anfang an konstitutiv bleibt:

> D'Amor non dey dire mas be,
>
> Von der Liebe soll man nur Gutes sagen,

singt schon Guillaume IX im *vers Puz vezem de novelh florir*, und für Peirol gilt:

> Pauc val *chans* que dal *cor* no ve.[88]
>
> Wenig ist das Lied wert, das nicht aus dem Herzen kommt.

Und es ist wahrlich eine schwierige Liebe, die diese okzitanischen Herzen bewegt, bis den Lippen der *chans* gelingt: «cortez'amors» nannte Peire d'Alvernha sie im Lied *Gent n'es, mentr'om n'a lezer*.[89] Als *amour courtois* ging sie auf Gaston Paris' Anregung 1883[90] in die Mediävistik ein – eine Bezeichnung, die sich trotz Vorschlägen wie *amour provençal* behauptete –, obschon die Trobadors selbst von *fin' amors* oder *verai' amors* oder *bon' amors* sprechen. Dem unerbittlichen Gesetz der stets ersehnten und zugleich – zumindest im fiktionalen Rahmen der 'hohen' lyrischen Gattungen – notwendig unrealisierbaren ekstatischen Freude der Erfüllung (*joi* genannt <GAUDIUM) nachlebend, wirkt die im *dezir* erglühende Liebe, von *mezura* gebändigt, veredelnd in der Seele des *amador* (*encortezir*), dem – wie Bernart de Ventadorn im Lied *A! tantas bonas cansos* – einzig die Klage bleibt:

> [...] c'ames et amatz no fos.
> (Vers 12)
>
> [...] ich liebte und wurde nicht wiedergeliebt.

Als «desamatz amar» – um es mit einem Partimen Aimerics de Peguilhan zu sagen[91]: das ist die trobadoreske *condition humaine* freudvollen *sofrirs*, wie sie in einer ganzen Anzahl konstitutiver Paradoxien poetisch zum Ausdruck kommt. Als *amics* zum Lobpreis (*lauzar, blandir*) der

---

[88] *Peirol, com avetz tan estat*, Vers 12, Ed. S. C. Aston, *Peirol. Troubadour of Auvergne*, Cambridge 1953, S. 167.

[89] Zit. in: Riquer, *Los Trovadores*, Bd. I, S. 79.

[90] Vgl. Gaston Paris, «Etudes sur les romans de la Table Ronde», in: *Romania* 12 (1883), S. 519.

[91] Zit. in: Riquer, *Los Trovadores*, Bd. I, S. 67–68.

Dame verpflichtet, ist der Liebende zugleich an das Geheimnis gebunden (*celar*); als Bittender erwartet er von ihr huldvolle Erhörung (*merce*), doch als verheiratete *domna* weiß die Frau um ihres *pretz* (<PRETIUM) willen sich an die Forderung abweisenden Sich-Versagens gehalten. Darüber hinaus steht diese angestrengte Liebe im Mittelpunkt eines von feindlichen Kräften strukturierten *univers imaginaire*: einerseits späht das eifersüchtige Auge des Gatten (*gelos*), andererseits drohen die neidischen Ränke anonymer Aufpasser (*lauzengiers*); es ist dies die Gruppe der *vilains*, denen alles, was die *fin'amors* betrifft, von Natur aus unzugänglich bleibt. Allein innerhalb der ganz anders organisierten Welt der *alba* steht dem Paar in der Gestalt des Wächters (*gaita*) ein hilfreicher Freund bei.

Wo die Frau als *domna* (<DOMINA) herrscht, dient (*servir*) ihr der Trobador als – wie schon Guillaume IX es in *Pos de chantar m'es pres talenz* ausdrückt – «obedienz» (Vers 4) und – wie es in Bernarts de Ventadorn *Can vei la flor, l'erba vert e la folha* heißt – als «*sos om liges*» (<HOMO LIGIUS), ihr Lehensmann. Der gesamte höfische Liebesdiskurs spielt sich sowohl terminologisch als auch bildlich auf einem aus lehensrechtlichen Elementen gefügten Koordinatennetz ab. Diesen Umstand hat bereits Marc Bloch in seinem noch immer grundlegenden Buch *La société féodale* unterstrichen: «Lorsque la poésie provençale inventa l'amour courtois, ce fut sur le modèle du dévouement vassalique qu'elle conçut la foi du parfait amant.»[92] Da spricht dann eben schon Guillaume IX die Dame als *midons* (<MEUS DOMINUS) an; da überläßt man denn «·l cor e ·l cors per *fieu*» (<FEUDUM); man stößt Seufzer aus als *ces* (<CENSUM); man gehört seiner Herrin «ses autr' *ochaizo*» (<OCCASIO) bzw. «per la *bona fe*» (<BONA FIDES); man nähert sich ihr mit gefalteten Händen («mas jonchas»), wie ein Vasall zum gegenseitigen Kuß (OSCULUM) vor seinen Lehensherrn tritt, um niederzuknien («levaz me de genoillos», bittet Arnaut de Mareuil), oder rechtfertigt sich vor ihr gegen Verleumdungen in einem *escondich* (<EXCONDICERE). Selbst dem Begriff *amors*, der in dieser Minnewelt als *primum movens* wirkt, sind feudaljuristische Konnotationen nicht fremd, wendet sich doch beispielsweise Guillem, der Vicomte de Berguedà, als Trobador im Lied *Cavalier, un chantar cortes* mit diesbezüglich anspielungsreichen Worten gegen einen seiner Vasallen:

---

[92] Marc Bloch, *La société féodale*, Paris ⁵1968, S. 327. Vgl. dazu auch Paul Ourliac, «Troubadours et juristes», in: *Cahiers de civilisation médiévale* 8 (1965), S. 159–177, sowie Angelica Rieger, «‹Ins e·l cor port, dona, vostra faisso›: Image et imaginaire de la femme à travers l'enluminure dans les chansonniers des troubadours», in: *Cahiers de civilisation médiévale* 28 (1985), S. 385–415.

> Tot atrestal en *tal amor*
> com *de vassal e de segnor*,
> tole mi castel de Monmajor.⁹³
>
> Ganz ebenso mit solcher Liebe,
> wie sie zwischen Vasall und Herrn besteht,
> nimmt er mir mein Schloß Monmajor.

Die Kanzone ist der Ort, wo solche existentiellen Paradoxien formal ausgetragen und dieser sprachliche Code stilistisch aktualisiert und zum stimmigen Minnebild gefügt werden: ein Bild, dessen dichteste Metapher wohl Jaufre Rudels *amor de lonh* darstellt, und dessen «codification la plus minutieuse et aussi la plus totale» sich im *Flamenca*-Roman (um 1240/1250) findet.⁹⁴ Denn – so definieren die *Leys d'amors* die Kanzone:

Chansos es us dictatz que [...] deu tractar principalmen d'*amors* o de *lauzors*, am bels motz plazens et am graciozas razos [...]⁹⁵

Die *chanso* ist ein Werk, das mit schönen, wohlklingenden Worten und reizvollen Erläuterungen im wesentlichen von Liebe und Lobpreis handeln soll.

Gerade darin unterscheidet die *canso* sich – darauf weist Cerverí de Girona im Lied *Cuenda chanso, plazen, ses vilanatge* nachdrücklich hin – vom *vers*,

> qu'en vers razo es reprendre e blasmar,
> en chanso no, mas *lauzar* et *preyar*.⁹⁶
>
> Sind im *vers* auch Vorhaltungen und Kritik das Thema,
> so nicht in der *chanso*, die loben und preisen soll.

Wie tief die Kanzone als lyrische Gattung mit der *fin'amors* als *razo* zusammenhängt, oder zumindest wie eng die Kanzonenform und die Liebesthematik von den okzitanischen Lyrikern des Mittelalters als einander

---

⁹³ Für alle diese Beispiele vgl. Riquer, *Los Trovadores*, Bd. I, S. 79–87, Pierre Bec, *Nouvelle Anthologie de la lyrique occitane du Moyen Age*, Avignon ²1972, S. 22–24, und Dietmar Rieger, *Gattungen und Gattungsbezeichnungen der Trobadorlyrik*, S. 317.
⁹⁴ Bec, *Anthologie des troubadours*, Paris 1979, S. 344; vgl. dazu auch Alberto Limentani, «'Flamenca' e i trovatori», in: *Studi filologici, letterari e storici in memoria di Guido Favati*, Padua 1977, Bd. I, S. 339–368.
⁹⁵ Appel, *op. cit.*, S. 198. - Für die Kanzone vgl. Erich Köhler, „Zur Struktur der altprovenzalischen Kanzone", jetzt in: *Esprit und arkadische Freiheit*, Frankfurt a. M./Bonn 1966, S. 28–45.
⁹⁶ Zit. in: Riquer, *Los Trovadores*, Bd. I, S. 52.

bedingend empfunden wurden, das geht aus einem im Hinblick auf die Frage nach der Beziehung zwischen persönlicher Betroffenheit und literarischer Praxis[97] in der Trobadordichtung höchst bemerkenswerten Hinweis in der *Vida* Ucs de Saint Circ hervor:

mas *non fez gaires de las cansos, quar anc non fo fort enamoratz* de neguna; mas ben se saup feingner enamoratz ad ellas ab so bel parlar [...] Mas pois qu'el ac moiller non fetz cansos.[98]

Aber er dichtete kaum *cansos*, denn in keine war er wirklich verliebt, doch verstand er sich gut darauf, mit schönen Worten so zu tun, als sei er verliebt [...] Aber als er dann eine Frau hatte, dichtete er keine *cansos* mehr.

Die *canso*, die etwa 40% des überlieferten provenzalischen Liedguts ausmacht,[99] stellt – um den von Jauß geprägten Begriff zu verwenden – deutlich die Systemdominante im Gefüge der trobadoresken Lyrikgattungen dar. Metrisch und musikalisch hatte die *canso* sich bereits in der zweiten Hälfte des 12. Jahrhunderts als fünf- oder sechsstrophige Liebeskanzone mit *tornada* konstituiert, wobei sämtliche *coblas* zur gleichen Melodie gesungen wurden. Dieser Befund steht im Einklang mit einer im Hinblick auf Gattungsverständnis und Periodenbewußtsein der Epoche wichtigen Beobachtung des Verfassers der *Vida* Peires d'Alvernha, der um 1149 zu wirken begann[100]:

Canson no fez, qe era adoncs negus cantars appellatz cansos, mas vers; qu'*En Guirautz de Borneill fetz la primeira canson que fos faita.*[101]

Er dichtete keine *canso*, denn zu seiner Zeit nannte man ein Lied noch nicht *canso*, sondern *vers*; und Guirautz de Borneill war der Verfasser der ersten *canso*, die je geschrieben wurde.

Als Ausdruck „des lyrischen Augenblicks, in dem sich ein Zustand verdichtet",[102] der sich auch aus der Spannung ergibt, die zwischen Ideal und Wirklichkeit besteht,[103] stellt die *canso* die von Dante unter Beru-

---

[97] Nydia G. B. de Fernández Pereiro, *Originalidad y sinceridad en la poesía de amor trovadoresca*, La Plata 1968.
[98] Boutière–Schutz–Cluzel, *op. cit.*, S. 239.
[99] Rupprecht Rohr, a. a. O., S. 111.
[100] Vgl. Riquer, *Los Trovadores*, Bd. I, S. 311.
[101] Boutière–Schutz–Cluzel, *op. cit.*, S. 263.
[102] Erich Köhler, „Zur Struktur der altprovenzalischen Kanzone", in: *Esprit und arkadische Freiheit*, S. 32.
[103] Vgl. Dietmar Rieger, *Gattungen und Gattungsbezeichnungen der Trobadorlyrik*, S. 203, sowie Angelica Rieger, «La dialectique du réel et du poétique

fung auf Bertran de Born, Arnaut Daniel und Giraut de Bornelh zur Darstellung von „Salus [...], Venus et Virtus" bzw. „armorum probitas, amoris accensio, et directio voluntatis" gepriesene poetisch-soziokulturelle Leistung dar.[104] Seltsamerweise vermochte die den 'hohen' Stil geradezu verkörpernde Kanzone aber trotz ihrer thematisch, ästhetisch sowie poetologisch solid untermauerten Vorzugsstellung das Gebiet der *langue d'oïl* erst vom beginnenden 13. Jahrhundert an zu erobern: als eines der frühesten Beispiele bezeichnet Pierre Bec das Lied *Tant ai aimé c'or me covient haïr*, eine Bertran de Born nachempfundene *chanson* Conons de Béthune.[105]

Zwar sind innerhalb des von der okzitanischen Lyrik ausgeformten Gattungssystems so gut wie alle Liedtypen notwendig auf die Kanzone ausgerichtet;[106] einige aber stehen ihr – dies geht schon aus ihren Bezeichnungen hervor – besonders nahe. Dazu gehören neben dem im 14. Jahrhundert von den italienischen Trobadors Dante da Maiano und Paolo Lanfranchi da Pistoia gepflegten, aus der Kanzonencobla entwickelten Sonett – nicht mit *sonet* zu verwechseln, was (wie aus Arnaut Daniels *En cest sonet coind'e leri* ersichtlich) Melodie bedeutet – einmal die *bona canso* und ihr Gegenstück, die *mala canso*: Bezeichnungen, in denen das Adjektiv nicht Qualitäts-, sondern Gattungsindiz ist, da sonst *bona* bzw. *mala* nachgestellt wäre. Die Untergattung der *bona canso* – mitunter auch *bon vers* genannt – wird als solche nicht nur in der Lyrik selbst, sondern auch in über dreißig *vidas* und *razos* erwähnt[107] und kommt seit der zweiten Hälfte des 12. Jahrhunderts vor. Ein Gedicht wie Raimbauts d'Aurenga *No chant per auzel ni per flor* – von ihm weiß die *Vida*, er habe «maintas bonas chansos» an eine «domna de Proensa» gerichtet, die er mit dem *senhal* «Joglar» ansprach[108] – läßt ahnen, daß unter *bona canso* ein Lied zu verstehen ist, das eine Dame besingt, die dem Trobador zwar «midonz» und «dompn' e seignor» (Vers 25) bedeutet, der er sich aber zu nähern verspricht, wie Tristan sich einst Isolde genähert hatte: «Man-

---

chez les troubadours: Les quatre ‹protagonistes› de la 'fin'amors'», in: *Revue des langues romanes* 87 (1983), S. 241–257.

[104] Dante, *De vulgari eloquentia*, II, 2. Vgl. dazu auch Christiane Leube, „Religiöses Lied", *GRLMA*, II/1, fasc. 5, S. 70.

[105] Vgl. Bec, *La lyrique française au Moyen-Age*, Bd. I, S. 46.

[106] Dietmar Rieger, *Gattungen und Gattungsbezeichnungen der Trobadorlyrik*, S. 38.

[107] Vgl. Dietmar Rieger, *Gattungen und Gattungsbezeichnungen der Trobadorlyrik*, S. 305–318.

[108] Boutière–Schutz–Cluzel, *op. cit.*, S. 441.

tenen/atrestal podetz vos faire!»[109] (Nun könnt ihr es ihr gleichtun!) Die Spannung, welche die *canso* ausschließlich in der Kunst sublimierend aufhebt, löst die *bona canso*, indem hier der *joi* in der Wirklichkeit des Lebens „wenigstens als Glückserwartung legitimiert"[110] wird. Im *escondich* hingegen, einer Liedart, welche die *Leys d'amors* als «dezencuzatio» definieren,[111] unternimmt es der von Neidern bei seiner Dame angeschwärzte Trobador, sich von Schuld reinzuwaschen. «Fals, enveios, fementit, lauzengier», ruft ihnen Bertran de Born in der *tornada* von *Ieu m'escondisc, domna, que mal no mier*, dem einzigen überlieferten Beispiel dieses Typus, zu,

> puois ab midons m'avetz mes destorbier,
> be lauzera que·m laissassetz estar.[112]

> Falsche, mißgünstige, treulose Neider,
> da ihr mich mit meiner Herrin entzweit habt,
> es wäre mir wohl recht, wenn ihr mich nun in Ruhe lassen würdet.

In der *mala canso* aber, deren berühmtestes Beispiel in Bernarts de Ventadorn Lerchenlied *Can vei la lauzeta mover* vorliegt, deren frühestes hingegen Marcabrus *Lanquan fuelhon li boscatge*,[113] wenn nicht gar Guillaumes IX *Vers de dreyt nien* darstellt, wird – wie im *comjat* – Abschied genommen:

> Aissi·m *part de leis e·m recre*;
> mort m'a, e per mort li respon,
> e vau m'en, pus ilh no·m rete,
> chaitius, en issilh, no sai on.[114]

> So gehe ich nun von ihr und verzichte.
> Sie hat mich getötet und noch als Toter gehorche ich ihr

---

[109] Zit. in: Riquer, *Los Trovadores*, Bd. I, S. 430–432.
[110] Dietmar Rieger, *Gattungen und Gattungsbezeichnungen der Trobadorlyrik*, S. 312.
[111] Zum *escondich* vgl. Martín de Riquer, «El ‹escondit› provenzal y su pervivencia en la lírica románica», in: *Boletín de la R. Acad. de Buenas Letras de Barcelona* 24 (1951–1952), S. 201–224, Christiane Leube-Fey, *Bild und Funktion der 'Dompna' in der Lyrik der Trobadors*, Heidelberg 1971, und Riquer, *Los Trovadores*, Bd. I, S. 53 und Bd. II, S. 743, sowie Appel, *op. cit.*, S. 200.
[112] Zit. in: Riquer, *Los Trovadores*, Bd. II, S. 743–745.
[113] Ed. J.-M.-L. Dejeanne, *Poésies complètes du Troubadour Marcabru*, Toulouse 1909, S. 131; vgl. dazu Dietmar Rieger, *Gattungen und Gattungsbezeichnungen der Trobadorlyrik*, S. 318.
[114] Zit. in: Riquer, *Los Trovadores*, Bd. I, S. 384–387.

und gehe, da sie mich nicht zurückhält,
als gebrochener Mann in die Verbannung, ohne zu wissen, wohin.

Die *mala canso* thematisiert die Aufkündigung des trobadoresken Minneverhältnisses.[115] Von seiner Dame tödlich enttäuscht, verbirgt der Trobador sich vor der Liebe («de joi e d'amor m'escon», Vers 60). Doch sein Tod ist bloß ein Exil, aus dem der *chaitius* bald zu seiner *domna* zurückfinden wird; deshalb wird die *mala canso* auch *chanson de change* genannt. Im Gegensatz dazu wird im *comjat*,[116] einer weiteren mit der *mala canso* eng verwandten Untergattung der Kanzone, Abschied genommen, ohne daß eine Neuknüpfung des durch die Wechselwirkung von *obediensa* und *merce* in der *canso* konstituierten Beziehungsmusters zu erwarten wäre. Damit stellt das Abschiedslied als Grenzform der Kanzone zweifellos „in der reinen *comjat*-Form sogar gewissermaßen deren Umkehrung dar".[117] Ebenfalls als *anti-chanson* bezeichnet Richard Baum[118] die seit den achtziger Jahren des 12. Jahrhunderts belegte Kanzonenvariante *descort* (<DISCORDANTIA), die «face occitane du lai français»,[119] von welchem sich 35 *lais-descorts* erhalten haben, denen bloß vier okzitanische *lais* gegenüberstehen,[120] als deren Kennzeichen „die Übereinstim-

---

[115] Vgl. Dietmar Rieger, *Gattungen und Gattungsbezeichnungen der Trobadorlyrik*, S. 317, und „Das Sirventes", *GRLMA*, II/1, fasc. 4, S. 51.

[116] Vgl. dazu Chr. Leube-Fey, *op. cit.*, und Wilhelm Russmann, *Die Abschiedslieder in der provenzalischen Literatur*, Heidelberg 1915.

[117] Dietmar Rieger, *Gattungen und Gattungsbezeichnungen der Trobadorlyrik*, S. 313.

[118] Vgl. Richard Baum, «Le ‹descort› ou l'anti-chanson», in: *Mélanges Jean Boutière*, Lüttich 1971, I, S. 75–98; vgl. dazu auch J. Maillard, «Problèmes musicaux et littéraires du ‹descort›», in: *Mélanges de linguistique et de littérature romanes à la mémoire d'I. Frank*, Saarbrücken 1957, S. 388–409; J.-M. d'Heur, «Des ‹descorts› occitans et des ‹descordos› galiciens-portugais», in: *ZrP* 84 (1968), S. 323–339; Erich Köhler, "Deliberation on a Theory of the Genre of the Old Provençal 'descort'", in: *Mélanges Th. G. Bergin*, New Haven/London 1976, S. 1–13; ders., „'Descort' und 'Lai'", *GRLMA*, II/1, fasc. 4, S. 1–8; Furio Brugnolo, «Note sulla canzone trilingue ‹Ai faux ris› attribuita a Dante», in: *Retorica e critica letteraria*, Bologna 1978, S. 35–68; J. H. Marshall, "The Isotopic 'descort' in the Poetry of the Troubadours", in: *Romance Philology* XXXV, 1 (1981), S. 130–157, und Dominique Billy, «Le descort occitan: un réexamen critique du corpus», in: *Revue des langues romanes* 87 (1983), S. 1–28.

[119] Bec, *La lyrique française au Moyen-Age*, Bd. I, S. 199; vgl. dazu Erich Köhler, „'Descort' und 'Lai'", *GRLMA*, II/1, fasc. 4, S. 1–8.

[120] Vgl. Bec, *La lyrique française au Moyen-Age*, Bd. I, S. 195. Vgl. außerdem

mung von erster und letzter Strophe" gilt.[121] Insofern, als der Descort «deu tractar d'amors o de lauzors»[122] (von Liebe oder Lobpreis handeln soll), unterscheidet er sich thematisch keineswegs von der Kanzone. Was freilich das 'Widersprüchliche' darin ausmacht, ist, daß der Trobador zwar von Liebe singt, aber – wie die *Leys d'amors* betonen – «per maniera de rancura» (in Form einer Klage); denn – so klage da der Dichter – «midons no m'ama ayssi cum sol»[123] (meine Herrin liebt mich nicht mehr so wie einst). Diesen gattungskonstitutiven 'Widerspruch' zwischen *lauzor* und *rancura* (Kummer) artikuliert der Descort auch musikalisch; die *Doctrina de compondre dictats* verlangt nämlich «que en lo cantar, lla hon lo so deuria *muntar*, que·l *baxes*; e fe lo contrari de tot l'altre cantar»[124] (daß im Lied, da, wo man die Melodie sonst steigen lassen müßte, sie sinkt und so im Gegensatz zu allen anderen Liedern steht). Gerade im Bereich der musikalischen Gestalt wie auch des strophischen Aufbaus zeigt sich überdies die gattungsspezifische Eigenständigkeit des Descort. Im Gegensatz zur isometrischen Kanzone erfordert nämlich der Descort, von dem dreißig okzitanische Exemplare überliefert sind, für jede *cobla* ein besonderes metrisches Muster sowie eine eigene Melodie.[125] Diese Forderung nach Vielfalt mag auch den Umstand erklären, daß der Descort mitunter mehrsprachig angelegt ist: Raimbauts de Vaqueiras *Eras quan vey verdeyar* setzt mit einer okzitanischen Strophe ein, fährt mit einer italienischen fort, der eine französische folgt, die vierte klingt dann gaskognisch, die fünfte galizisch-portugiesisch, während die letzte diese Sprachen versweise mischt. Vergegenwärtigt man sich andererseits, daß im Descort der Gegensatz *descordar/acordar, descort/acort* oft auch sprachlich abgewandelt wird, so wundert der Einfall eines Trobadors kaum, den *acort* als Zustand harmonischer Übereinstimmung auch gattungsmäßig festzuschreiben. Dafür bot sich allerdings bereits die Kanzone an; mithin blieb es bei zwei anonymen Versuchen.

J. Maillard, *Evolution et esthétique du lai lyrique des origines à la fin du XIVe siècle*, Paris 1963; Richard Baum, «Les troubadours et les lais», in: *ZrP* 85 (1969), S. 1–44, und «Un terme concernant le trobar: 'lais'», in: *Actes du 5e Congrès international de langue et littérature d'oc et d'études franco-provençales*, Paris 1974, S. 47–72.

[121] Erich Köhler, „'Descort' und 'Lai'", *GRLMA*, II/1, fasc. 4, S. 7.
[122] *Leys d'amors*, Appel, *op. cit.*, S. 199. – Zum *acort* vgl. J. Maillard, «Notes sur l'*acort* provençal», in: *Revue de langue et de littérature provençales* 3 (1960).
[123] *Leys d'amors*, Appel, *op. cit.*, S. 199.
[124] Ed. Marshall, *Raimon Vidal*, S. 97.
[125] Vgl. Erich Köhler, „'Descort' und 'Lai'", *GRLMA*, II/1, fasc. 4, S. 1.

Wo nun der Verliebte sich in Kanzonenform preisend an seine *domna* wendet, als Verleumdeter Rechtfertigungen vorträgt, als Enttäuschter den Minnedienst aufkündigt oder gar endgültig Abschied nimmt, da liegt es nahe, solchen Liedern unter dem Einfluß der auch den Liebesbrief erörternden *artes dictandi*[126] eben Briefcharakter zu verleihen. *Breu* nennen dann die Trobadors ihre *canso*, oder *letra, escrig, carta*; bisweilen erscheint übrigens in den Handschriftenminiaturen der Dichter mit dem Brief abgebildet.[127] *Salutz* verwendet in diesem Sinn nur Rambertí de Buvalel für seinen um 1210 an Beatrix von Este gerichteten Bittgruß *D'un salut me voill entremetre*.[128] So erfand Paul Meyer die Bezeichnung *salut d'amour*,[129] unter welcher nun eine Gruppe von 18 oft 150 bis 200 meist paarweise gereimte Achtsilbler umfassenden Dichtungen als Gegenstand der Provenzalistik Beachtung findet. Um 1170 von Arnaut de Mareuil oder Raimbaut d'Aurenga als Gattung eingeführt, steht im Mittelpunkt des *salutz* die Bitte um *merce*, die der Frau gemäße Form von *largueza*; und als einer, der fleht *A vos, que jeu am desamatz*, richtet der Trobador meistens – wie 1278 Amanieu de Sescars – diese Bitte hoffnungsvoll an die Dame, von deren Schönheit und gemeinsamem *joi* er träumt, deren *pretz* er besingt, als deren *servidor* er angenommen sein möchte.

Ebenso wie von Anfang an Terminologisches und Bildliches aus dem Lehenswesen Sprache und *imagerie* der okzitanischen Lyrik prägt, gehören liturgisch-geistliche Motive, die sich andeutungsweise bereits in der hagiographischen volkssprachlichen Literatur des frühen 11. Jahrhun-

---

[126] Vgl. Elio Melli, «I 'salut' e l'epistolografia medievale», in: *Convivium* 30 (1962), S. 385–398.

[127] Vgl. Amos Parducci, «La 'lettera d'amore' nell'antica letteratura provenzale», in: *Studi medievali* 15 (1942), S. 110.

[128] Vgl. Amos Parducci, a. a. O., S. 84, und Elio Melli, «Nuove ricerche storiche sul trovatore bolognese Rambertino Buvalelli», in: *Studi in memoria di Guido Favati*, Padua 1977, II, S. 425–448; dazu auch: *Rambertino Buvalelli: Le Poesie*, edizione critica con introduzione, traduzione, note e glossario a cura di Elio Melli, Bologna 1978.

[129] Paul Meyer, *Le «salut d'amour» dans les littératures provençales et françaises*, Paris 1867, Bibl. de l'Ecole des Chartes, 6ᵉ Série, t. III. Vgl. dazu auch Pierre Bec, «Pour un essai de définition du 'salut d'amour': les quatre inflexions sémantiques du terme. A propos du salut anonyme 'Dompna, vos m'aves et Amors'», in: *Estudis de llatí medieval i de filologia romànica ded. a la memòria de Ll. N. D'Olwer*, Barcelona 1961–1966, II, S. 191–202; E. Ruhe, *«De amasio ad amasiam». Zur Gattungsgeschichte des mittelalterlichen Liebesbriefes*, München 1975; Chr. Leube, «Salut d'amor», *GRLMA*, II/1, fasc. 5, S. 77–87.

derts finden, zu den Elementen des *trobar*. Begriffe wie *obediensa* und *martir*, die zum Grundbestand der Minnelyrik zählen, schillern sowieso je nach dem Kontext, in den sie eingepaßt sind. So bereitet es weder Daude de Pradas Mühe, die Liebe Gottes als *fin'amors* zu bezeichnen, noch Cadenet, das Paradies als *cort* zu sehen.[130] Wie sehr *trobar* sich mehr und mehr in religiösen Liedern (*chansons pieuses*) ausdrückte, belegt ein Satz aus der *Vida* des 1275 verstorbenen Lanfranc Cigala:

e fo bon trobador e fes mantas bonas chansos, e *trobava volontiers de Dieu*.[131]

Er war ein guter Trobador und schrieb viele *bonas chansos* und machte gerne Gott zum Gegenstand seiner Dichtung.

So brauchte eine Dichtung, die sich meistens der Kanzonenform bediente, um – in dieser Hinsicht die Sirventes-Thematik aufgreifend – die Hinfälligkeit und die Verderbtheit der Welt zu betrauern und zur Umkehr aufzurufen, nur noch die Dame, die im *univers poétique* der *canso* ohnehin ihrem *amador* unerreichbar bleibt, qualitativ überhöht in einen explizit christlichen Zusammenhang zu heben. Aus der *domna* wird die *estela de mar*, die *roza ses espina*, die *flor de paradis*. Indem Peire Guillem de Luzerna die Jungfrau Maria als «flors de vera conoissensa», «flors de beutat»[132] anspricht – Metaphern aus dem Bereich des weltlichen Frauenlobs –, leitet er eine Entwicklung ein, deren Ziel Guiraut Riquier 1284 dadurch programmatisch aufleuchten läßt, daß er *Bel Deport*, ein *senhal*, womit er zwei Jahrzehnte lang seine *domna* meinte, nun auf die Muttergottes überträgt. Die weltlich-höfische *canso* ist damit zum Marienlied geworden, dessen Blütezeit nach dem Albigenserkrieg ins 13. Jahrhundert fällt. Obschon ihr formaler Aufbau beibehalten wird, erscheint ihre Struktur durch die Umwertung ihrer Thematik aufgehoben; konstitutive Begriffe der Kanzone, die Daude de Pradas im Lied *Ben ay'amors* in zwei Versen fast leitfadengerecht zusammenstellt – «Precx e merces, chauzimens e paors,/chans e dompneys, sospirs, dezirs e plors» (Bitten und Gnade, Erhörung und Furcht, Gesang und Minnedienst, Seufzer, Begehren und Tränen) –, sind umgemünzt worden.[133] Der Trobador braucht

---

[130] Vgl. Chr. Leube, „Religiöses Lied", *GRLMA*, II/1, fasc. 5, S. 71.
[131] Boutière–Schutz–Cluzel, *op. cit.*, S. 569.
[132] Vgl. dazu auch Chr. Leube, „Religiöses Lied", *GRLMA*, II/1, fasc. 5, S. 67–76, und J. Salvat, «La Sainte Vierge dans la littérature occitane du Moyen Age», in: *Mélanges I. Frank*, 1957, S. 614–656, sowie Francisco J. Oroz Arizcuren, *La lírica religiosa en la literatura provenzal antigua*, Pamplona 1972.
[133] Zit. in: Alfred Jeanroy, *La poésie lyrique des troubadours*, Toulouse/Paris 1934, Bd. 2, S. 99, Anm. 1.

sich nun nicht mehr in sublimierendem *desamatz amar* zu verzehren, denn die 'gnadenvolle' Maria ist nicht an das selbstwertsteigernde Sich-Versagen gebunden: *joi* als Auswirkung gewährter *merce* ist jetzt in dem erfahrbar, was Daude de Pradas zum *novelh chan* erklärt.[134]

Ritterdasein und Glaubensdienst sind eng verbunden, besonders nachdem unter Bernhards von Clairvaux Einfluß das Abendland von der Kreuzzugsidee erfaßt wurde. Nachdem am 27. November 1095 Papst Urban II. auf dem Konzil von Clermont den Kreuzzug gepredigt hatte, nahm auch Guillaume IX im Sinn des Lukasevangeliums (14, 27) 1101 als Heerführer das Kreuz; der Bürgersohn Gaucelm Faidit schiffte sich 1202 als Pilger nach dem Orient ein und verlieh anläßlich seiner Rückkehr aus dem Heiligen Land der Freude über die wiedergefundene Heimat in der Kanzone *Del gran golfe de mar* Ausdruck. Eine neue Erfahrung mehrt früh den thematischen Bestand der okzitanischen Lyrik: Marcabrus *pastorela*-artiges Lied *A la fontana del vergier* zum Beispiel schildert die Trauer einer *donsela*, deren Freund in Palästina weilt. So entsteht – abermals als Spielart der Kanzonenform – das Kreuzzugslied (*chanson de croisade*).[135] Unter Marcabrus Liedern gehören zwei zu dieser Gattung: *Pax in nomine Domini!* und *Empereire, per mi mezeis*. Der *Vers del lavador*, dessen Datierung freilich zwischen 1137 und 1149 schwankt,[136] gilt zudem als das früheste okzitanische Beispiel für diese Gattung. Aus dem *langue d'oil*-Gebiet hat sich mit *Chevalier, mult estes guaris* das älteste französische Kreuzzugslied erhalten; es muß 1146 gedichtet worden sein und ruft zum zweiten Kreuzzug auf, indem es dem Ritter den Kreuzzug als Turnier zwischen Hölle und Himmel vorstellt.[137] Das Kreuzzugslied, das sich neben der Kanzonenform als geistlich engagierte Lyrik auch des Sirventes bedient, ist im okzitanischen Raum am häufigsten „in der Zeit von 1187 bis in das Jahrzehnt nach dem vierten Kreuzzug"[138] belegt; eines der spätesten von den etwa 35 erhaltenen Exemplaren schrieb 1326 Lunel de Montech.[139] Insbesondere die *chanson de croisade* zeigt, daß die

---

[134] Vgl. Chr. Leube, „Religiöses Lied", *GRLMA*, II/1, fasc. 5, S. 70–72.
[135] Vgl. Chr. Leube, „Das Kreuzzugslied", *GRLMA*, II/1, fasc. 4, S. 73–82; vgl. überdies F.-W. Wentzlaff-Eggebert, *Kreuzzugsdichtung des Mittelalters. Studien zu ihrer geschichtlichen und dichterischen Wirklichkeit*, Berlin 1960.
[136] Vgl. Riquer, *Los Trovadores*, Bd. I, S. 206.
[137] Vgl. dazu die Dokumentationsnummer 5552 im *GRLMA*, VI/2, S. 363, und Alfred Adler, „Die politische Satire", *GRLMA*, VI/2, S. 290.
[138] Chr. Leube, „Das Kreuzzugslied", *GRLMA*, II/1, fasc. 4, S. 75.
[139] Vgl. Chr. Leube, „Das Kreuzzugslied", *GRLMA*, II/1, fasc. 4, S. 80, und Henri-Irénée Marrou (Henri Davenson), *Les Troubadours*, Paris ²1971, S. 25.

Form der *canso* vielfältigen *razos* gerecht zu werden vermag. Im nachhinein von den Poetiken ausschließlich auf den Ausdruck von «amors e cortesia e solaç»[140] (Liebe und höfisches Leben und vergnügtes Beisammensein) bzw. «amors o [...] lauzors»[141] (Liebe oder Preislied) festgelegt, blieb die Kanzone in Wirklichkeit stets dem thematisch ungebundeneren *vers* verwandt, der Urzelle der provenzalischen Lyrik. Die *Leys d'amors* weisen dem *vers* aber gegensätzliche Aufgaben zu: «tracta d'amors o de lauzors o de *reprehensio*»[142] (er handelt von Liebe, Lobpreis oder Kritik.) Vergegenwärtigt man sich die Gattungen, die Pierre Bec als „Satelliten" der Kanzone bezeichnet (*sirventes, planh, tenso*),[143] so wird einsichtig, daß die Zeitgenossen unter *reprehensio* so etwas wie politisches und sozialkritisches Engagement verstanden, denn für sie hat alle höfische Dichtung den Charakter einer «escola [...] de·ls bos»[144] – um es mit Amanieus de Sescars vor 1291 verfaßtem *Ensenhamen del escudier* zu sagen.

Zum Liedtypus, dem es im Gefüge des provenzalischen Gattungssystems obliegt, als Vehikel für zeitgeschichtlich aktuelle Themen zu dienen, haben die Trobadors das Sirventes entwickelt; die Beschreibung, welche Jofres de Foixà *Doctrina de compondre dictats* davon liefert, ist umfassend:

Serventetz es dit per ço serventetz per ço com *se serveix* e *es sotsmes a aquell cantar de qui pren lo so e les rimas*, e per ço cor deu parlar *de senyors o de vassalls, blasman o castigan o lauzan o mostran*, o de *faytz d'armes* o de *guerra* o de *Dieu* o de *ordenances* o des *novelletatz*.[145]

Das *serventetz* nennt man *serventetz*, weil es sich jenes Liedes bedient und sich ihm unterwirft, von dem es die Melodie und die Reime übernimmt; und weil es von Herren oder Vasallen sprechen soll, tadeln oder kritisieren oder loben oder unterrichten soll, oder von Kämpfen oder Krieg oder Gott oder Vorschriften oder Neuigkeiten berichten soll.

[140] *Doctrina de compondre dictats*, Ed. Marshall, in: *Raimon Vidal*, S. 97.
[141] *Leys d'amors*, Appel, *op. cit.*, S. 198.
[142] Appel, *op. cit.*, S. 197.
[143] Bec, *La lyrique française au Moyen-Age*, Bd. I, S. 36.
[144] Zit. in: Dietmar Rieger, „Das Sirventes", *GRLMA*, II/1, fasc. 4, S. 53, Anm. 14. Vgl. dazu S. Thiolier-Méjean, *Les poésies satiriques et morales des troubadours du 12ᵉ siècle à la fin du 13ᵉ siècle*, Paris 1978.
[145] Ed. Marshall, in: *Raimon Vidal*, S. 97; zum Sirventes vgl. Karen W. Klein, *The partisan voice. A study of the political lyric in France and Germany (1180–1230)*, Paris/Den Haag 1971; Martín de Riquer, «Il significato politico del serventese provenzale», in: *Concetto, Storia, Miti e Immagini del Medio Evo*, a cura di

Zunächst erklärt der Verfasser den Gattungsnamen *sirventes*, indem er ihn in zweifacher Hinsicht semantisch mit dem Etymon SERVIRE in Verbindung bringt: formal und sachlich. Bezüglich der Form, d. h. der sprachlichen (*rimas*) und musikalischen (*so*) Gestalt, heiße das Sirventes so, weil es sich eines Musters bedient (*se serveix*) und sich ihm auch unterordnet (*es sotsmes*). Das Vorbild, von dem das Sirventes abhängt, ist die Kanzone; die *Doctrina* stimmt in diesem Punkt völlig mit den *Leys d'amors* überein:

E pot[z] lo far en qualque so tu vulles; e specialment se fa en so novell, e *maiorment en ço de canso*. E deus lo far d'aytantes cobles com sera lo cantar de que prendras lo so; e *potz seguir las rimas contrasemblantz del cantar de que prendras lo so*, o atressi lo potz far en altres rimes.[146]

Man kann es auf jede beliebige Melodie schreiben; insbesondere mit einer neuen Melodie, hauptsächlich der der *canso*. Es muß genauso viele *coblas* haben wie das Lied, von dem die Melodie stammt, und man kann dessen Reimschema folgen oder ihm genausogut auch andere Reime geben.

Diese formale Abhängigkeit des Sirventes von der das Gattungssystem beherrschenden Kanzone dürfte mindestens doch mit ein Grund für das künstlerisch geringe Prestige sein, das die Trobadors diesem Liedtypus einräumen, obschon es von den Dichtern selbst „stets inhaltlich-stilistisch begründet wird".[147] Was die sachliche Herleitung von *sirventes* aus SERVIRE anbelangt, auf welche die *Doctrina* mit der Bemerkung «deu parlar de senyors o de vassalls» anspielt, so läßt sie durchblicken, als Autoren von *sirventes* kämen besonders *sirven* (<SERVIENS) in Frage.

Das Sirventes wäre mithin von seiner Bestimmung her als Auftrags- und Gelegenheitslyrik von Lohnsängern zu verstehen; eine Funktion, die noch bei Guillem Figueira deutlich faßbar bleibt:

> Un nou *sirventes* ai en cor que trameta
> a l'emperador a la gentil persona,
> qu'eras m'a mestier qu'*en son servizim* meta,
> que nulhs homs plus gen de lui non guazardona.[148]

Vittore Branca, Florenz 1973, S. 287–309; Dietmar Rieger, *Gattungen und Gattungsbezeichnungen der Trobadorlyrik. Untersuchungen zum altprovenzalischen Sirventes* (Beih. 148 zur ZrP), Tübingen 1976; ders., „Das Sirventes", GRLMA, II/1, fasc. 4, S. 9–61.

[146] *Doctrina de compondre dictats*, Ed. Marshall, in: *Raimon Vidal*, S. 96.
[147] Dietmar Rieger, „Das Sirventes", GRLMA, II/1, fasc. 4, S. 48.
[148] Zit. in: Dietmar Rieger, „Das Sirventes", GRLMA, II/1, fasc. 4, S. 18.

> Ich habe ein neues *sirventes* im Sinn,
> das ich dem Kaiser, dem edlen Herrn, übermitteln will,
> denn heute ist es mir ein Bedürfnis, ihm zu Diensten zu sein,
> da keiner edler als er zu lohnen weiß.

Diesem Stand gehörten Marcabru und Cercamon tatsächlich an. Die – von der Thematik her betrachtet – *sirventes*-artigen Lieder (d. h. moralischen *vers*) der diese Gattung recht eigentlich herauskristallisierenden Trobadors der zweiten Generation nennen ihre Schöpfer allerdings eben noch *vers*.[149] Zu den frühesten Texten, in denen das Wort *sirventes* belegt ist, das um die Mitte des 12. Jahrhunderts sowohl in der *langue d'oïl* (Erstbeleg im *Roman de Thèbes*, Vers 5160[150]) als auch in der *langue d'oc* auftaucht,[151] zählt Guirauts de Cabrera *Cabra joglar* aus der Zeit um 1150 (sicher aber vor 1165); da erscheint das Sirventes noch nicht unter den höfischen Gattungen, sondern gilt als Spielmannsdichtung.[152] Bezeichnenderweise gehören die frühesten im Text selbst als *sirventes* bezeichneten Stücke wie Marcoats Schimpf- und Spottlied *Mentre m'obri eis huisel* zum Typus des *sirventes joglaresc*.[153] Wie so oft in der Mediävistik bemühte die Philologie sich, aus dem Gattungsterminus Ursprungstheorien zu gewinnen. Die sogenannte Söldnerliedtheorie steht da der Tornadentheorie gegenüber, die durch gewisse in den *vidas* enthaltene Bemerkungen gestützt wird, wonach das Sirventes aus der die Kanzone abrundenden *tornada* hervorgegangen wäre;[154] in Wahrheit kranken aber beide Erklärungsweisen am Ausschließlichkeitsanspruch, den solche Theorien so gut wie immer aufgrund eingearbeiteter wissenschaftsideologischer Prämissen erheben: ein Anspruch, auf den nun gerade der Verfasser der *Doctrina* klugerweise verzichtet, indem er sich auf Beschreibung beschränkt.

Zu dieser Beschreibung der Gattung Sirventes gehört der thematische Aspekt. Das semantische Feld des Begriffs *reprehensio* abdeckend, den die *Leys d'amors* sowohl zur Bestimmung des *vers* als auch zur Definition des Sirventes verwenden, obliegt es dem Sirventes zu *blasmar, castigar,*

---

[149] Vgl. Dietmar Rieger, *Gattungen und Gattungsbezeichnungen der Trobadorlyrik*, und „Das Sirventes", *GRLMA*, II/1, fasc. 4, S. 33.

[150] Vgl. Dietmar Rieger, „Das Sirventes", *GRLMA*, II/1, fasc. 4, S. 16.

[151] Vgl. Riquer, *Los Trovadores*, Bd. I, S. 55.

[152] Vgl. Dietmar Rieger, „Das Sirventes", *GRLMA*, II/1, fasc. 4, S. 11.

[153] Vgl. dazu Dietmar Rieger, „Das Sirventes", *GRLMA*, II/1, fasc. 4, S. 35–36, und Suzanne Méjean, «Contribution à l'étude du ‹sirventes joglaresc›», in: *Mélanges Boutière*, I, S. 377–395.

[154] Vgl. Dietmar Rieger, „Das Sirventes", *GRLMA*, II/1, fasc. 4, S. 13 ff.

mostrar (auch zu *lauzar*), «por castiar los fols e los malvatz» (um die Törichten und Schlechten zu strafen), fügen die *Leys* hinzu.[155] Bezeichnenderweise nennen zwei Ritter aus Tarascon, Tomier und Palaizí, das Sirventes, mit dem sie 1226 während der Belagerung von Avignon an den Durchhaltewillen der Eingeschlossenen appellieren, „Angriff":

> De chantar farai
> una *esdemessa*.[156]
>
> Aus dem Lied werde ich
> einen Angriff machen.

Gegenstand des Sirventes sind *fayts d'armes, guerra, Dieu, ordenances* und *novelletatz*. Damit ist so ziemlich alles erfaßt, was die Provenzalistik ordnend in Sirventes-Kategorien aufteilt: das spöttisch satirische, mitunter geradezu unflätig beleidigende, selbst höchste Herren nicht verschonende persönliche Sirventes von oft spielmannsartigem Zuschnitt – in den *vidas* als *sirventes joglarescs* bezeichnet –, wie es früh schon Guillem de Berguedà pflegte und es in Dalfins d'Alvernha als Antwort gegen Richard Löwenherz gerichtetem *Reis, pus vos de mi chantatz* verwirklicht ist, oder in Bertran Carbonels spätem *Vil sirventes de vil home vuelh far*;[157] das politische Sirventes vorwiegend höfischer Art, das sich engagiert zum Kreuzzug äußert und zur spanischen Reconquista, zu den Albigenserkriegen, zu den italienischen Wirren und zu den franko-aragonesischen Kronauseinandersetzungen; das moralisch-kritische Sirventes, mit dem Trobadors wie Marcabru und Giraut de Bornelh unermüdlich den Zeitgeist geißeln und warnend den Verfall höfischer Gesittung und ganz besonders der *largueza* anprangern, die man den Dichtern schulde. In unserem Zusammenhang von besonderem Interesse ist schließlich das literarische Sirventes. Dazu gehören neben den kritischen Trobadorgalerien, die Peire d'Alvernha (*Cantarai d'aqestz trobadors*) und der Mönch von Montaudon (*Pois Peire d'Alvernh'a chantat*) verfaßten, auch Bernart Martís Polemik gegen Peires d'Alvernha *Sobre·l vieill trobar e·l novel* und Lanfranco Cigalas *Escur prim chantar e sotil*, ein Lied, in welchem der Genuese als Vertreter des *trobar leu* gegen das dunkle *trobar clus* zu Felde zieht;[158] nicht unerwähnt bleibe in diesem Zusammenhang Pons Barbas Sirventes über das Sirventes:

---

[155] Appel, *op. cit.*, S. 198.
[156] Zit. in: Appel, *op. cit.*, S. 107, Nr. 70; vgl. dazu Nelli-Lavaud, a. a. O., S. 25.
[157] Zit. in: Dietmar Rieger, „Das Sirventes", *GRLMA*, II/1, fasc. 4, S. 49.
[158] Vgl. Riquer, *Los Trovadores*, Bd. I, S. 56–58.

> Sirventes non es leials
> s'om noi ausa dir los mals
> dels menors e dels comunals,
> e majorment dels majorals
> [...]¹⁵⁹
>
> Ein *sirventes* ist nicht rechtens,
> wenn man darin nichts Schlechtes
> über die Niedrigen und Gemeinen
> und hauptsächlich über die höher Gestellten
> zu sagen wagt
> [...]

Das außerordentlich breite *razo*-Spektrum, welches das Sirventes abzudecken vermag, erklärt auch den Umstand, daß dieser Liedtypus mit über fünfhundert erhaltenen Sirventes oder Sirventes-Kanzonen als zweithäufigste Gattung vom okzitanischen Lyrikbestand einen Anteil von 23 % beansprucht¹⁶⁰ und sich bis um 1270 – gegen Ende des 13. Jahrhunderts zerfällt die Gattung – virulent erhielt.

Bei aller Wandlungsfähigkeit, die dem Sirventes eigen ist, vergißt der Trobador – schon aus formalen Gründen – nie die Verbindung, die zwischen Sirventes und Kanzone als Spaltprodukten des *vers* besteht; zumal *amors* durchaus als Gegenstand des Sirventes insofern möglich ist, als dann darin Kritik an der unechten Liebe und ihren Verfechtern geübt wird.

> Cortz e *guerras* e *joi d'amor*
> mi solian far esbaudir
> e tener gai e chantador,
>
> Hofleben, Krieg und Liebesglück
> haben mich immer schon erfreut
> und mir gute Laune und Lust zu singen geschenkt,

singt Bertran de Born in diesem an Richard Löwenherz gerichteten Lied (Verse 1–3) und schlägt damit das *canso*-Thema *joi d'amor* und das Sirventes-Thema *guerra* sogar zugleich an. Es lag folglich angesichts der soziokulturellen Bedingungen, unter denen die provenzalische Lyrik sich entwickelte, ziemlich nahe, daß die im *vers* gestaltbare Doppelthematik nach ihrer Aufspaltung zu einer Neuverschmelzung führte. Die Provenzalistik nennt das so entstandene Gebilde Sirventes-Kanzone.¹⁶¹ Falquet de

---

¹⁵⁹ Zit. in: Dietmar Rieger, „Das Sirventes", *GRLMA*, II/1, fasc. 4, S. 31.
¹⁶⁰ Vgl. Rupprecht Rohr, a. a. O., S. 211.
¹⁶¹ Vgl. dazu Erich Köhler, „Die Sirventes-Kanzone: 'genre bâtard' oder legi-

Romans beklagte nämlich die Orientfahrt des Grafen Bonifaz von Monferrato, weswegen die Freigebigkeit (*largueza*, Vers 42) entschwunden sei, in einem Lied, das folgendermaßen einsetzt:

> Una *chanso sirventes*
> a ma dona trametrai.[162]
>
> Ich werde meiner Dame
> eine Sirventes-Kanzone übermitteln.

Obschon damit ein trefflicher Name für die neue Gattung vorgeschlagen war, deren thematischer Aufbau den Wechsel vom Liebesmotiv zum zeitkritischen Anliegen spiegelt, fand dieser weder Anklang bei den Lyrikern, die mitunter von *chans mesclatz, chans divers* oder sogar *vers-chanso* sprechen,[163] noch erscheint er in den Poetiken. Verwunderlich ist es nicht, gab es doch längst den *vers*, zu dessen Strukturmerkmalen eben dies *virar* so sehr gehört, daß durch Wendungen wie «lai vir mon chan» (in Peire Vidals *Anc no mori per amor ni per al*, Vers 49, bzw. in Gaucelm Faidits *Tant sui ferms*, Vers 51) die Trobadors selbst innerhalb des lyrischen Diskurses dessen Bipolarität thematisieren. Was die Sirventes-Kanzone, die in rund fünfzig Exemplaren überliefert ist, im Bewußtsein der Trobadors und ihres Publikums offensichtlich vom Sirventes unterscheidet, um sie in das Umfeld der Kanzone zu rücken, ist die seit Marcabru und Cercamon, welche „die Gattung der Sirventes-Kanzone in *statu nascendi* vertreten",[164] gattungskonstituierende Forderung nach jeweils neuer Strophenform und eigens dazu komponierter Melodie.[165]

Im Anschluß an die «dictats principals», zu denen unter anderem *vers*, Kanzone und Sirventes gehören, zählen die *Leys d'amors* als «dictats no-principals» einige formal recht freie Liedtypen auf, die sich dadurch auszeichnen, «que an aytals dictatz pot hom far aytantas coblas quo·s vol» (daß in diesen Werken beliebig viele *coblas* vorkommen können).[166]

---

time Gattung?", in: *Mélanges offerts à Rita Lejeune*, Gembloux 1969, I, S. 159 bis 183, und „Die Sirventes-Kanzone", *GRLMA*, II/1, fasc. 4, S. 62–66.
[162] Zit. in: Erich Köhler, „Die Sirventes-Kanzone", *GRLMA*, II/1, fasc. 4, S. 63.
[163] Vgl. Erich Köhler, „Die Sirventes-Kanzone", in: *Mélanges offerts à Rita Lejeune*, I, S. 163.
[164] Erich Köhler, „Die Sirventes-Kanzone: 'genre bâtard' oder legitime Gattung?», in: *Mélanges Rita Lejeune*, I, S. 177.
[165] Vgl. Erich Köhler, „Die Sirventes-Kanzone", *GRLMA*, II/1, fasc. 4, S. 62.
[166] Appel, *op. cit.*, S. 200.

Hierzu gehören das *plazer* und das *enueg* (*ennui*) bzw. *desplazer*. Solche Lieder beginnen – wie bei Bertran de Born – mit *Be·m platz lo gais temps de pascor* oder – um ein Beispiel des Mönchs von Montaudon zu erwähnen – mit *Fort m'enoia, s'o auzes dire.* Dank diesem Einsatz (*·m platz* bzw. *m'enoia*) weiß der Hörer sogleich, was ihn erwartet: eine Aufzählung erfreulicher bzw. ärgerlicher Dinge und Gegebenheiten:

> Enoia·m longa tempradura,
> e carns quant es mal coita e dura,
> e prestre qui men ni·s perjura,
> e vielha puta que trop dura.
>   (Verse 28–31)
>
> Mir mißfällt die allzu lange Enthaltsamkeit
> und Fleisch, wenn es nicht gar und zäh ist,
> und der Priester, der lügt und Meineide schwört,
> und die alternde Hure, die noch am Leben ist.

Wie aus diesen Versen des Mönchs von Montaudon ersichtlich ist, neigt das *enueg*[167] – das gilt aber auch für das *plazer*[168] – zum Humor, zur „tendenziellen Ironisierung von *reprehensio* und *lauzor*, die in Richtung Parodie des Sirventes geht".[169] Entscheidet der Trobador sich, Wohlgefallen und Mißfallen an bestimmten – auch gesellschaftlichen oder politischen – Gegenständen thematisch verflochten im gleichen Lied zum Ausdruck zu bringen, so entsteht ein *enueg-plazer*. Wie sehr diese Liedtypen, ob ihr Tonfall nun ironisierend oder ernst gemeint ist, in den Umkreis des Sirventes gehören, läßt sich an Bertrans de Born 1194 zur Begrüßung König Richards gedichtetem *Ar ve la coindeta sazos* ablesen; es ist ein Sirventes, dessen vier auf die Einleitungsstrophe folgende *coblas* wechselweise mit Formulierungen wie «Ges no·m platz» (mir gefällt keineswegs) (Vers 9), «Bela m'es» (mich erfreut) (Vers 17), «No·m platz» (mir gefällt es nicht) (Vers 25) und «Bo·m sap» (mir gefällt) (Vers 33) anheben.[170]

---

[167] Vgl. dazu R. Thompson Hill, "The 'enueg'", in: *PMLA* 20 (1912), S. 265 bis 296; G. Lanciani, «Dagli 'enueg' alle 'parvoices'», in: *Cultura neolatina* 30 (1970), S. 250–299; M. O. Gsell, «Les genres médiévaux de l' 'enueg' et du 'plazer'», in: *Actes du 5ᵉ Congrès international de langue et littérature d'oc et d'études franco-provençales*, Paris 1974, Publ. de la Fac. des Lettres et des Sciences Humaines de Nice 13, S. 420–427.

[168] Vgl. dazu Riquer, *Los Trovadores*, Bd. II, S. 1026.

[169] Vgl. Dietmar Rieger, „Das Sirventes", *GRLMA*, II/1, fasc. 4, S. 56.

[170] Zit. in: Dietmar Rieger, „Das Sirventes", *GRLMA*, II/1, fasc. 4, S. 54, Anm. 18.

Spielerisches ist aus der Trobadordichtung nicht ausgeschlossen. Dies war bereits aus Raimbauts de Vaqueiras in Tenzone und Descort gepflegter Mehrsprachigkeit zu ersehen, kommt bei Cerverí de Girona in Buchstabenspielereien (*La canço de les letres*), Zahlenwitzen (*Lo vers del comte*), Wortspielen (*Lo vers del serv*) und Kinderreimen (*Vers estrayn*) zum Ausdruck[171] sowie in den *devinalh* genannten Rätseln bzw. Nonsensliedern, als deren frühestes Beispiel Guillaumes IX *Farai un vers de dreyt nien*[172] gelten darf; im altfranzösischen 13. Jahrhundert bezeichnete man sie als *fatrasies*.[173] Nicht zu vergessen ist in diesem Zusammenhang der Typus, den die *Doctrina de compondre dictats* «*sompni*» (<SOMNIUM) nennt:

Si vols far sompni, deus parlar d'aquelles coses qui·t seran viiares que haies somiades, vistes o parlades en durmen.[174]

Willst du ein *sompni* verfassen, so mußt du von Dingen sprechen, von denen dir scheinen mag, du habest sie im Traum erlebt, im Schlaf gesehen oder gesagt.

Und man erinnert sich, daß bereits der *Vers de dreyt nien* «fo trobatz *en durmen*» (im Schlaf gedichtet wurde). Doch fehlt es auch nicht an derb scherzhaften Gattungen. In den Bereich des Sirventes gehört als nichtlyrisches Scherz- und Spottgedicht der wohl in *chanson de geste*-Manier rezitierte *estribot*; er ist ab ungefähr 1150 belegt und kommt in der langue

[171] Vgl. Riquer, *Los Trovadores*, Bd. III, S. 1561–1562. Zu dieser Thematik vgl. darüber hinaus Stephen Manning, "Game and Earnest in the Middle English and Provençal Love Lyrics", in: *Comparative Literature* 18 (1966), S. 225–241.

[172] Vgl. Alfred Jeanroy, *Les chansons de Guillaume IX*, Paris, CFMA, ²1927, S. 32. – Zum *devinalh* vgl. N. Pasero, «'Devinalh', 'non-senso' e 'interiorizzazione testuale': osservazioni sui rapporti fra strutture formali e contenuti ideologici nella poesia provenzale», in: *Cultura neolatina* 28 (1968), S. 113–146.

[173] Vgl. dazu Bec, *La lyrique française au Moyen-Age*, Bd. I, S. 167 ff., L. C. Porter, *La fatrasie et le fatras. Essai sur la poésie irrationnelle en France au Moyen Age*, Genf/Paris 1960, Paul Zumthor, «Essai d'analyse des procédés fatrasiques», in: *Romania* 84 (1963), S. 145–170, Wilhelm Kellermann, „Über die altfranzösischen Gedichte des uneingeschränkten Unsinns", in: *Archiv für das Studium der neueren Sprachen und Literaturen* 205 (1968), S. 1–22, und Heinz Jürgen Wolf, „Fatrasie: Kritik und Etymologie", in: *Romanica Europea et Americana. Festschrift für Harri Meier*, Bonn 1980, S. 639–657.

[174] Ed. Marshall, in: *Raimon Vidal*, S. 97; vgl. dazu auch W. Kellermann, „Ein Sprachspiel des französischen Mittelalters: die 'resverie'", in: *Mélanges Rita Lejeune*, 1969, II, S. 1131–1346, und Pierre Bec, «De la 'resverie' médiévale à la chanson traditionnelle des 'menteries'», in: *Atti del XIV° Congresso internazionale di linguistica e filologia romanza*, Bd. 5, Neapel 1981, S. 481–489.

d'oil erstmals in Benoîts de Sainte-Maure *Chronique des ducs de Normandie* (Vers 8079) vor.[175] Gleichfalls aus dem Umkreis des Sirventes stammt der *gap* (<*gabar* <anord. *gabb*), zwar „keine geschlossene lyrische Gattung im Altprovenzalischen",[176] aber eine geläufige Bezeichnung für heitere Prahl-Lieder: «*gabar e rire*» verbindet Bernart de Ventadorn bezeichnenderweise im Lied *Amors, e que· us es vejaire*. Prahlerei mit Liebhabereigenschaften, Prahlerei mit Trobadorkunstfertigkeit: die beiden Aspekte verbindet schon Guillaume IX in *Ben vuelh que sapchon li pluzor*, wo er in Vers 43 das Verb *gaubier* verwendet, während er in *Ab la dolchor del temps novel* schnippisch von denen spricht, die «se van d'amor gaban» (Vers 29). Prahlerei aber auch mit Rittertugend wie Peire Vidal in *Drogoman senher, s'ieu agues bon destrier*. Von der erotischen Prahlerei ist es nicht weit zum obszönen Lumpenlied. In seinem dichtungskritischen Sirventes *D'entier vers far ieu non pes* erwähnt Bernart Martí im Zusammenhang mit *vers de truandia* den *arlotes* (<*arlot*: Lump, Schurke).[177] Mag auch die Etymologie des Begriffs Schwierigkeiten bereiten, den Rahmen, in welchen solche Lieder gehören, vermittelt Guilhem Figueiras *Vida* auf recht villonhafte Weise:

No fo hom que saubes caber entre·ls baros ni entre la bona gen; mas mout se fez grazir als arlotz et als putans et als hostes et als taverniers.[178]

Er war kein Mann, der bei Adeligen oder ordentlichen Leuten zu Hause war; aber er war sehr beliebt bei den Lumpen und den Huren, bei Schankwirten und Kneipengängern.

Nicht nur als gesellschaftskritisch ausgerichtete Literatur, selbst in ihren persönlichsten Äußerungen unmittelbarer Ergriffenheit, dort, wo sie am 'lyrischsten' ist, wendet Trobadordichtung sich immer an eine Öffentlichkeit. Als vortrefflicher Träger einer Synthese dieser beiden thematischen Aspekte bot sich den Trobadors die mittellateinische Gattung des Klagelieds (PLANCTUS) an, ein «cantar qui parla marridament e

---

[175] Vgl. dazu Dietmar Rieger, *Gattungen und Gattungsbezeichnungen der Trobadorlyrik*, S. 128–132; ders., „Das Sirventes", *GRLMA*, II/1, fasc. 4, S. 32.

[176] Vgl. dazu Jörg-Ulrich Fechner, „Zum 'gap' in der altprovenzalischen Lyrik", in: *Germanisch-romanische Monatsschrift* 45 (1964), S. 15–34.

[177] Vgl. dazu Dietmar Rieger, *Gattungen und Gattungsbezeichnungen der Trobadorlyrik*, S. 142–146. – Zu diesem Themenkomplex vgl. nunmehr Pierre Bec, *Burlesque et obscénité chez les troubadours: Le Contretexte au Moyen Age*, Paris 1984.

[178] Boutière–Schutz–Cluzel, *op. cit.*, S. 434.

planyen» (ein Lied, trauernd und klagend).[179] Die *Leys d'amors* beschreiben es genau:

Plangs es us dictatz qu'om fay per gran desplazer e per gran dol qu'om ha del perdemen o de la adversitat de la cauza qu'om planh. E dizem generalmen: de la cauza qu'om planh, quar enayssi quo hom fa plang d'ome o de femna, ayssi meteysh pot hom far plang d'autra cauza, coma si una vila oz una ciutatz era destruida e dissipada per guerra o per autra maniera.[180]

Der *planh* ist ein Werk, das man in großem Kummer und großem Schmerz verfaßt, die einem erwachsen sind wegen des Verlustes oder des Unglücks der Sache, die man beklagt. Wir sagen allgemein: der Sache, die man beklagt, denn so wie man einen *planh* über einen Mann oder eine Frau verfassen kann, genauso kann man einen *planh* über etwas anderes schreiben, zum Beispiel wenn ein Gehöft oder eine Stadt durch den Krieg oder auf andere Weise zerstört und vernichtet wurde.

Besonders als Klage über zeitgeschichtlich bedeutsame Ereignisse steht der *planh* dem Sirventes nahe. Die gattungsspezifischsten Exemplare liegen in den Elegien über den Tod bedeutender Persönlichkeiten vor, denen der Dichter sich besonders verbunden fühlt. Dazu gehören zwei *planhs* über das Hinscheiden des jungen Heinrich von England: von Bertran de Born *Mon chan fenisc ab dol et ab maltraire*, umstritten bleibt die Zuschreibung von *Si tuit li dol e·lh plor e·lh marrimen*, «uno de los más bellos y famosos de la literatura provenzal».[181] Dem gewaltsamen Ableben so jugendlich strahlender Figuren wie Richard Löwenherz und Konradin von Hohenstaufen widmet Gaucelm Faidit sein *Fortz chauza es que tot lo major dan* und Bartolomé Zorzi sein *Si·l monz fondes, a maravilla gran*. Obschon der *planh* im gesellschaftsbezogenen Dasein des Trobadors eine wichtige Rolle spielt und auch in Poetiken wie Geoffrois de Vinsauf *Poetria nova* erörtert wird, haben sich nur 43 Exemplare erhal-

---

[179] *Doctrina de compondre dictats*, Ed. Marshall, in: *Raimon Vidal*, S. 98.

[180] Appel, *op. cit.*, S. 200. – Zum *planh* vgl. Caroline Cohen, «Les éléments constitutifs de quelques PLANCTUS des Xe et XIe siècles», in: *Cahiers de Civilisation médiévale* 1 (1958), S. 83–86; S. C. Aston, "The Provençal 'planh': I. The Lament for a Prince", in: *Mélanges Jean Boutière*, Lüttich 1971, I, S. 23–30, und "II. The Lament for a Lady", in: *Mélanges offerts à Rita Lejeune*, Gembloux 1969, I, S. 57–65; Dietmar Rieger, „Das Klagelied ('Planh')", *GRLMA*, II/1, fasc. 4, S. 83–92; Patricia Harris Stäblein, "New Views on an Old Problem: The Dynamics of Death in the 'Planh'", in: *Romance Philology* XXXV, 1 (1981), S. 223–234.

[181] Riquer, *Los Trovadores*, Bd. II, S. 706.

ten, was ungefähr 2 % des überlieferten okzitanischen Repertoires ausmacht.[182]

Zwei Gattungen, die wie *planh* und Sirventes metrisch Kanzonen sind, gehören als bezüglich Gehalt und Struktur schon im *vers* angelegte Typen zur ursprünglichsten Form trobadoresker Einbildungskraft: die Tenzone (*tenzo* >TENTIONEM, CONTENTIONEM >*contenson*) und das *partimen*, auch *joc partit (jeu parti)* genannt. Indem beide Gattungen – wie schon aus ihrem Namen hervorgeht – in der Debatte verankert sind, spiegeln Tenzone und *partimen*, die mit 192 erhaltenen Beispielen 8 % der okzitanischen Lyrik ausmachen,[183] wesentliche Aspekte des *trobar*: einmal seine diskursive, im Sinne romantischer Vorstellungen von Lyrik geradezu unlyrische Anlage, die schon in der Bemühung um das argumentationsbedingte *virar* von einer *razo* zur anderen zu beobachten war; sodann jene ausgeprägte Publikumsbezogenheit, die sogar dazu führte, daß 1575 Jehan de Nostredame in seinen *Vies des plus célèbres et anciens poètes provençaux* aus dem okzitanischen Streitgedicht die Vorstellung ableiten konnte, jene südfranzösischen *cours d'amour*, deren Vorkommen als Gesellschaftsspiel heute unbestritten ist, hätten auch rechtsverbindliche Urteile in Liebesdingen gesprochen.[184] Als dritter Punkt ist zu erwähnen, daß gerade Tenzone und *partimen* als 'Disputationslyrik' Orte sind, wo die „gesellige Natur" der Trobadors Gelegenheit findet, jene von Friedrich Diez im Vorwort zur *Poesie der Troubadours* hervorgehobenen „beziehungsvollen Fäden"[185] zu knüpfen, die sich oft durch ihr Leben und ihre Werke schlingen. Indem es hier überdies wesentlich darum geht, das Richtige vom weniger Richtigen bzw. Falschen zu unterscheiden (*partir, triar, elegir*), entspricht das poetische Streitgespräch endlich dem trobaresken Bedürfnis nach Reflexion, Argumentation und Selbsterkenntnis.

Obschon die *Leys d'amors*, die in ihrer auf die Definition der *tenso* folgenden Erörterung des *partimen* auf die Unterschiede zwischen den bei-

---

[182] Vgl. dazu Rupprecht Rohr, a. a. O., S. 111, Riquer, *Los Trovadores*, Bd. I, S. 60, und Alfred Adler, „Die politische Satire", *GRLMA*, VI/2, S. 288–290.

[183] Vgl. Rupprecht Rohr, a. a. O., S. 111.

[184] Vgl. Erich Köhler, „Partimen ('joc partit')", *GRLMA*, II/1, fasc. 5, S. 16, und Christa Schlumbohm, *Jocus und Amor: Liebesdiskussionen vom mittelalterlichen 'joc partit' bis zu den preziösen 'questions d'amour'*, Hamburg 1974. Vgl. dazu auch Jacques Lafitte-Houssat, *Troubadours et Cours d'amour*, Paris 1971, und L. W. Jones, "The 'Cort d'amor'. A Thirteenth-Century Allegorical Art of Love", in: *Studies in the Romance Languages and Literature* 185, Chapel Hill 1977.

[185] Friedrich Diez, *Die Poesie der Troubadours*, Leipzig ²1883, S. XI.

den Gattungen aufmerksam machen, doch auch einräumen, mancher halte «partimen per tenso e tenso per partimen» (ein *partimen* für eine *tenso* und eine *tenso* für ein *partimen*),[186] lassen die beiden verwandten Liedtypen sich in der provenzalischen Dichtungspraxis, die hier vielleicht sogar Improvisation nicht ausschloß,[187] doch auseinanderhalten. Als ältestes Beispiel für eine Tenzone, die man allerdings zugleich auch als frühestes *partimen* auffassen darf, weil darin „zwei verschiedene durchaus dilemmatisch zu verstehende Standpunkte zur Debatte stehen",[188] gilt die Auseinandersetzung Uc Catolas mit Marcabru *Amics Marchabrun, car digam* aus dem Jahre 1133 zur Frage der *fin'amors*, deren Auslegung Marcabru als Vertreter der aufstrebenden *Joven*-Schicht dem gebildeten Adeligen Uc Catola als dem Sprecher alteingesessener Feudalherren entgegenstellt. Bietet Vers 11 dieses Streitgesprächs schon die Formel «move[r] la tenzon», so liegt der Erstbeleg für *tenso* als Gattungsbezeichnung im Streitgedicht *Peiròl, com avetz tant estat* vor, das Peiròl mit einem Bernart führt («nostra tenso», Vers 10). Was die Musik betrifft, so sind drei Tenzone-Melodien überliefert; grundsätzlich fordert die *Doctrina* Melodie-Entlehnung:

Si vols far tenso, deus l'apondre en algun so qui haia bella nota, e potz seguir les rimes del cantar o no.[189]

Will man eine *tenso* verfassen, muß man ihr eine wohlklingende Melodie zugrunde legen, und man kann die Reime des Lieds [von dem sie stammt] übernehmen oder auch nicht.

Unter einer Tenzone ist mithin eine echte, bisweilen auch fiktive, mit verteilten *coblas* geführte Debatte zwischen zwei Gesprächspartnern zu verstehen, die entgegengesetzte Standpunkte über einen bestimmten Gegenstand vertreten:

Tensos es contrastz o debatz en lo qual cascus mante e razona alcun dic o alcun fag.[190]

---

[186] Appel, *op. cit.*, S. 199. Vgl. dazu Marianne Shapiro, «'Tenson' et 'partimen': la 'tenson' fictive», in: *Atti del XIV° Congresso internazionale di linguistica e filologia romanza*, Bd. 5, Neapel 1981, S. 287–301.

[187] Erich Köhler, „Partimen ('joc partit')", *GRLMA*, II/1, fasc. 5, S. 23.

[188] Erich Köhler, „Tenzone", *GRLMA*, II/1, fasc. 5, S. 3.

[189] Ed. Marshall, in: *Raimon Vidal*, S. 97.

[190] *Leys d'amor*, Appel, *op. cit.*, S. 199. – Zur Tenzone vgl. auch D. J. Jones, *La «tenson» provençale. Etude d'un genre poétique, suivie d'une édition critique de 4 «tensons» et d'une liste complète des «tensons» provençales*, Paris 1934 (Nachdruck Genf 1974); Stefan Hofer, „Zur Entstehung des altprovenzalischen

Die *tenso* ist ein Streitgespräch oder eine Debatte, in der jeder einen bestimmten Standpunkt oder Sachverhalt vertritt und begründet.

Die Parteien können aus zwei Trobadors bestehen, es kommen auch häufig Tenzonen zwischen Spielleuten und Adeligen vor. Der Mönch von Montaudon und Guilhelm d'Antpol streiten sich sogar mit Gott, während Peiròl sich mit *Amors*, Carbonel sich mit seinem eigenen Herzen oder seinem Pferd auseinandersetzt und Gui de Cavalhon mit seinem Mantel. Aus dem Jahr 1190 stammt Raimbauts de Vaqueiras zweisprachige Tenzone mit einer verheirateten einfachen Genueserin, die – der Pastourellehirtin vergleichbar – in volkstümlicher Sprache seine Liebeswerbung abweist. *Tensonar* heißt denn auch vor allem, über Liebe debattieren, wobei die Trobadors weder vor Unverblümtheit noch vor Skurrilität zurückschrecken. Als *tenso*-Gegenstände kommen aber auch Tagesgeschehen in Frage, Politik und – wie Raimbauts d'Aurenga Tenzone *Era·m platz, Giraut de Bornelh* mit Giraut de Bornelh über die Rolle des *trobar clus* bzw. *leu* zeigt – Literatur.

Im Unterschied zur Tenzone trägt im *partimen* der den Disput eröffnende Trobador seinem Gesprächspartner zum aufgeworfenen Problem Alternativlösungen zur Auswahl vor und übernimmt es, die vom Gegner verschmähte Variante selbst zu vertreten.

> De Berguedan, d'*estas doas razos*
> al vostre sen chausetz la meillor,
> q'ieu mantenrai ben la sordejor,
>
> De Berguedan, wählt von diesen beiden Standpunkten
> den, der Eurer Klugheit der bessere dünkt,
> ich will alsdann wohl den schlechteren vertreten,

ruft beispielsweise Aimeric de Peguilhan dem Guilhem de Berguedà in einem *joc partit* zu, in welchem er erörtert haben will,

> si volriatz mais *desamatz amar*
> o desamar e que fossetz amatz.
>
> ob Ihr es vorzieht zu lieben, ohne wiedergeliebt zu werden,
> oder geliebt zu werden, ohne selbst zu lieben.

Zum Ablauf des Partimen, wo es weniger um Wahrheitsfindung geht als um gewandtes Argumentieren, und Ergebnisse folglich kaum zu erwarten sind, gehört die Einsetzung von Richtern, die den anstehenden Streit-

Streitgedichts", in: *ZrP* 75 (1959), S. 37–88; P. Hagan, *The medieval provençal 'tenson': contribution to the study of the dialogue genre*, Yale 1975.

fall entscheiden sollen.[191] Freilich fehlen leider die meisten der von diesen *jutges* im Rahmen der 129 erhaltenen „dilemmatischen Streitgedichte" – so pflegt die Provenzalistik diese Gattung zu benennen – gefällten Urteile (*jutjamens*).

Wie schon aus dem bei Guillaume IX im *vers Ben vuelh que sapchon li pluzor* vorkommenden Erstbeleg

> e si·m *partetz un juec d'amor*
>   no suy tan faz
>   no·n sapcha *triar lo melhor*
>   d'entre·ls malvatz
>   (Verse 8–14)

> Und schlagt ihr mir ein Spiel um Liebe vor,
> bin ich nicht so dumm,
> daß ich mir aus den schlechten
> nicht die beste Lösung herauszusuchen wüßte

deutlich ersichtlich ist, kreist das höfische Gesellschaftsspiel, das im *partir un joc* bzw. *partir un plait* gewiß auch zur Gestaltung kommt, indem oft die Herrin oder der Herr des Hofs dabei als Schiedsrichter angerufen werden, vor allen Dingen um Liebeskasuistik. Als «véritable moment de rhétorique amoureuse»,[192] in welche alle Feinheiten juristischer wie scholastischer Denk- und Ausdrucksfähigkeit einfließen, ist das Partimen der Ort, wo darüber debattiert wird, ob es besser sei, eine Dame durch Geist oder durch Kühnheit zu gewinnen; ob Liebesbeweise oder Hoffnung dem Ansehen eines Bewerbers förderlicher sind; ob der *fin amanz* es vorziehen soll, der Geliebte oder der Gatte seiner Dame zu sein; ob die Liebe eines Königs einer Dame mehr zur Ehre gereiche oder diejenige eines tüchtigen Ritters. Sebastian Neumeister fügt seiner Untersuchung dieser Gattung ein erschöpfendes Verzeichnis der in den provenzalischen Partimens erörterten Streitfragen bei. Daraus geht hervor, daß die behandelten Probleme neben Fragen zur Handhabung von Freigebigkeit und Reichtum, neben Spitzfindigkeiten, die darin bestehen zu erfahren, ob es besser sei, Spielmann oder Ritter zu sein, oder ob man als unbeteiligter Zuschauer lieber einen Monat in der Hölle oder im Paradies zubringen

---

[191] Vgl. Sebastian Neumeister, *Das Spiel mit der höfischen Liebe. Das altprovenzalische Partimen* (Beih. 5 zu *Poetica*), München 1969; Charles Rostaing, «Le 'partimen' de Guionet et Raimbaut et son prolongement possible chez les trouvères», in: *Mélanges Gossen*, Bern 1976, S. 769–776; Erich Köhler, „Partimen ('joc partit')", *GRLMA*, II/1, fasc. 5, S. 16–32.

[192] Jacques Roubaud, *op. cit.*, S. 47.

möchte, doch vornehmlich den Minnedienst und seine soziokulturellen Implikationen betreffen sowie Stand, Eigenschaften und Verhaltensweisen der Dame, ihres Ehemanns und des Trobadors. Daß in einem solchen Rahmen, in dem zwischen Aimeric de Peguilhan und Albertet de Sisteron sogar eine Debatte über 'nichts' («tenzos de non-re») stattfinden kann, das *trobar* selbst auch wieder zum Gegenstand prüfender Befragung wird – wie in Raimbauts d'Aurenga und Girauts de Bornelh Tenzone *Era·m platz, Giraut de Bornelh* –, zeigt klar, in welch hohem Maße das Streitgedicht als *tenso* oder *partimen* zwar mitunter spielerische, aber deswegen oft nicht minder verbindliche Selbstauslegung der *cortezia* und ihrer Rhetorik darstellt.[193]

Wo zwei debattierend die Klingen kreuzen, ist auch für weitere Streiter Platz. So entsteht die drei- bzw. mehrstimmige lyrische Debatte. Ein Genre, das 1196 mit der Erörterung *Senher N'Aymar, chauzetz de tres baros* zwischen Raimbaut de Vaqueiras, Adémar de Poitiers und Perdigon als „Sonderform des Partimen" erstmals belegt ist[194] und in den Handschriftentiteln der Natur der Sache entsprechend als *torneiamen* bezeichnet wird. Neben zwei 'vierstimmigen' *torneiamens* haben sich sechs 'dreistimmige' erhalten; darunter dasjenige, worin Savaric de Mauleon mit Gaucelm Faidit und Uc de la Bacalaira nach den Regeln des *joc partit* eine aus einer Bibelstelle (*Sprüche*, 6, 13) abgeleitete liebeskasuistische Frage diskutiert:

> Gaucelm, *tres jocs enamoratz*
> *partisc* a vos et a N'Ugo,
> e chascus prendetz lo plus bo
> e laissatz me qual que·us volhatz:
> *una domn'a tres preiadors*,
> e destrenh la tan lor amors
> que, quant tuit trei li son denan,
> a chascun fai d'amor semblan:
> *l'un esguard'amorozamen*,
> *l'autr'estrenh la man doussamen*,
> al tertz caussiga·l pe rizen.
> *Digatz*: al qual, pos aissi es
> fai maior amor de totz tres?[195]
>
> Gaucelm, ich unterbreite Euch und Herrn Uc
> drei Fragen in Liebesdingen,

---

[193] Vgl. Erich Köhler, „Partimen ('joc partit')", *GRLMA*, II/1, fasc. 5, S. 32.
[194] Erich Köhler, „Partimen ('joc partit')", *GRLMA*, II/1, fasc. 5, S. 21.
[195] Zit. in Riquer, *Los Trovadores*, Bd. II, S. 945–949.

> und jeder von euch beiden möge
> den besseren Teil auswählen,
> und mir laßt ihr welchen Ihr immer wollt übrig:
> Eine Dame hat drei Verehrer,
> deren Liebe ihr so sehr zu Herzen geht,
> daß sie, wenn alle drei bei ihr sind,
> so tut, als liebe sie einen jeden von ihnen.
> Den einen schaut sie verliebt an,
> dem andern drückt sie zart die Hand,
> und lächelnd tritt sie auf den Fuß des dritten.
> Nun sagt, da es so ist: welchem von diesen dreien
> gibt sie den größten Liebesbeweis?

Findet das Partimen-Muster sich im *torneiamen* reproduziert, so spiegelt die *cobla* bzw. die *cobla tensonada* zwar das Tenzone-Verfahren, das sie mitunter sogar parodiert, gestaltet aber sirventesartige Themen. Die *cobla* ist nämlich oft „der literarische Ort [...], wo Beschimpfungen und polemisch-satirische Angriffe auf Adelige oder Angehörige des eigenen Berufsstandes ausgetragen werden".[196] Als „epigrammatisch geschürztes Sirventes *en miniature*"[197] umfaßt die *cobla* eine bis höchstens zwei Strophen (daher die Gattungsbezeichnung *cobla*, ein Wort, das sonst die Strophe meint). Dabei kann das Lied als Coblenwechsel gestaltet sein oder als Einzelcobla (*cobla esparsa*), deren Verse auf die Sprecher verteilt sind. Dank ihrer unterschiedlichen Einsetzbarkeit – sie kann als spielmännisches oder auch 'hohes' Genre gestaltet werden – und dank ihrer thematischen Offenheit – liebeskasuistische Spitzfindigkeiten, persönliche Angriffe wie auch gesellschaftskritische Anliegen und religiöse Inhalte lassen sich in *cobla*-Form vortragen – zählt die *cobla* zu den beliebtesten Gattungen (472 Exemplare haben sich erhalten, was 19 % des überlieferten okzitanischen Liedguts ausmacht), obschon sie – wie aus Guiraut Riquiers *Declaratio* und *Suplicatio* ersichtlich – keine hohe Wertschätzung genoß.[198] Einer der frühesten Coblenwechsel erfolgte 1192/93 (oder nach 1204) zwischen Elias d'Ussel und Gaucelm Faidit; gehört dieser in den Bereich persönlicher Satire, so erschöpft sich die Gattung schließlich als moralische *cobla*.[199] Von Bertran Carbonel, der zwischen 1252 und 1265 dichtete, liegen vier *coblas* vor. Darin setzt der Trobador aus Marseille sich mit der

---

[196] Chr. Leube, „Cobla", *GRLMA*, II/1, fasc. 4, S. 67; vgl. dazu auch Amédée Pagès, *Les 'coblas'*, Toulouse 1949.
[197] Alfred Adler, „Die politische Satire", *GRLMA*, VI/2, S. 293.
[198] Vgl. Chr. Leube, „Cobla", *GRLMA*, II/1, fasc. 4, S. 71.
[199] Vgl. Chr. Leube, „Cobla", *GRLMA*, II/1, fasc. 4, S. 67 und S. 71.

cobla als poetischer Form auseinander, in der um des ersprießlichen Dialogs willen die «rims segon razo» zu fügen sind, «fals motz» vermieden werden sollten und ein passender «so» dazu komponiert sein muß; denn:

> Cobla ses so es enaissi
> col molis que aigua non a.[200]
>
> Eine *cobla* ohne Musik
> ist wie eine Mühle ohne Wasser.

Wenn Bertran Carbonel sagt, eine Cobla ohne Musik sei wie eine Mühle ohne Wasser, so läßt sich dieses Bild rückblickend auf jede trobadoreske Liedgattung übertragen, obwohl die bisher näher betrachteten Typen ihrer betont diskursiven oder argumentativen Struktur wegen eher vom Text geprägt sind. Ausgesprochen musikalisch, ja choreographisch angelegte Liedformen finden sich freilich in der okzitanischen Lyrik ebenfalls. Aufgrund dieser Charakteristiken weist die Provenzalistik solche Tanzlieder gerne dem 'volkstümlichen' Register zu.[201] Eine Einteilungsweise, die gewiß ihre Berechtigung hat, jedoch behutsam zu handhaben ist, gehört doch zum Beispiel die *retroncha* (*retroencha, retroensa, retronxa* <RETROENTIA/RETRO) nur bedingt dazu, da deren einziger Unterschied zur *canso* – nach der Definition der *Leys d'amors* – darin besteht, daß die Strophen in einen Refrain einmünden, der für alle *coblas* identisch bleibt. Dieses Merkmal ist denn auch für die Gattungsbezeichnung verantwortlich gemacht worden. Geht man indessen von der «identité [...] de nature musicale»[202] dieser Liedform aus, die übrigens erst um 1220 von den Trobadors aus dem nordfranzösischen Kulturkreis übernommen wurde und dort thematisch nicht festgelegt ist, während die *Leys d'amors* sie als «dictatz ayssi generals coma vers» (eine genauso allgemeine Gattung wie der *vers*) bezeichnen,[203] so erklärt sich der Begriff auch durch die Tatsache, daß die *rotrouenge* auf dem *rote* genannten Instrument begleitet wurde.[204] Auf die Herkunft der *retroencha* aus dem *langue d'oil*-Bereich deutet überdies nicht nur der Umstand hin, daß die Handschrift H der *Razos de trobar* sie mit *romanç* und *pastorellas* der «parladura francesa»[205] zuweist, sondern auch die Eigentümlichkeit, daß der Trobador, der sich

---

[200] Zit. in: Riquer, *Los Trovadores*, Bd. III, S. 1402.
[201] Vgl. Bec, *La lyrique française au Moyen-Age*, Bd. I, S. 39.
[202] Paul Zumthor, *Essai de poétique médiévale*, Paris 1972, S. 263.
[203] Appel, *op.cit.*, S. 200.
[204] Vgl. Bec, *La lyrique française au Moyen-Age*, Bd. I, S. 183–189.
[205] Ed. Marshall, in: *Raimon Vidal*, S. 7.

noch vor Guiraut Riquier dieser Gattung zuwandte, nämlich Gaucelm Faidit, für seine *retroencha Can vei reverdir les jardis* zur Sprache der *trouvères* griff.[206]

Der ausgeprägteste Typus dynamisch-choreographisch angelegter Lyrik ist das Tanzlied in seinen verschiedensten Ausformungen. Allerdings sind unter der Bezeichnung *balada* oder *dansa* im Gegensatz zu den zahlreichen *rondets*, *ballettes* und *virelis/virelais* (<*virer*) Nordfrankreichs[207] nur rund 40 okzitanische Tanzlieder aus dem 13. Jahrhundert erhalten geblieben.[208] Seiner ursprünglichen Bestimmung als gesungener Tanzbegleitung entsprechend zeichnet sich dieser Liedtypus durch einfachen Strophenbau aus und weist den Refrain als gattungsspezifisches Charakteristikum auf.[209] Dabei wird in der *dansa* der zweizeilige *refranh*, der hier *respost* heißt, nach jeder Strophe wiederholt, während bei der *balada* „einzelne Verse des Refrains innerhalb der Strophen auftreten können"[210]:

> D'amor m'estera ben e gent,
> s'eu ma dona vis plus sovent.
>
> *Balada* faz ab coindet son,
> d'amor m'estera ben e gent,
> qu'a ma bela don a randon,
> quar ai estat tant lonjament.
> D'amor m'estera ben e gent,
> s'eu ma dona vis plus sovent.[211]
>
> Die Liebe wäre gut und schön,
> sähe ich nur meine Dame öfter.
>
> Ich dichte eine *balada* mit einer hübschen Melodie,
> – die Liebe wäre gut und schön –,
> die ich eiligst meiner Schönen gebe,
> denn ich habe lange gezögert.
> Die Liebe wäre gut und schön,
> sähe ich nur meine Dame öfter.

Daneben kennen die *Leys d'amors* auch den aus Nordfrankreich übernommenen *redondel* (<*rondet*), ein freilich im Süden seltenes Ringel-

---

[206] Vgl. Riquer, *Los Trovadores*, Bd. II, S. 758.
[207] Vgl. Bec, *La lyrique française au Moyen-Age*, Bd. I, S. 220–240.
[208] Vgl. Chr. Leube, „Tanzlied und 'estampida'", *GRLMA*, II/1, fasc. 5, S. 60.
[209] Vgl. Chr. Leube, „Tanzlied und 'estampida'", *GRLMA*, II/1, fasc. 5, S. 60.
[210] Chr. Leube, „Tanzlied und 'estampida'", *GRLMA*, II/1, fasc. 5, S. 61.
[211] Vgl. Riquer, *Los Trovadores*, Bd. I, S. 46 und Bd. III, S. 1693.

reihen (*ronde de carole*), das «se confond plus ou moins avec la *balada*».[212] Was die Herkunft des Tanzliedes anbelangt, so steht nach wie vor Jeanroys volkstümliche These Spankes liturgischer Theorie gegenüber; die mittelalterliche Praxis responsorischen Chor-Refraingesangs bei Berghirten belegt jedenfalls Raimon Vidal de Besalú in seinen *Razos de trobar* unmißverständlich:

> greu seres en loc negun tan privat ni tant sol, pos gens i a paucas o moutas, qe ades non auias *cantar un o autre o tot ensem*, qe neis li pastor de la montagna lo maior sollatz qe ill aiant an de chantar.[213]

Du magst Dich schwerlich an einem noch so abgelegenen und einsamen Ort befinden, wenn es dort Menschen gibt, wenige oder viele, wirst Du immer den einen oder den anderen oder alle zusammen singen hören, und auch für die Berghirten ist der Gesang das größte Vergnügen, das sie kennen.

Im Gegensatz zu der kaum normierten *balada*, für die es in der *langue d'oc* neben drei Liedern Cerverís de Girona nur noch drei anonyme Belege gibt – worunter freilich ein so anmutiges Stück wie *A l'entrada del temps clar* auffällt –, findet die in dreißig Exemplaren überlieferte *dansa*[214] ausführliche Beachtung in den zeitgenössischen Poetiken. Sie legen sie metrisch auf drei *coblas* und einen meist vierzeiligen *respos* fest, richten sie inhaltlich auf die Liebesthematik aus und weisen ihr musikalisch einen heiter beschwingten Rhythmus zu: «deu tractar *d'amors*, e deu haver *so ioyos et alegre*, per dansar» (sie muß von der Liebe handeln und eine fröhliche, heitere Melodie haben, die sich zum Tanzen eignet).[215] Indessen eignet das Tanzlied sich als Gefäß für die verschiedensten Inhalte und Gelegenheiten. Als *peguesca* – die Bezeichnung ist von *pec* abgeleitet, was «sot, niais, stupide» bedeutet – gestaltet Cerverí de Girona es in *Com es ta mal ensenyada* parodistisch zur Klage des schlaflosen Liebeskranken, der deswegen den Arzt aufsucht, um «l'aiga mostra[r]» (Vers 8). Als *espingadura* – *espingar* meint wohl, 'auf der Schalmei blasen'[216] – setzt es derselbe Hofdichter der Könige von Aragón in *A la plug'e al ven iran* ein, um von tanzenden *malmariées* zu singen, die den Liebhaber dem Gatten vorziehen. Als *viadeyra/viandela*,

---

[212] Bec, *La lyrique française au Moyen-Age*, Bd. I, S. 225.
[213] Ed. Marshall, in: *Raimon Vidal*, S. 2; vgl. auch Riquer, *Los Trovadores*, Bd. I, S. 100.
[214] Vgl. Riquer, *Los Trovadores*, Bd. I, S. 47.
[215] *Leys d'amors*, Appel, *op.cit.*, S. 198.
[216] Vgl. Riquer, *Los Trovadores*, Bd. III, S. 1568.

einem Lied, das man wohl unterwegs (*via*) zu singen hatte,[217] erscheint es ebenfalls bei Cerverí in *No·l prenatz lo fals marit*, wo die zierliche Juana davor gewarnt wird, einen «mal marit/que pec es ez adormit» (einen schlechten Ehemann, der dumm und verschlafen ist) (Verse 6–7) zu nehmen. Aber auch als *desdansa*, einem Liedtypus, den der erste der anonymen Traktate aus der Handschrift 129 von Ripoll, wo sich auch der Erstbeleg für *viadera* findet,[218] formal und inhaltlich klar umreißt:

Desdança, seguons que par en lo vocable, es contrari a dança, no en la forma, mas en la materia; car axi con dança se fa per amor o per manera qu'om humilment pregua o loha la dona, axi desdança se fa per despler e per malsaber o per gran ira.[219]

Die *desdança* ist, wie der Name schon sagt, das Gegenteil der *dança*, nicht in der Form, sondern im Inhalt; denn so wie man eine *dança* aus Liebe verfaßt oder um demütig um die Gunst einer Dame zu werben oder sie zu preisen, so verfaßt man eine *desdança* aus Unzufriedenheit und Mißfallen und in großer Trauer.

Zu den Tanzliedern, wenngleich refrainlos, gehört eines der beliebtesten Trobadorgedichte, dessen Originalmelodie glücklicherweise erhalten blieb; es ist Raimbauts de Vaqueiras *Kalenda maia*, und sein letzter Vers verrät auch die Gattungszugehörigkeit des Liedes:

> Bastida, finida, N'Engles,
> ai l'*estampida*.
> (Vers 72)
>
> Gefügt und vollendet, Herr Engles,
> habe ich die *estampida*.

Als metrisch höchst kompliziertes Gebilde von sechs *coblas singulars* gibt sich dieser Frühlingsliebesgesang, das früheste *estampida*-Beispiel, auch thematisch als Kanzonenvariante, was nach der Definition der *Leys d'amors* für die *estampida* überhaupt gilt.[220] Der Name indessen, vom germanischen Tätigkeitswort *stampjan* (stampfen) abzuleiten, „verweist auf den primär musikalisch-choreographischen Charakter" dieser Gat-

---

[217] Vgl. Bec, *Anthologie des Troubadours*, Paris 1979, S. 232.
[218] Vgl. Riquer, *Los Trovadores*, Bd. III, S. 1565.
[219] Ed. Marshall, in: *Raimon Vidal*, S. 183.
[220] Vgl. Bec, *La lyrique française au Moyen-Age*, Bd. I, S. 243; vgl. dazu auch J. Handschin, „Über 'estampie' und Sequenz", in: *Zeitschrift für Musikwissenschaft* XII (1929–1930), S. 1ff., und XIII (1930–1931), S. 113ff.; L. Hibberd, „'Estampie' and 'stantipes'", in: *Speculum* 19 (1944), S. 222–249.

tung.[221] Berücksichtigt man den Umstand, daß der okzitanische Bestand bloß sechs *estampidas* umfaßt (neben derjenigen Raimbauts de Vaqueiras eine von Rostanh Berenguier de Marselha und vier von Cerverí de Girona[222]), während aus Nordfrankreich neunzehn Beispiele überliefert sind,[223] so neigt man dazu, die Heimat der möglicherweise aus der Sequenz hervorgegangenen[224] *estampida* dort zu vermuten; zumal die *Razo* zu Raimbauts de Vaqueiras *Kalenda maia* berichtet, der Markgraf von Monferrato, begeistert von einer *stampida*, die zwei am Hof eingetroffene «joglars de Franza» spielten (*violaven*), habe den von ihm 1194 zum Ritter geschlagenen Dichter aufgefordert, um der Liebe der «dompna Biatrix» willen ein Lied darauf zu dichten:

Dont Raimbautz, per aquesta raison qe vos avez ausit, fetz la stampida, et dis «Kalenda maia [...]» Aqesta stampida fu facta a las notas de la stampida qe·l joglars fasion en las violas.[225]

So verfaßte Raimbaut aus dem Grund, den ihr gehört habt, die *stampida*, die er „Kalenda maia [...]" nannte. Diese *stampida* wurde zur Melodie geschrieben, die die Spielleute auf ihren Violen spielten.

So wirkt, ungeachtet aller Unterschiede, *amors* als Thema auch im Tanzlied; handle es sich nun um *fin'amors* oder gar um deren Verulkung. Um Liebe geht es auch im Tagelied, der *alba*, eine Gattungsbezeichnung, die sich seit dem 13. Jahrhundert aus dem Umstand ergab, daß in diesem Liedtypus das Wort *alba* leitmotivartig oder als Refrain vorkommt:

> Quan lo rossinhols escria
> ab sa par la nueg e·l dia,
> yeu suy ab ma bell'amia
>   jos la flor,
> tro lo gaita de la tor
> escria: «*Druz*, al levar!
> qu'ieu vey l'*alba* e·l jorn clar.»[226]

---

[221] Chr. Leube, „Tanzlied und 'estampida'", *GRLMA*, II/1, fasc. 5, S. 65; vgl. dazu auch Patricia W. Cummins, «Le problème de la musique et de la poésie dans l'estampie», in: *Romania* 103 (1982), S. 259–277.
[222] Vgl. Riquer, *Los Trovadores*, Bd. II, S. 834.
[223] Vgl. Bec, *La lyrique française au Moyen-Age*, Bd. I, S. 244.
[224] Vgl. J. Handschin, a. a. O.
[225] Boutière–Schutz–Cluzel, *op. cit.*, S. 465.
[226] Zit. in: Riquer, *Los Trovadores*, Bd. III, S. 1697; zur Alba vgl. A. T. Hatto, *Eos. An Enquiry into the Themes of Lover's Meetings and Parting at Dawn in Poetry*, London/Den Haag/Paris 1965; Jonathan Saville, *The medieval erotic*

> Wenn die Nachtigall und ihr Weibchen
> Tag und Nacht singen,
> bin ich bei meiner schönen Freundin
> unter den blühenden Sträuchern,
> bis der Wächter vom Turm ruft:
> Liebende, steht auf!
> Denn ich sehe die Morgenröte und den hellen Tag.

Die teils monologisch, teils dialogisch aufgebaute *alba* stellt die Protagonisten der Trobadorlyrik – den Dichter und die Dame, von *lauzengiers* und dem *gilos* umlauert – in einem 'fruchtbaren Augenblick' dar: der Morgen graut, der als *gaita* wachende *companh*, der in Cadenets *S'anc fui belha ni prezada* durchaus als «corteza gaita» (Vers 10) auftritt, läßt seinen Weckruf erschallen. «Et ades sera l'alba!» (Und gleich wird es Morgen) warnt er in Girauts de Bornelh *Reis glorios, verais lums e clartatz*, dem ältesten weltlichen Tagelied,[227] die noch schlummernden Liebenden. Gerade dieses ebenfalls der Dramaturgie des *celar* verpflichtete Szenarium zeigt deutlich, daß es innerhalb des provenzalischen Gattungssystems die *alba*, in deren Umfeld die *Doctrina de compondre dictats* auch die mit einer ebenso sprechenden Bezeichnung versehene Gattung *gayta* ansiedelt,[228] als Gegenstück zur Kanzone einzuschätzen gilt. In dieses Umfeld gehört auch die einzige überlieferte *serena*: in einer Art 'umgekehrter *alba*' sehnt da in Guiraut Riquiers *Ad un fin aman fon datz* der Liebende den Abend (*sers*) herbei, die Zeit des Stelldicheins. Als *drutz* – bisweilen sogar als *fins drutz* – spricht man in der *alba* die Liebenden an. *Drudaria* freilich impliziert im Unterschied zur *fin'amors* die fleischliche Erfüllung, den *fach*. Raimbaut de Vaqueiras drückt den Gegensatz in *Kalenda maia* deutlich aus:

> Qe drutz ni druda
> non es per cuda;
> mas qant *amantz en drut si muda*
> [...]
>
> (Verse 28–30)

'alba'. *Structure as meaning*, New York/London 1972; Dietmar Rieger, „Tagelied ('alba')", *GRLMA*, II/1, fasc. 5, S. 44–54; Sarah Spence, "'Et ades sera l'alba': Revelations as Intertext for the Provençal 'Alba'", in: *Romance Philology* XXXV, 1 (1981), S. 212–217.

[227] Dietmar Rieger, „Tagelied ('alba')", *GRLMA*, II/1, fasc. 5, S. 46.
[228] Ed. Marshall, in: *Raimon Vidal*, S. 96.

> Geliebter oder Geliebte
> wird man nicht in Gedanken;
> Und wenn ein Liebender zum Geliebten wird
> [...]

Wie übermächtig allerdings in der provenzalischen Minnevorstellung die Sublimierung wirkt, kommt gerade in der *alba* auf erstaunliche Art und Weise zum Ausdruck: dort, wo *amors* am körperlichsten erscheint, kann Erfüllung in Entsagen bzw. himmlische Erleuchtung umschlagen, Nacht so zum Tag werden. Aus der Liebesalba entsteht die dem Marienlied verwandte geistliche *alba* Cerverís de Girona und Guiraut Riquiers. Damit hat „der Wächterruf *via sus!* oder *sus levatz!* des weltlichen Tagelieds in der geistlichen Alba (wieder?) die alte Bedeutung des *surgite* der mittellateinischen Morgenhymnen gewonnen".[229]

Indem er diese Feststellung trifft, spricht Dietmar Rieger eines der umstrittensten Probleme der *alba*-Forschung an: die Frage der Entstehung, bei deren Lösung Bartschs Volksliedtheorie Roethes liturgische Morgenhymnusthese gegenübersteht. Selbst jene 1881 entdeckte zweisprachige lateinisch-provenzalische Alba *Phoebi claro nondum orto iubare* aus dem 10. oder 11. Jahrhundert,[230] die Gerold Hilty als ältestes romanisches Liebesgedicht bezeichnet,[231] war nur dazu geeignet, sie zu verschieben, nicht aber sie zu lösen. Wie dem auch sei, neben den fünf überlieferten französischen *aubes*[232] bilden die neunzehn erhaltenen, im Zeitraum zwischen der zweiten Hälfte des 12. Jahrhunderts und dem frühen 14. Jahrhundert entstandenen okzitanischen Tagelieder[233] ein Textkorpus, das seiner – im modernen Sinn – 'lyrischen' Motive wegen gerade die romantische Philologie stark beschäftigte und nicht zuletzt deshalb viel zur Präsenz der okzitanischen Poesie im europäischen Bewußtsein beitrug.

Als Bestandteil eines «éternel rêve romantique»,[234] welcher dem Ritter, während er noch – von den sprießenden Frühlingskräften begeistert – im lieblichen *hortus conclusus* die blonde hohe Frau in abgezirkelten Kan-

---

[229] Dietmar Rieger, „Tagelied ('alba')", *GRLMA*, II/1, fasc. 5, S. 53.

[230] Vgl. Margit Frenk, «La lírica pretrovadoresca», *GRLMA*, II/1, fasc. 2, S. 28.

[231] Vgl. Gerold Hilty, „Die zweisprachige Alba", in: *Europäische Mehrsprachigkeit. Festschrift zum 70. Geburtstag von Mario Wandruszka*, Tübingen 1981, S. 43–51.

[232] Vgl. Bec, *La lyrique française au Moyen-Age*, Bd. I, S. 91.

[233] Vgl. Dietmar Rieger, „Tagelied ('alba')", *GRLMA*, II/1, fasc. 5, S. 44.

[234] Italo Siciliano, *La chanson de geste et l'épopée. Mythes, Histoire, Poèmes*, Turin 1968.

zonenstrophen besingt, auf offenem Feld bei der Hecke die schlichte Hirtin «ab la tencha nera»[235] vorgaukelt,[236] fügt sich die durch ihre metrische Form ungeachtet des Refrains mit der *canso* verwandte *pastorela* in das die provenzalische Lyrik gliedernde Gattungssystem ein. Einerseits als Begegnung von Rittersmann und Landmädchen, das sich – obgleich dem Stande nach *vilayna* – sehr wohl nach der Gesinnung als *corteza*, ja – wie bei Gavaudan – *amiga* entpuppen mag, und andererseits als aus der Begegnung sich entwickelndes Gespräch: so stellt schon die älteste der überlieferten provenzalischen Pastourellen sich dar, Marcabrus *L'autrier jost'una sebissa* aus der Zeit um 1140. Wenn Raimon Vidals *Razos de trobar* mit der Bemerkung über die «parladura francesca» betonen, im Gegensatz zu «cella de Lemosin» sei jene «plus avinenz a far romanz et pasturellas» (besser zum Schreiben von Romanen und Pastourellen geeignet),[237] so tragen sie damit zwar kaum etwas zur Klärung der alten und immer noch umstrittenen Frage nach dem klassischen, mittellateinischen, volkstümlichen bzw. – der Statistik zum Trotz – okzitanischen Ursprung der Pastourelle bei,[238] bestätigen aber doch eine Folgerung, die sich aus dem überkommenen Pastourellenbestand ziehen läßt. Den 160 altfranzösischen Pastourellen, die freilich alle aus dem 13. Jahrhundert stammen, stehen nämlich nur 31 in der *langue d'oc* verfaßte Stücke gegenüber.[239] Darunter finden sich die sechs *pastorelas*, die Guiraut Riquier um stets dieselbe Hirtin in 22 Jahren[240] zu einer «especie de deliciosa novelita

[235] Vgl. Giraut de Bornelh, *L'altrer, lo primer jorn d'aost*, Vers 44, in: Riquer, *Los Trovadores*, Bd. I, S. 502–505.
[236] Vgl. dazu Michel Zink, *La pastourelle. Poésie et folklore au Moyen Age*, Paris/Montréal 1972; vgl. darüber hinaus W. P. Jones, *The Pastourelle. A Study of the Origins and Tradition of a Lyric Type*, Cambridge, Mass., 1931; W. Engler, „Beitrag zur Pastourellen-Forschung (Literaturbericht und ergänzende Deutungen)", in: *ZFSL* 74 (1964), S. 22–39; Erich Köhler, «La pastourelle dans la poésie des troubadours», in: *Etudes de langue et littérature du Moyen Age offertes à Félix Lecoy*, Paris 1973, S. 279–292; W. D. Paden, "The Literary Background of the Pastourelle", in: *Acta Conventus Neolatini Lovaniensis*, Leuven 1973, S. 467 bis 473; Elisabeth Schulze-Busacker, «L'exorde de la pastourelle occitane», in: *Cultura neolatina* 38 (1978), S. 223–232; Erich Köhler, „Pastorela", *GRLMA*, II/1, fasc. 5, S. 33–43, und Jean-Marie d'Heur, «Per lo studio sistematico della pastorella romanza», in: *Atti del XIV° Congresso internazionale di linguistica e filologia romanza*, Bd. 5, Neapel 1981, S. 585–590.
[237] Ed. Marshall, in: *Raimon Vidal*, S. 6.
[238] Vgl. Erich Köhler, „Pastorela", *GRLMA*, II/1, fasc. 5, S. 41–42.
[239] Vgl. Bec, *La lyrique française au Moyen-Age*, Bd. I, S. 122.
[240] Vgl. Erich Köhler, „Pastorela", *GRLMA*, II/1, fasc. 5, S. 40.

bucólica»[241] verknüpfte. Als Gattung scheint demnach die Pastourelle bei den Trouvères besonders beliebt gewesen zu sein. Für ihre Vielfalt zeugt auch der Umstand, daß die *Leys d'amors* eine ganze Reihe von Untertypen der *pastorela* verzeichnen, deren Namen die jeweilige Beschäftigung der Gesprächspartnerin des Trobadors verraten: *vaquiera* (die *pastora* bzw. *bergera* tritt als Kuhhirtin auf), *porquiera* (die *pastora* als Schweinehirtin), *auquiera* (die *pastora* als Gänsehirtin), *crabiera* (die *pastora* als Ziegenhirtin); in der *vergiera* und der *ortolana* tritt das Mädchen als Gärtnerin auf, in der *monia* sogar als Nonne.[242] Wie 'bukolisch' auch immer die Pastourelle sich gibt und welches auch immer ihre Wurzeln sein mögen, für die Trobadors und ihr Publikum gehört sie – diese Stellung spiegelt auch ihre metrisch-musikalische Form – zu den 'hohen' Gattungen. Die *Leys d'amors* unterstreichen dies mit großer Bestimmtheit – vielleicht gerade deshalb, weil die Thematik der Pastourelle eben aus der Natur der angestrebten *amors* als *drudaria* die Gefahr birgt, sich in *vilainas paraulas* zu artikulieren:

E *deu se hom gardar en aquest dictat maiormen*, quar en aquest se peca hom mays que en los autres, que hom *no diga vils paraulas ni laias ni procezisca en son dictat a degu vil fag*, quar trufar se pot hom am femna e far esquern la una l'autre, *ses dire e ses far viltat o dezonestat*. Pastorela requier tostemps noel so e plazen e gay, no pero ta lonc cum vers o chansos, ans deu aver so un petit cursori e viacier.[243]

Und bei dieser Gattung, da hier mehr Fehler gemacht werden als in anderen, muß man sich besonders in acht nehmen, daß man keine unziemlichen oder häßlichen Worte verwende, und daß man in seinem Werk keine unhöfische Tat erwähne; denn Mann und Frau können sich necken und miteinander scherzen, ohne etwas Gemeines oder Unehrenhaftes zu sagen oder zu tun. Die *pastorela* verlangt immer eine neue gefällige und fröhliche Melodie, die aber nicht so langsam ist wie bei *vers* oder *chanso*; sie muß vielmehr ziemlich schnell und lebhaft sein.

Sowohl aus der Sicht der späten Gattungsdefinition als auch aus der *razo* des Gattungserstbelegs, wo die Hirtin „die Auffassung von einer naturrechtlichen Ständeordnung, durch welche der Ritter sich zu seinem flüchtigen Abenteuer ermächtigt glaubt, korrigiert, indem sie die ständischen Grenzen von unten her zieht, jedem Stand die für ihn verbindliche Lebensordnung zuweist", zeigt sich,[244] daß selbst die Pastourelle sich „zur Austragung von Problemen [anbietet], welche die höfische Wirklichkeit

---

[241] Riquer, *Los Trovadores*, Bd. I, S. 64.
[242] Vgl. Appel, *op. cit.*, S. 200.
[243] Appel, *op. cit.*, S. 199–200.
[244] Erich Köhler, „Pastorela", *GRLMA*, II/1, fasc. 5, S. 36.

stell[t]".[245] Sogar die Politik ist der Pastourelle nicht fremd. Paulets de Marselha zwischen April 1265 und Februar 1266 geschriebenes Lied *L'autrier m'anav'ab cor pensiu* stellt eine *conversación política* dar,[246] in deren Verlauf die *pastoreta*, auf die der in Gedanken versunkene Trobador stößt, die Interessen der Provence verteidigt und König Manfred von Sizilien dem Charles d'Anjou gegenüber in Schutz nimmt.

Ins Kraftfeld der Pastourelle gehört ein ebenfalls Dialog mit Erzählung verbindender Liedtypus, für den die Trobadors zwar keine eigene Bezeichnung führten, die neuere Provenzalistik aber „verlegene Definitionsversuche"[247] liefert. Die Romantiker nannten ihn allerdings sehr erfolgreich und zutreffend Romanze. Sie verstanden darunter die strophische Darstellung einer meist aus der Perspektive der Frau entwickelten 'Liebesgeschichte', wie sie zum Beispiel die altfranzösische *chanson de malmariée* bzw. die okzitanische *gelozesca* und die von den Frauen beim Verrichten von Handarbeiten gesungene *chanson de toile* bieten. Für diese letztere Gattung gibt es keine okzitanischen Belege;[248] sie hat aber die Vorstellung, die man sich im 19. Jahrhundert vom mittelalterlichen Alltag machte, stark geprägt, zeigt doch sogar Rossinis 1828 nach einem Libretto Scribes komponierter *Comte Ory* (also fast ein Vierteljahrhundert vor Verdis *Trovatore*) zu Beginn des zweiten Aktes die traurig auf die Rückkehr der Kreuzfahrer wartenden Schloßbewohnerinnen von Formoutier als singende Stickerinnen. Mochte der Romantiker bei der Zuweisung von Marcabrus *A la fontana del vergier* allenfalls zwischen Pastourelle und Romanze schwanken, so würde er weder bei Peires d'Alvernha *Rossinhol, el seu repaire* – einem Lied, das gleichfalls den Vogel als Liebesboten einsetzt – noch bei Raimbauts de Vaqueiras (?) Frauenlied *Altas undas que venez suz la mar* zögern, von Romanzen zu sprechen. Denn hier stimmt die okzitanische Thematik als mög-

---

[245] Erich Köhler, „Pastorela", *GRLMA*, II/1, fasc. 5, S. 37.
[246] Riquer, *Los Trovadores*, Bd. III, S. 1449; vgl. dazu auch Alfred Jeanroy, *La poésie lyrique des troubadours*, Bd. II, S. 290.
[247] Erich Köhler, „Romanze", *GRLMA*, II/1, fasc. 5, S. 56; zur Romanze vgl. überdies ders., «Remarques sur la romance dans la poésie des troubadours», in: *Mélanges de philologie romane offerts à Charles Camproux*, Montpellier 1978, Bd. I, S. 121–127.
[248] Vgl. Bec, *La lyrique française au Moyen-Age*, Bd. I, S. 45; zur *chanson de toile* vgl. auch R. Joly, «Les chansons d'histoire», in: *Romanistisches Jahrbuch* 12 (1961), S. 55–66, E. Gasparini, «A proposito delle 'chansons de toile'», in: *Studi in onore di Italo Siciliano*, Florenz 1966, S. 457–466, und Pierre Jonin, «Le refrain dans les chansons de toile», in: *Romania* 96 (1975), S. 209–244.

licher Reflex einer «poésie prélittéraire et populaire, répandue dans toute l'Europe occidentale»[249] mit romantischer Sensibilität und *imagerie* überein.

Um der trobadoresken Textrealität gerecht zu werden, war es zweifellos nötig, den zählebigen romantischen Troubadourmythos mit allen der zeitgenössischen Philologie zur Verfügung stehenden Mitteln kritisch zu beleuchten. Es stellt sich allerdings dann doch die Frage, ob die auf diese Art und Weise gewonnene Einsicht in die 'Alterität' mittelalterlicher Dichtung – so fruchtbar sie sich auch im Hinblick auf unsere Kenntnisse der mittelalterlichen Literatur tatsächlich auswirkte und auf unsere Vorstellungen vom Dichten, wie es in jenen Jahrhunderten betrieben wurde – nicht ihrerseits nun unserem Blick das 'Poetische' im mittelalterlichen Text zu entziehen droht, das zwar in der *poésie formelle* aufgehoben bleibt, sich aber längst nicht darin erschöpft. Niemand wird bestreiten, daß mittelalterliche *inventio* – und diejenige der Trobadors ganz besonders – wesentlich *imitatio* als intertextuell bedingte Form von *senefiance*-Produktion darstellt.[250] Das hindert freilich nicht, daß der einzelne Autor, um eben ein *trobador* zu sein, fehlte ihm die Einbildungskraft, nicht einmal einen tragenden «vers de dreyt nien» zu schaffen wüßte.

In Goethes *Marienbader Elegie* stehen die Verse:

> Wenn *Liebe* je den *Liebenden* begeistet,
> ward es an mir aufs *lieb*lichste geleistet.

In vollem Bewußtsein, daß es gilt, sich davor zu hüten, «[di] applicare senza gravi rischi d'anacronismo le misure troppo romantiche o troppo razionalistiche, della mentalità moderna»,[251] darf man sich doch fragen, ob Guillaume IX nicht Vergleichbares sagt, wenn er singt:

> Mout *jauzens* me prenc en *amar*
> un *joi* don plus mi vuelh aizir.

---

[249] Erich Köhler, «Remarques sur la romance dans la poésie des troubadours», in: *Mélanges de philologie romane offerts à Charles Camproux*, Bd. I, S. 121. – Zum Vogel in der Trobadorlyrik vgl. Dafydd Evans, «Les oiseaux dans la poésie des troubadours», in: *Revue de langue et littérature d'oc* 12/13, (1965), S. 13–20, und Odette Cadart-Ricard, «Le thème de l'oiseau dans les comparaisons et les dictons chez onze troubadours, de Guillaume IX à Cerverí de Girone», in: *Cahiers de Civilisation médiévale* 21 (1978), S. 205–230.

[250] Vgl. dazu die Sondernummer «Intertextualités médiévales» von *Littérature* 41 (1981).

[251] Aurelio Roncaglia, «'Trobar clus': discussione aperta», in: *Cultura neolatina* 29 (1969), S. 1–59.

Sehr freudvoll unternehme ich es,
eine Freude zu lieben, die ich noch mehr genießen will.

Denn *amors* als *fin'amors* bleibt als gesellschaftliches und poetisches Ordnungsprinzip allemal die frühlingshaft treibende Kraft, die den Trobador 'begeistet', ob er nun in seinem *obrador* an einer *canso* feilt oder sonst eines der zahlreichen Genres erprobt, aus welchen sich das weitverzweigte lyrische Gattungssystem zusammensetzt, das um die okzitanische Kanzone kreist.

DIE DICHTUNG DER TROUVÈRES

Von Michel Zink

I. Vorbemerkung: Die Originalität der Trouvères

Wer die traditionelle Formel „Troubadours und Trouvères" verwendet, erwähnt letztere oft nur zur Beruhigung des eigenen Gewissens oder der Vollständigkeit halber, als wäre mit der Nennung der Troubadours bereits alles über die Entstehung der lyrischen Dichtung des Mittelalters in Frankreich gesagt. Kein Zweifel, die Troubadours haben die ältesten lyrischen Gedichte verfaßt, die in romanischer Sprache – in diesem Fall Provenzalisch – in ihrer ursprünglichen Gestalt erhalten sind. Ihre Dichtung war die erste Ausdrucksform des höfischen Stils *(courtoisie)* und der *fin' amor,* ihrer eigenen Schöpfungen. Als ihre literarischen Neuerungen mit der von ihnen propagierten Dichtungsweise gegen Mitte des 12. Jahrhunderts nach Nordfrankreich gelangen, treten die in nordfranzösischen Dialekten *(langue d'oïl)* dichtenden Trouvères, so behauptet man gerne, lediglich als ihre weniger subtilen Nachahmer auf, mit einem Hang zu Wiederholung und übertriebener Schamhaftigkeit – wenn sie nicht, ganz im Gegensatz dazu, jenseits aller höfischen Konventionen ihren Spaß an geschmacklosen Obszönitäten finden.

Die Wirklichkeit sieht jedoch ganz anders aus. Um sie in den Griff zu bekommen, ist es notwendig, mit den vorhandenen Vorurteilen und Vereinfachungen aufzuräumen; so muß man zum Beispiel davon Abstand nehmen, die Darstellung der höfischen Dichtungslehre gegenüber der Untersuchung von Text- und Formstrukturen der Dichtung in den Vordergrund zu stellen, so als ob diese lediglich deren Träger und Vermittler wären. Ferner gilt es, die dichterische Produktion der Trouvères für sich zu betrachten und nicht als ein Anhängsel der Troubadour-Dichtung. Man stellt dann fest, daß die Poetik der Trouvères teilweise unabhängig ist und aus der Troubadourlyrik nur diejenigen Elemente bezieht, die sich mit ihr vereinbaren lassen. Sie ist also alles andere als ein systematisches Plagiat oder eine verwässerte Version der Troubadour-Poetik. Dafür gibt es klar erkennbare Indizien, noch bevor man sich den Einzelheiten der Texte zuwendet. So trifft es zwar durchaus zu, daß die Lieder

der Troubadours in recht großer Zahl in nordfranzösischer Übersetzung sowohl in den Liedersammlungen der Trouvères erscheinen, also in handgeschriebenen Lyrik-Anthologien, als auch in französischen Romanen, wo sie im Zuge einer sich im 13. Jahrhundert entwickelnden literarischen Mode gerne zitiert werden. Aber diese Lieder sind so ausgewählt, daß sie sich niemals dem *trobar clus* zurechnen lassen, dem die Dichtung der Trouvères fremd gegenübersteht. Weiterhin sind die Liedersammlungen des Nordens, die weder *vidas* noch *razos* enthalten, häufiger mit Noten versehen als die provenzalischen, so daß uns die Melodie manch eines Troubadour-Liedes durch eine nordfranzösische Handschrift bekannt ist, wo sie zusammen mit dem übersetzten Text überliefert ist. All diese Merkmale sind Belege für die Unterschiede, die zwischen Troubadours und Trouvères hinsichtlich der Grundkonzeption, der Verbreitung und der Rezeption ihrer Dichtung bestehen.

Die Literaturgeschichte ihrerseits kann den zeitlichen Vorrang der provenzalischen Dichtung nicht für alle Bereiche der Lyrik bestätigen. All jene lyrischen Formen, die nicht zur höfischen Dichtung gehören, sind in der *langue d'oïl* viel reicher vertreten als in der *langue d'oc*. Zudem bewahren einige dieser Formen möglicherweise Spuren eines früheren Zustands der romanischen Dichtung, der der Entwicklung des höfischen Minnesangs, des *grand chant courtois*, noch vorausging. Allesamt heben sie sich deutlich von diesem ab. So ist die Dichtung der Trouvères weit davon entfernt, sich geschlossen nach den Neuerungen aus dem Süden zu richten; sie liefert Belege für eigene und besondere Neigungen bei den Autoren und beim Publikum. Eine rein quantitative Analyse zeigt zwar, daß uns die Handschriften die Namen von etwa vierhundertfünfzig Troubadours, aber nur von ungefähr zweihundert Trouvères überliefern, deren Produktion sich im großen und ganzen auf etwas mehr als ein Jahrhundert erstreckt, nämlich auf die Zeit von 1160/70 bis 1270/80. Dennoch führen die große Produktivität von einigen unter ihnen sowie die große Zahl der auf nordfranzösisch abgefaßten anonymen Lieder dazu, daß die Gesamtzahl der erhaltenen Stücke in beiden Sprachen vergleichbar ist.

Außerdem darf man nicht vergessen, daß die Trouvères in einer Sprache schreiben, die seit der zweiten Hälfte des 12. Jahrhunderts die Grundlage einer – im Vergleich zur provenzalischen – viel produktiveren, viel reicheren und vor allem wesentlich vielfältigeren Literatur ist; die provenzalische Literatur ist abgesehen von der Lyrik recht arm. Die großen Umwälzungen, die die Literatur der *langue d'oïl* in Bewegung halten, sowie deren zumindest im Vergleich mit der Trägheit des Systems der mittelalterlichen Gesellschaft rasche Entwicklung wirken sich in vollem Umfang auf die zeitgenössische Lyrik aus. Die Herausbildung einer Lyrik im modernen Sinne, das heißt einer nicht gesungenen Dichtung, die nach subjektivem Ausdruck strebt, ist die Folge des Wandels, dem diese Literatur im 13. Jahrhundert unterworfen ist, wobei sich gleichzeitig eine Neuordnung der literarischen Gattungen vollzieht. Gerade bei diesen zwei entscheidenden Unterschieden, nämlich dem besonderen Charakter und der besonderen Entwicklung der lyrischen Ausdrucksweise, müssen wir ansetzen, um die Dichtung der Trouvères in ihrer Eigenart zu beschreiben.

Hinzu kommt, daß diese Dichtung unter dem Einfluß der für Nordfrankreich typischen politischen und sozialen Bedingungen steht. Freilich gehören die Trouvères, ebenso wie die Troubadours, verschiedenen Milieus an. Unter ihnen sind Fürsten wie der Graf Thibaut IV. de Champagne, König von Navarra, ein produktiver, feinsinniger und zu Recht berühmter Dichter, oder Jean de Brienne, König von Jerusalem, der allerdings nur eine Pastourelle hinterlassen hat, ferner recht hochgeborene Herren oder zumindest Persönlichkeiten ersten Ranges wie Conon de Béthune oder Gace Brulé, außerdem *clercs* wie Guillaume und Gilles Le Vinier oder Moniot d'Arras sowie Bürger wie Jean Erart oder Jean Bretel und schließlich Spielleute wie Colin Muset. Aber diese Vielfalt ändert nichts daran, daß sie allesamt durch zwei besondere Umstände geprägt sind. Zum einen führt die wachsende Zentralisierung der Macht zur Konzentration der literarischen Aktivitäten an einigen großen Fürstenhöfen wie dem anglonormannischen Hof, den Höfen der Champagne und des Artois, denen von Flandern und Anjou und bald auch dem Burgunds; den Hof der Kapetinger in Paris, der nur wenig Interesse an schöner Literatur bezeigte, muß man freilich beinahe aus dieser Liste ausklammern. Gegen Ende des Zeitraums, der uns hier beschäftigt, also im Laufe des 13. Jahrhunderts, versuchen die Dichter oft, sich auf Dauer von Fürsten verpflichten zu lassen, von ihnen eine jährliche Pension zu erhalten und, kurz gesagt, in den fürstlichen Hofstaat eingegliederte Beamte zu werden. Genau das ist der Sinn des Titels *ménestrel*, den sich damals selbst diejenigen gerne zulegten, die nicht das Glück hatten, tatsächlich *ménestrels* zu sein, so daß die Bezeichnung schließlich völlig entwertet wurde. Andererseits – und das ist besonders wichtig – bringen die am Ende des 12. und im 13. Jahrhundert erfolgte Stadtentwicklung, die neue Selbständigkeit der Städte und ihr wirtschaftlicher Aufschwung ein im eigentlichen Sinne städtisches literarisches Leben hervor. Diese Entwicklung vollzieht sich vor allem in Nordfrankreich, in jenem für die Literatur des 13. Jahrhunderts so bedeutsamen pikardisch-wallonischen Gebiet, und zwar im Umkreis der literarischen Bruderschaften *(confréries)* und Vereinigungen, deren berühmteste der *Puy* von Arras ist und welche Dichterwettbewerbe durchführen. In diesem Milieu wie auch im Umkreis der Universitäten tritt bald eine neue dichterische Sensibilität hervor, mit einem Hang zum Satirischen und einer immer mehr nachlassenden Bereitschaft, sich ohne weiteres dem höfischen Ideal zu unterwerfen. Dieses neue Bewußtsein wird zu einem wichtigen Faktor bei der Weiterentwicklung der literarischen Formen.

II. Die Lieder der Trouvères und Troubadours: die herkömmliche Auffassung vom Dichter und seinem Publikum

1. Die Problemstellung: die Rezeption der Trouvère-Dichtung im Spannungsfeld von Distanz und Identifikation

Die erste, zu einem Gemeinplatz avancierte Feststellung über die lyrische Dichtung des Mittelalters lautet, diese unterscheide sich radikal von jener späterer Jahrhunderte und stehe insbesondere im Gegensatz zur romantischen Empfindsamkeit, die noch heute verklärend auf das Bild vom Dichter wirkt. In der Tat versteht sich die mittelalterliche Lyrik nicht als ursprüngliche Selbstaussprache einer individuellen und einzigartigen Persönlichkeit; es handelt sich vielmehr um eine Form der Poesie, die innerhalb der Grenzen einer absolut verpflichtenden, keine Regelüberschreitungen duldenden Form und eines Sprachstils, dessen Code nur auf sie selbst verweist und beinahe jeglichen äußeren Bezug anekdotischen oder biographischen Charakters ausschließt, sich rhetorischen, rhythmischen und melodischen Variationen hingibt und so beim Zuhörer das doppelte Vergnügen der Vertrautheit und ihrer Durchbrechung – mittels subtiler Überraschungen – hervorruft. Eine solche Bestimmung der mittelalterlichen Dichtung als *poésie formelle* ist heute die am weitesten verbreitete, so gewagt und paradox sie auch vor dreißig Jahren scheinen mochte. Wir verdanken sie den Arbeiten von Robert Guiette, Roger Dragonetti, Paul Zumthor und ihrer Schüler.[1] Diese Definition erlaubt es,

---

[1] Robert Guiette, «D'une poésie formelle en France au Moyen Age», in: *Romanica Gandensia* VIII (1960), S. 9–23, und in: *Forme et Senefiance*, Genf 1978, S. 1–15. Roger Dragonetti, *La technique poétique des trouvères dans la chanson courtoise*, Bruges 1960. Paul Zumthor, *Essai de poétique médiévale*, Paris 1972.

den oben erwähnten besonderen Merkmalen gerecht zu werden, die die Trouvères von den Troubadours unterscheiden, und doch beide Gruppen mit ihr zu erfassen. Mit Bezug auf sie wird die am Ende des 13. Jahrhunderts einsetzende Neugliederung der lyrischen Formen in ihrer vollen Bedeutung faßbar.

Die Liedersammlungen der Trouvères enthalten wie gesagt die musikalische Notation öfter als diejenigen der Troubadours. Bedeutet das, daß durch eine etwaige größere Verbreitung des entsprechenden Liedguts im Süden dessen Melodien allgemein vertrauter waren? Oder aber, daß im 13. Jahrhundert, als die Handschriften kopiert wurden, der Norden sich ganz besonders für musikalische Fragen interessierte, wofür die Fortschritte sprechen, die die letzten Trouvères und ihre Nachfolger bei der Entwicklung der Polyphonie erzielten? Auf diese Fragen gibt es keine sicheren Antworten. Tatsache bleibt jedoch, daß die nordfranzösischen Handschriften eine stärkere Tendenz zeigen, gerade das zu bewahren, was dem Publikum mehr als alles andere eine Aneignung des Gedichts ermöglicht. Denn die Melodie führt den Benutzer der Handschrift dazu, seine passive Rolle als bloßer *Rezipient* des Gedichts mit der aktiven des Interpreten zu vertauschen. Und als solcher kann er beim Singen nicht anders, als die Worte des Gedichts auf sich selbst zu beziehen und sich mit der subjektiven Haltung, die sich in ihm ausdrückt, zu identifizieren. Im Gegensatz hierzu stehen in den nicht mit Notationen versehenen provenzalischen Liedersammlungen vor den Gedichten eine Biographie des Troubadours, seine *vida*, sowie Kommentare zu seinem Werk, die *razos*. Diese Praxis, die sich bei den nordfranzösischen Entsprechungen nicht findet, setzt das Gedicht selbst vor allem zur Subjektivität seines Autors in Beziehung, wogegen die Notation der Melodie es dem Publikum zuwendet.

Diese Gegenüberstellung könnte zu der Annahme verleiten, der Begriff der *poésie formelle,* so wie er oben bestimmt worden ist, passe eher auf die Trouvères als auf die Troubadours, da ja *vidas* und *razos* zur anekdotisch-biographischen Lektüre der Troubadour-Dichtungen einzuladen scheinen. In Wirklichkeit widersprechen jedoch *vidas* und *razos* nicht der Idee einer formalen Poesie, weil sie zum großen Teil fiktiven Charakter haben und erst auf der Grundlage der Gedichte selber entstanden sind. Sie erhellen nicht das Gedicht durch das wirkliche Leben seines Autors, sondern erschaffen vielmehr, vom Gedicht ausgehend, das Idealbild des

---

Cf. Michel Zink, *La Subjectivité Littéraire autour du siècle de saint Louis*, Paris 1985, S. 47–74.

Dichters. Dieses Bildnis ist fiktiv und eben 'formal'; nichtsdestoweniger konstituiert es einen außerhalb des Gedichts liegenden Bezugsgegenstand, auch wenn dieser, wie gesagt, aus dem Liedtext hervorgegangen ist. Die „Zirkularität" *(circularité du chant),* von der Paul Zumthor spricht, muß also ausgedehnt werden auf die sinnbildhafte und paradigmatische Figur des Sängers. Entsprechend ist der gemäß einer weitverbreiteten Gewohnheit in den Text aufgenommene Name des Dichters nichts anderes als die konventionelle Realitätsverankerung der poetischen Lektüre.

2. *Die nichthöfischen Gattungen*[2] *und die Identifikationsmöglichkeiten des Lesers: von der Anonymität zum Appell an die Erinnerung*

Der Gegensatz zwischen den mit musikalischen Notationen versehenen Handschriften der Trouvères und den Handschriften der Troubadours mit ihren Dichterbiographien wiederholt sich darin, daß das Schaffen der Troubadours fast ausschließlich dem höfischen Minnelied gewidmet ist, während das der Trouvères auch solchen lyrischen Formen breiten Raum läßt, die an sich der höfischen Ideologie fremd sind oder im Widerspruch zu ihr stehen. Die große Bedeutung und die Originalität der nichthöfischen lyrischen Gattungen, die Erkenntnisse, die die wissenschaftliche Betrachtung hinsichtlich der Eigenart der Trouvère-Poetik zutage fördert, sowie das offenbar hohe Alter jener Tradition, an die einige von ihnen anknüpfen, all das veranlaßt uns, sie an den Anfang dieser Untersuchung zu stellen. In allererster Linie manifestiert sich der Gegensatz zwischen höfischen und nichthöfischen Liedern im Gefolge der oben erwähnten Gegensätzlichkeiten darin, daß die einen jeweils bestimmten Autoren zugeschrieben sind, während die anderen anonym sind.

Man stellt tatsächlich fest, daß die einzelnen Werke um so häufiger anonym sind, je ferner sie hinsichtlich ihrer Gattungszugehörigkeit dem höfischen Lied mit seinem aristokratischen Charakter stehen. Proportional gesehen gibt es – wenn es erlaubt ist, schon jetzt Gattungen zu zitieren, die erst später definiert werden – mehr anonyme Pastourellen als anonyme Minnelieder, mehr anonyme *chansons de toile* als anonyme

---

[2] Vgl. Alfred Jeanroy, *Les origines de la poésie lyrique en France au Moyen Age,* Paris 1965 (Neudruck der 4. Auflage). Pierre Bec, *La lyrique française au Moyen Age (XIIe–XIIIe siècles). Contribution à une typologie des genres poétiques médiévaux,* Vol. I: *Etudes,* Vol. II: *Textes,* Paris 1977–79.

Pastourellen, und die unzähligen kurzen Tanzrondeaus sind sämtlich anonym. Überdies erfolgt die Zuschreibung hier nur aufgrund der Angaben in den Handschriften. Selbstnennungen von Autoren findet man nur in den *chansons*. Alle Gedichte jedoch, gleich ob sie nun anonym sind oder nicht, ob sie zu den höfischen Genres gehören oder nicht, sind auf gleiche Weise überliefert, nämlich in jeweils ein und derselben Handschrift bunt gemischt. Und wenn sie jemandem zugeschrieben sind, dann auch jeweils nur ein und demselben Autor. Diese Feststellung erschüttert die Hypothese, die Dichter hätten allein den *grand chant courtois* ihrer Signatur für würdig erachtet. Wer annimmt, die Autoren hätten in die höfische Minnelyrik mehr von ihrer Persönlichkeit eingebracht als in den Rest ihrer dichterischen Produktion, der gibt sich recht leichtfertig der romantischen Illusion hin, wonach der Dichter jeweils einer bestimmten persönlichen Erfahrung Ausdruck verleiht. Dabei ist doch oft genug gezeigt worden, daß diese Auffassung auf das Mittelalter nicht anwendbar ist. In Wirklichkeit scheint es so zu sein, daß die Schaffensbedingungen der Autoren in diesem Zusammenhang keine Rolle spielen, sondern daß die genannten Unterschiede mit dem unterschiedlichen Gebrauch zu tun haben, den Interpreten oder Hörer von der Dichtung machen.

Die Feststellung, daß ein Gedicht anonym ist oder, im anderen Fall, einem Autor zugeschrieben ist, beziehungsweise dessen Namen enthält, erscheint uns nämlich nur deshalb bedeutsam, weil das lyrische Ich einer landläufigen Annahme zufolge auf den Autor der jeweiligen Dichtung verweist. Damit ein Gedicht nun aber tatsächlich den Leser berührt, muß dieser es sich zunächst einmal zu eigen machen: das heißt, er muß sich innerlich auf die Empfindungsweisen einstellen, die der Dichter seinem Werk eingeprägt hat. Das Gedicht gilt dann als gelungen, wenn der Leser sich darin wiederfindet, also das Ich des Textes auch ihn selbst meint. Die ganze Wirkung des Gedichts liegt in diesem Wechselspiel von Distanz und Vertrautheit: dieses Ich ist nicht mein eigenes Ich; es könnte es aber sein. Indes gibt es Unterschiede und Abstufungen im Prozeß der Identifizierung des Lesers mit dem lyrischen Ich, und zwar abhängig davon, ob der Autor des Gedichts bekannt ist oder vollkommen anonym bleibt.

Bei den höfischen Minneliedern, die fast immer bestimmten Autoren zugeschrieben sind, sofern diese sich nicht sogar selbst nennen, bleibt das lyrische Ich für den Leser stets ein fremdes Ich, so stark sein innerer Bezug zu dem Gedicht auch sein mag. Aber dennoch verbirgt sich in dem lyrischen Ich *mon semblable, mon frère,* und das Vergnügen an der Dichtung besteht in der Illusion einer zufälligen Begegnung, einer *Koinzidenz* zwischen dem Empfinden des lyrischen Ichs und dem des Lesers. Freilich handelt es sich nur um eine Illusion, denn das Gedicht schafft ja erst die Empfindung, und die Begegnung hat somit in Wirklichkeit überhaupt nichts Zufälliges. Es ist, wie wenn zwei Menschen, die einander zu lieben beginnen, die verschiedensten Gemeinsamkeiten und Ähnlichkeiten beieinander feststellen und darin den Grund für ihre Liebe zu erkennen glauben, während ihre Liebe diese doch erst schafft.

Rondeaux

Ganz anders verhält es sich, wenn das Gedicht mit einer gestischen Aufführung verbunden ist und zum Tanz dient. Daß die Tanzrondeaus nie einem Autor zugeschrieben werden oder gar dessen Namen enthalten, rührt nicht daher, daß sie das Ergebnis einer kollektiven, spontanen Schöpfung wären: am Ausgang des Mittelalters, als man nicht mehr zu den Rondeaus tanzt und sie nicht mehr singt, treten nach Anerkennung strebende gelehrte Dichter als Verfasser solcher Stücke auf und geben ihre Urheberschaft zu erkennen. Vielmehr ist die Anonymität der Rondeaus dadurch zu erklären, daß der Interpret hier seine Persönlichkeit einbringt, und zwar nicht nur seine ganze geistige Hingabe, sondern auch die gestische Ausdruckskraft seines Körpers. Indem der vortragende Sänger sich mit Körper und Geist dem Gedicht hingibt, identifiziert er sich vollkommen mit dessen Subjektivität. In dem „Niemandsland", der Zwischenposition, die das Gedicht zwischen der Gefühlswelt seines *Verfassers* und derjenigen des *Rezipienten* einnimmt, ist die dem Gedicht innewohnende Subjektivität nicht mehr der unklar geregelte, gemeinsame Besitz beider, sondern sie fällt ganz dem letzteren anheim. Aber wo bleibt dann jene Distanz zwischen Gedicht und Rezipient, die diesen ausrufen läßt: „Das bin ja ich!", und zwar gerade deshalb, weil er es nicht ist, aus reiner Freude über eine Begegnung, die ihm wie ein wunderbarer Zufall vorkommt? Wo bleibt also diese Distanz des Rezipienten, die sich durch den Aneignungsprozeß, auf dem das ästhetische Vergnügen beruht, ja nun gerade zu verringern scheint? Sie ist immer noch vorhanden, aber sie hat sich verschoben: sie besteht nun zwischen den verschiedenen Sprecherrollen des Gedichts oder, genauer gesagt, zwischen den Couplets und den Refrainversen des Rondeaus. Denn die drei Merkmale „generelle Anonymität", „gestische Aufführung" und „Vorhandensein eines Refrains" gehören zusammen. Das höfische Minnelied kennt keinen Refrain.

Das Prinzip des Rondeaus ist die Herstellung eines Gleichgewichts zwischen den von einem Solisten gesungenen Strophenteilen (Couplets) und den von einem Tanzchor gesungenen Partien, dem Refrain. Das Couplet umfaßt drei Verse, der Refrain nur zwei; aber der erste von diesen beiden wird bereits nach dem ersten Vers des Couplets ein erstes Mal vorgetragen; am Schluß des Couplet-Teils wird dann der ganze Refrain gesungen. Das Strophenschema ist also aAabAB, und das melodische Schema entspricht genau dem alternierenden Reim: aaabab. Das Lied in seiner Gesamtheit erweckt den Eindruck, als ob die vom Solisten im ersten Couplet-Vers begonnene Beschreibung oder Erzählung den Chor der Tanzenden so sehr packt, daß er gar nicht anders kann, als den Vorsänger sogleich durch den in das Couplet eingefügten ersten Refrainvers zu unterbrechen und das ganze Couplet dann mit dem Schlußrefrain zu kommentieren. Auf diese Weise entsteht durch den Wechsel der Interpreten und Standpunkte in Couplet und Refrain eine Distanz, die wir vorher als Distanz zwischen den verschiedenen Sprecherrollen des Gedichts bezeichnet haben. So ergibt sich aber auch die Verbindung zwischen Couplet und Refrain: keine logische Beziehung, sondern eine rein gefühlsmäßige Assoziation zwischen dem fiktiven Inhalt des Couplets, das fast immer ein junges Mädchen bei seiner Toilette oder beim Reigentanz evoziert, und den Liebeserlebnissen und Tänzen des Chors selbst, der ja tatsächlich zur Melodie des Rondeaus tanzt. Die Refrains ähneln sich nicht nur alle, sondern sie sind sogar oft von einem zum anderen Rondeau dieselben; die Couplets sind einfache Variationen über jene zwei oder drei unendlich oft aufgegriffenen Themen, wie das Erwachen und die Morgentoilette der schönen Aelis oder der Tanz auf der Wiese. Diese „schlagerartigen", immer gleichen und stets mit Liebe und Tanz assoziierten Formeln verstärken noch den Eindruck der Vertrautheit und fördern die völlige Anpassung des Gedichts an die Subjektivität dessen, der es tanzt und miterlebt; denn es ist Ausdruck seiner eigenen Erinnerungen, Erinnerungen an süße Empfindungen und an Gebärden Liebender, Gebärden eben des Tanzes.

Nehmen wir als Beispiel ein Rondeau unter vielen anderen, wo die im Couplet wachgerufene Erinnerung an einen Tanz und das subjektive Bekenntnis persönlichen Liebesleids im Refrain aufeinander bezogen sind; das *je* wirft hier dem *vous* vor, weniger leidenschaftlich zu lieben:

> C'est tot la gieus en mi les prez,
> – *Vos ne sentez mie les maus d'amer!* –
> Dames i vont por caroler.
> Remirez voz braz.
> *Vos ne sentez mie les maus d'amer*
> *si com ge faz!*

Der dritte Vers der Strophe *(Remirez voz bras!)* stellt offenbar eine Anweisung des Vorsängers und -tänzers an seine Mittänzer dar. In dieser Strophe beschreibt also der Solist zunächst irgendeinen Tanz, dann genau den Tanz, der soeben getanzt wird; demgegenüber stellt das *je* des Refrains die Behauptung auf, mehr an seiner Liebe zu leiden als das *vous*, seine Geliebte oder irgendein anderer Liebender. In anderen Beispielen erscheint die Schöne des Couplets in solcher Schönheit, daß der Refrain ihr oder einer anderen, an die er sich nun erinnert, eine Liebeserklärung macht. Das ist der Fall in dem nun folgenden, nicht der Regel entsprechenden Rondeau. Hier nennt die erste Refrainzeile im Unterschied zum Schlußrefrain einen anderen Frauennamen als den im Couplet erwähnten, so daß man nicht mehr weiß, ob das *je* des Schlußrefrains nun Aelis oder Enmelot liebt oder eine dritte. Wie könnte man besser zum Ausdruck bringen, daß dieses Ich Ausdruck eines allen Tänzern gemeinsamen Verlangens ist und als solches in diesen Frauen, in einer jeden von ihnen, die Liebe selbst und seine ureigenen Wunschvorstellungen liebt? Genau wie in Buñuels Film *Dies obskure Objekt der Begierde*, wo zwei Schauspielerinnen, die sich in keiner Weise ähnlich sehen, ein und dieselbe Geliebte des Helden darstellen. Hier nun aber das angekündigte Rondeau:

> Main se levoit Aaliz,
> – J'ai non Enmelot –
> biau se para et vesti
> soz la roche Guion.
> *Cui lairai ge mes amors,*
> *amie, s'a vos non?*

Der Chor bringt also die innere Bewegung zum Ausdruck, die das Lied bei ihm hervorruft, beziehungsweise läßt die Person, von der im Lied die Rede ist, Empfindungen aussprechen, die in ihr wohl vorgehen. Der Solist hingegen entwirft eine fiktive Situation, deren Schilderung zuweilen durch Anspielungen an den realen Ablauf des Tanzes unterbrochen wird. Aber die Unausgeglichenheit zwischen Couplet und Refrain, ihre gewagte – Heterogenes vereinende – Verbindung, der im Refrain zum Couplet gegebene gefühlsbetonte Kommentar, die auf Solist und Chor verteilte Interpretation des Stücks, die Einheit von Lied und Tanz im Rondeau – all das macht diese Art von Liedern ganz zum Eigentum derjenigen, die sie singend und tanzend vortragen, und löscht jeden Bezug zur Subjektivität ihres Autors.

Dennoch hat das Rondeau natürlich einen Autor, selbst wenn dieser nichts anderes tut, als bereits existierende Refrainverse miteinander zu kombinieren, die ihrerseits ja ebensowenig das Resultat einer Urzeugung sind. Darüber hinaus bedarf das, was oben über die generelle Anonymität des Rondeaus gesagt wurde, einer Nuancierung. Viele Rondeaus – und gerade unsere Beispiele – sind uns nur als Zitate in erzählenden Dichtungen überliefert. Deren Autoren machen sich die Rondeaus voll und ganz zu eigen – auch wenn sie sie nicht selbst erfunden haben –, indem sie diese in ihre literarischen Entwürfe einpassen. Gegen Ende des 13. Jahrhunderts tauchen einige Rondeaus auf, die – obwohl ebenfalls teilweise aus Vorgefundenem zusammengefügt – bekannten Dichtern zugeschrieben werden, welche damals in ihrer Eigenschaft als Musiker auf der Suche nach Textgrundlagen für ihre Motetten auf sie zurückgegriffen haben. Es kann also nicht darum gehen, Gedichte mit Autor solchen ohne Autor entgegenzusetzen. Jedes Gedicht hat einen Autor. In den meisten Fällen hat man sich im Mittelalter die größte Mühe gegeben, die Namen der Dichter nicht in Vergessenheit geraten zu lassen, und oft genug haben diese sich vorsichtshalber selbst in ihren Werken namentlich erwähnt. Wenn aber die dichterische Ausdrucksform bestimmte Voraussetzungen erfüllt und das Gedicht darüber hinaus mit der gestischen Aufführung seiner Interpreten zu einer Einheit verschmilzt, wird der subjektive Gehalt des Textes – Ausdruck möglicher Gemeinsamkeit zwischen Autor und Rezipient und zugleich Vermittler affektiver Qualitäten zwischen ihnen – nicht mehr, wie fast immer, ausschließlich und willkürlich auf den Autor, sondern gänzlich auf den Rezipienten bezogen. Die Tatsache, daß Rondeaus in höfischen Romanen zitiert oder als Motetten-Texte verwendet werden, widerspricht ihrem anonymen Charakter nicht, sondern verstärkt diesen Eindruck noch und setzt die Rondeaus in Gegensatz zum narrativen oder musikalischen Werk, das jeweils bewußt den Namen seines Autors trägt.

Es scheint angebracht, die einzelnen Schritte unserer Analyse nochmals zusammenzufassen. Zu Beginn haben wir hervorgehoben, daß die mit musikalischen Notationen versehenen Trouvère-Manuskripte den von *vidas* begleiteten Handschriften der Troubadours gegenüberstehen, auch wenn dieser Gegensatz auf scheinbar beziehungslosen Eigenschaften beruht. Als nächstes haben wir diesen Gegensatz in einem zweiten aufgehoben, nämlich dem zwischen der im Falle des *grand chant courtois* möglichen Autorbestimmung und der häufigen oder generellen Anonymität der Gedichte der nichthöfischen Gattungen. Wie die erste beruht ja auch diese Gegenüberstellung auf der alternativen Möglichkeit, die im Gedicht zum Ausdruck kommende Subjektivität entweder mit der des Autors oder der des *Rezipienten* gleichzusetzen. Als Fortentwicklung dieser zweiten Opposition ergibt sich nun eine dritte, und zwar zwischen dem Originalitätsanspruch des höfischen Minnesangs und dem Anknüpfen an eine vorhandene Tradition, wie dies bei den nichthöfischen Gattungen absichtsvoll erfolgt.

Diese Traditionsbindung scheint zunächst je nach den Umständen entweder als individuelle Erinnerung oder als Vermächtnis der Geschichte verstanden werden zu müssen, aber vor allem dürfte es sich, durchgängig, um das Einkleiden der persönlichen Erinnerung in die Gewandung des historisch Überlieferten handeln.

Wie wir gesehen haben, konnten die zahllosen nordfranzösischen Tanzrondeaus mit ihren fünf Kurzversen nur deshalb in solchem Ausmaß zu Trägern von Affekten werden, weil sie durch die Gleichförmigkeit, das unaufhörliche Wiederholen und Zitieren ihrer Kehrreime sowie durch deren wechselweise Verwendung in verschiedenen Gedichten jedes einzelne Exemplar der Gattung an der Wirkung teilhaben lassen, die durch die Erinnerung an die übrigen erzeugt wird. Ihr Inhalt wirkt so zugleich vertraut und unabgeschlossen oder zumindest anspielungsvoll. Denn das Rondeau und die übrigen Tanzlied-Gattungen, die in jener Epoche eine Randstellung zu allen anderen lyrischen Genres einnehmen, erscheinen wie deren verhaltener Kontrapunkt, der unablässig und subtil darauf verweist. Hier begegnet man kreuz und quer Elementen aus dem Liebesvokabular des höfischen Minnelieds, der Schäferin aus der Pastourelle und ihrem Robin, der *mal-mariée* der dramahaften Lieder in Begleitung ihres eifersüchtigen Ehemanns und schließlich der frühlingshaften Wiese. Letztere ist der obligatorische Rahmen all dieser Lieder. Seine Beschreibung bildet ihr Vorspiel: es ist der *locus amoenus* der Liebe schlechthin, der hier Ort des Tanzes geworden ist, und seine Evokation genügt schon, daran zu erinnern, daß der Tanz selbst ein Vorspiel zur Liebe ist. Das Rondeau öffnet sich somit der gesamten lyrischen Dichtung, die gelegentlich Anleihen bei seinen Refrains macht, sowie allen übrigen Rondeaus, die ihm wie Brüder gleichen. Gerade durch seine spielerisch verwendeten Reminiszenzen vermag es mit so wenigen und einfachen Worten das Gemüt zu bewegen. Da es ihm versagt ist, sich auszuweiten und seine Aussage Strophe um Strophe zu entfalten, vervielfacht es die Echowirkungen. Die wenigen Worte, auf die es sich beschränken muß und nach denen es wieder verstummt, sollen so viele weitere Worte wie möglich ins Gedächtnis zurückrufen. Die Erinnerung soll die fünf Verse des Rondeaus um die große Zahl all derer vermehren, die Ähnlichkeit mit ihnen haben.

In jenem Spiel von Variation und Wiederholung, das für die mittelalterliche Lyrik kennzeichnend ist, setzt das Rondeau mit aller Offenheit und Entschlossenheit auf die Wirkung der Wiederholung, denn es ist eine typische Refrain-Gattung, bei der jedes einzelne Lied ein Widerhall aller übrigen ist. Im Gegensatz dazu, aber innerhalb desselben Dichtungssystems, setzt das auf Refrain und – im gesamten Strophenzusammenhang – auf jegliche Wiederholung verzichtende höfische Lied den Akzent auf seine Neuheit, wenn diese auch jeweils nur aus geringfügigen Neuerungen besteht, die innerhalb eines bekannten Rahmens bleiben und nur durch ihn und aufgrund dieser Konvention zur Geltung gelangen. In den Einleitungen höfischer Minnelieder finden wir oft die Selbstdefinition als *chanson nouvelle*.

Chansons de toile

Andere nichthöfische Liedformen erreichen ihre Wirkung und ihren Reiz nicht dadurch, daß sie individuelle Erfahrungen in immer neuen Wiederholungen gestalten, sondern indem sie als Bewahrer eines altüberlieferten Erbes auftreten. Das ist bei den *chansons de toile* (Nählieder) oder *chansons d'histoire* (Erzähllieder) der Fall. Rein äußerlich scheinen diese Lieder kleinen *chansons de geste* zu entsprechen. Fast alle sind in Zehnsilbern abgefaßt. Sie bestehen aus Strophen, die manchmal reimen, aber oft nur assonieren und die sich dann von den Laissen des Epos nur durch ihre relative Kürze, ihre Regelmäßigkeit und das Vorhandensein eines Refrains unterscheiden. Es handelt sich um erzählende Lieder in der 3. Person. Ihr Stil ist steif wie auch in den *chansons de geste,* die Syntax zeigt eine Abneigung gegen die Hypotaxe und vermeidet Enjambements; nur selten ist ein Satz länger als ein Vers. In den *chansons de toile* treten junge Mädchen auf, die von ebenso sinnlicher wie peinigender Leidenschaft zu gleichgültigen Verführern oder fernen Liebhabern erfüllt sind, auf die sie am Fenster sitzend und mit Handarbeiten beschäftigt warten; daher der Name. Ein Teil dieser Lieder ist in einer Liedersammlung aus der Mitte des 13. Jahrhunderts überliefert, andere wurden in Form von Fragmenten in erzählende Dichtungen aufgenommen, und zwar besonders in den *Roman de la Rose ou de Guillaume de Dôle* von Jean Renart (um 1228/29), aus dem auch die oben zitierten Rondeaus stammen. Bei Jean Renart, der sich rühmt, als erster den Einfall gehabt zu haben, in einem Roman lyrische Stücke zu zitieren, sagt eine alte Schloßherrin, die erst auf inständiges Bitten eine *chanson de toile* zu singen beginnt, daß „es lange her ist, daß hohe Frauen und Königinnen Teppiche stickten und dazu *chansons d'histoire* sangen".

Da man dieser Aussage Glauben schenkte und die *chansons de toile* vor allem nach ihrer äußeren Gestalt beurteilte, blieb die Annahme, daß sie sehr alt seien, lange Zeit unbestritten. Man rückte sie ab von sogenannten späten Imitationen, jenen sich ermüdend in die Länge ziehenden *chansons de toile* aus der Feder von Audefroi le Bâtard, Trouvère aus Arras (ca. 1230). Die mit der frühmittelalterlichen Dichtung befaßte allgemeine und vergleichende Literaturwissenschaft schien diese Ansicht zunächst zu bestätigen. Denn fast überall erscheint die Liebeslyrik anfänglich in der Form des Frauenlieds. Dieses stellt verliebte Frauen vor und schildert deren Leidenschaft. Die Gedichte werden den Frauen in den Mund gelegt, und es scheint geradezu, als hätte das weibliche Geschlecht das Monopol, Liebesempfindungen auszudrücken, auch wenn diese Lieder – wie dies oft, vielleicht sogar immer der Fall ist – von Männern verfaßt wurden. Das plötzliche Aufkommen der höfischen Dichtung führt dazu, daß in der romanischen Lyrik zuerst die umgekehrte Situation eine vollendete Gestaltung erfährt – trotz einiger weiblicher Troubadours, die sozusagen männliche Dichtung aus weiblicher Sicht verfassen –, während zur selben Zeit die wenigen Liebesepisoden der zeitgenössischen *chansons de geste* noch wie die antiken Werke der weiblichen Perspektive der Liebesdichtung Ausdruck verleihen. Könnte man die höfische Dichtung nicht als eine Gegenreaktion auf Frauenlieder betrachten, die möglicherweise vor Wilhelm IX. in den romanischen Ländern existiert haben und so das lyrische Pendant zu solchen Passagen darstellten wie dem Tod der schönen Aude im Rolandslied oder der Verführung Amiles durch die Tochter Karls des Großen, Belisenta, im Heldenlied «Amis et Amile»? Ein Beweis für diese Hypothese wäre die Existenz der *chansons de toile,* deren wenige überlieferten Exemplare dann als Überreste einer frühen Phase der Liebeslyrik in romanischer Sprache zu gelten hätten.

Wie Edmond Faral gezeigt hat,[3] sind die erhaltenen *chansons de toile* jedoch wesentlich jünger, als es den Anschein hat. Manche ihrer sprachlichen Archaismen sind zu archaisch, um wahr zu sein; Vokabular und Thematik stehen deutlich unter dem Einfluß des höfischen Stils. Davon zeugen die Schmähungen gegen *lausengiers* und *vilains*, ganz zu schweigen von der offenen Verwendung des Begriffs *courtois*. Die Verhaltensweisen lassen auf einen bereits fortgeschrittenen Zustand der kulturellen Entwicklung schließen. Die Heldin eines Liedes beispielsweise, dessen Thema dem des Todes der schönen Aude entspricht und aus dem später

---

[3] Edmond Faral, «Les chansons de toile ou chansons d'histoire», in: *Romania* 69 (1946–47), S. 433–462.

das berühmte Lied «Malbrough s'en va-t-en guerre» hervorgeht, die schöne Doette nämlich, „liest in einem Buche", anstatt sich der Arbeit mit Nadel und Faden zu widmen. Ihr Freund starb beim Turnier und nicht in der Schlacht, und zum Zeichen ihrer Trauer gründet sie ein Liebeskloster als Zuflucht für treu Liebende, ein typisches Indiz höfischer Preziosität. Es ist nun nicht nur so, daß diese Lieder keineswegs so alt sind, wie sie aussehen, sondern es handelt sich dabei auch nicht um „Frauenlieder" in dem Sinne, daß ihre Autoren wirklich Frauen waren – was uns freilich nicht überrascht. Tatsächlich legt in der letzten Strophe eines solchen Liedes ein Dichter einmal seine Maske ab: er, der Verfasser dieses Liedes, das von der Liebe der schönen Oriolant erzählt, wünscht – gedankenverloren am Meeresstrand – Gottes Segen für eine andere Schöne: sie heißt Aelis wie die Protagonistin aller Tanzlieder. Schließlich ist auch die erwähnte Darstellung bei Jean Renart mit Vorsicht zu genießen. Die Szene, in der die junge Lïenor und ihre Mutter beim Besticken einer Stola eine *chanson de toile* singen, zeigt eine zu große Übereinstimmung mit der Motivik jener Lieder, in denen ja Mutter und Tochter an frommen Stickereien arbeiten, als daß man nicht annehmen müßte, die ganze Szene sei nachträglich auf dieser Grundlage entstanden. Jean Renart wollte provinzielle, unschuldige und naive Frauengestalten darstellen, in ihrer Abgeschiedenheit von Mode und Welt. Er nahm dazu typische Hauptfiguren der *chansons de toile*, plazierte sie in einer für diese Gattung typischen Situation, legte ihnen solche Nählieder in den Mund und ging sogar so weit, die älteste der Damen betonen zu lassen, wie altmodisch es sei, beim Handarbeiten derartige Lieder zu singen.

Es wäre übertrieben, aus alldem ableiten zu wollen, daß es sich bei den *chansons de toile* um rein künstliche Schöpfungen handle, die auf keinerlei älteren Traditionen beruhen. Denn wozu dann der Aufwand mit den erdachten falschen Archaismen und den altmodischen Liedern, wenn nicht als Parodie oder intuitive Nachahmung alter Liedformen? Es ist keineswegs verwunderlich, daß diese alten Lieder nicht erhalten sind, stammten sie wirklich aus jener Epoche, in der die romanischen Literaturen noch keine geschriebenen Werke kannten. Erst die späten Abkömmlinge der alten Liedform hätten dann von dem Aufschwung profitiert, den der Erfolg der höfischen Lyrik für die volkssprachliche Lyrik insgesamt auslöste, und wurden daher, wenn auch in geringer Zahl, aufgezeichnet. Abgesehen davon haben die in den *chansons de toile* in Erscheinung tretenden Empfindungsweisen durchaus noch etwas Ursprüngliches an sich. Man würde hier vergeblich nach einer auch nur rudimentären Analyse der Liebesempfindung suchen, aus der die höfischen Chansons doch ihre wesentlichen Motive beziehen. Nur die Ausdrucksgebärden der Liebe werden beschrieben. Für die weiblichen Hauptpersonen gibt es keine andere Möglichkeit, ihre Liebe zu bekennen, als die Hingabe, und die schmachtenden Liebhaber kennen keine andere Form der Liebeswerbung, als das Objekt ihrer sehnsüchtigen Gedanken auf das Bett zu werfen. Sticht sich die schöne Aiglentine beim Nähen in den Finger, so nicht deshalb, weil sie durch Gedanken an den Geliebten zerstreut ist, sondern weil ihr übel ist. Und wenn diese Übelkeit mit ihrer Liebe zu tun hat, so in einem sehr konkreten Sinn: die schöne Aiglentine ist schwanger. In dem rätselhaftesten und vielleicht fesselndsten dieser Lieder, jenem von Gaiete und Oriour, raubt der junge sportgestählte Gérard, ohne ein Wort, Gaiete vom Brunnen weg; diese schweigsame Entführung, die trotz ihres glücklichen Ausgangs durch die Tränen von Oriour, der Schwester von Gaiete, etwas geradezu Tragisches bekommt, wird geschildert, ohne daß irgend von Liebe die Rede ist. Nur der Refrain erwähnt eine ihrer wohltuenden Wirkungen, und zwar wiederum eine sehr körperliche, nämlich den süßen Schlummer der Liebenden:

> Vante l'ore et li raim crollent,
> ki s'antraimment soweif dorment.

Das hohe Alter der literarischen Tradition, an die die *chansons de toile* anknüpfen, wird zu guter Letzt bestätigt durch Reste einer noch älteren Lyrik, von der noch die Rede sein wird.[4] Für unser augenblickliches Problem ist es jedoch unerheblich, ob der archaische Charakter der Näh- und Erzähllieder echt oder gekünstelt ist. Entscheidend ist allein, daß ihr Reiz darin liegt, daß sie die Tiefe der Vergangenheit durchscheinen lassen beziehungsweise diese Illusion erzeugen. Das Flair des Altertümlichen, der Anschein des Ungelenken und Unmodernen, von Jean Renart seiner Absicht entsprechend noch hervorgehoben, all das gibt diesen Liedern um 1230 für kurze Zeit (wieder) modische Aktualität, und zwar in jenem genau- und engbegrenzten Milieu der nord- und ostfranzösischen Höfe mit ihrem raffinierten literarischen Geschmack, im Umkreis von Persönlichkeiten wie dem Fürstbischof von Lüttich Hugues de Pierrepont oder Michel III. de Harnes. Gerade das altertümliche Gehabe der *chansons de toile* und ihr selbstsicherer Anspruch auf einen Platz in einer festgefügten Tradition machen ihre Originalität aus oder stellen zumindest eine Abwechslung nach dem Geschmack jener Ästheten dar, die sich an den

---

[4] Vgl. Michel Zink, *Belle. Essai sur les chansons de toile, suivie d'une édition et d'une traduction*, Paris 1978.

Variationen und Überraschungseffekten der höfischen Dichtkunst zu ergötzen pflegten. Innerhalb der lyrischen Gattungen jener Epoche spielt dieses kleine Genre dieselbe Rolle wie die kleine Neuerung, die innerhalb eines höfischen Minnelieds überrascht und entzückt. Nur besteht die Neuerung in diesem Fall in der Treue zur Tradition.

Chansons de mal-mariée

Andere der Lyrik der Trouvères zugehörige oder von diesen mit Vorliebe gepflegte Gattungen wiederholen unaufhörlich die Konventionen des Spiels im Spannungsfeld von Erotik und Gesellschaft. Man wird einwenden, daß dies auch auf die höfische Dichtung zutrifft. Aber eine Lyrik, die mehr zum Dramatischen und zur Gelegenheitsdichtung tendiert – wie wir sehen werden, ist gerade dieses Charakteristikum entscheidend für eine Definition der Entwicklung der Lyrik im 13. Jahrhundert –, eine solche Dichtung kann besagtes Spiel um die Dimension des Satirischen oder Grotesken erweitern und ist somit besser geeignet, dem Wiederholungsdrang, der zum sexuellen Bereich gehört, Gestalt zu verleihen.

Ein Beispiel dafür sind die *chansons de mal-mariée*, die man als obszönes und spotterfülltes Gegenstück zur Stilisierung des Ehebruchs in der höfischen Dichtung ansehen kann. Die Figur der mit einem eifersüchtigen *vilain* unglücklich verheirateten Frau – als solche gesellschaftlich erniedrigt, gefühlsmäßig enttäuscht und sexuell unbefriedigt – wird uns in einer Art dramatischer Inszenierung vorgeführt. Die Monotonie der Darstellung entspricht dem Charakter männlicher Sexualphantasien, welche in jeder Hinsicht den wahren Gegenstand des Gedichts darstellen. Das gilt sogar für jene allerdings nicht sehr zahlreichen Lieder, die nur die Klage der unglücklich Verheirateten wiedergeben. In den meisten Fällen wird diese Klage jedoch mit der Einstellung des Mannes konfrontiert, die sich als der entscheidende Bezugspunkt erweist. Ob das Gedicht nun in der Form eines Rondeaus verfaßt ist und der Refrain nach vertrautem Muster die Liebe des „männlichen" Chores zur *mal-mariée* des Couplets zum Ausdruck bringt oder ob es sich, wie in den meisten Fällen, um ein teils erzählendes, teils dramatisches Lied handelt, stets behauptet der Erzähler, er habe bei einem Spaziergang in der freien Natur eine unglücklich verheiratete Dame bei ihrer Klage überrascht und ihr – der Fall ist sehr häufig – sogleich seine Tröstungen angedeihen lassen, wenn sie ihn nicht sogar selbst darum angegangen hat. Wir begegnen auch anderen Varianten, wo der Erzähler die *mal-mariée* dabei belauscht, wie sie einer

Freundin ihr Leid klagt und diese ihr rät, sich mit einem Liebhaber über ihr Unglück hinwegzutrösten, worauf der Erzähler genau im rechten Moment zur Stelle ist. Seine Rolle ist zuweilen auch nur die des Voyeurs, der heimlich einem Rendezvous zwischen der Schönen und ihrem Liebhaber beiwohnt. Als *mal-mariée* kann auch eine Nonne in Erscheinung treten, der die Vereinigung mit Gott nicht die erhoffte Befriedigung bringt und die dann etwa die Dienste eines Mönchs in Anspruch nimmt, um jene Freuden auszukosten, deren Erfüllung ihr der mystische Gemahl nicht gewährt. Derlei Variationen zielen natürlich darauf ab, den komischen und pikanten Reiz der Situation noch zu erhöhen. Diese wohlvertraute Art von Komik ergibt sich aus der Darstellung von Situationen, die der Befriedigung des sexuellen Verlangens allzu offensichtlich Vorschub leisten, um noch wahrscheinlich zu sein. Aber schon ihre fiktive Ausmalung verschafft eine gewisse Erleichterung und entschädigt für verdrängte und verbotene Empfindungen. Für den Erfolg dieser Gedichte ist insofern die Präsenz einer subjektiven Instanz, die des Erzähler-Ichs, ganz wesentlich, denn diese Art von Komik erreicht ihre volle Wirkung erst über die Identifikation: jeder, der ein solches Lied singt, wird ja zum Erzähler und Helden des dargestellten Abenteuers. Was dieses an Besonderem und Anekdotischem an sich hat, beeinträchtigt nicht die Möglichkeit der Verallgemeinerung, denn das Geschehen stammt aus dem Reich jener Phantasien, die jedem vertraut sind. Und die Vertrautheit wird dadurch noch gefördert, daß die Melodie jedem Sänger die Möglichkeit gibt, sich mit dem abstrakten lyrischen Ich zu identifizieren. Diese Möglichkeit besteht hier ohne Einschränkung und in vollem Umfang. Sie beruht nicht etwa auf der großzügigen und vertrauensvollen Haltung des Autors, der es dem Leser anheimstellt, eine Verbindung mit seiner eigenen Subjektivität einzugehen, die dann doch als solche stets spürbar bliebe. Ansonsten unterscheiden sich diese Lieder von den höfischen Minneliedern weder in der Reimstruktur noch durch die Versarten, sondern allein durch das häufige Vorhandensein eines oder mehrerer Refrains, wobei es vorkommt, daß der Refrain von Strophe zu Strophe wechselt, um sich dem Kontext anzupassen. Diese Kehrreime stammen aus einem begrenzten und wohlbekannten Repertoire von Tanzrefrains. Der affektive Gehalt, den sie für alle besitzen, die zu ihrer Musik verliebt tanzten und sie selbst sangen, übertrug sich auf die Lieder, in denen sie wiederverwendet wurden, und die stets gleichen Begebenheiten, die als Anlaß für diese Lieder herhalten müssen, sind so etwas wie der Kristallisationspunkt einer die gesamte Zuhörerschaft mit einbeziehenden kollektiven Phantasie.

Frauenlieder und ḫarǧas

Wir haben es also mit einer Art Dialektik zu tun, dergestalt, daß das Verlangen des Mannes sich im Gedicht nur auf dem Umweg über die Darstellung des beim Partner erwarteten komplementären Verlangens Ausdruck verschafft. Dies geschieht so, daß einer Frauenfigur die sexuellen Wünsche eines Mannes untergeschoben werden, welcher im allgemeinen mit dem das Gedicht beherrschenden Ich in einer Person zusammenfällt. Freilich findet man diese Dialektik nicht nur bei den nordfranzösischen *chansons de mal-mariée*. Sie stellt vielleicht gerade das Grundprinzip der Frauenlieder *(chansons de femme)* überhaupt dar. Es handelt sich dabei um jene Art von Liebesdichtung, die weiblichen Verfassern zugeschrieben worden ist oder in der es Frauen sind, die ihre Liebesempfindung äußern. Nach einer verbreiteten Auffassung sind die ersten Zeugnisse lyrischer Dichtung oft gerade solche Frauenlieder. Auf der Suche danach braucht man nicht einmal bis ins alte China zu gehen, um dort auf die große Zahl von Gedichten zu stoßen, die zwar von Männern verfaßt wurden, sich aber als Liebesklage einer Frau ausgeben; es genügt ein Blick auf die ältesten überlieferten Lyrik-Fragmente in einer romanischen Sprache, nämlich die mozarabischen *ḫarǧas*.

Die prä- und protoislamische arabische Dichtung kannte als einzige lyrische Gattung die *qaṣīda* (Kasside), ein langes, einstrophiges Gedicht mit einem durchgängigen Reim, das übrigens die obige Auffassung stützt, denn von seinem Inhalt her unterscheidet es sich kaum von den *chansons de mal-mariée*: der Autor erinnert sich hier an seine heimlichen Liebesbegegnungen mit einer zumeist verheirateten Frau. Seit dem 9. Jahrhundert aber, so heißt es, taucht in Spanien ein neuer Typus von Gedichten auf, der als *muwaššaḥ* oder *zaǧal* (spanisch: *zéjel*) bezeichnet wird, je nachdem ob sie in klassischem oder volkssprachlichem Arabisch abgefaßt sind. Diese Gedichte erreichen in kürzester Zeit große Beliebtheit, die auch heute im gesamten arabischen Raum noch anhält. Es dauert nicht lange, bis sie zum Ausdrucksmittel jener spezifisch arabischen Liebesauffassung werden, von der man annimmt, daß sie möglicherweise die höfische Liebeskonzeption beeinflußt hat.[5] Die erwähnten Gedichtformen

---

[5] Schon seit langem wird immer wieder die teilweise von gewichtigen Argumenten gestützte These vertreten, daß die höfische Dichtung der Troubadours und die *fin'amor* hispanoarabischen Ursprungs seien. In den Werken der maurischen Dichter Spaniens – wie Ibn Ḥazm, der gegen 1020 *Das Halsband der Taube, über die Liebe und die Liebenden (Ṭawq al-ḥamāma fi-l-ulfa wa-l-ullāf)* verfaßte

beginnen mit einer Art Vorspiel, dessen Reim und Metrum am Ende jeder Strophe wiederkehren und auf diese Weise auch am Ende der letzten Strophe das Versmuster für die abschließende Pointe liefern, den Schlußpunkt des Gedichts, auf den die ganze Konstruktion zuläuft. Diese pointenartige Schlußstrophe nennt man *ḫarǧa*.

Nun sind einige dieser *ḫarǧas* nicht in arabischer, sondern in romanischer Sprache abgefaßt und werden somit zum Indiz für eine lange vor den ersten Troubadours auf der Iberischen Halbinsel existierende romanische Lyrik. Die Araber kannten und schätzten offenbar diese Dichtung, denn sie zitierten daraus einzelne Bruchstücke, um sie als überraschende Schlußpointe ihrer eigenen Werke zu verwenden. Diese romanischen *ḫarǧas* sind Fragmente von Frauenliedern.[6] Es finden sich darunter das Liebesgeständnis, das ein verliebtes junges Mädchen vor seiner Mutter ablegt; seine Klagen in der leidvollen Erwartung des Geliebten, der nicht kommt; die freudige Erregung angesichts der Hoffnung, ihn am Brunnen zu treffen; und mitunter ermutigende Worte an ihn, gewagte

– wird seit Beginn des 11. Jahrhunderts eine idealisierte Liebesauffassung vertreten, die in der französischsprachigen Forschung nach dem arabischen Volksstamm der ᶜudra als *amour odhrite* bezeichnet wird (vgl. hierzu auch A. R. Nykl, *Hispano-Arabic Poetry and its Relations with the Old Provençal Troubadours*, Baltimore 1946). Diese Auffassung der Liebe weist gewisse Parallelen mit der *fin'-amor* auf und wurde bereits vor 910 von Ibn Da'ᶜūd im *Blumenbuch (Kitāb azzahr)* besungen. Man begegnet hier tyrannischen und unberechenbaren Schönheiten, Liebhabern, deren Leiden eine geradezu physische, ja bisweilen tödliche Realität annehmen, Vertrauten, Liebesboten, Hindernissen in Form von Wächtern und Eifersüchtigen und einer frühlingshaften Atmosphäre. Großer Nachdruck wird auf die Verpflichtung zur Diskretion und die Notwendigkeit der Geheimhaltung gelegt; das Objekt der Liebe erhält einen Decknamen, der an das *senhal* erinnert, mit dem die Troubadours ihre Damen bezeichneten. Dennoch gibt es Unterschiede zwischen der Liebe der ᶜudra und der *fin'amor*. Der arabische Typus zeigt oft päderastische Züge, während in der Troubadour-Dichtung Homosexualität kein Thema ist; andererseits verwirft er den Ehebruch, der in der höfischen Liebe geradezu die Regel darstellt. Als natürliche Folge islamischer Sitten ergibt sich schließlich, daß die angesprochene Geliebte eine singende oder dichtende Sklavin ist und sie von ihrem sozialen Status her somit niemals über dem Liebhaber steht. Weitere Informationen zu diesem Problemkreis findet man bei A. R. Nykl (op. cit.) und, mögliche Beziehungen zwischen romanischen und arabischen Strophenformen betreffend, bei P. Le Gentil, *Le Virelai et le villancico. Le problème des origines arabes*, Paris 1954.

[6] Vgl. Klaus Heger, *Die bisher veröffentlichten Ḫarǧas und ihre Deutungen*, Tübingen 1960.

Spiele mit ihr zu spielen. Ganz offensichtlich haben die Dichter an den raffinierten arabischen Höfen Andalusiens diese Elemente aus der mozarabischen Dichtung entnommen (das heißt der Dichtung jener bodenständigen christlichen Bevölkerung, die unter arabischer Herrschaft lebte), weil sie für die Wirkungen von Dissonanz und Harmonie empfänglich waren, die sich damit erzielen ließen. Dissonanzen und Kontraste ergaben sich aus den Unterschieden zwischen den beiden Sprachen, zwischen der subtilen Komplexität des arabischen Gedichts und der anmutigen Schlichtheit seiner romanischen Schlußkadenz, zwischen dem brillanten Spiel der Metaphern und Bilder des arabischen Textes und der ebenmäßigen, fast auf jede Ausschmückung verzichtenden Ausdrucksweise des romanischen Teils, ja sogar zwischen der Tonlage und der Gesamtbedeutung des einen und des anderen Gedichts, denn *ḫarǧas* mit erotischem Inhalt bilden oft den Abschluß von Preisliedern auf hochgestellte Persönlichkeiten. Harmonie ist schließlich da, wo es gelingt, das Abschlußzitat dank des mit unerwarteten Entdeckungen belohnten Spiels des Geistes ingeniös und geistreich an einen doch in jeder Hinsicht fremden Kontext anzupassen.

Also nicht genug damit, daß die ältesten uns in romanischer Sprache überlieferten Gedichte Frauenlieder sind; es kommt noch hinzu, daß ihre erste uns bekannte Verwendung darin besteht, ihre weibliche Gestimmtheit der männlichen Perspektive jener anderen Gedichte, in die sie sich einfügen, zugleich zu unterwerfen und mit ihr zu kontrastieren. Wir stoßen hier also wieder auf die Dialektik, auf die wir oben im Zusammenhang mit nordfranzösischen Liedern vom Ende des 12. und aus dem 13. Jahrhundert hingewiesen haben. Dasselbe Phänomen zeigt sich – um auf ein letztes Beispiel außerhalb der Trouvère-Dichtung zurückzugreifen – in den galicisch-portugiesischen *cantigas d'amigo* (Freundeslieder) vom Ende des 13. Jahrhunderts, die trotz ihres späten Auftretens von Thema und Ton her der alten mozarabischen Dichtung und den *ḫarǧas* als deren Überresten am meisten gleichen. Wieder haben wir es mit Frauenliedern zu tun, deren Autoren – selbstverständlich Männer – daneben auch Liebeslieder verfassen, die, wie König Dom Dinis dies tut, manchmal in bewußter Symmetrie das gleiche Liebesabenteuer aus der umgekehrten Perspektive, der des Mannes, gestalten. Das Verhältnis zwischen den „weiblichen" *ḫarǧas* und der Männerdichtung, in die sie eingefügt sind, zwischen den *cantigas d'amigo* und den *cantigas d'amor* ein und desselben Dichters entspricht dem zwischen der Klage der *mal-mariée* und dem männlichen Standpunkt des Verführers und Erzählers: die weibliche Figur wird hier in einem männlichen Bewußtsein gespiegelt, und mit ihm identifiziert sich unvermeidlich der Interpret, also der Repräsentant des gesamten Publikums. Aus den Worten der verliebten Frau sprechen also jeweils die Wunschvorstellungen des Mannes.

Dennoch weisen die *chansons de mal-mariée* und überhaupt alle Trouvère-Lieder, die die Liebesbegegnung zum Gegenstand haben, zwei spezielle Merkmale auf, durch die sie sich von den übrigen genannten Beispielen unterscheiden. Da ist zum einen ihre sehr freizügige Komik. Während Obszönes sich bei den Troubadours – abgesehen von Wilhelm IX. –, ebenso wie in der gesamten europäischen Lyrik jener Epoche, nur selten findet, ist es in der nordfranzösischen Dichtung allgegenwärtig, sofern man vom *grand chant courtois* mit seiner geschraubten Emphase und der melancholischen Leidenschaft der *chansons de toile* und einiger weniger Tagelieder absieht, deren Ton mit dem der *ḫarǧas* und *cantigas d'amigo* übereinstimmt. Zum anderen verfolgt die Verwendung mozarabischer Dichtung in den *ḫarǧas,* wodurch die Integration der weiblichen Sehweise in ein Männergedicht erst zustande kommt, sicherlich rein ästhetische Absichten. In den Liedern der Liebesbegegnung wird hieraus aber das eigentliche Grundprinzip. Hier herrscht geradezu der Zwang, das Liebesverlangen der Frau nur aus der Perspektive des Mannes und seines sinnlichen Begehrens zu sehen. Es ist eigentlich nur konsequent, wenn ihre Ausdrucksform von sexueller Komik geprägt ist: darin äußert sich das versteckte Eingeständnis der eigenen Wunschträume und eine Abwehrreaktion gegen die Angst vor dem Geschlechtlichen und seinen Tabus. Obwohl es sich bei diesen Liedern vorgeblich um vertrauliche Bekenntnisse handelt und ihre Schilderungen individueller Liebesabenteuer – wären diese wahr – natürlich sensationell wären, befriedigen sie mit ihren monotonen Wiederholungen Wunschvorstellungen so universaler Natur, daß sie dieselbe Allgemeingültigkeit erreichen wie die rhetorischen Variationen über Liebe und Frauen in der höfischen Lyrik – wenn auch auf einer anderen Ebene.

Pastourelles

Die Pastourellen stellen eine eigene Kategorie innerhalb der Lieder mit dem Thema der Liebesbegegnung dar. In ihnen schildert der Erzähler seinen Versuch, eine Schäferin zu verführen, der er auf den Feldern begegnet ist. Dieser in der provenzalischen Dichtung seltene Typus von Gedichten kam in seiner nordfranzösischen Version zu beachtlichem Erfolg und wurde neben den *jeux-partis* (Streitgedichte) die häufigste Form nach dem höfischen Minnelied. Die stets unter dem Vorzeichen des Komischen behandelte Sexualität findet hier in der Vorstellung des Erzählers eine um so unbeschwertere Befriedigung, als dieser – in Übereinstimmung mit den Vorschriften von Liebestheoretikern wie Andreas Capellanus – sich gegenüber einer Schäferin nicht zu derselben Zurückhaltung verpflichtet glaubt wie gegenüber einer *dame* und auch vor einer Vergewaltigung nicht zurückschreckt, falls die Schöne sich widerspenstig zeigt. Ebensowenig zögert er, sich über die Einzelheiten der 'Operation' auszulassen und hervorzuheben, daß das Mädchen danach sein Glück und Entzücken kundgetan habe, was ja einer beim männlichen Geschlecht weitverbreiteten Überzeugung entspricht. Dazu kommen die komischen Effekte, die – ganz auf das höfische Publikum zugeschnitten – durch den Kontrast zwischen dichtendem Ritter einerseits und der Schäferin sowie weiteren *vilains* andererseits erzeugt werden. Die Komik wurzelt übrigens weniger in der Satire als im Spott. Der höfisch gesittete Antrag, mit dem sich der Ritter zu Beginn an die Schäferin wendet, steht in krassem Gegensatz zur Brutalität seiner Absichten und seines Benehmens, zu seiner eventuellen Flucht vor den durch die Schreie der Unglücklichen alarmierten Schäfern oder zur Sprache und zum Verhalten des Mädchens und seiner bäurischen Freunde. Allein dadurch, daß der Erzähler eine Schäferin begehrt, kommt es zum Zusammenprall zweier einander vollkommen fremder Welten.

All dies gibt Grund zu der Annahme, daß der unerhörte Erfolg dieser Gattung in Nordfrankreich auf die von der Figur der Schäferin ausgehende Anziehungskraft zurückzuführen ist: als reines Objekt der Begierde gehört sie zu einer Welt, die von der des Dichters so entfernt ist, daß er zu ihr überhaupt keine anderen als sexuelle Beziehungen haben kann, und eben deshalb wirkt sie so erregend. Dazu kommt noch, daß sich die kurze Begegnung in der wilden, frühlingshaften Landschaft abspielt, als ob sich die diffuse Erotik der erwachenden Natur auf die Figur der Schäferin übertrüge, die in ständigem Kontakt mit ihr lebt und so als deren Verkörperung erscheint.[7] Diese Auffassung könnte allein schon durch den Charakter einer bestimmten lyrischen Einzelgattung belegt werden. In den *reverdies*, Liedern, die ausschließlich dem Preis des Frühlingserwachens gewidmet sind, herrscht eine unbestimmt erotische Atmosphäre, die sich dann vielleicht in der Figur der ländlichen Schäferin der Pastourellen verdichtet hat, oder – unter anderen Vorzeichen – in der *mal-mariée*, wobei die Begegnung im Garten oder unter Obstbäumen

---

[7] Vgl. Michel Zink, *La Pastourelle. Poésie et folklore au Moyen Age*, Paris 1972.

stattfindet. In entsprechender Weise bereitet der Frühlingseingang der höfischen Lieder die Beschreibung eines individuellen Liebeserlebnisses vor.

Chansons d'aube

Das Tagelied *(chanson d'aube)* als eine in der gesamten Weltliteratur weitverbreitete Gattung, die die schmerzliche Trennung am Morgen nach einer Liebesnacht beschreibt, ließ sich besonders leicht mit dem höfischen Denken vereinen, weil es von heimlicher Liebe handelt. Vielleicht verdankt es dieser Tatsache seinen Status als einzige nichthöfische lyrische Gattung, die bei den Troubadours in höheren Ehren stand als bei den Trouvères. Nichtsdestoweniger erwecken gerade die Trouvères wieder einmal den Eindruck einer größeren Nähe zu den möglicherweise volkstümlichen Ursprüngen der Gattung oder zumindest einer weitgehenden Übereinstimmung mit deren konstanten Merkmalen. Mal lassen sie die weiblichen Stimmen bedauern, daß der anbrechende Tag den Spielen der Liebe ein Ende setzt, mal folgen sie ihrer Vorliebe für das dramatische Arrangement (das auch in den Liedern der Liebesbegegnung eine große Rolle spielt), oder sie versuchen in munteren Refrains die onomatopoetische Nachahmung von Instrumentenklängen. So verarbeitet ein berühmtes und übrigens schwer zu interpretierendes französisches Morgenlied jenes konventionelle Motiv, wonach der *gaite*, der mit seinem Horn die Stunden des Tages und den Anbruch des Morgens kündende Burgwächter, über die Liebenden wacht. In diesem Lied antwortet der *gaite* von der Höhe des Turms einem anderen, der unten steht: sie lassen ihre Hörner erschallen, wollen *lais* vortragen und halten gleichzeitig Ausschau nach verdächtigen Bewegungen, die ein Zeichen für das Herannahen des eifersüchtigen Gatten sein könnten. Hierbei handelt es sich freilich um Variationen über eines der vom alten China und Ägypten bis hin zur Balkonszene in *Romeo und Julia* am häufigsten behandelten Themen der Liebesdichtung.

3. Erotik und Gesellschaft

Wie bereits deutlich wurde, begegnen wir in allen bisher erwähnten Gedichttypen dem Spiel von Erotik und Gesellschaft. Deren Gliederung und Werte äußern sich in der Funktion, die im Rondeau dem Tanz als der gesellschaftlichen Aktivität *par excellence* zukommt, weiterhin in der Fiktion der nähenden und stickenden Frauen, die sich bei ihrer Arbeit mit *chansons de toile* aufheitern, noch mehr aber im Lachen über die erniedrigenden ehelichen Verhältnisse der *mal-mariée,* in den Drohungen des rechtmäßigen Ehemanns gegen die Liebenden der Tagelieder, im burlesken Zusammenprall der gesellschaftlichen Klassen beziehungsweise in der erotisch aufgeladenen Konfrontation von Gesellschaft und ungebändigter Natur in der Pastourelle und schließlich, ganz allgemein, in der Dialogform, mittels deren in all diesen Liedern die Liebesbegegnung gestaltet wird. Gewiß ist die Einbeziehung des Erotischen in die Darstellung gesellschaftlicher Verhältnisse nirgends auffälliger als in der höfischen Dichtung der Troubadours. Aber dort erscheint sie abstrakt und vernunftbeherrscht. Dagegen ist es für die nordfranzösische städtische Literatur seit Ende des 12. Jahrhunderts charakteristisch, daß sie sexuelle Wünsche und Nöte mit den Mitteln einer theatergemäßen Komik in Szene setzt, ausgehend von karikaturesken Klischeevorstellungen über zwischenmenschliche Beziehungen. Außerdem hat sich die höfische Dichtung im Milieu der bürgerlichen literarischen Gesellschaften wie zum Beispiel dem *Puy* von Arras in viel stärkerem Maße zum reinen Gesellschaftsspiel verfestigt, als es an den Höfen des Südens der Fall war. Diese Entwicklung wurde zweifellos durch die regelmäßig organisierten Dichterwettbewerbe begünstigt, wie ja auch die häufigen Zusammenkünfte der Mitglieder der literarischen Bruderschaften den Austausch von *jeux-partis* förderten.

Bereits in der Einleitung wurde festgestellt, daß die Liedersammlungen der Trouvères wohl deshalb solchen Wert auf die Bewahrung der Melodien zu legen scheinen, weil sie dem Publikum damit die Möglichkeit geben wollen, sich die Gedichte anzueignen. Darauf zielen ebenfalls die nichthöfischen Dichtungsformen, indem sie den Anschein erwecken, an eine Tradition anzuknüpfen, die zwar von einer Gattung zur anderen wechselt und unterschiedlicher Natur sein kann, die aber in jedem Fall dem Publikum die Identifikation erlaubt. So spielt das Rondeau mit Reminiszenzen, die es selbst erst geweckt hat. Die *chanson de toile* möchte dunkle Erinnerungen an eine frühere Stufe der Literatur wachrufen. Die Lieder mit dem Motiv der Liebesbegegnung beziehen ihre Wirkung aus der ständigen Neugestaltung triebhafter Phantasien und aus deren Einbettung in ein System scheinbar unwandelbarer gesellschaftlicher Spielregeln.

4. Der « grand chant courtois » und die Abstraktion als Verallgemeinerung: scheinhafte Vertraulichkeit und formale Virtuosität

In der höfischen Lyrik, im eigentlichen „Minnesang" also, äußert sich das gleiche Anliegen, aber auf andere Weise. Der Unterschied ist vor allem bedingt durch die inneren Gesetzmäßigkeiten und insbesondere durch die spezielle Rhetorik dieser Gattung. In den Liedern, die von Liebesbegegnungen erzählen, sind wir regelmäßig einem vertraulichen Bekenntnis begegnet, das seinen fiktiven Charakter selbst zur Schau trägt: die Stereotypie der Begebenheit verrät ihren imaginären Charakter, und sie verschmilzt so vollständig mit der Phantasie des Publikums und befriedigt dessen Bedürfnisse. Wie schon gesagt, kann sich die Zuhörerschaft vollkommen mit dem im Lied zum Ausdruck kommenden Bewußtsein identifizieren. Im höfischen Lied dagegen ist das dichterische Geständnis nicht eigentlich als fiktiv, sondern vielmehr als illusorisch zu bewerten. In den meisten Fällen hat man es gerade nicht mit einer erzählten Begebenheit zu tun, und somit fehlt das Kriterium, um im Hinblick auf eine referentielle Wirklichkeit Wahres von Falschem zu scheiden. Der Dichter begnügt sich damit, seine Liebe feierlich zu verkünden, und es hat selbstverständlich keinen Sinn, nach der Wahrheit dieser Aussage zu fragen. Indessen ist es sehr wohl sinnvoll zu fragen, wie wir es tun werden, welche Rolle die zahlreichen Aufrichtigkeitsbeteuerungen innerhalb dieses poetischen Systems spielen. Denn sie vor allem erzeugen die Illusion eines persönlichen Bekenntnisses; aber auch nur die Illusion. Die Vertraulichkeit ist nur scheinbar, weil der Gang des Gedichts bewußt zur Allgemeingültigkeit tendiert. In dieser Absicht vernachlässigt es die Schilderung der äußeren Umstände, um statt dessen Betrachtungen über Wesen und Wirkungen der Liebe, über ihre notwendigen Bedingungen und über Fragen der Liebesethik anzustellen; besonders aber um die möglichen dichterischen Ausdrucksformen der Liebe vielfältig rhetorisch abzuwandeln.

R. Dragonetti hat die im *grand chant courtois* zum Einsatz kommenden rhetorischen Verfahren mit großer Sorgfalt inventarisiert und analysiert und ist dabei zum Ergebnis gekommen, daß hier planvoll die Lehren der antiken Rhetorik angewandt werden, wie sie auch in mittelalterlichen Poetiken dargestellt sind. Paul Zumthor wies allerdings auf die Möglichkeit hin, daß die mittelalterlichen Dichtungstheoretiker, denen Dragonetti einen normativen Einfluß beimißt, vielleicht eine nachträgliche Rechtfertigung der höfischen Dichtung versucht haben, indem sie die

Übereinstimmungen mit den antiken Rhetoriklehren hervorhoben, obwohl diesen in Wirklichkeit niemand bewußt gefolgt war.

Aber der Bekenntnischarakter ist nicht nur wegen der gewollten Allgemeinverbindlichkeit der geäußerten Gedanken eine Illusion, sondern vor allem, weil das Gedicht in sich selbst geschlossen ist. Und das nicht nur, weil sein Inhalt sich in der Aussage „ich liebe" erschöpft, sondern mehr noch, weil sein Anliegen darin besteht, aufzuzeigen, warum der poetische Schöpfungsakt die notwendige Ergänzung dieser Aussage ist und warum dieser Akt mehr noch als die notwendige Folge, nämlich geradezu das dichterische Äquivalent oder das Gegenstück der ursprünglichen Aussage darstellt. Der typische Einleitungssatz des höfischen Liedes ist: «Amors me semont de chanter» („Liebe fordert mich zum Gesang"). Oft erscheint er genau in dieser Form, und fast immer steht der gleiche Aussagekern hinter den verschiedenen Weiterentwicklungen und Abwandlungen: alle definieren sie den Gesang als ein Zeichen der Liebe und setzen die Vollendung des einen und der anderen miteinander in Beziehung. Somit werden die beiden Aussagen „ich liebe" und „ich singe" als gleichbedeutend angesehen, und jede verweist jeweils nur auf die andere. *Je* ist jeweils nur das grammatikalische Subjekt – so wieder Paul Zumthor – von Vorgängen, die die hohen Eigenschaften von Liebe und Gesang in *einem* Ausdruck verbinden. Wir werden später ein Lied von Conon de Béthune zitieren und kommentieren, das diese Haltung um so besser verdeutlicht, als es zunächst von ihr abzuweichen scheint. Das Gedicht ist dazu verurteilt, unzählige Male zu wiederholen, daß es als Gedicht existiert, weil die Liebe existiert. Gefühle werden nur ausgedrückt, soweit sie mit der vorbildgebenden Liebesauffassung in ihren allgemeinen Zügen übereinstimmen, oder, was auf dasselbe hinausläuft, sie werden nur in der vereinheitlichten Ausdrucksweise des entsprechenden dichterischen Stilmodells geäußert.

Wenn man tatsächlich sagen kann, daß sie „geäußert werden", müßte man diesen Gefühlen auch eine „Innerlichkeit" zugestehen. Das ist aber nicht der Fall. Innerlichkeit ist ja auch gar nicht vorstellbar in einem Gedicht, wo das Verb das einzige und eigentliche Subjekt ist. Die Gefühle werden vermittels der sie bezeichnenden Begriffe als Objekte behandelt, die verschiedenartige Beziehungen zum einzigen Prädikat „ich liebe"/ „ich singe" (bzw.: „ich möchte" – „eine Frau besitzen"/„ein Lied dichten") unterhalten. So kommt es, daß das Wort *joie*, wie Georges Lavis gezeigt hat,[8] im Vokabular der Trouvères seltener ein vom Subjekt empfun-

---

[8] Georges Lavis, *L'expression de l'affectivité dans la poésie lyrique française du*

denes Gefühl als eine äußere Wirklichkeit bezeichnet. Dabei kann es sich um eine ethisch-moralische Wirklichkeit handeln, aufbauend auf einem System von Begriffen wie *amour, jeunesse, largesse, prix, valeur, honneur,* wo „Freude" kein Gefühl, sondern eine moralische Qualität darstellt, und zwar die des vollkommenen Liebhabers. *Joie* kann aber auch eine Wirklichkeit bezeichnen, die der Befindlichkeit des von Liebesglück erfüllten Liebhabers entspricht. Sie erscheint in diesem Fall als eine von der Zukunft verheißene objektive Belohnung. Diese Wirklichkeit wird zu Verben in Beziehung gesetzt, die auf die Zukunft gerichtet sind und deren Bedeutung sich letztlich, wie zu erwarten, auf das einzige wirkliche „Gefühl" zurückführen läßt, das im Gedicht zum Ausdruck kommt, nämlich das sexuelle Verlangen. Diese Objektivierung der Gefühle erlaubt es, durch das freie Spiel mit rhetorischen und lexikalischen Variationen ganze Reihen von Aussagen zu zeugen, deren einzelne Glieder eigentlich im Widerspruch zueinander stehen müßten, die aber als kompatibel betrachtet werden. Wenn das Wort «joie» nicht die subjektive Empfindung «joyeux» meint, sondern die geforderte Übereinstimmung mit der Liebesethik oder die Krönung aller Bemühungen des Liebhabers in der Zukunft, dann kann «joie» durchaus „leidvoll" oder „schmerzlich ersehnt" sein.

Unter diesen Voraussetzungen wird es verständlich, warum die wenigen höfischen Lieder, die auch nur den Anschein erwecken, ein persönliches Erlebnis mitzuteilen, und die gerade dadurch die Aufmerksamkeit des modernen Lesers auf sich ziehen, von den Zeitgenossen sehr reserviert aufgenommen worden sind. Derartige Vertraulichkeiten entsprachen in keiner Weise ihren Erwartungen an den *grand chant courtois,* trugen also nichts zum ästhetischen Vergnügen bei. Das Publikum schätzte nur das ganz allgemeine Liebesbekenntnis, wie es unzählige Male mit stets neuen und immer gleichbedeutenden kombinatorischen Varianten wiederholt wurde, wobei die dichterische Rede sich im Rahmen fester Regeln halten mußte. Die am meisten bewunderten Trouvères, Gace Brulé oder Thibaud de Champagne, erweisen sich gerade als die gewissenhaftesten in der Beachtung dieser Regeln: ohne diese zu überschreiten, verbinden sie in ganz unerwarteter Weise lauter zu erwartende Motive. Denn die Erwartungshaltung des Publikums verlangt, daß das höfische Lied mit den für sein Register typischen Ausdrucksformen spielt, ohne sie jedoch zu sprengen. Dieses Verlangen nach einer Dich-

Moyen Age (XIIe–XIIIe siècles). Etude sémantique et stylistique du réseau lexical joie – dolor, Paris 1972.

tung, die auf einem System von Formen beruht, das für den Ausdruck der
höfischen Liebesidee als einzige adäquat angesehen wird, setzt voraus,
daß das ästhetische Vergnügen durch die Einfügung des Gedichts in eine
bestimmte Tradition entsteht beziehungsweise durch sein begrenztes Abweichen von derselben. Bekanntlich erzielt das nichthöfische Gedicht
seine Wirkung durch den Eindruck, eine individuelle oder kollektive
Erinnerung wachzurufen. Das gleiche gilt für das höfische Lied, jedoch
ist die Erinnerung hier rein formaler Art. Der Akt des Wiedererkennens,
der dem Publikum die Aneignung des Gedichts ermöglicht, wird intellektualisiert: er vollzieht sich hier im Erkennen der Übereinstimmung des
Gedichts mit den Regeln des dichterischen Codes. Wenn man die Dichtung dieser Epoche als Gesellschaftsspiel bezeichnen kann, so wird sie
hier mehr als anderswo zum Spiel mit Worten. Mehr als sonst verlangt das
Auskosten der poetischen Schönheit volle Aufmerksamkeit für die Arbeit
des Dichters. Das Lied selbst veranlaßt den Leser, sein Augenmerk auf
die Form der künstlerischen Gestaltung zu richten, manchmal explizit in
den Anfangs- oder Schlußstrophen, implizit stets aufgrund der Tatsache,
daß seine Wirkung aus der Unterwerfung der dichterischen Rede unter
eine überlieferte Norm beziehungsweise aus deren begrenzter Modifikation entsteht. Auf diese Weise tritt freilich die Person des Dichters in den
Vordergrund, auf die das allgegenwärtige lyrische Ich – *je* – jedoch gar
nicht verweisen kann und will, und zwar wegen der intendierten Allgemeinheit von Inhalt und Ausdrucksform der Rede. Das höfische Lied
stellt so das Bild des Dichters bei der Arbeit über das des Dichters, der
von Liebe verzehrt wird.

III. Vom Liebesideal zum individuellen Erlebnis

1. Der Anspruch auf Authentizität:
seine tiefere Bedeutung und seine Konsequenzen

Trotz allem erhebt der *grand chant courtois*, wie schon so oft bemerkt
worden ist, Anspruch auf Authentizität. Am eindringlichsten macht sich
dieser Anspruch bei denjenigen Trouvères bemerkbar, von denen es
heißt, daß ihnen das persönliche Bekenntnis oder der individuelle Erlebnisbericht besonders fern lägen, nämlich bei Gace Brulé oder Thibaud de
Champagne. So schreibt der erste von beiden:

> Grant pechié fait qui de chanter me prie,
> Car sanz reson n'est pas droiz que je chant,

> Qu'onques ne fis chanson jour de ma vie
> Se fine amor nel m'enseigna avant.

Der Topos, daß nur der aufrichtig Liebende ein guter Dichter sein kann, gehört zu den beliebtesten des Minnelieds. Seinen berühmtesten Ausdruck hat er durch den Troubadour Bernard de Ventadour erhalten, aber noch häufiger tritt er in der nordfranzösischen Dichtung auf. Die Beteuerungen des Dichters hinsichtlich der Aufrichtigkeit seiner Liebe stellen den rein formalen Charakter des poetischen Spiels, wie er oben definiert wurde, nicht in Frage. Dennoch scheint dadurch die persönliche Erfahrung eines tatsächlich liebenden Dichters stärker betont zu werden, als wir dies nach unserer obigen Analyse erwartet hätten. Dazu kommt, daß der Authentizitätsanspruch oft in einem ganz besonderen Kontext geäußert wird. Bekanntlich beginnen die Troubadours und Trouvères der ersten Generationen ihre Lieder im allgemeinen mit einer „Frühlingsstrophe", in der sie die Wiedergeburt der Natur preisen, das plötzliche Erwachen von Flora, Liebe und Vogelsang und das Aufblühen der Blumen. Das gibt ihnen die Möglichkeit, entweder von einem Einklang zwischen sich und dieser Liebes- und Lebenslust zu sprechen oder im Gegenteil ihr Los als einzig davon Ausgeschlossene zu beklagen. Der Frühling lädt zur Liebe ein und eben dadurch auch zum Gesang, und aus dieser zweifachen Einladung leitet der liebende Dichter für sich die Berechtigung zum Dichten ab. Betrachten wir ein sehr bekanntes Beispiel für diese Art von Gedichteingängen, das wir dem Châtelain de Coucy verdanken:

> Li nouviauz tanz et mais et violete
> Et lousseignolz me semont de chanter,
> Et mes fins cuers me fait d'une amourete
> Si douz present que ne l'os refuser.

Es kam allerdings der Moment, wo der Frühlingseingang aus der Mode geriet und nicht mehr gefiel, wie die *vida* des Troubadours Peire de Valeria zeigt:

Joglars fo del temps et en la saison que fo Marcabrus, et fez vers tals com hom fazia adoncs, de paubra valor, de fuillas et de flors e de cans e de auzels. Sei cantar non aguen gran valo ni el.

(Er war *joglar* zur Zeit und zur Jahreszeit, als auch Marcabru dichtete, und er machte Verse der Art, wie es damals üblich war, von geringem Wert, über Blätter und Blumen, Vögel und Gesang. Seine Lieder sind nicht viel wert und er auch nicht.)

Wie alle *vidas* will auch diese das Publikum amüsieren; daher die lakonische und gestrenge Komik des abschließenden Urteils über den Dichter und seine Lieder. Daher erlaubt sich der Verfasser auch den Scherz, die übliche Formulierung „er war Spielmann zur Zeit Marcabrus" zu „zur Zeit und zur Jahreszeit Marcabrus" zu erweitern. Denn typisch für die Dichter jener *Zeit* war es, sich wortreich über die neue *Frühjahrszeit* auszulassen, was nun als lächerlich empfunden wird. Von diesem Witz und Spott abgesehen, ist der Text ganz und gar nicht aufschlußreich im Hinblick darauf, was der Grund jenes Desinteresses war, dem die Frühlingseingänge zum Opfer gefallen sind.

Die Trouvères hingegen sind nicht so zurückhaltend. Wenn sie immer wieder, in einer Art *praeteritio*, auf einzelne Motive anspielen oder die ganze Frühlingsmotivik Revue passieren lassen, tun sie es oft nur, um zu verkünden, daß ihre tiefe und dauerhafte Liebe nichts mit flüchtigen Frühlingsgefühlen zu tun hat. Zugleich wollen sie damit auch jene „Maisänger" treffen, deren zur Schau getragene Sinnlichkeit die kurzlebige Ausgeburt einer Jahreszeit sei und deren Liebesklagen rein konventionell oder gar fiktiv seien. In diesem Sinne war bereits bei Bernard de Ventadour und vielen anderen die sogenannte „Winterstrophe" zu verstehen, die mitunter als Gegenreaktion auf das traditionelle Motiv auftrat. Hier einige Beispiele aus dem Werk der Trouvères (zitiert nach Dragonettis Zusammenstellung):

Ne me sont pas achoison de chanter
Prey ne vergier, plaisseïz ne boisson;
Quant ma dame le plait a comander,
N'i puis avoir plus avenant saison.
(Gace Brulé)

Pour verdure ne pour pree
Ne pour fueille ne pour flour
Nule chançons ne m'agree,
Se ne muet de fine amour.
Maiz li faignant proieour
Dont ja dame n'iert amee
Ne chantent fors qu'en paschour;
Lors se plaignent sanz dolour.
(Gace Brulé)

En tous tans ma dame ai chiere;
   En yver et en estey
M'est s'amour frache et premiere.
(Gace Brulé)

Ne rose ne flor de lis
Ne des oisiaus li chant

> Ne douz mais ne avris
> Ne rosignous jolis
> Ne m'i fet si joiant
> >   Ne pensis
> Com haute amour seignoris.
> (Thibaud de Champagne)

> Pré ne vert bos, rose ne flor de lis
> Ne me donent nul talent de chanter,
> Mais boine amor...
> (Andrieu Contredit)

> Amis Harchier, cil autre chanteor
> Chantent en mai volentiers et souvent;
> Mes je ne chant pour fueille ne pour flor,
> Se fine Amor ne m'en done talent,
> Car je ne sai par autre ensaignement
> Fere chançon...
> (Raoul de Soissons)

Wenn die Trouvères sich weigern, ihre Liebesdichtung dem Einfluß der Jahreszeiten zu unterwerfen und, entsprechend, die Liebesfreuden mit dem Gang der Tage zu verknüpfen, so unterstreicht das nur die für den *grand chant courtois* typische Tendenz zu Abstraktion und Verallgemeinerung. Das bedeutet freilich einen Verzicht auf den manchmal ins Phantastische hinüberspielenden pittoresken Reiz der Frühlingslieder *(chansons de reverdie)*, die zusammen mit anderen Formen Zielscheibe der oben angeführten Kritik sind. Dort spielen sich die Dinge so ab, daß die gesamte Natur lebendig wird, um dem Dichter zu antworten, mag er nun der Tochter der Nachtigall (*le* rossignol) und der Nixe (*la* sirène) begegnen, deren Laubgewand in der feuchten Luft ergrünt, mag er mit seiner *citole* das Lied der Nachtigall begleiten: «Sanderaladon / Tant fet don / Dormir lez le buissonet», oder auf zwei junge Mädchen treffen, die seinem Roß «Flours et violetes / Et rozes novelles / Sus un eschaiquier» darreichen. Freilich wird, wie wir gesehen haben, der Verzicht auf all dies durch den Kunstgriff der *praeteritio* teilweise zurückgenommen. Dennoch ist erkennbar, daß in den Augen der Trouvères nur die tatsächlich empfundene Liebe eine würdige Inspirationsquelle für den *grand chant courtois* sein kann. Sie unterstreichen die Unabhängigkeit ihrer Gefühle von Motiven, die mit Frühling und Winter zu tun haben, und bestehen schließlich sogar darauf, daß nicht der Frühling die Liebe hervorruft, sondern daß umgekehrt die Liebe alles zu verwandeln vermag, sogar den Winter in Frühling. Mit alledem ziehen die Trouvères erneut die Konsequenz aus der Verschmelzung von „ich liebe" und „ich singe", indem sie die Vollkommenheit des poetischen Ausdrucks von der Vollkommenheit der Liebe abhängig machen.

Abstraktion und Verallgemeinerung wollen im höfischen Lied demnach als Zeichen für die Aufrichtigkeit des Dichters verstanden sein, denn diese ist ja nur dann glaubhaft, wenn sie den Beweis für die Unempfindlichkeit der Liebe gegenüber den Wechselfällen und Zufälligkeiten der Außenwelt liefert. Was nun die Wechselfälle anbelangt, so bleiben dem Gedicht nur die der Rhetorik, und so bedingt paradoxerweise gerade das Interesse an der Aufrichtigkeit der Liebe, also an der authentischen Übereinstimmung von Liebe und dichterischem Ausdruck, daß der Dichter nicht als Liebhaber, sondern als Autor im Vordergrund steht, was sich ja bereits in anderer Weise gezeigt hat.

Der Verzicht auf das Frühlingsmotiv stellt für den Dichter auch einen Weg dar, seine Geringschätzung für eine zu eingängige Dichtung und das darauf versessene ungebildete Publikum kundzutun. Hören wir noch einmal Thibaud de Champagne:

> Feuille ne flor ne vaut riens en chantant
> Que por defaut, sanz plus, de rimoier
> Et por faire solaz vilaine gent
> Qui mauvais moz font souvent aboier.
> Je ne chant pas por aus esbanoier,
> Mes pour mon cuer fere un pou plus joiant.

Man beachte, daß der Dichter den *vilains* mit ihrer Vorliebe für diese Art Frühlingsdichtung nicht ein besseres Publikum mit verfeinertem Geschmack entgegensetzt, sondern sein eigenes Herz. Er singt nur für sich selbst, um sich ein wenig von jener *Freude* zu bereiten, die als höchstes Gut der Verliebten gilt. Das Ziel der Bemühung um poetische Vollkommenheit ist nicht die Kommunikation mit einem noch so kleinen Kreis von Dichtungsfreunden, sondern die Befriedigung des eigenen Ichs.

Gegen Ende des vorangegangenen Jahrhunderts hatte man bei einigen Troubadours, Parteigängern des *trobar clus,* eine teilweise entsprechende Haltung beobachten können. Im *trobar clus* schienen sich die hervorragenden Grundeigenschaften des Dichters und das, was man sein Genie nennen könnte, besonders deutlich zu offenbaren:

The element of complexity was the mark of the author's originality and genius, and that complexity became equated with genius. This is the reason why Raimbaut d'Orange defended *trobar clus*, not because it was inintelligible, but because its mastery of its difficulties proved his greatness as an author.[9]

Die Komplexität der Dichtung lenkte gleichzeitig das Interesse auf die Geschicklichkeit ihres Autors und verlangte von den Interpreten äußersten Respekt gegenüber der Textgestalt, wodurch letztlich auch eine getreue Überlieferung sichergestellt wurde. Das scheint Peire d'Auvergne in seinem Sirventes ausdrücken zu wollen und, *a contrario*, Guiraut de Bornelh, ein Gegner des *trobar clus*, der in einer gegen Raimbaud d'Orange gerichteten Tenzone äußert, es sei ihm gleichgültig, ob seine Lieder von schlechten Interpreten entstellt würden. Das elitäre Denken, das die ganze Theorie des *trobar clus* durchzieht und wodurch diese Dichtungsart in Gegensatz zur Haltung Guirauts de Bornelh gerät – dieser freut sich, daß sein Lied für jedermann leicht verständlich und singbar ist, selbst für die einfachen Leute am Brunnen –, führt, auf die Spitze getrieben, zu einem Rückzug auf das eigene Ich, der durchaus an die oben zitierte Einstellung Thibauds de Champagne erinnert. Im Zusammenhang mit dem von Peire d'Auvergne wiederverwendeten Begriff *amor de lonh* oder *amor loindana*, der ja schon bei Wilhelm IX. auftaucht und bekanntlich eine große Rolle bei Jaufré Rudel spielt, stellt Ulrich Mölk folgende Überlegungen an: Das Publikum Wilhelms IX., Graf von Poitiers, und das Jaufré Rudels, Fürst von Blaye, bestand aus einem kleinen Kreis Eingeweihter. Peire d'Auvergne greife nun genau in den Gedichten auf den Begriff der „fernen Liebe" zurück, wo eine neue, verinnerlichte Liebesauffassung zum Durchbruch komme, die den anderen Troubadours als Torheit erscheint und die nach einer dichten und verrätselten Ausdrucksweise verlangt. Somit sei er auf jenem Weg weitergeschritten, den Wilhelm IX. und Jaufré Rudel gebahnt hatten. Im *trobar clus* finde er schließlich

die adäquate sprachliche Form für eine als persönliches Eigentum begriffene Liebeserfahrung... Der kleine Kreis, der bei Wilhelm und Jaufré Rudel den aristokratischen Dichter und sein aristokratisches Publikum gegen die vielen Außenstehenden zusammenhielt, ist bei Pierre auf das Zentrum des Künstler-Ichs zusammengezogen: aus den wenigen ist der eine geworden.[10]

Desgleichen nimmt er sich in parodierender Nachahmung eines Gedichts von Marcabru die Freiheit, die Satire des falschen Liebens (*amar* steht

---

[9] W. T. Pattison, *The Life and Works of the Troubadour Raimbaut d'Orange*, Minneapolis 1952, S. 48.
[10] Ulrich Mölk, *Trobar clus, trobar leu. Studien zur Dichtungstheorie der Trobadors*, München 1968, S. 106.

hier in Opposition zu *amor*) durch den Hinweis auf eine von Herzen kommende Liebe zu ergänzen, eine gänzlich verinnerlichte, heimliche und sehnsuchtsvolle Liebe.

Die Trouvères pflegten weder den *trobar clus,* noch betrieben sie überhaupt die Verrätselung der Diktion. Um die hohen Ziele ihres liebenden Ichs und den einsamen Stolz ihres poetischen Ichs auszudrücken, bedienten sie sich keiner hermetischen Gestaltungsmittel. Da sie aber auf die als vulgär verworfene Frühlingsmotivik verzichten, bleibt ihnen nur – und darauf sind sie stolz – das rhetorische, metrische und melodische Raffinement. Nur so können sie in einer gleichsam körperlosen Weise jenes liebende und dichterische *moi* preisen, das auch in ihrem Text unter dem abstrakten *je* auf seine Existenz aufmerksam macht.

So bildet sich innerhalb der höfischen Lyrik eine Spannung heraus. Die Zirkularität des Liedes, das nur auf sich selbst verweist, der Verzicht auf beinahe jeglichen Bezug zu einem konkreten Ich oder einem persönlichen Erlebnis, die formbestimmte Poetik der begrenzten Variation innerhalb eines unveränderlichen Rahmens (mit ihrer für das ästhetische Vergnügen am Gedicht unerläßlichen Anknüpfung an das literarische Traditionsbewußtsein des Publikums), das Vorhandensein einer Melodie, durch welche das Lied den Interpreten anheimgegeben wird – all dies erlaubt, wie gesagt, dem Publikum, sich das Gedicht vollkommen zu eigen zu machen und sein eigenes Ich hinter einem *je* anzusiedeln, das ja fast nichts mit der Person des Dichters zu tun hat. Aber gleichzeitig versagt sich der Dichter die Verwendung der eingängigen Bildmotive, mit denen er in breiten Publikumskreisen die größte Resonanz erzielen würde, und macht sich statt dessen selbst zum einzigen Bezugspunkt seines Gedichts. Er lenkt alle Aufmerksamkeit auf seine mühevolle Arbeit und sein Talent als Beweise seiner Liebe; er besteht feierlich auf seiner Aufrichtigkeit. Alles in allem scheint er andeuten zu wollen, daß das lebensgeschichtliche Ich des Dichters doch irgendwo einen Platz haben könnte, freilich außerhalb des lyrischen Gedichts, wovon die gewissenhaft befolgten Regeln es ja ausschließen. Mit anderen Worten, er scheint eine andere Dichtungsform im Sinn zu haben, die, im Unterschied zum Gedicht, dem Biographischen Raum gäbe.

2. *Die fiktive Biographie des Dichter-Ichs und das abstrakte lyrische Ich*

Im 13. Jahrhundert scheint man diesen Wink tatsächlich verstanden zu haben. Es wurde bereits gesagt, daß *vidas* und *razos* die Zirkularität des

Liedes erweitern oder vielleicht sogar durchbrechen und schließlich auch die Figur des Sängers mit einbeziehen. *Vidas* und *razos* entwerfen so etwas wie eine fiktive Biographie des Dichters, die neben dem Gedicht steht, es umgreift und auf ihm aufbaut. Sie stellen genaugenommen keine romanhafte Umsetzung der Lektüre des Gedichts dar, sondern eine fiktive Biographie des Dichter-Ichs, das sich hinter dem lyrischen Ich des Gedichts zu verbergen scheint. Die individuellen Züge der fiktiven Biographie und die Allgemeingültigkeit des Gedichts sind aufeinander bezogen, ohne sich aber wechselseitig zu durchdringen. Dieser Sachverhalt ist bekanntlich typisch für die Liederbücher der Troubadours. Nun gibt es aber bei den Trouvères keine *vidas*! Soll man das damit in Zusammenhang bringen, daß die Gattung des höfischen Romans in der Provence sehr schwach entwickelt war, während sie in Nordfrankreich seit der Mitte des 12. Jahrhunderts zu einer wahren Blüte gelangte, so daß sie bald zu so etwas wie einer Leitgattung wurde? Die romaneske Phantasie, die in der *langue d'oïl* um ihrer selbst willen ausgiebig gepflegt wurde, scheint in der *langue d'oc* nur auf dem Wurzelstock der Lyrik zu gedeihen, der Hauptgattung der Dichtung in dieser Sprache. Nun ist es so, daß der seinem Charakter nach den *vidas* am nächsten stehende nordfranzösische Text ein richtiger Roman ist, der zudem zeitlich spät liegt (Ende des 13. Jahrhunderts). Er gibt vor, die Geschichte eines Trouvères aus dem 12. Jahrhundert zu erzählen, und zitiert dessen Lieder im Laufe der Erzählung. Es handelt sich um den *Roman du châtelain de Coucy et de la dame du Fayel*, in dem das in der Folklore weitverbreitete Motiv vom verspeisten Herzen wiederaufgegriffen wurde, wie bereits kurz davor in der *vida* des Troubadours Guilhem de Cabestanh. Grundsätzlich setzt die Mode, einen Roman mit lyrischen Stücken zu garnieren – wie gesagt, wurde sie von Jean Renart kurz vor 1230 aufgebracht und genoß einen bis zum Ausgang des Mittelalters ständig wachsenden Erfolg –, voraus, daß eine Entsprechung zwischen den individuell konkreten Umständen im Roman und dem allgemeingültigen Ausdruck des Gefühls in den lyrischen Partien besteht.

Aber das Dichter-Ich romanhaft hinter dem abstrakten lyrischen Ich hervortreten zu lassen, erhält erst dann seinen vollen Sinn, wenn dabei tatsächlich die Lebensgeschichte des Dichters selbst zur Sprache kommt. Genau das geschieht in der nordfranzösischen Literatur des 13. Jahrhunderts und führt zu einem vollkommen neuen Lyrikbegriff. Um diese Entwicklung zu verstehen, müssen wir einen kleinen Schritt zurück tun und uns für einen Augenblick einer von der Lyrik unabhängigen Tradition zuwenden, nämlich der nicht gesungenen Dichtung satirischen oder moralischen Charakters.

3. Von der Belehrung zur Bekenntnisdichtung: die Entwicklung des «dit»

Diese Tradition der satirischen und moralischen Dichtung ist freilich nicht von vornherein subjektivistisch. Die „Reimpredigten" des 12. Jahrhunderts und die sogenannten „Bibeln", zum Beispiel die von Guiot de Provins oder Hugues de Berzé, lassen die verschiedenen Stände Revue passieren, um ihre Laster anzuprangern und ihnen die Leviten zu lesen, ohne daß der „Prediger" selbst in Erscheinung träte. Natürlich ist nicht auszuschließen, daß die lange Reihe harter Anschuldigungen, die Hugues de Berzé gegen die Benediktiner vorbringt, auch ein Echo seiner schlechtnachbarlichen Beziehungen mit den kluniazensischen Mönchen ist. Aber weder sie noch er werden in dem Gedicht genannt. Lediglich am Anfang macht der Autor eine vage und flüchtige Anspielung auf seine persönliche Lebenserfahrung. Dennoch glaubt man manchmal hinter der erbaulichen Absicht sein mitteilsames Wesen zu erkennen. Im letzten Jahrzehnt des Jahrhunderts verfaßt dann der Zisterziensermönch Hélinand de Froidmont seine *Vers de la mort*, denen ein ebenso durchschlagender wie dauerhafter Erfolg zuteil wurde. Der Autor ruft wiederholt mit pathetischen Worten den Tod an, preist seine Allmacht und zeigt sich erstaunt, daß die Menschen trotz seiner Unausweichlichkeit in Leichtsinn und Sünde dahinleben. Diese traditionelle Argumentation, hier übrigens mit großem Geschick eingesetzt, wirkt jedoch ganz so, als rührte sie von der inneren Betroffenheit durch den Tod her. Die ersten Verse sind der persönlichen Erfahrung mit dem Tod und seinen Spuren im Leben des Autors gewidmet:

> Morz, qui m'a mis muer en mue
> En cele estuve o li cors sue
> Ce qu'il fist el siecle d'outrage ...
> (V. 1–3)

Hélinand war in den Zisterzienserorden eingetreten, nachdem er am Königshof ein ausschweifendes Leben geführt hatte. Demnach haben ihn der Gedanke an den nahenden Tod und die Angst vor dem Jüngsten Gericht dazu getrieben, die Strenge des mönchischen Lebens als Buße auf sich zu nehmen, um damit die Sünde bei sich auszurotten, ja, sie in der Hitze der klösterlichen Badestube „auszuschwitzen", wie er sagt. An anderer Stelle bittet er den Tod, er möge „in Proneroi und in Péronne" seine Freunde Bernard und Renaud aufsuchen und ermahnen, in sich zu gehen, wie er es tat, und seinem Beispiel zu folgen. Die letzten Verse des Gedichts sind dem Lobpreis des Erbsenpürees gewidmet, frugales Mahl eines Zisterzienserpoeten, der Völlerei und Ausschweifung hinter sich gelassen hat:

> Fui, lecherie! Fui, Luxure!
> De si chier morsel n'ai je cure,
> Mieuz aim mes pois et ma porée.
> (V. 598–600)

Eigentlich haben diese Verse nichts Persönlicheres an sich als die höfischen Lieder, in denen der Dichter von seiner Liebe und seiner Herrin spricht, bevor er das Gedicht einem seiner Freunde widmet. Die wenigen persönlichen Mitteilungen Hélinands, vom Schwitzbad bis zum Erbsenbrei, erscheinen unbedeutend im Verhältnis zum rhetorischen, pathetischen und didaktischen Redeschwall, dem sie nur als Rahmen dienen und mit dem sie in keiner Weise verbunden sind. Aber es ist eben doch bemerkenswert, daß sich der Autor – wenn auch sehr zurückhaltend – selbst in die Szene einbringt, wo es doch die Gattung hier nicht zu fordern scheint. Bemerkenswert ist vor allem, daß er es am Anfang und am Ende seines Gedichts tut, als gründe sich seine Lehre auf die persönliche Erfahrung des Gedankens an den Tod. Es scheint, als habe gerade diese Haltung seine Nachfolger beeindruckt und zum sicheren Erfolg des Werks beigetragen.

Das 13. Jahrhundert bringt nicht nur weitere „Verse vom Tod" hervor, sondern auch Gedichte, in denen der Autor von sich selbst erzählen will, wo er sich aussprechen und sein eigenes Leben unter dem Gesichtspunkt des Sterbenmüssens darstellen möchte. Daß diese Dichtungen Hélinand verpflichtet sind, wird in allen Fällen offenbar, wo sie die von ihm eingeführte und nach ihm benannte Hélinand-Strophe verwenden: zwölf Achtsilber mit dem Reimschema aabaabbbabba. Die Nachahmer haben von Hélinand eher seine acht oder zehn persönlich-subjektiven Verse übernommen als jene restlichen 590 Verse didaktischen Inhalts, denn sie waren sich offenbar darüber im klaren, daß sich bei der Vorstellung vom nahenden Tod das persönliche Ich besonders gut ins Spiel bringen ließe. Auf diese Weise bereiteten sie das Terrain für die literarischen „Testamente" des ausgehenden Mittelalters, deren berühmtestes ohne Zweifel von Villon stammt.

Die Umstände, unter denen einige Autoren lebten und schließlich starben, führten sie dazu, sich auf eben diesem Terrain zu versuchen. Vermutlich im Jahre 1202 erkrankte Jean Bodel, Trouvère aus Arras und Verfasser eines ebenso umfangreichen wie vielfältigen Werks, an der Lepra und war dadurch gehindert, am vierten Kreuzzug teilzunehmen. So schrieb er um diese Zeit seine *Congés*, bestehend aus 540 Versen in der von Hélinand eingeführten Strophenform, und verabschiedete sich darin von der Welt und seinen Freunden. Das Werk ist beherrscht von quälendem Nachdenken über die schreckliche Prüfung, die Gott dem Dichter auferlegt hat, indem er ihn genau zu dem Zeitpunkt für das Ende seiner Tage in ein Lepraasyl verbannte, als er sich zu gottgefälligem Dienst im Morgenland bereit machen wollte. Ein anderer Trouvère aus Arras, Baude Fastoul, wurde etwa siebzig Jahre später (1272/73) ebenfalls von der Lepra befallen, und auch er schrieb in Nachahmung seines berühmten Vorgängers seine *Congés*. Mit dieser Wiederholung konstituiert sich die Abschiedsklage des leprakranken Dichters als literarische Gattung. Als wieder einige Jahre später (1276/77?) Adam de la Halle seine Heimatstadt unter weniger dramatischen Umständen verließ, war er der dritte, der *Congés* zum Abschied aus Arras verfaßte.

Aus den „Versen vom Tod" machen die ersten beiden der genannten Autoren Verse von *ihrem* Tod. Bei ihnen sucht man vergebens nach allgemeinen Betrachtungen über die Allmacht des Todes und die Notwendigkeit von Buße und Umkehr. Auch wendet sich hier der Autor nicht mehr an den Tod mit der Bitte, er möge seine Freunde grüßen, damit sie sich jener bitteren Wahrheiten erinnerten. Der leprakranke Dichter liegt im Kampf mit sich, um in seinem grauenhaften Leid und in dem nahen Tod den Gnadenbeweis einer Buße sehen zu können, die Gott ihm ganz persönlich bestimmt hat. Er verabschiedet sich von jedem einzelnen seiner Freunde, um jedem sein schweres Leid zu klagen, um stets aufs neue seinem heftigen Abschiedsschmerz Ausdruck zu geben wie auch dem Gefühl der Schmach und Scham, für die Freunde ein Gegenstand des Abscheus geworden zu sein. Die Dichtung läßt das dichte Netz sozialer Beziehungen erahnen, das für die Bürgerschaft von Arras mit ihren Literaten und ihren *puys* kennzeichnend ist, um kontrastierend die Einsamkeit des von alldem ausgeschlossenen Dichters dagegenzustellen. Als Todgeweihter wird er schon zu Lebzeiten für immer von der Welt der Lebenden getrennt. Mit anderen Worten: die charakteristischen Rahmenumstände des gesellschaftlichen Lebens werden dazu benutzt, die Darstellung persönlicher Erfahrungen zu dramatisieren.

Adam de la Halle

Bei Adam de la Halle erfolgt die dichterische Verarbeitung der gesellschaftlichen Wirklichkeit von Arras auf etwas andere Weise. Er unterwirft sie in ihrer Gesamtheit einer erbarmungslosen Kritik, überhäuft Arras und seine Bewohner mit Schmähungen und Sarkasmen, um erst dann die Freunde von seinen Angriffen auszunehmen. Von ihnen vermag er sich nur schweren Herzens zu trennen, und ihnen dankt er für ihre Wohltaten, die er im weiteren Verlauf seines Gedichts aufzählt. Dieses trägt also zugleich satirische und enkomiastische Züge. Der Verfasser hält es jedoch für notwendig, es insgesamt an ein autobiographisches Ereignis anzubinden – sei dieses nun wahr oder erfunden –, nämlich an seinen Abschied aus Arras oder seine Absicht, die Stadt zu verlassen. Aus diesem Anlaß ruft er seine Mitbürger namentlich herbei, wie es auch schon seine Vorgänger getan hatten. Ohne daß ein so dramatischer Umstand wie die Lepra seine literarische Produktion beeinflußt hätte, verknüpft er Elemente der Satire mit der Erzählung von Einzelheiten, die sein Leben und seine Freundschaften betreffen.

Wie übrigens auch schon Jean Bodel und Baude Fastoul, so ist auch Adam de la Halle ein Trouvère im klassischen Sinne des Wortes, und schon ein flüchtiger Blick auf sein facettenreiches Werk zeigt, welche Änderungen sich am Ende des 13. Jahrhunderts gegenüber der vorangegangenen Epoche ergeben haben. Als ein „klassischer" Trouvère hat Adam de la Halle höfische Minnelieder verfaßt, die mit den Gattungsnormen in vollkommenem Einklang stehen und die die gleichen generalisierenden und idealisierenden Charakterzüge aufweisen wie all die anderen Werke, die die Gattung seit mehr als einem Jahrhundert hervorgebracht hat. Hingegen wird in den nicht zum Singen bestimmten Werken des Adam de la Halle gerade eine Tendenz zur individualisierenden Konkretion der Darstellung sowie zum Anekdotischen und Karikaturesken deutlich, und zwar ausgelöst durch den vorgeblichen Bekenntnischarakter der Dichtung und das explizite Auftreten eines Ichs, das in den *Congés* noch metaphorisch zu verstehen war, im *Jeu de la Feuillée* aber wörtlich genommen werden muß. Adam selbst ist die Hauptperson dieses Stücks, in dem er umgeben ist von Verwandten, Freunden und Mitbürgern. Alle werden sie mit Namen genannt. Ein jeder wird karikiert und ist leicht identifizierbar. Hinter der Fassade eines burlesken Defilés wird hier das Psychodrama eines verhinderten Abschieds inszeniert. Zu Beginn des Stücks ist Adam zur Abreise bereit – er möchte nach Paris, um sein Studium fortzusetzen – und grüßt zum Abschied seine Familie und seine Mitbürger; am Ende verläßt er Arras aber doch nicht und bleibt der Gefangene dieser ihm verhaßten Welt und seiner selbst. Die Herrin aus dem höfischen Minnelied ist weit. Das geliebte und umworbene Mädchen hat sich in das angetraute Eheweib verwandelt, das zur ständigen Last wurde. Aus dem bezaubernden Portrait der Schönen ist das Bild einer alternden Megäre geworden.

Aber Adam de la Halle ist auch ein bemerkenswerter Musiker, der die Entwicklung der Polyphonie beträchtlich vorangetrieben hat. Die Melodien seiner höfischen Lieder bleiben allerdings vollkommen im Rahmen des Herkömmlichen. Als Neuerer tritt er nur in seinen Rondeaus hervor, die er zur Grundlage seiner Motetten macht. Das Gleichgewicht von Text und Melodie wird nun durchbrochen, und zwar zugunsten der Musik. Das Rondeau hat bekanntlich einen sehr kurzen Text, der nicht die Bedeutsamkeit des höfischen Lieds besitzt und nur wenig zum Ruhm seines Verfassers beizutragen vermag, weil er sich aus Reminiszenzen und Anleihen zusammensetzt. Auch sind die Rondeaus ja normalerweise anonym, und ein Autor wie Adam de la Halle macht seine Urheberschaft nur geltend, insofern als er die Musik erneuert hat. Durch seine Funktion als Tanzlied wird das Rondeau zum Allgemeingut und kann dem Dichter nicht mehr dazu dienen, Bekenntnisse aufrichtigen Leidens abzulegen. Tatsächlich wird ja die Aufmerksamkeit des Hörers bei der Aufführung einer Motette gänzlich durch die polyphone Komposition in Beschlag genommen, und er wendet sie schon deshalb weniger den Texten zu, weil diese aufgrund ihrer mehrfachen Überlagerung kaum noch verständlich sind.

Das Schaffen von Adam de la Halle markiert also die Auflösung jener lyrischen Synthese, die die Trouvères mit ihrer Dichtung begründet hatten und die nur noch in den wenigen von ihm verfaßten höfischen Minneliedern fortbesteht. Durch die Polyphonie erhält die Melodie eine ungekannte Komplexität und technische Perfektion, durch die sie sich fast selbst genügt. So kommt es, daß die nicht eben bedeutenden Texte, die ihre Grundlage sind, nur noch eine dienende Rolle spielen. Damit kündigt sich die für das 14. Jahrhundert charakteristische Trennung von Dichtung und Musik an. Gleichzeitig erwächst dem *grand chant courtois* eine Konkurrenz in Form der gesprochenen Dichtung. An die Stelle der Verallgemeinerung tritt nun die individuelle Begebenheit, und die Idealisierung weicht der Satire. Die Schilderung äußerer Umstände und Ereignisse und die karikatureske Übertreibung einzelner Merkmale lassen ein scharf umrissenes individuelles Ich hervortreten, das sich zu seiner bewußten Selbstdarstellung nicht mehr einer lyrisch-abstrakten, sondern einer persönlichen Dichtungsform bedient, die – nach der rein formalen zeitgenössischen Terminologie – nicht mehr dem *chant*, dem Gesang, sondern dem *dit*, der Rede, zuzurechnen ist.

Um diese Umwälzung in ihrer ganzen Tragweite fassen zu können, wenden wir uns noch einmal dem *grand chant courtois* zu und greifen ein Beispiel heraus, das die obigen Textanalysen zu widerlegen scheint, denn es handelt sich dabei um eines der wenigen Trouvère-Lieder, in denen individuelle Lebensumstände eine Rolle spielen. Gemeint ist das außerordentlich berühmte Lied, in dem Conon de Béthune darüber Klage führt, daß der König Philipp-August und die Königin-Mutter sich über seinen pikardischen Akzent lustig gemacht haben. Hier der vollständige Text des kurzen Lieds:

> I. Mout me semont Amors ke je m'envoise,
> Quant je plus doi de chanter estre cois;
> Mais j'ai plus grant talent ke je me coise,
> Por çou s'ai mis mon chanter en defois;
> Ke mon langaige ont blasmé li François
> Et mes cançons, oiant les Champenois
> Et la Contesse encor, dont plus me poise.
>
> II. La Roïne n'a pas fait ke cortoise,
> Ki me reprist, ele et ses fieus, le Rois.
> Encoir ne soit ma parole franchoise,
> Si la puet on bien entendre en franchois;
> Ne chil ne sont bien apris ne cortois,
> S'il m'ont repris se j'ai dit mot d'Artois,
> Car je ne fui pas norris a Pontoise.
>
> III. Dieus! ke ferai? Dirai li mon coraige?
> Li irai je dont s'amor demander?
> Oïl, par Dieu! car tel sont li usaige
> C'on n'i puet mais sans demant riens trover;
> Et se jo sui outraigeus del trover,
> Se n'en doit pas ma Dame a moi irer,
> Mais vers Amors, ki me font dire outraige.

Dieses Lied umfaßt, wenn man so will, seine eigene *razo*. Man kann sich gut vorstellen, daß es, wenn es von einem Troubadour verfaßt worden wäre, lediglich das zu Beginn der ersten und in der dritten Strophe angesprochene Thema entwickelt hätte, wobei dann der Bericht von der Demütigung des Dichters der *razo* vorbehalten gewesen wäre. Hier ist jedoch der persönlich-anekdotische Sachverhalt in das Lied integriert, freilich ohne deshalb zum dominierenden Element zu werden. Das Anekdotische wird vielmehr der verallgemeinernden Gesamttendenz des *grand chant courtois* untergeordnet. Der Dichter geht aus von der klassischen Äquivalenz der höfischen Dichtung: dichten *(chanter)* und seine Liebe gestehen sind eins. Aber er zögert noch mit seinem Gesang, denn der Gedanke an die Schmähung, die ihm und seinen Liedern widerfuhr, gemahnt ihn zum Schweigen. Schließlich ringt er sich trotzdem dazu durch, seine Liebe zu bekennen und gleichzeitig zu singen, allerdings nicht ohne seine Kühnheit mit einem Wortspiel zu rechtfertigen, das auf der Doppeldeutigkeit von *trouver* beruht: „Finden", also etwas bekommen (wer nicht fragt, bekommt nichts, hat also nichts: *on n'i puet mais sans demant riens trover*), und „Dichten" (*trouver* ist, was die *trouvères* tun – „meine Herrin darf sich nicht über meine Kühnheit entrüsten, wenn ich nichts tue als dieser meiner Aufgabe nachzukommen" [Z. 19/20]). Damit wird an das Beinahe-Wortspiel der ersten Strophe angeknüpft, das mit der Ähnlichkeit von *estre cois* (stumm bleiben) und *j'ai plus grant talent ke je me coise* operiert (ich würde mich lieber ruhig verhalten, mich nicht bemerkbar machen, d. h. meine Liebe besser nicht kundtun).

Die anekdotische Einlage hat also überhaupt nichts zu tun mit der Liebe, deren Wirkung den Dichter zum Sprechen bewegt und die den eigentlichen Gegenstand des Lieds darstellt. Diese Liebe ist abstrakter Natur und erscheint im Gedicht in der allegorischen Personifizierung Amors, der im ersten und letzten Vers genannt wird, und nicht in Gestalt der Dame, welche die Liebe in ihm ausgelöst hat. Das anekdotische Element hat hier demnach die alleinige Funktion, auf geistreiche Weise die Gleichung *ich liebe* = *ich dichte* zu illustrieren und die verwendeten rhetorischen Mittel zu rechtfertigen. Sie steht im Dienst von inhaltlicher Verallgemeinerung und formaler Variation, den Grundlagen des *grand chant courtois*. Im Gegensatz dazu gestaltet die sich im 13. Jahrhundert herausbildende gesprochene Dichtung, von der oben die Rede war, die Leidenschaften und Ängste des Dichters gerade nur aufgrund anekdotischer Lebensumstände.

Diese Umkehrung der Beziehung zwischen dem Allgemeinen und dem Persönlichen zugunsten der Betonung des Persönlichen tritt deutlich zutage, wenn man die Werke dieser neuen literarischen Strömung mit denen der bis dahin herrschenden Tradition vergleicht. Es zeigt sich dann, wie sehr sich gerade die Poetik gewandelt hat, während die Thematik – im weitesten Sinne – kaum neue Elemente enthält. Man braucht lediglich die *Congés* von Arras neben die Abschiedsgedichte zu stellen, die schon zuvor sowohl in der lateinischen als auch in der romanischen Dichtung zu finden waren. Man denke nur an Walter von Châtillons *Versa est in luctu / Cythara Waltherii* oder an das berühmte Lied Wilhelms IX. «Pos de chantar m'es pres talentz». Nicht anders ist es, wenn man die Sirventeslieder und satirischen *dits* miteinander vergleicht. Auch der Topos vom armseligen Dichter, der für die Bedürfnisse einer hungernden Familie aufkommen muß und den Vorwürfen seines streitsüchtigen Weibes ausgesetzt ist, findet eine jeweils unterschiedliche Behandlung im Lied von Colin Muset «Sire cuens, j'ai vielé / Devant vous en vostre ostel»», das allerdings schon Elemente einer Genreszene aufweist, und in den Gedichten Rutebeufs zum selben Thema.

Rutebeuf

Rutebeuf, dessen Schaffenszeit etwa zwischen 1250 und 1280 liegt, verkörpert mit seinen teils satirischen, teils autobiographischen *dits* mehr als jeder andere den Stilwandel der zweiten Hälfte des 13. Jahrhunderts. Genau besehen umfassen seine *dits* sogar stets beide Tendenzen, denn sie sind Karikatur von Ich und Welt in einem. Ausgehend von seiner der konkreten Lebenswirklichkeit verpflichteten Vorstellungswelt, versucht er in ihnen die überkommenen Bewußtseinsformen aufzubrechen, und zwar insbesondere die höfische Ideologie. Rutebeufs Dichtung bestätigt, daß die in sich sehr uneinheitliche Gattung des *dit* dadurch definiert werden kann, daß hier das Ich sich den anderen Menschen und der Welt gegenüber offen zu erkennen gibt.

In gewisser Hinsicht steht dieses bewußte Hervortreten des Ichs in Zusammenhang mit dem Verschwinden der Melodie aus dem literarischen Kommunikationssystem. Zwar hatte sie dem Publikum die Möglichkeit gegeben, sich das Lied anzueignen. In der nun eingetretenen Situation versucht der Dichter aber nicht, diese Möglichkeit der Aneignung mit anderen Mitteln wiederherzustellen, sondern er verhindert sie sogar, indem er seine eigene Person in den Vordergrund rückt. Er spricht von sich selbst und gibt vor, aus seinem Leben zu erzählen, wobei es natürlich sinnlos ist, im einzelnen zu fragen, welches Quantum Wahrheit diese erdachten Bekenntnisse enthalten. So verfährt Rutebeuf in einer Reihe von Gedichten, die man traditionell seine *Poèmes de l'infortune* („Gedichte vom Mißgeschick") nennt. Er schildert hier Träume und allegorische Visionen, die angeblich gerade ihm in reichem Maße zuteil wurden. Er nennt seinen Namen und unternimmt in einer Aneinanderreihung etymologischer Spielereien dessen ausführliche Deutung:

– Sire, sachiez bien sans doutance
Que hom m'apele Rutebuef,
Qui est dit de « rude » et de « buef ».
(*Dit d'Hypocrisie* V. 44–6)

Oder:

Rustebuef qui rudement oevre,
Quar rudes est, ce est la somme
(*Voie de Paradis*, V. 18–9)

Bei unserem zweiten Beispiel handelt es sich freilich um eine Etymologie, die nur als Antiphrase verständlich wird, denn kurz zuvor wurde erwähnt, daß Rutebeuf zur Morgenstunde, wenn andere Leute sich an die Arbeit begeben, noch in tiefem Schlaf liegt. Der Vers *Rustebuef qui rudement oevre,* also vom „grob arbeitenden Rutebeuf", kehrt übrigens in derselben Form wieder im Vers 45 des *Mariage Rutebeuf* (Rutebeufs Hochzeit).

In anderen Stücken wendet sich Rutebeuf direkt an sein Publikum – so wie die Dichter aus Arras sich an diejenigen wenden, von denen sie Abschied nehmen, oder so wie Hélinand den Tod anrief. Letztlich verstärkt aber gerade die *adnominatio,* nach Paul Zumthor das hervorstechende Charakteristikum des *dit* überhaupt, den Eindruck der Gegenwart des Dichters. Kurz gesagt, diese Dichtung wirkt oft wie eine Zurschaustellung seiner eigenen Person. Sie gleicht einem jener Theatermonologe, die ganz im Hinblick auf die beabsichtigte Wirkung auf das Publikum konzipiert sind, das nach Illusion verlangt, und zwar nach der gelungenen Illusion eines ungeschminkten persönlichen Bekenntnisses, welches aus einer Verstimmung oder einem Anfall von Mutlosigkeit heraus entstanden ist, in einem der Augenblicke, wo die Achtung vor dem Menschen vergessen ist, wo kein Schein mehr gewahrt wird und wo man nur noch über sich selbst ein trauriges oder bitteres Lachen anstimmen kann. Eine solche Interpretation ist aufgrund ihrer romantischen Tönung sicher anachronistisch. Die *Congés* von Arras und manche *dits* von Rutebeuf erscheinen uns höchstens durch die optische Täuschung, die sich aus der Retrospektive ergibt, als Vorläufer einer Tradition des miserabilistischen Selbstgesprächs, das von den *Soliloques du pauvre* von Jehan Rictus – der sich mit seinem archaisierenden Pseudonym eindeutig auf das Mittelalter beruft – hinreicht bis zu manchen Bravourstücken Brechtscher Dichtung und Dramatik und vielleicht noch weiter bis zu bestimmten typischen Figuren der *music-hall* oder des *café-théâtre,* wie sie von Fernand Raynaud, Raymond Devos oder Zouc geschaffen wurden. Jedenfalls machen solche Vergleiche deutlich, daß diese Dichtung über die „Dinge des Lebens" keineswegs mit dem Anspruch auf Wahrhaftigkeit verbunden ist – ganz im Gegensatz zur höfischen Dichtung, die allerdings um vieles abstrakter ist und wesentlich strengeren formalen Regeln unterworfen ist –, sondern daß sie lediglich eine konkret-realistische Inszenierung des Ichs zum Ziel hat. Das ist auch der Grund, warum diese Gedichte nach dem illustren Vorbild des Rosenromans gerne Schilderungen allegorischer Traumvisionen zum Gegenstand haben, denn so können sie zugleich Züge des konkreten Lebens tragen und – zwar nur implizit, aber dennoch erkennbar –

ihren fiktiven Charakter durchblicken lassen. Bei Rutebeuf steht selbst die Allegorie nicht immer im Dienste der Verallgemeinerung. Er läßt hier durchaus auch konkrete Personen auftreten, sei es in Gruppen, wie zum Beispiel die ihm verhaßten Bettelmönche, die Jean de Meun zur gleichen Zeit im zweiten Teil des *Rosenromans* in der Gestalt des *Faux-Semblant*, der „Heuchelei", beschreibt, oder als Einzelpersonen, wie zum Beispiel Guillaume de Saint-Amour, Gegner der Bettelmönche im großen Universitätsstreit des 13. Jahrhunderts, der im Rosenroman unter dem Namen *Débonnaire*, der „Gutmütige", erscheint. So spiegelt die neue Dichtung eine ganz bestimmte und gut erkennbare, aber allegorisch verkleidete Wirklichkeit, so wie auch das Ich, das sie und sich selbst präsentiert, individuell und zugleich allegorisch verkleidet ist.

Ganz unabhängig von den für Rutebeuf typischen Merkmalen und zumeist ohne das höfische Denken in Frage zu stellen, nimmt der *dit* mit seiner Autobiographiefiktion eine Schlüsselstellung in jener Neuordnung der literarischen Gattungen ein, die für die Dichtungsformen des ausgehenden Mittelalters maßgebend wird. Dazu tragen mehrere Faktoren bei: der *dit* macht Schluß mit der Melodie und dem obligatorischen strophischen Aufbau des höfischen Minnelieds; er kann, was den Umfang angeht, beliebig lang sein; sein Inhalt sind die vorgeblichen Abenteuer eines persönlich hervortretenden Ichs. Dadurch war er bestens dazu geeignet, die diskursiven Elemente aus den Gedichten der Trouvères, aus *canso*, Sirventes und dramatischer Lieddichtung in sich aufzunehmen und diese Substanz mit den Wechselfällen der konkreten Wirklichkeit anzureichern. Gleichzeitig geschah etwas Weiteres: an die Stelle des eigentlichen Gegenstands lyrischer Ich-Aussprache traten reine Gefühlsbekundungen, die bald nur noch aus den wenigen auf sich selbst zurückbezogenen Versen eines Rondeaus oder *virelai* bestanden.

Wenn man die Geschichte der lyrischen Dichtung als „Entwicklung eines Schreis" bezeichnen kann, dann übernimmt der *dit* lediglich die erklärende Rechtfertigung eines solchen Schreis und überläßt es den Gattungen mit fester Form, die von nun an den Kern der lyrischen Dichtung ausmachen, seinen Widerhall auszudrücken. Guillaume de Machaut und nach ihm viele weitere Dichter des 14. und 15. Jahrhunderts treiben später noch ihr Spiel mit dieser Dichotomie. Die fiktive Erzählung der subjektiven, individuellen Liebesleidenschaft entwickelt sich innerhalb der Gattung des *dit*, in den allerdings Gedichte fester Form eingefügt werden, die die seelische Bewegtheit lyrisch ausdrücken sollen – wobei sie immer seltener wirklich gesungen werden. Diejenigen Versrhythmen, die eine von der Melodie unabhängige Eigenständigkeit besitzen und daher für heutige Ohren leichter wahrnehmbar sind als die der Trouvères, erfahren in dieser Dichtung neue Wertschätzung, wie auch die Sprachspiele neue Bedeutung gewinnen, die aus der mittellateinischen Dichtung stammten und die Rutebeuf als einer der ersten mit System für seine Zwecke verwendet hatte. So bereiteten die letzten Trouvères den Boden für die *grands rhétoriqueurs*.

DIE FRANZÖSISCHE LYRIK DES 14. UND 15. JAHRHUNDERTS

Von Manfred Tietz

I

Die wissenschaftliche Beschäftigung mit der französischen Lyrik des 14. und 15. Jahrhunderts stand lange unter einem wenig günstigen Stern. Zum einen wohnt ihr nicht der Zauber und die Faszination des Anfangs inne, den die Lyrik des 12. und 13. Jahrhunderts besitzt; zum anderen wurde sie bereits in fast unmittelbarem zeitlichem Anschluß (1549) aus kompetentem Munde – dem Du Bellays – als ein überholtes Altes abgewertet, das vor dem zukunftsträchtigen Werk der jungen Renaissancedichter als bloße *épiceries* erschien. Da diese Lyrik in ihren wesentlichen Werken die Themen der frühen höfischen *chanson*, den Preis der Dame und der *courtoisie*, in nicht enden wollenden Versen (Guillaume de Machauts poetisches Œuvre allein umfaßt über 80 000 Verse) fortführt, schien sie weitgehend ein in sich kreisendes Epigonentum zu sein, das nach der frühen Blütezeit im „Herbst des Mittelalters" (J. Huizinga) an den provinziellen Höfen der Regionalfürsten die große Vergangenheit des Pariser Hofes fortsetzte. Nur François Villon, dessen Werk bereits am Ende der Epoche entstand, schien sich vor diesem tristen Hintergrund abzuheben: Er parodiert die Lyrik seiner Vorgänger und Zeitgenossen in Form und Inhalt und scheint mit einer als autobiographisch und damit gegenüber einem bloßen Wiederholen der Tradition als authentisch verstandenen Dichtung den Weg hin zur Renaissance und ihrem subjektiven Lyrikverständnis zu weisen. Selbst die jüngste Anthologie *Mittelalterliche Lyrik Frankreichs II* versteht sich trotz des umfassenden Titels als Sammlung von Gedichten des 12. und 13. Jahrhunderts.[1] Der dazugehörige Aufsatzband berücksichtigt allerdings sehr wohl die *spätmittelalterliche Lyrik* (1300–1450), wenn auch nur auf der Hälfte des Raumes, der der *altfranzösischen Lyrik* (1150–1300) gewidmet ist.[2] Der Band spiegelt

---

[1] *Lieder der Trouvères*, Französisch/Deutsch, ausgewählt, übersetzt und kommentiert von Dietmar Rieger, Stuttgart 1983.
[2] *Lyrik des Mittelalters*. Probleme und Interpretationen, hrsg. von Heinz

zugleich das stark gewachsene wissenschaftliche Interesse an der Lyrik des 14. und 15. Jahrhunderts, das vor allem von Daniel Poirions umfassendem Werk *Le poète et le prince. L'évolution du lyrisme courtois de Guillaume de Machaut à Charles d'Orléans*[3] entscheidende Impulse erhalten hat. Nachdrücklich wendet sich Poirion in diesem Werk gegen «l'image caricaturale d'une époque desséchée et décadente, où seule éclaterait, comme un miracle de liberté, la réussite de François Villon».[4]

Dennoch ist das Neuverständnis der mittelalterlichen Lyrik – von R. Guiettes Thesen der *poésie formelle* und ihrer Illustration bei R. Dragonetti bis zur Darstellung ihres Gattungssystems bei E. Köhler, D. Rieger, H.-R. Jauß u. a. m. – vor allem an der Lyrik des 12. und 13. Jahrhunderts entwickelt worden. Die Behandlung der spätmittelalterlichen Lyrik unter diesen neueren methodischen Fragestellungen ist bislang in erheblich geringerem Umfang erfolgt. Abgesehen von dem meisterhaften Werk D. Poirions und dem methodologischen Grundsatzentwurf von H.-R. Jauß[5] liegen bislang nur drei knappe, Fragen der Gattungsproblematik in den Vordergrund stellende Skizzen vor: H. Heitmanns Abriß *Französische Lyrik von Guillaume de Machaut bis Jean Marot*,[6] Jacqueline Cerquiglinis Überblick *Le nouveau lyrisme (XIVe–XVe siècle)*[7] und die knappe Einleitung Friedrich Wolfzettels[8]. Die in dem von H.-U. Gumbrecht herausgegebenen Sammelband *Sozialgeschichte und Literatur des Spätmittelalters* zusammengefaßten Beiträge (Daniel Poirion, «Traditions et fonctions du *dit* poétique au XIVe et au XVe siècle», S. 147–150; Jacqueline Cerquiglini, «Le clerc et l'écriture: le *voir dit* de Guillaume de Machaut et la définition du *dit*», S. 151–168, sowie Dieter Ingenschay, «Pragmatische Form und lyrische Besetzung – zur Konstitution von Ballade und Testament bei Deschamps und besonders Villon», S. 169–190)

Bergner. *Die mittellateinische Lyrik. Die altprovenzalische Lyrik. Die mittelalterliche Lyrik Nordfrankreichs*, Bd. I, Stuttgart 1983, S. 401–505, S. 506–558.

[3] Paris 1965 (Nachdruck Genf 1978).

[4] *Le poète et le prince*, S. 313.

[5] „Theorie der Gattungen und Literatur des Mittelalters", in: *Grundriß der romanischen Literaturen des Mittelalters*, Bd. 1, hrsg. von M. Delbouille, Heidelberg 1972, S. 107–138. Jetzt auch in: H.-R. Jauß, *Alterität und Modernität der mittelalterlichen Literatur*, München 1977, S. 327–358.

[6] In: *Europäisches Spätmittelalter*, hrsg. von Willi Erzgräber, Wiesbaden 1978 (Neues Handbuch der Literaturwissenschaft, Bd. 8), S. 355–372.

[7] *Précis de littérature française du Moyen Age* sous la direction de Daniel Poirion, Paris 1983, S. 275–292.

[8] *Lyrik des Mittelalters* I, Stuttgart 1983, S. 506–512.

geben wertvolle Hinweise, sind aber keine systematische Darstellung; ein solches Unterfangen ist (auch im vorliegenden Fall) erheblich dadurch erschwert, daß es noch keine zufriedenstellenden Monographien zu den einzelnen spätmittelalterlichen lyrischen Genera gibt. Hier liegt – anders als bei der zahlenmäßig in geringem Umfang überlieferten *chanson de toile* oder der *alba* – eine solche Materialfülle vor wie etwa bei der *Ballade* (E. Deschamps allein hat rund 1500 Gedichte hinterlassen), daß bereits die bloße Deskription aller Texte auf erhebliche Schwierigkeiten stößt und daher noch bei keiner der spätmittelalterlichen Gattungen wirklich umfassend erfolgt ist. Konzentriert hat sich die Forschung dagegen auf eigentlich längst fällige Editionen, Monographien und eine Vielzahl von Aufsätzen zu einzelnen Autoren, wobei Guillaume de Machaut (um 1300/5–1377), Jean Froissart (um 1337 – um 1404), Christine de Pisan (1365 – nach 1429), Charles d'Orléans (1394–1465), Alain Chartier (1385 bis um 1435) und natürlich François Villon (1431/2 – nach 1463) im Vordergrund stehen. Dabei werden im allgemeinen weniger die Fragen der Gattungen und ihrer Entwicklung in den Vordergrund gestellt als der Versuch gemacht, die – im Gegensatz zur hochmittelalterlichen Lyrik deutlichere – thematische und stilistische Individualität der einzelnen Autoren zu erfassen und historisch aus ihrer sozialen Stellung zu erklären: Christine de Pisans Situation als verwitwete Frau am Königshof, Charles d'Orléans' politische Isolierung im englischen Exil und in der französischen Provinz, schließlich Villons soziale Stellung als marginalisierter Intellektueller außerhalb des höfischen Raumes, der gegenüber dem überholten höfischen Ideal und dessen später Praxis nur noch eine parodistische Haltung einzunehmen vermochte. Diese Ausrichtung der Forschungsarbeiten war sicher nicht zufällig. Sie spiegelt vielmehr entscheidende Neuerungen in der Lyrik des Spät- gegenüber der des Hochmittelalters wider: Das einzelne lyrische Werk erhält jetzt seine wesentliche Prägung nicht mehr wie bislang allein oder überwiegend von der Zugehörigkeit zu einem Genus – etwa dem „hohen" *chant courtois* oder der „niederen" *chanson de toile* –, sondern auch von der seit Machaut, dann besonders seit Christine de Pisan und Charles d'Orléans ganz eindeutig greifbaren thematischen und stilistischen Individualität des einzelnen Autors. Gerade diese neueren Arbeiten aber haben in ihrer Vielfalt gezeigt, wie unberechtigt der frühere Vorwurf gegenüber der spätmittelalterlichen Lyrik war, sie sei nichts als bloß wiederholendes Epigonentum ohne „Sitz im Leben" (H. Gunkel) der Zeit.

II

Gegen Ende des 13. Jahrhunderts löste sich das bis dahin dominierende Gefüge der altfranzösischen lyrischen Genera auf. Dieses war von drei Polen oder Registern bestimmt: dem *grand chant courtois*, der der provenzalischen Kanzone entspricht und in dem die höfische Liebe aus der Sicht des Mannes ihren Ausdruck fand; der einfacheren, doch darum nicht weniger kodifizierten, im provenzalischen Bereich nicht erhaltenen, in Nordfrankreich dagegen in einigen wenigen Fällen überlieferten Frauenlyrik der *chanson de toile*, in der sich eine vorhöfische Welt und Liebesauffassung ausdrückt; schließlich die Gegenwelt zur höfischen Liebe, die *pastourelle*, deren Funktion es war, im Gegensatz zur Kanzone «d'exprimer le désir charnel à l'état pur, d'autant plus libre de toute codification, de toute idéologie, de toute spiritualisation qu'il s'adresse (sc. in der Hirtin) à une créature sans âme, ou considérée comme telle, qui ne peut être qu'un pur objet érotique»[9].

An die Stelle dieses primär thematisch, dann auch formal gegliederten Systems tritt mit der Wende zur mittelfranzösischen Lyrik ein neues System, das der «genres à forme fixe», die sich zunächst nicht aufgrund ihrer Themen und Stoffe, sondern einer als Norm gesetzten und wiederholten metrischen Form definieren. Einen Überblick über dieses System gibt Guillaume de Machaut in seinem vor 1342 entstandenen *Remède de Fortune*, in das der Autor die folgenden, in didaktischer Absicht als Musterbeispiele gemeinten sechs Gedichtformen eingefügt hat: *lai, complainte, chanson roial, baladele* oder *balade, virelai* oder *chanson baladee* und *rondolet*.[10] Dabei ist die Abfolge der einzelnen Gattungen nicht zufällig; sie ist vielmehr als ein Absteigen von der komplexesten und schwierigsten zu einfacheren Formen gemeint. Ein analoges Inventar führt Machauts Schüler Eustache Deschamps (um 1346 – vor November 1407) in seinem *Art de dictier et de fere chançons, balades, virelais et rondeaux* (1393) auf. In dieser ältesten französischen Poetik, die wie alle *arts de dictier* oder *arts de seconde rhétorique* der mittelfranzösischen Epoche[11] überwiegend auf Fragen der metrischen Struktur der Gedichte und

---

[9] Michel Zink, *La pastourelle*. Poésie et folklore au moyen âge, Paris/Montréal 1972, S. 117.

[10] *Œuvres*, publiées par Ernest Hoepffner, T. II, Paris 1911 (Reprint 1965), S. 1–57. Die von Machaut selbst vorgenommenen Vertonungen dieser Gedichte sind mitüberliefert und zusammen mit einer Studie von F. Ludwig abgedruckt in den *Œuvres*, II, S. 407–423.

[11] Cf. E. Langlois, *Recueil d'Arts de seconde rhétorique*, Paris 1902.

des möglichst komplex zu gestaltenden Reims eingeht,[12] behandelt Deschamps in einem synchronen Abriß die einzelnen Genera in der folgenden Sukzession: *balade* und *chançon royal* (274–281), *sirventois* (281), *virelai* oder *chançon baladee* (281–284), *rondeau* (284–287), *sote chançon* und *pastourelle* (287) und schließlich den *lay* (287–291). Das Gattungsgefüge der altfranzösischen Epoche scheint er weder zu überblicken, noch führt er es als ein vom zeitgenössischen verschiedenes System ein.[13] Während er für alle Genera ein oder mehrere Beispiele anführt, unterläßt er dies für den *sirventois* sowie die *sote chançon* und die *pastourelle*. Sie sind nämlich primär durch ihren Inhalt und nicht nur die Form bestimmt. Diese haben sie vielmehr mit anderen Gedichten gemeinsam: die *sote chançon* und die *pastourelle* haben die gleiche Form wie die *ballades amoureuses* «excepté tant que les matieres se different selon la volunté et le sentiment du faiseur»[14]; der *sirventois* hat die gleiche Form wie die *chançon royal* genannte Sonderform der Ballade; sein Inhalt ist religiös bestimmt: er handelt «communement de la Vierge Marie, sur la Divinité»[15]. Deschamps definiert den *sirventois* ausdrücklich als unhöfische Gattung, weswegen er in seiner an den Höfling gerichteten Poetik auf die Wiedergabe eines als Modell gemeinten Beispiels *expressis verbis* verzichtet («et pour ce que c'est ouvrage qui se porte au *Puis d'amours*, et que les

---

[12] Treffend bemerkt dazu Marc-René Jung, „die *arts de seconde rhétorique* vermögen zur Dichtungstheorie keinen Beitrag zu leisten, oder richtiger, sie beabsichtigen das gar nicht. Vielmehr wollen sie, wie es eben einer mittelalterlichen *ars* geziemt, dem Verseschmied das Handwerk beibringen und ihn in das Labyrinth der manchmal unendlich komplizierten Dichtungsformen einführen. Bezeichnend für diesen handwerklichen Aspekt sind z. B. die Reimlisten, die manchen Traktaten beigefügt werden. Dichtung ist Handwerk, und ein Handwerk kann erlernt werden." Jung fügt jedoch hinzu, daß dieses Verständnis von (Auftrags-)-Dichtung bei den Autoren keineswegs das Bewußtsein um die Notwendigkeit einer natürlichen Veranlagung und Fähigkeit zum Dichten ausschließt. „Poetria. Zur Dichtungsgeschichte des ausgehenden Mittelalters", in: *Vox Romanica* 30 (1971), S. 45. Zur Stellung der Dichtung im Gefüge der mittelalterlichen *Artes* und ihrer Bezeichnung als „zweite Rhetorik" cf. H. Lubienski-Bodenkam, "The Origins of the Fifteenth Century Views of Poetry as 'seconde rhétorique'", in: *The Modern Language Review* 74 (1979), S. 26–38.
[13] Lediglich bei der *chançon royal* und dem *sirventois* spricht er von einer älteren Schicht der jeweiligen Gattung ohne Gebrauch von *envoi* (S. 278) bzw. Refrain (S. 281).
[14] *Art de dictier*, in: *Œuvres Complètes*, hrsg. von G. Raynaud. (S.A.T.F.) T. VII, Paris 1891, S. 287.
[15] *Art de dictier*, S. 281.

nobles hommes n'ont pas acoustumé de ce faire, n'en faiz cy aucun autre exemple»[16]). Alle anderen Genera sind höfisch, ist ihr Thema doch die höfische Liebe (sie sind «de volunté amoureuse a louange des dames»[17]), wenngleich es heißt, daß auch die *ballade*, die *chançon royal*, die *pastourelle* und das *rondeau* in den bürgerlichen *puys* (mit Musikbegleitung) vorgetragen wurden.[18] Ebensowenig wie bei Machaut fehlt bei Deschamps der ausdrückliche Hinweis, daß der *lai* die komplexeste und schwierigste aller Gedichtformen ist («c'est une chose longue et malaizee a faire et trouver»[19]).

Ein Vergleich der Systeme bei Machaut und Deschamps zeigt eine weitgehende Identität. Es ist lediglich festzustellen, daß in dem ganz an das höfische Publikum gerichteten *Remède de Fortune* – anders als im *Art de dictier* – *sote chançon*, *pastourelle* und *sirventois* weder erwähnt noch als Modell dargestellt werden, während Deschamps zwar das durchaus höfische, jedoch nicht durch seine metrische Form, sondern durch seine Thematik bestimmte Genus *complainte* übergeht.

Die einzige nominelle Kontinuität zwischen diesem mittel- und dem altfranzösischen System der lyrischen Genera ist die *pastourelle*. Es besteht jedoch kein Zweifel, daß die Funktionen des *grand chant courtois* im Bereich der Thematik im wesentlichen von der *ballade* und den ihr verwandten Formen übernommen worden sind. Der in den *chansons de toile* zum Ausdruck kommende Bereich der volkstümlichen, vorhöfischen Lyrik scheint dagegen in der nunmehr ganz auf den Hof und seine Kultur konzentrierten Lyrik keine Fortsetzung gefunden zu haben. Doch täuscht dieser erste Eindruck. Das Verbindungsglied stellt der für die *genres à forme fixe* zum Teil konstitutive (Rondeau, Virelai), zum Teil unabdingbare (*ballade*, ab Deschamps auch in der *chançon royal*) Refrain dar. Dieser häufig inhaltlich, beim Rondeau auch formal, den Ausgangspunkt des Gedichts bildende Refrain kann (aber muß nicht) dem älteren, volkstümlichen Liedgut entnommen sein, das in der altfranzösischen Epoche weitgehend von der schriftlichen, höfischen Lyrik überdeckt wurde und rückblickend teilweise aus nichtlyrischen Texten isoliert werden kann. Die Kontinuität zwischen älterem Refraingut und der folgenden mittelfranzösischen Lyrik zeigt auch die Gattungsbezeichnung *ballade*, die auf das volkstümliche Tanzlied verweist, das die eigentliche Quelle und der

---

[16] *Ibid.*
[17] *Art de dictier*, S. 270.
[18] *Art de dictier*, S. 271.
[19] *Art de dictier*, S. 287.

Ort des Fortlebens des Refrains war.[20] Die Mode der tradierten Refrains schloß allerdings nicht die Möglichkeit aus, daß höfische Dichter des 14. und 15. Jahrhunderts auch eigene, den stilistischen Gattungsmerkmalen nachgebildete Refrains erfunden und sie zum Kristallisationspunkt ihrer Gedichte fester Form gemacht haben. Die Aufnahme der im 12. und 13. Jahrhundert noch nicht kanonisierten Refrains in die „offizielle" Lyrik des Spätmittelalters illustriert – ebenso wie die Entwicklung der *ballade* aus dem traditionellen Volkslied – die Auffassungen, die H.-R. Jauß in der Nachfolge von Tynjanov und Tomaševskij als ein Grundmodell für die Wechsel in der Gattungsentwicklung formuliert hat: „Erfolgreiche Gattungen, die den Höhenkamm der Literatur einer Epoche innehaben (sc. wie der *grand chant courtois*), verlieren durch ständige Reproduktion allmählich ihre Wirkungskraft; sie werden von neuen, oft aus einer vulgären Schicht aufsteigenden Gattungen an die Peripherie verdrängt, wenn sie nicht durch Umstrukturierung – sei es durch Hochspielen bisher unterdrückter Themen oder Verfahren, sei es durch Aufnahme von Materialien oder Übernahme von Funktionen anderer Gattungen – wiederbelebt werden können."[21] Die Verwendung der tradierten, volkstümlichen Refrains als Refrainverse in Ballade, Virelai und Rondeau ist ein in seinem ganzen Umfang noch nicht erforschter Fall von „Kanonisierung niederer Gattungen"[22] im Laufe der Entwicklungsgeschichte der späten alt- und der mittelfranzösischen Lyrik. Insbesondere bedarf es noch genauerer Untersuchung, ob der „Aufstieg" der traditionellen Formen *Refrain* und

---

[20] Cf. Vorwort und Ausgabe altfranzösischer Refrains von Nico H. J. van den Boogard, *Rondeaux et refrains français du XIIe siècle*, Paris 1962 sowie die auf dieser Materialsammlung fußende Bestimmung der Gattungsmerkmale des *refrain* bei Eglag Doss-Quinby, *Les Refrains chez les trouvères du XIIe au début du XIVe siècle* (American University Studies. Series II. Romance Languages and Literatures. Vol 17), New York/Bern/Frankfurt 1984. Doss-Quinby erweist den Refrain als von funktional unbegrenzter «disponibilité»: «Point de départ, point d'appui en parcours, ornement, autorité, jeu, synthèse, contrepoint, les fonctions poétiques des refrains sont bien diverses; elles en expliquent sans doute l'attrait» (S. 277).
[21] „Theorie der Gattungen", S. 135. Der Refrain, sein Aufstieg und seine Integration in die 'hohen' «genres à forme fixe» widerlegt zumindest punktuell die ebda. getroffene Feststellung von Jauß: „Im Unterschied zu den meist aus der neueren Literatur gewählten Beispielen der Formalisten fehlt der Gattungsgeschichte des XII. und XIII. Jahrhunderts aber eine vergleichbare Schicht der Subliteratur."
[22] Jauß, „Theorie der Gattungen", S. 135.

Tanzlied nur als ein innerliterarischer Prozeß (Wandel der Mode) angesehen werden kann oder ob er auch soziologisch verankert und in Verbindung zu bringen ist mit der im Laufe des 13. Jahrhunderts neu einsetzenden Trägerschicht der Lyrik, die nicht mehr primär aus ritterlichen Trouvères, sondern aus Klerikern und juristisch gebildeten Hofbeamten von häufig außerhöfischer Herkunft besteht.[23] Gesichert ist auf jeden Fall, daß die „Refrainlieder", die „für die Trouvère-Zeit als außerliterarische Nebenlinie" anzusprechen sind, „zur neuen Dominante der Lyrik und Sprachdichtung aufgewertet wurde(n), als die alte Hauptlinie, die Kanzone, im 13. Jahrhundert der Automatisierung anheimfiel".[24]

In engem Zusammenhang mit der metrischen Fixierung der lyrischen Genera steht ein weiteres Kriterium, das die Lyrik der alt- von der mittelfranzösischen Epoche trennt: die Aufgabe der bei den Troubadours und Trouvères selbstverständlichen Identität von Dichtung und dominierender Musik. Dieser Wandel vollzieht sich allerdings später als die Fixierung der Refrainformen. Machaut, der in seinem *Remède de Fortune* eine exemplarische Sammlung der neuen Gattungen geboten hat, ist zugleich der virtuoseste unter den spätmittelalterlichen Dichtern, die ihre Lyrik auch noch selbst vertont haben. Mit Recht hat D. Poirion die Trennung von Musik und Dichtung, die sich endgültig zwischen Machaut und Charles d'Orléans vollzieht, als «la transformation décisive d'un lyrisme essentiellement *musical* en un lyrisme vraiment *littéraire*» bezeichnet: «texte poétique et mélodie polyphonique sont désormais radicalement hétérogènes».[25] Dies schließt allerdings keineswegs aus, daß in der Folgezeit – und zum Teil gerade in der Nachfolge Machauts – Komponisten die nunmehr ohne direkten Bezug zur Musik entstandenen Texte von Dichtern nicht vertont hätten[26] und die Gedichte nicht mit Gesang wiederge-

---

[23] „Obgleich sowohl die *Puys* wie die volkstümliche Jonglerie, ja selbst der höfische Menestrel, bis ins 15. Jahrhundert weiterbestehen, wird die große Lyrik dieser eineinhalb Jahrhunderte getragen von einer neuen Schicht der Juristen (Legisten) und Verwaltungsbeamten, Legaten und Diplomaten, deren Aufkommen ähnlich wie am Hof Friedrichs II. von Sizilien (sogenannte sizilianische Dichterschule) oder in der Juristenstadt Bologna (Stilnovisten) im 13. Jahrhundert den Niedergang des feudalen Systems und die wachsende Laizisierung der Kleriker beleuchtet." Wolfzettel, S. 507.
[24] Heitmann, „Französische Lyrik", S. 364.
[25] *Le poète et le prince*, S. 313.
[26] Cf. die Untersuchung sowie Edition von Texten und Melodien bei Willi Apel (Hrsg.), *French Secular Music of the Late Fourteenth Century*, Cambridge, Mass. 1950 (Mediaeval Academy of America).

geben worden wären. Gerade aber auch weil im Zuge der von Machaut gepflegten *Ars nova* die polyphonen Formen immer komplexer wurden (Balladen, Rondeaux und Virelais wurden zwei- bis vierstimmig gesetzt), stellte die Vertonung für den „durchschnittlichen Dichter (eine) nicht mehr zu bewältigende Schwierigkeit" dar.[27] Von Machaut, der Dichter und wegweisender Berufskomponist im Bereich der weltlichen und der Kirchenmusik war, sind neben den Texten der Dichtungen in vielen Fällen auch die Melodien überliefert, so für die bereits erwähnten Musterstücke in *Remède de Fortune*[28].

Schon bei Machauts Schüler, dem Dichter und Juristen Deschamps, ist die Trennung von Verskunst und Musik in der poetischen Praxis vollzogen. Diese Trennung wird von ihm in der *Art de dictier* theoretisch ausführlich begründet. Deschamps unterscheidet im einleitenden Teil seines Traktats zwischen der *musique naturelle* der Dichtung und der *musique artificielle* der eigentlichen (Instrumental- und Vokal-) Musik. Dabei betont er entsprechend der neuen Situation, daß die «faiseurs» der *musique naturelle*, die Dichter, «ne (savent) pas communement la musique artificielle ne donner chant par art de notes a ce qu'ilz font».[29] „Künstlich" heißt die Musik, weil man sie ausgehend von ihrem erfundenen Sechstonsystem erlernen und den Regeln *(art)* entsprechend praktizieren kann. „Natürlich" heißt dagegen die Musik der Dichtung, «pour ce qu'elle ne puet estre aprinse a nul, se son propre couraige naturelement ne s'i applique» und weil es sich um «une musique de bouche en proferant paroules metrifiees»[30] handelt, eine Musik also, die mit dem natürlichen Instrument der menschlichen Stimme hervorgebracht wird.

Die hier von Deschamps programmatisch zum Ausdruck gebrachte Autonomie der Klanggestalt des lyrischen Gedichts[31] hat für den Dichter zur Folge, daß er bei seinem Schaffensprozeß den Fragen des Klangs (der

---

[27] Heitmann, „Französische Lyrik", S. 369.
[28] Abgedruckt im Anhang zu Bd. II der *Œuvres*. Cf. auch die Darstellung von W. Dömling, *Die mehrstimmigen Balladen, Rondeaux und Virelais von Guillaume de Machaut. Untersuchungen zum musikalischen Satz*, Münchener Untersuchungen zur Musikgeschichte 16, Tutzing 1970 und den knappen Überblick von Gilbert Reany, *Guillaume de Machaut*, London 1971 (Oxford Studies of Composers 9).
[29] *Art de dictier*, S. 270.
[30] *Ibid.*
[31] Die Quellen dieser Auffassung in der lateinischen Musikspekulation des Mittelalters seit Boethius' *De Musica* hat Roger Dragonetti dargestellt: " «La poesie, ceste musique naturelle». Essai d'exégèse d'un passage de l'*Art de Dictier*

«paroule metrifiee») ganz besondere Aufmerksamkeit schenken muß: der Metrik, dem Rhythmus, dem Reim und allen sonstigen Klangfiguren. Es versteht sich, daß angesichts einer solchen Betonung des Klanglichen in der Lyrik solchen Gedichtformen eine besondere Bedeutung zukommen muß, die wie das Rondeau und das Virelai primär durch den Refrain, die Wiederholung längerer klanglicher Einheiten in genau festgelegten Abfolgen bestimmt sind. Dies zeigen auch Gedichtformen, die zunächst den Refrain nicht kannten, wie die *chançon royal,* die sich dann aber dem dominierenden Formprinzip anpassen. Dennoch wäre es unzutreffend, aus dieser Betonung der klanglichen Seite des Gedichts auf eine Vernachlässigung der Inhalte schließen zu wollen. Einer Interpretation der Lyrik des Mittelalters als einer *poésie formelle,* der bloßen stilistischen Variation einiger Grundformeln, wie sie Robert Guiette zuerst 1946 in seinem wegweisenden Artikel «D'une poésie formelle en France au Moyen Age» vertreten hatte, hält D. Poirion mit Recht entgegen: «Le poète lyrique a toujours une intention significative qu'on ne peut négliger sans tomber dans un excès contraire à celui de la critique romantique (sc. einer Kritik, die überall Erlebtes und autobiographisches Bekenntnis sieht), mais également fâcheux: le vide d'une critique ‹purement› esthétique.»[32] Gegenüber einer solchen Sicht betont er, daß auch die Stilistika ein Zeichensystem mit inhaltlichen Funktionen sind. Die zahllosen Rondeaux der spätmittelalterlichen Lyrik sind also nicht, wie der oberflächliche Leser meinen könnte, Wiederholungen des ständig Gleichen: sie sind durchaus – wenn auch formelhaft kodierter – Ausdruck der Individualität des jeweiligen Dichters.

Diese Sicht der Dinge setzt sich neuerdings auch bei der Betrachtung jener Autoren durch, die das in Deschamps' Konzept der Verskunst als einer *musique naturelle* implizierte Betonen der stilistisch-formalen Seite und ihrer möglichen mechanistischen Umsetzung besonders weit vorangetrieben haben: bei den von der Literaturgeschichtsschreibung lange Zeit verspotteten *grands rhétoriqueurs,* die innerhalb der ohnehin schlecht beleumundeten spätmittelalterlichen Lyrik als zusätzliche Verfallserscheinung angesehen wurden. Ihre Neigung, dem Reim und seiner rhetorischen Gestaltung sowie allen formalen Fragen besondere Aufmerksamkeit zu schenken (womit sie lediglich eine schon seit dem 13. Jahrhundert angelegte Tendenz konsequent weiterführten), ließ sie als

d'Eustache Deschamps", in: *Fin du Moyen Age et Renaissance. Mélanges de philologie française offerts à Robert Guiette,* Anvers 1961, S. 49–64.
[32] Poirion, *Le poète et le prince,* S. 315.

bloße Sprachspieler erscheinen, denen – im Gegensatz zu ihrem Zeitgenossen Villon – jede inhaltliche Ernsthaftigkeit abzugehen schien. Vor allem die umfassenden Untersuchungen von Paul Zumthor[33], aber auch eine Vielzahl von monographischen Arbeiten, die sich der Mühe einer genauen Lektüre und Edition der verspotteten Texte unterzogen, haben zum einen gezeigt, daß die *rhétoriqueurs* konsequente Verfechter der Musikalität, der akustischen Seite der Lyrik waren, daß sie aber zum anderen in ihren akustisch-sinnlich erfaßbaren Versen durchaus ernstzunehmende Inhalte zum Ausdruck gebracht haben. Allerdings hatte die Dichtung dieser höfischen Funktionäre in der Tat nicht das Ziel, autobiographisches individuelles Bekenntnis zu sein. Sie war vielmehr ein wesentliches Element höfischer Selbstdarstellung und Repräsentation, mit Zügen spielerischer und karnevalesker Theatralität.[34]

Der Hinweis auf die Dichtungspraxis der *rhétoriqueurs* zeigt, daß die bei Deschamps proklamierte, spätmittelalterliche Trennung von Musik und Lyrik letztlich auch eine starke Beachtung gerade der stilistisch-klanglichen Seite der Dichtung zur Folge hatte und die Musikalität des in der Gemeinschaft vorgetragenen und gehörten Textes (das stille, einsame Lesen war noch keineswegs die Regel) in den Vordergrund stellte. Diese Tendenz ist auch in anderen *Arts de dictier* der Zeit deutlich. Sie sind in der Regel, weit stärker als der Traktat Deschamps', Verzeichnisse von wohlklingenden Reimen. Wie sehr aber dennoch Texte im Vordergrund der poetologischen Reflexion stehen, zeigt auch die Tatsache, daß die von der Musik dominierten Formen wie die *messe*, die *hoquette*, vor allem aber die *motette*, bei der sich mehrere Texte polyphon zu einem sprachlich nicht mehr unterscheidbaren Klanggebilde überlagern, in den *Arts* nicht berücksichtigt werden.

Kontinuität und Innovation der mittel- gegenüber der altfranzösischen Lyrik findet sich auch in der Thematik. Deschamps nannte als Hauptgegenstand der *musique naturelle* die «volunté amoureuse a la louange des

---

[33] Cf. *Le masque et la lumière. La poétique des grands rhétoriqueurs*, Paris 1978 sowie seine *Anthologie des grands rhétoriqueurs*, Paris 1978.

[34] Diese Funktion der *rhétoriqueurs* als poetische Hofnarren und ihre ökonomische Abhängigkeit vom jeweiligen Mäzen läßt Zumthor ihre Situation und ihre Dichtung als eine weitgehend entfremdete interpretieren. In seiner ausführlichen, grundsätzlich positiven Würdigung des Ansatzes von Zumthor hat Claude Thiry ihm jedoch gerade in diesen Punkten Überspitzungen und den Versuch einer verfrühten und erzwungenen Synthese («atomisation de l'intertexte») vorgeworfen. «Lecture du texte de rhétoriqueur», in: *Cahiers d'analyse textuelle* 20 (1978), S. 85–101.

dames»[35]. Wie im *grand chant courtois* der *trouvères* ist auch bei den Dichtern von Machaut bis Charles d'Orléans – und in der parodistischen Umkehr auch noch bei Villon – die *trinitas* von *Dame, Amant* und *Amour* das beherrschende und ständig wiederholte Thema. Was dem modernen Leser jedoch als ermüdende Repetition und Epigonentum erscheint, hatte für die Zeitgenossen eine andere, positive Funktion. In einer Zeit ständiger Krisen, Epidemien und Kriege, die, wie die Schlacht von Azincourt (1415) schmerzlich zeigte, fast bis zum Untergang der französischen Monarchie führten, hatte die Ideologie der höfischen Liebe – die "celebration of the joy to be found in the imaginative experience of love"[36] – die Funktion einer an Idealvorstellungen orientierten Sinnstiftung, einer Motivation zu selbstlosem Handeln in einer Zeit egoistischer und materialistischer Exzesse.[37] Ihr kam die Aufgabe zu, durch die Vergegenwärtigung einer idealen Welt inhaltlich und als melodische Kunstform Trost zu spenden[38] angesichts einer trotz aller höfischen Festlichkeit in ihrer Brutalität durchaus wahrgenommenen Wirklichkeit. Welch vitales Interesse der Lyrik und ihrer Thematik der höfischen Liebe bei ihren Trägerschichten zuerkannt wurde, zeigt der Streit um Alain Chartiers *dit La Belle Dame sans mercy* (1424), in dem nach den vernichtenden Niederlagen der französischen Ritter gegen die englischen Soldaten die idealistische Vorstellung von der höfischen Liebe und ihre Funktion bei der Motivierung allen ritterlichen Handelns in Frage gestellt wird.[39] Trotz dieses Zweifels thematisieren besonders die Ballade, das Rondeau und das Virelai immer wieder die höfische Liebe, allerdings mit deutlichen Änderungen gegenüber der Poetik der altfranzösischen *trouvères*.

Die ständig wiederholte Liebesthematik hat jedoch nicht nur die Funktion einer idealisierenden Legitimation und Motivierung der geistigen und politischen Führungselite. Die Dichtung der Zeit besitzt auch eine Unterhaltungsfunktion, wie die 70 *jeux à vendre* von Christine de Pisan besonders deutlich zeigen. Es handelt sich um Gesellschaftsspiele,[40] die

[35] *Art de dictier*, S. 270.
[36] Shirley Lukitsch, "The Poetics of the *Prologue*: Machaut's Conception of the Purpose of his Art", in: *Medium Aevum* 52, 1983, S. 262.
[37] Cf. die Schilderungen bei Huizinga, *Herbst des Mittelalters*, passim.
[38] Diese Trostfunktion schrieb das Mittelalter auch der Musik zu, mit der die Lyrik funktional gleichgesetzt ist. Lukitsch, "The Poetics of the *Prologue*", S. 264.
[39] Cf. Verf., „Die ‹Belle Dame sans mercy› und die ‹Dame des Belles Cousines›. Zur Funktion der höfischen Liebe in der Literatur des 15. Jahrhunderts", in: *ZrPh*, Sonderheft *Beiträge zum Romanischen Mittelalter* 1978, S. 357–376.
[40] Die Rolle von Fest, Spiel und Zerstreuung am Hof und die Funktion, die

auf der Lust aller Teilnehmer am Reimeschmieden beruhen, wobei „sich die Partner in den Eingangsversen der 4–8zeiligen Strophen (aabb) wirkliche Dinge oder geistreich ausgedachte Spitzfindigkeiten zum Kauf anbieten, worauf die folgenden Verse die entsprechende Antwort geben. Christinens Sammlung scheint den Bedürfnissen der bei solchen Gelegenheiten weniger gewandten Reimer gedient zu haben, für welche sie möglichst zahlreiche Beispiele vereinigte."[41] An den aristokratischen Höfen und in den bürgerlich-städtischen Puys sind Lyrikproduktion und -rezeption in hohem Maße auch Zeitvertreib, Bildungsnachweis und Teil der höfischen oder ständischen Repräsentation gewesen. Gerade diese letzte Funktion erklärt, warum der Adel an den einzelnen Höfen so stark als Mäzen in Erscheinung trat und die zu seiner Selbstdarstellung erforderlichen Dichter protegierte, sie in bezahlte Dienstverhältnisse übernahm oder als Geistliche mit Pfründen ausstattete. Diese gesellschaftliche Stellung der Dichter hatte nicht nur eine Flut von panegyrischer Gelegenheits- und Auftragsdichtung zur Folge, die alle möglichen höfischen Ereignisse, besonders den Valentinstag, zum Anlaß haben. Sie führte auch zu einer Professionalisierung der sozusagen hauptamtlichen, vom Hof in jeder Hinsicht abhängigen Dichter, deren Lyrik in steigendem Maß dem höfischen Bildungsanspruch und -horizont entsprechend mit wiedererkennbarem Wissen angefüllt wird.[42] Dies erfolgt zum einen durch den Gebrauch der *Allegorie,* die im Rückgriff auf den immer noch allgegenwärtigen *Rosenroman* verwandt wird; zum anderen durch ein derart umfassendes Einbeziehen des Bildungsgutes der antiken Mythologie, daß Jung das prähumanistische 14. Jahrhundert als ein durch und durch mythologisches bezeichnen konnte.[43] Die Folge der evidenten Professionalisierung der spätmittelalterlichen Dichter war auch der bereits in Deschamps' *Art de dictier* festgestellte Nachdruck auf der rhetorischen Ausgestaltung der Dichtung, die sich besonders am Versende in der Verknüpfung von Reim und rhetorischen Figuren manifestiert, was in der Vergangenheit gern als bloße Reimspielerei abqualifiziert wurde. Solch

---

dabei von der Lyrik übernommen wurde, skizziert Poirion, *Le poète et le prince,* S. 73 ff.
[41] Gustav Gröber, *Geschichte der mittelfranzösischen Literatur,* 2 Bde., zweite Auflage bearbeitet von Stefan Hofer, Berlin/Leipzig 1933–37. (Grundriß der romanischen Philologie. N. F.), Bd. 2, S. 19.
[42] Wolfzettel sieht in diesen Dichtern nicht zu Unrecht einen prämodernen Typus des „höfischen Intellektuellen". *Lyrik des Mittelalters,* S. 507.
[43] „Poetria", S. 59.

ein Insistieren auf Fragen der Rhetorik und des Reims mag auch dadurch bedingt gewesen sein, daß die durch ihre abhängige Stellung am Hof thematisch eingeengten Dichter allmählich immer stärker in formale Bereiche der Dichtung auswichen, wie besonders bei den *rhétoriqueurs* deutlich wird.[44]

Hand in Hand mit der Professionalisierung des Dichtens geht eine Intellektualisierung der Gegenstände und der Produzenten. Dies hat zur Folge, daß die Themenbereiche der Lyrik im Verlauf des 14. Jahrhunderts entschieden ausgeweitet werden. Neben den Themenkreis der *höfischen Liebe* tritt seit dem ausgehenden 14. Jahrhundert eine Tendenz zur „belehrend-moralischen Poesie", für die Heitmann den aus der Germanistik entnommenen, in der Romanistik jedoch noch nicht eingebürgerten Terminus *Spruchdichtung* vorschlägt.[45] Poirion hat diesen Themenwechsel als einen Wandel von einer Dichtung der Liebe zu einer Dichtung der Weisheit, vom «amour de l'amour» zum «amour de la sagesse» definiert.[46] Ein Überblick über die Thematik der Lyrik des 14. und 15. Jahrhunderts zeigt deutlich, wie das Thema der höfischen Liebe immer stärker verdrängt wird von einer „teils privat-biographischen, teils politischen und zeitkritischen, vor allem aber belehrend-moralischen Poesie"[47]. Während Machauts Gedichte die Minnelyrik der altfranzösischen Zeit noch einmal – wenn auch bereits unter stärkerer Verwendung der Allegorie – aufblühen läßt und sich thematisch ganz auf sie konzentriert, nimmt bereits in den rund 82 000 Versen seines Schülers Eustache Deschamps die Liebesthematik nur noch einen geringen Platz ein. An ihre Stelle treten Gedichte, die nicht nur das politische Zeitgeschehen und die Zeitgenossen in belehrender und satirischer Weise erfassen, sondern fast alle nur denkbaren Gegenstände behandeln.[48] Dennoch bleibt das Thema der höfischen Liebe auch noch in der 1. Hälfte des 15. Jahrhunderts in der Lyrik präsent, um dann von Charles d'Orléans 1437 symbolisch mit dem – sicher auch autobiographisch gemeinten – Refrain *Je suis bien loing de ce pourpos* verabschiedet[49] und von Villon parodiert zu werden: nicht nur

---

[44] Heitmann, „Französische Lyrik", S. 357.
[45] Heitmann, „Französische Lyrik", S. 359.
[46] *Le poète et le prince*, S. 581 ff.
[47] Heitmann, „Französische Lyrik", S. 359.
[48] Gröber/Hofer haben die von Deschamps behandelten Themen aufgelistet, die von allgemeinen Betrachtungen und autobiographischen Mitteilungen bis zu frauen- und ehefeindlichen Ausführungen sowie zahllosen Gelegenheitsdichtungen reichen. *Geschichte der mittelfranzösischen Literatur*, I, S. 48–56.
[49] *La Departie d'Amours en Ballades*, in: *Œuvres*, ed. P. Champion, Paris 1923

die *sotte chanson* von der *Grosse Margot* ist eine definitive Abkehr von der höfischen Minneideologie. Es ist dies auch Villons Selbstcharakterisierung als *amant martyr* und sein Verspotten der von Chartier besonders markant beschriebenen *Belle Dame sans mercy* als Inkarnation der unerreichbaren höfischen *Dame*.[50] Die Mehrzahl der Themen von Villons Dichtung sind jedoch Ausdruck jenes «amour de la sagesse», eine Zusammenfassung der spätmittelalterlichen Topoi über Fortuna, Sünde, Alter, Armut, Reue, Heilserwartung und Tod. Bei den *rhétoriqueurs* schließlich nimmt die höfische Liebe als Thema nur noch einen geringen Platz ein. In typischer Weise stellt Chartiers *Belle Dame sans mercy* (1424) den Übergang von der Thematik der höfischen Liebe zu belehrendmoralischen Inhalten dar: der Autor verwendet zwar noch einmal das ganze Motivrepertorium des Minnesangs; er stellt es jedoch in den Dienst einer didaktischen Zielsetzung, nämlich der Kritik am Rittertum, das seiner im Minnesang enthaltenen Ideologie untreu geworden ist und seine Pflichten im Kampf (sc. letztlich für die politische Größe der Nation und nicht mehr für die *Dame*) in der historischen Auseinandersetzung des Hundertjährigen Krieges nicht wahrgenommen hat.[51]

Der höfische Dichter wird so zum moralisierenden, didaktischen Mahner in einer konkreten historischen Situation. Er ist weit entfernt von der Ort- und Zeitlosigkeit des altfranzösischen *grand chant courtois*. Dabei werden zwar formal die üblichen *genres à forme fixe* beibehalten, doch zeigt auch hier gerade das Beispiel Chartiers, daß die Dichter in ihrer belehrenden Absicht die lyrischen Kurzformen zugunsten verschiedenartiger Langformen aufgeben. Die *Belle Dame sans mercy* besteht aus 100 Achtzeilerstrophen; Balladen hat Chartier dagegen nur noch wenige verfaßt.[52] Zur charakteristischen Mischform, in der sich die moralisierende, häufig in der Form des Streitgedichts *(débat)*[53] vorgetragene Absicht des

---

bis 1927, S. 108 ff. Charles d'Orléans wäre damit der letzte der dem höfischen Liebesideal huldigenden Dichter seit Machaut, von denen besonders Froissart, Christine de Pisan, Othon de Grandson und Jean de Garencières zu nennen sind.

[50] Italo Siciliano hat die Verwendung dieses höfischen Themas bei Villon und seinen Vorläufern ausführlich dargestellt: *François Villon et les thèmes poétiques du Moyen Age*, Paris 1967, S. 313–348.

[51] Zur ausführlicheren Interpretation des Werks aus dieser Sicht cf. den in Anmerkung 39 genannten Beitrag des Verfassers.

[52] Die Ausgabe der *Belle Dame* von A. Piaget (TLF) Lille/Genf 1949 enthält neben 13 Rondeaux und 9 strukturgleichen Chansons nur 4 Balladen.

[53] J. Cerquiglini sieht in den Streitgedichten mit ihrer Verwendung des Dialogs den Ausdruck einer «mentalité juridique»: «Parler d'amour devient un plaidoyer,

Dichters mit inhaltlichen Elementen der Lyrik, vor allem der Triade von *Amant–Dame–Amour,* und mit Momenten einer Handlung verbinden, wird der *dit,* dessen Funktion es ist, unter der Maske der Liebesthematik moralische Einsichten *(sagesse)* zu vermitteln.[54] Wie an Machauts *Voir Dit* leicht zu belegen ist, kann das die spätmittelalterliche Dichtung dominierende Genus *dit* zwar durchaus verschiedene lyrische Formen wie Balladen, Virelais oder Rondeaux enthalten, in seiner Gesamtheit ist er aber aufgrund seiner narrativen und expositorischen Elemente und seiner Tendenz zur Länge (bis zum Umfang eines ganzen Buches) nicht mehr der Lyrik zuzurechnen.

Noch ein letztes Charakteristikum kennzeichnet schließlich die spätmittelalterliche Lyrik: die Entdeckung, Darstellung und stilistische Aufwertung der Subjektivität, des *Ichs* des jeweiligen Autors. Zumthor konnte in der Nachfolge Guiettes und seiner Definition der altfranzösischen höfischen Lyrik das sprechende Ich des *grand chant courtois* noch als ein bloßes «je grammatical» bezeichnen, dem in der Lebenswirklichkeit kein individualisiertes Subjekt entspricht. Seit dem 13. Jahrhundert, etwa seit Rutebeuf (um 1285), nimmt dieses grammatikalische Subjekt jedoch in steigendem Maße konkrete Züge an, es wird zu einem historisch faßbaren Sprecher, der in seiner Individualität erscheint: «je, Charles, duc d'Orléans»[55] oder «je, François Villon, escollier»[56]. Cerquiglini hat dies – dem Sprachgebrauch des Neufranzösischen entsprechend – recht glücklich den Übergang vom *je* zum *moi,* vom grammatikalischen zum pragmatischen Ich genannt.[57] Die spätmittelalterliche Lyrik gewinnt durch die verstärkte Präsenz des Autoren-Ichs im Gedicht Qualitäten, die auf das moderne Lyrikverständnis vorausweisen, nach dem das *Ich* des Dichters nicht mehr das *Wir* der literarischen Gemeinschaft, sondern

joute oratoire qui détrône les joutes guerrières» («Le nouveau lyrisme», S. 281). Die sicher auch aus der häufig juristischen Ausbildung der Dichter stammende Vorliebe für Formen des Rechtsdisputs (etliche Werke tragen den Titel *Jugement*) erklärt den Mythos von den Liebesgerichtshöfen in Fragen der Liebe *(cours d'amour),* dessen Ausgangspunkt die – erfundenen – *Arrets d'amour* von Martial d'Auvergne (1430–1508) sind.

[54] Cf. die knappe Zusammenfassung von D. Poirion, *«Traditions et fonctions du dit poétique au XIVe et au XVe siècle»,* in: *Literatur in der Gesellschaft des Spätmittelalters* (Begleitreihe zum *GRLMA*, Vol. 1), hrsg. von Hans Ulrich Gumbrecht, Heidelberg 1980, S. 147–150.

[55] Charles d'Orléans, *Œuvres*, S. 261 (Complainte I, v. 82).

[56] *Lais*, Str. 1, v. 2.

[57] «Le nouveau lyrisme», S. 280.

seine ganz eigene Individualität und sein Empfinden offen und aufrichtig auszudrücken hat. Die Tatsache, daß sich so „neben dem poetischen allmählich auch das empirische Dichter-Subjekt in der Lyrik Raum" verschafft, ist daher zu Recht als das wohl „wichtigste Ereignis der spätmittelalterlichen Dichtungsgeschichte überhaupt" bezeichnet worden.[58] In der Tat wird im *Voir Dit* (1364/65) die authentische, nicht bloß fingierte Liebe des alternden Dichters Machaut zu seiner jungen Verehrerin Péronnelle d'Armentières dargestellt. Der Dichter behandelt dabei diese ganz persönliche Liebe im hohen, ernsthaften Stil und ändert damit die Stilgepflogenheiten der altfranzösischen Epoche, in der „die subjektive Ich-Aussage" noch weitgehend dem mittleren und niederen Stilbereich (*stylus humilis* bzw. *mediocris*) der höfischen Kleinkunst und der Klerikerdichtung zugehörig war".[59] Die gleiche Subjektivität und ihr Ausdruck in einer hohen Stillage findet sich bei Christine de Pisan, etwa in ihrer bekannten Ballade *Seulete suy et seulete vueil estre,* in der sie auf den Tod ihres Mannes (1385) anspielt und ihr Witwendasein beklagt.[60] Sie findet sich auch bei Charles d'Orléans, der seine ganz privat begründeten, eigenen Seelenzustände, besonders seine Melancholie, während der englischen Gefangenschaft und in der politischen Funktionslosigkeit in der französischen Provinz direkt, wenn auch unter Verwendung traditioneller

---

[58] Heitmann, „Französische Lyrik", S. 360. Der Verfasser hat diese Entwicklung vom „repräsentativen Dichter-Ich" zum „biographisch faßbaren, realen" geistesgeschichtlich mit der Wende zum nominalistischen Ockhamismus in Verbindung gebracht, der „den Vorrang des Einzelobjekts vor dem Allgemeinbegriff propagierte" (ibid.). Die evidente Modernität einer solchen Aufnahme subjektiver Elemente in eine Lyrik, die als Ausdruck der Mentalität der ganzen aristokratischen Gesellschaft konzipiert war, läßt D. Poirion von einer permanenten Krise der spätmittelalterlichen Lyrik seit Machaut sprechen: die Individualität und Subjektivität der Autoren läßt sich nicht mehr fraglos den am Hof geltenden Normen unterordnen. Nur der «prince-poète» Charles d'Orléans stellt nochmals eine Synthese der auseinanderstrebenden Elemente dar (*Le poète et le prince,* S. 11). Bei den *rhétoriqueurs* bricht der Widerspruch zwischen höfischer Norm und individuellem Anspruch endgültig und ohne mögliche Harmonisierung auf.
[59] Wolfzettel, „Lyrik des Mittelalters", S. 512.
[60] Das Hauptwerk von Christine de Pisan dient jedoch als Auftragsarbeit weiterhin ganz der Darstellung der – von ihr als falsch durchschauten – höfischen Liebesideologie. Zu diesem bei ihr besonders deutlichen Konflikt zwischen den Normen des *Wir* und dem Empfinden des *Ich* sowie dem Widerspruch zwischen ihrem Eintreten für die «cause féminine» in der konkreten männlichen Welt des Hofes und der realen Situation der Frau, die vom höfischen Ideal weit entfernt war, cf. Poirion, *Le poète et le prince,* S. 245 ff.

Motive und Verfahren (Allegorie) und ironisch gebrochen zum Ausdruck bringt.

Wie außerordentlich schwierig es jedoch ist, im Einzelfall das individuelle Erleben im zu seiner Wiedergabe verwandten überlieferten Motiv- und Stilrepertoire zu erkennen und zu bewerten, zeigt die neuere Auseinandersetzung um Villons Lyrik. Die zahllosen, bis in die jüngsten Arbeiten hineinreichenden Versuche, die Gedichte als autobiographische Konfession zu verstehen, haben zum Mißverständnis der eigentlichen künstlerischen Leistung, der artistischen Neubearbeitung tradierter Elemente, geführt.[61] Es wäre gänzlich falsch, in Verkennung der Eigenart der «poésie formelle» weiterhin wie Stefan Hofer die romantische Erlebnislyrik zum Maßstab der Bewertung zu erheben und letztlich alle Lyriker vor Villon zu verurteilen als jene „ewig gleichen blassen und traurigen Amants, (die) in ihrem Minnedienst klagen und weinen, mit Allegorien kämpfen oder diskutieren und vor mesdisans fliehen", statt eine „reale Konzeption" der Liebe und der Lyrik zu pflegen.[62] Zwar parodiert Villon die Inhalte der spätmittelalterlichen Lyrik, doch ist deshalb seine Lyrik noch nicht als unmittelbares Bekenntnis zu verstehen. Ihre Faszination auch für den modernen Leser ist nicht nur von den biographisch mitgeprägten Inhalten, sondern vor allem vom artistischen Charakter ihrer Aussagen bestimmt.

Es kann jedoch insgesamt kein Zweifel daran bestehen, daß die Lyrik des 15. Jahrhunderts in fortschreitendem Maß mit den Idealisierungen der Dichtung der vorausgehenden Zeit bricht, wie es auch bereits Deschamps getan hatte. Sie gibt der Subjektivität und Individualität des lyrischen Ichs Raum, faßt dabei zugleich die Lebenswelt des Ichs ins Auge und erschließt so neue Themenbereiche. Bei Villon ist dieser Vorgang mitbedingt durch sein Leben im städtischen intellektuellen Milieu, das ihn von den höfischen Dichtungszentren und den dort weiterhin gültigen Normen einer gesellschaftlich verpflichteten, weniger individuellen Lyrik isoliert.[63]

---

[61] Peter Brockmeier hat die biographistischen Deutungsversuche von Villons Lyrik seit Clément Marots Edition der Werke (1533) bis hin zu Dufournet überzeugend dargelegt. *François Villon*, Stuttgart 1979, S. 7–23.

[62] *Geschichte der mittelfranzösischen Literatur* II, S. 8.

[63] Daß Villon die höfischen Zentren und ihre exklusive Gesellschaft aber durchaus nicht gänzlich fremd blieben, zeigt seine Teilnahme an dem «Concours de Blois», für den er bekanntlich die Ballade «Je meurs de soif auprès de la fontaine» verfaßte, die Charles d'Orléans in die Handschrift seiner Werke aufgenommen hat (*Œuvres*, Ballade CXXIII, S. 194–195).

Eine letzte Tendenz ist schließlich für die Lyrik des Spätmittelalters insgesamt charakteristisch, eine Tendenz, die mit dem stärkeren Hervortreten des dichterischen *Ichs* und seiner damit unvermeidlichen Isolation vom *Wir* der höfischen Gesellschaft verbunden ist: die Abkehr von der *joie* als dem zentralen, im *grand chant courtois* propagierten höfischen Grundgefühl, die Hinwendung zu einem Gefühl des Schmerzes, der Melancholie und das Streben nach einer als höchste Weisheit *(sagesse)* angesehenen stoischen Haltung, die besonders von Charles d'Orléans als *nonchaloir* gelobt wird.[64] Poirion hat diese Wende gegen Ende des 14. Jahrhunderts datiert;[65] er zeigt zugleich, daß diese grundsätzliche Änderung der Gefühlslage auch historisch bedingt ist. Sie resultiert aus den bitteren Erfahrungen des Hundertjährigen Krieges, der seinen negativen Höhepunkt – und mit ihm das Infragestellen der gesamten ritterlich-höfischen Kultur – um 1400 in der Zeit kurz vor dem Eingreifen Jeanne d'Arcs erreichte. Auch aufgrund von waffentechnischen Neuerungen und des allmählichen Übergangs vom Ritter- zum Soldatentum bedeutete diese Phase des Hundertjährigen Krieges ein radikales Infragestellen der gesamten ritterlich-höfischen Welt. Sie erlebt zwar nochmals einen rauschhaften 'Herbst', wie ihn Huizinga beschrieben hat; sie geht jedoch unweigerlich ihrem Ende entgegen. Diese das geistige Leben und die Dichtung tief erschütternde Wirkung des Hundertjährigen Krieges wird begleitet und verstärkt von einer Todesobsession, die ihren konkreten Anstoß in der *Großen Pest* erhielt. Dieses Thema ist seit Deschamps' *Double lay de fragilité humaine* (1383) über Villons *Ballade des pendus* bis weit ins 16. Jahrhundert hinein von virulenter Präsenz in der Lyrik.[66]

III

Ist es für die altprovenzalische und altfranzösische Lyrik möglich, ein mit klar abgrenzbaren Untergattungen (Kanzone, Alba, Tenzone etc.) ausgestattetes Gesamtschema der Genera zu erstellen, in denen diese nach Thematik, metrischer Form und Register unterschieden sind und

---

[64] Henrik Heger, *Die Melancholie bei den französischen Lyrikern des Spätmittelalters*, Diss. Bonn 1967, bes. S. 248 ff.
[65] *Le poète et le prince*, S. 547.
[66] Cf. die Ausführungen zu den beiden Autoren sowie zu den *rhétoriqueurs* bei Christine Martineau-Genieys, *Le thème de la mort dans la poésie française de 1450 à 1550*, Paris 1978, S. 125 ff.

bestimmte Rezipientenerwartungen abdecken,⁶⁷ so ist dies für die spätmittelalterliche Lyrik nicht mehr in solch eindeutiger Weise der Fall. Vor allen Dingen die Ballade wird zu einer universal verwendeten Form, die für alle nur denkbaren Inhalte, Stilvarianten und Rezipientenerwartungen offensteht und entsprechend gebraucht worden ist.

Im folgenden seien nunmehr die einzelnen Genera aufgrund der Unterscheidung formaler und inhaltlicher Kriterien im einzelnen genauer dargestellt. Zu unterscheiden ist hier zwischen formal bestimmten *genres à forme fixe* (Ballade, *Rondeau, virelai, chanson royale, lay lyrique*) und inhaltlich bestimmten Genera (*sirventois, complainte, fatrasie, sotte chanson* und *pastourelle*). Es fällt besonders auf, daß die höfische *Kanzone*, die zur Zeit der Troubadour- und Trouvèrelyrik das gesamte Gattungsgefüge dominierte, formal nicht über das 13. Jahrhundert hinaus fortgesetzt worden ist. Am ehesten wird sie fortgeführt in der *ballade* und in der *chanson royale,* die nicht nur zur Darstellung der tradierten Minneideologie anhand der Trias *Dame–Amant–Amour* verwandt werden. Sie übernehmen auch im Prinzip die Kanzonenstrophe mit ihrer musikalisch bedingten Gliederung in Aufgesang (mit zwei symmetrischen Stollen) und Abgesang.⁶⁸ Konstitutiv für die im 14. und 15. Jahrhundert beliebtesten Gedichte fester Form, die Ballade, das Rondeau und das weniger häufig vertretene Virelai,⁶⁹ ist der Refrain. Dieses Textelement, das auf die Herkunft der drei Formen aus dem Bereich des volkstümlichen Tanzliedes verweist, unterscheidet durch seine Stellung im jeweiligen Gedicht sowie durch die Art seiner Wiederholung die drei Genera. Dennoch wäre es falsch, die *genres à forme fixe* primär vom Text her definieren zu wollen, da die historisch realisierten Gedichte eine große Variationsbreite des jeweiligen Grundschemas aufwiesen.⁷⁰ Das Grundschema dieser Gedichtformen ist ein musikalisches, das auch dann, als die Formen ohne Bezug zur ursprünglichen musikalischen Begleitung verfaßt und reproduziert wurden,

---

⁶⁷ Cf. die schematische Auflistung bei Bec, *La lyrique française au Moyen Age (XIIe–XIIIe siècles)* [...], I, Paris 1977, S. 38–39.

⁶⁸ W. Th. Elwert, *Französische Metrik*, München 1961, § 194.

⁶⁹ Diese Gedichtformen beherrschen die Lyrikproduktion seit Machaut, den Poirion daher als Malherbe des 14. Jahrhunderts bezeichnet (*Le poète et le prince*, S. 204), finden sich aber bereits im ausgehenden 13. Jahrhundert, so in den Werken von Jehan de Lescurel († 1304). Angelegt sind sie schon in den Rondeaux von Adam de la Halle († nach 1285), von denen je eines auf die Form der Ballade und des *virelai* vorausweist.

⁷⁰ Elwert spricht daher von „verhältnismäßig festen" Formen. *Metrik*, § 213.

Die französische Lyrik des 14. und 15. Jahrhunderts 129

bestimmend geblieben ist.[71] Ballade, Rondeau und Virelai sind daher zunächst kurz von ihrer musikalischen Struktur her zu charakterisieren.

Diese drei Formen bestehen in ihrer im Grunde sehr einfachen musikalischen Struktur aus jeweils zwei, von der Musik her unterschiedlichen, in sich abgeschlossenen Blöcken (I und II), die je nach Gattung verschieden miteinander kombiniert werden. Demgemäß ergeben sich die folgenden – unveränderbaren – musikalischen Grundschemata:

               Balladenstrophe: I I II
               Rondeau: I II I I II I II
               Virelai: I II II I

Der Refrain, den alle drei dieser aus dem Tanzlied hervorgegangenen Gattungen verwenden, erscheint jeweils an verschiedener Stelle des musikalischen Blocks. Bei der Ballade tritt er nur am Ende des Blocks II auf; beim Rondeau kann er an allen Stellen der beiden Blöcke erscheinen; beim Virelai schließlich findet er sich nur im Block I. Aus dieser musikalischen Grundstruktur ergeben sich bei Verwendung der üblichen Versarten und Reimstellungen die folgenden Textschemata, wobei die Majuskel Refrainverse anzeigen:

		I			I			II			
Balladen-strophe:	Musik	I			I			II				
	Text	a10	b10		a10	b10		c10	c10	d10	D10	

		I	II	I	I	I	II	I	II
Rondeau:	Musik	I	II	I	I	I	II	I	II
	Text	A8	B8	a8	A8	a8	b8	A8	B8

		I	II	II	I	I
Virelai:	Musik	I	II	II	I	I
	Text	A8 B8 B8 A8	c7 d7	c7 d7	a8 b8 b8 a8	A8 B8 B8 A8

Die feste Form der *Balladenstrophe* umfaßt im Normalfall 8 Verse; die feste Gedichtform *Rondeau* 8, die des *Virelai* 16 Verse. Bei grundsätzlichem

---

[71] "It has to be understood that the *formes fixes* were, in the first place, *musical* forms, arising from the dance, composed and performed by poet-musicians in continuation of the great troubadour and trouvère tradition of the preceding three centuries." So die klaren Ausführungen von Nigel Wilkins ("The Structure of Ballades, Rondeaux and Virelais in Froissart and in Christine de Pisan", in: *French Studies* 23, 1969, S. 337), der sich auf die Musikologen F. Gennrich, W. Apel und G. Reaney stützt. Seine Ausführungen sind im Detail zu modifizieren durch Oward Garey, "The Fifteenth Century Rondeau as Aleatory Polytext", in: *Moyen Français* 5, 1979, S. 193–236). In seiner Anthologie (*One Hundred Ballades, Rondeaux and Virelais from the Late Middle Ages*, Cambridge 1969) hat Wilkins auch musikalische Beispiele transkribiert (S. 143–176).

Beibehalten der beiden musikalischen Blöcke und ihrer Abfolge können aber die ihnen entsprechenden Textteile nach Versart, Verszahl und Reimstellung verändert, d. h. erweitert oder gekürzt werden.

Deschamps spiegelt die zu seiner Zeit übliche Praxis, wenn er im wesentlichen Balladenstrophen zu 8 und 10 Versen unterscheidet.[72] Eine Ballade als Gedicht fester Form umfaßt in der Regel drei isometrische Strophen, die durch den Refrain ihres jeweils letzten Verses verbunden sind und alle gleiche Reime haben.[73] Im Laufe des 14. Jahrhunderts tritt eine vierte, verkürzte Strophe hinzu, der *envoi,* in dem der Empfänger des Gedichts angesprochen wird, sei es mit seinem Namen, sei es als *sire, dame* oder aber *prince,* dem Titel des Vorsitzenden der bürgerlichen Dichterzünfte *(puys),* die in den Städten (u. a. Amiens, Arras, Douai, Valenciennes, Rouen) das zweite Zentrum des Dichtens neben den Höfen der Aristokraten bildeten. Der *envoi,* der in den Balladen von Machaut, Deschamps und Froissart häufig bzw. ganz fehlt, durchbricht das musikalische Schema der Balladenstrophe und ist daher wohl erst nach der Trennung von Wort und Musik entstanden.[74] Im Text des nicht mehr gesungenen Gedichts kommt ihm die Funktion des poetischen Schluß- und logischen Summationssignals zu, das nach dem Ausflug in die Welt der Ideen, der Reflexion und Emotion die Verbindung zur Realität von Sprecher und Zuhörer wiederherstellt.[75] Bei Christine de Pisan ist das Fehlen des *envoi* schon eher die Ausnahme, ebenso bei Charles d'Orléans. Bei Villon hat nur die *Double Ballade* des *Testament* – wie üblich – keinen *envoi.*

Das folgende Beispiel ist Villon entnommen; alle drei Strophen haben die Reimfolge ababbccdcD.[76] Das zwischen 1456 und 1461 anläßlich eines

---

[72] *Art de dictier,* S. 274–276. Weitere Varianten der Balladenstrophe vom *sizain* bis zum *quatorzain* listet Poirion auf, *Le poète et le prince,* S. 374–375.

[73] Die Theorien zur Entstehung der Ballade aus dem Tanz und ihre mutmaßliche Entwicklung aus dem *rondet,* der Vorform des Rondeau, über die Zwischenform des *virelai* resümiert P. Bec, *La lyrique française au Moyen Age,* I, S. 228 bis 233. Die verschiedenen Thesen zur Entstehung der Ballade sowie eine Darstellung ihrer verschiedenen Formen und ihres Inhalts referiert Robert A. Lipman, *The Medieval French Ballade from its Beginnings to the Mid-fourteenth Century* (Diss. Columbia University 1977), Ann Arbor/London 1981.

[74] Wilkins, "The Structure of Ballades", S. 340.

[75] Poirion, *Le poète et le prince,* S. 373.

[76] In diesem Gedicht findet Elwerts generalisierende, aber keineswegs zwingende Feststellung Anwendung, daß die Strophen der Ballade ebenso viele Zeilen wie der Vers Silben hat, der *envoi* die Hälfte (*Metrik,* § 217). Es handelt sich um

Dichterwettbewerbs am Hof Charles d'Orléans' entstandene Gedicht über das vorgegebene Thema «Je meurs de soif auprès de la fontaine» ist zugleich ein Beispiel für die rhetorische Ausgestaltung der Gedichte Villons. Die Tatsache, daß hier ein traditionelles, dem Autor vorgegebenes Thema nach *einem* rhetorischen Grundprinzip – dem Paradoxon – gestaltet wird, mag vor einer überstürzten autobiographischen Deutung warnen, wie sie in der Villon-Forschung noch sehr stark praktiziert wird.

Ballade du Concours de Blois

Je meurs de seuf aupres de la fontaine,
Chaud comme feu, et tremble dent a dent;
En mon pays suis en terre lointaine;
Lez un brasier frissonne tout ardent;
Nu comme un ver, vêtu en president,
Je ris en pleurs et attends sans espoir;
Confort reprends en triste désespoir;
Je m'éjouis et n'ai plaisir aucun;
Puissant je suis sans force et sans povoir,
Bien recueilli, debouté de chacun.

Rien ne m'est sûr que la chose incertaine;
Obscur, fors ce qui est tout evident;
Doute ne fais, fors en chose certaine;
Science tiens a soudain accident;
Je gagne tout et demeure perdant;
Au point du jour dis: «Dieu vous donne bon soir!»
Gisant envers, j'ai grand paour de choir;
J'ai bien de quoi et si n'en ai pas un;
Échoite attends et d'homme ne suis hoir,
Bien recueilli, debouté de chacun.

De rien n'ai soin, si mets toute ma peine
D'acquerir biens et n'y suis pretendant;
Qui mieux me dit, c'est cil qui plus m'atainc,
Et qui plus vrai, lors plus me va bourdant;
Mon ami est, qui me fait entendant
D'un cygne blanc que c'est un corbeau noir;
Et qui me nuit, crois qu'il m'aide a povoir,
Bourde, verté, au jour d'hui m'est tout un;

eine von Henry de Croy (*Art et Science de rhétorique pour faire rimes et ballades*, 1493) erstmals erhobene Forderung, die im 16. Jahrhundert zur theoretischen Regel wurde, in der frühen Praxis jedoch kaum Anwendung fand.

> Je retiens tout, rien ne sait concevoir,
> *Bien recueilli, debouté de chacun.*
>
> Prince clement, or vous plaise savoir
> Que j'entends mout et n'ai sens ne savoir:
> Partial suis, a toutes lois commun.
> Que sais je plus? Quoi? Les gages ravoir,
> *Bien recueilli, debouté de chacun.*

Eine der Ballade ähnliche Form ist der *chant royal,* der, sehr früh in den städtischen Puys ausgestaltet, die *chanson* der Trouvères wohl unmittelbar fortsetzt. Die als besonders feierlich und prächtig empfundene Form (royal!) umfaßt fünf Kanzonenstrophen. Da alle diese 8 bis 16 Zeilen umfassenden Strophen die gleichen Reime haben *(strophes unisonnantes),* gilt der *chant royal* als schwieriger als die nur drei Strophen umfassende Ballade. Aus dieser übernimmt er im 14. Jahrhundert den Refrain, der aber noch bei Machaut und Froissart fehlt, den jedoch Deschamps als obligatorisch ansieht. Genuin mit dem *chant royal* verbunden ist der *envoi.* Von dort übernimmt ihn die Ballade nach Machaut, so daß sich die beiden Formen schließlich nur noch in der verschiedenen Strophenzahl unterscheiden. In den Manuskripten werden die beiden Begriffe bisweilen synonym gebraucht. Der komplizierte, sehr umfangreiche *chant royal* galt wohl aufgrund seiner Pflege in den *Puys* nach Deschamps' Zeugnis als unhöfisch, besonders wenn in ihm religiöse Themen behandelt werden. Dann bezeichnete man ihn als *sirventois.* Trotz seiner Ablehnung des Genus in der für ein höfisches Publikum geschriebenen *Art* hat Deschamps selbst durchaus *chants royaux* verfaßt, ebenso taten dies Froissart und Charles d'Orléans (Bal. 9, 54, 76, 94, 97); der *chant royal* findet sich jedoch nicht bei den humanistisch gebildeten Autoren Christine de Pisan und Alain Chartier.

Deschamps ist das folgende Beispiel entnommen, das, wie Villons «Ballade des dames du temps jadis», das *Ubi sunt*-Thema behandelt:

> Force de corps
>
> Force de corps, qu'est devenu Sanson?
> Où est Auglas, le bon practicïen?
> Où est le corps du sage Salemon
> Ne d'Ypocras, le bon phisicïen?
> Où est Platon, le grant naturïen,
> Ne Orpheüs o sa doulce musique?
> Tholomeüs o son arismetique,
> Ne Dedalus qui fist le bel ouvrage?

Ilz sont tous mors, si fu leur mort inique;
Tuit y mourront, et li fol et li saige.

11   Qu'est devenus Denys, le roy felon?
Alixandre, Salhadin, roy paien,
Albumassar? Mort sont, fors que leur nom.
Mathussalé, qui tant fu ancïen,
Virgille aussi, grant astronomïen,
Julles Cesar et sa guerre punique,
Auffricanus Scipïo, qui Auffrique
Pour les Rommains conquist par son bernage?
Redigez sont ceulz en cendre publique;
Tuit y mourront, et li fol et li saige.

21   Où est Artus, Godeffroy de Buillon,
Judith, Hester, Penelope, Arrïen,
Semiramis, le poissant roy Charlon,
George, Denys, Christofle, Julïen,
Pierres et Pols, maint autre crestïen,
Et les martirs? La mort à tous s'applique;
Nulz advocas pour quelconque replique
Ne scet plaidier sanz passer ce passage,
Ne chevalier, tant ait ermine frique;
Tuit y mourront, et li fol et li saige.

31   Puisqu'ainsi est, et que n'y avison?
Laisse chascun le mal, face le bien.
A ces princes cy dessus nous miron
Et aux autres qui n'emporterent rien
A leurs trespas fors leurs biens fais, retien,
Pour l'ame d'eulz; leur renom auttentique
N'est qu'à leurs hoirs d'exemple une partie,
D'eulz ressembler en sens, en vasselage;
Ce monde est vain, decourant, erratique;
Tuit y mourront, et li fol et li saige.

41   Mais j'en voy pou qui en deviengne bon
Et qui n'ait chier l'autrui avec le sien;
De convoitise ont banniere et panon
Maint gouverneur de peuple terrïen;
Las! homs mortelz, de tel vice te abstien,
En gouvernant par le droit polletique;
Ce que Dieu dit regarde en Levitique,
Si ne feras jamais pechié n'oultrage.
Preste est la mort pour toy bailler la brique;
Tuit y mourront, et li fol et li saige.

l'envoy

51 Prince mondains, citez, terres, donjon,
Biauté de corps, force, sens, riche don,
Joliveté, ne vostre hault parage,
Ne vous vauldront que Mort de son baston
Ne vous fiere soit à bas ou hault ton;
Tuit y mourront, et li fol et li saige.

Gerade seine schwierige Form verschafft aber dem *chant royal* neue Beliebtheit bei den *rhétoriqueurs*, wie *chants royaux* von Jean Parmentier oder Jean Marot belegen, die noch in den zwanziger Jahren des 16. Jahrhunderts bei verschiedenen *Puys* vorgelegt wurden.

Das *Rondeau* umfaßt je nach der dichterischen Ausgestaltung der beiden musikalischen Blöcke zwischen 8 und 24 Versen. In sprachlicher Hinsicht ist es dadurch charakterisiert, daß in ihm nur zwei Reime verwandt werden und daß der als Anfang des Gedichts angeführte mindestens zweizeilige Refrain in der Mitte teilweise und am Schluß teilweise oder ganz wiederholt wird. Die achtzeilige Form ABaAabAB kann z. B. durch einen dreizeiligen Refrain und dessen zweizeilige Wiederholung in der Mitte sowie die Erweiterung der Nicht-Refrain-Teile zu einem dreizehnzeiligen Rondeau aufgefüllt werden: ABB abAB abbABB.[77] Das Gedicht wird üblicherweise in drei Strophen gegliedert[78]: ABB abAB abbABB.

[77] Wilkins lehnt eine Gliederung in Strophen ab, was Marcel Françon mit Recht bemängelt: «La structure du rondeau», in: *Medium Aevum* 44 (1975), S. 54–59. Françon führt die vom 13. bis Ende des 15. Jahrhunderts für das Rondeau üblichen Schemata an (S. 54):

I. ABaAabAB.
IIa. ABB/abAB/abbABB.
IIb. ABA/abAB/abaABA.
IIc. AAB/aaAA/aabAAB.
IId. ABB/aA/abbABB.
IIe. ABA/aA/abaABA.
IIf. AAB/aA/aabAAB.
IIIa. ABAB/abAB/ababABAB.
IIIb. ABBA/abAB/abbaABBA.
IV. AABBA/aabAAB/aabbaAABBA.

[78] Die vielfältigen sprachlichen Realisierungen der Rondeau-Formen, deren „feste Form" in Wirklichkeit von einer großen Wandlungsfähigkeit ist, hat Daniel Calvez nachdrücklich hervorgehoben: «La structure du rondeau: mise au point», in: *The French Review* 55 (1982), S. 461–470.
Bereits Deschamps unterscheidet *rondel sangle* und *double*. Die *rhétoriqueurs*

Die französische Lyrik des 14. und 15. Jahrhunderts 135

Diese Gedichtform ist, ähnlich wie die Ballade, aus einer Tanzliedform entstanden *(rondel de carole)*, in dem der Chor die Refrainverse *(responsorium)*, ein Vorsänger die Hinzufügungen *(addimenta)* sang.[79] Von Adam de la Halle (13. Jahrhundert) und Guillaume de Machaut zu einer polyphonen (2- bis 4stimmigen) Form entwickelt und in ein höheres Register gebracht, wird das Rondeau schließlich, wie Deschamps bezeugt, zu einer rein sprachlichen Kunstform.[80] Im 14. Jahrhundert steht es an Beliebtheit noch der dominierenden Ballade nach, um diese dann im 15. Jahrhundert weit zu überflügeln.[81]

Das folgende Beispiel ist dem Werk Alain Chartiers (1385–1430) entnommen:

	Se onques deux yeulx orent telle puissance	A 10
	De donner dueil et de promettre joie,	B 10
3	J'ay de l'un plus que porter n'en pourroie	B 10
	Et de l'autre je vif en esperance.	A 10
5	Car les plus beaulz et les plus doulz de France	a 10
	Ont de mon cuer fait amoureuse proie,	b 10
7	Se onques deux yeulx orent telle puissance	A 10
	De donner dueil et de promettre joie.	B 10
9	Et se une fois l'ueil de mon cuer s'avance	a 10
	Et ceulx du corps devers la belle envoie,	b 10

---

verwenden in einer verwirrenden Vielfalt Formen und Bezeichnungen wie *rondeau laye, rondeau double laye, rondeau jumeau, rondeau double redouble* etc.

[79] Die These, daß das Rondeau aus dem liturgischen Wechselgesang stammt, vertritt neuerdings M. H. Fernandez, «Note sur les origines du rondeau. Le ‹repons bref›, ‹les preces› du Graduel de Saint Yrieix›, in: *Cahiers de Civilisation Médiévale* 19 (1976), S. 265–275.

[80] Bec, *La lyrique française au Moyen Age*, I, S. 220–227. Für den spätmittelalterlichen Dichter zeichnet sich das Rondeau gerade durch seinen fehlenden Bezug zur Musik aus. Dies zeigt sich darin, daß Charles d'Orléans seine Gedichte, die für den Gesang bestimmt waren, mit einer eigenen Gattungsbezeichnung *(chansons)* charakterisiert, obwohl sie völlig strukturgleich mit seinen *rondeaux* sind (Bec, S. 227, Anm. 22).

[81] Machauts *Louange des Dames* enthält 206 Balladen gegenüber 60 Rondeaux. Christine de Pisans Werke enthalten 296 Balladen und 69 Rondeaux. Dieses Verhältnis kehrt sich im Spätwerk von Charles d'Orléans (nach 1440) um; etwa 30 Balladen stehen 300 Rondeaux gegenüber. Bei dem außerhöfischen Villon zeigt sich wieder die frühere Situation. Das *Testament* enthält 15 Balladen, doch nur 2 Rondeaux, denen 1 *chanson* hinzuzurechnen ist.

11	Son doulz regart qui le mien ransonnoie	b 10
	Me naffre à mort et si m'offre alejance.	a 10
13	Se onques deux yeulx orent telle puissance	A 10
	De donner dueil et de promettre joie,	B 10
15	J'ay de l'un plus que porter n'en pourroie	B 10
	Et de l'autre je vif en esperance.	A 10

In ihm besteht noch eine volle Kongruenz zwischen den ursprünglich musikalisch bestimmten Blöcken und deren sprachlicher Umsetzung in Verse: I = A 10 B 10, II = B 10 A 10, I = a 10 b 10, I = A 10 B 10, I = a 10 b 10, II = b 10 a 10, I = A 10 B 10, II = B 10 A 10.

Es sei jedoch ein zweites Beispiel angeführt. Es stammt aus dem Spätwerk von Charles d'Orléans. Dieses Rondeau ist formal etwas problematischer und illustriert gerade dadurch eine Grundfrage des spätmittelalterlichen *rondeau* insgesamt:

> *Temps et temps m'ont emblé Jennesse,*
> *Et laissé és mains de Viellesse*
> *Ou vois mon pouvre pain querant;*
> 4 *Aage ne me veult, tant ne quant,*
> *Donner l'aumosne de Liesse.*
>
> 6 Puis qu'elle se tient ma maistresse,
> Demander ne luy puis promesse,
> Pour ce, n'enquerons plus avant.
> 9 *Temps et temps m'ont emblé Jennesse.*
>
> 10 Je n'ay repast que de Foiblesse,
> Couchant sur paille de Destresse,
> Suy je bien payé maintenant
> 13 De mes jennes jours cy devant?
> Nennil, nul n'est qui le redresse:
> 15 *Temps et temps m'ont emblé Jennesse.*

Der Versuch, auch hier die Verse der sprachlichen Fassung auf die ursprünglichen musikalischen Blöcke zu reduzieren, führt nur zu einem teilweise befriedigenden Ergebnis. Denn es ist festzustellen, daß die Refrains in v. 9. und v. 15 den Block I (v. 1–3) nicht vollständig wiederholen und daß der das Rondeau eigentlich abschließende Block II, die Wiederholung der v. 4–5, überhaupt nicht in Erscheinung tritt.

Um diesen auffallenden Sachverhalt zu klären, ist es nötig, auf die Gepflogenheiten der spätmittelalterlichen Handschriften hinzuweisen. In ihnen wurden die Refrains der Rondeaux außer im einleitenden Teil des

Gedichts (zunächst wohl aus Gründen der Schreibökonomie) nicht vollständig wiedergegeben, sondern lediglich durch ein oder einige wenige Verweisworte 'anzitiert'. Dieses Verfahren zeigt die Champion-Ausgabe der Werke von Charles d'Orléans. Der Refrain des oben nach der Anthologie von Wilkins (n. 99) zitierten Rondeaus erscheint dort (n. CCCXX)[82] folgendermaßen:

> Temps [et temps m'ont emblé Jennesse,
> Et laissé es mains de Viellesse.]

Die Klammer zeigt deutlich, daß der Refrain so nicht im Manuskript steht, sondern vom Herausgeber ergänzt worden ist.

Es ist bislang nicht endgültig geklärt, ob mit dieser Schreibweise tatsächlich ein auf ein einziges Wort 'verkürzter Refrain' gemeint war[83] oder aber ob sie eine Wiederholung des ganzen Refrainblockes bzw. zumindest eines vollständigen Refrainverses andeuten sollte. Es ist durchaus denkbar, daß die Dichter nach der ja schon früher erfolgten Trennung von Wort und Musik die ursprüngliche musikalische Grundstruktur des Rondeaus in den Refrainteilen aufgegeben und bewußt das ästhetisch gleichfalls wirkungsvolle Phänomen eines verkürzten, nur noch andeutenden Refrains verwandt haben.

Die dritte aus dem volkstümlichen Tanzlied hervorgegangene Struktur eines Gedichtes fester Form ist das *Virelai*,[84] das sich im 14. Jahrhundert größter Beliebtheit erfreute, wenn es auch nicht so häufig verwendet wurde wie Ballade und Rondeau.[85] Im 15. Jahrhundert führt es nur mehr ein Dasein am Rande. Charles d'Orléans verwendet es nur noch ganz selten;[86] Villon überhaupt nicht.

---

[82] *Œuvres*, S. 535.

[83] Zu dieser Lösung haben sich u. a. die Herausgeber Villons entschieden, so in dem bekannten Rondeau «Mort, j'appelle de ta rigueur», wo als Refrain nur das Wort *Mort* erscheint. Diese für das Textverständnis und die Struktur des Rondeau sehr bedeutsame Frage ist grundsätzlich diskutiert bei Wilkins, "The Structure of Ballades", und Garey, "The Fifteenth Century Rondeau".

[84] Zur Filiation und zur Verwandtschaft mit dem spanischen *villancico* und den *jarchas* cf. Bec, *La lyrique française au Moyen Age*, I, S. 234–240.

[85] Bei Christine de Pisan finden sich neben den 292 Balladen und 80 Rondeaux insgesamt nur 23 Virelais; in Machauts *Louange des Dames* waren es neben 106 Balladen und 60 Rondeaux nur 7 Virelais.

[86] Wilkins (*One Hundred Ballades*, S. 118) identifiziert das von Champion als Rondeau klassifizierte Gedicht «Yver, vous n'estes qu'un vilain» (*Œuvres*, S. 482–483) als *Virelai*.

Anfänglich zeigte das Virelai eine große Nähe zur Ballade, mit der es in der Frühzeit die Dreistrophigkeit teilte. Wie bei der Ballade folgte auf jede Strophe ein hier aber nicht ein-, sondern mehrzeiliger Refrain. Machaut verwendet noch diese Form und zieht es vor, sie, wie später auch noch Deschamps, als *chanson balladee* zu bezeichnen und so die Verwandtschaft mit dem höfischen Genus Ballade und die Distanz zum volkstümlichen Tanzlied zu unterstreichen.[87] Anders als bei der Ballade, doch wie beim Rondeau, wird das Virelai durch den Refrain eingeleitet. Die Verbindung zum Tanzlied mit dem Wechsel zwischen dem ausführlichen Refrain, der von allen gesungen wurde, und dem Part des Vorsängers ist hier besonders deutlich. Die latente Zugehörigkeit zu einem subhöfischen Register scheint das Virelai nie ganz verloren zu haben. Im 15. Jahrhundert sinkt es in den vereinfachten Formen der *bergerette* und der *carole* wieder in den volkstümlichen Bereich zurück.[88]

Bereits bei Machaut erfolgt eine Verkürzung und Umstrukturierung des Virelai; es verliert vor allem seine Dreistrophigkeit sowie die Wiederholung des Refrains nach jeder Strophe und damit die Analogie zur Ballade. Das Gedicht insgesamt kann heterometrisch sein, wie das folgende Beispiel zeigt, das Deschamps' *Art de dictier* (282–283) entnommen ist:

> *Bien doy faire tristement*
> *En dueil et dolentement*
> *Mon temps user,*
> *Quant je me voy refuser*
> *Presentement*
> *Par un mot trop simplement*
> *Dire ou mander.*
>
> Las! qui le me fist penser?
> Foleur, qui desesperer
> Fait telement
> Mon cuer et en plours muer
> Que je ne me puis saouler
> D'estre dolent.

---

[87] Die umstrittene Etymologie von *virelai* verweist wohl am ehesten auf ein im Refrain gebrauchtes lautmalendes Wort *vireli/virela*, das mit *virer* („sich im Tanz drehen") verwandt ist.

[88] Elwert, *Metrik*, § 219. Texte bei Gaston Raynaud (*Rondeaux et autres poésies du XVe siècle*, Paris 1889), der die *bergerette* allerdings vom Rondeau ableitet (LI–LIV).

> Car ma dame nullement
> Ne daigne amoureusement
> A moy parler,
> Mais me fait par tout blamer
> Si durement
> Qu'en moy n'a fors que tourment
> Dur et amer.
> *Bien doy faire tristement*, etc.

Der komplexen Textstruktur liegt das einfache musikalische Grundschema der Blockabfolge I II II I+(I) zugrunde:

Musik: I   / II   / II   /
Text: A7 A7 B4 B7 A4 A7 B4 / b7 b7 a4 / b7 b7 a4 /
Musik: I   I
Text: a7 a7 b4 b7 a4 a7 b4 / A7 etc.

Der – wie das *etc.* andeutet, wohl vollständig wieder aufzunehmende – Refrain könnte eine neue Abfolge der Blöcke (I II II I) einleiten, wodurch das Virelai in seiner Textform zu recht beträchtlichem Umfang kommen kann. Dies ist tatsächlich in vielen Virelais der Fall, so bei Christine de Pisan. Das Virelai ist also ebensowenig wie das Rondeau durch eine bestimmte Verszahl zu definieren. Daß in jedem Fall im musikalischen Block I, der den beiden Blöcken II vorausgeht, der gesamte Refrain zu wiederholen ist, wie das von Deschamps gesetzte *etc.* andeutet, steht für die frühen gesungenen Formen außer Zweifel. Inwiefern dies auch auf die reinen Textformen der Zeit nach Machaut zutrifft und inwiefern hier, ebenso wie beim Rondeau, die in den Manuskripten nur angedeuteten, verkürzten Refrains auf den vollen Umfang ergänzt werden müssen, bleibt weiterhin umstritten.[89]

Die hier dargestellten formalen Charakteristika der drei im Spätmittelalter geläufigsten Gedichte fester Form sollen jetzt durch inhaltliche Kriterien ergänzt werden, um so ihre Funktion im Gattungsgefüge der Zeit näher zu bestimmen. Deutlich geworden ist bereits jetzt, daß Rondeau und Virelai knappere, doch komplexere Formen sind als die Ballade.

---

[89] Wilkins hat solche Korrekturen gefordert und durchgeführt an Texten von Christine de Pisan ("The Structure of the Ballades", S. 345–346). In seiner Anthologie unterläßt er die Ergänzungen jedoch. Er hebt im Gegenteil hervor, daß es Christinens Verdienst war, den in der nichtmusikalischen Form ermüdend langen Refrain gekürzt zu haben (*One Hundred Ballades*, S. 136, Anm. 71).

Aufgrund ihrer Zentrierung auf den Refrain, der bereits am Anfang des Gedichts vorgegeben wird, aufgrund des größeren Umfangs dieses Refrains und seiner obligaten Wiederkehr erlauben sie es nicht, größere Textpassagen und Gedankengänge zu entwickeln, wie dies in der Ballade möglich ist, in welcher der nur am Strophenende stehende einzeilige Refrain weniger dominierend wirkt. Andererseits kann ein in einer kurzen Form (eventuell insgesamt nur 8 Verse) geradezu obsessiver Refrain einen ganz in den Vordergrund gerückten Gedanken oder eine Empfindung besser zum Ausdruck bringen als das große Gefüge einer Ballade (25 bis 30 Verse). Die Formen der Ballade und des Rondeau bieten so zwei grundsätzlich verschiedene Darstellungsmöglichkeiten, denen zwei geradezu entgegengesetzte Ausdrucks- und Wirkungsabsichten entsprechen. Das Virelai ist in dieser Hinsicht mit seinem relativ großen Umfang (20 und mehr Verse), der sich der Ballade nähert, und seinem Insistieren auf dem Refrain, wie es im knappen Rondeau geschieht, eine nach der Trennung des Textes von der Musik letztlich wenig glückliche Mischform, in der sich die spezifischen Wirkungen der beiden anderen Genera tendenziell aufheben. Dies ist sicher auch ein Grund für die geringere Verwendung des Virelai in der Lyrik des 14. und 15. Jahrhunderts und für sein frühes Verschwinden, noch ehe die spätmittelalterlichen Gattungen angesichts der durch die Renaissance wiederbelebten antiken und der aus Italien importierten neuen Formen, besonders des Sonetts, als altväterliche Strukturen erschienen, die, wie dies häufig bei Archaismen der Fall ist, im 16. Jahrhundert nur noch ironisch distanziert gebraucht werden. Sie verschwinden schließlich im 17. Jahrhundert ganz, weil aufgrund der mangelnden direkten Kenntnis der nunmehr weit zurückliegenden alten Praxis selbst die Anregung zur ironischen Distanzierung nicht mehr gegeben ist und damit auch der letzte Grund zu ihrer weiteren Verwendung entfällt.[90]

Thematisch und sprachlich ist die *ballade* in ihren frühen Ausformungen an der Wende zum 14. Jahrhundert dem höfischen Register zugeord-

---

[90] Allerdings klaffen Dichtungstheorie und -praxis phasenbedingt auseinander. Dem von Du Bellay in der *Défense et Illustration de la langue française* (1549) geforderten radikalen Bruch mit den spätmittelalterlichen Genera zumindest in der Dichtung der humanistisch Gebildeten («me laisse toutes ces vieilles poesies françoyses aux Jeuz Floraux de Thoulouze et au Puys de Rouan: comme rondeaux, ballades, vyrelaiz, chantz royaux, chansons, et autres telles episseries», Part II, chap. 4) wird in der Praxis nicht ebenso abrupt Folge geleistet. Noch La Fontaine schrieb 16 Balladen. Das künstlerisch anspruchsvollere Rondeau hielt sich zunächst im 16. Jahrhundert, mußte dann aber der wesensverwandten, gleichfalls kurzen, streng festgelegten Form des Sonetts weichen. Es erlebte aller-

net. Wie Machaut, der das Genus mit den 207 Balladen der *Louange des Dames* literarisch hoffähig gemacht hat, zeigt, ist das Thema der Ballade zunächst ganz überwiegend die Liebe, das Verhältnis zwischen Dame und Amant, so wie dies zuvor in der Kanzone der Fall war. Auch in der Form der Ballade drückt sich dabei die für die spätmittelalterliche Lyrik so bezeichnende «intellectualisation de l'amour»[91] aus.

Dieser ursprüngliche, enge Themenbereich der *ballade amoureuse* wird jedoch in der Folgezeit für den Ausdruck persönlicher Empfindungen erweitert, wird dann geöffnet für allgemeine, über die Fragen der höfischen Liebe und ihres Ethos hinausgehende moralische Problemstellungen *(ballades de moralitez)*, die bei Machaut und Froissart noch dem *dit* vorbehalten waren. Bei Deschamps erhält die Ballade so eine stark didaktische Funktion und wird schließlich für die Behandlung praktisch aller nur denkbaren Themen verwandt. In seinen rund 1000 Balladen behandelt Deschamps ebenso Themen der Geschichte wie der Mythologie, der Fabeln und der zeitgenössischen Alltagswelt.[92] In Ballade *DCCIV* mit dem später hinzugefügten Titel «Injures à une femme» beschreibt er hyperbolisch die Häßlichkeit einer Frau, wie dies im idealisierenden Register der *ballade amoureuse* unvorstellbar gewesen ist.[93] Deschamps hat die traditionelle Liebesthematik als bloße Konvention durchschaut und bricht daher das ihr zugeordnete Register der Ballade auf. Sie wird dings bei Voiture eine scherzhafte Wiederbelebung. Doch Boileau findet für beide Genera nur noch sehr wenige Worte:

> Le rondeau, né gaulois, a la naïveté.
> La ballade, asservie à ses vieilles maximes,
> Souvent doit tout son lustre au caprice des rimes,
> (L'Art poétique, 1674, Chant II)

[91] Poirion, *Le poète et le prince*, S. 367.

[92] Das ganze von Deschamps abgedeckte Themenspektrum analysiert Hofer, *Geschichte der mittelfranzösischen Literatur*, I, S. 48 ff.

[93] Strophe I: Grosse de corps, ronde comme une pomme,
> Yeux de corbaut, noire comme une choe,
> Hure de leu, dens de serpent vous nomme.
> De cahuant avez trop bien la moe;
> Quant vous marchez, vous faictes une roe
> Dont l'en vous sieut au flair comme un sengler.
> A droit jugier que droictement vous loe,
> Faicte fustes por enfans estrangler.

Mit dieser rhetorischen Überzeichnung ist die idealisierende Darstellung der Ballade CCCCXXXVI («Portrait d'une dame») zu vergleichen.

für ihn und in der Folgezeit zur weder thematisch noch stilistisch festgelegten lyrischen Universalform der an den Höfen außerordentlich lebendigen Gelegenheitsdichtung – vom Glückwunsch bis zum Lobgedicht und zum Gebet in Versform. Sie dient so der umfassenden Poetisierung der Alltagswelt.[94] Deschamps hat schließlich die Balladenform zur – auch stilistisch entsprechenden, vor Skatologischem nicht zurückschreckenden – Behandlung niedriger banaler Gegenstände geöffnet, wie es die Ballade *MCCLXXII* über das Essen von Innereien und deren Wirkungen für die Verdauung zeigt. Nicht immer ist die Ballade hier der ständigen Gefahr entgangen, mit allen möglichen und unmöglichen Stoffen vollgestopft zu werden und zum gänzlich unlyrischen Gelegenheitsgedicht im höfischen und städtischen Alltag zu verkommen. Eine Ballade verfassen zu können und dies tatsächlich auch zu tun, wurde so eher zum Bildungsnachweis als zum Beleg einer poetischen Begabung.

Die Themenbreite der Ballade und deren stilistisch vielfältige Behandlung in ein und derselben Form belegen jedoch sehr nachdrücklich, daß die für die altprovenzalische und altfranzösische Lyrik feststellbaren Register mit ihrer Koppelung von Gedichtform, Thematik und Stil (wie im Fall der *alba* oder der *chanson de toile* im Gegensatz zur Kanzone) für die Zeit des Spätmittelalters nur noch sehr bedingt zutreffen. In den Jahren um 1420, zur Regierungszeit Karls VI., erfolgt allerdings ein starker Reidealisierungsschub der höfischen Ideologie, der auch zu einer Wiederaufwertung der *ballade amoureuse* führt. Das illustrieren die von Charles d'Orléans im Exil vor der *Departie d'amour* geschriebenen Balladen. Daneben aber bleibt die thematische «universalité de la ballade»[95] bestehen, die den Erfolg dieser Gedichtform bei Villon und den *rhétoriqueurs* erklärt. Von ihrer dreistrophigen Struktur her eignet sich die Ballade zur logischen Darlegung ihres Gegenstands im Dreischritt von These–Antithese–Schlußfolgerung. Der jeweils am Strophenende erscheinende Refrain hat dabei eher die Funktion der logischen Verkettung als die des

---

[94] Die Frage ist ausführlich behandelt bei Dieter Ingenschay («La rhétorique et le ‹monde quotidien› chez Eustache Deschamps», in: *Du Mot au Texte*. Actes du IIIème Colloque International sur le Moyen Français publ. par Peter Wunderli, Tübingen 1982, S. 253–261) und in generellerer Form bei Friedrich Wolfzettel («La poésie lyrique en France comme mode d'appréhension de la réalité: remarques sur l'invention du sens visuel chez Machaut, Froissart, Deschamps et Charles d'Orléans», in: *Mélanges de langue et littérature françaises du Moyen Age et de la Renaissance offerts à M. Charles Foulon...*, T. I., Univ. de Bretagne 1980, S. 409–419).

[95] Poirion, *Le poète et le prince*, S. 366–369.

affektiven Einkreisens, die er im Rondeau besitzt.[96] Der unvermeidbare Refrain verleiht dem dargelegten Gedanken zwar größeren Nachdruck, verhindert aber zugleich, da immer wieder auf die in ihm enthaltene Schlußfolgerung zurückzukommen ist, eine freie Entfaltung der Gedankenführung. Als mit dem endgültigen Aufbrechen der geistigen Welt des Spätmittelalters Fragen des Inhalts gegenüber solchen der Form in den Vordergrund treten, muß die Ballade neuen Gattungen wie Epistel und Ode weichen.

Das logisch-intellektuelle Grundmuster der Ballade hat in der Praxis zur besonders häufigen Verwendung zweier Gestaltungsprinzipien geführt: der Dialogisierung und der Rhetorisierung. Die einzelne Ballade ist häufig als – innerer oder äußerer – Dialog gestaltet. Es entwickelte sich sogar ein eigenes Subgenus, die *ballade dialoguée*, die seit Deschamps immer wieder verwendet wurde, so auch von Christine de Pisan, Jean Regnier, Charles d'Orléans, Villon, Henri Baude und den anonymen Autoren des *Jardin de Plaisance*.[97] Dieses Vorgehen illustriert das folgende, Deschamps zugeschriebene Beispiel, von dem die 1. Strophe angeführt sei:

> Mort, je me plaing. – *De qui?* – De toy.
> – *Que t'ay je fait?* – Ma dame as pris.
> – *C'est verité.* – Dy moy pour quoy.
> – *Il me plaisoit.* – Tu as mespris.
> Sy l'amende. – *Ne puis.* – Voir dis.
> Ce me desplaist. – *Tu as grant tort,*
> *car tout prendray, soit foible ou fort.*

Die einzelnen Repliken können aber auch auf Strophen oder ganze Balladen verteilt werden. Solche *débats par ballades*, bei denen die Antwortballade das metrische Schema und das Reimschema der Vorlage aufnimmt, finden sich als fiktive und tatsächliche geführte Dialoge u. a. bei Deschamps. Die Vitalität des Genus belegen auch Korrespondenzen, die in ihm geführt wurden, sowie seine Verwendung in größeren Textstrukturen, wie in Chartiers *Bréviaire des Nobles*, der aus 13 Balladen besteht. Hinzuweisen bleibt auf die Sonderform der sechs Strophen umfassenden

---

[96] Poirion unterscheidet in zutreffender Weise zwischen «enchaînement» und «encerclement». *Le poète et le prince*, S. 377.

[97] Omer Jodogne, «La ballade dialoguée dans la littérature française médiévale», in: *Fin du Moyen Age et Renaissance. Mélanges offerts à Robert Guiette*. Anvers 1961, S. 71–85. Das Verfahren war so beliebt, daß es auch auf das Rondeau übergriff.

Doppelballade, wie sie auch Villon im *Testament* (625–672) verwandt hat. Beispiele finden sich bereits bei Machaut, aber auch noch bei Jean Lemaire de Belges (1473 – um 1524). Diese weite Form hat sich jedoch gegenüber dem nur eine Strophe kürzeren *chant royal* nicht besonders durchzusetzen vermocht.[98]

Die Tendenz zur Rhetorisierung der Ballade läßt sich speziell aus ihrer Refrainstruktur ableiten, wenn auch die Verwendung rhetorischer Mittel für die spätmittelalterliche Dichtung insgesamt charakteristisch und bei den *rhétoriqueurs* weithin dominierend ist. Die drei- oder vierfache Wiederkehr der gleichen Idee in den Schlußzeilen läßt die Strophen selbst zur *variatio* des im Refrain enthaltenen Grundgedankens werden. Villons «Ballade des dames du temps jadis» oder seine «Ballade des proverbes» sind Beispiele für eine solche Rhetorisierung, die bei vielen Autoren bis zu funktionsloser Artistik gesteigert worden ist. So ist Christine de Pisans *Ballade rétrograde* so konzipiert, daß sie, wie die 1. Strophe zeigt, vorwärts und rückwärts gelesen werden kann[99]:

> Doulçour, bonté, gentillece,
> Noblece, beaulté, grant honnour,
> Valour, maintien et sagece,
> Humblece en doulz plaisant atour,
> Conforteresse en savour,
> Dueil angoisseux secourable,
> Accueil bel et agreable.

Bei den *rhétoriqueurs* sind Balladen mit Reimspielereien beliebt, die sich jedoch gleichfalls bereits bei Christine de Pisan finden, so die Verwendung der *rimes annexées*[100]:

> Flour de beaulté en valour souve*rain*
> *Raim* de bonté, plate de toute *grace,*
> *Grace* d'avoir sur tous le pris a *plain,*
> *Plain* de savoir et qui tous maulz *efface,*
> *Face* plaisant, corps digne de *louange,*
> *Ange* en semblant ou il n'a que *redire,*
> *D'yre* vuidié, a vous des preux ou *renge,*
> *Renge* mon cuer qui fors vous ne *desire.*

---

[98] Jacques Kooijman, «Une étrange duplicité: la double ballade au bas moyen âge», in: *Le Génie de la forme*. Mélanges de langue et littérature offerts à Jean Mourot. Nancy 1982, S. 41–49.
[99] *Œuvres poétiques* publiées par Maurice Roy. Paris 1886, I, S. 119.
[100] *Œuvres poétiques*, I, S. 120.

Dennoch wäre es falsch zu meinen, die Ballade hätte sich im Sinne einer ständig zunehmenden Rhetorisierung entwickelt. Wie Poirion zeigt, hat Charles d'Orléans jede «surcharge rhétorique» vermieden. Er hat es im übrigen auch verstanden, die logisch-argumentativ geprägte Form der Ballade in den Dienst einer affektiv geprägten «méditation profonde et systématique» zu stellen.[101] Unzweifelhaft ist jedoch, daß sich selbst noch in Villons Balladen (vor allem in den *Poésies diverses* – aber nicht nur dort) eine ausgesprochene Präponderanz rhetorischer Verfahren feststellen läßt.[102] Im späten 15. Jahrhundert entwickelt sich die Ballade insgesamt nicht zur Ausdrucksform persönlich-lyrischer Bekenntnisse.

In thematischer Hinsicht hat der *chant royal* zur Ballade eine mehr komplementäre als konkurrierende Funktion. Doch übernimmt er (außer bei Machaut) nicht die Funktion der subjektiven, sondern die einer repräsentativen, feierlichen und unpersönlichen Sprechweise. Die umfangreiche Form wird vom höfischen Dichter dann verwandt, «(quand) il veut se hausser au style ‹tragique›, c'est-à-dire à la dignité grave, compassée, un peu lourde qui caractérise déjà l'académisme (sc. des puys). C'est un genre que les bourgeois appelleront ‹noble›, parce qu'il répond à l'idée qu'ils se font de la noblesse en littérature.»[103] Diesen ernsthaften *chant royal* haben auch höfische Dichter, allerdings nicht in großem Umfang, aus seinem ursprünglich bürgerlichen Milieu übernommen, so Machaut, der ohnehin zum Schwulst neigende Froissart, Deschamps und Charles d'Orléans. Es ist jedoch weniger der *chant royal* mit Liebesthematik als der religiösen Inhalts, der *serventois*, den sie pflegen. Als Beispiel sei Charles d'Orléans' Gebet an die Jungfrau Maria mit der Bitte um Frieden angeführt[104]:

---

[101] *Le poète et le prince*, S. 380; 381. Cf. auch den Abschnitt «L'Art de la Ballade chez Charles d'Orléans», *ibid.*, S. 391–395.

[102] Cf. dazu die Interpretationen einzelner Balladen Villons bei Dieter Ingenschay: *Alltagswelt und Selbsterfahrung. Ballade und Testament bei Deschamps und Villon.* München 1986 (Theorie und Geschichte der Literatur und der schönen Künste, Bd. 73), S. 42–70. Ob diese Rhetorisierung, wie dies von Zumthor für die *rhétoriqueurs* gedeutet wird, als eine «déconstruction du langage poétique héréditaire» und damit als Bruch mit der mittelalterlichen Tradition verstanden werden kann und ob dies bereits für Villon oder gar schon für Christine de Pisan zutrifft, bedürfte weiterer Untersuchungen. Paul Zumthor, «Le grand ‹change› des rhétoriqueurs», in: *Changement de forme, révolution, langage.* (. . .) Cérisy-la-Salle. Colloque (. . .). Paris 1975, t. 1, S. 191–218.

[103] Poirion, *Le poète et le prince*, S. 366.

[104] Bal. 76, *Poésies*, S. 123–124. Der Inhalt seiner vier weiteren *chants royaux*

LXXVI

Priés pour paix, doulce Vierge Marie,
Royne des cieulx, et du monde maistresse,
Faictes prier, par vostre courtoisie,
Saints et saintes, et prenés vostre adresse
Vers vostre filz, requerant sa haultesse   5
Qu'il lui plaise son peuple regarder,
Que de son sang a voulu racheter,
En deboutant guerre qui tout desvoye;
De prieres ne vous vueilliez lasser:
Priez pour paix, le vray tresor de joye!   10

  Priez, prelas et gens de sainte vie,
Religieux ne dormez en peresse,
Priez, maistres et tous suivans clergie,
Car par guerre fault que l'estude cesse;
Moustiers destruis sont sans qu'on les redresse,   15
Le service de Dieu vous fault laissier.
Quant ne povez en repos demourer,
Priez si fort que briefment Dieu vous oye;
L'Eglise voult a ce vous ordonner:
Priez pour paix, le vray tresor de joye!   20

  Priez, princes qui avez seigneurie,
Roys, ducs, contes, barons plains de noblesse,
Gentilz hommes avec chevalerie,
Car meschans gens surmontent gentillesse;
En leurs mains ont toute vostre richesse,   25
Debatz les font en hault estat monter,
Vous le povez chascun jour veoir au cler,
Et sont riches de voz biens et monnoye
Dont vous deussiez le peuple suporter:
Priez pour paix, le vray tresor de joye!   30

---

betrifft jedoch eher Fragen der Liebe (Bal. 9, 54, 97) und der zeitgenössischen Politik (Bal. 94). Gemeinsam ist ihnen aber ein feierlicher Ton, wie der *envoi* der an den duc de Bourgogne gerichteten Bal. 94 zeigt:

  Dieu me fiere d'espidimie,
  Et ma part es cieulx je renye,
  Se jamais vous povez trouver
  Que me faigne, par tromperie!
  Vostre loyaument, sans faulser.
        (*Poésies*, S. 150)

> Priez, peuple qui souffrez tirannie,
> Car voz seigneurs sont en telle foiblesse
> Qu'ilz ne peuent vous garder, par maistrie,
> Ne vous aidier en vostre grant destresse;
> Loyaulx marchans, la selle si vous blesse 35
> Fort sur le dox; chascun vous vient presser
> Et ne povez marchandise mener,
> Car vous n'avez seur passage ne voye,
> Et maint peril vous couvient il passer:
> *Priez pour paix, le vray tresor de joye!* 40
>
> Priez, galans joyeux en compaignie,
> Qui despendre desirez a largesse,
> Guerre vous tient la bourse desgarnie;
> Priez, amans, qui voulez en liesse
> Servir amours, car guerre, par rudesse, 45
> Vous destourbe de voz dames hanter,
> Qui maintesfoiz fait leurs vouloirs tourner;
> Et quant tenez le bout de la couroye,
> Un estrangier si le vous vient oster:
> *Priez pour paix, le vray tresor de joye!* 50
>
> Dieu tout puissant nous vueille conforter
> Toutes choses en terre, ciel et mer;
> Priez vers lui que brief en tout pourvoye,
> En lui seul est de tous maulx amender:
> *Priez pour paix, le vray tresor de joye!* 55

Das *serventois* trägt dazu bei, in der spätmittelalterlichen höfischen Lyrik den Bereich der religiösen Dichtung abzudecken, der – anders als man es vom „frommen Mittelalter" erwarten zu können glaubt – keineswegs sehr stark vertreten ist. Ein Gedicht wie Villons *Ballade pour prier Notre Dame* stellt eher eine Ausnahme dar, das zudem hinsichtlich seiner religiösen Aussage keineswegs unumstritten ist. Erst die *rhétoriqueurs* (Chastellain, Molinet, Guillaume Crétin und die Dichter des Puys de Rouen) lieferten den „einzigen umfänglicheren Beitrag Frankreichs zur geistlichen, insbesondere zur Mariendichtung des Spätmittelalters"[105].

Im formal mit dem *serventois* identischen 'hohen' *chant royal* kommt jedoch auch die Tradition des satirischen Rügelieds, des altprovenzalischen *sirventes* zum Ausdruck, der seinerseits formal dem 'hohen' Genus der Kanzone entsprochen hatte. Es geschieht dies in der *sotte chanson*,

---

[105] Heitmann, „Französische Lyrik", S. 359.

die zusammen mit der *fatrasie* im 14. und 15. Jahrhundert das altfranzösische „anti-lyrische Register" fortführt[106]. Obwohl sie bis ins 15. Jahrhundert hinein durchaus lebendig war, ist sie aus naheliegenden Gründen erheblich weniger überliefert als die gesellschaftlich akzeptierten höfischen Genera. Die *sotte chanson* parodiert inhaltlich die idealisierende Liebesdichtung; so finden sich vor allem Parodien des Bildes der höfischen *Dame*, die hier ins Negative (häßlich, übelriechend, plump) umstilisiert ist. Froissart hat eine solche *chançon royal sotte* verfaßt, die im Puy von Lille preisgekrönt wurde[107]; von Deschamps sind deren zwei (n. 1285 und 1477) überliefert. Allerdings ist die *sotte chanson* nicht an die Form des *chant royal* gebunden. Sie erscheint auch als Ballade, wie das bereits zitierte Beispiel aus Deschamps *(Injures à une femme)* oder Villons «Ballade de la Grosse Margot» zeigt, die eindeutig in diese Tradition gehört.[108] Allerdings ist das Bemühen Deschamps', die *sotte chanson* im höfischen Bereich zu akklimatisieren und das höfische Register so ins Komisch-Parodistische auszuweiten, letztlich gescheitert.[109]

Die Form des *chant royal* ist noch von einem weiteren thematischen Komplex besetzt worden, dem der *Pastourelle*. Diese zugleich aristokratisierende und archaisch-popularisierende Gattung hatte sich in der 2. Hälfte des 13. Jahrhunderts im höfischen Bereich überlebt.[110] Weitergepflegt wurde sie jedoch in den bürgerlichen Puys des Nordens, wo, wie das *Doctrinale de la Seconde Rhétorique* (1432) von Baudet Haurenc belegt, an jedem Sonntag nach dem Fronleichnamsfest eine Pastourelle in Achtsilbern vorzulegen war.[111] Als Form wurde dabei der *chant royal* verwandt, dessen Ursprung und bevorzugte Verwendung im bürgerlichen Milieu außer Zweifel steht. In diesem außerhöfischen Milieu erfuhr die Pastourelle neben der formalen auch eine inhaltliche Umgestaltung. Die ursprünglich gattungsbestimmende Kontrastierung von Ritter und Schä-

---

[106] Bec, *La lyrique française au Moyen Age,* I, S. 39, 158–162 *(la sotte chanson)* und S. 157–183 *(la fatrasie).*

[107] *Œuvres. Poésies* publiées par A. Scheler, II, Bruxelles 1871, S. 359–361. Von der Dame, die der Dichter auf einem Misthaufen vorfindet, heißt es:
>   ... son corps est ossi dous qu'uns chierens.
>   Eüreus sui qu'elle a perdu les dens,
>   Car aultrement ne m'eüst demoré
>   Drapiel entier; tout eüst deschiré.

[108] Siciliano, *Villon,* S. 397–399.

[109] Poirion, *Le poète et le prince,* S. 364f.

[110] Bec, *La lyrique française au Moyen Age,* I, S. 119–124.

[111] Langlois, *Recueil,* S. 177.

Die französische Lyrik des 14. und 15. Jahrhunderts 149

ferin wurde aufgegeben; an ihre Stelle ist das (Liebes-) Gespräch zwischen standesgleichen Personen, zwischen Schäfern und Schäferinnen, getreten, die sich in einem stark konventionalisierten Dekor bewegen und dort vom Dichter belauscht werden. Die eigentliche inhaltliche Neuerung der Pastourelle im bürgerlichen Bereich besteht jedoch darin, daß sich die Hirten auch über zeitgeschichtliche, politische Ereignisse unterhalten, die sich zum Teil, wie Anspielungen auf den Hundertjährigen Krieg, recht genau datieren lassen.[112] Es handelt sich um ein neues Subgenus, die *pastourelle historique*, die mit der Pastourelle der altprovenzalischen und altfranzösischen Zeit nur noch das Dekor gemeinsam hat. Das folgende Beispiel bezieht sich auf die englisch-französischen Kämpfe in Nordfrankreich in der 1. Hälfte des 13. Jahrhunderts und spiegelt diese aus der Sicht des „einfachen" Volkes.[113]

>   Trois bergiers
>
> Trois bergiers d'ancien aez.
> pour le chault dessoubz un buisson.
> manjans lait. burre. et pois pelez.
> aulx nouveauls. et maint gros maton.
> trouvay qui tenoient sermon   5
> de faire manches a cousteaux.
> atant vint a eulz Maroteaux.
> une pucelle de Helli
> son quien amenant devant li.
> en disant. 'Oez de nouvel: 10
> je oy hier dire au Carduel.
> l'aisné filz Brunel le Sauvage.
> que ne sçay quel gent de parage
> ont esleu (de quoy j'ay merveilles)
> *un leu pour garder les oeilles.*'   15
>
> 'Helas!' ce dist Hinaux des Prez.
> 'il ne nous demourra mouton

---

[112] Cf. dazu die frühen, bislang wenig beachteten Pastourellen der Handschrift des *Pennsylvania Chansonniers*, die William W. Kibler und James J. Wimsatt ediert und untersucht haben: "The Development of the Pastourelle in the Fourteenth Century: An Edition of Fifteen Poems with an Analysis", in: *Mediaeval Studies* XLV (1983), S. 22–78.
[113] Kibler/Wimsatt, n. 6, S. 50–54. Der ausführliche Kommentar der beiden Editoren erläutert die verschiedenen Anspielungen und setzt sie in Bezug zu Froissarts *Chroniques*.

puis qu'uns leups est pastour clamez.
Ma boete oingnement et poinçon
vendray. car plus ne me sont bon.' 20
Adont ploura li pastoureaux
et dist: 'Quant je fu jouvenceaux
le roy aler en Thunes vi.
et la desconfiture aussi
de Mons en Peure et de Cassel. 25
de Bouvines. et en Rethel
ardoir les meseaux plains d'oultrage
mais onques mais en tout mon aage
ne vi ne oy de mes oreilles
un leu pour garder les oueilles.' 30

Hinauls respont. li herupez:
'Bergiers ont perdu leur saison:
je sui de vous li plus aisnez.
mais onc ne vi tel desraison!
Un leu de sa condicion 35
n'ayme pas brebis ny aigneaux
fors pour mengier. Telz pastoureaux
sont indignes de garder y.
On vit pastour le roy Davy
et aussi fist on Assael: 40
a eulz revela par revel
Dieu souvent par divin ouvrage.
Voirs est que un cent ans ay je.
mais ne vy de jours n'a chandeilles
un leu pour garder les ouailles. 45

'A Romme sui deux fois alez.
et si vi maint riche baron
devant Escaus des murs assanlez.
et devant Tun. fier que lyon:
en apres Tournay assist on. 50
et Bourc Waynes et les casteaux
vi je prendre par les cresteaux.
Et si vous jur par saint Remy
que le Roy d'Angleterre vy
faire hommage a Philippe l'isnel. 55
Puis fist l'assamblee mortel
devant Cazant o mainte barge.
Hubaut. est il de ton linage
qui onc veist – de ce me conseilliez –
un leu pour garder les oueilles?' 60

Hubaut lui respont: 'N'aye mes.
mais j'ay veu des coises foison:
je vi le mortorre. et apres
venir les vasteurs qu'abandon
se batoient de grant randon. 65
dont le sang couroit a ruisseauls.
de quoy belin et cornueaulx
fuirent de peur: et par sempy
a ycelle tempoire dy
que un maistre fu. je ne sçay quel: 70
ne dy je mie voir. Ansel?'
Anseaulz dist. 'Oil', par bel langage.
'Raison a oste cest usage.
car plus ne verras: or y veilles
un leu pour garder les oeilles.' 75

L'envoy

Franc prince. qui ces mos ymage,
on en puet s'aquier hault ouvrage
mais qu'on ait veu les imparielles.
un leu pour garder les oeilles.

Wie im Fall der *sotte chanson* hat Deschamps den Versuch gemacht, diese bürgerlich geprägte Pastourelle ins höfische Milieu zu integrieren. So erwähnt er die Form 1392 in seinem *Art de dictier,* führt dann aber doch kein Beispiel an. Dies belegt wohl, daß die Pastourelle wie der *sirventois* in der Dichtungspraxis des Höflings nicht heimisch war. Deschamps selbst hat sechs Pastourellen gedichtet.[114] Dabei verwendet er ausschließlich die Form des *chant royal.* Unter inhaltlichen Gesichtspunkten handelt es sich jedoch weit weniger um *pastourelles historiques* als um antihöfische Satire. Diese geht zurück auf das Lob des angeblich einfachen Landlebens im Gegensatz zum „unnatürlichen" Leben der höfischen Aristokratie, wie es Philippe de Vitry (1291–1361) in seinem *Ditz de Franc Gontier* vorgebracht hatte. Das knappe Gedicht war bis weit ins 15. Jahrhundert hinein bekannt. In ihm wird die französische Pastourellen-Tradition mit der antiken Bukolik kontaminiert, die für die im Spätmittelalter auch außerhalb der Lyrik sehr beliebte Hirtenmode und -dichtung bezeichnend wurde.[115]

[114] N. 315, 336, 337, 339, 344 und 359 in Bd. 3 der *Œuvres.*
[115] Joël Blanchard, *La pastorale en France aux XIVe et XVe siècles.* Recherches sur les structures de l'imaginaire médiéval, Paris 1983, besonders S. 18–45; zu Deschamps S. 52–59, 68–75.

Während der bürgerliche, aber am Hof dichtende Deschamps in seinen ahistorischen Pastourellen einen politischen, antifeudalistischen Sinn erkennen läßt,[116] greift Froissart in sieben seiner zwanzig in Form von *chants royaux* verfaßten Pastourellen auf die Vorgehensweisen der *pastourelle historique* zurück.[117] Doch blieb die durch den Rückgriff auf den antiken Traditionsstrang gegenüber der altfranzösischen Pastourelle erweiterte Thematik der Pastorale nicht auf die Form des *chant royal* beschränkt. Christine de Pisan hat zu ihrer Gestaltung die weit umfänglichere, eher narrative als lyrische Form des *dit*[118] (2274 Verse, meist Siebensilbler) verwandt, in den sie drei *bergerettes*, vier Balladen (davon eine *à responses*) und ein Rondeau eingefügt hat. Sie verwendet diese offene Form weit über die ursprüngliche Pastourellen-Thematik hinausgehend zur Darstellung autobiographischer Inhalte.[119]

Villons – nicht zuletzt wegen des Refrains «Il n'est tresor que de vivre à son aise» viel zitiertes – Gedicht «Les contredits de Franc Gontier» (*Testament*, 1473–1506) hat keinerlei inhaltlichen Bezug zur *pastourelle historique*, sondern parodiert, wohl auch aus der realen Erfahrung des keineswegs idyllischen Landlebens, die von Philippe de Vitry ausgelöste, selbst vom *bon Roi René* gepflegte pastorale Mode.[120] Auch der formale Zusammenhang mit der *pastourelle historique* ist nicht mehr gegeben; Villons Parodie bedient sich der Form der Ballade und nicht mehr der des ursprünglich gattungskonstitutiven *chant royal*.

[116] Deschamps preist die Freiheit des Hirten *Robin* und scheint, wie Laura Kendrick meint, mit seinem humanistisch geprägten Tadel des Hoflebens eine Allianz zwischen König und Bürgern zu suggerieren: «La poésie pastorale de Eustache Deschamps: Miroir de mentalité à la fin du 14e siècle», in: *Romanistische Zeitschrift für Literaturgeschichte* VII (1983), S. 28–44.

[117] *Poésies* III, S. 306–352. Die genauen Referenzen zu den historischen Ereignissen hat E. Hoepffner hergestellt: «La Chronologie des *pastourelles* de Froissart», in: *Mélanges offerts à Emile Picot*, Paris 1913, II, S. 27–42.

[118] Die Abgrenzung des *dit* gegenüber den lyrischen Formen ist nicht immer eindeutig. M. Zink tendiert daher dazu, den *dit*, weil er ein Ich in seiner Subjektivität zum Ausdruck bringt, als eher lyrisches Genus anzusehen. «Le lyrisme en rond. Esthétique et séduction des poèmes à forme fixe au moyen âge», in: *Cahiers de l'Association internationale des études françaises* XXXII, Paris 1980, S. 71–90; bes. S. 82 ff.

[119] *Dit de la Pastoure* (Mai 1403), in: *Œuvres Poétiques* II, S. 223–294.

[120] Die thematischen Verbindungen zeigen Siciliano, *Villon*, S. 407–420 und die Interpretation des Gedichts von R. Klesczewski in: *Die Französische Lyrik*, hrsg. von H. Hinterhäuser, Düsseldorf 1975, I, S. 23–34. Cf. auch Brockmeier, *Villon*, S. 137–141.

IV

Stehen *ballade* und *chant royal* im 14. Jahrhundert grundsätzlich fast jeder Thematik offen, so sind *rondeau* und *virelai* im wesentlichen auf den Komplex der Liebe beschränkt. Machaut präsentiert ihn ganz in der höfischen Tradition, wie das folgende *rondeau* zeigt, das dem einfachsten, schon bei Adam de la Halle zu findenden achtzeiligen Typus folgt (ABaAabAB). Er wird von Machaut bei weitem am häufigsten gebraucht.

> *De morir sui por vous en grant paour*
> *Pour le desir dont je (sui) entrepris*
>
> Douce dame, que je ser et aour
> *De morir sui por vous en grant paour*
>
> 5 Car quant je pense a vo fine doucour
> et je ne puis veoir vostre dous vis,
>
> *De morir sui por vous en grant paour*
> *Pour le desir dont je sui entrepris.*[121]

Die gleiche Thematik, wenn auch eher etwas tändelnd und scherzend, doch elegant, haben die *rondeaux* bei Froissart. Seine *rondelets amoureux* bringen alte Inhalte in eine neue Gestalt. Dabei wird, wie das folgende *rondeau* mit seiner offenbleibenden Frage illustriert, die Unterhaltungsfunktion deutlich, die diesen Gedichten am Hof zukam. Thematisch steht es in der Tradition der *jeux-partis* und der *débats* mit ihren oft keiner Lösung zuführbaren dilemmatischen Fragen:

> *Des quels des deus fait Amours plus grant cure?*
> *Ou de la dame ou dou loyal ami,*
>
> Quant cascuns d'euls en bonne amour procure?
> *Des quels (des deus fait Amours plus grant cure)?*
>
> 5 Taire m'en voel, la matere est obscure,
> Si en lairai jugier autrui que mi.
>
> *Des quels (des deus fait Amours plus grant cure?*
> *Ou de la dame ou dou loyal ami)?*[122]

---

[121] *La Louange des Dames*, hrsg. von Nigel Wilkins, New York 1966, S. 107 (n. 226).
[122] *Ballades et rondeaux*. Edition avec introduction, notes et glossaire. Rae S. Baudouin, Genf 1978 (TLF 252), S. 73.

In diese traditionelle Thematik bringt Christine de Pisan einen persönlichen Ton, auch wenn sie am Grundthema der Liebe festhält. Das hier ausgewählte 12- bzw. 15zeilige *rondeau* belegt zugleich die im Verlauf des 14. Jahrhunderts deutliche Tendenz der Autoren, der Gedichtform durch Erweiterung des Refrainteils und des Zwischentextes einen größeren Umfang zu geben (ABBA aba abba A[BBA]). Die einfache Form und Sprache des Gedichts erinnert an die Frauenlieder der altfranzösischen Zeit.

> *Je suis vesve, seulete et noir vestue,*
> *A triste vis simplement affulée;*
> *En grant courroux et maniere adoulée*
> *Porte le dueil trés amer qui me tue.*
>
> 5 *Et bien est droit que soye rabatue,*
> *Pleine de plour et petit enparlée;*
> *Je suis vesve, seulete et noir vestue.*
>
> *Puis qu'ay perdu cil par qui ramenteue*
> *M'est la doulour, dont suis affolée,*
> 10 *Tous mes bons jours et ma joye est alée,*
> *En dur estat ma fortune embatue;*
> *Je suis vesve, seulete et noir vestue*
> *(A triste vis simplement affulée;*
> *En grant courroux et maniere adoulée*
> 15 *Porte le dueil trés amer qui me tue.)*[123]

Ähnlich wie bei der Ballade öffnet auch beim Rondeau der von allen am wenigsten höfische Dichter Eustache Deschamps die Thematik der Gedichtform, indem er etwa in einem Rondeau mit dreizeiligem Refrain (ABB abA abb ABB) seinen Spott über das rückständige Böhmen ausdrückt:

> *Poulz, puces, puour et pourceaulx*
> *Est de Behaingne la nature,*
> *Pain, poisson sallé et froidure,*
>
> *Poivre noir, choulz pourriz, poreaulx,*
> 5 *Char enfumée, noire et dure;*
> *Poulz, puces, puour et pourceaulx.*
>
> *Vint gens mangier en deux plateaux,*
> *Boire servoise amere et sure,*
> *Mal couchier, noir, paille et ordure,*

---

[123] *Œuvres poétiques*, I, S. 148–149 (n. 3). Hervorhebung und Ergänzung des Refrains ab v. 13 vom Verfasser.

10 *Poulz, puces, puour et porceaulx*
    Est de Behaingne la nature,
    Pain, poisson sallé et froidure.[124]

Während das Rondeau im 14. Jahrhundert wohl nur ein «genre auxiliaire du lyrisme courtois» war,[125] wird es im 15. Jahrhundert zum eigentlich beherrschenden Genus und löst in dieser Funktion die Ballade ab. Dies zeigt deutlich das von Raynaud veröffentlichte Manuskript einer Anthologie höfischer Lyrik des 15. Jahrhunderts, das bei insgesamt 195 Gedichten neben einem *quatrain* und vier *Balladen* ausschließlich *rondeaux* (und *bergerettes*) enthält. Der Hauptrepräsentant der Rondeaux-Dichtung dieses Zeitraums ist Charles d'Orléans, der das Rondeau mit vier- bzw. fünfzeiligem Refrain in seiner zweiten Schaffensperiode ab 1440 zu seiner Gedichtform *par excellence* machte. Zwar behandelt er in dieser Form auch noch Fragen der höfischen Liebe, gibt aber allgemeineren, moralistischen Themen den Vorzug, die seine Desillusion und Melancholie widerspiegeln. Dabei bedient er sich sehr häufig des Verfahrens der Allegorie, wie auch folgendes Beispiel zeigt:

> *Ne hurtez plus a l'uis de ma Pensee,*
> *Soing et Soussi, sans tant vous traveiller,*
> *Car elle dort et ne veult s'esveiller,*
> *Toute la nuyt en peine a despensee.*
>
> 5 *En dangier est, s'elle n'est bien pensee:*
> *Cessez, cessez, laissez la sommeiller.*
> *Ne hurtez plus (a l'uis de ma pensee,*
> *Soing et Soussi, sans tant vous traveiller.)*
>
> *Pour la guerir Bon Espoir a pensee*
> 10 *Medecine qu'a fait apareiller;*
> *Lever ne peut son chief de l'oreiller,*
> *Tant qu'en repos se soit recompensee.*
> *Ne hurtez plus (a l'uis de ma pensee.)*[126]

Doch kann das Rondeau durchaus auch im parodistischen Register verwandt werden, wie der in den Kreis von Charles d'Orléans zu rechnende Vaillant zeigt[127] und wie die drei Rondeaux belegen, die Villon in seinem *Testament* verwendet.[128]

---

[124] *Œuvres* VII, S. 90.
[125] Poirion, *Le poète et le prince*, S. 333 ff.
[126] *Poésies*, S. 462 (n. 298).
[127] *Bonnes gens, j'ai perdu ma dame.*
       Qui la trouvera, sur mon ame,

Die dominierenden formalen und inhaltlichen Elemente des – ernsthaften – Rondeaus sind der häufig wiederkehrende Refrain und die Kürze des Gedichts, die den Eindruck des «inachèvement», der «progression sur place», des «discontinu», eines «contraste des voix» und einer «illusion de la simplicité, de la naïveté, de la raideur mélancolique» hervorrufen.[129] Poirion spricht von einem Sprachspiel, «qui consiste à tourner autour du sujet sans l'aborder franchement», von einer Kreisbewegung («mouvement en rond») des Rondeaus und vom «encerclement», einer einkreisenden Struktur,[130] in der der Refrain die dominierende unpersönliche Stimme der Gesellschaft, der erweiternde Text die individualisierende Variation der objektiven Vorgabe ist. Die grundsätzliche Kürze des Rondeaus erlaubt es – anders als die offenere Form der Ballade – nicht, das im Refrain vorgegebene Thema ausführlich zu behandeln, zu analysieren oder gar umzukehren. Poirion sieht daher im Rondeau den vollkommenen Ausdruck der in ihrer Ideologie und Etikette erstarrenden spätmittelalterlichen Hofkultur.[131]

Der langanhaltende Erfolg dieser Gedichtform beruhte aber gerade darauf, daß sie durch die Ausweitung der Zwischentexte allmählich auch die Aufnahme subjektiver Einstellungen ermöglichte. Ihre vollkommenste Ausprägung findet sie im Spätwerk von Charles d'Orléans, bei dem sich die objektive Vorgabe des Refrains, von dem das Gedicht ausgeht und zu dem es in einer Kreisbewegung zurückkehrt, mit der subjektiven Spiegelung dieser Vorgabe in den Zwischentexten in harmonischer Weise verbindet.[132] Das so im Text vorhandene Gleichgewicht zwischen außen

> Combien qu'elle soit belle et bonne,
> De tres bon cueur je la lui donne,
> Sans en prendre debat à ame.
> ...
> Raynaud, *Rondeaux*, 15 (n. 18).

Die von Raynaud abgedruckten Rondeaux Vaillants nähern sich bisweilen der *sotte chanson*.

[128] «Mort, j'appelle de ta rigueur» (978–988); Chanson «Au retour de dure prison» (1784–1795); «Repos eternel donne a cil» (1892–1903).

[129] Michel Zink, «Le lyrisme en rond», passim. Der Eindruck der Naivität wird nach Zink u. a. dadurch hervorgerufen, daß in den Rondeaux eine komplexere Metaphorik fehlt.

[130] Poirion, *Le poète et le prince*, S. 359, 317.

[131] «Pensée qui ne progresse pas, et qui ainsi ne trahit pas la vocation contemplative du lyrisme, la poésie (sc. du rondeau) est la plus authentique expression de la société de cour.» *Le poète et le prince*, S. 343.

[132] Cf. die von Poirion nur am Rande erwähnte Spekulation, nach der sich die

und innen, zwischen objektiver Norm und subjektivem Reflex entspricht dem am Hof intendierten gesellschaftlichen Gleichgewicht, wo der Dichter einen fest umrissenen Platz hat, der es ihm nicht erlaubt, thematisch grundsätzlich innovierend zu sein. Erst dort, wo diese höfische Ordnung nicht mehr als selbstverständlich erscheint, sondern wo sie, wie bei den *rhétoriqueurs*, in einer Situation der Entfremdung nur noch kunstvoll, d. h. *rhetorisch* drapiert vorgeführt und vorgetäuscht wird,[133] verliert das Rondeau seine harmonische Form und seine privilegierte Stellung im Gattungsgefüge. Denn während das Rondeau mit seiner elliptischen Struktur mit wenigen Worten eine Vielzahl von Gedanken suggeriert,[134] bauen die meist längeren, nicht selten auch die große Form des *chant royal* verwendenden Gedichte der *rhétoriqueurs* prunkvolle Wände vor die geistige und gesellschaftliche Leere des Hoflebens, das gerade zu repräsentieren ihre Aufgabe ist.

Schon des öfteren wurde das Rondeau mit dem Sonett verglichen. Man hat sich auch bisweilen gefragt, warum Charles d'Orléans diese Gedichtform nicht gebraucht hat, die ihm in der von Petrarca verwandten Form schon aufgrund seiner familiären Beziehungen zu Italien – seine Mutter war eine geborene Visconti, Tochter des Herzogs von Mailand – eigentlich nicht verborgen geblieben sein konnte. Eine mögliche Lösung deutet Poirion an,[135] wenn er die beiden knappen Gedichtformen als Ausdruck verschiedener Geisteshaltungen und ästhetischer Auffassungen deutet: Im Rondeau drücke sich die Grundeinstellung des Mittelalters aus, «qui place en avant du poème toute sa force et son attrait». Das Sonett dagegen ist Ausdruck der Renaissance, «qui cultivera la pointe finale, la chute habilement préparée». Das Rondeau geht aus von einem tradierten, gleichsam als Autorität im Einleitungsrefrain zitierten Satz; das Sonett dagegen

---

beiden Gedichtsteile (v. 1–8 und v. 9–13) in der dreizehnzeiligen 'Normalform' des Rondeau bei Charles d'Orléans nach den Proportionen des Goldenen Schnitts zueinander verhalten. *Le poète et le prince*, S. 352–353.

[133] Wir folgen hier dem Verständnis der *rhétoriqueurs*, wie es Paul Zumthor erarbeitet hat. Cf. die Zusammenfassung dieser Thesen in der Einleitung zu seiner *Anthologie des grands rhétoriqueurs*, Paris 1978, S. 7–14.

[134] Charles d'Orléans, Rondeau 46 (*Poesies*, S. 315):
Plus penser que dire
Me couvient souvent
Sans moustrer comment
N'a quoy mon cueur tire.
...

[135] *Le poète et le prince*, S. 356.

zielt auf den persönlichen, epigrammatisch formulierten Schluß im letzten Terzett. Diese Deutung des Rondeaus aus einer Form, die, ausgehend vom Refrain, einen Anstoß zum Nachdenken gibt, scheint angemessener als die von John Fox, der aus der burlesken Verwendung des Rondeaus im 17. Jahrhundert, besonders bei Voiture, glaubt rückschließen zu können, diese Gedichtform sei der Ausdruck einer müßigen, ultrakonservativen und intellektuell anspruchslosen Klasse von Höflingen ohne geistige Dimension und nur fähig, Gefühlsregungen *(fancies)*, nicht aber tiefere Gedanken auszudrücken. Fraglich bleibt daher – trotz einiger richtiger Ansätze eines interessanten Vergleichs von Charles d'Orléans' Chanson 42 mit Ronsards 1. Sonett aus den *Amours de Cassandre* – seine generelle Schlußfolgerung:

That the medieval rondel is a non-intellectual poetry pleasing to the ear but easy on the brain explains its failure to satisfy the aspirations and ambitions of the scholar-poets of the sixteenth century.[136]

Gehen wir nun über zur Behandlung des *virelai*, das zwar einige Grundelemente mit dem Rondeau gemeinsam hat, jedoch ein anderes Geschick erlitt. Das Virelai teilt grundsätzlich die Kreisstruktur des Rondeaus, da es mit ihm die Wiederholung des Refrains zu Anfang und zu Ende der jeweiligen Einheit des Gedichts gemeinsam hat. Auch das Virelai kehrt gedanklich stets zu seinem Ausgangspunkt zurück und bietet sich daher nicht dazu an, Gedanken diskursiv zu entwickeln. Allerdings ist der Zwischentext erheblich umfangreicher als im Rondeau, so daß der Dichter hier den Vorgaben des Refrains weniger unterworfen und in seinen Erfindungen freier ist.[137] Es steht, was den Zwischentext angeht, metrisch und musikalisch der freien, doch sehr komplexen Form des *lai* nahe, die der Dichter und Komponist Machaut hervorragend beherrscht.[138] Inhaltlich ist dem *virelai* bei Machaut ganz die Thematik der höfischen Liebe zugeordnet. Es setzt in dieser Hinsicht die Kanzone fort. Von sieben Virelais, die in der *Louange des Dames* enthalten sind, sei hier der am häufigsten vertretene Typus als Beispiel angeführt[139]:

[136] *The Lyric Poetry of Charles d'Orléans*, Oxford 1969, S. 130.
[137] Poirion, *Le poète et le prince*, S. 327.
[138] Reaney, *Machaut*, S. 30–38.
[139] *Louange,* S. 115 (n. 277). Dem Gedicht liegt das folgende Schema zugrunde:
Musik: I II II I I
Text: A7A7B4B7A4A7B4/b7b7a4/b7b7a4/a7a7b4b7a4a7b4/A7A7B4B7A4A7B4 etc.

Je ne me puis saouler
De penser, d'ymaginer
   Que je feray
Ne quel maniere j'aray,
   Quant le vis cler
De ma dame qui n'a per
   Premiers verray.

8 Certains sui que pris seray
    Se fort que je ne saray
      A li parler
11 Et que sans froyt trambleray
    Et sans chaleur sueray,
      Et a souspirer
14 Me faurra et recoper
    Mes souspirs pour moy celer;
      Là n'oseray
    Mot sonner. Pour ce en lairay
      Amours ouvrer,
    Qui scet comment sans fausser
      L'aim de cuer vray.

21 *Je ne me puis saouler*
    De penser, d'ymaginer
      Que je feray
    Ne quel maniere j'aray,
      Quant le vis cler
    De ma dame qui n'a per
      Premiers verray.

28 Hé! Diex, comment porteray
    Le tres dous amourex ray
      Dou regarder
31 De ses doulz yex? je ne sçay;
    Car assés à porter ay
      Des maus d'amer.
34 Vers eaulz ne porray durer,
    Car, pour telz cops endurer,
      Foible me sçay.
    S'Espoirs, qui scet mon esmay,
      Reconforter
    Ne me vient, sans arrester
      Me partiray.

41 *Je ne me puis saouler*
    De penser, d'ymaginer

Que je feray
Ne quel maniere j'aray,
Quant le vis cler
De ma dame qui n'a per
Premiers verray.

48 Et nompourquant trop m'esmay,
Car je me deliteray
En remirer

51 Son dous vis riant et gay,
Trop plus dous que rose en may
A odorer.

54 Et se je puis esperer
Qu'elle me deignast amer,
Je oublieray
Tous maus; einssi gariray
Nès dou penser.
[Si] ne doi pas tant doubter
Les maus que tray.

61 *Je ne me puis saouler*
De penser, d'ymaginer
Que je feray
Ne quel maniere j'aray,
Quant le vis cler
De ma dame qui n'a per
Premiers verray.

Den gleichen Inhalt, doch nicht die gleiche Form haben die *virelais*, die Froissart in seine „Romane" *(traitiers)* eingefügt hat. So enthält *Le joli buisson de jonece* neben drei *rondeaux* zwei Balladen, zwei *lais* und acht *souhaits*[140], insgesamt dreizehn *virelais*; in *La prison amoureuse* sind es acht *virelais* neben sechs Balladen, einem *lai* und einer *complainte*. Im Gegensatz zu den Virelais Machauts enthalten sie nur noch zwei Strophen, die schließlich bei Deschamps auf nur eine Strophe reduziert werden.[141]

[140] Bei den *souhaits* handelt es sich um eine von Froissart *ad hoc* gebildete Form von 4 Strophen zu 8 Versen (a10, a10, a10, a10, a10, a10, a10, b4), die ihren Namen vom jeweiligen Gedichtanfang *(Je souhede)* ableiten. Aufgrund dieser Form läßt sich der *souhait* ebenso wie der *confort* und das *Gebet*, die alle durch ihre Thematik bestimmt sind, in die formale Nähe der *complainte* rücken.
[141] Deschamps verwendet folgende Typen: 17 *virelais* mit drei, 18 mit einer und 84 mit zwei Strophen. Christine de Pisan gebraucht in ihren 16 *virelais* nur den

Tendenziell nähert sich damit im Umfang und im Streben nach Isometrie das Virelai, das zunächst von der Langform Ballade ausgegangen ist, der Kurzform des Rondeaus und verliert diesem gegenüber seine Selbständigkeit. Mit dem 14. Jahrhundert endet im wesentlichen das lebendige literarische Geschick des Virelais. Bei Charles d'Orléans findet es sich in den (wohl unter englischem Einfluß) entstandenen *Caroles* gespiegelt,[142] ist aber grundsätzlich von der Form des Rondeaus verdrängt.

Der Rückgang des Virelais im System der lyrischen Gattungen des Spätmittelalters scheint mit seiner Refrainstruktur im Zusammenhang zu stehen. Zwar bietet es in seiner zunächst weiten und freien Form Raum für die Darstellung persönlichen Empfindens, doch unterbricht der an jedem gedanklichen Einschnitt wiederkehrende Refrain eine umfassende Darlegung. Die Dichter, die an der Wende zum 15. Jahrhundert eine Form suchen, die eine subjektive Lyrik ermöglicht, finden diese nicht im *virelai*: «sa structure ne le destine pas au long monologue, mais au dialogue avec la dame ou la société».[143] Sie weichen aus in die kurze, elliptisch-suggestive Form des *rondeau* oder aber in die diskursiv-narrative Struktur des *dit*. Das dergestalt funktionslos gewordene *virelai* geriet daher allmählich außer Gebrauch.

V

Zwei «genres à forme fixe», die sich auch in der höfischen Lyrik großer Beliebtheit erfreuten, sind im folgenden in ihren formalen und inhaltlichen Gattungsmerkmalen noch zu umreißen: der *lai* und die *complainte*. Gegenüber der Ballade und dem Rondeau zeichnen sie sich durch das Fehlen des dort gattungskonstitutiven Refrains aus, durch ihren erheblich größeren Umfang (eine *complainte* Froissarts z. B. umfaßt 800 Verse[144]), eine spezifische Freiheit der metrischen Form und eine dadurch bedingte, aber keineswegs immer genutzte Möglichkeit, größeren Raum zum Ausdruck subjektiven Empfindens zu bieten.

zweistrophigen Typus (*Œuvres poétiques*, I, S. 101–118). Während sie im Virelai wiederum eine subjektiv erlebte Liebe zum Ausdruck bringt, öffnet Deschamps auch dieses Genus allen möglichen Themen: so in Gelegenheitsgedichten zum Preis der Gesundheit (n. 566) und zu Hebammenratschlägen an eine adlige Dame (n. 564).

[142] *Poésies*, S. 287–290. Die vierte dieser *caroles* ist ein lateinisch geschriebenes Weihnachtslied.
[143] Poirion, *Le poète et le prince*, S. 347.
[144] *L'espinette amoureuse*, v. 1556–2355.

Der nordfranzösische lyrische *lai*, gleich ob er auf die religiöse Sequenz, auf keltische Liedformen oder den altprovenzalischen *descort* zurückgehen mag,[145] setzt inhaltlich und stilistisch das hohe Register des *grant chant courtois* fort, ist jedoch formal nach gänzlich konträren Gesetzen gebaut. So ist zum einen die Strophenzahl des *lai* nicht festgelegt; er kann von vier bis zu über zwanzig Strophen umfassen. Zum anderen sind diese einzelnen Strophen jeweils verschieden gebaut. Sie können, anders als dies im allgemeinen in der Ballade der Fall ist, sowohl iso- als auch heterometrisch sein, wobei kürzeren Versmaßen wie 3-, 5-, 7-Silblern der Vorzug gegeben wird. Jede Strophe bildet also eine metrische – und tendenziell auch eine inhaltliche – Einheit. Mit Machaut, dann besonders mit Froissart und Deschamps, hat sich die ursprünglich sehr freie Form folgendermaßen fixiert: der *lai* umfaßt insgesamt 12 verschieden lange, metrisch jeweils verschiedene Strophen, die jedoch, wohl als Folge der Verwendung zweier melodischer Blöcke, in zwei identische Teile untergliedert sind, ohne daß sich jedoch die Reimwörter wiederholen dürfen. Nur die letzte, die 12. Strophe, nimmt als Schlußsignal das metrische Schema der 1. Strophe wieder auf und wiederholt es. Dies ist die von Deschamps in seinem *Art de dictier* kodifizierte Form: «... il y fault avoir .XII. couples, chascune partie en deux, qui font .XXIIII. Et est la couple aucune foiz de .VIII. vers, qui font .XVI.; aucunefoiz de .IX., qui font .XVIII.; aucunefoiz de dix qui font .XX.; aucunefoiz de .XII. qui font .XXIIII., de vers entiers ou de vers coppez (sc. Kurzversen) ... la derrniere couple des .XII. ..., et qui est et doit estre conclusion du *lay*, soit de pareille rime, et d'autant de vers, sanz redite, comme la premiere couple.» Er fügt außerdem dem Sachverhalt durchaus entsprechend hinzu, der *lai* sei «une chose longue et malaisiee a faire et trouver».[146] Das Bauprinzip verdeutlicht er mit einem seiner *lais*, von dem hier, wie im *Art* selbst auch, nur die drei ersten der jeweils zweigliedrigen Strophenblöcke zitiert seien[147]:

---

[145] Bec, *La lyrique française au Moyen Age*, I, S. 189–207, sowie die Ursprungsdiskussion bei J. Maillard, *Evolution et esthétique du lai lyrique des origines à la fin du XIVe siècle*. Paris 1963.

[146] *Art de dictier*, S. 287f. Selbst für die an handwerklichen Vorstellungen orientierten Autoren scheint sich die komplexe Struktur des *lai* bisweilen als zu schwierig zu erweisen. So hat Fredet seinen Antwort-Lai an Charles d'Orléans nach 11 Strophen abgebrochen und als Schlußteil sechs siebenzeilige Strophen aus Achtsilblern angefügt (*Poésies*, S. 276–282).

[147] *Art de dictier*, S. 288–290, sowie *Œuvres*, II, S. 335ff.

I	a	Puisqu'il me couvient partir,	a7
		D'amour martir	a4
		Las! que feray?	b4
		Ou iray?	b3
	5	Que devendray,	b4
		Fors que languir,	a4
		Quant m'amour et mon plaisir	a7
		Deguerpiray?	b4
	b	C'est celle que je desir	a7
	10	D'ardent desir,	a4
		. . . .	
		De cuer vray,	b3
		Celle a qui j'ay	b4
		Mon recourir;	a4
	15	Par li puis vivre ou mourir:	a7
		Pour ce m'esmay.	b4
II	a	Car de Dydo ne d'Elayne,	c7
		De Judith la souveraine,	c7
		Ne d'Ester ne de Tisbée,	d7
		De Lucresse la roumaine,	c7
	5	Ne d'Ecuba la certaine,	c7
		Saire loyal ne Medée	d7
		Ne pourroit estre trovée	d7
		Dame de tant de biens plaine:	c7
		C'est l'estoille tresmontaine,	c7
	10	Aurora la desirée.	d7
	b	C'est l'ymage clere et saine	c7
		De toute beauté humaine,	c7
		C'est la bien endotrinée,	d7
		En chant tresdouce seraine,	c7
	15	En honnour la premeraine,	c7
		D'umilité aournée,	d7
		Dame de douçour clamée,	d7
		De beau parler la fontaine,	c7
		De toute grace mondaine	c7
	20	En ce monde renommée.	d7
III	a	Mais ses gens corps	e4
		Et ses deppors	e4
		Est uns tresors	e4
		Tresprecieus,	f4
	5	Dont je sui mors	e4
		Si je vois hors.	e4

	Las! dolereus,	f4
	Maleureus	f4
	Et souffraiteus,	f4
10	Que feray lors,	e4
	Se Reconfors	e4
	Et doulz Ennors	e4
	Ne m'est piteus?	f4
	Viengne la mors,	e4
15	Je m'y acors,	e4
	Au langoreus,	f4
b	Quant je recors	e4
	Les doulz confors,	e4
	Les regars fors	e4
20	De ses doulx yeux,	f4
	Qui m'ont amors	e4
	Au dolent mors	e4
	Des amoureux,	f4
	Les gracieux	f4
25	Et savoureux	f4
	Et doulz rappors	e4
	Par qui je pors	e4
	Tous dolens pors	e4
	Les maulx doubteux,	f4
30	A tristes pors	e4
	M'a Deconfors	e4
	Mis perilleux.	f4

Unter inhaltlich-formalen Gesichtspunkten hat H. Spanke das Grundprinzip des *lai* als „fortschreitende Repetition" charakterisiert.[148] Die schon aufgrund ihrer Länge relativ abgeschlossenen Einheiten der einzelnen Doppelstrophen lassen den *lai* jedoch Gefahr laufen, in rhythmisch zwar verschiedene, doch inhaltlich etwas monoton wiederholte Einzelkomplexe zu zerfallen, zumal hier, anders als bei der Ballade und dem Rondeau, der einheitsstiftende Refrain fehlt.[149]

Prinzipiell ist der *lai* wie die Kanzone, als deren Replik er anzusehen ist, der Liebesthematik und einer Grundstimmung der Freude *(joye)* zugeordnet. Seine rhythmische Vielfalt und Bewegtheit trägt auf der Ebene des Klangs zur angemessenen Darstellung dieses Inhalts bei. Christine de

---

[148] „Über das Fortleben der Sequenzenform in den romanischen Sprachen", in: *Zeitschrift für romanische Philologie* 51 (1931), S. 310.
[149] Poirion, *Le poète et le prince*, S. 401–405.

Pisan verwendet die Form als Preisgedicht auf die Liebe in ihrem «Lay de CLXV vers leonines».[150] Auch Alain Chartier bleibt in seinem «Lay de Plaisance» und im «Lay de la Paix» der optimistischen Grundeinstellung dieses Genus verbunden. Poirion hat den *lai* daher mit dem Halleluja der Liturgie verglichen.[151] Doch zeigt sich bereits bei Machaut, der 24 *lais* verfaßt hat, auch die entgegengesetzte Stimmung, die sich aus den der Kanzone inhärenten Klagen über die nicht erhörte Liebe entwickelt hat.[152] So findet sich schon bei ihm ein *Lay de Plour*. Damit nähert sich der *lai* inhaltlich der zweiten, der formalen Variation offenen Form, der *complainte*, die zunächst vor allem auch unter formalen Gesichtspunkten einen Gegenpol zu ihm bildete. Die beiden Genera fallen im Laufe der Zeit tendenziell zusammen, so daß ein Titel wie *Lay en complainte* bei Grandson möglich wurde. Formal hatte sich jedoch die *complainte* ganz anders als der komplexe *lai* aus einer sehr einfachen Grundstruktur, dem Paarreim (aa bb cc), entwickelt, wie es die *complaintes 3, 5, 7, 8* bei Ma-

---

[150] Die erste Halbstrophe lautet:
> Amours, plaisant nourriture,
> Trés sade et doulce pasture,
> Pleine de bonne aventure,
> Et vie trés beneureuse,
> Du vray loial cuer l'ointture,
> Qui entour lui fais ceinture
> De joye, c'est ta droiture,
> Doulce esperance amoureuse.
> (*Œuvres poétiques*, I, S. 125)

[151] Die obligatorisch freudige Grundstimmung des *lai* und ihr Umschlagen thematisiert in exemplarischer Weise die 1. Strophe des 5. *Lay* Froissarts:
> De coer amoureusement
>   Et liement
> Voeil commencier à faire un lay,
> Car j'en ai commandement
>   Presentement
> D'amours; mès voir je ne sçai,
> Quant bien m'avise, comment
>   Joiousement
> Le puisse faire, car j'ai
> Demoré en un tourment
>   Moult longement
> C'est le point pourquoi m'esmai.
> (*Poésies* II, S. 269–270)

[152] *Poésies lyriques*, Ed. v. Chichmaref., 2 Bde., Paris 1909.

chaut zeigen.¹⁵³ Doch unternahmen es die Autoren schon bald, diese einfache, auf dem Prinzip der Wiederholung und der – klagenden – Monotonie beruhende Form kunstvoller zu gestalten. Dies geschieht zunächst durch die rhetorische Überformung der Reime, wie Machauts *complainte 9* zeigt, die den seltenen Reim *-erse* 30mal verwendet. Dann aber gehen die Autoren gänzlich vom Prinzip des Paarreims ab und bemühen sich, der *complainte* eine strophische Struktur zu geben. Diese Absicht findet sich auch schon bei Machaut, dessen *complainte* im *Remède de Fortune* folgendes Strophenschema zeigt: a8 a8 a8 4b / a8 a8 a8 4b / b8 b8 b8 a4 / b8 b8 b8 a4.

	Tels rit au matin qui au soir pleure	a8
	Et tels cuide qu'Amours labeure	a8
	Pour son bien, qu'elle li court seure	a8
	Et mal l'atourne;	b4
5	Et tels cuide que joie acqueure	a8
	Pour li aidier, qu'elle demeure.	a8
	Car Fortune tout ce deveure	a8
	Quant elle tourne,	b4
	Qui n'atent mie qu'il adjourne	b8
10	Pour tourner; qu'elle ne sejourne	b8
	Eins tourne, retourne et bestourne,	b8
	Tant qu'au desseure	a4
	Mest celui qui gist mas en l'ourne;	b8
	Le sormonte au bas retourne,	b8
15	Et li plus joieus mat et mourne	b8
	Fait en po d'eure.	a4

Dieses Gedicht enthält nicht weniger als 36 solcher 16zeiliger Strophen. Es handelt sich um ein im Prinzip sehr einfaches Schema, in dem ein Grundkomplex (3 reimende Achtsilbler und ein mit ihnen nicht reimender *vers coupé*) viermal wiederholt und – durch die untereinander reimenden *vers coupés* – zu einer größeren Einheit verbunden wird. Dabei hat Machaut hier in der für ihn bezeichnenden artistischen Weise die Reime in den v. 9–16 gegenüber denen der v. 1–8 umgekehrt.

Das gleiche Schema hat Machauts Schüler Froissart für seine in die *Prison amoureuse* eingefügte *complainte* (v. 3010–3153) übernommen. Dies ist auch der Fall in Christine de Pisans *Complainte* am Schluß des *Livre du Duc des vrais amants*¹⁵⁴. Charles d'Orléans verwendet für seine bei-

---

¹⁵³ *Œuvres*, II, S. 33–54 (*Remède de Fortune*, v. 905–1480).
¹⁵⁴ *Œuvres poétiques*, III, S. 203–208.

Die französische Lyrik des 14. und 15. Jahrhunderts 167

den *complaintes* mit Liebesthematik eine weniger umfangreiche achtzeilige, isometrische Strophe mit drei Reimen (ab ab bc bc):

> Amours, ne vous vueille desplaire,
> Se trop souvent a vous me plains,
> Je ne puis mon cueur faire taire
> Pour la doleur dont il est plains.
> Helas! vueilliez penser au meins
> Au services qu'il vous a fais
> Je vous empry a jointes mains
> Car il en est temps, ou jamais.[155]

Mit ihren 36, 9 bzw. 12 Strophen rücken die angeführten *complaintes* von ihrem Umfang her in die Nähe des *lai,* von dem sie allerdings die Isostrophie weiterhin grundsätzlich trennt. Die Strophenstruktur trennt sie aber auch entschieden vom *dit,* mit dem die *complainte* ursprünglich den Aufbau in Paarreimen teilte, mit dem sie jedoch weiterhin als eine relativ freie, nicht refraingebundene Form die Möglichkeit zur Länge und damit zur Aufnahme narrativer Elemente gemeinsam hat.

Während das Interesse am *lai* allmählich abnimmt (Machaut verfaßte 24, Deschamps 12, Froissart 14, Christine de Pisan nur noch 3; Chartier verschafft dem *lai* nochmals einen gewissen Glanz, doch weder Charles d'Orléans innerhalb noch Villon außerhalb der höfischen Welt haben *lais* verfaßt[156]), ist die Form der *complainte* im Spätmittelalter sehr erfolgreich. Sie scheint mit ihrer Grundstimmung der Trauer, der Klage, aber auch der Anklage der Mentalität der Zeit besonders entsprochen zu haben.[157] Die *complainte* ist sowohl im „Volk" als auch an den Höfen gepflegt worden. Beispiele für die „volkstümliche" Verwendung sind die häufigen, meist anonymen *complaintes de France,* in denen über die desolate Lage ganz Frankreichs während des Hundertjährigen Krieges oder über die Lage eines Standes Klage erhoben wird.[158]

---

[155] *Poésies,* S. 261. Seine *complainte 1* verwendet die Balladenstrophe, *complainte 4* eine siebenzeilige Strophe (ababbcc).
[156] Villons *Lais* oder *Petit Testament,* das in 40 isometrischen *huitains* aus Achtsilbern verfaßt ist, hat keinerlei Bezug zur Form des *lai.* Das Wort *lais* ist mit *legatum* (nfrz. *legs*) in Verbindung zu bringen. Auch die Bezeichnung *lay* für das Rondeau im *Testament* (978–988) bezieht sich nicht auf die Form des *lai.*
[157] Poirion, *Le poète et le prince,* S. 415.
[158] Monika Wodsak, *Die Complainte. Zur Geschichte einer französischen Populärgattung,* Heidelberg 1985, S. 53.

Es finden sich jedoch auch satirische Verwendungen wie in der *complainte du nouveau marié*, die in zehnzeiligen Strophen verfaßt ist.¹⁵⁹ Dabei ist allerdings die Identifizierung derartiger Gedichte als Lyrik, sei es auch als Gelegenheitsgedicht, besonders prekär. Am Hof wird die Gattung vor allem in vier Funktionen gebraucht: als *complainte amoureuse*, als Klage über persönliches Mißgeschick, als politisches Gedicht und als Totenklage. Die Möglichkeit zu einer von den Formzwängen gelösten individualisierten Aussage ist dabei noch am ehesten in der politischen *complainte* wahrgenommen worden. Gerade die Verwendung zur Darstellung persönlichen Mißgeschicks ist nämlich, wie Beispiele bei Machaut zeigen, stark ironisch gefärbt und auf witzige Formulierungen hin konzipiert. Ihre Funktion ist es im übrigen, bei den Adressaten die Gebefreudigkeit auszulösen; diesem Ziel ist eine wirkliche Selbstdarstellung gänzlich untergeordnet,¹⁶⁰ die bei Machaut wohl auch noch an der Stilregel scheitert, nach der „niedere", d. h. auch subjektive Gegenstände kaum ernsthaft behandelt werden können.

Gleichfalls stark konventionalisiert bleiben die *complaintes amoureuses*, die häufig – wohl in der Tradition der *chanson de toile* – als Frauenklagen dargeboten werden. So läßt Machaut im *Voir Dit* Péronne zwei *complaintes* vorbringen (v. 1250 ff. und 5546 ff.). Bei Christine de Pisan erlangt das gattungsbestimmende Motiv der Trauer, der Tränen und des Sehnens wohl nur eher scheinbar autobiographischen Gehalt, wenn sie schreibt:

>Plus que nulle aultre dolente
>Amours, a toy me guermente
>Du mal qu'il fault que je sente
>   Et du martire
>Dont tu m'as mis a la sente,
>Par quoy desespoir tourmente
>Mon cuer sans promettre attente
>   Fors d'avoir yre;
>[...]¹⁶¹

---

[159] Hofer, *Geschichte der mittelfranzösischen Literatur*, II, S. 121.
[160] Wenn Machaut (*Poésies lyriques*, S. 262 f.) berichtet, er sehe schlecht und könne mit seinem blinden Pferd unmöglich nach Paris gelangen, so ist die „persönliche" Aussage der Appellfunktion weitgehend geopfert. M. Wodsak hat die literarische Tradition hervorgehoben, in der Machaut steht: er hat sehr deutlich auf die gleichartige *Complainte Rutebeuf* zurückgegriffen.
[161] *Œuvres poétiques* III, S. 203–204.

Andere ihrer *complaintes amoureuses* sind aus der bei Christine natürlich fiktiven Perspektive des Mannes verfaßt[162] und teilen die bei den höfischen Dichtern deutliche «tendance à masculiniser le genre»[163].
Nur die Tonlage der Klage hat die politische *complainte* mit der *complainte amoureuse* gemein. Sie durchzieht das ganze 15. Jahrhundert, zum Teil als später Rückgriff auf die Kreuzzugsdichtung des 13. Jahrhunderts wie in der *Complainte de Grèce,* in der Jean Molinet 1464 den Fall Konstantinopels beklagt und in verhüllter Form zur Hilfe gegen die Türken aufruft.[164] In der Regel handelt es sich jedoch um Klagen über die zeitgenössische Situation, die mit auffallender Häufigkeit aus der Perspektive des Adels verfaßt sind. Außer bei dem scharfsichtigen Chartier greifen diese *complaintes* zur Erklärung des evidenten Niedergangs des Adels, den dieser mit dem Frankreichs identifiziert, auf den Topos von der Strafe Gottes für die Sünden des Landes und der notwendigen Buße zurück.[165] Dieses Thema findet sich auch in Charles d'Orléans' politischer *complainte,* wie deren 9. Strophe deutlich zeigt:

> Dieu a les bras ouvers pour t'acoler,
> Prest d'oublier ta vie pecheresse;
> Requier pardon, bien te vendra aidier
> Nostre Dame, la tres puissant princesse;
> Qui est ton cry et que tiens pour maistresse.
> Les sains aussi te vendront secourir,
> Desquelz les corps font en toy demourance.
> Ne veuilles plus en ton pechié dormir,
> Tres crestien, franc royaume de France.[166]

[162] Doulce dame, vueillez oïr la plainte
De ma clamour; car pensee destraintte
Par trop amer me muet a la complainte
De mon grief plour
Vous regehir, si me croiez que faintte
Soit en nul cas, car friçon, dont j'ay mainte
Et maint grief dueil me rendent couleur tainte
Et en palour.
(*Œuvres poétiques,* I, S. 281)
[163] Poirion, *Le poète et le prince,* S. 415.
[164] Molinet verwendet hier die Form des Dialogs, was eine bisweilen szenische Aufführung der *complainte* wahrscheinlich macht. M. Wodsak, *Complainte,* S. 50.
[165] M. Wodsak, *Complainte,* S. 52.
[166] *Poésies,* S. 260–261.

In der Tradition seit Rutebeuf steht die Totenklage (plainte funèbre), die als typisch höfisches Gelegenheitsgedicht im 15. Jahrhundert häufig zu finden, jedoch in der Regel eher als narratives denn als lyrisches Genus anzusehen ist.[167]

Die von ihrer Struktur her weniger geschlossenen Formen des *lai* und der *complainte* sind dennoch grundsätzlich den Themen und Motiven der *genres à forme fixe* verbunden geblieben. Zwar hat sich im Vergleich mit der altfranzösischen Lyrik die Entwicklung vom «je» zum «moi» auch in ihnen weiter vollzogen, doch bleiben sie, wie die anderen lyrischen Genera der Zeit, weiterhin Maske, Sprachrohr einer Gemeinschaft und der von ihr als allgemein verbindlich angesehenen Werte und Empfindungen. Die gestalterische Freiheit, die beiden Formen inhärent ist, wird von den Dichtern nicht zum Durchbrechen der Konventionen benutzt als vielmehr dazu, die Lyrik dem Narrativen und dem Didaktischen, dem prosaischen *dit* zu öffnen.

Ein neues Erleben des Ichs und der Welt, wie es in Humanismus und Renaissance durch die Wiederbegegnung mit der Antike zustande kam, ist bei den spätmittelalterlichen Dichtern besonders des 15. Jahrhunderts nicht zu verspüren. Sie haben daher den Weg zur Ode oder zur Hymne nicht gefunden, den doch die Offenheit des *lai* zumindest als Möglichkeit auch beinhaltete. Für die Genera *lai* und *complainte* mag daher gelten, was Poirion für die geistige Grundhaltung der Lyrik des ganzen Spätmittelalters festgestellt hat: «(On y) cherche en vain la prise de conscience d'un renouveau culturel, la reconnaissance d'un goût délibéré pour la beauté antique, la volonté de rupture avec le passé immédiat, qui définiront, avec d'autres traits, l'esprit humaniste du XVIe siècle.»[168] Dies gilt sowohl für die Hofkultur als auch, wenngleich in weit höherem Maß, für die Kultur der Städte, in deren *puys* die tradierten Formen und Inhalte der höfischen Liebe, die bei diesem „bürgerlichen" Publikum schon vorher unangemessen waren, als im Grunde sinnentleerte und funktionslose Schablonen weitergegeben wurden. Der so erfolgreiche Ansturm der Pléiade sollte besonders diesen «episseries» gelten, die sich ohne eigentlichen „Sitz im Leben" längst überlebt hatten.

---

[167] Cf. M. Wodsak, *Complainte*, S. 56–62 und Claude Thiry, *La plainte funèbre*, Turnhout (Brepols) 1978 (Typologie des sources du moyen âge occidental, 30).

[168] *Le poète et le prince*, S. 618.

VI

Es hat jedoch weder im höfischen noch im städtischen Bereich an einem antilyrischen Register (P. Bec) gefehlt, das die tradierte, dominierende Lyrik in ihrer Form und in ihrer Thematik in Frage stellte. An der schon behandelten *sotte chanson* ist aber deutlich geworden, daß dieser Prozeß im allgemeinen als Parodie erfolgte, in dem keine eigenen neuen Formen geschaffen wurden, die gleichwertig neben die Ballade, das Rondeau oder den *lai* getreten wären. Vielmehr haben sich Autoren wie Guillaume Coquillart, Henri Baude und François Villon ausdrücklich dieser Formen bedient, wie die Verwendung der Ballade bei den drei Autoren oder die der *complainte* in André de la Vignes *Les complaintes et Epitaphes du Roy de la Bazoche* (1501) belegen. Eine – allerdings nicht traditionslose – Neuerung stellt der Einbau dieser Genera in Großstrukturen dar, wie sie von Henri Baudes *Testament de la mulle Barbeau* (12 achtzeilige Strophen) und Villons *Testament* repräsentiert werden.

Eine wirklich neue Gattung hat das antilyrische Register nur in einem einzigen Fall hervorgebracht: dem der *fatrasie* bzw. des *fatras*.[169] Im Fall des *fatras* handelt es sich um ein zu Beginn des 14. Jahrhunderts ausgeprägtes Gedicht fester Form, das aus einem Kopftext von 2 Versen und einem Korpus von 11 Versen besteht. Das verwendete Versmaß ist in beiden Fällen der Siebensilbler. Strukturell zeigt die Form Nähe zu den Refraingedichten, denn der 1. Vers des Zweizeilers bildet auch den 1. Vers des elfzeiligen Korpus, und der 2. Vers des Zweizeilers bildet den Schlußvers des ganzen Gedichts. Hier nun ein Beispiel des bekanntesten «fatrassier» Watriquet de Couvin (Ende des 14. Jahrhunderts):

> *Doucement me réconforte*   a7
> *Celle qui mon cueur a pris.*   b7

---

[169] Zur Definition und Genese der beiden Erscheinungen und ihrer Chronologie (*fatrasie* vor, *fatras* nach 1300) cf. Bec, *La lyrique française au Moyen Age*, I, S. 167–183. Einen Überblick vermittelt W. Kellermann, „Über die altfranzösischen Gedichte des uneingeschränkten Unsinns", in: *Archiv für das Studium der neueren Sprachen* 205 (1962), S. 1–22. Eine ausführliche Untersuchung mit vielen Textbelegen gibt L. C. Porter, *La Fatrasie et le Fatras*. Essai sur la poésie irrationnelle en France au Moyen Age. Genf/Paris 1960. Den Versuch einer Beschreibung der Gattungsmerkmale macht Paul Zumthor u. a. in seinen Beiträgen «Fatrasie et coq-à-l'âne». De Beaumanoir à Clément Marot», in: *Fin du Moyen Age et Renaissance*. Mélanges offerts à R. Guiette. Anvers 1961, S. 5–18 sowie «Fatrasie, fatrasiers», in: P. Z., *Langue, texte, énigme*, Paris 1975, S. 68–88.

Doucement me réconforte	a7
Une chatte a moitié morte	a7
Qui chante tous les jeudis	b7
Une alleluya si forte	a7
Que li clichés de nos porte	a7
Dist que siens est li lendis,	b7
S'en fu uns leus si hardis	b7
Qu'il ala, maugré sa sorte,	a7
Tuer Dieu en paradis,	b7
Et dist: «Compains, je t'apporte	a7
Celle qui mon cuer a pris.» [170]	b7

Ausgangspunkt des Gedichts ist, wie der Zweizeiler zeigt, die Parodie eines höfischen Themas. Doch rasch verselbständigt sich diese Parodie zu einem mehr oder minder „uneingeschränkten Unsinn", dessen Generator in erster Linie der Reim zu sein scheint, wie in Morgensterns Gedicht vom Wiesel auf dem „Kiesel inmitten Bachgeriesel".

Solche Wortspiele können sicher unter literarischen Gesichtspunkten als eine «poésie de rupture» verstanden werden, die entstanden ist in einer Zeit, in der die wiederbelebte höfische Kultur des Spätmittelalters deutliche Krisen- und Erschöpfungszeichen aufwies.[171] Literarisch ist der *fatras* gewiß aber auch zu verstehen als «une tentative pour sauver, de l'intérieur, la vieille poétique, pour tirer *in extremis*, du pur jeu registral, une allusion et un plaisir nouveau», wie es Zumthor meint.[172] Sicher ist schließlich auch, daß der *fatras* wie die *sotte chanson,* die zusammen das antilyrische Register des Spätmittelalters ausmachen, in den „bürgerlichen" *puys* des Nordens in Erscheinung tritt und von dort aus propagiert wurde. Offen bleibt jedoch, inwieweit diese Gattung nicht nur als Sprachspiel gesehen werden kann, sondern auch als ein – wie auch immer motivierter – Protest in einer Krisensituation, als Gesellschaftssatire oder als «code secret à motivations anti-conformistes»[173] zu verstehen ist. Das nicht allzu umfangreiche Textkorpus und das Hinüberwandern der Gattung ins komische Theater,[174] wo sie bei der breiten Masse der Zuschauer Gelächter erzeugen sollte, spricht eher dafür, ihr keine allzu tiefsinnige, über das komische Sprachspiel hinausgehende Funktion zuzusprechen.

[170] Porter, *La Fatrasie,* S. 149.
[171] Bec, *La lyrique française au Moyen Age,* I, S. 174.
[172] Zitiert bei Bec, I, S. 174.
[173] Bec, I, S. 175.
[174] Zumthor, «Fatrasie, fatrassiers», S. 86–88.

VII

Abschließend ist auf eine Erscheinung der Lyrik des Spätmittelalters hinzuweisen, an deren Ende Villons *Testament* steht. Gemeint ist die bei vielen Autoren zu beobachtende Tendenz, eine bestimmte Anzahl ihrer Gedichte zu einer umfassenderen Großstruktur anzuordnen, so wie sich Villons *Testament* aus einer Abfolge von 185 achtzeiligen Strophen (ababbcbc), 15 Balladen, einer Doppelballade, drei *rondeaux* (davon ein *chanson*) und dem *Epitaph* (1 *huitain*) zusammensetzt.

Am Anfang dieser Bauweise stehen sicher die lyrischen Einschübe in den erzählenden Texten des 13. und 14. Jahrhunderts. Es sei auf den Roman *Guillaume de Dôle* von Jean Renart verwiesen, der mehrere *chansons de toile* enthält oder auf die *Prise Amoureuse* (1322) von Jehan Acart, in der neun Balladen und neun Rondeaux eingestreut sind. Dabei ist festzustellen, daß diese Einstreuungen nicht wahl- und funktionslos erfolgen, sondern bewußt und kunstvoll vorgenommen worden sind. Im 14. und 15. Jahrhundert setzt sich diese Tradition fort, wie etwa Machauts *Remède de Fortune* (um 1357) und ganz besonders aber sein *Voir Dit* (1364/65) zeigen. Auch hier werden in den narrativen Kontext eines *dit* Gedichte eingefügt. Im *Voir Dit* wird sogar zum ersten Mal in der französischen Literatur zumindest der Eindruck erweckt, als handele es sich nicht um eine Fiktion, sondern um einen «roman vécu». Sechsundvierzig Prosabriefe, zahlreiche lyrische Einlagen (Balladen, Rondeaux, Virelais, Complaintes) und ein diese als authentisch ausgegebenen Teile verbindender «traité» in paarweise gereimten Achtsilbern stellen die Liebe des alternden Machaut zu seiner jungen Schülerin Péronne d'Armentières dar.[175] Sicher ist es nicht unzutreffend, hier auf strukturelle Parallelen zu Dantes *Vita nova* (1293) hinzuweisen, in die ja gleichfalls Gedichte verschiedener Formen (24 Sonette, 4 Kanzonen, 1 Ballade und 1 Stanze) eingefügt sind. Gustave Cohens Feststellung, der *Voir Dit* sei somit «notre ‹Vita nova›, moins quintessenciée que celle de Dante, mais plus proche de l'âme humaine dont la brûlure s'y sent, enveloppante et chaude»[176], ist

---

[175] Metrische Analysen, die bei Machaut unübliche Fehler aufgezeigt haben, weisen nach G. Sonnemann darauf hin, daß ein Teil der Gedichte tatsächlich aus der Feder der jungen Liebenden stammt. Zugleich stellt der Verfasser aber fest, daß es Machaut insgesamt nicht gelungen ist, die einzelnen Elemente kompositorisch in den *Voir Dit* zu integrieren. *Die Ditdichtung des Guillaume de Machaut*, Göttingen 1969, S. 121–163, besonders S. 139.
[176] *La vie littéraire en France au moyen âge*, Paris 1949, S. 275.

allerdings unter inhaltlichen und künstlerischen Gesichtspunkten gewiß sehr diskussionsbedürftig.

Die im *Voir Dit* angetroffene Art des Einfügens von Gedichten in narrative Texte setzte sich in den Werken von Froissart und Christine de Pisan fort. Doch schon bei Machaut selbst zeigt sich ein zweiter Typus von Großstrukturen. Es ist das Zusammenstellen von Gedichten eines oder mehrerer Typen zu einem als Buch konzipierten Ganzen, wie es *La Louange des Dames* darstellt. Das Werk enthält insgesamt 282 Gedichte, die zwischen 1324 und dem Tod Machauts (1377) entstanden sind. Die 206 Balladen, 60 Rondeaux, 7 *chants royaux* und 7 *virelais* sowie die beiden Sonderfälle einer *ballade double* und eines *dit notable* (ein Unikat von 12 paarweise reimenden Achtsilblern) sind in den verschiedenen Handschriften jeweils in anderer Form angeordnet, jedoch in keinen narrativen Zusammenhang gebracht. Ob Machaut und seine Nachfolger die Zusammenstellung als bloße Anthologie verstanden oder ihr eine, dann in der Überlieferung allerdings verschieden verstandene und geänderte Struktur zugrunde gelegt haben, ist ungeklärt. Poirion hat thematische Kerne festgestellt, um die jeweils mehrere Gedichte gruppiert sind.[177] Es ließen sich so eventuell Strukturen vermuten, wie sie der *Canzoniere* Petrarcas (1304–1374) in der thematischen Gliederung der Einzelgedichte (317 Sonette, 4 Madrigale, 7 Balladen, 29 Kanzonen, 9 Sestinen)[178] zeigt. Auch diese Art der Anordnung ist nicht ohne Nachfolge geblieben. Dies zeigen die *Cent Ballades*, die als eine Gemeinschaftsarbeit 1388 von verschiedenen französischen Rittern verfaßt wurden.[179] Die ohne verbindenden narrativen Text dargebotenen 100 Balladen (alle ohne *envoi*) sind als *débat* um die Frage konzipiert, ob in der Liebe *Fausseté* oder *Loyauté* der Vorzug zu geben ist. Das Werk enthält durchaus ein Handlungsgerüst, doch ist dieses in die Balladen selbst hineingenommen: so wird in Ballade 1–50 ein junger Ritter ausführlich in die Regeln der *chevalerie* und des *amour courtois* eingewiesen, während die Balladen 51–98 deren Anwendung und Diskussion in der Begegnung des Ritters mit einer

---

[177] *Le poète et le prince*, S. 204.

[178] Als nicht sehr glücklich kann daher die Entscheidung von N. Wilkins bezeichnet werden, in seiner Ausgabe der *Louange des Dames* eine – von der Handschrift E inspirierte – Anordnung nach Einzelgattungen vorzunehmen und diese von den „hohen Formen" (*chant royal*, Ballade, Doppelballade) hin zu den „niedrigeren" (Rondeaux, *virelai, dit notable*) darzubieten.

[179] *Les Cent Ballades*. Poème du XIVe siècle composé par Jean le Seneschal avec la collaboration de Philippe d'Artois, comte d'Eu, de Boucicault le Jeune et de Jean de Cresecque. Publié... par Gaston Raynaud. Paris 1905.

Dame schildern. Die beiden Schlußballaden berichten von der Entstehung des Gedichtzyklus und fordern alle Liebenden auf, zu der dort behandelten Problematik Stellung zu beziehen.[180]

Ein ähnliches Verfahren, bei dem die narrativen Elemente gleichfalls in die lyrischen Texte selbst verlagert sind, bieten Christine de Pisans *Cent ballades d'amant et de dame*[181] (1409–1410). Diese, die Thematik der *Belle Dame sans merci* (1424) vorwegnehmende Geschichte einer nicht mehr möglichen Liebe ist anhand des Austausches von sehr verschieden gebauten Balladen (mit *envoi*) dargestellt. Nicht nur durch die in ihnen gespiegelte Handlungsabfolge (von der Werbung des *Amant* um die zunächst ablehnende *Dame* bis zu deren Tod [Ballade 100]) erlangt das Werk eine Gesamtstruktur. Diese wird noch unterstrichen durch eine einleitende, überzählige Ballade und einen umfassenden *Lay de Dame* (283 Verse), der – inhaltlich als eine *complainte* gefaßt – die Abfolge der hundert Balladen beschließt. Auch die Zahl *Hundert* war für den mittelalterlichen, symbolisch ohnehin sensiblen Leser das eindeutige Signal für eine einheitliche Struktur.[182] Allerdings ist die Verwendung von Balladen zu Großstrukturen keineswegs immer so relativ komplex vorgenommen worden. Chartiers *Bréviaire des Nobles* etwa, der aus 13 Balladen besteht, ist ein Gegenbeispiel. Die einzelnen Balladen sind hier in der Funktion von „Großstrophen" verwandt, die lediglich aneinandergereiht werden.[183]

Außer den beiden bislang angeführten Verfahren, die zur Kombination von Einzelgedichten zu größeren Strukturen verwandt wurden, ist im Spätmittelalter noch ein weiteres, drittes Vorgehen zu finden, das seinen unbestrittenen Höhepunkt in der Dichtung Villons erlangte, wobei es an eine Reihe von Vorläufern anschließt.

Als Rahmen und Großstruktur für die Einzelgedichte ist eine pragmatische Form – das Testament – herangezogen und „lyrisch besetzt worden"[184]. Deschamps hatte – wiederum nach Vorläufern – das Verfahren in

---

[180] Tatsächlich sind seinerzeit solche Antworten (11 Balladen und *chants royaux*) verfaßt worden; sie sind in der Ausgabe von Raynaud abgedruckt (S. 201–227).

[181] Der Text ist neu zugänglich gemacht von Jacqueline Cerquiglini (Paris 1982).

[182] Cerquiglini suggeriert im Vorwort ihrer Ausgabe (S. 8) einen Einfluß Dantes auf solch eine – nicht auf Christine de Pisan beschränkte – zahlensymbolische Struktur der Dichtung des frühen 15. Jahrhunderts.

[183] Poirion, *Le poète et le prince*, S. 369.

[184] Cf. D. Ingenschay, „Pragmatische Form und lyrische Besetzung – zur Konstitution von Ballade und Testament bei Deschamps und besonders Villon", in: *Literatur in der Gesellschaft des Spätmittelalters*, S. 169–190.

seinem *Testament par esbatement*[185] aufgenommen, doch hat er noch nicht den Gedanken ausgeführt, nicht nur parodistische Vermächtnisse aufzuführen, sondern diese als Gedichte fester Form zu konzipieren. Immerhin hatte er auch schon den Gedanken, dem Testament im Begleitbrief ein *virelai* beizulegen, das allerdings in der überlieferten Form nicht erhalten ist. Wie Villons *Lais* zeigt, waren auch ihm die Möglichkeiten, die sich aus der Kombination der pragmatischen Form mit einzelnen Gedichten ergeben, zunächst nicht klar. Der 1456 verfaßte *Lais* besteht noch ausschließlich aus 41 isometrischen achtzeiligen Strophen (a8 b8 a8 b8 b8 c8 b8 c8).[186] Diese Form wirkt beim Vortrag und bei der Lektüre aber letztlich monoton, wenn auch dieser Eindruck bei den ursprünglich intendierten Rezipienten durch eine abwechslungsreiche Reimgestaltung, besonders aber durch eine geschickte Stoffauswahl, -gliederung und -darbietung erheblich abgemildert wurde.[187]

Erst bei der Abfassung des *Testament* (1461/62) hat Villon von der Möglichkeit Gebrauch gemacht, in die aus dem *Lais* übernommene formale Grundstruktur der 186 isometrischen achtzeiligen Strophen[188] traditionelle Gedichte fester Form einzubauen und sie teilweise sogar als das eigentliche Legat zu deklarieren. Dabei bot sich besonders die Universalform der Ballade an, weil sie, prinzipiell für jede Thematik offen, aufgrund ihres mittleren Umfangs ausreichend Raum zur parodistischen Darstellung eröffnet. Die kurze Form des Rondeaus verwendet er lediglich zweimal, und dies in eindeutig parodistischer Weise. *Virelai* und *chant royal* werden als bereits weniger vitale und daher parodistisch uner-

---

[185] *Œuvres complètes* VIII, S. 29–32.

[186] Villon gebraucht diese Strophe auch außerhalb von *Lais* und *Testament*, so im sogenannten *Dit de la naissance de Marie d'Orléans*.

[187] Gert Pinkernell hat eine überzeugende Gliederung des *Lais* und in den Kapitelüberschriften eine griffige Formulierung von Stoff und Zielgruppe gegeben: 1. pseudohöfischer und pseudolyrischer Eingangsteil (Strophe 1–7, „Die parodistische Deformation eines oberschichtenspezifischen Genres als Frustrationsventil für gescheiterte Aufsteiger"); 2. pseudotestamentarischer Hauptteil (Strophe 8–34, „Satirische Rundschläge auf Gruppenexterne zur Stärkung des Selbstgefühls von Autor und Adressatenkreis") und 3. pseudogelehrter Schlußteil (Strophe 35–41, „Parodierte Wissenschaft als Identifikationsangebot an abgesunkene Akademiker"). *François Villons „Lais".* Versuch einer Gesamtdarstellung (Studia Romanica 34). Heidelberg 1979.

[188] Die engen inhaltlichen Bezüge zwischen *Lais* und *Testament* hat Giuseppe Di Steffano hervorgehoben: «Du ‹Lais› au ‹Testament›», in: *Cahiers de l'Association Internationale des Etudes Françaises* 32 (1980), S. 39–50.

giebigere Formen nicht verwandt, *lay* und *complainte* waren wegen ihrer Länge als typischem Gattungsmerkmal zum Einschub in das insgesamt doch wieder recht knapp gefaßte *Testament* (2023 Verse) nicht geeignet. Villon hat auf diese Art und Weise nicht nur die Themen und einzelnen Formen der Dichtung des Spätmittelalters parodiert. Er hat diese Parodie vielmehr auch auf ihr komplexestes Verfahren ausgedehnt, die Bildung von gedichtübergreifenden Großstrukturen. Im Rückblick auf die bei Machaut, Froissart, in den *Cent Ballades* und bei Christine de Pisan unternommenen Versuche muß Villon zuerkannt werden, daß er sie alle auch in diesem Punkt, in der Anlage und Durchformung einer Großstruktur, weit übertroffen hat.

Dennoch sollte auch diesen Autoren und den von ihnen gepflegten Gattungen Gerechtigkeit zukommen. Wie den spanischen Ritterromanen wurde es ihnen zuteil, durch eine geniale Schöpfung parodiert und überwunden zu werden, die sie alle der Vergangenheit anheimgab und ihren ursprünglichen eigenständigen Wert nicht mehr erkennen ließ. Der rasche tiefgehende Wandel der französischen Sprache im Verlauf des 16. und 17. Jahrhunderts und die grundsätzliche Neuorientierung der französischen Elite weg von der spätmittelalterlichen Tradition hin zur Kultur der Antike und Italiens hat die Dichtung des 14. und 15. Jahrhunderts schon bei den unmittelbar nachfolgenden Generationen als etwas Überholtes, lächerlich Altes, als „gotisch Mittelalterliches" erscheinen lassen. Die neue, humanistische Elite setzte sich scharf von der Welt des Mittelalters ab und schloß in ihr Verdammungsurteil über jenes für sie minderwertige Zeitalter zwischen der Antike und ihrer Renaissance auch die mittelalterlichen Dichtungsformen ein. Ohne diese allzu aktualisierend aufwerten zu wollen, sei doch darauf hingewiesen, daß jene autochthonen lyrischen Formen von der Ballade bis zur *complainte* über zwei Jahrhunderte lang diejenigen literarischen Formen waren, in denen das ganze Spektrum der Erfahrungen und Bemühungen der beiden kulturell produktiven Gruppierungen des 14. und 15. Jahrhunderts, die der Höfe und der Städte, in umfassender Weise ausgedrückt und rezipiert werden konnte. Die spätmittelalterlichen lyrischen *genres à forme fixe* hatten ihren „Sitz im Leben"; mit dem geistigen Kosmos des Mittelalters mußten jedoch auch sie zu Beginn der Moderne den neuen geistigen Inhalten und literarischen Formen des Humanismus und der Renaissance in einem Ablösungsprozeß weichen, der allerdings keineswegs so abrupt und definitiv war, wie dies eine allzu isolierte Sicht von Du Bellays *Défense et Illustration* immer noch glauben macht.

DIE LYRISCHE POESIE
UND IHRE GATTUNGEN IM 16. JAHRHUNDERT*

Von Dieter Janik

I. Die Lyrik als literarische Leitgattung
von Marot bis Malherbe

Die Annäherung an die lyrische Dichtung des 16. Jahrhunderts gelingt dem literarhistorisch nicht vorbereiteten Leser nur bei Beschränkung auf eine geringe Anzahl kanonisierter meisterlicher Gedichte und um den Preis eines Mißverständnisses, das nicht die Textbedeutung selbst, sondern die Aussageintention und die ursprünglichen Wirkungswerte dieser als unmittelbar ansprechend empfundenen Gedichte betrifft. Gemeint sind die zum festen Bestand der Anthologien französischer Literatur zählenden Sonette «Heureux qui, comme Ulysse» oder «France, mère des arts» von Joachim Du Bellay, Ronsards berühmte Ode «Mignonne, allons voir si la rose», seine Sonette «Comme on voit sur la branche» und «Quand vous serez bien vieille» oder ein Dutzend anderer Gedichte dieser beiden herausragenden Mitglieder der Dichtergruppe der Pléiade, mit deren Wirken die Lyrik des 16. Jahrhunderts oft schlechthin identifiziert wird. Seit der ästhetischen Rehabilitation dieser und anderer Gedichte durch Sainte-Beuves *Tableau de la poésie française au XVIe siècle* (1828) haben mehrere Generationen von Kritikern bis zu Helmut Hatzfelds zusammenfassender Darstellung der französischen *Renaissancelyrik* (1924)[1]

---

* Die Dichtung des 16. Jahrhunderts ist sehr ungleichmäßig erforscht. Den zahlreichen, überaus kenntnisreichen Arbeiten zu Clément Marot, Maurice Scève und den Dichtern der Pléiade steht für die vielen anderen Autoren selten Gleichwertiges gegenüber. – In dieser synthetischen Darstellung werden nur jene Arbeiten zitiert, die den durch das Thema bezeichneten Sach- und Argumentationszusammenhang unmittelbar betreffen. Mit anderen Worten: die übergreifenden Studien zu den Themen Humanismus, *imitatio*, antike und italienische Einflüsse, *translatio studii* und auch die Einzeluntersuchungen zur Sprachentwicklung, Dichtungssprache und Metrik im 16. Jahrhundert werden nur von Fall zu Fall, ohne jede Rücksicht auf Vollständigkeit, angeführt.

[1] Helmut Hatzfeld, *Die französische Renaissancelyrik*, München 1924. –

Die lyrische Poesie im 16. Jahrhundert 179

– und noch darüber hinaus – die *naïveté*, die Frische und Natürlichkeit des Tons, die gefühlvolle Unmittelbarkeit und Menschlichkeit der aus diesen Texten sprechend hervortretenden Dichter gerühmt. Bleiben unter diesen Rezeptionsprämissen einige wenige Texte für den heutigen Leser aussagekräftig und ästhetisch reizvoll, versinkt andererseits die ungeheure Fülle von Gedichten, die das 16. Jahrhundert hervorgebracht hat, versinkt die erdrückende Mehrzahl ihrer Autoren und Autorinnen in tiefem Vergessen – allenfalls noch bilden sie den exklusiven Gegenstand gelehrter Beschäftigung.

Freilich, viele Namen bedeutender Dichter und Werke sind überhaupt erst in den letzten 50 Jahren von der spezialisierten Forschung in das Blickfeld einer breiteren Leserschaft gerückt worden. Die Impulse dazu gingen von der stetig weiter verfeinerten Humanismus-Forschung, von der stürmischen Suche nach Zeugnissen des *baroque littéraire français* und von der stärkeren Berücksichtigung der religiösen – hugenottischen und katholischen – Lyrik im Gesamtfeld der Poesie des 16. Jahrhunderts aus.[2] So darf es nicht wundernehmen, daß in den Darstellungen und Anthologien der französischen Lyrik des 16. Jahrhunderts, die in den letzten Jahrzehnten erschienen sind, die Zahl der Namen und auch die jeweils genannten Namen selbst erheblich differieren. Zur Verdeutlichung einige nüchterne Zahlen und Aufzählungen: Helmut Hatzfeld hat in seiner Darstellung, beginnend mit Clément Marot, 10 Autoren der *Früh*renaissance, 16 Autoren der *Hoch*renaissance (Pléiade und Nachfolger)[3] und 6 Auto-

---

[1] Neuere deutsche Darstellungen: Heinz Willi Wittschier, *Die Lyrik der Pléiade*, Frankfurt a. M. 1971. – W. Theodor Elwert, „Die Lyrik der Renaissance in Frankreich", als Teil der Darstellung: „Die Lyrik der Renaissance und des Barocks in den romanischen Ländern", in: *Neues Handbuch der Literaturwissenschaft*, Bd. 9, Frankfurt a. M. 1972.

[2] Das Barock-Konzept ist zuerst von Albert-Marie Schmidt resolut zur Gliederung der Dichtung am Ende des 16. Jh. eingesetzt worden. Er unterschied zwei Phasen: «La conquête baroque (1570–1585)» und «Le baroquisme organise sa conquête (1585–1600)», in: *Histoire des Littératures, III, Littératures françaises, connexes et marginales*. Volume publié sous la direction de Raymond Queneau, Paris 1958. – Die maßgeblichen Arbeiten zur religiösen Lyrik sind: Michel Jeanneret, *Poésie et tradition biblique au XVIe siècle. Recherches stylistiques sur les paraphrases des psaumes de Marot à Malherbe*, Paris 1969. – Terence C. Cave, *Devotional Poetry in France, c. 1570–1613*, Cambridge 1969. – Jacques Pineaux, *La poésie des protestants de langue française (1559–1598)*, Paris 1971.

[3] Die Autoren der *Hoch*renaissance sind: Pierre de Ronsard (1524–1585), Joachim Du Bellay (1525–1560), Remi Belleau (1528–1577), Jean Antoine de Baïf

ren der *Nach*renaissance behandelt. Demgegenüber stellte Albert-Marie Schmidt in seiner maßgeblichen Anthologie *Poètes du XVIe Siècle* (1953) nur 17 Autoren mit einer Gedichtauswahl vor. Die Präsentation beginnt ebenfalls mit Clément Marot. Sieben Namen, nämlich die von Pernette du Guillet, Etienne Jodelle, Jacques Grévin, Marc Papillon de Lasphrise, Jean de Sponde, Jean-Baptiste Chassignet und Blaise de Vigenère sind bei Hatzfeld nicht berücksichtigt, ihm zum Teil damals auch gar nicht bekannt gewesen. In Mario Richters kommentierter Anthologie *La Poesia Lirica in Francia nel secolo XVI* (1971) sind insgesamt 25 Autoren vertreten, von Marguerite d'Angoulême bis Jean de Sponde. Aber wieder sind einige aus den schon genannten Darstellungen bekannte Namen nicht aufgeführt, dafür neue hinzugetreten, wobei besonders der Anteil an Verfassern religiöser Dichtungen auffällt: Théodore de Bèze, Louis des Masures, Jean Tagaut, Antoine de la Roche-Chandieu, Jérôme Lhuillier de Maisonfleur, Simon Goulart, Pierre Poupo, Philippe du Plessis-Mornay, Jacques de Constans. Nimmt man alle bislang erwähnten Namen zusammen, ergibt das schon die stattliche Anzahl von fast 50 Autoren, die oft Verfasser eines vielseitigen und umfangreichen Werks sind. Dabei ist nicht nur an die Großen der Pléiade zu denken, sondern auch an Lyriker wie Etienne Jodelle und Antoine de Baïf. Aber wie gering wirkt diese Zahl wiederum gegenüber den insgesamt etwa 230 Autoren, deren Namen durch den *Dictionnaire des Lettres Françaises* seit langem erschlossen sind, verbunden mit Angaben über ihre wichtigsten gedruckten Werke. Man steht einer Flut von Titeln von Gedichtsammlungen und Einzelwerken gegenüber, die bis heute nur in beschränktem Umfang in die Gesamtbewertung der lyrischen Poesie als literarische und kulturelle Bewegung ersten Ranges im 16. Jahrhundert eingegangen sind.

Diese lyrische Poesie ist freilich nicht insgesamt der *französischen* Literatur des Jahrhunderts zuzurechnen, da eine erhebliche Anzahl von Gedichten und Gedichtsammlungen – Henri Chamard hat für den Zeitraum von 1525 bis 1550 etwa 40 Titel aufgelistet[4] – in lateinischer Sprache verfaßt ist. Obwohl die kulturelle Stoßrichtung des Programms der Pléiade-Dichter, besonders ihrer Wortführer Joachim Du Bellay und Pierre de

(1532–1589), Pontus de Tyard (1511–1605), Olivier de Magny (1530 [?]–1562), Jacques Tahureau (1527–1555), Amadis Jamyn (1540–1593). Zur Ronsard-Schule werden noch gezählt: La Boétie, Scévole de Sainte-Marthe, Nicolas Denizot, Louis de Caron, Marc Claude de Butet, Jean de la Péruse, Jean et Jacques de la Taille, Jean Passerat.

[4] Henri Chamard, *Joachim du Bellay*, Diss. Lille 1900, S. 105.

Ronsard, auf die Schaffung einer nationalsprachlichen *französischen* Dichtung hohen Ranges – nämlich vergleichbar mit dem Prestige der antiken und der italienischen Dichtung – zielte, ist nicht unbekannt, daß Du Bellay bei seiner Rückkehr aus Italien neben seinen *Regrets* und *Antiquitez de Rome* auch 4 Bücher lateinischer *Poemata* (Elegiae, Amores, Varia Epigrammata, Tumuli) mitbrachte und im Jahr 1558 publizierte. Er war auch nicht der letzte, der lateinische Gedichte neben französischen veröffentlichte. Der machtvolle nationalsprachliche Impuls entstand zwar aus dem rivalisierenden Kulturvergleich mit Griechenland, Rom und Italien, verband sich aber im Zuge der humanistischen Begeisterung über den *commerce intellectuel* mit den Dichtern und Rednern der Antike in vielen Fällen mit dem Antrieb, in der urbanen Dichtungssprache der römischen Autoren und in ihren Ausdrucksstilen eigene Themen zu gestalten oder vorgegebene zu variieren. So müßte in diese Behandlung der Lyrik des 16. Jahrhunderts die neulateinische Dichtungsbewegung Frankreichs zumindest für den genannten Zeitraum – also bis zum Erscheinen der *Deffence et Illustration de la Langue Françoyse* (1549) – gleichberechtigt einbezogen werden.[5] Die Autoren und ihr Publikum waren zu jener Zeit zu einem erheblichen Teil zweisprachig (Französisch/Lateinisch), wenn nicht drei- oder viersprachig (Italienisch/Griechisch). Wenn auch dieser von der Sache selbst gestellte Anspruch im Rahmen dieser Darstellung nicht eingelöst werden kann, soll auf jeden Fall die Beeinflussung, die die *französische* Dichtung durch die neulateinischen Autoren erfuhr – und zwar nicht nur von französischen, sondern auch von italienischen und niederländischen –, jeweils gebührend erwähnt werden.

Das unerhörte Aufgebot an Namen und Werken, das den überlieferten Bestand an lyrischer Dichtung Frankreichs im 16. Jahrhundert repräsentiert, erklärt sich aus mehreren miteinander verbundenen Ursachen. Ein maßgeblicher Anstoß für das Auftreten so zahlreicher Männer und Frauen als Autoren, ihr Heraustreten aus der Anonymität, war einerseits das humanistisch geprägte, sprachlich-literarische Bildungsinteresse bürgerlicher und adeliger Kreise – Ausdruck des neuen Bewußtseins vom

---

[5] Den besten Überblick über den Anteil lateinischer Poesie Frankreichs im 16. Jh. gibt: I. D. McFarlane, "Renaissance France 1470–1589", in: *A Literary History of France* (ed. P. E. Charvet), New York 1974, S. 29 ff., 103 ff. S. auch vom selben Verfasser: «Poésie néo-latine et poésie de langue vulgaire à l'époque de la Pléiade», in: *Acta Conventus Neo-latini Lovaniensis,* München/Leuven 1973, S. 389–403. – Vgl. auch die Charakterisierung der lateinischen und französischen Dichtung des 16. Jh. durch Montaigne (*Essais* II, 17).

persönlichkeitsbildenden Eigenwert geistiger Tätigkeit, mit ihren beiden Seiten: Lesen *und* Schreiben.

Hinzu trat als entscheidende neue Rahmenbedingung, die das französische Schrifttum des 16. Jahrhunderts von allen früheren Jahrhunderten abhebt, der Buchdruck. Signifikant ist in dieser Hinsicht das Editionsgeschehen, durch welches das dichterische Werk Clément Marots *publik* wurde. Clément Marot ist der erste französische Dichter, dessen Werke zu seinen Lebzeiten in von ihm selbst betreuten Ausgaben erschienen, auch wenn der äußere Anlaß dazu das Auftauchen fehlerhafter Raubdrucke seiner zuvor nur – wie bis dahin üblich – in handschriftlichen Fassungen kursierenden Gedichte gewesen sein mag. Im Jahre 1532 veröffentlichte Marot zusammen mit einem an die Leser gerichteten Vorwort – «mes treschers freres» – seine *Oeuvres de jeunesse,* die er auch *ces miennes petites jeunesses* (= iuvenilia) und *coups d'essay* nennt. In der nächsten Ausgabe seiner Werke vom Jahr 1538 spricht er schon selbstbewußter von *mes Oeuvres.* Die Ausgabe selbst trägt den Titel *Les oeuvres de Clément Marot.* Der Autor will, wie er selbst mitteilt, fortan seine Gedichte nicht mehr einzeln, sondern nur noch *en belle forme de livre* veröffentlichen. Der neue Dichtertyp, der mit Clément Marot im 16. Jahrhundert in Frankreich in Erscheinung tritt, bringt nicht mehr einzelne Stücke, einzelne Texte in Umlauf, sondern er publiziert Gedicht*bücher.* Das Vorbild für die Vereinigung von einzelnen Gedichten der gleichen oder unterschiedlicher Art zu Büchern zwar zweifellos durch die römischen Dichter seit Catull gegeben, doch das gedruckte Buch stellt etwas Neues dar. Es ist nicht nur eine vom Dichter veranstaltete Sammlung und Zusammenstellung, die eine eigene Einheit bildet, sondern es ist der Ort der Begegnung mit einer wachsenden Leserschaft, die sich selbst gerade erst bildet und schnell ausweitet. Zwischen 1532 und 1538 erfolgen 25 Neuauflagen der *Adolescence Clementine* und 19 Auflagen der sogenannten *Suite de l'Adolescence Clementine* von 1534. Kurz vor Marots Tod erschien dann eine neue Gesamtausgabe seiner *Oeuvres* (1544), die vom Verleger Constantin eigenständig und eigenwillig veranstaltet worden war. Der Begriff *Oeuvres* wird also in doppelter Beziehung gebraucht, sowohl vom Dichter für die von ihm geschaffenen als auch vom Verleger für die von ihm herausgegebenen Texte eines Dichters. Die Anregung, nicht nur einzelne Werke, sondern Gesamtausgaben herauszubringen, ist wohl von der humanistischen Editionstätigkeit gekommen, die ihre Aufgabe in der Sicherung des überlieferten Textbestandes der griechisch-römischen Antike sah, wovon der fast formelhaft verwendete Titel *opera omnia quae quidem extant...* zeugt. Pierre de Ronsard knüpfte hinsichtlich der Publikationsform seiner Werke ganz an Marot an. Er veröffentlichte schon im Jahr 1560 – zehn Jahre nach seiner ersten Publikation, nämlich den 4 Odenbüchern von 1550 – die erste Ausgabe seiner *Oeuvres*, das heißt der Gesamtheit der bis dahin in Einzelausgaben erschienenen Werke. Als Herausgeber seiner Werke war Ronsard zugleich auch ihr ständiger intensiver Leser, was sich in der Vielzahl von Korrekturen und Überarbeitungen seiner Gedichte von Ausgabe zu Ausgabe zeigt.[6]

Das *Gedichtbuch* ist das neue literarische Faktum im Frankreich des 16. Jahrhunderts. Das Gesamtwerk eines bedeutenden Dichters besteht aus einer größeren Zahl von Gedichtbüchern, deren Charakter vom Autor von Fall zu Fall durch explizite Angaben – Titel, Gattungsname, Themenkreis, Formbezeichnung – sowie durch bestimmte Sprach-, Stil- und Gestaltungseigenschaften der Gedichte selbst signalisiert wird.

Trotz der faktischen Dominanz der Dichtungsformen im 16. Jahrhundert, die in der deutschen Terminologie der *Lyrik*, in der französischen der *poésie*, oder wie – seit Madame de Staël – auch gesagt wird, der *poésie lyrique* zugerechnet werden, sind für die französischen Dichter und ihre Leser die Begriffe *poésie* und *lyrique,* wie sie heute gebraucht werden, bis zur Mitte des 16. Jahrhunderts Fremdworte, und zwar im eigentlichen Sinn des Wortes. Sie lernen diese Begriffe zusammen mit den Dichtungen und Dichtungstheorien der Griechen, Römer und Italiener kennen, führen sie in die französische Sprache ein und benutzen ihre Neuheit und Unverbrauchtheit gerade dazu, um ihre – im Verhältnis zur eigenen Tradition – neue Konzeption des Dichters und der Dichtung überhaupt zu entwickeln. Nur in der Formel *Recueil de Poésies* trifft sich die Bedeutung, die das Wort heute hat, mit der dann und wann auch im 16. Jahrhundert so verwendeten Bezeichnung.[7] Im Zentrum stehen freilich das Substantiv *la poésie* und das Adjektiv *poétique,* Neologismen, die die Neubegründung der Sprach- und Verskunst als von neuem Geist beseelte Dicht-Kunst wie Entelechien in sich tragen.

---

[6] Louis Terreaux, *Ronsard. Correcteur de ses œuvres. Les variantes des « Odes » et des deux premiers livres des « Amours »,* Genève 1968. – Die Ausgabe Ronsards von 1560 bestand aus 4 Büchern: *Amours, Odes, Poëmes, Hymnes.* In der Ausgabe von 1567 kamen zwei Bände hinzu: *Elegies, Discours des Miseres.*

[7] Bei Frédéric Lachèvre (*Bibliographie des Recueils Collectifs de Poésie du XVIe siècle,* Paris 1922) sind folgende Gedichtsammlungen aufgeführt: *Hécatomphile. De vulgaire italien tourné en langaige françoys. Les Fleurs de poésie françoyse.* Paris 1534. – *Recueil de vraye poésie françoyse, prinse de plusieurs poëtes les plus excellentz de ce règne . . .* Paris 1544.

II. Dichtungsformen und Gattungskonstellationen: ein diachronischer Überblick

Die lyrische Poesie des 16. Jahrhunderts ist an die geschriebene Sprache gebunden, an künstlerisch komponierte Texte, an ihre Anordnung in Büchern. Sie bildet insgesamt und ganz bewußt ein *univers livresque*.[8] In dem Maße, wie die Dichtung seit Clément Marot sich eine neue Sprache formt und mit neuen Stimmen spricht, fordert sie Leser, die den Dialog mit diesen neuen Texten aufnehmen. Die Beschreibung der Eigenart und der Wandlungen der Sprachen der Lyrik im 16. Jahrhundert bedingt zugleich die Erklärung der gesellschaftlichen und kulturellen Voraussetzungen, unter denen sich überhaupt jene entscheidenden Veränderungen der Dichtung vollziehen konnten, die man zwischen den Rhétoriqueurs am Beginn des Jahrhunderts und der Pléiade einerseits und zwischen der Pléiade und der Dichtung am Ende des Jahrhunderts andererseits feststellen kann. Äußerlich ablesbar sind diese starken Wandlungen zunächst an dem jeweiligen Umkreis von Gattungen, in denen sich die Dichtungen bewegen. Ohne auf alle Einzelgattungen und -formen einzugehen, ergibt sich beim Vergleich des Gattungsbestandes zu bestimmten Zeitpunkten folgendes Bild:

1. *Le Jardin de Plaisance et Fleur de Rhétorique* (ca. 1501)[9]

Diese umfangreiche, anonym herausgegebene Sammlung ist insofern von Interesse, als sie eine große Anzahl von Gedichten des 15. Jahrhunderts enthält, die auch zu Beginn des 16. Jahrhunderts für die Leserschaft von der Form und dichterischen Behandlung der Motive her noch so aktuell waren, daß bis zum Jahre 1527 insgesamt 8 Editionen nachweisbar sind. Viele der Gedichte konnten namhaften und auch unbekannteren Autoren des 15. Jahrhunderts zugewiesen werden. Die dominanten Gattungen sind *Balade* (sic!) und *Rondel*. Daneben erscheinen in wenigen Exemplaren *Dictie, Chanson, Motet*. In die umfänglicheren allegorischen Dichtungen, die ebenfalls im *Jardin de Plaisance* abgedruckt sind, finden sich vereinzelt auch andere Dichtungsformen eingearbeitet wie *Epitaphes* und Sonderformen der Ballade und des Rondeau, zum Beispiel *Balade en forme de Complainte*.

---

[8] S. dazu Dorothy Gabe Coleman, *The Gallo-Roman Muse. Aspects of Roman Literary Tradition in Sixteenth-century France*, Cambridge/London/New York/Melbourne 1979, S. 7.

[9] *Le Jardin de Plaisance et Fleur de Rethorique*. Reproduction en Fac-similé de l'édition publiée par Antoine Vérard vers 1501, Paris 1910.

2. Die Dichtungsformen der Rhétoriqueurs (1470-1520)

Höhepunkt und Endpunkt einer eigenwilligen, neuerdings von Paul Zumthor in neuem Licht präsentierten Dichtungstechnik, verwirklicht sich die Sprachmeisterschaft der Rhétoriqueurs und ihre subtile Umwertung tradierter Dichtungsverfahren im Rahmen der überlieferten Text- und Gattungsformen: *Ballade, Rondeau, Pastorale, Complainte, Regret, Déploration, Pronostication, Testament, Blason,* wozu noch als neuere Formen *Epître, Epigramme* und *Epitaphe* treten. Die innere Umwertung dieser Formen vollzieht sich durch die monologischen oder dialogischen Redeformen, die durch ihre je spezifische Beziehung zum Adressaten des Gedichts – sei er fiktiv oder historisch-referentiell – die Sinndimension und die Tonart des Gedichts prägen.[10]

3. Die Dichtungsformen und Dichtungsgattungen Clément Marots († 1544)

Im Frühwerk dominieren *Ballade, Chant Royal, Rondeau, Chanson,* dann setzen sich zunehmend andere, zum Teil neue oder in neuer Weise gestaltete Gattungen durch: *Epître, Epitaphe, Epigramme, Etrennes, Complainte, Déploration, Blason, Elégie, Eglogue, Cantique, Epithalame, Sonnet* und *Du Coq à l'asne.* Schon allein die Aufzählung der vielen Formen, die das Ausdrucksrepertoire Marots bilden, läßt erkennen, daß er eine neue Phase der Dichtungsentwicklung repräsentiert. Der überkommene Formenbestand ist zwar noch verfügbar, aber gleichzeitig tauchen neue Gattungen auf, die quantitativ und rangmäßig einen bedeutenden Platz im dichterischen Gesamtwerk einnehmen. Die Frage, wieweit Marot seine ihm damit zufallende Sonderstellung selbst reflektierte und bei der Ordnung und Anordnung der für den Druck bestimmten Werke berücksichtigte, wird später näher zu prüfen sein. Grundsätzlich ist es für Marot eine Selbstverständlichkeit, daß jedes Gedicht einer bestimmten Form und Gattungstradition zugehört. So spricht er beispielsweise im Vorwort seiner Werkedition von 1538 von *deux livres de Epigrammes,* die er in diese Ausgabe eingefügt habe. Eine ganz andere Frage ist, ob ihm die Definitionsmerkmale der verwendeten Gattungs- oder Formbezeichnungen bzw. die Konstitutionsprinzipien der mit ihnen charakterisierten Texte so klar vor Augen standen.

Noch folgenreicher ist die Antwort auf die Frage, ob die Erweiterung des gattungshaften Ausdrucksrepertoires durch Marot den Übergang von

---

[10] Paul Zumthor, *Le masque et la lumière. La poétique des Grands Rhétoriqueurs,* Paris 1978.

einer traditionellen Dichtungsauffassung und Dichtungstechnik zu einer neuen, anders gearteten Auffassung zur Folge hatte, die sich in einer neuen *Sprache* der Dichtung äußert, oder ob hier nur eine Ausdehnung im Formbereich stattgefunden hat, ohne substantiellen poetologischen Einschnitt. Bemerkenswert bleibt, daß Marot sein Dichten als Dichten *in Gattungen* versteht. In der Zeit zwischen 1532 und 1538, als die traditionellen Formen der Rhétoriqueurs in seinem Werk schon in den Hintergrund getreten sind, bleiben sie offensichtlich potentielle Muster der dichterischen Produktivität. Als Zeugnis dafür mag das Epigramm *De Marguerite d'Alençon, sa Soeur d'Alliance* gelten[11]:

> Ung chascun qui me faict requeste
> D'avoir Oeuvres de ma façon
> Voyse tout chercher en la Teste
> De Marguerite d'Alençon.
> Je ne fais Dixain ne Chanson
> Chant Royal, Ballade, n'Epistre
> Qu'en sa Teste elle n'enregistre
> Fidellement, correct & seur;
> Ce sera mon petit Registre;
> Elle n'aura plus nom ma Soeur.

4. Pierre de Ronsard und Joachim Du Bellay: die Gattungsbindung ihrer Werke im Zeitraum zwischen 1549 und 1560

Die Eingrenzung des genannten Zeitraums ist dadurch motiviert, daß im Jahre 1549 Du Bellay neben seiner Programmschrift *Deffence et Illustration de la langue françoyse* seinen Sonettband *Olive* mit dem Anhang *Vers lyriques* veröffentlichte. Das Jahr 1560 markiert – durch den Tod Du Bellays – das Auseinanderfallen jener Dichtergruppe, die den neuen Aufbruch der französischen Poesie ausgelöst hatte. Die erste Veröffentlichung der Werke Ronsards durch ihn selbst in seinen *Oeuvres* von 1560 trägt diesem Gang der Dinge vielleicht stärker, als ihm bewußt war, Rechnung. Denn diese Ausgabe spiegelt die volle Entfaltung jenes Gattungs- und Formenspektrums wider, das unmittelbar aus der von Du Bellay zum Programm erhobenen Imitatio der *Lyre Grecque, & Romaine* hervorgehen und die *vieilles Poësies Françoyses* ersetzen sollte. Die anderen, neuen Gattungen, die dann in den späteren Ausgaben Ronsards – Ausgaben von eigener Hand – zu finden sind, dokumentieren unübersehbar den Abschied von den Jahren, wo er *poète* im vollen Sinne war und den

---

[11] Clément Marot, *Les Epigrammes*, édition critique par C. A. Mayer, London 1970, S. 188.

Übergang zu jener Phase, wo sein Dichten und eben auch die Dichtungsformen mehr und mehr von seiner Stellung als *poète de la Cour* bestimmt wurden.

Zur ersten Phase gehören die *Odes*, die Sonettdichtung der *Amours*, die *Poèmes*, *Elégies*, *Eglogues*, einige *Prosopopées*, *Epitaphes*, *Epîtres*, die großen *Hymns*, aber auch die *Folastries*, welche in der Ausgabe von 1584 *Gayetez* betitelt werden, *Discours* und mancherlei Einzelformen wie Epithalamien, *Harangues* und andere. Zu der für die Hoffeste bestimmten Auftragsdichtung zählen die *Mascarades*, die zumeist aus mehreren Einzelformen bestehen und allesamt in szenische Aufführungen integriert zu denken sind. Eine besondere Rolle spielen darin die *Cartels*.[12] Auch eine Gedichtform mit dem Titel *Stances* begegnet nun erstmalig in dieser Hofdichtung. Nur vereinzelt erscheinen Gedichte, die *Chanson* oder *Epigramme* heißen – ganz im Gegensatz zu ihrer herausragenden Stellung im Gesamtwerk von Clément Marot.

In den Werken Du Bellays begegnen, wie das auch bei Ronsard zu sehen war, Bezeichnungen, die im engeren Sinne Gattungs- und Formbezeichnungen sind, neben anderen, die als Namen eine Titelfunktion haben. Das gilt für die Sonette der *Olive*, dem ersten geschlossenen Sonettbuch der französischen Poesie, ebenso wie für die späten Werke *Le Premier Livre des Antiquitez de Rome* und *Les Regrets*, gleichfalls Sonettbücher. Keine andere Dichtungsform hat im Werk Du Bellays eine ähnlich dominante Stellung, obwohl auch er eine ganze Anzahl Oden – unter dem Oberbegriff *Vers lyriques* –, Epitaph-Gedichte unter der Bezeichnung *Tombeau*, eine *Complainte* und andere strophische Gedichte unter dem Gesamttitel *Oeuvres de l'invention de l'autheur* veröffentlicht hat. Unter dem Oberbegriff *Divers Jeux Rustiques et autres oeuvres poétiques* sind sehr unterschiedliche Gedichte und Gattungsformen vereint, darunter einige *chansons*, *chants*, auch eine *vilanelle*, und mehrere thematisch charakterisierte Gedichte mit dem Titel *Voeux Rustiques*, französische Nachbildungen der entsprechenden lateinischen Gedichte von Naugerius.

Der Überblick über die von Ronsard und Du Bellay verwendeten Titel und Gattungsnamen ihrer Gedichtbücher läßt erkennen, daß der Charakter der einzelnen Gedichte durch ein oder mehrere Kriterien zugleich determiniert wird, wobei Thematik, situationsgebundener Anlaß, Aufführungsweise sowie metrische bzw. kompositionelle Muster der Sprach-

---

[12] S. dazu Fritz Nies, „Kartelle und pikanter Eintopf", in: *Zeitschrift für Literaturwissenschaft und Linguistik* 8 (1978), S. 23/24.

gestaltung von Fall zu Fall in den Vordergrund treten oder nachrangig erwähnt werden können. Dabei ist in keinem Fall explizit – und allenfalls für den versierten Leser implizit – die Stilhöhe der dichterischen Rede markiert, obwohl gerade dieses Kriterium eine entscheidende Rolle spielen sollte.

5. Philippe Desportes' *Premières Oeuvres* von 1573 und ihre Folgen

Unbeschadet des dauerhaften Ruhms, den Ronsard bis zu seinem Tod im Jahr 1585 genoß, erfolgte seit den 70er Jahren eine spürbare Umorientierung des literarischen Geschmacks der führenden Hofkreise und der maßgeblichen Leserschaft. Der Erfolg des jungen Dichters Philippe Desportes dokumentiert eindrucksvoll diesen Umschwung, welcher einhergeht mit einer Verengung und Rangverschiebung der Gattungen und Dichtungsformen, die nun den Raum der lyrischen Poesie ausfüllen. In den Amours betitelten Gedichtbänden treten neben das Sonett zahlreiche *Plaintes* und *Complaintes*, *Chansons*, *Dialogues*, mehrere *Stances*. Die Elegien bilden ein ganzes Buch. Nur ganz vereinzelt trifft man hier eine *Ode*, da eine *Vilanelle* oder andere Formen. Nicht zu vergessen sind – und hier liegt die Kontinuität zu Ronsard – eine ganze Anzahl von Gedichten, die zu *Mascarades* gehören, *Cartels* und situationsgebundene *Epitaphes*.

Dieser Formenbestand verringerte sich gegen Ende des Jahrhunderts bei Jean Bertaut, Jean de Sponde und anderen namhaften Dichtern noch weiter. Es bleiben das Sonett, die *Stances*, die Elegie, der *Discours* in Versen und einige kleinere situationsgebundene epigrammatische Formen. Am auffälligsten ist, daß die Ausdrucksformen der humanistisch inspirierten Dichtung – die Oden, Eklogen und Hymnen – keine schöpferische Fortführung erfuhren, sondern aus dem Spektrum der dichterischen Aussageformen ausschieden.

III. DIE UNTERSCHEIDUNG VON GEDICHTARTEN
BEI THEORETIKERN UND DICHTERN:
VON DEN RHÉTORIQUEURS BIS THOMAS SÉBILLET,
VON LEMAIRE DE BELGES BIS MELLIN DE SAINT-GELAIS

Die Gattungsbindung der Gedichte, die in dem überschauten Zeitraum entstanden sind, ist unter drei Gesichtspunkten zu diskutieren. Zunächst stellt sich die Frage, inwieweit die Autoren Dichtungstraditionen und -konventionen verhaftet sind, die ihnen einen Gattungs- und Formenkanon vorgeben. Vom Standpunkt des einzelnen Dichters und seines Werkes aus gesehen, muß untersucht werden, inwieweit ihm diese eventuell vorgegebene Gattungsbindung zu einem Problem für seine individuelle schöpferische Arbeit geworden ist, ob er sich fraglos oder mit großer Bewußtheit in den bekannten Grenzen bewegt, ob er sich eingeengt fühlt und seine Ausdrucksmöglichkeiten um neue Formen zu bereichern sucht. Kann ein einzelner Dichter neue Gattungen in die Dichtung einführen? Damit ist schon der dritte Aspekt berührt, nämlich die Frage nach den soziokulturellen Voraussetzungen, unter denen entscheidende Verschiebungen oder Erneuerungen im Gattungs- und Formenbestand der Dichtung einer Epoche erfolgen. Wie sehr die drei genannten Gesichtspunkte zusammenhängen, zeigt sich, wenn man – damit zum ersten Punkt zurücklenkend – weiterfragt, wie es denn zu einem verfestigten und insofern als „Kanon" wirkenden Bestand von Dichtungsweisen und -formen kommt. Die *fixation des genres* und die *transformation des genres* sind Prozesse, die aus einer komplizierten Wechselwirkung von literarischen und gesellschaftlichen Faktoren zu erklären sind.[13] Die Veränderungen vollziehen sich auf keinen Fall schicksalhaft, wie A.-M. Schmidt mit einem Blick ins Innenleben Ronsards glaubhaft zu machen versuchte:

Après 1570, Ronsard, malgré qu'il en ait, constate que nul génie, si impérieux soit-il, ne parvient à arrêter la vie des formes littéraires: celle-ci se poursuit selon des lois inéluctables.[14]

Nachsicht verdient die angreifbare Feststellung insofern, als sie die weitere Entwicklung der französischen Poesie in der Zeit zwischen 1570 und dem Ende des Jahrhunderts betrifft. In der Tat ist es hier am schwierigsten, jene innerliterarischen oder gesellschaftlichen Kräfte zu erfassen, die einerseits die Reduktion des Formenspektrums und, andererseits, eigenwillige Neuerungen im Dichtungsstil und der Dichtungssprache erklären. Jene Phase, deren Werke durch die neuere Literaturkritik je nach der Zugehörigkeit des Kritikers zu dieser oder jener Forschungstradition dem *Manierismus* oder dem *Barock* zugeordnet werden, ist, historisch gesehen, begriffslos, da die neue dichterische Praxis nicht von dichtungstheoretischer Reflexion begleitet wird. Die Poetiken von Laudun

---

[13] Diese Begriffe wurden von dem vielbelächelten Ferdinand Brunetière in die gattungstheoretische und -geschichtliche Reflexion eingeführt. S. *L'Evolution des genres dans l'histoire de la littérature,* Paris 1890, S. 20–22.
[14] Albert-Marie Schmidt, op. cit., S. 232.

d'Aigaliers (1591) und Vauquelin de la Fresnaye (1605) sind aposteriorische, lückenhafte Bestandsaufnahmen ohne Erklärungswert.

Anders steht es mit den Werken jener Autoren, die, am Beginn des Jahrhunderts schreibend, ihre Gedichte an den Regelvorschriften der als *Seconde Réthorique* betitelten Dichtungslehren orientierten. Der Blick in die entsprechenden Traktate zeigt indes, daß sie in erster Linie systematische Einführungen in die französische „Metrik" überhaupt sind und erst im Anschluß daran die Gattungsgebundenheit bestimmter Verse, Reime, Vers- und Refrainverbindungen behandeln. Der Verfasser der bekanntesten dieser Lehrschriften, Pierre Fabri, betitelt den zweiten, die Versdichtung betreffenden Teil seiner Abhandlung aus dem Jahr 1521 als *Poétique*, kennzeichnet die Darstellung anschließend jedoch genauer als einen *art de rithmer*. Er setzt sich in knapper Form mit gewissen *ignoranz* und mit den auf Neuerungen bedachten *facteurs de maintenant* auseinander, die gegen den *usage* verstoßen, aber letztlich doch an den Grundgegebenheiten der französischen Versdichtung nicht rütteln können:

> Si ne sçauroient ilz riens trouuer a l'art que leur rithme ne soit ou d'une simple espece ou mixte de deux ou plusieurs, ainsi que les chantres chantent plus nouuellement; mais ilz ne treuuent rien de nouueau a la science.[15]

Die ganze Darstellung steht, was die Einstellung zum Gegenstand und die im einzelnen behandelten Punkte anbelangt, in enger Beziehung zu dem *Traictie instructif de la seconde rethorique*, der den *Jardin de Plaisance* eröffnet, ja ist sogar vielfach von ihm abhängig. Da diese in Versen verfaßte Abhandlung wohl schon in den 70er Jahren des 15. Jahrhunderts entstanden ist, wird die Kontinuität der Vers- und Reimtechniken, deren normativem Geltungsanspruch sich die sogenannten Rhétoriqueurs unterwarfen, gut sichtbar. In beiden Traktaten werden auch eine Reihe von festen Dichtungsformen genannt und behandelt, so bei Fabri in dem Kapitel *Rythmes de plusieurs tailles et bastons* die folgenden: *Lay, Virelay, Rondeaux, Pastourelle, Chappelletz, Epilogue, Fatras picart, Reffrain branlant, Ballades, Septains, Chanson, Champ royal* (!), *Servantoys*. Diese Dichtungsformen werden allerdings so gut wie ausschließlich unter verstechnischen Gesichtspunkten behandelt, also ausgehend von den metrischen Bauelementen und ihrer Anordnung. Die Frage nach dem Zusammenhang zwischen formaler Organisation des Gedichts und Stil,

---

[15] Pierre Fabri, *Le grand et vrai art de pleine rhétorique*, publié avec introduction, notes et glossaire A. Héron, Genf 1969, Second livre, Poétique, S. 3.

Thematik, Funktion wird überhaupt nicht gestellt. Nur in bezug auf den *Champ royal* findet man bei Fabri einen vereinzelten Hinweis, der in diese Richtung zielt:

> Item, il est dict champ royal, pource que de toutes les especes de rithme, c'est la plus royalle, noble ou magistralle, et ou l'on couche les plus graues substances.[16]

Deswegen ist diese Form auch besonders geeignet, um damit bei den Dichtungswettbewerben der *Puys* zu brillieren. Nur in dieser versteckten Weise ist zu erkennen, daß es offensichtlich doch so etwas wie eine Hierarchie der Dichtungsformen gibt, wobei unklar bleibt, ob die Schwierigkeit der formalen Struktur oder der Gegenstand – oder ihre Verbindung – das entscheidende Kriterium sind.

Diese Traktate der *seconde rethorique* waren zu ihrer Zeit für die Dichter und Kunstrichter Maßstab für die Beurteilung der technischen Perfektion der vorgegebenen Formmustern folgenden Gedichte. Die verbindlichen formalen Vorschriften, besonders die Refrain- und Reimforderungen, implizieren semantische Vorgaben und Zwänge, die komplizierte Formen der Gedanken- und Redeführung geradezu provozieren, wobei diese *contraintes* im einen Fall intellektuelles Raffinement, im anderen schieren Galimathias hervorgebracht haben. Über die thematisch-gedankliche und sprachlich-stilistische Ausfüllung und Erfüllung der vorgegebenen Formen äußern sich die Verfasser der *arts de seconde rethorique* nicht. Die Dichtungskonzeption der Rhétoriqueurs muß auf andere Weise, nämlich aus der vorurteilsfreien Betrachtung ihrer Werke selbst erschlossen werden. Eine Identifikation der „Poetik" der Rhétoriqueurs mit dem Inhalt der genannten Traktate ist sachlich verfehlt.[17]

Den eindringlichsten Versuch, die Dichtungen und die Dichtungskonzeption der Rhétoriqueurs genuin, das heißt aus ihren Voraussetzungen heraus zu begreifen, stellt zweifellos das Buch von Paul Zumthor dar. Er nennt als determinierende Bedingungen für diesen Dichtungstyp die Bindung der einzelnen herausragenden Dichter an bedeutende Höfe, an den Fürsten und seine Familie, an die zeremonielle Ordnung des höfischen Lebens, an das in der *gloire* zentrierte Streben des Fürsten nach geschichtlicher Bedeutsamkeit und moralischer Größe. Die Dichter haben Hofstellungen und Hofämter, z. B. als Historiograph *(indiciaire)*, nicht als „Dichter". Ihre Texte haben im engeren Sinne kein „Publikum", sondern

---

[16] Ebd. S. 99.
[17] Marc-René Jung, „Poetria. Zur Dichtungstheorie des ausgehenden Mittelalters in Frankreich", in: *Vox Romanica* 30 (1971), S. 45 ff.

einen auserwählten Adressatenkreis; häufig sind sie an bestimmte herausragende Geschehnisse und Anlässe gebunden. Die überzeitliche Strahlungskraft des Dichterwortes, seine dekorative Funktion wurden von den Fürsten als Werte geschätzt, die sie mit dem Machtbesitz zu verbinden trachteten.

Zumthor versucht zu zeigen, wie der vorgegebene formale und semantische Raum von den Dichtern, die nach 1500 schreiben, mehr und mehr als eine Herausforderung begriffen wird, aus dem Zusammenspiel der Worte, das sie lenken und ordnen, gleichsam unter der Oberfläche der Texte neue Sinndimensionen zu erzeugen, die auf sie als Textproduzenten zurückverweisen. In den Worten Zumthors:

... les rhétoriqueurs m'apparaissent, collectivement, comme obsédés par la recherche d'un mode d'écrire qui permette de repersonnaliser le rapport de l'écrivant à l'écriture.[18]

Besonderes Interesse verdient der Dichtungsstil von Lemaire de Belges. Obwohl er sensibel auf die geistige und kulturelle Öffnung Frankreichs reagierte, die sich durch die Aufnahme der humanistischen Impulse abzuzeichnen begann, verharrte er doch überwiegend in den Bindungen der überlieferten, auf das einzelne Wort, seine Bedeutungs- und Lautfiguration ausgerichteten Dichtungstradition. Ein Gedichtbeispiel, dessen Frühlingsmotiv später mit anderen Werken kontrastiert werden soll, mag einen unmittelbaren Eindruck vermitteln. Erst beim lauten Lesen kommen die Klangmuster aus End- und Binnenreimen und die morphosemantischen Sprachspiele (*verdure – yver dure*) voll zur Geltung. Die Schäferin Galathee spricht:

> Arbres feuilluz, revestuz de verdure,
> Quant l'yver dure on vous voit desolez,
> Mais maintenant aucun de vous n'endure
> Nulle laidure, ains vous donne nature
> Riche paincture et flourons à tous lez.
> Ne vous branslez, ne tremblez, ne crolez,
> Soyez meslez de joye et flourissance:
> Zephire est sus donnant aux fleurs yssance.[19]

Es ist ganz evident, daß die Satzaussage als Redeeinheit hier den ranghöheren Ordnungen der Laut- und Klangstruktur von Wort- und Wort-

---

[18] Paul Zumthor, op. cit., S. 54.
[19] Jean Lemaire de Belges, *Le Temple d'Honneur et de Vertus,* édition critique publiée par Henri Hornik, Genf 1957, S. 52.

verbindungen, der Versrhythmik und der semantischen „Infra"-Struktur der Wortschicht untergeordnet ist. Eine dialogische Situation wird in Umrissen erzeugt, aber doch ganz von den auf Effekte abzielenden sprachlichen Kunstgriffen überspielt.

Was Clément Marot am engsten mit der vorausgehenden Generation verbindet, ist die nur sparsam mit humanistischen Sprachschöpfungen durchsetzte französische Sprache, die keine innere Rangdifferenzierung des Vokabulars nach Rang und Würde, nach Sagbarem und Nichtsagbarem zu kennen scheint. Die ganze Sprache scheint verfügbar, ihr Gebrauch wird bei Marot freilich von neuen Impulsen gelenkt, die in je charakteristischen Sprechweisen und in dem individuellen Tonfall der Gedichte zutage treten. Die Gedichte sind nicht mehr strukturierte Sprachtexte, sondern geformte Aussagen, in denen eine Stimme, ein sprechendes Individuum hörbar wird. Diese Individualität ist freilich vielgestaltig und kann weder dauerhaft als autobiographische Person noch gar als Subjektivität des sich im Gedicht äußernden Dichter-Ich identifiziert werden. – Es ist aufschlußreich, welche Probleme der Herausgeber der Gesamtausgabe der Werke Marots und einer seiner besten Kenner überhaupt bei seinem Bemühen hatte, das vielfältige Werk Marots unter dem Gesichtspunkt der Gattungszugehörigkeit zu ordnen und dabei das Gattungsverständnis des Autors aufzudecken. Marot hatte in der von ihm besorgten und von dem damals noch nahe mit ihm befreundeten Etienne Dolet im Jahr 1538 herausgegebenen ersten gesammelten Ausgabe seiner Werke die einzelnen, in den vorausgehenden Jahren veröffentlichten Gedichtsammlungen chronologisch aneinandergereiht, jedoch innerhalb jeden Teils eine neue Anordnung der Stücke nach ihrer Formzugehörigkeit vorgenommen. In seiner Ausgabe von 1544 hat der Verleger Constantin dann eigenwillig die Form- und Gattungszugehörigkeit der einzelnen Gedichte konsequent zum Gliederungsprinzip der Werke überhaupt gemacht. Dabei stellte sich ihm freilich in vielen Fällen das Problem der Zuordnung von gattungsmäßig schwer bestimmbaren oder augenscheinlich von Marot falsch etikettierten Stücken. Marot hat offensichtlich selbst in der Zuweisung einzelner Stücke zu dieser oder jener Gattung geschwankt. Überschneidungen sind vor allem bei den *Elégies* und *Epîtres* zu bemerken. Die Kennzeichnung der ersten Elegie als *La premiere Elegie en forme d'Epistre* – es ist nicht der einzige Fall – zeigt, daß die metrische Form, nämlich in beiden Fällen der durchgehende Zehnsilbler mit Paarreim, kein hinreichendes Unterscheidungskriterium mehr sein kann. C. A. Mayer stellte resigniert fest:

> ... que Marot ne se souciait pas spécialement de déterminer le genre d'un ouvrage [...] On peut d'ailleurs constater que les distinctions de genre n'avaient pas une très grande importance aux yeux de Marot.[20]

Ein trefflicher Beweis scheint auch die Versepistel «A ceulx qui apres l'Epigramme du beau Tetin en feirent d'aultres» zu sein, in der sein Gedicht über den *beau Tetin* im Titel *épigramme*, in den ersten Versen aber wieder – wie bekannt – *blason* genannt wird. Es stellt sich in bezug auf die Gattungszugehörigkeit der Gedichte Marots die Frage, ob nicht die Klassifikation nach äußeren Formkriterien zugunsten einer anderen Gliederung aufgegeben werden muß, die das Verhältnis zwischen dem Redesubjekt und dem Adressaten, die gewählte geistige Einstellung zum Redegegenstand und die Tonlage des Sprechens in den Mittelpunkt rückt. C. A. Mayer hat diese Problematik gesehen, aber auch neue Schwierigkeiten, mit diesen Kriterien umzugehen, entdeckt. Die so unverwechselbar mit dem Dichtungsstil Marots verknüpfte Gattung der *Epîtres* entzieht sich durch ihre Ungezwungenheit und Vielseitigkeit einer einheitlichen Bestimmung.

> Les épîtres, notamment, ne sauraient être divisées selon leur sujet ou leur ton. Ainsi une seule épître comme celle *au roy, du temps de son exil à Ferrare* contient à la fois des passages lyriques et des passages satyriques. Il faut donc considérer l'épître marotique comme un genre distinct, nous contentant d'ôter ce titre à un certain nombre de pièces auxquelles convient mieux celui de satires ou de poèmes lyriques.[21]

Die Schwierigkeiten, die sich einer Definition der *épître* Marots entgegenstellen, sind mißlich, aber nur vom Standpunkt des wissenschaftlichen Ordnungsdenkens. Von der inneren Entwicklung der Dichtungsgeschichte Frankreichs her kann darin auch der Beweis gesehen werden, daß Marot – ohne seine besondere Situation als Dichter des Übergangs explizit reflektiert zu haben – sich aus den Bindungen befreit hat, die die Rhétoriqueurs seiner Zeit, zum Beispiel ein Guillaume Crétin, noch akzeptiert hatten. Dieser Übergang ist besonders deutlich an dem Faktum abzulesen, daß er anfangs noch mehrfach, später nur mehr in Ausnahmefällen, als Subjekt des Gedichts eine *persona*, d. h. ein stellvertretendes fiktives Redesubjekt und einen entsprechenden Adressaten eingesetzt hat. An deren Stelle tritt in der genuinen Form der *épître marotique* Marot selbst: ein sprechendes Ich, eine durch die Sprechsituation, den

---

[20] C. A. Mayer, «Préface» zu: Clément Marot, *Les Epîtres*, London 1958, S. 30.
[21] Ebd. S. 31.

Adressaten und den Gegenstand der Äußerung charakterisierte, im Gedicht selbst hervortretende Stimme, deren Tonfall und Tonlage durch die Äußerung selbst erzeugt wird. Dieses befreite Hervortreten des Dichter-Ich als Subjekt der Rede hat gerade in der Versepistel breitesten Spielraum, verschiedene Themen in wechselnder Einstellung und Gestimmtheit vor dem Adressaten zu erörtern. Bezugnahmen zu den eigenen Lebensumständen und zur Stellung und zum Einfluß des Adressaten projizieren diese Gedichte zudem auf den realhistorischen Hintergrund, der als Authentizitätssignal auf den Leser Wirkung tut. Ironische Anspielung, süffisante Ausmalung, Verkleidung und scheinbar entwaffnend offene Enthüllung des Denkens und Wollens schaffen ein bislang unbekanntes Spannungsverhältnis zwischen gelebtem und gedichtetem Dasein. Als Beispiel mag der Anfang der Versepistel «Marot, Prisonnier, escript au Roy pour sa delivrance» gelten:

> Roy des Françoys, plein de toutes bontez,
> Quinze jours a (je les ay bien comptez),
> Et des demain seront justement seize,
> Que je fuz faict Confrere au Diocese
> De sainct Marry, en l'Eglise sainct Pris;
> Si vous diray comment je fuz surpris,
> Et me desplaist qu'il faut que je le dye.
>   Trois grands Pendars vindrent à l'estourdie,
> En ce Palais, me dire en desarroy:
> Nous vous faisons Prisonnier par le Roy.
> Incontinent, qui fut bien estonné?
> Ce fut Marot, plus que s'il eust tonné.
>   ...[22]

Während die Gedichte der Rhétoriqueurs aufgrund der Dominanz der metrischen und semantischen Verfahren – was immer ihre Form oder ihr Anlaß sei – für den heutigen Leser im allgemeinen keinen „Klang" haben, sondern durch ihre mehrschichtige artifizielle Kodierung eine Herausforderung an den Intellekt und die komplexe Wahrnehmungsfähigkeit des Lesers darstellen, entfalten die verschiedenen von Marot verwendeten Formen und Gattungen immer neue Stimmen und Töne, die sich dem Gedächtnis unverwechselbar einprägen. Insofern hat es seine tiefe Berech-

---

[22] Ebd. S. 152. – Zur Versepistel und ihrer Geschichte bis zu Marot ist weiterhin die Arbeit von Philipp August Becker, *Die Versepistel vor Clément Marot*, sehr nützlich (in: Ph. A. Becker, *Aus Frankreichs Frühhumanismus. Kritische Skizzen*, München 1927, S. 47–84).

tigung, daß das Attribut *marotique* – aus seinem Namen abgeleitet – idiosynkratischer Begriff für sein dichterisches Sprechen wurde: eine ästhetische Wertigkeit, die er geschaffen hat und die mit seinem Namen verknüpft bleibt. Diese neue Form des Sprechens und Sagens, die ihren Ursprung in der bejahten Individualität des Dichters hat, führt in Einzelfällen sogar zu einer Verwandlung – man kann es ruhig eine Beseelung nennen – der tradierten Form des Rondeaus. Im Vergleich der beiden Stücke *Sur la devise de Madame de Lorraine: Amour et Foy* und *De l'Amour du Siecle Antique* erscheint sinnfällig die Zwischenstellung Marots, seine Rückgebundenheit an die Rhétoriqueurs und sein neuer eigener Stil.[23]

Die unprätentiöse Art und Weise, in der Marot in seiner Dichtung faktisch als Vermittler zwischen der eigenen französischen literarischen Tradition und den auch ihn erfassenden und prägenden geistigen Erneuerungsbewegungen des 16. Jahrhunderts – Humanismus und Reformation – wirkte, ist von der Forschung der letzten beiden Jahrzehnte genau und anerkennend dokumentiert worden. Dennoch bleibt Marot mit der Vorstellung, eine Figur des Übergangs zu sein, verbunden. Von der Gattungsentwicklung der französischen Lyrik im 16. Jahrhundert aus betrachtet, muß man jedoch in ihm den Dichter sehen, der nahezu das gesamte Spektrum von Gattungen und metrischen Formtypen – das umschließt Vers- und Strophentypen – „präformiert" hat, das von den nachfolgenden Dichtergenerationen dann mit genaueren Konturen ausgeformt und durch die große Zahl der jeweiligen Gedichte verfestigt wurde. Marot veröffentlichte in der *Suite de l'Adolescence Clementine* (1534) die ersten französischen *Elegien,* freilich in der Form der *épître amoureuse,* wodurch der innere Abstand zwischen Epistel und Elegie für den Betrachter nur thematischer Natur zu sein schien. Ganz entsprechend fiel dann auch die Definition von Thomas Sébillet in seinem *Art Poétique* (1548) aus.[24]

In der Form der *Epistre du Coq a l'asne* schuf Marot eine ebenfalls aus der Versepistel entwickelte satirische Gattung, in der er der Dichtung des 16. Jahrhunderts eine neue Funktion erschloß, nämlich die zugleich poli-

---

[23] Clément Marot, *Oeuvres Diverses. Rondeaux, Ballades, Chants-Royaux, Epitaphes, Etrennes, Sonnets,* édition critique par C. A. Mayer, London 1966, S. 128–129.

[24] «Pren donc l'élégie pour epistre Amoureuse» (Thomas Sébillet, *Art Poétique François,* édition critique avec une introduction et des notes publiée par Félix Gaiffe, Paris 1910, S. 155). – Vgl. dazu auch Elborg Forster, *Die französische Elegie im 16. Jahrhundert,* Diss. Köln 1959, S. 5 ff.

tisch, religiös und sozial motivierte Zeitkritik, und zwar vom Standpunkt des selbst betroffenen und mit den anderen betroffenen Bürgern des Staates leidenden unabhängigen Geistes. – In den vier von ihm überlieferten *Eglogues* tritt Marot sichtbar als humanistisch inspirierter und von der *imitation* geleiteter Neuerer auf.[25] Freilich zeigt gerade das dritte Stück, die «Eglogue de Marot au Roy, soubz les noms de Pan & de Robin», daß Marot den intertextuellen Bezug zu Vergil, der für den gebildeten Leser durchaus transparent ist, durch die sprachliche Formgebung und die Szenerie eher abschwächt als betont – ein entscheidender Unterschied zum frühen Ronsard. Diese Ekloge stammt aus dem Jahr 1539. In ihr drückt Robin (Marot) dem Gott Pan (König) in bukolischer Manier seine Dankbarkeit für die bislang gewährte Zuneigung und Förderung aus:

> Or m'ont les dieux celestes & terrestres
> Tant faict heureux, mesmement les silvestres,
> Qu'en gré tu prins mes petitz sons rustiques,
> Et exaulsas mes hymnes & cantiques,
> Me permettant les chanter en ton temple,[26]

Hymnen sind zwar aus der Feder Marots nicht bekannt – erst Ronsard hat diese Gattung in anderer Weise, angeregt durch die neulateinischen Gedichte Marullus', in der französischen Dichtung neubegründet –,[27] aber aus den Jahren nach 1536 sind uns eine kleinere Anzahl von Gedichten, insgesamt neun, mit der Gattungsbezeichnung *Cantique* überliefert. Einige davon sind zwar, formal gesehen, scheinbar Versepisteln, doch der Ton ist ganz anders. Er ist ernst und hochgestimmt. Entscheidend sind aber die anderen Stücke, in denen Marot verschiedene strophische, auch heterometrische Formen für eine neue Art von Gedichten verwendet, in denen der Dichter – teils im eigenen Namen, teils im Namen der Königin oder der Christenheit sprechend – Staatsinteressen, die im König personalisiert sind, in einer bewegten Abfolge von Anrufungen, Lobpreisun-

---

[25] Zur Geschichte der Ekloge und ihren Tendenzen s. Alice Hulubei, *L'Eglogue en France au XVIe siècle. Epoque des Valois (1575–1589)*, Paris 1938.

[26] Clément Marot, *Oeuvres Lyriques*, édition critique par C. A. Mayer, London 1964, S. 350.

[27] Vgl. dazu Henri Chamard, *Histoire de la Pléiade II*, Paris 1961, Chap. XVI, S. 175 ff., und zur Herkunft der Bezeichnung Fritz Nies, *Genres mineurs. Texte zur Theorie und Geschichte nichtkanonischer Literatur (vom 16. Jh. bis zur Gegenwart)*, München 1978. – Die Hymnen Ronsards sind eine Ausprägung der naturphilosophischen Spekulation in dichterischer Sprache, die Albert-Marie Schmidt in seinem Werk *La poésie scientifique en France au seizième siècle*, Paris 1938, dargestellt hat.

gen, betroffenen Klagen und Äußerungen von Hoffnung und Zuversicht formuliert.

Die Gattungsbezeichnung *cantique* wird von Marot aber auch – wohl wegen der Verwandtschaft in Form und Tonlage – für seine französischen Übertragungen der Psalmen Davids gebraucht. Die ersten 13 Stücke erschienen im Jahr 1539 in der von Calvin angeregten Urform des *Psautier huguenot* mit dem Titel: *Aulcuns pseaumes et cantiques mys en chant*.[28] Die das Werk Marots abschließende religiöse Lyrik findet ihre Vollendung in dem Bändchen *Cinquante Pseaumes en françois par Clement Marot. Item une Epistre par luy nagueres envoyée aux Dames de France* (1543). Mag auch der Anstoß zu diesen geistlichen Liedern von der reformatorischen Singbewegung gekommen sein, deren religiöse Strahlungskraft die Lutherischen Kirchenlieder schon zur Genüge bewiesen hatten, bleibt doch zu fragen, warum für Marot diese Aufgabe zu einem ganz persönlichen Anliegen und zu einer gelungenen Herausforderung an seinen dichterischen Gestaltungswillen wurden. Vielleicht liegt der Schlüssel in der Unmittelbarkeit der Redesituation, die die Hinwendung von David zu Gott in den Psalmen kennzeichnet. Auch wenn Marot im Namen und mit den Worten Davids spricht, gelingt es ihm in diesen Liedern, die sich zwischen Lobpreis und bitterer Anfechtung bewegen, jedem Gedicht einen eigenen Ton, eine individuelle Stimme zu verleihen, mit der sich der lesende oder singende Gläubige in verwandter Seelenlage identifizieren kann. Darin wurzelt die über das 16. Jahrhundert bis in unsere Zeit nachwirkende Kraft dieser Psalmenübertragungen. Die Singbarkeit der *pseaumes* führte Marot dazu, sie auch als *chansons* zu titulieren. So heißt eine Aufforderung zum Lobpreis Gottes:

> Chantez de luy par melodie,
> Nouveau vers, nouvelle chanson,
> Et que bien on la psalmodie
> A haulte voix et plaisant son.
> Car ce que Dieu mande,
> Qu'il dit et commande,
> Est juste et parfaict;
> Tout ce qu'il propose,
> Qu'il faict et dispose,
> A fiance est faict.[29]

---

[28] Michel Jeanneret, *Poésie et tradition biblique au XVIe siècle*, S. 28 ff.

[29] *Oeuvres Complètes de Clément Marot, revues sur les meilleures éditions avec une notice et un glossaire par Abel Grenier*, Tome II, Paris 1938, S. 347 (= *Pseaume* XXIII).

Diese Psalmen wurden vielfach auf die Melodien von weltlichen Chansons gesungen, teils erfolgten Gesamt- oder Einzelvertonungen durch Musiker der Folgezeit. Bemerkenswert ist jedoch, daß über die Singbarkeit dieser Lieder und ihre Melodien tatsächlich eine Brücke zu den frühen *Chansons* geschlagen wird, die in der *Adolescence Clementine* erstmals veröffentlicht wurden. Einige dieser um Liebessorgen kreisenden Lieder, in denen Marot Themen und Liedzeilen aus dem traditionellen französischen Liedgut anklingen ließ, gehören ebenfalls zum im Volk verbreiteten und nicht auf das höfische Milieu oder den humanistisch-reformatorischen Freundeskreis beschränkten Liedschatz.[30] Diese Breitenwirkung der Gedichte Marots – und das gilt für alle Gattungen – erklärt sich aus der unverwechselbaren Mittellage seines Stils, der nie ausschließende Wirkung hatte.

Durch die in der Literaturgeschichte lange geübte Vernachlässigung der geistlichen Lyrik wurde die formale Originalität und die faktische Breiten- und Langzeitwirkung des neuen Typs lyrischer Dichtung, den Marot mit den religiösen *Cantiques* und den *Psaumes* begründet hatte, nicht immer gebührend gewürdigt.[31] Dagegen wird regelmäßig darauf verwiesen, daß Marot es war, der die ersten Sonette in französischer Sprache publiziert hat. Interessant ist freilich, daß die beiden einzigen zu seinen Lebzeiten veröffentlichten Stücke in der Ausgabe Dolets unter den *Epigrammes* eingereiht wurden. Thematik und Gedankenführung zeigen, daß diese Texte nichts mit Petrarca und den ihm nacheifernden Dichtern Italiens zu tun haben. Als Marot die *forme fixe* des Sonetts zum erstenmal wählte, hatte er die überkommenen „festen Formen" der eigenen Tradition – Rondeau und Ballade – schon seit mehreren Jahren nicht mehr

---

[30] Marot steht einerseits in naher Beziehung zum – anonymen – französischen Volkslied, das am Ende des 15. und am Beginn des 16. Jahrhunderts eine Blüte erlebte. Die formale strophische Vielfalt dieser Lieder geht der Entwicklung lyrischer Strophen in den Psalmen Marots und in den Oden Ronsards voraus. Dazu: *Chanson Verse of the Early Renaissance*, edited by Brian Jeffery, London 1971. – Andererseits sind Marotsche Verse (Chansons, Epigramme und Elegienverse) bis zum Ende des Jahrhunderts auch von den Komponisten der Zeit in mehrstimmigen Sätzen vertont worden. S. dazu Hubert Daschner, *Die gedruckten mehrstimmigen Chansons von 1500–1600. Literarische Quellen und Bibliographie*, Diss. Bonn 1962.

[31] Der entscheidende Beitrag Marots zur formalen Entwicklung der «lyrique moderne» ist von Philippe Martinon in seinem Standardwerk detailliert nachgewiesen worden (Ph. M., *Les strophes. Etude historique et critique sur les formes de la poésie lyrique en France depuis la Renaissance*, Paris 1912, S. 2–17).

gepflegt. Ob ihm die Form des Sonetts aus diesem Grund wenig reizvoll erschien, vermag heute nicht mehr entschieden zu werden. Die Ausdrucksmöglichkeiten und -werte des Sonetts bleiben auch nach diesen ersten veröffentlichten Proben Marots für die französische Dichtung noch zu erschließen.

Die zahlreichen Gattungen, die Marot mit seinem vielseitigen Schaffen den französischen Dichtern nach ihm aufgewiesen hatte, haben in unterschiedlichem Maße traditionsbildend gewirkt. Als vielleicht bedeutendster Dichter neben ihm – zugleich Exponent des Lyoner Dichter- und Dichterinnenkreises – schuf Maurice Scève in völliger Unabhängigkeit mit seiner *Délie, object de plus haulte vertu* (1544) ein einzigartiges Gedichtbuch, in dem er aus 500 *Dizains* einen französischen *Canzoniere* eigenen Typs formte. Scèves Konzentration auf diese eine Form führte zur Ausschöpfung aller ihrer Möglichkeiten als ernstes Liebesepigramm. Sie war für ihn das formale Organ seiner intellektuellen Interiorisierung und emblematischen Verschlüsselung erotischer Sehnsucht und ihrer Verwandlung in geistigen Aufschwung zur höchsten Stufe der Liebe, die in der Teilhabe an der Idealität mündet. Ein Beispiel:

> L'AULBE estaingnoit Estoilles à foison,
> Tirant le jour des regions infimes,
> Quand Apollo montant sur l'Orison
> Des montz cornuz doroit les haultes cymes.
> Lors du profond des tenebreux Abysmes,
> Où mon penser par ses fascheux ennuyz
> Me faict souvent percer les longues nuictz,
> Je revoquay à moy l'ame ravie:
> Qui, dessechant mes larmoyantz conduitz,
> Me feit cler veoir le Soleil de ma vie.[32]

F. Rigolot hat neuerdings in dem Widmungsgedicht «A sa Délie» und in dem ersten *Dizain* «L'oeil trop ardent en mes jeunes erreurs» scharfsinnig die Anklänge an Petrarca und den bewußten Kontrast, in den sich Scève zum Autor des *Canzoniere* stellte, herausgearbeitet. Es liegt seiner Auffassung nach ein bewußter Gattungs- und Stilwechsel vor, der in der Wendung «*en si durs Epygrammes*» zu fassen ist.[33]

---

[32] Maurice Scève, *Délie, Object de la plus haulte vertu*, LXXIX. Zitiert nach: *Poètes du XVIe siècle*, édition établie et annotée par Albert-Marie Schmidt, Paris 1953, S. 101.

[33] François Rigolot, *Le texte de la Renaissance. Des Rhétoriqueurs à Montaigne*, Genf 1982, S. 181 ff.

Daß Clément Marot jedoch auf eine ganze Reihe heute freilich kaum bekannter und noch weniger gelesener Dichter seiner Zeit erheblichen Einfluß hatte, zeigt der von ihm mit dem *Blason du beau Tetin* (1535) initiierte und durch seine Epître von 1536 wieder abgeblasene Dichtungswettstreit, durch den das Blason kurzfristig in den Rang einer allseits kultivierten Gattung erhoben wurde.[34] Zu den Autoren, die sich mit eigenen Beiträgen an der Sammlung der *Blasons du corps féminin* beteiligten, gehörten neben Hugues Salel, Eustorg de Beaulieu, Victor Brodeau, Maclou de la Haye auch klingendere Namen wie Mellin de Saint-Gelais, Antoine Heroet und der schon genannte Maurice Scève, dessen Gedicht «Le Sourcil» als herausragende Leistung gefeiert wurde. Die besondere dichterische Sprechweise, die dem Blason eigentümlich ist, nämlich die oft litaneiartig anrufende Benennung und evozierende Beschreibung von Gestalt, Eigenschaften und Wirkung eines Gegenstands – hier eines Körperteils – sollten bei Ronsard später im *poème-blason* eine abgewandelte Fortsetzung erleben.

Der eben genannte Mellin de Saint-Gelais, nach Lebensjahren unmittelbarer Zeitgenosse Marots, stand zu diesem lange Jahre in einem uneingestandenen, letztlich jedoch freundschaftlichen Rivalitätsverhältnis. Marot war ihm zwar an gesellschaftlichem Glanz und Einfluß unterlegen, überragte ihn aber an dichterischer Ausstrahlungskraft. Was die beiden indirekt verband, war ihre gemeinsame Herkunft von der Dichtung der Rhétoriqueurs, aus deren geistiger Welt sie ausbrachen. Doch Saint-Gelais schlug eine ganz andere Richtung ein als Marot. Geprägt durch einen längeren Italienaufenthalt und die dort gewonnene kenntnisreiche Vertrautheit mit der italienischen Sprache und Literatur, eiferte er dem Liebling der italienischen Höfe, Serafino d'Aquila, nach, um Frankreichs erster *strambottista*, das heißt Meister der höfischen epigrammatischen Gelegenheits- und Improvisationskunst zu werden. Aus dieser Einstellung heraus vermied er es geradezu, seine vielen Kurzgedichte zu sammeln und zu drucken.[35] Der erste Teilabdruck seiner Gedichte im Jahr 1547 geschah gegen seinen Willen und erschien ihm außerdem kompromittierend. Sein gesellschaftliches Prestige beruhte auf seiner mit sprach-

---

[34] Die ganze Serie der *Blasons anatomiques des parties du corps féminin, invention de plusieurs poètes françois contemporains* wurden, nach F. Lachèvre, 1536 (oder 1537) in Lyon gedruckt. Jetzt zugänglich in: *Poètes du XVIe siècle*, éd. A.-M. Schmidt, S. 291–364.

[35] Vgl. dazu H.-J. Molinier, *Mellin de Saint-Gelays (1490?–1558). Etude sur sa vie et sur ses oeuvres*, Paris 1910 (Genf 1968), S. 333.

licher Gewandtheit gepaarten Geistesgegenwart sowie auf seiner musikalischen Vortragskunst.[36] Seine französischen Gedichte – er war auch ein anerkannter Vertreter der neulateinischen Dichtung – holen sich in Form und Gedankenführung oft Anregungen bei den Italienern: bei Petrarca selbst, aber noch mehr bei seinen Nachahmern. So hat er – früher oder gleichzeitig mit Marot – Sonette verfaßt. Aber nur seine Sonette greifen thematisch die petrarkistische Liebesmotivik auf und führen übrigens auch aufgrund ihres zahlenmäßigen Gewichts zu der Feststellung, daß Saint-Gelais mit mehr Recht als Marot als Begründer der Sonettdichtung Frankreichs gelten darf. Doch ist Mellin de Saint-Gelais Marot darin verwandt, daß er neue Formen und Gattungen in die französische Lyrik einführte, sie erprobte, ohne den Anspruch zu formulieren, auf diesem oder jenem Gebiet der erste und damit der entscheidende Neuerer gewesen zu sein. Das gilt neben dem Sonett für das *madrigal* und das, bei ihm, auf eine Schlußpointe zulaufende *épigramme* so gut wie für das aus der italienischen Literatur entlehnte *capitolo*, das französisch *chapitre* getauft wurde, eine vielseitige epigrammatische Form mit Terzinenreim.[37]

Marot und Saint-Gelais haben der französischen Lyrik, wenn auch aus unterschiedlichen Antrieben und in verschiedenen Wirkungsbereichen, neue Gattungen und Formen erschlossen, durch die neue dichterische Sprechweisen, neue Tonlagen und Wirkungspotentiale – man denke an das *badinage marotique* – zur Geltung gebracht wurden. Die formale Vielseitigkeit ihrer Gedichte spiegelt ihre Suche nach neuen Ausdrucksmöglichkeiten, nachdem die Brücke zu den *formes fixes* von beiden spätestens im Lauf der 30er Jahre abgebrochen worden war. Rückblickend mag es allerdings so scheinen, als habe nach Marots Tod (1544) die entscheidende Dichterpersönlichkeit gefehlt, um seinen Weg entschieden fortzusetzen.

In diesen Jahren war für aufmerksame Leser der durch unbekannte und teils fremdartige Gattungsbezeichnungen auffallenden neuen Poesie die Frage entstanden, ob es sich in allen Fällen wirklich um eine Ablösung

---

[36] Ebd. S. 177 ff.
[37] Der Einfluß der italienischen Petrarkisten auf die französische Dichtung der Renaissance ist besonders von W. Th. Elwert unterstrichen worden, op. cit., S. 100, 105. – Genaue Belege zum Import italienischer Gattungen und Gattungsnamen jetzt bei Fritz Nies, „*A la façon Italienne*. Import literarischer Gattungskonzepte als aktuelles Forschungsproblem", in: *Italia Viva. Studien zur Sprache und Literatur Italiens. Festschrift für Hans Ludwig Scheel*, Tübingen 1983, S. 303–315. S. besonders zur Rolle von Louise Labé: S. 313.

von den traditionellen Gattungen der französischen Dichtung handelte, wie sie aus dem 15. Jahrhundert an das 16. Jahrhundert weitergegeben worden waren, oder ob hier nicht in mehr als einem Fall nur eine neue Namengebung stattgefunden hatte: neue Schläuche für den alten Wein? – Ist ein langes *épitaphe* etwas ganz anderes als eine *déploration*? Was gewinnt ein traditioneller *Dizain*, wenn man ihn unter den Oberbegriff *épigramme* stellt? Waren nicht auch neuerdings liedhafte strophische Gedichte erstmals unter der ungewohnten Bezeichnung *ode* in Erscheinung getreten, ohne daß der Unterschied zum traditionellen und von Marot und Mellin de Saint-Gelais weiter gepflegten *chanson* sinnfällig war?

Es gab in der Mitte der 40er Jahre genügend Gründe, um den Status der Versdichtung insgesamt zu überdenken und eine beschreibende Bestandsaufnahme der Dichtungsgattungen und -formen durchzuführen, die für die französischen Dichter der neuen Generation – der Zeit nach Marot – als lebendige, entwicklungsfähige Ausdrucksmöglichkeiten zur Verfügung standen. Aus einer solchen Perspektive gilt es, jene dichtungstheoretische Schrift zu betrachten und zu bewerten, die diese Aufgabe am Ende des Jahrzehnts zu leisten versuchte und die den gewandelten Verhältnissen durch einen neuen Begriff Rechnung trug: *Art poétique François* nannte Thomas Sébillet seinen 1548 erschienenen Traktat.[38] Es handelt sich um die Arbeit eines klugen Beobachters, der freilich in der Literaturgeschichte oft ungerecht behandelt wird, weil man seine Gedanken und Vorschläge vom kategorisch gegensätzlichen Standpunkt Du Bellays und Ronsards, den Wortführern einer erfolgreichen literarischen Sezession, zu beurteilen gelernt hat. Worin liegt die Originalität und der diagnostische Wert der Schrift Sébillets begründet?

Symptomatisch ist schon der Titel, der eine zweifache Bezugnahme und Abgrenzung enthält. In Analogie zur ersten humanistischen Poetik des 16. Jahrhunderts, der Schrift *De arte poetica* von Girolamo Vida (Rom/Paris 1527)[39], legte Sébillet einen *art poétique* vor, in dem er – sich wie Vida hauptsächlich auf Horaz und Quintilian stützend – zunächst die Natur des dichterischen Schaffensaktes grundsätzlich erläuterte und dabei den Begriff *art* aus dem handwerklich-technischen Verständnis, wie er

---

[38] Der vollständige Titel lautet: *Art Poétique François. Pour l'instruction de's jeunes studieus, & encor peu avance'z en la Poe'sie Françoise.* Zitiert nach der Edition critique publ. par Félix Gaiffe, Paris 1910.
[39] S. zu Vidas Poetik: Jürgen Blänsdorf, „Das Neue in der Kunsttheorie Gerolamo Vidas", in: *Stimmen der Romania. Festschrift für W. Theodor Elwert*, hrsg. von Gerhard Schmidt und Manfred Tietz, Wiesbaden 1980, S. 89–102.

den *arts de seconde rethorique* zugrunde lag, befreite: *me soit permis de nommer art ce que plus proprement j'appeleroye divine inspiration.*[40] Zugleich jedoch ist diese Schrift ganz bewußt ein *art poétique français*, eine mehr informierende und orientierende als belehrende Darstellung der metrischen, sprachlichen und formal-gattungsmäßigen Gestaltungsmöglichkeiten französischer Versdichtung überhaupt, mit denen sich all jene vertraut machen müssen, die als wahre *Pöétes François* – und nicht mehr als *escrivains en ryme* – auf den Spuren der Vorbilder Marot und Saint-Gelais Frankreich eine *Pöésie Françoise* geben wollen, welche sich mit der römischen Dichtung des Augusteischen Zeitalters messen könnte. Sébillets Traktat war durch die insistierende Verwendung der Begriffe *poésie, poétique, poète* maßgeblich an deren Durchsetzung im Sprachgebrauch der Folgezeit beteiligt. Durch ihn ist insbesondere der Begriff *poète* mit der Vorstellung des inspirierten Schaffensaktes verbunden worden, wodurch der Dichter sich definitiv von den *aucteurs, facteurs, faiseurs, rimans, versifieurs* und *rhetoriques* der vorangegangenen Epoche abhob, aber auch gegenüber dem *orateur* sein eigenes Profil festigte.[41] Ein anderer Begriff, den Sébillet mehrfach gebrauchte, um die lyrischen Dichtungsformen insgesamt zu bezeichnen – *le carme françois* –, hatte demgegenüber keine Fortüne. Es setzte sich, wenn auch zögernd, der bei ihm ebenfalls zu findende Oberbegriff *poème* durch, der freilich von Ronsard später in einem eingeschränkten Sinne verwendet werden sollte. *Le long poëme* ist bei Du Bellay bekanntlich die geläufige Bezeichnung für das Epos!

Von besonderer Bedeutung ist, daß Sébillet im zweiten Buch seines Traktats die Dichtungsgattungen gesondert behandelt, und zwar unter den Aspekten ihrer *matière, structure,* ihrer Tonlage und ihres Funktionsbereichs. Nicht immer werden alle Punkte behandelt, aber es ist der Wille sichtbar, Dichtungsformen als komplexe – semiologisch gesprochen –, mehrfach kodierte künstlerische Sprachgebilde zu beschreiben. Bezeichnend ist beispielsweise, wie Sébillet durch eine gesonderte Bemerkung die Eigenart des *chant royal* gegenüber der formverwandten Ballade hervorhebt:

Vertus du chant Royal. – Note d'avantage, que l'élégance et pertinente déduction de l'allégorie est la premiere vertu du chant Royal: La seconde, la cohérence du refrain a chaque couplet.[42]

---

[40] Thomas Sébillet, op. cit., S. 8/9.

[41] Zu diesen und weiteren Bezeichnungen s. Pierre Jodogne, «Rhétoriqueurs», in: *Dizionario critico della letteratura francese,* volume secondo, Turin 1972, S. 993.

[42] Thomas Sébillet, op. cit., S. 140.

Bei oberflächlicher Betrachtung der von Sébillet vorgestellten Gattungen könnte leicht der Eindruck entstehen, dieser habe die tradierten Ausdrucksformen der Rhétoriqueurs und die neuen von Marot und Saint-Gelais eingeführten Dichtungsgattungen unterschiedslos behandelt und sie den künftigen Dichtern Frankreichs als gleichberechtigte Formen empfohlen. Das ist nicht der Fall. Bei der Charakterisierung des Rondeaus – aber auch in anderen Fällen – verweist er *expressis verbis* darauf, daß diese Dichtungsformen aus der Mode gekommen, von den Leitfiguren Marot und Saint-Gelais früh aufgegeben worden waren, und daß ihre Behandlung mehr dem Respekt vor der *antiquité* – der französischen Tradition – und dem Wunsch nach Vollständigkeit entspricht als der Aktualität der Form.

Indes, einen tiefen Einblick in die Unsicherheit, die am Ende der 40er Jahre hinsichtlich der Identität, der Verwandtschaft, der Hierarchie und gesellschaftlichen Bedeutsamkeit der lyrischen Gattungen herrschte, lieferte Sébillet mit seiner auf Harmonisierung bedachten Parallelbehandlung der aus der französischen Tradition stammenden Formen und Gattungen und jener neu eingeführten, die ihre Herkunft aus der griechischen, römischen oder italienischen Literatur schon durch ihre Bezeichnungen offen signalisierten. Folgende Beziehungen stellte er her:

1. Sonett und französischer *dizain* werden einander unter dem Oberbegriff *épigramme* zugeordnet. «Et quant tout est dit, Sonnet n'est autre chose que le parfait epigramme de l'italien, comme le dizain du Francois.»[43]

2. *Cantique, chant lyrique, ode* und *chanson* sind allesamt singbare Lieder aus Strophen, die der Dichter von Gedicht zu Gedicht frei variieren kann. Auch der thematische Rahmen ist nach Meinung Sébillets bei *ode* und *chanson* identisch: «La chanson approche de tant prés l'Ode, que de son et de nom se resemblent quasi de tous poins ... Aussy en est la matière toute une.»[44]

3. *Déploration* und *complainte* könnten eigentlich als *élegies* aufgefaßt werden: «Complaintes et deplorations sembleroient estre comprises soubz l'élégie, qui ne les sonderoit au vif.»[45] Sébillet sieht in dieser Zuordnung jedoch insofern Schwierigkeiten, als manche *déplorations* eher *épitaphes* sind. Auch die *éclogue* kann in dialogischer Gestaltung die Funktion einer *complainte* übernehmen.

---

[43] Ebd. S. 115.
[44] Ebd. S. 150.
[45] Ebd. S. 178.

4. In einem anderen Fall, nämlich der von Marot geschaffenen Versepistel vom Typus *Du coq a l'asne*, ist es Sébillet, der die französische Form durch ihre Identifikation mit der römischen Satire aufwerten möchte: «... lés Coqs a l'asne de Marot sont pures Satyres Francoises.»[46]

Sébillets Schrift ist vom Standpunkt des Beobachters, des durch weitläufige Lektüren gebildeten Lesers, verfaßt und insofern „Theorie". Alle Empfehlungen an den *poète futur* gehen letztlich doch dahin, an Marot und Saint-Gelais anzuknüpfen und sie in ihren eigenen Dichtungsformen, von denen zahlreiche Proben gegeben werden, noch zu übertreffen. Eine Situierung der Poesie insgesamt im kulturellen Spannungsfeld von Humanismus, reformatorischer Bewegung, höfischer Kunstsinnigkeit und Unterhaltungslust findet nicht statt. Insofern fehlt der Schrift das, was wir heute eine kulturelle Option nennen.

IV. Das Dichtungs- und Gattungsverständnis der Pléiade

Das Manifest, mit dem Du Bellay – zugleich, wenn auch uneingestandenermaßen, im Namen Ronsards und der anderen Freunde aus dem Collège de Coqueret – im Jahre 1549 an die Öffentlichkeit trat und in dem er trotz einiger Berührungspunkte unmißverständlich gegen Sébillet polemisierte, ist ein einzigartiges Dokument der französischen Dichtungsgeschichte. Darüber hinaus scheint es in literaturwissenschaftlicher Hinsicht – und hier wiederum für die Gattungsforschung – ein Glücksfall zu sein. Denn im Mittelpunkt der programmatischen Schrift steht die erklärte Absicht, kompromißlos mit den hergebrachten französischen Dichtungsformen und -gattungen zu brechen und an ihrer Stelle ein neues Gattungssystem zu etablieren. Die Lektüre des entscheidenden Passus aus *La Deffence et Illustration de la Langue Françoyse* erlaubt nur diese Deutung:

> Quelz genres de Poèmes, doit elire le Poéte Francoys
>
> Ly, donques, & rely premierement (ò Poéte futur) fueillete de Main nocturne, & journelle, les Exemplaires Grecz et Latins: puis me laisse toutes ces vieilles Poësies Francoyses aux Ieux Floraux de Thoulouze, & au puy de Rouan: comme Rondeaux, Ballades, Vyrelaiz, Chantz Royaulx, Chansons, & autres telles episseries, qui corrumpent le goust de nostre Langue...[47]

---

[46] Ebd. S. 168.
[47] Joachim Du Bellay, *La Deffence et Illustration de la langue françoyse*. Fac-

Modell für den eigenen Entwurf ist die aus allen historischen Bezügen gelöste, idealtypische Reihe der durch die besten römischen, italienischen und neulateinischen Dichter repräsentierten Dichtungsgattungen. Der Schwerpunkt liegt freilich auf der *imitatio* der hervorragendsten Vertreter der römischen Dichtung. Ausdrücklich werden manche in der französischen Dichtung schon heimische Gattungen wie *épigramme, élégie* und *épître* verworfen, soweit sie nicht den römischen Vorbildern Martial – Ovid, Tibull, Properz – und Horaz bzw. Ovid unmittelbar folgen.[48] Erstaunlich ist auch, daß das Sonett nicht mehr wie bei Marot und Scève als eine epigrammatische Form, sondern als eine „lyrische", der Ode nahestehende Dichtungsgattung aufgefaßt wird. Die Ode wird in den Mittelpunkt der Aufmerksamkeit gerückt als eine der französischen Dichtung noch unbekannte Gattung in hohem Stil und mit großer thematischer Freiheit:

Chante moy ces Odes, incongnues encor' de la Muse Francoyse, d'un Luc bien accordé au son de la Lyre Greque, & Romaine: & qu' il n'y ait vers, ou n'aparoisse quelque vestige de rare, & antique erudition. Et quand à ce, te fourniront de matiere les louanges des Dieux, & des Hommes vertueux, le discours fatal des choses mondaines, la solicitude des ieunes hommes, comme l'amour, les vins libres, & toute bonne chere. Sur toutes choses, prens garde que ce genre de Poëme soit eloigné du vulgaire, enrichy, & illustré de motz propres, & Epithetes non oysifz, orné de graves sentences, & varié de toutes manieres de couleurs, & ornementz Poëtiques...[49]

Obwohl Du Bellay vor einigen älteren Dichtern Achtung bezeugt und seinen Zeitgenossen Marot und Héroet nicht alle Anerkennung verweigern möchte, vollzieht er einen bewußten Traditionsbruch und ist auf Widerstand gefaßt:

Ie scay que beaucoup me reprendront, qui ay osé le premier des Francoys introduyre quasi comme une nouvelle Poësie...[50]

---

similé de l'édition originale de 1549, publiée [...] avec une introduction de Fernand Desonay, Genf/Lille 1950, Le second livre, chap. IIII.
[48] Ebd.
[49] Ebd.
[50] Ebd. Chap. I. Eine ähnliche, aber noch charakteristischere Wendung liest man im *Au Lecteur* der *Olive*: «Voulant donques enrichir nostre vulgaire d'une nouvelle, ou plustost ancienne renouvelée poësie, je m'adonnay à l'immitation des anciens Latins et des poëtes Italiens,...» (in: J. Du Bellay, *L'Olive*, texte établi avec notes et introduction par E. Caldarini, Genf 1974, S. 44).

Die konkrete geschichtliche Bedeutung der Schrift Du Bellays liegt darin begründet, daß der Verfasser nicht bloß Theoretiker, sondern ein Dichter war, der hier programmatisch vorwegnahm, was er und seine Freunde unmittelbar danach der gebildeten Leserschaft in Gestalt von Werken vorlegten. Im selben Jahr 1549 erschienen von Du Bellay in rascher Folge *L'Olive,* das erste französische Sonettbuch mit 115 Gedichten, die *Vers Lyriques* mit 14 Oden sowie der *Recueil de Poesie* mit einem panegyrischen *Prosphonematique,* einem *Chant Triumphal* und weiteren 16 Oden. Ihnen folgte im Jahr 1550 mit dem Anspruch, diese Gattung in die französische Dichtung eingeführt zu haben und den Titel *premier auteur lyrique français* zu verdienen, Ronsards Erstveröffentlichung: *Les quatre premiers livres des Odes.* Dann zog Ronsard mit Du Bellay auf dem Gebiet des Sonetts gleich, indem er 1552 die *Amours de Cassandre* in Druck gab, denen wenige Jahre später die *Amours de Marie* folgten, welche den Alexandriner als lyrischen Vers in die Sonettdichtung einführten. Es ist evident, daß die in den Jahren 1549 und 1550 veröffentlichten umfangreichen Gedichtbücher schon vor der Veröffentlichung der *Deffence et Illustration* nahezu abgeschlossen oder sehr weit fortgeschritten gewesen sein müssen. Insgesamt zeigen die Werke Du Bellays und Ronsards in diesen Jahren eine auffällige gattungsmäßige Homogenität; von da aus erklärt sich wohl auch die Hervorhebung der Verbundenheit von Ode und Sonett in der *Deffence*:

Sonne moy ces beaux Sonnetz, non moins docte, que plaisante Invention Italienne, conforme de Nom a l'Ode, & differente d'elle seulement, pource, que le Sonnet à certains Vers reiglez, & limitez: ....[51]

Trotz der überzeugenden Verbindung von Programmatik und dichterischer Praxis ruft das Vorgehen Du Bellays Erstaunen hervor. Konnte er wirklich hoffen, zusammen mit seinen Gesinnungsfreunden die französische Dichtung aus ihren bisherigen Bindungen zu lösen und eine generelle Neuorientierung zu erzwingen? Der tatsächliche Erfolg des von Du Bellay und Ronsard getragenen Unternehmens läßt sich wohl nur zu einem Teil aus ihrer radikalen Ablehnung der bis zu Marot und Saint-Gelais reichenden französischen Dichtungstradition erklären. Zu wenig bekannt ist, daß die beiden Wortführer der dichterischen Erneuerung nicht allein standen, sondern für den konstruktiven Teil ihres Programms den Rückhalt der in allen größeren Städten entstandenen humanistischen

---

[51] J. Du Bellay, *La Deffence,* Le Second Livre, chap. IIII. Vgl. auch *L'Olive,* S. 44.

Kreise und der – poetologisch gesehen – anspruchsvolleren neulateinischen Dichtungsbewegung Frankreichs hatten.[52] Sensationell war nicht, daß Ronsard vier Bücher Oden publizierte, sondern daß es französische Oden waren, die in ihrem geistigen Gepräge Pindar und Horaz nahezubleiben suchten.[53] Der Franzose Salmon Macrin hatte aufgrund seines *Carminum Libellus* (1528) und der *Odarum Libri VI* (1537), schon lange bevor Ronsard die erste französische Ode schrieb, den Ehrennamen eines *Horace français* erhalten. Dorat, der Lehrer und Freund Ronsards, Du Bellays und Baïfs, hatte diese in die Dichtung des Horaz eingeführt und war selbst Verfasser zahlreicher lateinischer *carmina* im Stile Horaz'.[54]

In dem stolzen, ja überheblich wirkenden Anspruch Ronsards, der *premier auteur lyrique français* zu sein, äußert sich einerseits das patriotische Bewußtsein, der französischen Poesie aus eigener Kraft neue Wege eröffnet zu haben, doch andererseits ist auch diese Geste durch literarische und kulturelle *imitatio* bestimmt. Sie folgt dem ebenso selbstbewußt formulierten Bekenntnis von Horaz „*ex humili potens princeps Aeolium carmen ad Italos deduxisse modos*" (c. III, 30). Der seit Lemaire de Belges dann und wann verwendete Neologismus *lyrique* erhielt erst durch Du Bellays *Vers lyriques* und die Oden Ronsards eine inhaltliche Ausfüllung als Dichtungsbegriff. Er meint die in der Nachfolge der griechischen *novem lyrici* und durch unmittelbare *imitatio* der Horazischen *carmina* geschaffene französische Lyrik in freier strophischer Gestaltung, welche dem Dichter die individuelle Zusammenstimmung von Gedanken und Vers- bzw. Strophenrhythmus ermöglicht. Gesanglichkeit und Singbarkeit – auch mit Instrumentalbegleitung – sind Maßstab für die sprachliche und verstechnische Durchformung des Textes.[55]

---

[52] Auf diese Filiation hat besonders I. D. McFarlane, *Poésie néo-latine*, verwiesen. Vgl. auch D. Murarasu, *La poésie néo-latine et la Renaissance des lettres antiques en France (1500–1549)*, Paris 1928, S. 135 ff., 167 ff.

[53] Zur Geschichte der Ode s. Dieter Janik, *Geschichte der Ode und der «Stances» von Ronsard bis Boileau*, Bad Homburg v. d. H./Berlin/Zürich 1968.

[54] Die lateinischen Oden Dorats liegen nun in einer modernen kommentierten Edition vor: Jean Dorat, *Les odes latines*. Préface de V.-L. Saulnier, texte présenté, établi, traduit, annoté par Geneviève Demerson (Faculté des Lettres et Sciences humaines de l'Université de Clermont-Ferrand II, Nouvelle série. Fascicule 5), Clermont-Ferrand 1979.

[55] Zu dem Komplex Ode–Musik–Vertonung gibt es zahlreiche Abhandlungen, die, einerseits, der theoretischen Begründung der Durchdringung von Musik und lyrischer Dichtung und, andererseits, den zeitgenössischen Kompositionen selbst gelten. Die wesensmäßige Verbundenheit von Dichtung und Musik als

Diese enge, aber gültige Bestimmung der *poésie lyrique* setzt die von Du Bellay hergestellte Verbindung zwischen *ode* und *sonnet* außer Kraft. Die Tatsache freilich, daß Ronsard sich nicht auf den engeren Umkreis der Odendichtung beschränkt hat, sondern in der Folgezeit das Sonett und die scheinbar ganz „unlyrischen" Formen des *poème*, des *hymne*, der ebenfalls unstrophischen *élégie*, des *discours* und der *éclogue* – alle im paarweise gereimten Alexandriner verfaßt – bevorzugt hat, zeigt aber, daß für ihn der entscheidende Punkt der Erneuerung der französischen Poesie nicht im Bereich der Versgestaltung lag. Wo aber dann?

Der von Du Bellay propagierte und in die Tat umgesetzte Traditionsbruch manifestiert sich zwar am unmittelbarsten in der Sezession von den traditionellen Dichtungsgattungen. Er ist jedoch letztlich nur die Konsequenz einer neuen Wesens- und Funktionsbestimmung des Dichters und der Dichtung. Aus ihr läßt sich erst erklären, in welchem Sinn das Dichten in „Gattungen" für Ronsard und Du Bellay Bedeutung hatte. Ihr Kernpunkt ist die schon bei Sébillet angeklungene Anschauung von der *inspiration divine*, die sich im wahren Dichter in einem besonderen Erregungszustand des Geistes äußert.[56] Von dieser *fureur poétique* erfaßt, gestaltet der Dichter im Wort, in der Musik des Wortes, die Gedanken und Empfindungen, die ihn unter dem Eindruck der verschiedenen Lebenssphären und Lebenssituationen, welche sein Daseinsgefühl bestimmen, bewegen. Dieses sprechende Erfassen des Sinngehalts herausgehobener Lebenssituationen gelingt in dem Maße, wie sich der Dichter dem Ton und der Sageweise der größten Dichter anzunähern weiß. Geistiger Reichtum und sprachliche Machtfülle sind im Augenblick des Schöpfungsvorgangs nur dann präsent, wenn der Dichter von den Denkweisen und Bildvorstellungen, in denen jene modellhaften Dichter Sinn in

---

Harmonie stiftenden Kräften wurde auf antiker Grundlage von Pontus de Tyard postuliert. Vgl. Pontus de Tyard, *Le Solitaire Premier:* «Et de ce faire est pour son peculier devoir la fureur Poëtique chargée, resveillant par les tons de Musique l'Ame en ce, qu'elle est endormie, et confortant par la suavité et douceur de l'harmonie la partie perturbée, puis par la diversité bien accordée des Musiciens accords chassant la dissonante discorde...» (P. de Tyard, *Oeuvres*, vol. 2, édition critique par Silvio F. Baridon, Lille/Genf 1950, S. 19). – S. auch Julien Thiersot, *Ronsard et la Musique de son Temps*, Paris 1922. – Frances A. Yates, *The French Academies of the Sixteenth Century*. The Warburg Institute of London 1947, Chapter IV: "Poetry and Music and the Encyclopaedia".

[56] S. besonders Grahame Castor, *Pléiade Poetics. A Study in Sixteenth-Century Thought and Terminology*, Cambridge 1964, S. 24 ff.: "Poetry as Divine Fury", S. 37 ff.: "Inspiration, Nature, and Art".

sprachliche Gestalt verwandelten, ganz durchdrungen ist.[57] Dann hat er die *faconde* und *copieuse diversité*, von denen Du Bellay, Ronsard und Pontus de Tyard sprechen. In dieser geistigen Anverwandlung der großen Dichter der Antike und Italiens sahen Ronsard und Du Bellay eine Aufgabe und Herausforderung. Ziel dieser Anstrengung war die geistesverwandte Erneuerung der Poesie in der eigenen Muttersprache. Dieses lernende Eindringen in die alten Dichter verwandelt die *fureur poétique*, genauer besehen, in eine – wie Ronsard formulierte – *docte fureur*.[58] Nicht jeder französische Dichter kann freilich die Geistesart eines jeden Dichters der Antike gleichermaßen erfassen und mit seiner eigenen verschmelzen. So ergeben sich aus Wahlverwandtschaft Zuordnungen von französischen Dichtern zu griechischen, römischen, italienischen oder neulateinischen Dichtern und den von ihnen in spezifischer Weise gepflegten Gattungen. Ronsard sah sich in besonderer Nähe zu Pindar und Horaz, Du Bellay zu Petrarca, Belleau zu Anakreon. Diese – zu schematisierender Fortsetzung anregende – Identifikation eines französischen Dichters mit einem vorbildhaften Autor und einer vorbildhaften Gattung wurde nur in den ersten Jahren des engen Zusammenhalts des Freundeskreises der *brigade* – der Vorstufe der späteren *Pléiade* – mit Ernst beibehalten. Bald zeigte sich, daß die Persönlichkeiten der jungen französischen Dichter stark genug waren, um dieses zu enge Abhängigkeitsverhältnis aufzugeben.[59] Schon in den Gedichtsammlungen, mit denen Ronsard und Du Bellay in der Mitte der 50er Jahre an die Öffentlichkeit traten, ist zu erkennen, daß die Dichtungsgattung keine die eigene Kreativität und Produktivität lenkende oder gängelnde Wirkung mehr hat.[60] Zwei andere Tendenzen treten nun stärker hervor: die Entwicklung dich-

---

[57] Das Problem der geistigen Aneignung des „Anderen" ist von S. Dresden unter den verschiedensten Gesichtspunkten erörtert worden: S. D., «La notion d'imitation dans la littérature de la Renaissance», in: *Invention et Imitation. Etudes sur la littérature du seizième siècle,* publiées sous la direction de J. A. Tans, o. O. 1968.

[58] Pierre de Ronsard, «A Christophle de Choiseul, son ancien amy», in: Ronsard, *Oeuvres Complètes,* texte établi et annoté par Gustave Cohen, Paris 1950, II, S. 430.

[59] Jacques Peletier hat in seinem 1555 erschienenen *Art Poétique* (éd. par A. Boulanger, Paris 1926) eine geschlossene und klare Übersicht über Theorie und Dichtungsgattungen der Pléiade gegeben, die der Geradlinigkeit der Entwicklung in den Jahren 1549–1554 Rechnung trug. Unmittelbar danach begann jedoch der Ausbruch aus den selbstgesetzten Normen.

[60] Vgl. die aufschlußreiche Analyse der „Diversifikation" der Dichtung der

terischer Sageweisen, in denen trotz unterschiedlicher Tonlage und Stilhöhe die eigene Persönlichkeit unverkennbar mitschwingt,[61] und – obwohl das zunächst widersprüchlich erscheint – die Tendenz zur Universalisierung der dichterischen Aussage.

Für Du Bellay hatte ursprünglich in der *Deffence* die von ihm propagierte *illustration* der französischen Sprache – als Organ einer neuen französischen Dichtung – in enger Verbindung gestanden mit der Forderung nach Dichtungen in hohem Ton und hoher Stillage.

... i'ay tousiours estimé notre Poésie Francoyse estre capable de quelque plus hault, & meilleur Style, que celuy, dont nous sommes si longuement contentez.[62]

Die Stellungnahme zur *épître* zeigt dieselbe Einstellung aus anderem Gesichtswinkel:

Quand aux Epistres, ce n'est un Poëme, qui puisse grandement enrichir nostre vulgaire: pource qu'elles sont voluntiers de choses familieres, & domestiques, ...[63]

Beide Äußerungen, die noch um viele weitere vermehrt werden könnten, belegen, daß von der Generation der Pléiade eine dichterische Stiltheorie entwickelt wurde, die im wesentlichen in der Umdeutung der *genera dicendi* – die in der Rhetorik durch die Redesituation und den Redegegenstand determiniert sind – in „verfügbare" Ausdrucksebenen und Stilformen besteht. Hinzu kommt, daß Du Bellay, um den Abstand zu der vorangegangenen Dichtergeneration zu betonen, die *nouvelle Poësie Francoyse* zunächst ganz auf den hohen Stil, der dem *genus demonstrativum* der klassischen Rhetorik entspricht, festlegen wollte.[64] Alle sprachlichen

---

Pléiade seit 1555: H. Nais, «L'Année 1555 dans l'histoire de la poésie Française», in: *Invention et imitation*, S. 6–19.

[61] Du Bellay hatte schon – in Abwehr der durch das *imitatio*-Programm der *Deffence* laut gewordenen Vorwürfe – in der *Olive* stolz formuliert: «Je ne me suis beaucoup travaillé en mes ecriz de ressembler aultre que moymesmes» (op. cit., S. 50). – Ist das ein Echo von Erasmus': „si teipsum non exprimis"? Vgl. dazu: Terence Cave, *The Cornucopian Text. Problems of Writing in the French Renaissance*, Oxford 1979, S. 39 ff.

[62] J. Du Bellay, *La Deffence*, Le Second Livre, Chap. I (Ende).

[63] Ebd. Le Second Livre, Chap. IIII.

[64] Die Einschätzung der tatsächlichen Rolle der Rhetorik als Theorie und Technik der Erzeugung situations- und gegenstandsangemessener Texte für die dichterische *création* schwankt noch in der Pléiade-Forschung. – Die historischen Gegebenheiten zeigen Unstimmigkeiten zwischen Theorie und Praxis. Pierre Fabri hatte in seinem Traktat eine klare Trennung zwischen *Rhetorique prosaïque*

Mittel sollten dementsprechend mit dem Ziel eingesetzt werden, den Leser in die verschiedensten *affections* zu versetzen, ihn eventuell eine ganze Skala von Empfindungen durchlaufen zu lassen. Die Forderung nach dem *hault Style* ist also konsequent mit der *movere*-Ästhetik verknüpft worden.[65] – Die aus heutiger Sicht problematische Verbindung der Inspirationstheorie mit der rhetorischen Stiltheorie wurde weder von Du Bellay noch von Ronsard diskutiert. Beide Autoren versuchten in ihren ersten Werken, dieser Konzeption zu entsprechen. Am weitesten ging Ronsard in seinen *odes pindariques*, die der Verherrlichung der *vertu* des Königs und der königlichen Familie galten. Die Folgen dieser einseitigen Festlegung bekamen er und Du Bellay durch die Leser zu spüren. Obwohl letzterer zunächst laut verkündet hatte, die höchste Dichtung sei eine Art Zwiesprache des Dichters mit dem von ihm in der *imitatio* ergriffenen Vorbild, an der allenfalls einige gebildete Dichterfreunde teilhaben könnten, modifizierten er und auch Ronsard – nicht zuletzt unter dem Eindruck der mittleren und niederen Stilhöhe der damals aufgefundenen Gedichte des sogenannten Pseudo-Anakreon – ihre Position. Dies geschah nicht argumentativ, sondern in der dichterischen Praxis selbst.[66] Es

und *Poïetique* vollzogen; Thomas Sébillet integrierte dann *invention* und *élocution* unmittelbar in seinen *Art poétique*. Ronsard folgte ihm darin und handelte knapp von *Invention, Disposition* und *Elocution*. Ob der kompositionelle Aufbau und die sprachliche Gestaltung eines Gedichts sich jeweils tatsächlich an rhetorischen Normen orientierten, bleibt zweifelhaft. Dafür spricht beispielsweise Ronsards *Au Lecteur* zu den Oden von 1550 (s. *Oeuvres Complètes*, éd. G. Cohen, II, S. 973/974). Zu einseitig wird die Bedeutung der Rhetorik in dem Buch von Alexander L. Gordon, *Ronsard et la rhétorique*, Genf 1970, dargestellt. – Dorothy G. Coleman plädiert dafür, daß die unmittelbare *imitatio* der dichterischen Technik einzelner vorbildhafter Autoren stärkeren Einfluß hatte als die rhetorische Doktrin (s. *The Gallo-Roman Muse*, S. 2ff.). – Über ein zu enges, doktrinales Verständnis der Rolle der Rhetorik geht auch William J. Kennedy, *Rhetorical Norms in Renaissance Literature*, New Haven/London 1978, S. 3ff., hinaus. – Unbestritten ist freilich die Rhetorik die umfassende Theorie der Texterzeugung und -hermeneutik des Zeitalters überhaupt (dazu: Marc Fumaroli, *L'âge de l'éloquence. Rhétorique et „res literaria" de la Renaissance au seuil de l'âge classique*, Genf 1980).

[65] Marot hatte zwar die Möglichkeit oder Notwendigkeit einer Stilhebung bei bestimmten Redeanlässen – *enfler* nennt er es halbironisch (*épître XXV*, v. 123) – erkannt, war aber bei seinem recht gleichmäßigen Redestil, den er als *humble* und *bas* bezeichnet, verblieben (vgl. auch *épître XVI*). Nur in den *Cantiques* vollzog er diese Stilhebung dann bewußt.

[66] Das erste Sonett der *Amours de Marie* beginnt: «Tyard, on me blasmoit, à

ist bezeichnend, daß nur die ersten Werke Ronsards und Du Bellays von ausführlichen poetologischen Vorworten begleitet sind, später jedoch nur mehr in den Dichtungen selbst dazu Stellung bezogen wird. Wie das schon bei Sébillet angedeutet war, verschob sich durch die Übertragung der *genera elocutionis* auf die Dichtung nunmehr der Schwerpunkt des *art poétique* von der Vers- und Reimtechnik auf die Frage der Komposition und der Formulierungs- und Darstellungskunst. Signifikant ist in dieser Hinsicht der Abschnitt *De l'Elocution* in Ronsards *Abregé de l'Art Poétique François* aus dem Jahr 1565. Hier beziehen sich seine Definition und seine Beispiele fast ausschließlich auf die Dichtungen im hohen Stil. Vorbildhaft sind Vergil, Horaz und Homer.

Elocution n'est autre chose qu'une propriété et splendeur de paroles bien choisies et ornées de graves et courtes sentences... Tu n'oublieras les comparaisons, les descriptions des lieux...[67]

Die grundsätzliche Möglichkeit der Übertragung der *genera elocutionis* der Rhetorik auf die Dichtung sowie die entsprechende Betonung der kompositionellen Aspekte waren dadurch gegeben, daß alle Dichtung – konstitutiv – als „Sprechakt" aufgefaßt wurde, in dem der Dichter zu jemand und vor jemand spricht. Der Text des Gedichts ist eine *Rede,* sei es als ständige Anrede oder als Rede vor einem Zuhörer, vor dem man seine Gedanken und Empfindungen ausspricht, seinen Standpunkt oder seine Wünsche offenlegt.[68] In jedem Gedicht tritt eine individuelle Stimme hervor, die durch die Anrede an ein fiktives, reales oder auch ein personifiziertes Gegenüber eine Redesituation und einen Redekontext erzeugt. Dem Dichter ist es freilich überlassen, die Tonlage zu wählen, sie dem Adressaten, dem Gegenstand oder seiner Äußerungslaune anzupassen. Der Redegegenstand hat nicht mehr von sich aus Macht über die Stilhöhe

mon commencement, / Dequoy j'estois obscur au simple populaire, / Mais on dit aujourd'huy que je suis au contraire, / Et que je me démens, parlant trop bassement.» – Vgl. auch Sonett LX der *Amours de Marie* (éd. G. Cohen, I, S. 160). – Zum Problem des Stilwandels s. Hermann Lindner, *Erhabener und schlichter Stil in der französischen Renaissance-Literatur.* Festschrift für Alfred Noyer-Weidner, hrsg. v. Klaus W. Hempfer und Gerhard Regn, Wiesbaden 1983, S. 105–123, besonders S. 114 ff.

[67] Ronsard, *Oeuvres Complètes,* II, S. 1002.

[68] Ausgezeichnet ist dies von Terence Cave formuliert worden. Er spricht von "the attempts of sixteenth-century texts to 'oralize' themselves, or at least to propose themselves as animated utterance, which amounts to the same thing" (*The Cornucopian Text,* S. 155).

und den Ton. Charakteristisch dafür sind Ronsards Oden in mittlerer Stillage aus der *Continuation des Amours* von 1556. Ein Beispiel ist diese Begrüßung des Frühlings:

> Dieu vous gard, messagers fidelles
> Du printemps, vistes arondelles,
> Huppes, cocus, rossignolets,
> Tourtres, et vous oiseaux sauvages
> Qui de cent sortes de ramages
> Animez les bois verdelets.
>
> Dieu vous gard, belles paquerettes,
> Belles roses, belles fleurettes,
> . . .

Die Poetik der Pléiade verstand sich als vehemente Reaktion gegen die Verwechslung von Dichtung und Vers- bzw. Reimschmiedekunst. Du Bellay sprach im Vorwort der *Olive* von den *ineptes rimasseurs*, und Ronsard hat in verschiedenen Gedichten, aber auch in dem *Abregé de l'art poétique* von 1565 nochmals explizit den Unterschied zwischen *versificateur* und *poète* deutlich gemacht. Dort heißt es in einer Kurzformel:

. . . car la fable et fiction est le subject des bons poetes, qui ont esté depuis toute memoire recommendez de la postérité . . .[69]

Marc-René Jung hat zwar in Abwehr von zu oberflächlichen Vorwürfen gegen die Rhétoriqueurs ihre unter dem Begriff *poetria* zusammengefaßten Überlegungen zur dichterischen Formung des Sinns erörtert.[70] Ihre dominante, vor allem durch den *Rosenroman* beeinflußte Gestaltungsweise ist freilich die Allegorie, die sowohl die Entfaltung von Handlungsstrukturen als auch – in der Form der Prosopopöie – die Einführung allegorischer Personen als redender Personen erlaubt. Jedoch zeigt sich dieses allegorische Verfahren bei den Rhétoriqueurs oft nur als eine Einkleidung oder virtuose Verkleidung des Gedankens, wie – andererseits – der Vers als metrische Zurichtung, nicht als rhythmisch-melodiöse Gestaltung des Wortlauts erscheint. Der entscheidende Schritt der Pléiade-Dichter bestand demgegenüber – negativ formuliert – in der Abkehr von der Allegorie und – positiv definiert – in der dichterischen Erschließung der Bildlichkeit kraft der *analogia* einerseits und in der Mythopöie kraft der Aneignung der antiken *Mytho-Logie* andererseits.[71] Die auszeich-

---

[69] Ronsard, *Oeuvres Complètes*, II, S. 1003.
[70] Marc-René Jung, op. cit., S. 58 ff.
[71] Die Arbeiten zu Art und Rolle des dichterischen Bildes in der Dichtung der

nende, ihn über andere Menschen erhebende Begabung des Dichters wird – insbesondere von Ronsard – in seinem Zugang zu einem Sinnbezirk gesehen, der den gewöhnlichen Sterblichen verschlossen ist, und den auch der Dichter nicht direkt eröffnen, sondern nur in bildlicher Rede und in Mythen vermitteln kann. Hier schwingt eine aus platonisch-plotinischem Denken übernommene Überhöhung des Dichters mit, deren Berechtigung man anzweifeln mag, die für Ronsard jedoch eine tiefere Wahrheit besaß. Er stellte die Urfunktion der Dichtung in frühen Zeiten menschlicher Kultur so dar:

> Car la Poësie n'estoit au premier age qu'une Theologie allegoricque, pour faire entrer au cerveau des hommes grossiers, par fables plaisantes et colorées, les secrets qu'ils ne pouvoient comprendre, quand trop ouvertement on descouvroit la verité.[72]

Von den ersten großen Dichtern Griechenlands heißt es bei ihm an anderer Stelle:

> Quatre ou cinq seulement sont apparus au monde
> De Grecque nation, qui ont à la faconde
> Accouplé le mystere, et d'un voile divers
> Par fables ont caché le vray sens de leur vers,[73]

Über diese reinste und höchste Art von Dichtern sagt er:

> Ils ont les pieds à terre, et l'esprit dans les Cieux.[74]

Die besondere geistige Kraft des Dichters äußert sich in einer Seh- und Erkenntnisweise, die wesentliche Beziehungen zwischen den Menschen, zwischen Mensch und Natur, Mensch und Kosmos aufdeckt, und in der Gabe, diese tieferen Beziehungen in der Sprache der Dichtung mitteilbar und wahrnehmbar zu machen. Die – im Sinne der neuplatonischen Denk-

---

Pléiade und der folgenden Generation sind zahlreich. Ich verweise nur auf Henri Weber, *La création poétique au XVIe siècle en France. De Maurice Scève à Agrippa d'Aubigné*, Tome I, Paris: Nizet 1956, und André Baiche, *La naissance du baroque français. Poésie et image (1570–1605)*, Thèse Toulouse–Le Mirail/Lille 1973. – Die Aussagekraft des Bildes als geistiger Form ist auf dem Hintergrund der Episteme der Zeit zu sehen. Dazu: Michel Foucault, *Les mots et les choses*, Paris 1966 (Les quatre similitudes). – Die „Wiederbelebung" des Mythos ist von August Buck in allen wesentlichen Zügen charakterisiert worden: *Die Rezeption der Antike in den romanischen Literaturen der Renaissance*, Berlin 1976, S. 192–227.

[72] Ronsard, *Oeuvres Complètes*, II, S. 997.
[73] Elégie (an Grévin), op. cit., S. 922.
[74] Ebd. S. 923.

weise – wesenhafte Bezogenheit von Mensch und Natur, Mensch und Kosmos in der dynamischen Vielseitigkeit ihrer Erscheinungsweisen ist, zum Teil, in vermeintlich evidenten Analogien – z. B. Frühling–Liebe – gegeben, zum Teil müssen diese Beziehungen erst als solche erkannt und durch den Dichter sinnfällig gemacht werden. Ein Universum solcher Beziehungen und Sinnbeziehungen liegt nun freilich ausgeformt vor in den Mythen der griechischen und römischen Poesie. Gegenüber diesem Reichtum anschaulicher Sinngestalten kann sich der Dichter so verhalten, daß er seine Vorstellungen in dieser vorgeformten Sprache des Mythos – *fable* ist der entsprechende Begriff der Dichter der Pléiade – ausdrückt, oder daß er selbst diese Mythen weiterdenkt und selbst zum Mythenschöpfer wird.

Die Dichtungsgattung, in der Ronsard diesen höchsten, aus der Antike überkommenen Anspruch der Dichtung in französischer Sprache einlösen wollte, sind seine *Hymnes*. Mangels geeigneter, für das spezifisch dichterische Sinnbildungsverfahren zutreffender Begriffe nennt man diese umfangreichen Gedichte oft „philosophisch", wodurch eine verfälschende Uminterpretation der zugrundeliegenden geistigen Haltung vorgenommen wird. Dadurch, daß die erscheinende Welt und Natur auf den Mythos projiziert wird, gibt diese einen Blick frei auf tiefere, wesentliche Dimensionen der sichtbaren Wirklichkeit. Manchmal geschieht das in so beiläufiger Weise wie in der zuletzt zitierten Ode. Dort heißt es in der zweiten Strophe:

> Dieu vous gard, belles paquerettes,
> Belles roses, belles fleurettes,
> Et vous, boutons jadis cognus
> Du sang d'Ajax et de Narcisse;[75]

Hier liegt nicht ein gelehrtes Mythenzitat vor, sondern es findet eine Verdoppelung der Seinsweise der besungenen Blumen statt; die unmittelbar sich dem Auge darbietende, gegenwärtige Erscheinung öffnet sich auf die in ihrem Namen beschlossene Mythe und deren höhere Realität.

Eine Mythopöie findet beispielsweise in dem «Hymne du Printemps» statt, wo Ronsard die Verwandtschaft von Amour und Printemps in Gestalt zweier Vögel symbolisiert:

> Je chante, Robertet, la saison du Printemps,
> Et comme Amour et luy, apres avoir long temps
> Combatu le discord de la masse premiere,
> Attrempez de chaleur, sortirent en lumiere.

---

[75] Ronsard, *Oeuvres Complètes*, I, S. 559.

> Tous deux furent oiseaux: l'un dans les coeurs vola,
> L'autre, au retour de l'an, jouvenceau s'en alla
> Rajeunir nostre terre, ...[76]

An eine sich aus dieser ersten Bezugsetzung entwickelnde Mythe schließt sich zum Schluß des Gedichts ein Lobpreis des *Printemps gracieux* an und ein Situationsbezug zum Adressaten des Gedichts. Gerade in diesen Gedichten ist die Tendenz zur Universalisierung der Aussage und ihre nur oberflächliche Rückbindung an eine vorab geschaffene Redesituation offenkundig.

Wie Ronsard mit den Hymnen eine seine geistige Persönlichkeit spiegelnde, sich allen traditionellen Gattungsbestimmungen entziehende – freilich dem neulateinischen Dichter Marullus verpflichtete – Dichtungsform schuf, so hat andererseits Du Bellay mit dem Sonettzyklus der *Regrets* eine gleichermaßen individuelle Form der satirischen Dichtung geschaffen, in der sich detailfreudige persönliche Beobachtungen, der zum satirischen Genus gehörende, bald distanzierte, bald engagierte zeitkritische Standpunkt und wechselnde Tonlagen und Einstellungen des Dichter-Ichs zu einem originellen Fresko des zeitgenössischen Rom verbinden.

Der überwiegende Teil der dichterischen Produktion der Dichter, die der Pléiade zugerechnet werden, und vieler anderer, die in ihrem weiteren Gefolge Gedichte zu verfassen begannen, ist Liebeslyrik. Die dominante Form ist – in Anknüpfung an Petrarca und seine italienischen Nachahmer – das Sonettbuch, das einer aus der Ferne oder Nähe, nur verehrten oder sinnlich begehrten Geliebten – hohen oder einfachen Standes – gilt. Diese Sammlungen heißen *Les Amours de ...*, d. h., es folgt der imaginäre, idealisierte oder wirkliche Name der Dame oder des Mädchens. Diese Gattung hat sich seit der *Olive* Du Bellays am beständigsten der Gunst der Dichter und der Leserschaft des Hofes erfreut. Freilich haben sich in den Jahrzehnten zwischen 1549 und den 80er Jahren die Darstellungsweise, die sprachliche Gestalt und der Ton merklich gewandelt. Es sind wohl Tausende von Sonetten, die teils aus authentischer Liebesempfindung, häufiger aus literarischer Ambition und in fremdem Auftrag verfaßt worden sind.[77] An den *Amours*-Dichtungen von Antoine de Baïf, Etienne Jodelle, Marc-Claude Buttet, Olivier de Magny, Jacques Grévin, Amadis Jamyn, Philippe Desportes – Marc Papillon de Lasphrise ist ein Sonder-

---

[76] Ronsard, *Oeuvres Complètes*, II, S. 230.
[77] Vgl. M. Jasinski, *Histoire du sonnet en France*, Douai 1903, S. 246 ff. Dort werden für die Zeit zwischen 1549 und 1600 etwa 90 Sonettbücher zum Themen-

fall – und zahlreicher anderer zeigt sich zugleich die dem hochgespannten Programm Du Bellays und Ronsards gegenläufige Tendenz der zunehmenden gesellschaftlichen Rückbindung der Dichtung, der sich auch Ronsard nicht zu entziehen vermochte, sondern der er – wenn auch in sehr anspruchsvoller Weise – in den erst 1578 publizierten *Sonnets pour Hélène* Rechnung trug.

Es ist schwer zu sagen, woran letztlich der Versuch Ronsards, die Dichtung als Kunst zu einer gesellschaftlichen Institution eigenen Rechts zu machen – neben der Philosophie, der Theologie, den Wissenschaften und den anderen Künsten –, scheiterte. Bei Ronsard, Du Bellay und einigen anderen – ebenfalls adeligen – Freunden stand am Beginn das Bekenntnis zum gebildeten Dichtertum *(poeta doctus)* als einer gesellschaftlichen Rolle mit eigener Legitimation, die in Konkurrenz trat zu dem seiner ursprünglichen Funktionen entkleideten Schwertadel.[78] Dieser übernahm freilich seit dem Beginn der Religionskriege zu Anfang der 60er Jahre nochmals seine ursprünglich kämpferische Aufgabe – wenn auch in einem blutigen Bürgerkrieg. Der Beginn der kriegerischen Auseinandersetzungen führte zu einer definitiven religiös-politischen und literarischen Polarisierung der feindlichen Lager der Hugenotten und Katholiken. Die Kontroversen religiös-konfessionellen Inhalts kreisen um zentrale Glaubensfragen und um die tradierten rituellen Formen kirchlichen Lebens – zum Beispiel die Messe –, denen gegenüber auch ein Ronsard keine dritte, rein humanistische Position aufrechterhalten konnte. Sein Denken in Vorstellungen der antiken Mythologie wurde zudem von den Protestanten als Heidentum gebrandmarkt und damit auch der katholischen Seite suspekt gemacht, zu der er sich dann in den großen *Discours* unzweideutig bekannte.[79] Von erheblicher Bedeutung für die Veränderung des literarischen Klimas war außerdem, daß nach dem Tod Heinrichs II.

---

kreis *Amours* aufgeführt. – Hinzu kommen noch zahlreiche Sonette, die für verschiedene Anlässe in epigrammatischer Manier verfaßt wurden (op. cit., S. 113 ff.). Die sinnenfreudig-sinnlichste Spielart des Liebesgedichts sind die von Johannes Secundus' *Basia*-Gedichten angeregten *Mignardises*, *Gayetez* und *Folastries*, wo das Liebesverlangen die *jouissance* in lebhafter Vorstellung umkreist. S. auch einzelne Oden von Olivier de Magny; vgl. dazu D. Janik, *Geschichte der Ode*, S. 69.

[78] S. das selbstbewußte Bekenntnis Du Bellays zu dieser neuen Lebensform und gesellschaftlichen Rolle am Anfang des Vorworts der *Olive*. Zu dem gesamten Zusammenhang vgl. die vielfältigen Hinweise bei Daniel Ménager, *Introduction à la vie littéraire du XVIe siècle*, Paris 1968.

[79] *Discours des Miseres de ce temps. A la Royne* und *Remonstrance au peuple de*

der Hof sich zunehmend von der humanistischen Tradition entfernte und statt dessen der italienische höfische Stil und sein auf elegante geistige Unterhaltung ausgerichteter Geschmack, dem Saint-Gelais und die von Du Bellay grimmig verspotteten *poètes courtisans* zum Durchbruch verholfen hatten, die Oberhand gewannen. Der Umbruch ist in der Person des jungen „Aufsteigers" Philippe Desportes verkörpert, der mit seinen *Amours* bestimmenden literarischen Einfluß auf den Hof ausübte und außerdem, wie Jean Bertaut und Davy Du Perron nach ihm, durch seine höfisch geistreich-galante Dichtart hohes gesellschaftliches Prestige erlangte.

Unter Heinrich III. vollzog sich am Hof darüber hinaus insgesamt eine Rangverschiebung der Poesie, d. h. der lyrischen Poesie, gegenüber der *éloquence*. In der *Académie du Palais,* die unter dem Patronat Heinrichs III. stand, und an deren Sitzungen er zuweilen selbst teilnahm, galt das Interesse Fragen der Moralphilosophie, die im Stil der deliberativen Rede abgehandelt wurden. Bezeichnend ist, daß Ronsard trotz langen Sträubens die Aufgabe nicht von sich weisen konnte, in der Akademie als *orator* aufzutreten. Die Idee der enzyklopädischen Spannweite der Dichtung, die Ronsard als Dichter der Hymnen beseelt hatte, lebte in der Akademie nur in der spezialisierten Hinwendung zu einzelnen Gebieten und Problemstellungen fort, besonders im Bereich der Musik. In diesen Zusammenhang gehören auch die Bemühungen um die *vers mesurés,* d. h. der Versuch, Baïfs vor allem, eine der antiken Versdichtung nachempfundene, musikalisch umsetzbare „quantitierende" französische Dichtungsweise zu schaffen. Diese gelehrten Anstrengungen sind indes symptomatisch für die von der Pléiade vollzogene Absonderung der Kunstlyrik von der volkstümlichen Liedkunst überhaupt.[80]

V. Funktionsbereiche und Ausdrucksstile der Poesie am Ende des Jahrhunderts

Die alles beherrschenden Ausdrucksformen der französischen Lyrik am Ende des Jahrhunderts sind das Sonett und isometrische Strophen aus 4 oder 6 Alexandrinern, die *Stances* genannt werden. Gegenüber dieser formalen Kennzeichnung treten die anderen Benennungen, die sich auf

---

France (Oeuvres Complètes, II, S. 540 ff. und 573 ff.). Vgl. dazu Henri Weber, *La création poétique,* Tome II, S. 559–600.

[80] S. die umfassende Studie von Frances A. Yates, *The French Academies of the Sixteenth Century.*

die Gattung und die Redeintention – *Elégie, Complainte* – oder auf die kompositionelle Durchführung beziehen – z. B. *Procès contre...*[81] –, ganz in den Hintergrund. Nur bei wenigen Autoren findet man eine Formenvielfalt wie bei Agrippa d'Aubigné, der sowohl die strophische Vielfalt der Pléiade-Dichtung in seinen Oden nochmals aufleben läßt, als auch die neue Form der *Stances* für seine leidenschaftlich bewegten, selbstquälerischen Liebesgedichte verwendet.

Betrachtet man die immer noch reichhaltige lyrische Produktion in den letzten drei Jahrzehnten des Jahrhunderts, kommt man gezwungenermaßen zu der Feststellung, daß ihr gegenüber die Frage nach den Gattungen – im Sinne der humanistisch-rhetorischen Poetik – unangemessen ist. Das Gedicht, die lyrische Sprechweise und Formgebung treten in weit auseinanderliegenden kulturellen Bereichen in Funktion. Ihre Pole sind, zugespitzt formuliert, höfisches Divertissement[82] und religiöser Selbst- und Weltzweifel. Gegenüber einer lange geübten säkularen Haltung, die zur Ausklammerung der religiösen Dichtung aus der ahistorisch konstruierten Vorstellung von „Literatur" führte, muß betont werden, daß der wichtigste Funktionsbereich der lyrischen Dichtung am Ende des 16. Jahrhunderts der religiöse war.

Die Brücke zwischen den getrennten Funktionen bilden einerseits die schon genannten – sowohl der Aussageintention wie auch den Themen gegenüber indifferenten – Dichtungsformen und, andererseits, die beiden übergreifenden dominanten Ausdrucksstile. Die Grenze zwischen dem auf harmonische Gestaltung von Gedanken, Versrhythmus und syntaktischer Gliederung zielenden *stile doux-coulant* und der hochartifiziellen gedanklichen, sprachlichen und kompositionellen Durchstrukturierung des Textes im – von der neueren Forschung – „manieristisch" oder auch „barock" genannten Stil trennt weder Liebes- von religiöser Lyrik noch katholische Autoren von hugenottischen. Jedoch ist auffallend, wie stark diese manieristische Textgestaltung in religiösen Gedichten und in der Liebeslyrik der hugenottischen Dichter ausgeprägt ist. Kennzeichnend für den manieristischen Stil ist die gedankliche Konzentration, die intellektuelle Zuspitzung des petrarkistischen Bildrepertoires, die symbolisch-abstrakte Umwertung aller Erscheinungen der natürlichen Le-

---

[81] Vgl. dazu Fritz Nies, „Kartelle und pikanter Eintopf", S. 22.

[82] Die Rolle des ersten großen Salons – der Maréchale de Retz –, der neben dem Hof ein kulturelles Zentrum bildete, ist von Jacques Lavaud, *Un poète de cour au temps des derniers Valois. Philippe Desportes*, Paris 1936, beschrieben worden (S. 72–107).

benswelt sowie die Unterwerfung des Gedankens unter artifizielle Kompositionsschemata, wobei zugleich sprachkünstlerische und affektive Wirkungen intendiert sind. Ein «Chanson» überschriebenes Gedicht in Alexandrinern von Jacques de Constans, in dem das Verfahren der *vers rapportés* auf die Topik des *locus horribilis* angewandt wird und in dem zugleich eine eigenwillig negative Symbolisierung des Frühlings erfolgt, mag als Beispiel gelten:

> Amoureux forcené plein d'horreur et de rage,
>   Quand pourray-je jouir d'une eternelle nuict?
>   Quand avecque la mort finiray-je mon aage
>   Eschapé de l'enfer où amour me conduit?
>
> Cependant pour fuyr du soleil la lumiere,
>   Aus antres les plus noirs je feray mon sejour,
>   Quand la lune viendra pour franchir sa carriere,
>   Je me tiendray caché la nuict comme le jour.
>
> Là, jamais le printemps prez de moy ne revienne
>   Verdissant pour jaunir les fruicts durant l'esté,
>   Mais en lieu de zephyrs, que la bize s'y tienne,
>   Y faisant un hyver qui ne soit limité.
>
> Car je ne veux plus voir tant de couleurs diverses,
>   Annonces du plaisir de quelque vain espoir,
>   Mais pour les seuls tesmoings de mes dures traverses,
>   Je veux choisir la mort, la nuict, l'hyver, le noir.[83]

Weitere dominante Verfahren dieses Ausdrucksstils sind paradoxe Antithesen oder die Aufhebung von kontradiktorischen Gegensätzen durch paradoxe Identifikation. So endet ein Sonett von Simon Goulart, in dem er angesichts des Todes die Doppelseitigkeit der irdischen Existenz vom religiösen Standpunkt aus zu formulieren versucht, in folgenden Worten:

> O morte vie! o tresvivante mort,
>   Qui maintenant au craint-desiré port,
>   Ma vie en mort, ma mort en vie eschanges!
>
> Pren, laisse-moy, revien pour me tirer
>   De ce combat, qui me fait souspirer,
>   Tant que je sois fait compagnon des Anges.[84]

---

[83] Aus: Eugénie Droz, *Jacques de Constans. L'Ami d'Agrippa d'Aubigné*, Genf 1962, S. 65.

[84] Der vollständige Text des Sonetts *O mal non mal, qui doucement m'oppresses!* bei Jacques Pineaux, *La poésie des protestants de langue française*, S. 443.

Ähnliche Sprachverfahren trifft man jedoch vereinzelt auch bei Desportes, beispielsweise in dem Sonett «La vie est une fleur espineuse et poignante».

Die Entwicklung Desportes' vom Dichter der *Amours* zum Autor von strophischen Psalmenparaphrasen ist symptomatisch für die Entwicklung der Lyrik seiner Zeit überhaupt. Desportes steht allerdings auch mit dieser persönlichen Wandlung nicht vereinzelt da. Jean Bertaut und Davy Du Perron haben denselben Übergang vollzogen. Dabei ist freilich die religiöse Dichtungsbewegung der katholischen Seite nur eine – im 16. Jahrhundert noch schwache – Antwort auf die protestantische Lied- und Singbewegung, die mit Marots *Pseaumes* und dem ersten «Chansonnier huguenot», wie J. Pineaux ihn nannte, eingesetzt hatte. Bei letzterem handelt es sich um einen 1555 erschienenen und häufig nachgedruckten *Recueil*, dessen Titel bereits Form und Bestimmung des Inhalts genau beschreibt.

Recueil de plusieurs chansons spirituelles tant vieilles que nouvelles, avec le chant sur chascune: afin que le Chrestien se puisse esjouir en son Dieu et l'honorer: au lieu que les infideles le deshonorent par leurs chansons mondaines et impudiques.[85]

Die hugenottische Partei bediente sich jedoch der Dichtung nicht nur in der Form des erbaulichen Lieds, sondern ebenso als Instrument der konfessionellen Polemik und zur Formulierung von Glaubensgrundsätzen.[86]

Neben der unmittelbar mit der Gottesdienstordnung und der protestantischen Glaubenslehre verknüpften liedhaften Dichtung entwickelte sich noch ein dritter bedeutender Zweig religiöser Dichtung, der bei Hugenotten und Katholiken verwandte Züge zeigt. Es entstand eine meditative Lyrik, zumeist in der Form des Sonetts, aber auch – man denke an die Gedichte von Jean de Sponde – in *Stances*. Weltflucht aus christlicher Erlösungshoffnung und aus dem Leiden an der körperlichen und seelischen Niedrigkeit und Nichtigkeit des Menschen prägt diese Gedichte, in denen ein Zwiegespräch des Menschen mit sich und vor Gott stattfindet. Neben Jean de Sponde und Jean-Baptiste Chassignet, die durch Neuausgaben ihrer Werke einer breiteren Leserschaft in unserem Jahrhundert wieder bekannt geworden sind, stehen Dutzende anderer Dichter, die am Ende des 16. Jahrhunderts und noch am Beginn des 17. Jahrhunderts mit Werken hervorgetreten sind, welche der *poésie pénitentielle* zuzurechnen

---

[85] Ebd. S. 289.
[86] Ebd. Troisième Partie, Chapitre III: «Poésie doctrinale».

sind.[87] Einer von ihnen ist Antoine Favre, von dem folgendes Sonett stammt:

> Quand je voy ce sac noir qui mes pechés honore,
> Je me treuve de honte et de crainte confus,
> En me representant quel je suis, quel je fus,
> Quel je seray vivant, apres ma mort encore:
>
> Je voy que mon peché ma forme decolore,
> Dieu mesme qui me fit ne me recognoit plus,
> Et ce peu qui me reste est encor tout perclus,
> Digne d'estre voué au diable que j'adore:
>
> O Dieu, dont la fureur ja me va pourchassant,
> Permets que dans ce sac je m'aille encor mussant,
> Jusqu'à tant que ton oeil ja plus ne me menace:
>
> Ou si tu veux me voir, voy que je ne suis rien
> Qu'une matiere informe, à qui tu peux du tien
> Rendre (ren-la luy donc) pour sa forme ta grace.[88]

Schließlich noch ein Hinweis zu einer signifikanten Veränderung in der Erscheinungsweise der Lyrik am Ende des Jahrhunderts. Mit den religiösen Lieder- und Gedichtsammlungen, in denen jeweils eine ganze Anzahl von Autoren vertreten ist, war eine neue Publikationsform entstanden.[89] Solche *Recueils collectifs* wurden nach dem Ende der Religionskriege zugleich für zwei Jahrzehnte die beliebteste Art der Veröffentlichung weltlicher Lyrik.[90] François de Malherbes' erste Gedichte erschienen beispielsweise in solchen Sammelbänden. Dieser von der Literaturgeschichte lange Zeit neben oder gar über Ronsard gestellte Dichter trat nicht mit eigenen Werken im eigenen Namen an die Öffentlichkeit, sondern zunächst als einer unter vielen Sonett- und Stanzendichtern, die die konventionelle Liebeslyrik als notwendiges Gesellschaftsspiel im eigenen Interesse oder in fremdem Auftrag pflegten. Erst die Oden Malherbes im

---

[87] Dazu das Kapitel "The Penitential Lyric", in: Terence Cave, *Devotional Poetry in France*, S. 104 ff.

[88] Terence Cave, Michel Jeanneret, *Métamorphoses Spirituelles. Anthologie de la poésie religieuse française 1570–1630*, Paris 1972, S. 83.

[89] S. die bei Frédéric Lachèvre beschriebenen Sammelbände *L'oeuvre chrestienne de tous les poètes françois* (1581) und *La Muse chrestienne* (1582), op. cit., S. 210, 211 f.

[90] S. die von Nicolas und Pierre Bonfons herausgegebenen Anthologien *Recueil de plusieurs diverses poésies*, 1598, und *Les Fleurs des plus excellents poètes de ce temps*, 1599 (F. Lachèvre, op. cit., S. 111 ff.).

hohen Stil – die erste öffentlich bekanntgewordene stammt aus dem Jahr 1600 – signalisierten einen dichterischen Neubeginn, der durch die politisch-nationalen und panegyrisch-heroischen *Discours* und *Stances* von Jean Bertaut und Davy Du Perron vorbereitet worden war.

VI. Der Zugang zu der Lyrik des 16. Jahrhunderts für den Leser von heute

Obwohl die lyrische Dichtung im 16. Jahrhundert eine ungeheuer breite Entfaltung erlebt hat, ist sie kein lebendiger Besitz der französischen Kultur geworden oder geblieben. Ronsards Geltung reichte kaum über seinen Tod hinaus.[91] Am Ende des 17. Jahrhunderts zeigte sich Mlle de Scudéry von den Gedichten Philippe Desportes' und Jean Bertauts mehr angetan als von den Werken der Pléiade.[92] Das Interesse an der französischen Dichtung des 16. Jahrhunderts wurde dann erst im Jahre 1826 durch eine Preisfrage der *Académie Française* – übrigens für den *Prix d'éloquence*! – neu geweckt. Auch Sainte-Beuve wurde dadurch zu seiner intensiven Beschäftigung angeregt. Die Entdeckung der vielen, vielen Männer und Frauen, die im 16. Jahrhundert das Gedichteschreiben als eine Form der Korrespondenz, der Liebeswerbung, des kultivierten Zeitvertreibs, des geistigen Austausches mit der Antike und den Zeitgenossen, der religiösen Selbstprüfung oder nur als ein *moyen de parvenir* praktizierten, ist in erster Linie einzelnen bibliophilen Lesern des letzten und unseres Jahrhunderts zu verdanken. Dann führte seit den 30er Jahren dieses Jahrhunderts die neue literaturgeschichtliche Konzeption eines *baroque littéraire français* zur systematischen Durchforstung der überlieferten Bestände durch die Fachwissenschaftler der Universitäten. Zahlreiche Neuausgaben von Autoren, die seit dem 16. Jahrhundert nicht mehr gelesen wurden, liegen inzwischen vor.[93]

[91] Dazu die Thèse von Marcel Raymond, *L'Influence de Ronsard sur la poésie française (1550–1585)*, Paris 1927.
[92] S. den aufschlußreichen Artikel von Eduard von Jan, „Madeleine de Scudérys Schrift *De la Poësie Françoise*. Ein Beitrag zur Geschichte der französischen Literaturbetrachtung", in: *Romanica. Festschrift Prof. Dr. Fritz Neubert*, hrsg. von Rudolf Brummer, Berlin 1948, S. 159–184. – Die vergleichsweise niedrige Einschätzung Ronsards deckt sich mit Boileaus Urteil in der *Septième Réflexion critique sur Longin*.
[93] Den Anfang bildete Sponde, *Poésies*, par Alan Boase et François Ruchon, Genf 1949.

Dennoch ist es nicht leicht, Interesse für die Lektüre dieser Dichtungen zu wecken oder an ihnen ein unmittelbares ästhetisches Vergnügen zu finden. Die Widerstände sind ganz unterschiedlicher Art. Ein großes Problem besteht in dem *prolific writing* der Autoren des 16. Jahrhunderts.[94] Der einzelne Leser kann die Aufgabe der Auswahl nicht meistern. – Darüber hinaus sind die verschiedenen Dichtungsrichtungen in jeweils spezifischer Weise ihrer Zeit verhaftet und setzen beim Leser Kenntnisse, die den historischen und kulturellen Kontext betreffen, voraus. Bei Marot ist es häufig die Verquickung von religionspolitischen Entwicklungen mit seinen privaten Lebensumständen, die die Lektüre der vielgerühmten *épîtres* erschweren. – Anders liegt der Fall bei den *poetae docti*, zu denen auf seine Weise schon Maurice Scève, aber dann besonders die Dichter der Pléiade, ihre Gesinnungsfreunde und Nachfolger zählen. Die Literaturwissenschaft hat erst vor kurzer Zeit den Begriff *Intertextualität* geprägt, der – als Komplementärbegriff zum produktiven Verfahren der *imitatio* – die in einem Text implizit oder explizit enthaltene Beziehung zu einem anderen Text oder zu einem Texttypus bezeichnet, welche im Akt der Lektüre „mitgelesen" werden muß. Die humanistisch-rhetorisch fundierte Poesie der Pléiade kann auch als ein mehrschichtiges Textuniversum, das auf dem Prinzip der Intertextualität selbst aufgebaut ist, definiert werden. Vom Leser, vom adäquaten Leser der Texte, muß dementsprechend ein erhebliches Bildungswissen und eine gute Vertrautheit mit der griechischen und besonders der römischen Dichtung gefordert werden, welche zweifellos nur durch ein humanistisches Bildungssystem gewährleistet werden kann. Sind diese Voraussetzungen nicht mehr gegeben, verlieren die dichterischen Werke der Pléiade eine ihnen wesentliche kulturelle Bedeutungsdimension.

Schließlich bleibt problematisch, welcher Art das Vergnügen an Texten sein kann, die wie die Sonettbücher Desportes' und vieler anderer zu

---

[94] Dieses Phänomen ist Ausgangspunkt des lehrreichen Buches von Terence Cave, *The Cornucopian Text*. S. darin besonders das Kapitel über Ronsard, wo Cave die *proliferation* als Merkmal der schöpferischen Arbeit des Dichters überhaupt sieht und von da aus die von Ronsard selbst vorgenommenen Zuordnungen seiner Gedichte zu Gattungen in Frage stellt: "Procedures of reduction like distinction of genre or style prove to be wholly inadaquate. Unlike the Virgilian model, elevated by medieval rhetoric to a paradigm of the three estates of poetry, Ronsard's writing flows over all generic boundaries: hymns, odes, elegies, eclogues refuse to separate themselves into reassuring categories and often shift their position in subsequent collective editions" (Op. cit., S. 223). Diesem Urteil wird man freilich nur mit Einschränkungen zustimmen können.

einem erheblichen Teil konventionelle höfische Kunst sind – insofern mit dem doppelten Makel behaftet, Gelegenheits- oder gar Auftragsdichtung zu sein. Zudem hat ein einzelnes Sonett, aus dem Zusammenhang des entsprechenden Buches gerissen, nur in beschränktem Maße eine eigene Identität, denn die formalen Strukturierungen, die überwiegend topischen Bilder und Argumente dürfen nicht als individuelle oder gar persönliche Ausdruckswerte des Dichters mißverstanden werden. Positiv gesehen, liegt freilich in dem Verfahren der vielfachen dichterischen Reformulierung von topisch überlieferten, überzeitlichen menschlichen Erfahrungen und Empfindungsweisen eine Tendenz zu ihrer universell gültigen Gestaltung, wie sie in vielen Gedichten großer, aber auch weniger bekannter Autoren des 16. Jahrhunderts gelungen ist.[95] In dieser Hinsicht erhält und behält die „Anthologie" ihre kulturelle Vermittlungsfunktion. Oder anders gesagt: viele, sehr viele Gedichte des 16. Jahrhunderts gehören zu seinem Schrifttum, ein großer Teil zu seiner Literatur und nur eine beschränkte Zahl von Werken zu jener höchsten Form der Dichtung, deren Idee der Dichtergruppe der Pléiade leuchtend vor Augen stand.

---

[95] Insofern müßte der Zusammenhang zwischen Poesie und Emblematik sowie Poesie und den moralischen *sententiae*, die aus den antiken Schriftstellern gewonnen wurden, ausführlich behandelt werden. Maurice Scève hat in dieser Hinsicht jetzt eine, von den emblematischen Bildzeichen ausgehende, neue geschlossene Deutung erfahren: Paul Ardouin, *La Délie de Maurice Scève et ses cinquante emblèmes ou les noces secrètes de la poésie et du signe*, Paris 1982.

DIE FRANZÖSISCHE LYRIK VON 1610–1680[*]

Von Klaus Meyer-Minnemann

I. Einleitung

Der Zeitraum 1610–1680 ist durch zwei untereinander vermittelte Funktionen von Literatur in der höfischen Gesellschaft Frankreichs, auf die sich die folgende Darstellung beschränkt, gekennzeichnet; sie lassen sich als Repräsentation von Herrschaft und Divertissement benennen.[1] Diesen Funktionen entsprechen für die Ebene der Werke die Inhalts- und Ausdrucksnormen des *encomium* mit seinem *ornatus* und die *variatio*. Inhaltlich wird mit dem *encomium* ein bestimmter Gegenstandsbereich festgelegt, der für die Repräsentation von Herrschaft im Kontext der höfischen Gesellschaft taugt. Ausdrucksmäßig gehört zu dieser Repräsentation eine sprachliche Form, die dem Gegenstandsbereich und der Funktion angemessen sein soll. Die *variatio* meint inhaltlich einen Abwechslungsreichtum der literarisch behandelten Gegenstände, deren Vielfalt freilich durch bestimmte Normen der gesellschaftlichen Zulässigkeit begrenzt wird. Ausdrucksmäßig zielt die *variatio* auf den ständigen Wechsel der eingesetzten sprachlichen Mittel, der ähnlich der inhaltlichen Vielfalt dem *taedium* des Publikums entgegenwirken und die Funktion des Divertissement erfüllen will.[2]

Die jeweilige konkrete Ausfüllung dieser Normen, die in den literarischen Werken häufig auch gemeinsam nachzuweisen sind, hängt zum einen von den einzelnen Gruppen der höfischen Gesellschaft als Adressa-

---

[*] Die vorliegende Darstellung wurde mit Margot Kruse (Hamburg), Dieter Janik (Mainz) und Ulrich Schulz-Buschhaus (Klagenfurt) diskutiert, denen ich für ihre Hinweise herzlich danke. Für kritische Beobachtung und tatkräftige Hilfe danke ich überdies Imke Doose-Grünefeld und Regine Schmolling. Die Deutsche Forschungsgemeinschaft ermöglichte durch eine Beihilfe einen Studienaufenthalt an der Bibliothèque Nationale.

[1] Ich beziehe mich hier auf P. Bürger, „Institution Kunst als literatursoziologische Kategorie", in: *RZfL* 1 (1977), S. 50–76, S. 63 ff.

[2] Die Inhalts- und Ausdrucksnormen des *encomium* und der *variatio* in der Literatur des 17. Jahrhunderts stehen in enger Verbindung zur antiken Rhetorik,

ten der Werke ab, zum anderen, wenn auch in einem eingeschränkten Maße, von den Autorpersönlichkeiten. Aufgrund der Produktionsbedingungen des Mäzenatentums können die Autoren im allgemeinen nur im Rahmen der genannten zwei gesellschaftlichen Funktionen von Literatur schreiben. Selbst dort, wo sie dem Mäzenatentum nicht unterliegen, halten sie sich doch an dessen literarische Normen. Dabei wirken die Wandlungen der höfischen Gesellschaft im Prozeß der Durchsetzung des absoluten Königtums ihrerseits auf die literarischen Normen ein und bestimmen in einer verwickelten Weise auch die einzelnen Werke. Während das *encomium* mit seinem *ornatus* und die *variatio* übergreifende Bestimmungen darstellen, die in verschiedener Gewichtung für alle literarischen Gattungen gelten, sind die Gattungsnormen der in Frage stehenden Zeit selbst Festlegungen, die Inhalt und Ausdruck der literarischen Werke in erkennbare Gruppen unterteilen. Der Inhalt dieser Festlegungen ist freilich in Grenzen variabel und ihre Verbindlichkeit nicht immer gleich stark, so daß ein großer Teil der literaturtheoretischen Diskussion der Epoche um die Frage der Begründbarkeit und Geltung gattungsspezifischer Regeln kreist. Diese literaturtheoretische Diskussion wird dadurch verkompliziert, daß einerseits die in der Renaissance kanonisierten literarischen Gattungen in einem Gemisch von deskriptiven und präskriptiven Bestimmungen in den Poetiken und Traktaten immer wieder abgehandelt werden, andere jedoch, wie bekanntlich der Roman, erst sehr spät überhaupt zu theoretischer Erörterungswürdigkeit aufrücken und sich gegen den Druck des etablierten Kanons rechtfertigen müssen. Unter einem starken Rechtfertigungszwang stehen auch solche Gattungen, die, wie

deren Festlegungen die literarische Rede der Epoche in vielfältiger Weise bestimmen. Die Forschung hat die Abhängigkeit der Literatur des 17. Jahrhunderts von der Rhetorik eingehend untersucht, so daß es hier genügen kann, stellvertretend auf zwei Arbeiten hinzuweisen: A. Kibédi Varga, *Rhétorique et littérature. Etudes de structures classiques*, Paris 1970, und M. Fumaroli, *L'âge de l'éloquence. Rhétorique et „res literaria" de la Renaissance au seuil de l'époque classique*, Genf 1980. Zum *encomium*, das sich aus der rhetorischen Tradition der *laus et vituperatio* speist, vgl. überdies die Untersuchung von O. B. Hardison Jr., *The Enduring Monument. A Study of the Idea of Praise in Renaissance Literary Theory and Practice*, Chapel Hill 1962; zum systematischen Ort von *laus et vituperatio* im *genus demonstrativum* H. Lausberg, *Handbuch der literarischen Rhetorik*, München ²1973, § 61, (3); zum *ornatus* ebd. §§ 538–539, zur *variatio* § 257b. Von der wachsenden Bedeutung der *variatio* für das Divertissement in der französischen Literatur des 17. Jahrhunderts handelt F. Nies, *Gattungspoetik und Publikumsstruktur. Zur Geschichte der Sévignébriefe*, München 1972, S. 80ff.

z. B. die Tragikomödie, offenkundig Abweichungen von den etablierten Schemata der Theorie darstellen.[3]

Anders als im Bereich des Theaters und der Epik hat man es bei der Lyrik mit einer Vielzahl von Gattungen zu tun, die zueinander in einem hierarchischen Verhältnis stehen. Dieses Verhältnis, das nach den Stufungen der rhetorischen *genera dicendi* begriffen wird, bietet im Darstellungszeitraum kein einheitliches Bild. Vielmehr ist es Schwankungen unterworfen, die nahelegen, eine Unterteilung der Epoche in einzelne Perioden nach erkennbaren Punkten des Wandels im Verhältnis der Gattungen untereinander vorzunehmen. Dabei ist freilich zu bedenken, daß hier mit einem modernen Begriff von Lyrik gearbeitet werden muß, dessen Extension größer ist als die von «poésie lyrique» im 17. Jahrhundert, kleiner jedoch als die von «poésie» insgesamt. Er umfaßt von der Ode bis zur Satire alle Gattungen des in der Renaissance aufgestellten Gattungskanons, soweit sie nicht unter die modernen Begriffe des Epos und des Dramas fallen, und deckt auch diejenigen ab, die von den Renaissancepoetiken als unkanonisch abgelehnt wurden, zu einem bestimmten Moment des Darstellungszeitraums aber wiederauftauchen.[4] Was die Literatur als Ganzes betrifft, ist im Auge zu behalten, daß sie im Darstellungszeitraum in einem völlig anderen Zusammenhang steht als demjenigen, in den sie im Verlauf des 18. Jahrhunderts mit der Erlangung des Autonomiestatus eintritt. Es ist deshalb nicht unproblematisch, mit dem heutigen Begriff der „Literatur", der von diesem Autonomiestatus wesentlich geprägt ist, über einen Gegenstand zu reden, der den Autonomiestatus noch gar nicht kennt.[5] Andererseits läßt sich gegen den herrschenden Gebrauch kaum eine adäquatere Terminologie durchsetzen, so daß man mit den Unzulänglichkeiten der heutigen Benennungen auskommen muß.

Als ein Ergebnis der langen Diskussion um die Möglichkeit von Periodisierungen steht fest, daß die Ausgrenzung geschichtlicher Phasen zwar stets willkürlich ist, im Hinblick auf den Gegenstand und das Darstel-

---

[3] Die Literatur zur literatur- und gattungstheoretischen Diskussion im Frankreich des 17. Jahrhunderts ist sehr umfangreich. Für eine erste Orientierung vgl. K. Heitmann, „Frankreich", in: A. Buck, K. Heitmann, W. Mettmann, *Dichtungslehren der Romania aus der Zeit der Renaissance und des Barock*, Frankfurt 1972, S. 257–500, bes. S. 277 ff.

[4] Zur Problematik der Verwendung des Begriffs „Lyrik" für die Lyrik des 17. Jahrhunderts vgl. auch A. Rothe, *Französische Lyrik im Zeitalter des Barock*, Berlin 1974, S. 14.

[5] Zum Status der Literatur im 17. Jahrhundert vgl. M. Fumaroli, *L'âge de l'éloquence*, S. 17 ff.

lungsziel aber sinnvoll begründet werden kann. In ihrer schmalen Untersuchung über die französische Lyrik des 17. Jahrhunderts hat Renée Winegarten den Akzent darauf gelegt, daß schon kurz nach dem Tode Malherbes im Jahre 1628 eine Wendung des Geschmacks von den großen Gattungen des «lyrisme officiel»[6] zur «poésie galante» eintritt, daß also in der Perspektive der eingangs genannten Funktionen von Literatur in der höfischen Gesellschaft eine Verlagerung des Schwergewichts der Lyrik von der Repräsentation von Herrschaft auf das Divertissement erfolgt.[7] Obwohl diese Sicht mit einigem Recht relativiert worden ist,[8] kann sie dennoch als Ausgangspunkt einer Periodisierung dienen.

Auf der Grundlage der Beobachtung, daß um 1635 im Umkreis des Hôtel de Rambouillet lyrische Gattungen wiederbelebt werden, die zuvor verpönt waren, kann man den Darstellungszeitraum in drei Perioden einteilen. Die erste Periode, die von 1610 bis 1635 reicht, läßt sich als eine Phase der gleichzeitigen Durchsetzung und Kritik an der von Desportes, Bertaut und Du Perron eingeleiteten, im wesentlichen aber durch Malherbe geprägten Lyrik des Jahrhundertbeginns, ihrer Inhalte, Favorisierungen von Gattungen und Redeweisen, charakterisieren. Sie kann an ihren zwei Enden markiert werden durch das Erscheinen des *Nouveau recueil des plus beaux vers de ce temps* (1609) und der Ausgabe *Les œuvres de François de Malherbe. Troisième édition* (1635). Die zweite Periode, die von 1635 bis 1665 reicht, beinhaltet die Herausbildung der «poésie galante» und damit eine Umbildung des Gattungsgefüges insofern, als nun nicht nur die Sprache der Pléiade und ihrer Nachfolger nebst den strophischen und metrischen Regeln wie bei Malherbe, sondern auch einige der von ihr bevorzugten Gattungen zugunsten von „vorpléiadischen" Formen zurückgedrängt werden.[9] Als Markierungspunkte lassen sich hier die «mode du rondeau» (1635) und der *Recueil de pièces galantes en prose et en vers de Madame la Comtesse de la Suze et de Mon-*

---

[6] Den Ausdruck «lyrisme officiel» beziehe ich aus der Anthologie von R. Picard, *La poésie française de 1640 à 1680*, 2 Bde., Paris ²1965–1969.
[7] R. Winegarten, *French Lyric Poetry in the Age of Malherbe*, Manchester 1954. Die Autorin unterscheidet zwischen "The Fortunes of Malherbe (1605–1635)", *La poésie galante* und *La poésie sérieuse*. Zwischen den letzten wird keine Zeitabfolge genannt; es ist jedoch deutlich, daß die *poésie galante* vor der *poésie sérieuse* liegt.
[8] Vgl. C. K. Abraham, *Enfin Malherbe. The Influence of Malherbe on French Lyric Prosody*, 1605–1674, Lexington (Kentucky) 1971, S. 51.
[9] Ab 1654 taucht im Zusammenhang mit den literarischen Salons, in denen Frauen dominieren, die Bezeichnung «précieuses» auf, die sich rasch zu einer

sieur Pellisson (1664) angeben. Die dritte Periode schließlich, die von 1665 bis 1680 reicht, ist eine Phase der Rehabilitierung der Gattungswertigkeiten der ersten Phase bei deutlicher Verlagerung des Schwergewichtes auf andere Gattungen innerhalb des Gattungsgefüges unter Integration der Sprachverwendung der «poésie galante». Ihre Markierungspunkte sind die *Satires du Sieur D^{xxx}* (1666) bzw. die *Fables choisies, mises en vers par M. de la Fontaine et par lui revues, corrigées et augmentées* (1678–79).

Was die zwei gesellschaftlichen Funktionen von Literatur in der höfischen Gesellschaft Frankreichs im 17. Jahrhundert betrifft, erfolgt die Repräsentation von Herrschaft gattungsmäßig vorzugsweise über die Ode und die *Stances*, aber auch das Sonett, während dem Divertissement zwar ebenfalls die Ode, die *Stances* und das Sonett, darüber hinaus jedoch die *Chanson*, die Ballade, das *Rondeau*, das *Virelai*, das Madrigal und Epigramm bis hin zur Elegie, Epistel und Satire dienen, die freilich auch Züge des enkomiastischen *ornatus* aufweisen. Nicht immer herrscht in den zeitgenössischen Werkausgaben und Anthologien Einmütigkeit über die Gattungsbezeichnung einzelner Texte, was auf gewisse Schwierigkeiten der Übereinstimmung zwischen allgemeinen Aufgabenzuweisungen an die Gattungen und Gattungsexemplare hinweist. Einen Sonderfall lyrischer Hervorbringungen im Darstellungszeitraum bilden die Gedichte religiösen Inhalts, insbesondere die Psalmenparaphrasen. Auch hier findet sich das Prinzip des enkomiastischen *ornatus*. Die Funktion dieser Gedichte ist jedoch als Repräsentation der Herrschaft Gottes für die höfische Gesellschaft, aus der die weltliche Herrschaft u. a. ihre Legitimation bezieht, zu verstehen.[10]

Bevor nun die einzelnen Perioden der Geschichte der französischen Lyrik nach Gattungen von 1610–1680 behandelt werden, muß noch ein Wort zur Barockästhetik gesagt werden, die als Epochenstil des Darstellungszeitraums bekanntlich ein kontroverses Forschungsproblem darstellt. Bis

negativen Charakterisierung entwickelt; vgl. W. Zimmer, *Die literarische Kritik am Preziösentum*, Meisenheim am Glan 1978, S. 51 ff. Hieraus wurde der gesellschafts- und literarhistorische, zuweilen auch kategoriale Begriff der «preciosité» abgeleitet, der sich in vielen Untersuchungen findet. Die Wandlung des lyrischen Gattungsgefüges liegt jedoch vor der Entstehung der Salons der fünfziger Jahre, so daß zur Bezeichnung der salongeprägten Lyrik des in Frage stehenden Zeitraums insgesamt der extensional weitere Begriff der «poésie galante» geeigneter erscheint.

[10] Zur religiösen Lyrik vgl. A. Kibédi Varga, «La poésie religieuse au XVIIe siècle», in: *Neophilologus* 47 (1962), S. 263–278, sowie P. Leblanc, *Les paraphrases françaises des psaumes à la fin de la période baroque (1610–1660)*, Paris 1960.

heute ist umstritten, ob sich für die französische Literatur des 17. Jahrhunderts allgemeine inhalts- und ausdrucksbezogene Kennzeichen angeben lassen, die unter den allerdings nicht klar normierten Barockbegriff der Kunst- und Literaturgeschichte fallen; ob der französische «classicisme» eine „gedämpfte" Ausformung des Barock darstellt oder seinen Widerpart, und ob der Barock nicht bloß als Sonderfall des Manierismus angesehen werden muß, dessen Inhalt, Reichweite und Status ihrerseits unklar sind. Ohne Zweifel hat die Barockforschung in bezug auf die französische Literatur des 17. Jahrhunderts einige Inhaltselemente und Stilmittel entdeckt, die sich in anderen als barock eingestuften Literaturen der Epoche mit im einzelnen komplizierten Phasenverschiebungen wiederfinden. Das trifft vor allem auf die Lyrik und das Genus der Tragikomödie zu, die sich für die Barockforschung als besonders ergiebig zeigten.[11] Dennoch ist es bisher nicht gelungen, ein kohärentes Modell barocker Schreibweise zu entwerfen, das Entscheidungen darüber erlaubte, welche Texte ihm zuzurechnen sind und welche nicht. Dieser Mangel ist im wesentlichen auf eine fehlende Rückbindung der Forschung an die literaturwissenschaftliche Theoriebildung zurückzuführen, die hätte helfen können, die Problemstellungen schärfer zu fassen. So ist man nicht darüber hinausgekommen, eine Reihe von Inhaltsmerkmalen, Kompositionsprinzipien und Stilmitteln aus literarischen Werken, Poetiken und Traktaten der französischen Literatur des 16. und 17. Jahrhunderts zusammenzustellen und als „barock" zu bezeichnen.[12] Ihre systematische Verknüpfung untereinander (etwa mit Hilfe eines historisch-deskriptiv funktionierenden Schreibartbegriffs) sowie ihr Verhältnis zu eindeutig über den Barock hinausgreifenden Gattungsbestimmungen wie z. B. dem «beau désordre» der Ode oder der «bisarrerie» der Satire bleiben ungeklärt.[13] Es spricht nichts dagegen, sich für die interne Verständigung über den Gegenstand „französische Literatur" darauf zu einigen, eine bestimmte Epoche ihrer Entwicklung als „barock" zu bezeichnen und ihr Kennzeichen zuzusprechen, die sie von anderen Epochen unterschei-

---

[11] Einen Überblick über die Barockforschung mit ausführlicher Bibliographie bietet A. Buck, *Forschungen zur romanischen Barockliteratur*, Darmstadt 1980.
[12] Ein Beispiel dafür ist die in ihrer Detailkenntnis verdienstvolle Arbeit von W. Floeck, *Die Literarästhetik des französischen Barock. Entstehung – Entwicklung – Auflösung*, Berlin 1979.
[13] «Beau desordre», Boileau, *L'Art poétique*, II, V. 72; «bisarrerie», Régnier, *Satire*, I, V. 124; vgl. dazu die Überlegungen von U. Schulz-Buschhaus in seiner Besprechung der Arbeit W. Floecks, in: *ASNS* 218 (1981), S. 469–475, S. 473, die im übrigen die Grenzen der „Literarästhetik des französischen Barock" aufzeigt.

den.[14] Als Terminus literaturwissenschaftlicher Rede ist „barock" jedoch weiterhin sehr unscharf und was seine Unterscheidungsfähigkeit in der Textanalyse betrifft, begrenzt. So wird im folgenden die Kennzeichnung von Gattungsphänomenen der französischen Lyrik des 17. Jahrhunderts als „barock" vermieden, wiewohl im einzelnen durchaus Ergebnisse von Untersuchungen einzubeziehen sind, die im Rahmen des Barockkonzepts argumentieren.

II. Die französische Lyrik vom «Nouveau recueil des plus beaux vers de ce temps» (1609) bis zu «Les Œuvres de François de Malherbe» (Troisième édition [1635])

Der Zeitraum zwischen dem *Nouveau recueil des plus beaux vers de ce temps* und der dritten Auflage der ersten Gesamtausgabe der Werke Malherbes, die zwei Jahre nach dem Tod des Autors erscheint,[15] ist gekennzeichnet durch die Durchsetzung der Normativität Malherbes im Bereich des *ornatus* und der von ihm bevorzugten lyrischen Gattungen.[16] Diese Durchsetzung läßt sich an dem Platz ablesen, den Malherbe in den «Recueils collectifs» einnimmt, den zahlreichen Lyrikanthologien der Zeit.[17] Zu Beginn gehört er bereits zu den bevorzugten Dichtern, besetzt aber im *Nouveau recueil des plus beaux vers de ce temps* erst den dritten Rang

---

[14] Eine solche Verwendung bei sonst eher skeptischer Sicht des Terminus findet sich bei A. Rothe, *Französische Lyrik*, S. 12 f. – A. Adam, *Histoire de la littérature française au XVIIe siècle*, 5 Bde., Paris 1948–1957, Bd. I, und Y. Fukui, *Raffinement précieux dans la poésie française du XVIIe siècle*, Paris 1964, unterscheiden zwei Phasen des Barock in der französischen Literatur, eine, die vor unserem Darstellungszeitraum liegt, und eine weitere, die um 1620 einsetzt und in der Lyrik mit Namen wie Théophile de Viau, Saint-Amant und Tristan l'Hermite verknüpft wird.

[15] *Les Œuvres de M. François de Malherbe*, Paris 1630.

[16] Das gilt insbesondere für die Malherbesche Ode und ihre Prosodie, mit Blick auf deren Normen, auch wenn sie sie verletzen, die meisten Lyriker des 17. Jahrhunderts schreiben werden. Insofern behält die Bemerkung Boileaus (*L'Art poétique*, I, V. 139–140): «Tout reconnut ses loix, et ce guide fidele/Aux Auteurs de ce temps sert encor de modele» ihre Gültigkeit, auch wenn von C. K. Abraham, *Enfin Malherbe*, erhellt worden ist, daß vielfältig gegen Malherbes Normen „verstoßen" wurde.

[17] Vgl. H. Lafay, «Les poésies de Malherbe dans les recueils collectifs du XVIIe siècle», in: *RHLF* 64 (1964), S. 13–25.

hinter Du Perron und Bertaut.[18] Im weiteren Verlauf der Entwicklung nimmt sein Ansehen stetig zu, bis er im *Recueil des plus beaux vers de Messieurs de Malherbe, ...* von 1626 den ersten Platz unter den aufgenommenen Autoren erhält.[19] Diese Plazierung, die den für die Mehrzahl der «Recueils collectifs» gültigen Prinzipien der Anordnung nach Ansehen des Autors, Themen der Lyrik, gewählten Gattungen sowie sozialem Rang des Adressaten folgt, spiegelt die Vorbildhaftigkeit wider, die Malherbe mit seiner Dichtung in diesem Zeitraum erringt. Die dritte Auflage der *Œuvres de François de Malherbe* kann als Bestätigung dieser Vorbildhaftigkeit gewertet werden.[20] Sie fällt zusammen mit dem von Boisrobert besorgten Band französischer und neulateinischer Huldigungsgedichte für Richelieu, der deutlich die normative Kraft des Malherbeschen *ornatus* aufweist.[21]

Der *Nouveau recueil des plus beaux vers de ce temps* zeigt, wenn auch in nicht durchgehend geordneter Weise, die nach den rhetorischen *genera dicendi* im Bereich des hohen und mittleren Stils angesiedelten lyrischen Gattungen der Zeit. Den höchsten Rang nehmen wegen ihres Inhalts die religiösen *Stances* ein, die zu einem guten Teil Psalmenparaphrasen sind. Sie sind vertreten durch Beispiele aus der Feder Du Perrons.[22] Es folgen die enkomiastischen Oden und *Stances*, im weiteren Aufbau der Sammlung bald vermischt mit Liebessonetten, Liebes-*Stances* und *Chansons*, dazwischen einige Elegien und *Discours*. Die nach den *genera dicendi* zum niederen Stil gehörenden Gattungen finden sich dagegen in einer angereicherten Ausgabe der Satiren Mathurin Régniers von 1614.[23] Hier

---

[18] *Nouveau recueil des plus beaux vers de ce temps*, Paris 1609, S. 165–212.
[19] *Recueil des plus beaux vers de MM. de Malherbe, Racan, Monfuron, Maynard, Boisrobert, L'Estoille, Lingendes, Touvant, Motin, Mareschal et autres*, Paris 1626. Malherbe ist in dieser Sammlung, die eine Art Ausgabe letzter Hand seiner Gedichte darstellt, mit 61 Stücken vertreten, vgl. Malherbe, *Œuvres poétiques*. Texte établi et présenté par R. Fromilhague et R. Lebègue, 2 Bde., Paris 1968, Bd. I, S. 10.
[20] *Les Œuvres de M. François de Malherbe. Troisième édition*, Paris 1635.
[21] *Le Sacrifice des Muses. Au Grand Cardinal de Richelieu*, Paris 1635.
[22] Zur Bedeutung Du Perrons um jene Zeit vgl. A. Kibédi Varga, «Enfin Du Perron vint. Malherbe ou le sens de la publicité», in: *RHLF* 67 (1967), S. 1–17, sowie H. Lafay, *La poésie française du premier XVIIe siècle (1598–1630). Esquisse pour un tableau*, Paris 1975, S. 355–357.
[23] *Les Satyres du sieur Regnier. Derniere Edition, reveue, corrigée, et de beaucoup augmentée, tant par les sieurs de Sigogne, et de Berthelot, qu'autres des plus signalez Poetes de ce temps. Dediees au Roy*, Paris 1614.

kommen nach den Elegien und klassischen Verssatiren Régniers die *Satyres* derb-erotischen Inhalts.[24] Beide Anthologien, denn um eine solche handelt es sich auch im zweiten Fall, repräsentieren in etwa den Stand des Gattungsgefüges der französischen Lyrik um 1610, der mit geringen Schwankungen bis 1635 andauert. Er kann wie folgt angegeben werden: Das höchste Ansehen genießt nach der religiösen Poesie, die nicht auf eine Gattung festgelegt ist, die enkomiastische Ode in der Funktion der Repräsentation von Herrschaft, die im Bereich der «poésie lyrique» einen dem Epos und der Tragödie vergleichbaren Platz einnimmt. Als Gattung um die Mitte des 16. Jahrhunderts von den Dichtern der Pléiade nach dem Vorbild der Antike mit großer Variationsbreite eingeführt,[25] hat sie eine Gestalt angenommen, die von Malherbe geprägt ist. Bis 1610 waren vier seiner enkomiastischen Oden fertiggestellt worden. Im *Nouveau recueil* finden sich davon drei. Bis zu seinem Tod wird Malherbe zwei weitere Oden beenden.[26] Mit Ausnahme der letzten Ode handelt es sich stets um Zehnzeiler aus Sieben- oder Achtsilbern, die einem festen Schema folgen, das nur sehr wenige Variationen in der Anordnung der Reime und Abfolge der Zäsuren erlaubt. Das Prinzip, dem Malherbe mit der Bauform seiner Oden folgt, ist das einer klaren Gliederung der Strophe durch Reim und Syntagmengrenzen, die den inhaltlichen Vortrag stützen soll. Der Zehnzeiler wird dabei in zwei Gruppen zu einmal vier und einmal sechs Versen aufgeteilt, die auf der Ebene des Reims, der alternieren muß, durch die Anordnung abab oder abba bzw. ccdeed oder ccdede oder cdcdee ausgewiesen sind. Dieser Gliederung entspricht das Prinzip einer syntaktischen Zäsur nach dem vierten Vers. Die zweite Gruppe aus sechs Versen kann syntaktisch weiter in Blöcke zu 2-2-2, 4-2 oder 3-3 Versen unterteilt werden. Letztere hat Malherbe auf Anregung Maynards nach 1614 als die der Ode angemessene Aufteilung erachtet.[27]

---

[24] Den Vorschlag, die Satiren derb-erotischen Inhalts von dem Genus der klassischen Verssatire orthographisch durch Beibehaltung der alten Schreibung zu unterscheiden, machten F. Fleuret/L. Perceau (Hrsg.), *Les satires françaises du XVIIe siècle*, 2 Bde., Paris 1923, Bd. I, S. XI.

[25] Vgl. zur Ode die ausführliche Darstellung von D. Janik, *Geschichte der Ode und der «Stances» von Ronsard bis Boileau*, Bad Homburg v. d. H./Berlin/Zürich 1968.

[26] Für den Text der Oden Malherbes und seine Varianten vgl. die Ausgabe von R. Fromilhague und R. Lebègue, *Malherbe, Œuvres poétiques*, Nr. VII, IX, XIII, XIV, XXII, LXIII. Andere Oden, die Fragment geblieben sind, ebd.

[27] Vgl. R. Fromilhague, *Malherbe. Technique et création poétique*, Paris 1954, S. 414 ff.

Enjambements sind verboten. Für das, was als Reim anzusehen ist, werden mit der Forderung nach dem homophonen Stützkonsonanten im Anlaut der Reimsilbe strengere Maßstäbe angelegt als in der vorangehenden Zeit. Das gilt ebenfalls für die Zählung der Silben des Verses durch die Verpönung des Hiatus. In bezug auf Wortschatz und Syntax wird ein Sprachgebrauch festgelegt, der zugleich der Normierung des Sprechens der höfischen Gesellschaft dienen soll. Dazu gehören: Vermeidung von Archaismen, Neologismen, Regionalismen und Technizismen sowie die Annäherung an die alltagssprachliche Syntax.[28]

Malherbe strebte mit diesen Prinzipien, die er selbst nicht alle gleichermaßen in die Praxis umgesetzt hat, eine Vereindeutigung der Ode von der Ausdrucksseite her an, die mit ihrem Inhalt und ihrer Funktion im Einklang stehen sollte. Als Resultat ergab sich ein sehr großer Schwierigkeitsgrad, der neben Inhalt und Funktion den herausragenden Platz der Gattung im Gattungsgefüge begründete. Das Ziel dieser Bemühungen lag in dem Versuch einer Abgrenzung der Ode zu anderen Gattungen, insbesondere den *Stances*. Diese, ursprünglich als Entsprechung zur italienischen Stanze (*ottava rima*) um die Mitte des 16. Jahrhunderts als Strophenform in die französische Literatur eingeführt, hatte sich sehr rasch verselbständigt und den Charakter einer eigenen Gattung neben der Ode angenommen. Ihre Spanne reichte vom Preis Gottes über das weltliche *encomium* mit seinem *ornatus* bis zur Liebespein. Die zunächst isometrischen Strophen der *Stances* zu sechs oder acht Versen in Alexandrinern bzw. Zehnsilbern wurden im Lauf der Zeit immer vielfältiger.[29] Zu Beginn des 17. Jahrhunderts war eine Situation erreicht, in der sich die Bedeutung und Extension von Ode und *Stances* weitgehend überschnitten. Erst mit Malherbe beginnt sich die Lage wieder zu ändern. Von nun an wird die Ode als ranghöchste Gattung mehr und mehr auf das *encomium* mit seinem *ornatus* in der Form Malherbes festgelegt. Während der Periode zwischen 1610 und 1635 gibt es viele Beispiele für enkomiastische Oden, die dem Malherbschen Schema folgen. Die Verfasser dieser Stücke sind nicht nur die «écoliers» Malherbes, Maynard und Racan, sondern

---

[28] Für die sogenannte Doktrin des Autors ist noch immer maßgebend F. Brunot, *La doctrine de Malherbe d'après son commentaire sur Desportes*, Paris 1891. Zur raschen Orientierung vgl. A. Rothe, *Französische Lyrik*, S. 26 ff., zur Abhängigkeit der Malherbeschen Doktrin von der antiken Rhetorik H. Lausberg, „Zur Stellung Malherbes in der Geschichte der französischen Schriftsprache", in: *RF* 62 (1950), S. 172-200.

[29] Vgl. D. Janik, *Geschichte der Ode*, S. 91 ff.

auch Autoren wie der späte Jean de Lingendes, Théophile de Viau, Pierre le Moyne und Antoine Godeau, die das Schema mit unterschiedlicher Perfektion ausfüllen.[30] Als Beispiele für den Gattungsstil der Ode mögen die ersten beiden Strophen der «Ode Au Roy» Racans von 1616 dienen[31]:

> Victorieuses des années,
> Nymphes dont les inventions
> Tirent des mains des Destinees
> Les memorables actions:
> Si jadis aux rives de Loire
> Vous avez recité l'Histoire
> De mes incurables douleurs,
> Quittez cette inutile peine,
> Aussi bien ma belle inhumaine
> Ne fait que rire de mes pleurs.
>
> Faites, Deesses, que ma lyre,
> Traisnant les rochers apres soy,
> Aux deux bouts du monde aille dire
> Des chansons dignes de mon Roy,
> Tous les veritables Oracles
> Nous promettent que les miracles
> De son courage ambitieux,
> Feront tant bruire son tonnerre,
> Qu'un jour il sera sur la terre
> Ce qu'est Jupiter dans les Cieux.

Der Zehnzeiler ist in zwei Gruppen von je vier und sechs Versen unterteilt, die auf der Ebene des alternierenden Reims durch das Schema abab – ccdeed ausgewiesen sind und eine deutliche syntaktische Zäsur zeigen. Die zweite Gruppe zu sechs Versen ist syntaktisch noch einmal in zwei Gruppen zu je drei Versen untergliedert, was durch die Reimgrenze des siebten Verses unterstrichen wird. Enjambements kommen nicht vor. Lexikalisch und syntaktisch folgen die Strophen der sich formierenden Sprachnorm der höfischen Gesellschaft. Inhaltlich soll der Musenanruf der ersten Strophe[32] ausdrücklich von der unwichtigen Liebesthematik,

---

[30] Ebd. S. 201 ff., vgl. auch J. P. Chauveau, «Vie et mort d'un genre sous les règnes de Louis XIII et de Louis XIV: La poésie encomiastique», in: *Papers on French Seventeenth Century Literature* 9 (1978), S. 67–82.

[31] Der Text folgt der Ausgabe Racan, *Poésies. I. Edition critique publiée par* L. Arnould, STFM, 59, Paris 1930, S. 28–30.

[32] Die Anrede «Nymphes» beruht auf einem Irrtum Racans. Als Töchter Jupi-

der sich der Dichter zuvor gewidmet hat, zum *encomium* in der Funktion der Repräsentation von Herrschaft überleiten, die am Ende der zweiten Strophe in dem Vergleich zwischen Ludwig XIII. und Jupiter gipfelt.

Neben der enkomiastischen Ode, die das Gattungsverständnis prägt, existieren im Darstellungszeitraum noch weitere Erscheinungsweisen der Ode, die ihrem Inhalt nach Meditationen über die Lebensführung, Liebesoden oder Naturbeschreibungen, zum Teil auch alles zugleich darstellen. Der Malherbsche Zehnzeiler tritt auch hier auf.[33] Daneben ist aber festzustellen, daß diese Oden noch andere Strophenformen aufweisen, die zum Teil heterometrisch sind. Malherbe selbst weicht von den Prinzipien des Zehnzeilers in seiner letzten enkomiastischen Ode von 1628 ab und benutzt eine vierzeilige Strophe aus drei Alexandrinern und einem Sechssilber, die dem Reimschema abab folgen.[34] Heterometrische Oden finden sich auch bei Racan und mit *encomium* in Chapelains zu ihrer Zeit gefeierten «Ode a Mgr. le cardinal de Richelieu».[35] Auf der anderen Seite ist bemerkenswert, daß die jüngeren Dichter nach 1620, die inhaltlich oft gegenüber der Malherbschen Norm aufbegehren, sogar in ihren nichtenkomiastischen Oden durchaus den Zehnzeiler, wenn auch nicht immer mit dem von Malherbe bevorzugten Reimschema, verwenden. Beispiele dafür bieten viele Oden Théophiles, die eine große inhaltliche Spannweite zeigen, darunter die Oden der «Maison de Silvie»[36] sowie Saint-Amants Oden «La Solitude», «Le Contemplateur» und «L'Andromede», die zwar bei ihrer Veröffentlichung keine Gattungsbezeichnung tragen, gleichwohl durch ihr Zusammenspiel zwischen Inhalt und Aus-

---

ters und der Mnemosyne gehören die Musen nicht zu den Nymphen, vgl. den Kommentar Arnoulds ebd. S. 29, Anm. 1.

[33] Z. B. bei Racan, ebd. Nr. XIII und XVIII.

[34] Malherbe, *Œuvres poétiques*, Bd. I, S. 166–171, vgl. dazu R. Fromilhague, *Malherbe. Technique*, S. 384 ff.

[35] Im Jahre 1633 separat veröffentlicht, erregte sie sofort Aufsehen und fand Eingang in die Sammlungen *Les Nouvelles Muses des Sieurs Godeau. Chapelain. Habert. Baro. Racan. L'Estoile. Menard. Desmarets. Maleville. Et autres.* Paris 1633, und *Le Sacrifice des Muses*, Paris 1635. Zu ihrem zehnzeiligen Strophenbau aus sechs Achtsilbern und vier Alexandrinern nach dem Malherbe-Maynardschen Reimschema abbaccdede, das deren syntaktischen Grenzen bei Umkehrung der 4-6-Gliederung folgt, vgl. C. K. Abraham, *Enfin Malherbe*, S. 73 ff.

[36] Vgl. Théophile de Viau, *Œuvres poétiques*. Edition critique avec introduction et commentaire par J. Streicher, TLF, 2 Bde., Genf/Lille/Paris 1951–1958, Bd. II, S. 137–184.

druck auf den Rang der Ode im Gattungsgefüge abgestellt sind.[37] Zwar ist es richtig, wenn die Forschung darauf aufmerksam gemacht hat, daß diese Oden vor allem dem Inhalt nach häufig von Malherbe abweichen. Dennoch bleibt festzustellen, daß die Verwendung des sieben- bis achtsilbigen Zehnzeilers durch die nachfolgende Dichtergeneration eine Orientierung an der Odengattung anzeigt, die erst durch Malherbe in ihrer Wertigkeit neu begründet worden war. Wie sehr das Prestige der Ode mit Malherbe verbunden ist, zeigt auch die Benutzung der Malherbschen Strophenform in den Psalmenparaphrasen, wie z. B. bei Arbaud de Porchères.[38]

Mit der Vereindeutigung der Ode sind die Überschneidungen mit den *Stances* freilich noch nicht geschwunden. Vielmehr besteht ein gewisses Nebeneinander gleicher Inhalte und Funktionen in beiden Gattungen fort, das auch aus der Wortbedeutung von *stance* als „Strophe" herrührt.[39] Gleichwohl läßt sich eine wachsende Tendenz erkennen, die isometrische Ode für das *encomium* zu reservieren, während die *Stances* auf die religiösen Themen, *Consolationes* und die Liebe begrenzt werden und eher heterometrischen Schemata folgen. So nennt Malherbe seine heterometrischen religiösen Gedichte und Psalmenparaphrasen zumeist *Stances*. Dasselbe gilt für die Liebes- und Trostgedichte. Isometrische *Stances* sind demgegenüber in der Minderheit. Théophile de Viau wird die meisten seiner isometrischen Gedichte *Odes*, die heterometrischen *Stances* nennen. In der dritten Auflage seiner Werke aus dem Jahre 1623, die nach Gattungswertigkeiten geordnet ist, folgen die *Stances* den Oden, unter denen die enkomiastischen den ersten Platz einnehmen.[40] Die variationsträchtige heterometrische Struktur wird zu einem Merkmal der *Stances* überhaupt und zu einer Herausforderung an die Ingeniosität der Autoren im Hinblick auf den Reim und die syntaktische Anordnung. Ein Beispiel dafür ist die erste Strophe der *Stances* «A Des Fontaines. Pour une absence» von Racan[41]:

---

[37] Vgl. Saint-Amant, *Œuvres*. Edition critique par J. Bailbé/J. Lagny, STFM, 5 Bde., Paris 1967–1979, Bd. I, S. 33–95, dazu Ch. Wentzlaff-Eggebert, *Forminteresse, Traditionsverbundenheit und Aktualisierungsbedürfnis als Merkmale des Dichtens von Saint-Amant*, München 1970, S. 22 ff. und S. 63 ff., wo die grundsätzliche Orientierung des Autors an Malherbe nachgewiesen wird.

[38] Vgl. P. Leblanc, *Les paraphrases françaises des psaumes*, S. 107 ff.

[39] Vgl. W. Th. Elwert, *Französische Metrik*, München ²1966, § 186.

[40] *Les Œuvres du sieur Théophile. Reveuës, corrigées, et augmentées*. Troisième édition, Paris 1623. Ausnahmen zu dieser Abfolge bilden vier Oden, die von ihrem Inhalt her trotz der Form nicht zum hohen Stil zu rechnen sind.

[41] Text nach Racan, *Poésies. I*, S. 134.

> Pour la derniere fois,
> Nymphes de ces fontaines,
> Oyez ma triste voix,
> Prenez part à mes peines,
> Celles qui nous rendoit ce rivage si doux
> A jamais s'esloigne de nous.

Es scheint, daß Racan diese Strophe aus vier Sechssilbern, einem Alexandriner und einem Achtsilber mit dem alternierenden Reim ababcc und der perfekten syntaktischen Aufteilung selbst erfunden hat. Daß in dem Gedicht das Prinzip der *variatio* auf der Ausdrucksseite obwaltet, ist offenkundig. Der zweimalige Wechsel der Silbenzahl des Verses, zum Schluß in rascher Folge, erfordert einen jeweils korrespondierenden Wechsel der syntaktischen Anordnung, um dem Prinzip der Parallelität zwischen Versgrenze und Syntagmengrenze zu gehorchen. Spannung der *variatio* ergibt sich auch aus der Abfolge zwischen Alexandriner und Achtsilber bei Paarreim in den beiden letzten Versen.

Ein Grund für das Vordringen der heterometrischen Strophe lag sicher in der Verbindung der «poésie lyrique» mit der Musik, für die die heterometrische Strophe geeigneter war als die Gleichförmigkeit der Isometrie. Von Malherbe wissen wir, daß viele seiner Gedichte für bestimmte Melodien geschrieben wurden.[42] In den *Stances,* die mehrheitlich Liebesthematik aufweisen, vereinen sich damit deutlich das Prinzip der *variatio* und die Musik zur Erfüllung der Funktion des Divertissement. Selbst dort, wo eine solche Verbindung nicht vorliegt, steht das Divertissement im Vordergrund. Auch zahlreiche *Ballets de cour,* die aus musikalischen und rezitativen Teilen zu bestehen pflegen, haben Texte mit heterometrischen Strophen.[43]

Anders als bei der Ode nehmen die *Stances* im Verhältnis zur *Chanson,* wo es ebenfalls zu Überschneidungen kommt, einen höheren Rang ein. Das dürfte auf die unterschiedlichen Inhalts- und Ausdrucksnormen der *Chanson* zurückzuführen sein. Inhaltlich ist die Bandbreite der *Chanson* schmaler als die der *Stances* und läßt im wesentlichen nur Liebesthematik und *Carpe-diem*-Versionen, allerdings auch in der Form von Trinkliedern zu. Ausdrucksmäßig wirken die Strophenformen und Reimschemata einfacher. Es herrschen der Sechszeiler und der Achtzeiler vor, die isometrisch oder heterometrisch gebaut sein können. Die Verbindung zur Mu-

---

[42] Vgl. C. K. Abraham, *Enfin Malherbe,* S. 30 f.
[43] Zu den Hofballetten der Zeit vgl. die Arbeit von M. M. McGowan, *L'Art du ballet de cour en France 1581–1643,* Paris 1963.

sik ist schon vom Namen der Gattung her gegeben. Daraus resultieren schwankende Benennungen zwischen *Stances* und *Chanson,* die durch inhaltliche und ausdrucksmäßige Ähnlichkeiten verstärkt werden. So zeigen vier *Stances* Malherbes im *Nouveau recueil des plus beaux vers de ce temps* die Gattungsbezeichnung *Chanson.*[44] Von der ersten existiert das Zeugnis des Dichters, daß sie zu einer Melodie geschrieben wurde.[45] Bei den anderen ist es immerhin möglich. Alle vier *Stances – Chansons* haben isometrische Strophen und gehören in den Beginn des Darstellungszeitraums. Malherbe wird später weitere *Chansons,* die zum Teil auch heterometrisch sind, verfassen. Von anderen Autoren, darunter Racan, sind ebenfalls heterometrische *Chansons* bekannt.[46] Nach den *genera dicendi* ist die *Chanson* zwischen dem mittleren und dem niederen Stil einzuordnen. Aufgrund der in ihr zu beobachtenden Verbindung von Liebesthematik und Schäferdekor sowie der Gattungszugehörigkeit der *Chansons à boire* reicht sie jedoch weit in den Bereich des niederen Stils hinein. Insgesamt ist diese Gattung im Darstellungszeitraum mit sehr viel weniger Beispielen vertreten als die der *Stances.*

Entschieden bedeutender als die *Chanson* ist für die Zeit zwischen 1610 und 1635 das Sonett. Noch vor der Pléiade in Frankreich eingeführt, erlangt es sehr rasch außerordentliche Beliebtheit. Bereits in der Zeit Desportes' wird eine besondere Form festgelegt, das «sonnet régulier». Es handelt sich dabei um ein Sonett in Alexandrinern (selten in Achtsilbern), das dem Reimschema abba abba ccd ede oder ccd eed folgt. Der Theoretiker des Sonetts Guillaume Colletet, der die Gattungspraxis der ersten Hälfte des 17. Jahrhunderts reflektiert, weist diesem Schema in seinem *Traitté du sonnet* von 1658 eine Inhaltsstruktur zu, nach der die beiden Quartette als abgeschlossene Einheit wirken sollen, die von den in einer Pointe auslaufenden Terzetten nochmals überboten wird.[47] Sonette, die demgegenüber vier Reime in den Quartetten aufweisen, werden als «sonnets irréguliers» eingestuft. Darüber hinaus existieren weitere quantitativ jedoch unerhebliche Varianten. Inhaltlich kann das Sonett vom religiösen Gedicht über das *encomium* bis zur «poésie satyrique» reichen. Sonettzyklen, die bis zu Beginn des 17. Jahrhunderts häufig sind, treten aller-

---

[44] Die Gedichte tragen in der Ausgabe von R. Fromilhague/R. Lebègue die Nr. XXVII, XXVIII, XXXV und XXXVI.
[45] Vgl. Malherbe, *Œuvres poétiques,* Bd. II, S. 49.
[46] Vgl. Racan, *Poésies. I,* Nr. XLV und XLVI.
[47] Vgl. Guillaume Colletet, *L'art poétique. I. Traitté de l'épigramme et traitté du sonnet.* Texte établi et Introduction par P. A. Jannini, TLF, Genf 1965, S. 190.

dings nicht mehr auf. *Les Théorèmes sur le sacré mystère de notre rédemption* von Jean de La Ceppède, deren erster Teil 1613, der zweite 1622 veröffentlicht werden, bilden eine unbeachtete Ausnahme.[48] Malherbe schreibt dreißig «sonnets réguliers», die dem Schema abba abba ccd ede gehorchen. Wie beim Zehnzeiler versucht er in der Regel auch hier, den Reim des ersten und letzten Verses zwischen weiblich und männlich alternieren zu lassen. Allerdings verfaßt Malherbe auch einige «sonnets irréguliers», in denen er mit der von ihm besonders rigoros gehandhabten «alternance des rimes» experimentiert und einmal sogar von der Norm abweicht.[49]

Das «sonnet régulier» bestimmt, wenn auch nicht ausschließlich, die Periode zwischen 1610 und 1635. Das gilt auch für die Zeit nach 1620, in der eine neue Generation zu schreiben beginnt. Ein Beispiel dafür ist Saint-Amant, der sich nach 1625 des von Malherbe bevorzugten Reimschemas bedient.[50] Interessanterweise ist es der als «malherbien» einzustufende François de Maynard, der nach dem Tod seines Lehrmeisters fast nur noch unregelmäßige Sonette verfaßt. Bei den anderen Autoren lassen sich sowohl Befolgungen der Regeln als auch Abweichungen beobachten. Letztere scheinen in dem Maße stärker zu sein, wie der Inhalt des Sonetts „abweichende" Züge trägt. Ein inhaltlich wie ausdrucksmäßig regelbezogenes Sonett ist das von Racan «Sur la maladie de sa maistresse»[51]:

> La fievre de Philis tous les jours renouvelle,
> Et voit-on clairement que cette cruauté
> Ne peut venir d'ailleurs que du Ciel irrité
> Que la terre possede une chose si belle.

---

[48] Dem Dichter wurde erst im Zuge der Diskussion um den französischen Barock wieder größere Aufmerksamkeit zuteil, vgl. H. Lafay, *La poésie française du premier XVIIe siècle*, S. 401 ff. Eine gute Darstellung der *Théorèmes*, die sich nicht an das Schema des «sonnet régulier» und die sich etablierenden Versregeln hielten, findet sich bei A. Rothe, *Französische Lyrik im Zeitalter des Barock*, S. 18 ff. Zu einer Sonettfolge Jean d'Auvrays vgl. L. K. Donaldson-Evans, «D'Auvray's seven sonnets on the passion of the saviour: a meditative sonnet-sequence», in: *FSt*. 25 (1971), S. 385–400.
[49] Es handelt sich um das Sonett *A Madame la Princesse de Conti* mit dem Schema abab cdcd eef gfg, vgl. Malherbe, *Œuvres poétiques*, Nr. XXI. Zum Aufbau dieses Sonetts und zu den Sonetten Malherbes allgemein äußert sich R. Fromilhague, *Malherbe. Technique*, S. 176 ff.
[50] Vgl. Ch. Wentzlaff-Eggebert, *Forminteresse*, S. 11 ff.
[51] Racan, *Poésies. I*, Nr. XXV.

> Son visage n'a plus sa couleur naturelle,
> Il n'a plus ces attraits ny cette majesté
> Qui regnoit tellement sur nostre liberté
> Qu'il sembloit que les coeurs n'estoient faits que pour elle.
>
> Faut-il que cette ardeur consume nuit et jour
> Celle qui d'autre feu que en celuy d'amour
> Ne devoit point souffrir l'injuste violence!
>
> O Dieux de qui le soin fait tout pour nostre bien,
> Si mon affection touche vostre clemence,
> Ou donnez luy mon mal, ou donnez moy le sien.

Inhaltlich handelt es sich um ein fast schon galant zu nennendes Liebessonett, dessen Pointe nach den üblichen Überbietungstopoi zum Preis der Dame darauf hinausläuft, die Götter zu bitten, Philis entweder die Liebespein des Dichters zu schicken oder diesem das Fieber der Geliebten. Ausdrucksmäßig zeigt das Sonett eine regelmäßige Struktur mit dem Reimschema abba abba ccd ede. Der erste Reim ist weiblich, der letzte männlich. Versgrenzen und syntaktische Markierungen laufen parallel. Wortmaterial und Syntax entsprechen höfischer Redenorm.

Anders ein Sonett Théophiles, das keinen Eingang in die Editionen der *Œuvres du sieur Théophile* fand[52]:

> Je songeois que Phyllis des enfers revenüe,
> Belle comme elle estoit à la clarté du jour,
> Vouloit que son phantosme encore fit l'amour
> Et que comme Ixion j'embrassasse une nue.
>
> Son ombre dans mon lict se glissa toute nüe
> Et me dit: cher Thyrsis, me voicy de retour,
> Je n'ay fait qu' embellir en ce triste sejour
> Où depuis ton despart le sort m'a retenue.
>
> Je viens pour rebaiser le plus beau des Amans,
> Je viens pour remourir dans tes embrassements.
> Alors quand cette idole eut abusé ma flamme,
>
> Elle me dit Adieu, je m'en vay chez les morts:
> Comme tu t'es vanté d'avoir baisé mon corps
> Tu te pourras vanter d'avoir baisé mon âme.

---

[52] Der Text folgt der Version des *Second livre des Delices de la Poesie françoise*, Paris 1620, und ist abgedruckt im Anhang der Ausgabe Théophile de Viau, *Œuvres poétiques*, Bd. II, S. 202f., vgl. auch C. L. Gaudiani, *The Cabaret Poetry of Théophile de Viau*, Tübingen 1981, S. 73.

Klar ist, daß dieses Sonett wegen des wenn auch durch den Traum abgeschwächten Wiedergängermotivs und der Vorstellung, der Dichter könne sich rühmen, nach dem Körper auch die Seele der Geliebten „besessen" zu haben, gegen die literarischen Inhaltsnormen der Zeit verstieß und nicht offen in seiner Autorschaft erklärt werden durfte. Ausdrucksmäßig handelt es sich zwar um ein «sonnet régulier» in Alexandrinern; aber nicht immer gemäß den etablierten Normen. Es reimen nue: nüe (Homonymie), amans: embrassements, flamme: âme, Reime, die Malherbe entweder vermieden oder ausdrücklich getadelt hat. Syntaktisch ist der Einschnitt nach dem zweiten Vers des ersten Terzetts regelwidrig gewählt, wenn man in Rechnung stellt, daß die Kerbe zwischen dem letzten Vers des ersten Terzetts und dem ersten Vers des folgenden sehr viel schwächer wirkt und die Zäsur damit an der falschen Stelle erscheint.

Insgesamt läßt sich sagen, daß der Platz, den das Sonett im Gattungsgefüge der Periode zwischen 1610 und 1635 einnimmt, quantitativ recht umfangreich ist, wenn auch nicht mehr so bedeutend wie in der Epoche vor dem Darstellungszeitraum. Aufgrund der großen inhaltlichen Spannweite der Gattung, die das *encomium* und die religiöse Dichtung einbezieht, rangiert das Sonett trotz seiner „satyrischen" Vertreter im Bereich des *genus sublime,* obwohl es nicht den Adel der Ode besitzt.[53]

In der Stilhöhe niedriger als das Sonett ist im Darstellungszeitraum das Epigramm einzustufen, mit dem es wegen seiner Kürze und der auf die Pointe zugeschnittenen Struktur oft verglichen wird.[54] Als Gegenstand dieser Gattung gilt den Theoretikern im Rückgriff auf die antike Poetik und Dichtungspraxis «toute sorte de sujets, serieux et burlesques, gays et mélancoliques», dem ein *ornatus* zugeordnet wird, der alle Stillagen umfassen kann, «quoy que ... le mediocre ou plustost le bas et le moindre, luy soit plus ordinaire, et mesme plus convenable».[55] In dieser Hinsicht ähnelt das Epigramm der Satire, mit der es gern zusammengestellt wird.

---

[53] Zu den Verfassern „satyrischer" Sonette, die oft auch in der Tradition des bernesken *Capitolo* stehen, zählen nicht nur die sogenannten «satyriques» wie Sigogne, Berthelot und der versatile Motin, sondern auch Autoren wie Malherbe und Maynard. Soweit sie nicht in die Werkausgaben aufgenommen wurden, finden sich diese Texte in der Anthologie von L. Perceau, *Le Cabinet Secret du Parnasse. Recueil de poésies libres, rares ou peu connues, pour servir de Supplément aux Œuvres dites complètes de poètes français,* 4 Bde., Paris 1928–1935. Während der erste Band Ronsard und der Pléiade gewidmet ist, gehören die übrigen drei Bände zum Darstellungszeitraum.
[54] So bei Guillaume Colletet, *L'art poétique. I,* S. 125.
[55] Vgl. Guillaume Colletet, ebd. S. 69.

Es unterscheidet sich freilich von ihr durch zwei wesentliche Merkmale, die seine Eigenart ausmachen: „brevitas" und „argutia". Der Modellautor für das Epigramm ist Martial, der seit Mitte des 16. Jahrhunderts, zunächst in Italien, im Zuge eines Wandels der Gattungsnormen Catull als Orientierungspunkt ablöst.[56] Als französischer Martial gilt zu seiner Zeit Maynard, der ein umfangreiches epigrammatisches Werk hinterläßt, das zum Teil über die in Frage stehende Periode hinausreicht. Die besten Beispiele seiner Kunst fallen allerdings noch in das zweite Jahrzehnt des 17. Jahrhunderts, in dem Maynard in engstem Kontakt zu Malherbe steht.[57] Die von ihm begründete Gliederung der Odenstrophe in einen Vierzeiler und einen Sechszeiler, der wiederum in zwei Dreizeiler aufgespalten ist, wird auch zur Norm seiner Epigramme, für die Maynard meistens den Achtsilber wählt. Ein guter Vertreter dafür ist das «Epitaphe de l'Aretin», das im *Recueil des plus beaux vers de Messieurs de Malherbe*, ... von 1627 erscheint und trotz seiner Bezeichnung ein Epigramm darstellt. In den Poetiken wurde die Entstehung des Epigramms regelmäßig aus den antiken Säulen- und Grabinschriften hergeleitet, was bewirkte, daß die nach ihrem Ursprung unterschiedlichen Gattungen *Epitaphe* und Epigramm allmählich zusammenfielen.[58] Das Epigramm Maynards lautet[59]:

> Le temps, par qui tout se consume,
> Sous ceste pierre a mis le corps
> De l'Aretin, de qui la plume
> Blessa les vivans et les morts,
> Son encre noircit la memoire
> Des monarques, de qui la gloire
> Estoit indigne du trespas;
> Que s'il n'a pas contre Dieu mesme
> Vomy quelque horrible blasphesme,
> C'est qu'il ne le cognoissoit pas.

[56] Vgl. dazu U. Schulz-Buschhaus, *Das Madrigal. Zur Stilgeschichte der italienischen Lyrik zwischen Renaissance und Barock*, Bad Homburg v. d. H./Berlin/Zürich 1969, S. 149ff.

[57] Eine umfangreiche Untersuchung der Maynardschen Epigrammatik bietet Y. Giraud, «Aspects de l'épigramme chez Maynard», in: *Maynard et son temps*. Actes du colloque organisé les 19, 20 et 21 octobre 1973, Toulouse 1976, S. 75–94.

[58] Vgl. Guillaume Colletets *Traitté de l'épigramme*, «Origine de l'épigramme et son premier usage», der auf Scaliger und anderen Theoretikern fußt, a. a. O. S. 21ff.

[59] Das Epigramm ist abgedruckt in François de Maynard, *Œuvres poétiques*,

In diesem Epigramm wird die gegen die Inhaltsnormen der Zeit verstoßende Gottlosigkeit Aretinos dadurch aussprechbar, daß sie lexikalisch negativ gekennzeichnet ist. Gleichwohl leidet die *pointe* nicht darunter, die besagt, daß Aretino nur deshalb nicht Gott geschmäht habe, weil er ihm unbekannt gewesen sei. Die Gliederung der Odenstrophe ist deutlich erkennbar, ebenso die Befolgung der Sprachnormen Malherbes. Erkennbar ist auch die erstrebte Erfüllung der Funktion des Divertissement, die einen gattungsspezifischen Zug darstellt. Es gibt allerdings auch Epigramme in der Funktion der Repräsentation von Herrschaft, die sich ebenfalls unter denen des Autors im *Recueil des plus beaux vers de Messieurs de Malherbe, . . .* von 1627 befinden.

Selten geht das Epigramm über den Maynardschen Zehnzeiler hinaus, oft bleibt es darunter. Gegen Ende der Darstellungsperiode tritt eine neue Gattung auf, die mit dem Epigramm vieles gemeinsam hat, sich von ihm jedoch vor allem durch den Inhalt unterscheidet: das Madrigal. Die französische Blütezeit des Madrigals liegt allerdings erst nach 1635, so daß es an dieser Stelle noch außer Betracht bleiben kann.[60]

Deutlich weniger repräsentiert als in der Periode vor dem Darstellungszeitraum sind die Gattungen der Elegie und des *Discours,* die in Alexandrinern zu «rimes suivies» erscheinen. Der Ingeniosität der Autoren boten sie aufgrund ihrer metrischen Struktur nur wenig Gestaltungsmöglichkeiten. Im *Nouveau recueil des plus beaux vers de ce temps* finden sich noch vierzehn Elegien, zum Teil ohne Gattungsbezeichnung, gegenüber zwölf Oden, siebenundachtzig *Stances* und sechsunddreißig Sonetten. Der einzige *Discours* der Anthologie, «Sur la mort de M. de Joyeuse», stammt von Du Perron und gehört in die Zeit vor 1610. Malherbe und seine Schule lehnen die Elegie und den *Discours* ab. Die jüngeren Autoren kehren freilich wieder zur Elegie zurück. Von Théophile de Viau stammen einige Exemplare der Gattung, ebenso von Saint-Amant und Boisrobert.[61] Besonders die Autoren der «Illustres Bergers», Nicolas Frénicle, Guillaume Colletet, Louis Mauduit, Antoine Godeau, Maleville und Germain Habert, schreiben zwischen 1625 und 1635 zahlreiche Elegien.[62]

---

publiées avec notices et notes par G. Garrisson, 3 Bde., Paris 1885–1888, Nachdruck Genf 1970, Bd. II, S. 180 (i. e. S. 266).

[60] Eine größere Zahl von Madrigalen findet sich bereits in der Anthologie *Les Nouvelles Muses des Sieurs Godeau. Chapelain. Habert. Baro. Racan. L'Estoile. Menard (i. e. Maynard). Desmarets. Maleville. Et autres,* Paris 1633.
[61] Vgl. Y. Fukui, *Raffinement précieux,* S. 79 ff.
[62] Vgl. ebd. S. 124 ff. Die meisten Autoren dieser Gruppe wurden nach dem

Vom Inhalt her ist die Gattung auf die Liebesthematik, insbesondere die Liebesklage festgelegt. Das im 16. Jahrhundert mit der Einführung der Elegie in Frankreich ebenfalls vertretene Inhaltsmerkmal der Totenklage oder «Complainte» fehlt hingegen völlig. Dieses Thema geht ganz auf die Ode bzw. das Sonett über oder wird als «Consolation» in Form der *Stances* gestaltet. Von den *genera dicendi* her gehört die Elegie zur mittleren Stillage, ebenso der *Discours,* der aufgrund seiner *exhortationes* oder dem *encomium* aber in den Bereich des *genus sublime* hineinragt. Im Unterschied zur Elegie erfährt dieser in der in Frage stehenden Periode keine Wiederbelebung. Anders verhält es sich mit der Ekloge, die ihrer Verslänge und Reimanordnung nach zur Elegie und zum *Discours* gehört, aufgrund ihres Inhalts jedoch traditionsgemäß zu den Gattungen des *genus humile* gezählt wird. Nachdem die Ekloge um 1610 völlig verschwunden zu sein scheint, wird sie in den zwanziger Jahren von Nicolas Frénicle für kurze Zeit wiederaufgegriffen.[63]

Eindrucksvoller als die Elegie und der *Discours* zeigt sich zu Beginn des Zeitabschnitts von 1610 bis 1635 in Frankreich die Satire (= Verssatire). Sie war als Erneuerung der antiken *satura* bereits von Du Bellay in seiner *Deffence et illustration de la langue françoyse* von 1549 gegenüber dem «coq-à-l'âne» empfohlen worden,[64] hatte aber erst mit Mathurin Régnier einen gattungsadäquaten Ausdruck gefunden. Gegenüber den archaisch wirkenden Satiren von Vauquelin de la Fresnaye, die noch in Zehnsilbern mit «rimes suivies» geschrieben sind,[65] verwendet Régnier schon den paarweis gereimten Alexandriner, der ein Gattungsmerkmal bleiben soll. Im Einklang mit den Theoretikern der Gattung behandeln Régniers Satiren die ganze Breite menschlicher Erfahrungen, für die der

---

17. Jahrhundert nicht mehr aufgelegt. Nur von Mallevilles Gedichten existiert eine moderne Edition, vgl. Claude Malleville, *Œuvres poétiques*. Edition critique publiée par R. Ortali, STFM, 2 Bde., Paris 1976, die interessanterweise nach Gattungen angeordnet ist. Die Elegien Mallevilles finden sich in Bd. II, S. 221–300.

[63] Vgl. *Les églogues de Nicolas Frénicle,* o. O. 1629, sowie M. Cauchie, «Les églogues de Nicolas Frénicle et le groupe littéraire des 'Illustres Bergers'», in: *Revue d'histoire de la philosophie* 29–30 (1942), S. 114–133.

[64] Vgl. Joachim Du Bellay, *La deffence et illustration de la langue françoyse.* Edition critique par H. Chamard, Paris 1904, S. 218 ff.

[65] Vauquelin de la Fresnaye verfaßt als erster zusammenhängende Satirenbücher, die zwar nach 1600 veröffentlicht werden, aber noch ins vorangehende Jahrhundert gehören. Sie sind stark von der volkssprachlichen italienischen Satirendichtung beeinflußt, vgl. O. Trtnik-Rossettini, *Les influences anciennes et italiennes sur la satire en France au XVIe siècle,* Florenz 1958.

Autor auch aus der Tradition des bernesken *Capitolo* schöpft.[66] Bemerkenswerter als der Inhalt ist freilich die Sprachverwendung Régniers, die durch alle Stilhöhen führt und sowohl im Wortschatz als auch in der Syntax das Sprachsystem der Zeit repräsentiert. Diese Möglichkeit der Repräsentation war in den Gattungsbestimmungen der Satire angelegt, bei der die Vielfalt des Inhalts mit einer Vielfalt des Ausdrucks – psychologisch begründet durch die Stilisierung des satirischen Ich als sprunghaft und absonderlich – korrespondierte.[67] Bis 1609 hatte Régnier zwölf seiner insgesamt achtzehn Satiren veröffentlicht, von denen eine in Wahrheit eine Elegie ist.[68] Die Sammlung *Les Satyres du sieur Regnier. Derniere Edition* von 1614, die ein Jahr nach dem Tode des Autors erscheint, enthält bereits siebzehn Satiren.[69] In der Folgezeit wird das Vorbild Régniers für die Satire maßgebend. Die jüngeren Autoren wie Sonnet de Courval, Angot de l'Eperonnière, Jacques Dulorens und Claude d'Esternod verdanken ihm viel.[70] Auch Théophile de Viau läßt sich in seinen drei Satiren eng auf Régnier und die Gattungstradition beziehen.[71] Obwohl die Malherbschen Regeln der Prosodie in die Satire aufgrund der Gattungsbestimmungen am wenigsten Eingang finden, kann man im Verlauf der Zeit einen allmählichen Wandel der Sprachverwendung konstatieren, der die Silbenzählung, den Reim, die Syntax und den Wortschatz betrifft.[72] Vom Standpunkt der Funktion dient die Satire trotz der häufig wiederkehrenden Reklamierung des *utile* durch das satirische Ich dem Divertissement, das sie über die seit der Antike gattungstypische *variatio* des Inhalts und Ausdrucks erfüllt.

---

[66] Vgl. J. Vianey, *Mathurin Régnier*, Paris 1896, S. 119 ff.

[67] Über die Gattungsdefinition der Satire unterrichtet ausführlich L. Pagrot, *Den klassiska verssatirens teori. Debatten kring genren från Horatius t. o. m. 1700-talet*, Lund 1961.

[68] Vgl. Mathurin Régnier, *Œuvres complètes*. Edition critique par G. Raibaud, STFM, Paris 1958, S. 214.

[69] Die achtzehnte Satire (gibt man der Elegie ihre Gattungsbezeichnung, eigentlich die siebzehnte) wurde erst 1652 gedruckt, vgl. M. Régnier, *Œuvres complètes*, S. 263 ff.

[70] Zu diesen Autoren vgl. die Angaben bei H. Lafay, *La poésie française du premier XVIIe siècle*, S. 472 ff. u. ö.

[71] Vgl. K. Meyer-Minnemann, *Die Tradition der klassischen Satire in Frankreich. Themen und Motive in den Verssatiren Théophiles de Viau*, Bad Homburg v. d. H./Berlin/Zürich 1969.

[72] Ein Beispiel für diesen Wandel bei Jacques Dulorens gibt C. K. Abraham, *Enfin Malherbe*, S. 141 f.

Am Divertissement orientiert sind auch all jene „Satyren", die nur locker zur Tradition der *satura* gehören und einen derb erotischen Inhalt aufweisen. Im Unterschied zur Satire (= Verssatire) sind sie in der Regel in isometrischen Sechszeilern abgefaßt, die das Schema aabccb oder aabcbc zeigen.[73] Zu Beginn der Darstellungsperiode sehr zahlreich, werden diese „Satyren" nach dem Prozeß gegen Théophile 1623 seltener, ohne je, zumindest der Sache nach, ganz zu verschwinden. Demgegenüber spielt die Epistel in der Nachfolge des Horaz, die eine Variante der *satura* darstellt, während des in Frage stehenden Zeitraums kaum eine Rolle. Sie wird erst nach 1635 wichtiger. In bezug auf die *genera dicendi* fallen Satire (= Verssatire), „Satyren" und Epistel in den Bereich des *stilus humilis*. Dabei rangiert die Epistel am höchsten, während die „Satyre" nach der an den antiken Dichtungslehren orientierten Gattungseinstufung eigentlich gar keinen Platz einnimmt.

Außer den genannten Gattungen, die alle ein erkennbares inhaltliches und ausdrucksmäßiges Profil besitzen und aufeinander bezogen sind, existieren in der Zeit zwischen 1610 und 1635 noch zum Teil aus der Pléiade stammende Gattungsbezeichnungen, die diffus bleiben und in der Mehrzahl lediglich auf inhaltliche Merkmale verweisen. So finden sich in der Anthologie *Le Cabinet des Muses* von 1619 Gattungsnamen wie *Ballet, Hymne, Fantaisie, Regret, Gayté, Dialogue, Desdain, Absence, Extaze, Adieu, Allegresse* und *Soupir*, die auf viele Exemplare der bisher genannten Gattungen passen.[74] Unter ihnen enthält *Ballet* einen deutlichen Hinweis auf den Verwendungszweck der so bezeichneten Texte, ohne damit die Kennzeichen einer Gattung zu erschöpfen, die in weit stärkerem Maße als durch das Wort durch Gestus, Intonation, Kostüm und Dekor bestimmt ist. *Hymne*, oft in «rimes suivies», weist Merkmale des *encomium* auf und kann der Ode an die Seite gestellt werden, obwohl sie deren mit dem *encomium* korrespondierenden komplexen *ornatus* nicht besitzt und auch viel seltener vorkommt.[75] Die übrigen Bezeichnungen, die sich in *Le Cabinet des Muses* finden, scheinen vor allem auf den intendierten Leser und dessen Bedürfnisse gerichtet zu sein, der die ausgewiesenen

---

[73] Vgl. die „Satyren" in L. Perceau (Hrsg.), *Le Cabinet Secret du Parnasse. Mathurin Régnier et les Satyriques*, Paris 1930.

[74] Vgl. *Le Cabinet des Muses: Ou nouveau recueil des plus beaux vers de ce temps*, 2 Bde., Rouen 1619.

[75] Zur Herkunft und Bedeutung dieser Gattungsbezeichnung vgl. F. Nies, *Genres mineurs. Texte zur Theorie und Geschichte nichtkanonischer Literatur (vom 16. Jahrhundert bis zur Gegenwart)*, München 1978, S. 25 f.

Texte im Rahmen seiner eigenen Lebenspraxis, etwa für das Divertissement seiner Dame, benutzen konnte.

III. Die französische Lyrik von der „mode du rondeau" (1635) bis zum «Recueil de pièces galantes en prose et en vers de Madame la Comtesse de La Suze et de Monsieur Pellisson» (1664)

Die hervorstechenden Kennzeichen dieses Zeitraums, der durch die „mode du rondeau" ab 1635 und die erste Ausgabe des «Recueil La Suze-Pellisson» abgesteckt wird, sind das Auftreten neuer Gattungen sowie die Erweiterung der Inhalts- und Ausdrucksspannen der bestehenden. Die von Malherbe begründete enkomiastische Ode bewahrt ihren hohen Rang, wie etwa die Ausgabe *Les vers héroïques du sieur Tristan l'Hermite* von 1648 oder die Oden Chapelains und Sarasins zeigen.[76] Dabei setzt sich die Orientierung an dem besonderen *ornatus* Malherbes fort neben den Versuchen, das Odenschema nach der Ausdrucksseite auszuweiten, wie es schon Chapelain getan hatte.[77] Während der Fronde tritt die enkomiastische Ode in ihrer Häufigkeit zurück, um mit Ludwig XIV. wieder zuzunehmen. Sowohl der alte Racan als auch La Fontaine und Racine werden dem jungen König in dieser Gattung huldigen.[78] Außer dem direkten *encomium* in der Funktion der Repräsentation von Herrschaft gibt es in der Ode auch Formen indirekten Lobs, die als poetische Beschreibung von Schloß und Park in der Tradition der Théophilschen *Maison de Sylvie* und vor allem der *Maison d'Astrée* von Tristan auftreten.[79] Ohne

---

[76] Vgl. D. Janik, *Geschichte der Ode*, S. 212 ff. Zu Tristan vgl. die Ausgabe François Tristan l'Hermite, *Les Vers Héroïques*. Edition critique par C. M. Grisé, TLF, Genf 1967.

[77] Ein Beispiel dafür ist Racines Ode «La Nymphe de la Seine. A la Reine», die 1660 zum erstenmal veröffentlicht wird. Ihr Zehnzeiler besteht aus 8-8-8-8-12-12-12-12-8-12-silbigen Versen mit dem Reimschema abbaccdede und der 4-3-3-Anordnung im Syntaktischen. Es scheint, daß damit die isometrische Monotonie des Malherbeschen *dizain* aufgelockert werden sollte. Zum Text dieser Ode und seinen Varianten vgl. Jean Racine, *Œuvres complètes*. Présentation, notes et commentaires par R. Picard, Paris 1956, S. 981 ff.

[78] Racan, *Ode au Roy* «Si l'on écrit aveque foy», *Poésies. I*, S. 272–282, La Fontaine: *Ode au Roi* «Prince qui fais nos destinées», *Œuvres diverses*. Texte établi et annoté par P. Clarac, Paris 1948, S. 530 ff., Racine, *Ode sur la convalescence du Roi* «Revenez, troupes fugitives», *Œuvres complètes*, S. 986 ff.

[79] *La Maison d'Astrée* findet sich in F. T. l'Hermite, *Les Vers Héroïques*, S. 173

das Malherbsche Pathos wird die Gattungsbezeichnung „Ode" überdies Texten der Liebeslyrik, dem «burlesque» oder zuweilen sogar „leichtgeschürzten" Gedichten zugesprochen.[80] Auf der anderen Seite zeigt sich der Malherbesche Zehnzeiler auch im Bereich der Psalmenparaphrasen, wo er freilich mit einer Fülle von anderen zumeist heterometrischen Strophen konkurriert.[81] Ähnlich verhält es sich mit der Liebeslyrik oder dem «burlesque», in denen der Zehnzeiler ebenfalls gelegentlich auftaucht.[82]

Die *Stances* nehmen quantitativ weiterhin breiten Raum ein, wobei die ihnen seit Malherbe eigene heterometrische Struktur eher noch gesteigert wird. Mit Voiture, dessen gattungsprägende Wirkung ebenso groß ist wie diejenige Malherbes in der vorausgehenden Periode, treten erstmals sogenannte «stances libres» auf, die aus verschiedenen Strophenformen bestehen und vom Malherbeschen Grundprinzip der Symmetrie abweichen.[83] Die Auflösung der Strophenform zugunsten einer ungebundenen Anordnung von Versen verschiedener Länge, die gleichwohl den prosodischen Regeln der Silbenzählung folgen und auf Reimwörter enden, erhält den Namen «vers mêlés» (auch «vers libres» oder «vers irréguliers») und erringt gegen Mitte des Jahrhunderts außerordentliche Beliebtheit. Sie erscheint als konsequente Weiterentwicklung der heterometrischen Strophe der Malherbe-Zeit, die sie nach der Seite der *variatio* unter Aufgabe der ausgleichenden Kraft der Symmetrie überschreitet.[84] Die heterometrische Strophe bzw. «vers mêlés» gehören als Gattungsmerkmale jetzt auch zur *Chanson,* die im vorangehenden Zeitraum noch weitgehend

---

bis 187, dürfte aber um einiges vor 1646 entstanden sein. Zu Inhalt und Aufbau vgl. D. Janik, *Die Geschichte der Ode,* S. 192 ff.

[80] Vgl. Sarasins *Stances* «Mon cher Thyrsis, de quoi t'étonnes-tu», *Œuvres de J.-Fr. Sarasin,* rassemblées par P. Festugière, 2 Bde., Paris 1926, Bd. I, S. 284 f., die im *Recueil Sercy,* Première Partie, Paris ³1654, als «Ode sur la Coquetterie» bezeichnet werden und dem ganz unprätentiösen Schema eines Vierzeilers mit Zehnsilbern und der alternierenden Reimanordnung abab folgen.

[81] Als Beispiel kann die Paraphrase des 18. Psalms „Audite haec, omnes Gentes" von Racan, abgedruckt in R. Picard (Hrsg.), *La poésie française de 1640/1680,* Bd. I, S. 102–104, dienen.

[82] So z. B. bei Isaac Benserade, *Poésies,* publiées par O. Uzanne, Paris 1875, S. 27 ff. S. 46 ff. u. ö., sowie Saint-Amant, *Œuvres,* Bd. II, S. 141 ff. u. ö.

[83] Vgl. Vincent Voiture, *Poésies.* Edition critique publiée par H. Lafay, STFM, 2 Bde., Paris 1971, Bd. I, S. LXVII.

[84] Zu den «vers mêlés» im 17. Jahrhundert vgl. die ausführliche Untersuchung von W. Th. Elwert, «La vogue des vers mêlés dans la poésie du dix-septième siècle», in: *XVIIe siècle* 88 (1970), S. 3–18.

isometrisch war. Eine besonders ingeniöse *Chanson* stammt von Tristan l'Hermite, der sie in seine *Lyre* von 1641 aufnahm[85]:

> Vous demandez à tous
> Pourquoi je suis si triste
> Caliste
> Helas! c'est pour l'amour de vous
> Ma langueur
> Ne sçait point autre chose
> Qui la cause
> Que l'excés de vostre rigueur.
>
> A l'éclat de vos yeux,
> Dont la couleur fatale
> Egale
> L'azur qui paraist dans les Cieux
> Des douleurs
> Que je ne puis dépeindre
> Me font plaindre
> Souspirer et verser des pleurs.

Das Gedicht, das aus zwei Achtzeilern zu 6-6-2-8-3-6-3-8silbigen Versen mit der Reimanordnung abbacdde besteht, zeigt eine recht glückliche Zäsur nach dem vierten Vers und bewegt sich innerhalb der Inhaltsspanne der Gattung. Es ist nicht klar, ob dazu eine Melodie existierte, aber die Musik bleibt ein Bestandteil der *Chanson*, für die in den «Recueils collectifs» gelegentlich auch die Bezeichnung *Air* auftaucht, die jedoch ebenso Epigrammen und Madrigalen zugewiesen wird. Das zahlenmäßige Verhältnis zwischen *Chanson* und *Stances* ändert sich gegenüber der vorausgehenden Darstellungsperiode nicht, wie auch die größere inhaltliche Spannweite der *Stances* erhalten bleibt. Nach den *genera dicendi* ist die Gattung der *Stances* weiterhin höher einzustufen als die *Chanson*.

Das Sonett bleibt eine der am meisten verwendeten lyrischen Gattungen, nimmt aber zum Ende der in Frage stehenden Periode deutlich ab.[86] Inhaltlich bleibt seine große Spannweite erhalten und wird nur im unteren Bereich vom «satyrique» zum «burlesque» verschoben. Im Unterschied zur vorangehenden Epoche treten neben dem Alexandriner verstärkt der

---

[85] Vgl. Tristan, *La Lyre:* Texte original de 1641, publié avec introduction et notes par J.-P. Chauveau, TLF, Genf/Paris 1977, S. 33.
[86] Siehe dazu J. Voisine, «La crise du sonnet français au XVIIe siècle», in: H. Rheinfelder u. a. (Hrsg.), *Literatur und Spiritualität. Hans Sckommodau zum siebzigsten Geburtstag*, München 1978, S. 245–259.

Achtsilber und andere Verse auf, die nicht nur auf den «burlesque» beschränkt sind. Zahlenmäßig überwiegt das «sonnet régulier» mit ausgefeilten Beispielen bei Gombauld, Malleville, Tristan und anderen, die die Möglichkeiten des Schemas über Malherbes Praxis hinaus erkunden. Dabei scheint die Ausnutzung der in der Gattung angelegten epigrammatischen Zuspitzung zu wachsen. Doch treten daneben auch andere Formen auf, die von den «sonnets irréguliers» der Malherbe-Zeit über heterometrische Sonette bis zum reimlosen Sonett reichen.[87] In den vierziger Jahren wird die Mode der *bouts-rimés* vorzugsweise mit dem Sonett verbunden, das sich aufgrund seines festen Schemas besonders zur Abfassung von Texten nach vorgegebenen Reimwörtern eignet.

Anders als das Sonett kann das Epigramm seine Häufigkeit im Darstellungszeitraum behaupten, muß seinen Platz aber mit dem Madrigal teilen, das sich nach vereinzelten Adaptationen durch Honoré d'Urfé zu Beginn des Jahrhunderts im dritten Jahrzehnt endgültig etabliert. Die Nähe des Madrigals zum Epigramm ist das Ergebnis einer vielgestaltigen Entwicklung in der italienischen Literatur, in deren Verlauf das Madrigal mehr und mehr den Strukturmerkmalen des Epigramms angeglichen wird.[88] Im Berichtszeitraum gilt das Madrigal als amourös-galantes Epigramm und besitzt eine in der Regel einstrophige, oft heterometrische Struktur.[89] Ein Beispiel für den auf die epigrammatische Pointe angelegten Aufbau des Madrigals liefert Malleville[90]:

> Sur une Beauté malade au mois d'avril.
>
> S'il faut qu'en ce mois amoureux
> L'effort d'un mal si rigoureux
> Hors de ce monde vous emporte,
> Vostre beauté, qui tout vainquit,
> Fera voir que Venus est morte
> Au mesme temps qu'elle nasquit.

Solche Madrigale sind ganz auf das Divertissement bestimmter Kommunikationsgemeinschaften angelegt, die nur Teile des literarischen Publi-

---

[87] Vgl. W. Th. Elwert, *Französische Metrik*, S. 175 ff.
[88] Vgl. dazu die bereits genannte Untersuchung von U. Schulz-Buschhaus, *Das Madrigal*, in der erstmals die Entwicklung dieser Gattung beschrieben wird.
[89] So z. B. bei Jean Regnault de Segrais, *Diverses poësies*, Paris 1658, eine Sammlung, die 13 einstrophige, heterometrische Madrigale enthält. Stark repräsentiert ist das Madrigal vor allem im *Recueil Sercy*, in dessen fünftem Teil es die Sonette und Epigramme an Zahl übertrifft.
[90] Vgl. Claude Malleville, *Œuvres poétiques*, Bd. I, S. 129.

kums der Zeit umfassen. Die berühmteste dieser Gemeinschaften besteht in dem Salon der Cathérine de Rambouillet; sein Umgang mit der Literatur verändert das Gefüge der lyrischen Gattungen. Formen, die die Pléiade einst verworfen hatte, weil sie ihrem Anspruch an literarische Dignität nicht genügten, werden nun rehabilitiert und dem Gattungskanon zurückgegeben. Der Grund dafür liegt nicht in der Absicht einer literarischen Aufwertung von zu Unrecht Vergessenem, sondern entspringt dem Bedürfnis nach Neuem für das Divertissement, dem die kanonisierten lyrischen Gattungen allein nicht mehr genügen. So entsteht neben dem alten Schema der Bewertungen nach den *genera dicendi* ein neues in bezug auf das Divertissement, das die Gattungen nicht nur nach ihrer Herkunft, Tradition und künstlerischem Schwierigkeitsgrad beurteilt, sondern vor allem nach ihrer Leistungsfähigkeit für das Amüsement. Gegen Ende des Jahres 1635 beginnt Voiture seine ersten *Rondeaux* zu schreiben.[91] Die Gattung wird rasch außerordentlich beliebt und führt vier Jahre später zu einem eigenen Recueil.[92] Andere Gattungen, die mit der Zielsetzung, zum Divertissement des Salons als einem herausgehobenen Teilbereich der höfischen Gesellschaft beizutragen, wiederbelebt werden, sind die Ballade und das *Virelai* sowie weitere vorpléiadische Formen. Dabei verfährt man mit den alten Kompositionsregeln oft recht frei. Lediglich das *Rondeau* folgt dem in der ersten Hälfte des 16. Jahrhunderts festgelegten Bau, den Voiture scherzhaft in einem seiner Beispiele zum Thema gemacht hat[93]:

> Ma foy c'est fait de moy, car Isabeau
> M'a conjuré de luy faire un Rondeau,
> Cela me met dans une peine extréme:
> Quoy, treize vers, huict en eau, cinq en éme!
> Je luy ferois aussi tost un batteau.
>
> En voila cinq pourtant en un monceau
> Faisons-en huict, en invoquant Brodeau,

---

[91] Vgl. Y. Fukui, *Raffinement précieux*, S. 202 ff. Zehn Jahre zuvor hatte sich bereits Nicolas Frénicle in der Gattung versucht, war aber ohne Nachfolger geblieben.

[92] *Recueil de divers rondeaux*, Paris 1639; eine zweite Sammlung erscheint elf Jahre später, vgl. *Nouveau recueil de divers rondeaux*, Paris 1650. In der «Préface» wird der mit dem *Rondeau* verfolgte Zweck des Divertissement ausdrücklich hervorgehoben.

[93] Vgl. Voiture, *Poésies*, Bd. II, Nr. XLIII. Vorbild ist wahrscheinlich Lope de Vegas Sonett über das Sonett «Un soneto me manda hacer Violante», vgl. A. Rothe, *Französische Lyrik*, S. 98, Anm. 27.

> Et puis mettons par quelque stratageme,
> Ma foy c'est fait.
>
> Si je pouvois encor de mon cerveau
> Tirer cinq vers, l'ouvrage seroit beau:
> Mais cependant je suis dedans l'unziéme
> Et si je croy que je fais la douziéme,
> En voila treize ajustez au niveau,
> Ma foy c'est fait.

Wie ersichtlich besteht das *Rondeau* aus einem Fünfzehnzeiler zu drei Strophen mit Zehnsilbern, gelegentlich auch Achtsilbern. Der erste Halbvers wird zum Refrain jeweils der zweiten und dritten Strophe. Das Reimschema lautet aabba aabR aabbaR. Die «alternance des rimes» ist ebenso strikt beachtet wie die Übereinstimmung zwischen Vers- und Syntagmengrenze. Angestrebt wird eine gefällige Leichtigkeit des Ausdrucks, die vorpléiadisch sein soll und wie bei Voiture durchaus das Ergebnis wägenden Abfassens sein kann. In diesem Zusammenhang kommt es sogar zur Wiederbelebung des «vieux françois». Inhaltlich reicht die Spanne des *Rondeau* vom galant-spielerischen Liebesgedicht über den «burlesque» bis zur persönlichen Invektive. Obwohl die „mode du rondeau" der dreißiger Jahre bald abebbt, bleibt die Gattung bestehen und ist bis zum Ende des Darstellungszeitraums immer wieder mit Beispielen vertreten.

Voiture führt auch eine spanische Gattung in die französische Lyrik ein: die *Glosa*. Es handelt sich um einen Kommentar in Versen von unterschiedlicher Länge, zumeist in Achtsilbern über einen anderen lyrischen Text, wobei in die Strophen des Kommentars Verse des glossierten Textes so integriert werden müssen, daß sie in Reim, Syntax und Sinn mit der *Glosa* eine Einheit bilden.[94] Im Unterschied zum *Rondeau* Voitures findet die *Glosa* jedoch kaum Nachahmung, wie auch die Übernahme der *Silva* in die französische Lyrik des Zeitraums, die offenbar noch keine Beachtung in der Forschung gefunden hat, ohne Resonanz bleibt.[95]

Nur inhaltlich definiert sind das *Enigme* und die *Metamorphose*, die zwei weitere Gattungsschöpfungen für das Divertissement des Salons darstellen. Sie können als Sonett oder *Stances*, als Madrigal bzw. Epigramm oder unter noch anderen Formen auftreten. Das *Enigme* wird so beliebt,

---

[94] Vgl. R. Baehr, *Manual de versificación española*, Madrid 1973, S. 330ff.

[95] Die ersten beiden Teile des *Recueil Sercy* enthalten einige *Sylves*, die kaum auf Statius zurückgehen dürften.

daß es ebenfalls eine eigene Sammlung hervorbringt.[96] Der Abbé Cotin, der sich auch um eine Gattungsbestimmung des Madrigals bemüht,[97] gibt diesem Recueil einen *Discours sur les énigmes* bei, der die neue Gattung eingrenzen soll.[98] Da das *Enigme* jedoch ebenso wie die *Metamorphose* keine klar erkennbare Ausdrucksseite besitzt, bleiben die Gattungsmerkmale beschränkt und diffus.[99]

Die Elegie, die in den zwanziger Jahren vermehrt aufgetreten war, ist im in Frage stehenden Zeitraum zunächst kaum repräsentiert. Erst für die fünfziger Jahre läßt sich eine Rückkehr zur Elegie konstatieren, die von der Comtesse de La Suze ausgeht. Während in den ersten Teilen des *Recueil Sercy* die Elegie nur selten auftaucht, rangiert sie im fünften Teil in der Häufigkeit bereits an vierter Stelle hinter dem Madrigal, den *Stances* und dem Epigramm.[100] Neben der Comtesse de La Suze, Sarasin und Perrault schreibt besonders Mme de Villedieu Elegien, die wegen ihres Gefühlsausdrucks bemerkenswert sind. Um das Distichon der antiken Elegie nachzuahmen, werden zuweilen auch alternierende Alexandriner und Zehnsilber in «rimes suivies» benutzt.[101]

Wie im vorangehenden Zeitraum ist der *Discours* wenig vertreten. Im Gefolge der verstärkten Hinwendung zum Divertissement versucht man ihm den Charakter der *exhortatio* zu nehmen. So finden sich bei Sarasin mehrere «Discours familiers», die inhaltlich die Gattung dem mittleren bis niederen Stil zuweisen.[102] Etwas häufiger als der *Discours* taucht die Ekloge auf, die sich vom *Discours* nur durch den Schäferdekor des Inhalts unterscheidet. Neben Sarasin und Segrais schreiben auch Ménage und Lalanne einige Eklogen.[103] Die Satire tritt im Vergleich zu ihrer Häufigkeit

---

[96] *Recueil des énigmes des plus beaux esprits de ce temps,* Paris 1638. Die Sammlung bringt es auf mehrere Auflagen.

[97] Vgl. Charles Cotin, *Œuvres galantes,* Paris 1663, S. 460 ff. Zu den Madrigalen des Abbé vgl. U. Schulz-Buschhaus, *Das Madrigal,* S. 248 ff.

[98] Dieser *Discours* erscheint als Vorwort zum *Recueil des énigmes,* vgl. Y. Fukui, *Raffinement précieux,* S. 207 f.

[99] Auch der Metamorphose wird mit der Ausgabe *Les Metamorphoses françoises,* Paris 1641, eine eigene Anthologie gewidmet.

[100] Vgl. *Poësies choisies de MM. Corneille, Boisrobert, de Marigny etc. Cinquiesme Partie,* Paris 1660.

[101] So z. B. von Sarasin in der Elegie «Agréables zéphyrs, dont les douces haleines», *Œuvres,* Bd. I, S. 185 f.

[102] Vgl. ebd. S. 201 ff.

[103] Vgl. Y. Fukui, *Raffinement précieux,* S. 227. Autor von «Eglogues spirituelles» ist Godeau, vgl. Y. Giraud, «Les Eglogues spirituelles d'Antoine Godeau»,

zwischen 1610 und 1625 zurück, ist jedoch mit Dulorens und Furetière weiter vertreten. Auch die Abfassung und Verbreitung „satyrischer" Poesie wird trotz des «Procès de Théophile» und des «raffinement précieux» nicht aufgegeben.[104] Allerdings scheint die Fähigkeit der Satire und der «poésie satyrique» zum Divertissement in der Gesellschaft der Salons gering gewesen zu sein. An ihrer Stelle erscheint verstärkt die Epistel, deren Vorzüge gegenüber der feierlichen Ode einerseits und der «aigreur de la Satire» andererseits Mascaron in der «Préface» zur Ausgabe der *Epistres du Sieur de Bois-Robert* von 1647 herausstreicht.[105] Um den Inhalten familiärer Alltäglichkeit oder dem «burlesque» zu entsprechen, die der Epistel in der vorliegenden Periode eigen sind, wird statt des Alexandriners zumeist der Achtsilber mit alternierenden «rimes suivies» verwendet. Gattungsmäßig läßt die Epistel, vor allem in ihrer Ausweitung zum «burlesque», in der es Scarron zur Meisterschaft bringt, eine Sprachverwendung zu, die die im Sprachsystem liegenden Möglichkeiten des Ausdrucks weit umfassender repräsentiert als der getragene Stil der Ode oder des enkomiastischen Sonetts.

Inhalt und Ausdrucksseite der Epistel führen dazu, daß im Verlauf der Zeit die Gattungsbezeichnung *Epistre* zunehmend durch *Lettre* ersetzt wird. Darin spiegelt sich eine wachsende Annäherung an den Konversationsstil der höfischen Gesellschaft, der sich literarisch vor allem im Brief manifestiert.[106] Als Weiterentwicklung der strophischen Auflösung vieler Texte zu «vers mêlés» entsteht in den fünfziger Jahren die *Lettre mêlée*, die eine Mischung aus Prosa und Versen, häufig heterometrischer Struktur, darstellt. Mit ihr ist der Endpunkt der verstärkten Hinwendung der Lyrik zum Divertissement erreicht. In der *Lettre mêlée* verquickt sich ein Höchstmaß an inhaltlicher Vielfalt im Rahmen der «bienséance» mit einem Höchstmaß ausdrucksmäßiger *variatio* im Dienste des Amüsements einer Leserschaft, die an der Repräsentation von Herrschaft kein besonderes Interesse mehr zu haben scheint.[107]

in: *Antoine Godeau (1605–1672). De la galanterie à la sainteté*, Paris 1975, S. 295–318.

[104] Vgl. *Satires de Dulorens*, édition de 1646, publiées par D. Jouaust, Paris 1869, und Antoine Furetière, *Poësies diverses*, Paris ²1664, zur «poésie satyrique» *Le Parnasse satyrique du sieur Théophile*, Paris 1660.

[105] Vgl. Bois-Robert, *Epistres en vers*. Edition critique par M. Cauchie, 2 Bde., STFM, Paris 1921–1927, Bd. I, S. 31 f.

[106] Vgl. Chr. Strosetzki, *Konversation. Ein Kapitel gesellschaftlicher und literarischer Pragmatik im Frankreich des 17. Jahrhunderts*, Frankfurt 1978, S. 72 ff.

[107] Zur Häufigkeit der Briefsammlungen im 17. Jahrhundert, in die die *Lettres*

Die Erweiterung der Inhalts- und Ausdrucksspannen der bestehenden Gattungen sowie das Auftreten neuer bewirken eine Abnahme der Gattungsfestigkeiten. Mehr als im vorangehenden Zeitraum finden sich Schwankungen in den Bezeichnungen, die auf eine zunehmende Verkürzung von Gattungsmerkmalen auf Inhaltselemente hindeuten. Das ist zum Beispiel der Fall, wenn im dritten Teil des *Recueil Sercy* einem Gedicht in Stanzenversen die Bezeichnung «Satyre» zugewiesen wird, oder im fünften Teil in einem ähnlichen Fall die Überschrift «Satyre contre la Poste» erscheint. Die Zunahme der Merkmale einzelner Gattungen macht es möglich, andere Gattungsbezeichnungen als die vorgesehenen zu verwenden, wenn es sich ergibt, daß die neue Gattungsbezeichnung mit der alten in einigen Kennzeichen übereinstimmt. Wie im vorangehenden Zeitraum tauchen auch in dieser Periode Gattungsnamen mit diffusem Profil auf wie *Sarabande* oder *Impromptu*, die allerdings keine große Häufigkeit besitzen.[108]

IV. Die französische Lyrik von den «Satires du sieur D^{xxx}» (1666) bis zu den «Fables choisies, mises en vers par M. de la Fontaine et par lui revues, corrigées et augmentées» (1678–1679)

Die erste Ausgabe des *Recueil La Suze-Pellisson*, die den Endpunkt der Entwicklung des Gattungsgefüges zwischen 1635 und 1665 markiert, ist zugleich die erste Fassung einer Anthologie, die bis 1741 in vielfältigen Ergänzungen und Überarbeitungen immer wieder aufgelegt wird. Sie zeigt deutlich die Abnahme der Häufigkeit der einstmals beliebten traditionellen lyrischen Gattungen wie *Stances* und Sonett, die am Ende des vorangehenden Zeitraums beginnt und sich in der nachfolgenden Periode fortsetzt, zugunsten einerseits der Elegie, andererseits der *Lettres mêlées* und der kleinen Texte in Versen oder Prosa ohne Gattungsbezeichnungen.[109] Die traditionellen lyrischen Gattungen mit ihrem verhältnismäßig hohen

---

mêlées zunehmend eindringen, wie sie auch den Charakter der Anthologien von Prosatexten bestimmen, ersichtlich am *Recueil de pieces en prose, les plus agreables de ce temps. Composées par divers Autheurs*, 5 Bde., Paris 1659–1663, vgl. F. Nies, *Gattungspoetik*, S. 86 ff.

[108] Vgl. dazu die einzelnen Teile und Ausgaben des *Recueil Sercy*, der für die Lyrikproduktion des Zeitraums besonders repräsentativ ist.

[109] Die erste, noch sehr schmale Auflage des *Recueil La Suze-Pellisson* enthält neben *Stances*, einer *Epistre*, zwei Elegien, zwei Epigrammen, einem Rondeau

Schwierigkeitsgrad sind bei der Zielgruppe des Recueil offenbar verpönt.[110] Ihnen, die zwar weiterhin als kanonisiert gelten, aber kaum mehr gefallen, werden Texte im Konversationsstil in den dazugehörigen Gattungen wie der *Lettre*, möglichst als *Lettre mêlée*, um die Monotonie des Verses durch Prosa aufzulockern, vorgezogen. Wurde die Funktion des Divertissement in der vorangehenden Periode zunächst noch erfüllt durch die Brillanz und den Erfindungsreichtum im Abfassen komplizierter heterometrischer Formen, denen inhaltlich ein besonders ingeniöses *encomium* oder eine geistreiche Zuspitzung entsprachen, so beruht die für das Divertissement geforderte *variatio* nun vornehmlich auf der «bagatelle bien dite», für die Voiture das Vorbild ist und die nur zuweilen durch die metrische Heteronomie des Madrigals, der *Stances* oder sogar des Sonetts gestützt wird. In einigen Fällen reduziert sich die *variatio* auch auf den bloßen Wechsel von Vers und Prosa.

Im Vergleich zum Zeitraum zwischen 1610–1635, der durch die strophische Symmetrie der Gattungsexemplare gekennzeichnet ist, fällt auf, daß die *vers mêlés* in fast alle Gattungen Eingang gefunden haben. Diese Entwicklung kündigte sich schon zu Mitte des Jahrhunderts an. Sie ist aber nun deutlich vollzogen. *Vers mêlés* finden sich nicht nur im Bereich der Liebeslyrik oder des «élégant badinage», sie dringen auch in die belehrende Epistel und die enkomiastische Ode ein. So verfaßt Pierre Le Moyne seine *Entretiens* und *Lettres poëtiques* über verschiedene Topoi der Moralphilosophie, die mit enkomiastischen Passagen für die einzelnen Adressaten der Texte durchsetzt sind, nicht etwa nur isometrisch, sondern in einer Mischung aus Alexandrinern und kürzeren Versen.[111] Und La Fontaine, der zum Meister der *vers mêlés* wird, zögert nicht, seiner «Ode pour la Paix» von 1679 eine heterometrische, strophenauflösende Struktur zu verleihen.[112] Erst Boileau wird mit der vieldiskutierten «Ode sur la Prise de Namur» wieder zur Symmetrie des Malherbschen Zehnzeilers zurückkehren und zugleich versuchen, der Gattung ein neues, programmatisches Beispiel zu geben. Da die «Ode sur la Prise de

---

und Texten ohne Gattungsbezeichnung acht *Lettres mêlées*. Zu der fünfbändigen Ausgabe des Recueil von 1680 vgl. Y. Fukui, *Raffinement précieux*, S. 270ff.

[110] Bei dieser Zielgruppe dürfte es sich um die Kreise des alten Adels gehandelt haben, die auch die Träger des *négligence*-Ideals waren, vgl. F. Nies, *Gattungspoetik*, S. 23ff.

[111] Vgl. Pierre Le Moyne, *Entretiens et lettres poëtiques*, Paris 1665.

[112] La Fontaine, *Œuvres diverses*, S. 627, vgl. dazu D. Janik, *Geschichte der Ode*, S. 219.

Namur» jedoch erst 1693 veröffentlicht wird, fällt sie aus unserem Darstellungszeitraum heraus.[113]

Erheblich früher als das Bestreben, den gelehrten Gattungsregeln der Ode eine adäquate Dichtungspraxis jenseits von *vers mêlés* und *badinage* an die Seite zu stellen, liegt der Versuch Boileaus, der Satire ein neues, prägendes Beispiel zu setzen. Dieser Versuch geht dem *Art poétique*, der inhaltlich eine Rückkehr zu strengerer Gattungstrennung und Konformität bedeutet, gattungsmäßig jedoch ein Beispiel für die Boileausche Erneuerung der Epistel darstellt, um mehr als zehn Jahre voraus. Boileau veröffentlicht sein erstes Buch Satiren zwar erst 1666, die meisten der darin enthaltenen Stücke werden aber bereits etwas früher geschrieben und publiziert.[114]

Deutlich ist in den Satiren Boileaus ein Bemühen festzustellen, sich an die seit der Renaissance wenn auch zuweilen widersprüchlich systematisierten Konventionen dieser antiken Gattung zu halten. Anders als Régnier jedoch, dessen Satiren zum Teil einen ostentativen Rückverweis auf das berneske *Capitolo* enthalten, insinuiert Boileau eine enge Bindung an die römische Tradition, insbesondere Horaz, ohne freilich auf die Möglichkeiten satirischer Darstellung, die das berneske *Capitolo* eröffnet hatte, zu verzichten. Für seine persönlichen Invektiven, die zumeist auf Literaten beschränkt sind, beruft er sich zwar auf Lucilius,[115] setzt aber zugleich eine Tradition fort, die Francesco Berni begründete.[116] Die gattungsspezifische Freiheit eines lexikalisch virtuosen Sprachgebrauchs nutzt auch Boileau voll aus, bleibt im Vergleich zu Régnier jedoch eingeschränkt, da ihm die Gebote der *bienséance* nun größere Fesseln anlegen. In der Stilisierung des satirischen Ich sucht er nach einer eigenen Physiognomie, ohne den Rahmen der Gattungskonventionen zu sprengen. Ein gutes Beispiel für die Boileausche Satire ist die «Satire II» an Molière, die das satirische Ich thematisiert und persönliche Angriffe enthält[117]:

[113] Die *Ode sur la Prise de Namur* behandelt D. Janik, ebd., S. 226 ff.
[114] Die Ausgabe der *Satires du sieur D^{xxx}*, Paris 1666, enthält die ersten sieben Satiren Boileaus. Zu ihren Entstehungsdaten und Erstveröffentlichungen vgl. die Edition Nicolas Boileau-Despréaux, *Satires*. Texte établi et présenté par Ch.-H. Boudhors, Paris ³1966, S. 173 ff.
[115] Vgl. den *Discours sur la Satire* von 1668, Boileau, *Satires*, S. 78.
[116] Den Rückgriff auf Berni und die Verfahren der Burleske hat für Boileaus «Repas ridicule» Ulrich Schulz-Buschhaus, «Boileaus ›Repas ridicule‹. Klassische Satire und burleske Poetologie», in: *RJb.* 32 (1981), S. 69–91, überzeugend nachgewiesen.
[117] *Satire II. A M. de Molière*, Vers 11–28. Es handelt sich um den Text der

> Mais moi qu'un vain caprice, une bizarre humeur,
> Pour mes pechez, je croi, fit devenir Rimeur:
> Dans ce rude métier, où mon esprit se tuë
> En vain pour la trouver, je travaille, et je suë.
> Souvent j'ai beau rêver du matin jusqu'au soir:
> Quand je veux dire *blanc,* la quinteuse dit *noir.*
> Si je veux d'un Galant dépeindre la figure,
> Ma plume pour rimer trouve l'Abbé de Pure:
> Si je pense exprimer un Auteur sans defaut,
> La raison dit Virgile, et la rime Quinaut.
> Enfin quoi que je fasse, ou que je veüille faire,
> La bizarre toûjours vient m'offrir le contraire.
> De rage quelquefois ne pouvant la trouver,
> Triste, las, et confus, je cesse d'y rêver:
> Et maudissant vingt fois le Demon qui m'inspire,
> Je fais mille sermens de ne jamais écrire:
> Mais quand j'ai bien maudit et Muses et Phebus,
> Je la voi qui paroist, quand je n'y pense plus.

Hier werden der Abbé de Pure, Autor von *La Pretieuse ou le Mystere de la ruelle,* und der Tragikomödienschreiber Quinault auf boshaft witzige Art aufs Korn genommen. Dabei ist die Zeichnung des satirischen Ich, die den Sprecher im Kampf mit den Reimen zeigt, Teil der Tradition der Apologie der Satire, zu deren Eigenarten und Entschuldbarkeit das Bild eines mehr oder weniger rauhbauzigen Satirikers gehört, der für seine Verse nicht voll verantwortlich gemacht werden kann. Freilich ist bezeichnend, daß Boileau als Vorbild für sein satirisches Ich den urbanen Horaz ausgibt, der zur durch *bienséance* und *honnêteté* gekennzeichneten Welt von *la cour et la ville* besser paßt als Persius und Juvenal oder gar der kauzige Régnier.

In der Behandlung des paarweise gereimten Alexandriners beweist Boileau große Subtilität. Die Verstöße gegen die Malherbeschen Regeln des Reims, die man dem Autor nachgewiesen hat,[118] liegen, zumindest was die Satire betrifft, nicht jenseits der Gattungskonventionen. In bezug auf die prosodischen Fähigkeiten Boileaus besteht kein Zweifel an seinem Genie, die Inhaltsseite seiner Verse durch den poetischen Ausdruck zu unterstreichen.[119] Das gilt für Boileaus gesamte poetische Produktion,

---

Edition der *Œuvres diverses* von 1701. Die Varianten der früheren Ausgaben sind unerheblich, vgl. Boileau, *Satires,* S. 349.

[118] Vgl. dazu C. K. Abraham, *Enfin Malherbe,* S. 324 ff.
[119] Ebd. S. 326 f.

insbesondere aber für die Satiren und Episteln. Letztere beginnt Boileau ab 1670 in klarer Anknüpfung an die Horazische Tradition gegen die Beispiele der *Epître* oder *Lettre galante* bzw. *burlesque* zu veröffentlichen. Ihr Erscheinen reicht insgesamt über den Darstellungszeitraum hinaus, liegt mit dem Kodifizierungsversuch aller traditionell poetischen Gattungen im *Art Poétique* aber noch innerhalb der zu untersuchenden Periode. Dieser Kodifizierungsversuch, der in das Gewand einer geistreichen Plauderei in Versen gekleidet ist und darauf abzielt, beim Publikum zu gefallen, wird im 18. Jahrhundert kanonische Geltung erlangen.[120]

Boileaus Bestreben, den überkommenen Gattungskonventionen zunächst durch das Beispiel seiner Satiren bzw. Episteln und bald auch inhaltlich durch den *Art Poétique* wieder größere Geltung zu verleihen, konnte im Kontext der höfischen Gesellschaft seiner Zeit nur zum Erfolg führen, wenn zugleich sichergestellt war, daß die Art seines Vortrags nicht ausdrücklich gegen das *négligence*-Ideal verstieß und zur Pedanterie wurde. Dafür boten die gattungsmäßigen Festlegungen des Stils der Satire und Epistel, zumal in der Nachfolge des Horaz, am ehesten eine Garantie, die um so größer schien, als in der Parallelisierung Horaz – Boileau immer zugleich die Parallele Augusteisches Zeitalter – «Siècle de Louis XIV» mitgedacht war. Dennoch blieb der Widerspruch groß und sollte bald in grundsätzlicher Form in die «Querelle des Anciens et des Modernes» eingehen.

Derjenige Autor, der das *négligence*-Ideal mit der größten Meisterschaft erfüllt, ist La Fontaine. Ihm gelingt es, mehr noch als Boileau, Gattungskonventionen mit den Merkmalen des Konversationsstils so zu verbinden, daß der Eindruck einer großen Leichtigkeit und Ungezwungenheit entsteht. Im Falle der Fabel, der La Fontaine zum erstenmal überhaupt den Status einer kanonischen Gattung, wenn auch des *stilus humilis*, verleiht, erringt seine dichterische Praxis überdies normengebende Bedeutung. Vor La Fontaine war die Fabel auf ethische Unterweisung durch eine kurze Geschichte mit zumeist Tierpersonal in schmuckloser Prosa festgelegt.[121] Da sie, wenigstens im 17. Jahrhundert, keine Verse enthielt,

---

[120] Der Text mit ausführlichen literarhistorischen Erläuterungen findet sich in der Ausgabe Nicolas Boileau, *L'Art Poétique*. Herausgegeben, eingeleitet und kommentiert von A. Buck, München 1970. Zum Aspekt des *plaire* vgl. U. Schulz-Buschhaus, «Honnête Homme und Poeta doctus – Zum Verhältnis von Boileaus und Menzinis poetologischen Lehrgedichten», in: *arcadia* 9 (1974), S. 113–133; zu den Episteln die Ausgabe Nicolas Boileau – Despréaux, *Epîtres. Art poetique. Lutrin.* Texte établi et présenté par Ch.-H. Boudhors, Paris 1952.

[121] Vgl. hierzu wie zum Folgenden H. Lindner, *Didaktische Gattungsstruktur*

zählte sie nicht zur «poésie». La Fontaine erhebt die Fabel mit seiner ersten Fabelsammlung von 1668 programmatisch zur Dichtung, indem er die Tatsache, daß seine Darbietungen des überkommenen Fabelmaterials in Versen geschrieben sind, schon durch den Titel herausstreicht.[122] Deutlich ist, daß mit La Fontaine die Fabel im Rahmen des Gattungsgefüges der Zeit eine Wendung vom Moralisch-Didaktischen zum Divertissement nimmt, das der Autor durch vielerlei Mittel der *variatio* im Bereich der erzählerischen Organisation und metrischen Gestaltung bei seinem Publikum anstrebt.[123] Dieser Zielsetzung waren nach dem Datum der Veröffentlichung bereits La Fontaines *Contes et Nouvelles en vers* vorausgegangen, die die Absicht des Divertissement und den Einsatz der Mittel der *variatio* mit den Fabeln teilen.[124] Sie unterscheiden sich freilich von ihnen durch ihren Inhalt, der moralisch als anstößig galt. Im Verhältnis zu den *Contes et nouvelles* sind die Fabeln seriöser, reduzieren jedoch ihre belehrende Funktion zugunsten des *plaire* mit Hilfe einer Ausdrucksseite, die aus der metrischen Tradition des *vers libre* und den erzählerischen Konventionen des komischen Epos schöpft, die sie beide vervollkommnen[125]:

>   Le Renard et la Cigogne
>
> Compère le Renard se mit un jour en frais
> Et retint à dîner commère la Cigogne.
> Le régal fut petit, et sans beaucoup d'apprêts;
> Le galand pour tout besogne
> Avait un brouet clair (il vivait chichement).
> Ce brouet fut par lui servi sur une assiette:
> La Cigogne au long bec n'en put attraper miette;
> Et le drôle eut lapé le tout en un moment.
> Pour se venger de cette tromperie,
> A quelque temps de là, la Cigogne le prie.

---

und narratives Spiel. Studien zur Erzähltechnik in La Fontaines Fabeln, München 1975.

[122] *Fables choisies, mises en vers, par M. de La Fontaine*, Paris 1668.

[123] Von der erzählerischen Organisation im Rahmen der Ausweitung des récit-Elements der Fabel zu Lasten ihres moralisch-didaktischen Merkmals handelt ausführlich H. Lindner, *Didaktische Gattungsstruktur*, S. 64ff.; zur Verstechnik La Fontaines weiterhin unentbehrlich ist F. Gohin, *L'art de La Fontaine dans ses fables*, Paris 1929.

[124] *Contes et Nouvelles en vers de M. de La Fontaine*, Paris 1665.

[125] Zum Verhältnis von Fabeln und komischem Epos vgl. H. Lindner, *Didaktische Gattungsstruktur*, S. 149ff.

> Volontiers, lui dit-il, car avec mes amis
> Je ne fais point cérémonie.
> A l'heure dite il courut au logis
> De la Cigogne son hôtesse,
> Loua très fort la politesse,
> Trouva le dîner cuit à point.
> Bon appétit surtout; Renards n'en manquent point.
> Il se rejouissait à l'odeur de viande
> Mise en menus morceaux, et qu'il croyait friande.
> On servit, pour l'embrasser,
> En un vase à long col et d'étroite embouchure.
> Le bec de la Cigogne y pouvait bien passer,
> Mais le museau de Sire était d'autre mesure.
> Il lui fallut à jeun retourner au logis,
> Honteux comme un Renard qu'une Poule aurait pris,
> Serrant la queue, et portant bas l'oreille.
> Trompeurs, c'est pour vous que j'ecris:
> Attendez-vous à la pareille.[126]

Diese Fabel in *vers mêlés* besteht aus einer raffinierten Mischung aus Alexandrinern, Zehn- und Achtsilbern mit alternierenden, aber nicht symmetrisch abfolgenden Reimen, die den leicht und natürlich wirkenden Ton der Erzähler- und Personenrede garantieren soll. Der Erzählteil nimmt einen sehr viel größeren Platz ein als die Moral, die der Erzähler zum Schluß ausspricht. Diese kann nicht als die Botschaft des Autors identifiziert werden, der in Wahrheit weder vor den Folgen der «tromperie» warnen will noch zu den «trompeurs» spricht, sondern zum Publikum von *la cour et la ville*. Für dieses ist die Geschichte der Fabel und die Art und Weise, in der sie dargeboten wird, von primärem Interesse. Auf der anderen Seite läßt die bloße Existenz eines *fabula docet* strukturell durchaus eine Lektüre mit didaktischer Zielsetzung zu, die in der späteren La-Fontaine-Rezeption auch zeitweilig zum Rezeptionsmuster wird. Auffällig an den Fabeln La Fontaines ist eine archaisierende Sprachverwendung, die auf das Vorbild Voitures zurückgeht, sowie die differenzierte Benutzung von erlebter Rede und direkter Personenrede durch den auktorialen Erzähler.[127]

---

[126] Der Text dieser Fabel aus dem ersten Buch der Ausgabe von 1668 folgt der Edition La Fontaine, *Fables choisies mises en vers*. Introduction, notes et variantes par G. Couton, Paris 1962, S. 51f.
[127] Zur Sprache La Fontaines in den Fabeln vgl. J. D. Biard, *The style of La Fontaine's Fables*, Oxford 1966, S. 35ff. Zur erlebten Rede bei La Fontaine mit

Neben den Fabeln La Fontaines, deren elf Bücher bis 1679 mit der zweiten Auflage des Fabelwerks von 1668 vorliegen,[128] gibt es im Darstellungszeitraum noch das Beispiel der Fabeln Furetières, die nach dem Erfolg der ersten Fabelsammlung La Fontaines veröffentlicht werden. Im Unterschied zu La Fontaine, der sich auf die Gestaltung überkommener Fabelstoffe beruft, sucht Furetière das Interesse an seinem Werk mit der Neuheit der Inhalte zu wecken.[129] Damit soll das Prinzip der *variatio* durch die Inhaltsseite erfüllt werden. Auf die gattungsspezifische Moral verzichtet Furetière ganz. Seine Fabeln können gleichwohl als Beweis für die vollzogene Erhebung der Fabel in den poetischen Stand gewertet werden, in dem sie von nun an bis zur endgültigen Auflösung des in der Renaissance etablierten lyrischen Gattungsgefüges verbleibt.

(Abgeschlossen August 1983.)

---

weiteren bibliographischen Hinweisen auf die Fabeln G. Goebel, «Style ‹indirect libre› in La Fontaines ›Amours de Psyche et de Cupidon‹ (1669)», in: *RJb.* 17 (1966), S. 98–111.

[128] *Fables choisies, mises en vers par M. de La Fontaine et par lui revues, corrigées et augmentées,* 4 Bde., Paris 1678–79.

[129] Antoine Furetière, *Fables morales et nouvelles,* Paris 1671.

FRANZÖSISCHE LYRIK IM 18. JAHRHUNDERT

Von Klaus W. Hempfer und Andreas Kablitz

1. «LA POÉSIE SANS POÉSIE»

Les poètes antipoétiques du dix-huitième siècle, Voltaire, Dorat, Parny, Delille, Fontanes, La Harpe, Boufflers, versificateurs spirituels de l'école dégénérée de Boileau, furent ensuite mes modèles dépravés, non de poésie, mais de versification. J'écrivis des volumes de détestables élégies amoureuses avant l'âge de l'amour, à l'imitation de ces faux poètes.[1]

Dieses in mehr als einer Hinsicht interessante Lamartine-Zitat aus dem Jahre 1857 kennzeichnet ein Verständnis der 'Lyrik'[2] des 18. Jahrhunderts, wie es nicht nur für die romantische Epoche insgesamt typisch ist,[3] sondern sich bis in jüngste Publikationen hinein auch in der wissenschaftlichen Literatur findet. Erstaunlich ist dabei, daß eine fundamentale Abwertung der 'Lyrik' dieses Zeitraums auch von Autoren vollzogen wird, die in der Klassik des 17. Jahrhunderts durchaus einen, wenn nicht den Höhepunkt der französischen Literatur sehen, für die 'Lyrik' aber gleichwohl postklassische Normen postulieren, wie dies etwa für Lanson gilt.[4] Nun können freilich auch aus dem 18. Jahrhundert selbst Stimmen

---

[1] A. de Lamartine, *Cours familier de Littérature*, – 28 Bde., Paris 1856–1869, IV (1857), S. 436. Zit. in: K.-W. Kirchmeir, *Romantische Lyrik und neoklassizistische Elegie*, München 1976, S. 73, Anm. 129.

[2] Wenn wir von 'Lyrik' in Anführungszeichen sprechen, meinen wir den modernen Sammelbegriff, der unterschiedlichste poetische Formen nichtepischen und nichtdramatischen Charakters zusammenfaßt und sinnvollerweise nur abkürzendem Sprachgebrauch dienen kann. Im folgenden wird die spezifische Bedeutung des für das 18. Jahrhundert gültigen Begriffs der *poésie lyrique* zu bestimmen sein.

[3] Hierfür mag ein Zitat aus Sainte-Beuve genügen, der bereits 1829 im Zusammenhang eines Artikels über J.-B. Rousseau feststellt: «Ce fut le moins lyrique de tous les hommes à la moins lyrique de toutes les époques.» Ch.-A. Sainte-Beuve, *Premiers Lundis*, hrsg. v. M. Leroy, 2 Bde., Paris 1956/60, I, S. 776. Zit. in: Kirchmeir, *Romantische Lyrik*, S. 109, Anm. 15. Weitere Belege ebd., S. 72ff.

[4] Vgl. dessen überaus knappe Ausführungen zur 'Lyrik' des 18. Jahrhunderts,

angeführt werden, die in der eigenen Zeit einen *déclin poétique* sehen,[5] doch handelt es sich dabei in der Regel um einen anderen Argumentationszusammenhang, insofern, nicht zuletzt im Rahmen der *querelle des anciens et des modernes*, der Klassik des 17. Jahrhunderts ein Vorbildcharakter zugesprochen wurde und deren herausragende Repräsentanten zu neuen Musterautoren wurden, die allenfalls in Annäherung zu erreichen waren.[6] Daneben gibt es allerdings auch zeitgenössische Aussagen, die die besondere poetische Fruchtbarkeit der eigenen Epoche herausstellen.[7]

Die generelle Abwertung der 'Lyrik' des 18. Jahrhunderts hat über Jahrzehnte eine eingehendere wissenschaftliche Beschäftigung mit diesem Gegenstand verhindert. Die letzte etwas umfassendere Darstellung ist fünfzig Jahre alt und 'datiert' entsprechend.[8] Ende der 50er Jahre setzt eine neue Beschäftigung mit Dichtung und Dichtungstheorie des 18. Jahrhunderts ein, die zunächst jedoch, mit wenigen Ausnahmen wie etwa den Beiträgen von Gros und Roudaut,[9] vor allem darauf ausgerichtet war, in der 'Lyrik' des 18. Jahrhunderts das zu finden, was man ihr bislang abgesprochen hatte: den *lyrisme* romantischer Ausprägung. Von Gilman über Finch bis hin zu Stavan und zum Teil selbst noch bei Otto wird nach dem von *ratio* verdrängten Gefühl gesucht, und es wird auch dort gefunden, wo man es kaum vermutet hätte, weil unter anderem die traditionelle Begrifflichkeit der rhetorisch-poetischen Tradition nicht ausreichend bekannt ist und solchermaßen etwa schlichte Paraphrasen des Horazischen *Si vis me flere* als Indizien einer neuen Gefühlsästhetik interpretiert werden.[10]

---

deren eingangs zitierter Titel *La poésie sans poésie* die Gesamttendenz markiert. G. Lanson, *Histoire de la littérature française*, Paris ¹⁴1920 (¹1894), S. 641–644.

[5] Vgl. die zahlreichen Belege bei R. Mortier, «L'idée de décadence littéraire au XVIIIᵉ siècle», in: *StV* 57 (1967), S. 1013–1029.

[6] Vgl. in dieser Hinsicht etwa Voltaires *Siècle de Louis XIV* (1751) und insbesondere die Ausführungen zu Racine im Kapitel XXXII.

[7] Vgl. etwa Dorat, der sich in seinen *Réflexions sur le poème érotique* (1768) überaus positiv äußert und einzig einen Mangel an herausragenden Liebesdichtern beklagt. Vgl. hierzu Kirchmeir, *Romantische Lyrik*, S. 144.

[8] E. Rohrmann, *Grundlagen und Charakterzüge der französischen Rokokolyrik*, Diss. Breslau 1930.

[9] L.-G. Gros, «Poésie bien-disante, Poètes maudits», *Cahiers du Sud* 48 (1959), S. 3–9; J. Roudaut, «Les logiques poétiques au XVIIIᵉ siècle», ebd., S. 10–32.

[10] M. Gilman, *The Idea of Poetry in France from Houdar de la Motte to Baude-*

Seit Anfang der 70er Jahre erscheinen dann jedoch eine Reihe von Arbeiten, die sich um ein Verständnis der Versdichtung des 18. Jahrhunderts von deren eigenen Voraussetzungen aus bemühen. Zu Theorie und Praxis der Elegie und der Verssatire liegen Untersuchungen vor, die eine erste Aufarbeitung des umfangreichen Materials bieten.[11] Zur *poésie descriptive* und speziell zu Delille kann man auf die voluminöse *thèse* von E. Guitton verweisen,[12] während es nach wie vor an einer verläßlichen Arbeit zu Theorie und Praxis der Ode fehlt.[13] Ähnliches gilt von der Ekloge, der Epistel und einer Reihe weiterer Kleingattungen.[14] Aus

laire, Cambridge (Mass.) 1958; R. Finch, *The Sixth Sense. Individualism in French Poetry 1686–1760*, Toronto 1966; H. A. Stavan, *Le lyrisme dans la poésie française de 1760 à 1820. Analyses et textes de quelques auteurs*, Paris 1976; G. Otto, *Ode, Ekloge und Elegie im 18. Jahrhundert. Zur Theorie und Praxis französischer Lyrik nach Boileau*, Bern/Frankfurt 1973.

[11] K. Jungmann, *Studien zur französischen Elegie des 18. Jahrhunderts mit besonderer Berücksichtigung der Tibull-Rezeption*, Diss. Hamburg 1976; Kirchmeir, *Romantische Lyrik*; K. W. Hempfer, *Tendenz und Ästhetik. Studien zur französischen Verssatire des 18. Jahrhunderts*, München 1972.

[12] E. Guitton, *Jacques Delille et le poème de la nature en France de 1750 à 1820*, Paris 1974 (kritische Einwände in der Rezension von A. Kablitz in: *ZfSL* 92 (1982), S. 359–362).

[13] G. D. Jackson, *The Genre of the French Sacred Ode in the First Half of the 18th Century*, Diss. Toronto 1960/61, behandelt entsprechend der Themenstellung nur eine bestimmte Ausprägung der Ode im 18. Jahrhundert. Die Ausführungen von Otto *(Ode, Ekloge und Elegie im 18. Jahrhundert)* sind nicht nur vielfach unzuverlässig bis falsch, sie eskamotieren auch das zentrale Problem der Odentheorie und -praxis, nämlich die Heterogenität der Gattungstradition – die 'anakreontische' Ode wird einfach der Ekloge zugeordnet, die Unterschiede zwischen 'horazischer' und 'pindarischer' Ode werden in ihrer Tragweite nicht erkannt – und die hieraus resultierenden Schwierigkeiten im Rahmen einer Poetik, zu deren wesentlichen Normen das Prinzip der Gattungstrennung und damit die Einheitlichkeit der jeweiligen Einzelgattungen zählt.

[14] Zu einem ersten Versuch über einen Teilbereich der Epigrammatik vgl. die Dissertation von K. Hecker, *Die satirische Epigrammatik im Frankreich des 18. Jahrhunderts*, o. O. 1979; zur *poésie fugitive* im allgemeinen W. Moser, «De la signification d'une poésie insignifiante. Examen de la poésie fugitive au XVIIIe siècle et de ses rapports avec la pensée sensualiste en France», in: *StV* 94 (1972), S. 277–415. Die *thèse d'Etat* von S. Menant, *La chute d'Icare. La crise de la poésie française 1700–1750*, Genf/Paris 1981, die uns erst nach Manuskriptabschluß zugänglich wurde, behandelt die Gesamtheit der nichtdramatischen Versdichtung der ersten Jahrhunderthälfte. Trotz interessanter Bemerkungen zu einzelnen Aspekten erscheint uns die Arbeit insgesamt wenig überzeugend. Aufgrund sei-

diesen und inhaltlich noch näher zu erläuternden Gründen werden wir uns im folgenden nach einer Darlegung allgemeiner Grundprinzipien der Versdichtung sowie der Extension des Lyrikbegriffs im 18. Jahrhundert auf die etwas nähere Behandlung von Ode, Elegie und Ekloge beschränken.

2. Poetologische Grundlagen der Versdichtung des 18. Jahrhunderts

Die französische Versdichtung des 18. Jahrhunderts und speziell die 'Lyrik' wird einem adäquaten Verständnis nur zugänglich, wenn man sie nicht weiterhin auf Vorverständnisse projiziert, die im wesentlichen einer Epoche entstammen, der es gerade um die Ablösung dieses Verständnishorizontes ging. Die vorrangige Beschäftigung mit den 'progressiven' Prosagattungen hat etwas den Blick dafür verstellt, daß für die Versgattungen des 18. Jahrhunderts die die rhetorisch-poetische Tradition in einer bestimmten Weise kodifizierende *doctrine classique* das ganze 18. Jahrhundert hindurch und zum Teil darüber hinaus in ihren entscheidenden Voraussetzungen weiterhin uneingeschränkte Gültigkeit besaß. Dies heißt nicht, daß es nicht auch in Theorie und Praxis dieser Gattungen zu bedeutsamen Modifikationen kam, entscheidend ist jedoch, daß sich diese als Transformationen im Rahmen der 'Gesetze' des klassischen Literatursystems vollzogen. Boileaus *Art poétique* als abschließende Synthese eines längerfristigen Systembildungsprozesses fungiert auch bezüglich der kleineren Versgattungen, wie im folgenden noch näher zu zeigen sein wird, als entscheidender Anschlußpunkt für die kritische Diskussion

nes weitgehend kontenutistischen, den poetologischen Verständnishorizont als irrelevant ausgrenzenden Vorgehens gelangt Menant nämlich zur Konstatierung einer 'Krise', die sich im wesentlichen seinem 'Vorverständnis' von 'echter' Dichtung zu verdanken scheint. Wieder einmal wird die Versdichtung des 18. Jahrhunderts – trotz der einleitenden Bemerkungen – teleologisch und wertend im Hinblick auf die allmähliche Konstitution romantischer Ausdrucksästhetik gelesen, wie sich aus der «conclusion» in aller Deutlichkeit ergibt: «Sans doute l'assimilation du poète avec son héros ne se fait pas encore clairement, ni sans les gazes de l'ironie ou de l'humour: mais se réalise peu à peu cette condition du lyrisme tel que nous l'entendons depuis le romantisme» (S. 356). Auf diesem Hintergrund werden dann die Gattungen ganz selbstverständlich zu «stéréotypes», die die Autoren zwingen, ihren «rêve» zu vergessen (S. 355) usw. Wir werden im folgenden eine grundsätzlich verschiedene Auffassung zu begründen versuchen.

des 18. Jahrhunderts, und zwar auch dann, wenn im einzelnen divergente Positionen entwickelt werden.[15]

2.1 Imitatio naturae und imitatio auctorum

Zu den wesentlichen Grundlagen des klassischen Literatursystems gehört zweifelsohne das *imitatio*-Prinzip in seiner doppelten Ausprägung als eine zum einen mimetische, auf das Verhältnis von Text und Wirklichkeit bezogene, und zum anderen intertextuelle, auf das Verhältnis von Text zu vorgegebenen Texten zielende Relation sowie die spezifische Interdependenz, die zwischen diesen beiden *imitatio*-Formen besteht, die *per se* ja auf ganz verschiedene Phänomene abheben. Charakteristisch für den dominanten Verständnishorizont des 18. Jahrhunderts ist in dieser Hinsicht Batteux' *Les beaux arts réduits à un même principe* (1746), ein Werk, dessen Gedanken in zahlreichen späteren Auflagen unter Einbeziehung der kritischen Diskussion weiterentwickelt wurden und das ab 1764 zusammen mit zwei anderen rhetorisch-poetischen Lehrbüchern als *Principes de la littérature* nochmals eine Reihe von Auflagen erfahren hat. Nicht zuletzt signalisieren auch die zahlreichen Übersetzungen die zeitgenössische Bedeutsamkeit der Batteuxschen Theorie.[16]

Wie schon der Titel andeutet, geht es Batteux um eine einheitliche Herleitung aller Künste und Kunstgattungen aus dem Grundsatz der Nachah-

---

[15] Zur Boileau-Rezeption im 18. Jahrhundert vgl. J. R. Miller, *Boileau en France au dix-huitième siècle*, Baltimore 1942.

[16] Zur Bedeutung Batteux' für die Literaturtheorie des 18. Jahrhunderts und speziell dessen Rezeption in Deutschland vgl. K. R. Scherpe, *Gattungspoetik im 18. Jahrhundert. Reflexionen über eine modifizierte Fundamentalpoetik*, Bern/München 1968. Obwohl auch H. Dieckmann („Die Wandlung des Nachahmungsbegriffes in der französischen Ästhetik des 18. Jahrhunderts", in: *Nachahmung und Illusion*, hrsg. v. H. R. Jauß, München ²1969, S. 28–59) den Zusammenhang der Diskussion des 18. Jahrhunderts mit der *doctrine classique* betont (vgl. S. 29ff.), wird Batteux' Werk als „primitiv" (S. 56) abgetan, und 'zukunftsweisende' Positionen wie diejenigen Diderots werden in ihrer Bedeutsamkeit für die Zeit selbst überschätzt. Wenig zutreffend sind auch eine Reihe genereller Feststellungen von H. Dieckmann in: „Zur Theorie der Lyrik im 18. Jahrhundert in Frankreich, mit gelegentlicher Berücksichtigung der englischen Kritik", *Immanente Ästhetik – Ästhetische Reflexion*, hrsg. v. W. Iser, München 1966, S. 73–112 (vgl. etwa die Richtigstellungen von Kirchmeir, *Romantische Lyrik*, S. 127f., Anm. 78 und S. 222f.).

mung, wobei er sich explizit auf Aristoteles bezieht, den Aristotelischen Mimesisbegriff aber gleichzeitig entscheidend modifiziert, wie schon aus der allgemeinen Definition der Künste hervorgeht:

... les Arts, dans ce qui est proprement art, ne sont que des imitations, *des ressemblances* qui ne sont point la nature, mais qui paroissent l'être.[17]

Zum einen wird bei Aristoteles nicht Kunst generell als Mimesis bestimmt, und zum anderen ist Mimesis nicht einfach eine beliebige *Ähnlichkeits*relation, sondern Dichtung wird definiert als Nachahmung von Handlungen.[18] Diese Einschränkung der Mimesis auf die Nachahmung menschlicher Handlungen wird traditionell als einer der Gründe angeführt, weswegen Aristoteles nicht auf die „eigentliche, nicht-erzählende Lyrik" eingehe, da sich diese „nicht in das Mimesis-Konzept fügte".[19] Batteux' modifizierte Formulierung erlaubt nun auch eine Integration der *poésie lyrique*. Zunächst wird das Prinzip der Gattungseinteilung allerdings ganz aristotelisch aus dem Nachahmungsprinzip abgeleitet:

La vraie Poësie consistant essentiellement dans l'Imitation; c'est dans l'Imitation même que doivent se trouver ses différentes Divisions.[20]

Dabei erfolgt die Unterscheidung von dramatischer und narrativer Dichtung gleichfalls aristotelisch nach dem sog. Redekriterium, wenngleich in rezeptionsspezifischer Formulierung.[21] Darüber hinaus wird auch ein *genus mixtum* zugelassen, das aber im gesamten Werk Batteux' keine nähere Bestimmung erfährt.[22] Auf keinen Fall ist dieses mit der 'Lyrik' oder der

---

[17] Ch. Batteux, *Principes de la littérature*, 5 Bde., Paris ⁵1775, Repr. Genf 1967, I, S. 35 (Herv. v. Vf.).

[18] Vgl. Aristoteles, *Poetik*, eingeleitet, übersetzt und erläutert von M. Fuhrmann, München 1976, Kapitel 2: „Die Nachahmenden ahmen handelnde (práttontes) Menschen nach" (S. 40).

[19] Fuhrmann in: Aristoteles, *Poetik*, S. 37; Anm. 1. Entsprechend schon I. Behrens, *Die Lehre von der Einteilung der Dichtkunst. Vornehmlich vom 16. bis 19. Jahrhundert.* Halle 1940, S. 14.

[20] Batteux, *Principes de la littérature*, I, S. 169.

[21] «Les hommes acquierent la connoissance de ce qui est hors d'eux-mêmes, par les yeux ou par les oreilles: parce qu'ils voient les choses eux-mêmes ou qu'ils les entendent raconter par les autres. Cette double maniere de conoître, produit la premiere division de la Poësie, et la partage en deux especes dont l'une est Dramatique . . ., l'autre Epique» (Batteux, I, S. 170). Vgl. Aristoteles, *Poetik*, Kapitel 3.

[22] Zum *genus mixtum* vgl. Behrens, *Die Lehre von der Einteilung der Dicht-*

poésie lyrique zu identifizieren,[23] wird letztere doch über die Art der behandelten Gegenstände bestimmt:

Les autres especes de Poësies ont pour objet principal les actions: La Poësie lyrique est toute consacrée aux sentiments, c'est sa matiere, son objet essentiel.[24]

Mit «autres especes» meint Batteux Epos, Tragödie, Komödie, Pastorale und Apolog, denen die *poésie lyrique* als auf der gleichen Ebene befindlich an die Seite gestellt wird, d. h., sie fungiert keineswegs als Sammelbegriff oder Schreibweise, sondern als historische Gattung und wird, wie wir noch sehen werden, im wesentlichen mit der Ode identifiziert.[25]

Die Integration der *poésie lyrique* in das Nachahmungskonzept wird also dadurch möglich, daß Batteux dieses als allgemeine Ähnlichkeitsrelation definiert, die sodann nach verschiedenen Typen von Gegenständen differenziert wird. Die handlungstheoretisch fundierte Aristotelische Mimesis wird solchermaßen zu einer Abbildbeziehung, die sich genauer als ikonische Zeichenrelation bestimmen läßt, insofern die Kunst einerseits auf die Natur verweisen und andererseits zwischen Zeichen und Gegenstand eine Ähnlichkeit bestehen soll.[26] Könnte nun insbesondere die

kunst, S. 14 und S. 217 sowie Scherpe, *Gattungspoetik im 18. Jahrhundert*, S. 8 und S. 68.

[23] So M. Schenker, *Charles Batteux und seine Nachahmungstheorie in Deutschland*, Leipzig 1909, S. 32.

[24] Batteux, *Principes de la littérature*, I, S. 323.

[25] Scherpes folgende Feststellung: „Die Unterscheidung nach dem Redekriterium ergab die Sammelbegriffe Epos, Drama und didaktische bzw. lyrische Dichtung. Die Differenzierung nach dem Gegenstand und dem Metrum ermöglichte die Charakterisierung einzelner Spezies als Unterabteilungen der genannten Hauptgruppen" (S. 17), ist nicht nur hinsichtlich der 'Lyrik', sondern gleichermaßen hinsichtlich der didaktischen Dichtung falsch; letztere definiert Batteux als «la verité mise en vers, par opposition aux autres especes de poësie, qui sont la fiction mise en vers. Voilà les deux extrémités: le didactique pur & le poétique pur» (III, S. 304). Ziel der nichtdidaktischen Dichtung sei es, «un tout artificiel» zu schaffen, das nur eine «vérité d'imitation» habe (III, S. 302). Die didaktische Dichtung sei dagegen «une sorte d'usurpation que la Poësie a faite sur la Prose» (ebd.). Die didaktische Dichtung wird also ähnlich wie bei Aristoteles aus dem eigentlichen Bereich der Dichtung durch Nichterfüllung des *imitatio*-Prinzips ausgegrenzt. 'Poetisch' ist sie nur durch bestimmte Mittel der Darstellung: die Metrik, eine spezifische poetische *elocutio* sowie gewisse Verfahren der *dispositio* (vgl. Batteux, III, S. 311 ff.).

[26] Zum Zeichenbegriff vgl. J. Trabant, *Elemente der Semiotik*, München 1976, speziell zum Ikon, S. 18 ff.

inhaltliche Bestimmung der *poésie lyrique* dazu verleiten, bereits bei Batteux das Aufkommen der romantischen Gefühls- bzw. Ausdrucksästhetik zu vermuten, so wäre nichts falscher. Hiergegen spricht schon, daß bereits in der italienischen Renaissance-Poetik versucht wurde, das Mimesis-Prinzip auf die 'Lyrik' auszudehnen: Einen analogen Vorschlag machte etwa Torelli, wenn er die *lirica* als Nachahmung von *affetti* und *costumi* definiert.[27] Bei diesen und ähnlich gelagerten Ansätzen[28] handelt es sich offenkundig um den Versuch, eine Lücke des Aristotelischen Systems im Hinblick auf die poetische Praxis der eigenen Zeit zu schließen. Gegen eine 'modernistische' Interpretation der Batteux-Stelle spricht jedoch vor allem die Art und Weise, wie das Abbildverhältnis von Natur und Kunst näher bestimmt wird. Im Anschluß an die Aristotelische Definition von Dichter und Geschichtsschreiber, wonach dieser erzähle, was geschehen sei, der Dichter dagegen, was geschehen könne,[29] formuliert Batteux, daß es nicht darum gehe, die Natur sklavisch nachzuahmen, vielmehr handle es sich um eine Nachahmung

où on voie la Nature, non telle qu'elle est en elle-même, mais telle qu'elle peut être, et qu'on peut la concevoir par l'esprit.[30]

Zwischen Natur und Kunst schiebt sich als vermittelnde Kategorie das Konzept der *belle nature*, das folgendermaßen definiert wird:

Ce n'est pas le vrai qui est; mais le vrai qui peut être, le *beau* vrai, qui est représenté comme s'il existoit réellement, et avec toutes les perfections qu'il peut recevoir.[31]

Nun hat die neuere Zeichentheorie zeigen können, daß auch das ikonische Zeichen, das als nichtwillkürliches auf bestimmten Ähnlichkeiten

---

[27] Vgl. P. Torelli, «Trattato della poesia lirica del Perduto Accademico Innominato» [1594], in: B. Weinberg (Hrsg.), *Trattati di poetica e retorica del Cinquecento*, 4 Bde., Bari 1970–1974, IV, S. 239–317.

[28] Trissino versucht, die 'Lyrik' durch eine Neuinterpretation des Redekriteriums in das Aristotelische Schema zu integrieren. Vgl. G. G. Trissino, «La quinta e la sesta divisione della poetica», in: B. Weinberg (Hrsg.), *Trattati di poetica*, II, S. 5–90, hier: S. 13.

[29] Aristoteles, *Poetik*, Kapitel 9.

[30] Batteux, *Principes de la littérature*, I, S. 45.

[31] Ebd., I, S. 47f. (Herv. v. Vf.). Zu Batteux' Nachahmungstheorie vgl. auch W. Schröder, „Zum Begriff 'Nachahmung' in Batteux' *Theorie der schönen Künste*", in: W. Bahner (Hrsg.), *Beiträge zur französischen Aufklärung und zur spanischen Literatur. Festgabe für W. Krauss zum 70. Geburtstag*, Berlin 1971, S. 363–373.

zwischen dem Zeichen und dem Referenten basiert, seine Zeichenfunktion konventionalisierten Zuordnungen, der „Projektion erworbener Wahrnehmungserfahrungen" durch den Zeichenbenutzer verdankt.[32] Das Konzept der *belle nature* fungiert genau als eine solche konventionalisierte Zuordnungsinstanz, deren Erfassen explizit zwar auf dem *goût* gründet,[33] der seinerseits – zirkulär – als Einsicht in die Natur der Dinge verstanden wird,[34] die implizit aber eine Rechtfertigung in der *imitatio auctorum* erfährt. So empfiehlt Batteux denjenigen Autoren, die das Buch der Natur nicht zu lesen verstehen, sie sollten zumindest die antiken Autoren studieren, die die Natur perfekt imitiert hätten:

Mais si l'amour de la gloire vous emporte, lisez au moins les Ouvrages de ceux qui ont eu des yeux. Le sentiment seul vous fera découvrir ce qui avoit echappé aux recherches de votre esprit. Lisez les Anciens: imitez-les, si vous ne pouvez imiter la Nature.[35]

Das aus der Rhetorik stammende Prinzip der *imitatio auctorum*, das von Horaz auf die Dichtung übertragen wurde (*Ars poetica*, V. 129)[36] und vor allem seit der italienischen Renaissance-Poetik eine entscheidende Rolle spielt,[37] vermittelt also zwischen Natur und Kunst, indem die Naturnachahmung bestimmter Musterautoren als ideale Norm deklariert wird. Die Lektüre der Musterautoren liefert jene 'Wahrnehmungserfahrungen', die aus der Natur das Nachahmenswerte, die *belle nature*, ausgrenzen, d. h., die *imitatio auctorum* begründet die adäquate Darstellung der Natur qua *belle nature*. Erst in dem Augenblick, wo die Vermittlungsinstanz der *imitatio auctorum*, gleichgültig, ob es sich um antike oder moderne Musterautoren handelt,[38] ihre Verbindlichkeit einbüßt,

---

[32] Vgl. hierzu Trabant, *Elemente der Semiotik*, S. 19 ff.; Zitat S. 22.
[33] Vgl. Batteux, *Principes de la littérature*, I, S. 81: «Le Goût doit être un sentiment qui nous avertit si la belle nature est bien ou mal imitée.»
[34] Ebd., I, S. 78 f.: «Le Goût est dans les Arts ce que l'Intelligence est dans les Sciences. Leurs objets sont différens à la verité; mais leurs fonctions ont entre elles une si grande analogie, que l'une peut servir à expliquer l'autre.»
[35] Ebd., I, S. 125 f.
[36] Vgl. hierzu M. Fuhrmann, *Einführung in die antike Dichtungstheorie*, Darmstadt 1973, S. 121 ff.
[37] Zur Bestimmung des *imitatio*-Prinzips auch und gerade in bezug auf Musterautoren der heimischen Tradition vgl. Bembos *Prose della volgar lingua* (1525), in: P. Bembo, *Prose e rime*, a cura di C. Dionisotti, Torino 1960, Repr. 1978, S. 71 ff.
[38] Daß das Prinzip der *belle nature* im Sinne einer idealisierten Naturdarstel-

konstituiert sich die entscheidende Transformation des klassischen Literatursystems. Dies belegt paradigmatisch das eingangs angeführte Lamartine-Zitat, aus dem zugleich ersichtlich wird, daß sich dieser Transformationsprozeß in der 'Lyrik' erst zu Beginn des 19. Jahrhunderts vollzieht.

2.2 *Das Bedingungsverhältnis*
von Gegenstand und Mittel der Darstellung: das aptum

Wenn, wie bisher ausgeführt wurde, Batteux die Differenzierung verschiedener Gattungen unmittelbar aus dem *imitatio*-Konzept aufgrund der Art und des Gegenstands der Darstellung ableitet, so fungieren nach Aristoteles auch die Mittel der Darstellung als Differenzierungskriterium, wobei zu den Mitteln die spezifische sprachliche Form, das Versmaß und die Melodie gehören.[39] Spielen die beiden letztgenannten Mittel auch für die Gattungseinteilung im 18. Jahrhundert eine gewisse Rolle – etwa wenn Houdar de La Motte eine am Gegenstand orientierte Bestimmung der Ode ablehnt und statt dessen auf Versmaß und Strophenform rekurriert,[40] oder wenn die Ode im Anschluß an den Pindarischen Archetyp von Batteux und anderen weiterhin als *chant* bestimmt wird –, so ist es doch vor allem die sprachliche Form in ihrer spezifischen Relation zum jeweiligen Gegenstand, d. h. die Angemessenheit von 'Thema' und 'Stil', die als das am detailliertesten ausgearbeitete Unterscheidungskriterium fungiert. Im Unterschied zur Aristotelischen *Poetik* wird das *aptum* bekanntlich in der Horazischen *Ars poetica* „zur wichtigsten, zur allesbeherrschenden Kategorie",[41] die aus der antiken Rhetoriktradition stammt und in letzter Instanz freilich wiederum auf Aristoteles, und zwar auf dessen Rhetorik, zurückweist.[42] Das Spezifische dieses Kriteriums ist

lung auch für die *modernes* gilt, ergibt sich eindeutig aus Perrault, nur daß die ideale Nachahmung nun nicht mehr bei den antiken Autoren, sondern bei den 'Klassikern' des 17. Jahrhunderts verwirklicht gilt. Vgl. hierzu Dieckmann, „Die Wandlung des Nachahmungsbegriffs", in: *Nachahmung und Illusion*, hrsg. v. H. R. Jauß, S. 40.

[39] Vgl. Aristoteles, *Poetik*, Kapitel 3 und Fuhrmann, *Einführung in die antike Dichtungstheorie*, S. 5.

[40] Vgl. hierzu A. Houdar de La Motte, *Les paradoxes littéraires ou Discours écrits par cet Académicien sur les principaux genres de poèmes*, réunis et annotés par B. Julien, Paris 1859, Repr. Genf 1971, S. 25f.

[41] Fuhrmann, *Einführung in die antike Dichtungstheorie*, S. 107.

[42] Ebd.

darin zu sehen, daß es nicht auf den Gegenstand oder die Mittel der Darstellung allein abhebt, sondern ein **notwendiges Bedingungsverhältnis** zwischen Gegenstand und sprachlichem Ausdruck postuliert. Für diese Konzeption lassen sich beliebig viele Belege aus den Poetiken, Rhetoriken und anderen dichtungstheoretischen Werken des 18. Jahrhunderts anführen, wobei vielfach auf den grundlegenden Charakter dieses Prinzips verwiesen wird, so etwa bei Crevier:

... la loi suprême de tout l'art de bien dire est, que le style soit conforme à la nature du sujet traité.[43]

Da es im Prinzip eine Vielzahl verschiedenartiger Gegenstände gibt, müßte es nach dieser Konzeption auch eine Vielzahl verschiedener Stile geben, was zeitgenössisch zwar formuliert wird,[44] doch erfolgt über das aus der Rhetorik stammende Prinzip der *genera elocutionis* eine gewisse Systematisierung, die im wesentlichen zur Unterscheidung von drei Stillagen führt.[45]

Nun ist die Vermittelbarkeit von rhetorischem Stillagensystem und poetologischer Gattungseinteilung keineswegs unproblematisch, insofern ja die drei *genera elocutionis* in der Rhetorik als Vehikel der drei *officia* des Redners bestimmt sind und nicht den stilistischen Charakter eines Werkes insgesamt meinen.[46] Dagegen werden in der Poetik für bestimmte Gattungen bestimmte Stile als spezifisch postuliert, die diese Gattungen von anderen Gattungen unterscheiden, so daß wir im Prinzip zu einem System gelangen, in dem zum einen die einzelnen Ebenen des rhetorischen Stillagensystems jeweils mehrere literarische Gattungen umgreifen – das Epos ist etwa genauso wie die Tragödie oder die pindarische Ode durch den hohen Stil charakterisiert –, während zum anderen durch die Bestimmung spezieller Gattungsstile – *style épique, style satirique* usw. – diese Hauptstillagen in eine Mehrzahl von Gattungsstilen untergliedert

---

[43] J.-R.-L. Crevier, *Rhétorique françoise*, 2 Bde., Paris 1767, II, S. 320. Zu weiteren Belegen und zu dem gesamten Problemkomplex vgl. Hempfer, *Tendenz und Ästhetik*, S. 41 ff.

[44] Etwa von Condillac: «... autant la poésie aura de sujets à traiter, autant elle aura de styles différens.» E. Bonnot de Condillac, *De l'art d'ecrire*, in: Ders., Œuvres complètes, 16 Bde., Paris 1921/22, Repr. Genf 1970, V, S. 461. Zu weiteren Belegen Hempfer, *Tendenz und Ästhetik*, S. 42, Anm. 24.

[45] Vgl. etwa Crevier, *Rhétorique françoise*, II, S. 280.

[46] Vgl. hierzu Cicero, *Orator* 69 und A. D. Leeman, *Orationis ratio. The Stylistic Theories and Practice of the Roman Orators, Historians and Philosophers*, 2 Bde., Amsterdam 1963, I, S. 145 ff.

werden. Daß die *genera dicendi* durch spezifische Gattungsstile eigentlich subkategorisiert werden, wird in der Stiltheorie der Zeit freilich nicht explizit formuliert, da die Kategorisierungen des poetischen und des rhetorischen Stillagensystems einfach nebeneinander existieren, so, als handle es sich um ein und dasselbe Prinzip. Dies ließe sich an Hand einer Mehrzahl zeitgenössischer Äußerungen belegen[47] und ergibt sich paradigmatisch aus Voltaires Artikel zum «genre de style».[48]

Daß die Gattungsstile notwendig eine gewisse Homogenität besitzen müssen – die Ode hat hierbei eine partielle Sonderstellung[49] –, resultiert nun wiederum aus dem notwendigen Zusammenhang von Thema und Stil, insofern die einzelnen Gattungen ja auch über den Gegenstand der Nachahmung bestimmt werden, und es nach dem zeitgenössischen Verständnis 'hohe' und weniger 'hohe' Gegenstände gibt, die eine entsprechende stilistische Realisation bedingen, in der klassisch gewordenen Formulierung von Rivarol:

Les styles sont classés dans notre langue comme les sujets dans notre monarchie. Deux expressions qui conviennent à la même chose, ne conviennent pas au même ordre de choses; et c'est à travers cette hiérarchie des styles que le bon goût sait marcher.[50]

Der Differenzierung von Gattungsstilen – und hierdurch kompliziert sich das Stillagensystem nochmals – ist nun jedoch eine weitere Unterscheidung vorgelagert, nämlich diejenige von Versstil und Prosastil, die Condillac folgendermaßen bestimmt:

Ce qui la [sc. la poésie] caractérise, c'est de se montrer avec plus d'art, et de n'en paraître pas moins naturelle.[51]

Unabhängig von dem vor allem zu Beginn des Jahrhunderts virulenten Streit, ob es besser sei, in Versen oder in Prosa zu dichten,[52] ist die von

---

[47] Vgl. etwa A. Renaud, *Maniere de parler la langue françoise selon ses diferens styles*, Lyon 1697. Dort ist beispielsweise davon die Rede, daß La Bruyères *Caractères* zum «genre sublime» gehörten (S. 130).
[48] Voltaire, *Œuvres complètes*, hrsg. v. L. Moland, 52 Bde., Paris 1877–1885, XIX, S. 248–250.
[49] Vgl. hierzu unten S. 303 ff.
[50] A. Rivarol, *Discours sur l'universalité de la langue françoise*, hrsg. v. W. W. Comfort, Boston 1919, S. 56.
[51] Condillac, *De l'art d'ecrire*, V, S. 463.
[52] Vgl. hierzu B. Petermann, *Der Streit um Vers und Prosa in der französischen Literatur des 18. Jahrhunderts*, Halle 1913.

Condillac formulierte Position für das gesamte 18. Jahrhundert gültig, wie etwa auch folgendes Batteux-Zitat zeigen kann:

... un vers est poëtique, ou véritablement vers, quand il a un ton, une nuance au-dessus du ton ou de la nuance qu'auroit la phrase si elle étoit en prose; quand il a quelque caractere d'appareil, quel qu'il soit; quand son expression a une elévation, une force, un agrément, dans les mots, les tours, les nombres, qu'on ne trouve point dans le même genre traité en prose; en un mot, quand il montre le langage annobli, enrichi, paré, élevé au-dessus de ce qu'il est quand il n'est que de la prose: οὐ κοινήν.[53]

Die jeweilige Stillage ist dabei von einer Reihe von Faktoren abhängig, die Marmontel folgendermaßen bestimmt:

... chaque style a ... un cercle de mots, de tours, et de figures qui lui conviennent, et dont plusieurs ne conviennent qu'à lui.[54]

In den zeitgenössischen Poetiken, Rhetoriken und Grammatiken finden sich umfangreiche Synonymenlisten, die das jeweils 'normale' Wort dem *mot poétique* gegenüberstellen,[55] und in den Lexika der Zeit wird die jeweilige Stilhöhe eines Wortes – soweit diese nicht indifferent ist – präzise angegeben.[56] Ferner wird bei der Behandlung der einzelnen Figuren in den Rhetoriken deren Stilhöhe explizit markiert.[57] Nun sind allerdings die die Stilhöhe einer Aussage bestimmenden Kategorien nicht auf solche der *elocutio* beschränkt:

... non seulement le plus ou le moins de liaisons entre les frases et l'attention à énoncer ou à supposer ces liaisons, mais encore le choix des expressions basses ou nobles, des termes naturels ou recherchés, des mots propres ou impropres, l'emploi littéral ou figuré, la netteté ou la confusion de l'arrangement, la diction mesurée ou negligée, la hardiesse des transpositions ou l'attachement servile au tour vulgaire de la frase sont autant de sources différentes d'où naissent les diversités du Stile.[58]

Diese Zusammenstellung Girards liefert einen weitgehend umfassenden Katalog von stillagendeterminierenden Kategorien, wobei auch *dispositio*-Aspekte einbezogen werden, die im übrigen auf die Diskussion im

[53] Batteux, *Principes de la littérature*, I, S. 246.
[54] J.-Fr. Marmontel, *Elémens de littérature*, in: *Œuvres complètes*, 10 Bde., Paris 1819/20, VII, S. 125.
[55] Belege in Hempfer, *Tendenz und Ästhetik*, S. 48 und Anm. 49.
[56] Vgl. ebd., S. 61ff.
[57] Vgl. ebd., S. 190–205.
[58] G. Girard, *Les vrais principes de la langue françoise*, 2 Bde., Paris 1747, I, S. 86.

Anschluß an Boileaus Bestimmung der Ode mittels der Kategorie des *beau désordre* verweisen, eine Kategorie, die hier zu einem generellen stillagendifferenzierenden Kriterium verallgemeinert wird.[59]

Wir können demnach festhalten, daß neben dem mimetischen Literatur- bzw. Dichtungsverständnis für das 18. Jahrhundert auch textstrukturelle Faktoren eine entscheidende Rolle spielen, wobei letztere vor allem der Differenzierung von Vers- und Prosaliteratur sowie der Ausgrenzung einzelner Gattungen innerhalb dieser Hauptklassifikationen dienen. Aristotelisches und Horazisches Dichtungsverständnis lassen sich dabei unschwer vermitteln, indem sich über das *aptum* ein notwendiger Zusammenhang zwischen einer Hierarchie von Gegenständen und einer Hierarchie von Stilen etabliert, was die Ausdrucksmöglichkeiten insgesamt und innerhalb der jeweils gewählten hierarchischen Ebene stark kodifiziert. Wenn Marmontel jedem Stil einen bestimmten «cercle» von Wörtern, Wendungen und Figuren zuordnet, wie wir gesehen haben, so bedeutet dies für den Autor:

C'est dans ce cercle que la plume de l'écrivain doit s'exercer.[60]

2.3 Die Rhetorik des Affekts und die Ordnung der Diskurse

Das Genie eines Dichters zeigt sich demnach keineswegs in der Transgression des Vorfindlichen, sondern in seiner Fähigkeit, die vorgegebenen Normen adäquat zu realisieren. Von hier aus wird auch die für ein (post-)romantisches Literaturverständnis so schwer nachvollziehbare 'Rhetorik des Affekts' einsichtig, die eben darauf beruht, daß auch und gerade der Ausdruck gesteigerter Affektivität stilistisch kodifiziert ist:

Ces tours qui sont les caracteres que les passions tracent dans le discours, sont ces figures celebres dont parlent les Rheteurs, et qu'ils définissent des manieres de parler éloignées de celles qui sont naturelles et ordinaires: c'est-à-dire differentes de celles qu'on employe quand on parle sans émotion.[61]

Zu den Figuren, die in besonderem Maße den passionierten Zustand des Sprechers zum Ausdruck bringen, die also zu den sog. Pathos-Figuren zählen, werden in den zeitgenössischen Rhetoriken – im Anschluß an die

---

[59] Zum *beau désordre* vgl. unten S. 293.
[60] Marmontel, *Elémens de littérature*, IV, S. 125.
[61] B. Lamy, *La rhétorique ou l'art de parler*, Amsterdam ⁵1712, S. 139 (Herv. v. Vf.).

Tradition seit der Antike – vor allem Inversion, *exclamatio*, *hypotyposis*, Apostrophe, 'rhetorische' Frage, Ellipse, *enumeratio* und die verschiedenen Formen der Wiederholung genannt.[62] Diese Stilistika sind somit keineswegs als „klassische Dämpfung"[63] aufzufassen, d. h., es besteht kein Oppositionsverhältnis von rhetorischer 'Artifizialität' und 'natürlichem' Leidenschaftsausdruck, sondern dieser konstituiert sich allererst durch die Verwendung eines bestimmten Typus von Figuren. Auch dort, wo im 18. Jahrhundert die Definition der rhetorischen Figuren als vom 'natürlichen' Sprachgebrauch abweichend abgelehnt wird, wie etwa bei Crevier im Anschluß an Dumarsais, bleibt die genannte Funktionsbestimmung figürlichen Sprechens erhalten:

> Tel est le premier et le plus bel usage des Figures: donner au discours de la force, de l'ame, de la vie par l'expression du sentiment.[64]

Für das 18. Jahrhundert gilt also noch immer eine konventionalisierte Zuordnungsregel von Leidenschaftsausdruck und Figürlichkeit, die eine bestimmte Figürlichkeit als 'natürlichen' Leidenschaftsausdruck bestimmt. Natürlichkeit ist dabei keine 'realistische', auf die Alltagserfahrung bezogene Kategorie, sondern ist jeweils auf bereits literarisch vermittelte Wirklichkeitsmodelle bezogen:

> Les bons modèles dans chaque genre nous tiennent lieu de règles. L'art entre plus ou moins dans ce qu'on nomme style naturel. On se fait une idée vague du naturel, parce qu'on est porté à prendre ce mot dans un sens absolu. Nos jugemens à cet égard dépendent des dispositions où nous sommes. Ce que nous nommons naturel, n'est que l'art tourné en habitude.[65]

Damit sind wir wiederum beim Prinzip der *imitatio auctorum*, das als Vermittlungsinstanz zwischen Natur und Kunst die Konstitution von Wirklichkeitsmodellen leistet. Aber auch der Gattungsbegriff ist in diesem Zusammenhang anzusiedeln, insofern die Gattungsbegriffe nach dem Verständnis der Zeit eine bestimmte Rezipienteneinstellung bedingen. Um wiederum Condillac zu zitieren, der diesen Zusammenhang in besonderer Deutlichkeit formuliert:

---

[62] Zu Belegen aus der zeitgenössischen Rhetorik vgl. Hempfer, *Tendenz und Ästhetik*, S. 194 ff.
[63] Vgl. hierzu L. Spitzer, „Die klassische Dämpfung in Racines Stil", *Archivum romanicum* 12 (1928), S. 361–466. Zur angesprochenen Problematik vgl. ausführlicher Hempfer, *Tendenz und Ästhetik*, S. 190 ff.
[64] Crevier, *Rhétorique françoise*, II, S. 75.
[65] Condillac, *De l'art d'ecrire*, V, S. 532.

En effet, au seul titre d'un ouvrage, nous sommes disposés à désirer dans le style plus ou moins d'art, parce que nous voulons que tout soit d'accord avec l'idée que nous nous faisons du genre. . . . Lorsque je vais commencer la lecture de Racine, mes dispositions ne sont pas les mêmes que lorsque je vais commencer celle de Mme de Sévigné. Je puis ne pas le remarquer, mais je le sens; et en conséquence je m'attends à trouver plus d'art dans l'un, et moins dans l'autre. D'après cette attente, dont même je ne me rends pas compte, je juge qu'ils ont écrit tous deux naturellement; et en me servant du même mot, je porte deux jugemens qui diffèrent autant que le style d'une lettre diffère de celui d'une tragédie.[66]

In diesem Zitat ist nicht nur der moderne Begriff der Gattungserwartung vorgeprägt, sondern die Natürlichkeitsvorstellungen des Rezipienten werden explizit auf bestimmte Gattungserwartungen bezogen, was heißt, daß die Gattungsbegriffe konstitutiv für Wirklichkeitsmodelle sind, oder anders gewendet: Es ist die präetablierte 'Ordnung der Diskurse', die bestimmt, was natürlich ist, und die solchermaßen die Wirklichkeitserfassung und -erfahrung konditioniert.

Es mag auf den ersten Blick verblüffen, daß das, was Foucault als Spezifikum des wissenschaftlichen Diskurses formuliert, genau für den traditionellen poetischen Diskurs, freilich nicht für die 'progressiven' Genera, des 18. Jahrhunderts gilt:

La discipline est un principe de contrôle de la production du discours. Elle lui fixe des limites par le jeu d'une identité qui a la forme d'une réactualisation permanente des règles.[67]

Dieses Paradoxon könnte sich jedoch durch die Überlegung auflösen lassen, daß in dem Augenblick, wo der wissenschaftliche Diskurs den dominanten Wahrheitsanspruch stellt – und dies ist sicherlich im Verlauf des 18. Jahrhunderts der Fall[68] –, der poetische Diskurs zunehmend auf jene Ausgrenzungen verwiesen wird, die durch das modellhaft nicht mehr erfaßbare Individuelle, Subjektive usw. konstituiert werden. Daß sich der mimetisch-textstrukturelle Literaturbegriff des 18. Jahrhunderts im Übergang zum 19. Jahrhundert zu einem expressiven, auf die je parti-

[66] Ebd., V, S. 467f.
[67] M. Foucault, *L'ordre du discours*, Paris 1971, S. 37f.
[68] Vgl. hierzu nur etwa folgendes Zitat aus D'Alembert: «Pour lui [sc. le philosophe] le premier mérite et le plus indispensable dans tout écrivain, est celui des pensées: la poésie ajoute à ce mérite celui de la difficulté vaincue dans l'expression; mais ce second mérite, très-estimable quand il se joint au premier n'est plus qu'un effort puéril dès qu'il est prodigué en pure perte et sur des objets futiles.» (*Œuvres complètes*, 5 Bde., Paris 1822, Repr. Genf 1967, IV, S. 292.)

kulare Erfahrung von Wirklichkeit abzielenden wandelt,[69] wäre in solcher Perspektive nicht mehr als historische Kontingenz, sondern als durch Funktionsverschiebungen ausgelöste Reorganisation der 'Ordnung der Diskurse' zu begreifen. Unabhängig davon, ob die Systemtransformation in der skizzierten Weise anzusetzen ist oder nicht, bleibt im vorliegenden Zusammenhang zu klären, was denn überhaupt als *poésie lyrique* bezeichnet wurde, wenn sich mit Gattungsnamen ganz bestimmte Erwartungen verbanden.

3. Die Extension von 'poésie lyrique'

Wir haben oben bereits angedeutet, daß der Terminus *poésie lyrique* im 18. Jahrhundert nicht als Sammelbegriff oder Schreibweise, sondern als im wesentlichen mit der Ode identische Gattungsbezeichnung verwendet wird. Hierfür ließen sich eine Vielzahl von Belegen anführen, am deutlichsten sind wohl Formulierungen wie die folgende von Houdar de La Motte:

Mais les poëtes lyriques, j'entends les auteurs d'odes ...[70]

oder von Marmontel:

... le poëme lyrique, ou l'ode ...[71]

In der *Encyclopédie* findet sich folgender expliziter Begründungszusammenhang:

Lyrique se dit plus particulièrement des anciennes odes ou stances qui répondent à nos airs ou chansons. C'est pour cela qu'on a appellé les odes poésies lyriques; parce que quand on les chantoit, la lyre accompagnoit la voix.[72]

Daß die Bedeutung von *lyrique* noch im 18. Jahrhundert ganz vorrangig die Verbindung von Musik und Wort meint, ergibt sich etwa auch daraus, daß Marmontel aufgrund der Tatsache, daß die modernen Oden nicht mehr gesungen werden, diesen das Prädikat *lyrique* abspricht und es statt dessen für eine ganz andere Gattung verwenden möchte:

---

[69] Vgl. hierzu M. H. Abrams, *Der Spiegel und die Lampe*, München 1978 (engl. Original *The Mirror and the Lamp*, London/New York 1953).
[70] La Motte, *Les paradoxes littéraires*, S. 89.
[71] Marmontel, *Elémens de littérature*, VIII, S. 680.
[72] *Encyclopédie* ..., hrsg. v. Diderot/D'Alembert, 36 Bde., Genf 1778–1779, XX, S. 580 (s. v. *lyrique*).

Les modernes ont une autre espèce de poëme lyrique que les anciens n'avaient pas, et qui mérite mieux ce nom, parce qu'il est réellement chanté; c'est le drame appelé Opéra.[73]

Ergibt sich also einerseits eine Modifikation der Extension von *lyrique* aufgrund des Wörtlichnehmens der etymologischen Bedeutung sowie aufgrund der veränderten Produktions- und Rezeptionssituation einzelner Genera, die jedoch gerade nicht zum (post-)romantischen Lyrikverständnis hinführt, so finden sich andererseits, freilich nur ganz vereinzelt, doch Ansätze, *poésie lyrique* als Oberbegriff für mehr als eine Gattung zu verwenden. Wesentlich deutlicher als bei dem immer wieder falsch verstandenen Batteux findet sich eine solche Konzeption bei Perrault, der seine Behandlung von Pindar, Anakreon, Bion, Moschus, Theokrit, Horaz, Ovid, Catull und Properz mit der Formel einleitet:

Passons à la Poësie Lyrique.[74]

Wenn im folgenden dann sowohl Odendichter als auch Elegiker und Bukoliker besprochen werden, ist eindeutig, daß *poésie lyrique* als Sammelbegriff für mehrere Einzelgattungen fungiert, ohne daß dies näher begründet würde und ohne daß deswegen schon „die berühmte Dreiteilung der Dichtkunst" verwirklicht ist, wie Jauß meint,[75] denn im vierten Dialog werden nacheinander Epos, *poésie lyrique*, Theater, Satire, Epigramm sowie die von den *modernes* neugeschaffenen Gattungen wie *poésies galantes*, Burleske und Fabel behandelt; d. h., es ist gerade das entscheidende Prinzip der berühmten Dreiteilung, nämlich daß es nur drei „Naturformen" gibt, auf die sich die Vielzahl historischer Gattungen zurückführen läßt,[76] das bei Perrault genausowenig wie bei Batteux realisiert ist. Dennoch ist festzuhalten, daß im Unterschied zum *Art poétique* Boileaus, wo Ode, Elegie und Ekloge zwar nacheinander abgehandelt,

---

[73] Marmontel, *Elémens de littérature*, VIII, S. 687.

[74] Ch. Perrault, *Parallèle des Anciens et des Modernes en ce qui regarde les arts et les sciences*, 4 Bde., Paris 1688–1697, Repr. München 1964, III, S. 160 (Repr. S. 324).

[75] H. R. Jauß, „Ästhetische Normen und geschichtliche Reflexion in der 'Querelle des Anciens et des Modernes'", in: Ch. Perrault, *Parallèle des Anciens et des Modernes*, S. 8–81, hier: S. 46.

[76] Vgl. hierzu die 'klassische' Stelle in der Vorrede zum West-östlichen Divan: „Es gibt nur drei echte Naturformen der Poesie: die klar erzählende, die enthusiastisch aufgeregte und die persönlich handelnde: Epos, Lyrik und Drama." J. W. von Goethe, *Werke* (Hamburger Ausgabe), 14 Bde., Hamburg 1949ff., II, S. 187.

aber noch nicht mit einem gemeinsamen Terminus belegt werden, bei Perrault eine Ausweitung des Verständnisses von *poésie lyrique* festzustellen ist.

Daß eine solche Ausweitung auch noch in der zweiten Hälfte des 18. Jahrhunderts keineswegs die Norm, sondern die Ausnahme darstellt, belegen nicht nur die eingangs angeführten Bestimmungen von *poésie lyrique*, sondern auch folgende Batteux-Stelle, in der explizit gerechtfertigt wird, warum die Elegie im Zusammenhang der Ausführungen zur *poésie lyrique* mitbehandelt wird:

> Puisque selon Horace, & selon l'idée qu'en a tout le monde, l'Elégie est consacrée aux mouvemens du cœur, nous plaçons ici comme une dépendance de l'Ode le peu que nous avons à en dire.[77]

Insofern Batteux die *poésie lyrique qua* Ode als Nachahmung des Gefühls bestimmt und solchermaßen von anderen Gattungen absetzt, muß er konsequenterweise umgekehrt die Elegie unter diesen Oberbegriff subsumieren, da sie zeitgenössisch in der Tat als spezifische Ausdrucksform für *mouvements du cœur* und *sentiment* angesehen wurde.[78] Daß sich Batteux dennoch für diese Subsumption quasi entschuldigt, weist darauf zurück, daß es, trotz gewisser terminologischer und inhaltlicher Ansätze, der poetologischen Theorie in Frankreich bis hinein ins 19. Jahrhundert eben nicht darum zu tun war, ein gattungsübergreifendes 'Lyrisches' zu theoretisieren, sondern vielmehr darum, die einzelnen Gattungen voneinander zu unterscheiden, und zwar gerade dann, wenn sich zwischen ihnen Berührungspunkte ergaben. Noch für E. Deschamps sind «le Lyrique» und «l'Elégiaque» unterschiedliche Gattungsbezeichnungen:

> Mais la littérature française des deux derniers siècles est restée fort inférieure à toutes les littératures anciennes et modernes dans trois autres genres et fort heureusement pour les poètes du siècle actuel; ces genres sont: l'Epique, le Lyrique et l'Elégiaque, c'est à dire ce qu'il y a de plus élevé dans la poésie, si ce n'est la poésie même.[79]

Wenn trotz allen Differenzbewußtseins eine 'Nachbarschaftsbeziehung' zwischen Ode und Elegie formuliert wird, so gilt dasselbe für Elegie und Ekloge, und obgleich Batteux letztere nicht im Rahmen der *poésie lyrique*

---

[77] Batteux, *Principes de la littérature*, III, S. 295.
[78] Vgl. hierzu die zahlreichen Belege in Kirchmeir, *Romantische Lyrik*, S. 160 ff.
[79] E. Deschamps, *Préface des études françaises et étrangères*, hrsg. v. H. Girard, Paris 1923, S. 9.

behandelt, schließt er seine Ausführungen hierzu doch mit folgender Feststellung:

On peut rapporter à l'Elégie plusieurs des Eglogues que nous avons citées dans le volume précédent, comme le Tombeau d'Adonis de Bion, la mort de Daphnis de Virgile, l'Iris de Madame Deshoulieres, & plusieurs des Odes qui se trouvent même dans ce Traité, surtout celle d'Horace sur la mort de Quintilius, & celle de Malherbe à Du Perrier.[80]

Wenn wir im folgenden diese drei Gattungen etwas eingehender behandeln, dann nicht mit der Absicht, letztendlich doch wieder ein generelles 'Lyrisches' zu ermitteln, sondern vielmehr, um den Ausdifferenzierungsprozeß des Gattungssystems im 18. Jahrhundert selbst in bezug auf in bestimmten Hinsichten 'benachbarte' Gattungen deutlich werden zu lassen.[81]

4. DIE GATTUNG DER ODE – THEORETISCHE REFLEXION UND POETISCHE PRAXIS

4.1 Die Stellung der Ode im zeitgenössischen Literatursystem. 'Enthousiasme' und 'sentiment' als generische Konzepte der zeitgenössischen Theorie

4.1.1 'Fureur poétique' – zum Modellcharakter emotionaler Kategorien

In der Hierarchie der drei *genera elocutionis* ist die Ode auf der ranghöchsten Ebene angesiedelt und fällt unter das *genus sublime*,[82] während

---

[80] Batteux, *Principes de la littérature*, III, S. 298. Zur Nähe von Elegie und Ekloge in Poetologie und dichterischer Praxis des 18. Jahrhunderts vgl. auch Jungmann, *Studien zur französischen Elegie des 18. Jahrhunderts*, S. 66, 68, 78, 128, 191 u. ö.

[81] Wechselbeziehungen bestehen natürlich auch noch zwischen anderen Gattungen – etwa zwischen Ode und Verssatire, wie sich an Chéniers *Ode à Marie-Anne Charlotte Corday* zeigen ließe –, doch müßte zu einer adäquaten Behandlung dieser Problematik das Gesamtsystem der 'kleineren' Versgattungen behandelt werden, was den vorgegebenen Rahmen sprengen würde.

[82] *Sublime* besitzt in der frz. Terminologie des 18. Jahrhunderts eine doppelte Bedeutung. Der Begriff bezeichnet zunächst den höchsten Stil im System der *genera elocutionis* und findet deshalb eine privilegierte Verwendung in den traditionell hoch bewerteten Gattungen wie Tragödie, Ode und Epos. *Sublime* wird aber zum anderen ein poetisches Phänomen genannt, das auch und gerade in der Ode zu beobachten ist und das im Anschluß an den antiken Traktat Περὶ ὕψους

die Elegie der mittleren Stillage und die Ekloge dem *genus humile* zugeordnet werden.[83] Zeitgenössische Versuche, für die Ode einen genuinen Gegenstandsbereich zu bestimmen, weisen ihr, wie schon oben erwähnt, die Darstellung der *sentiments* zu. So bezeichnet Marmontel als mögliche Themen der Ode:

Tout ce qui agite l'ame & l'élève au-dessus d'elle-même, tout ce qui l'émeut voluptueusement, tout ce qui la plonge dans une douce langueur, dans une tendre mélancolie.[84]

Eine solche Definition aber erscheint in einer historischen Perspektive als Paradoxon. Denn es gehört, wie eingangs dargelegt, seit der Romantik zu

diskutiert wird, den Boileau ins Französische übersetzt hat. *Sublime* in diesem Gebrauch meint einen außergewöhnlichen stilistischen Effekt, den La Motte wie folgt umschreibt: «Je crois que le Sublime n'est autre chose que le vrai & le nouveau réunis dans une grande idée, exprimés avec élégance & précision.» (A. Houdar de La Motte, «Discours sur la Poësie en général & sur l'Ode en particulier», in: *Œuvres complètes*, 10 Bde., Paris 1754, Repr. Genf 1970, I, S. 13–60, hier S. 35.) La Mottes weiteren Präzisierungen sowie seinem – übrigens schon traditionellen – Genesis-Beispiel *Dieu dit que la lumiére se fasse, & la lumiére se fit* läßt sich entnehmen, daß *le sublime* in diesem Sinne die Darstellung eines anthropologisch in besonderem Maße relevanten Ereignisses in äußerst kurzer und prägnanter Formulierung meint. Die Wirkung solcher Sprachverwendung läßt sich damit erklären, daß Außergewöhnliches ansonsten im *genus sublime*, das besonders komplexe rhetorische Verfahren kennt, einen angemessenen sprachlichen Ausdruck findet; der Effekt resultiert nun aus der punktuell durchbrochenen Komplexität sprachlicher Verfahren, weil die Durchbrechung im Kontext ihres Auftretens unerwartet ist und gerade durch diese Opposition eine besondere Ausdrucksintensität erreicht. (Es handelt sich damit um ein konventionalisiertes Phänomen stilistischer Natur von der Art, wie sie Riffaterre in seinen *Essais de stilistique générale* behandelt. Vgl. insb. in der deutschen Übersetzung M. Riffaterre, „Der stilistische Kontext", in: Ders., *Strukturale Stilistik*, München 1973, S. 60–83.)

Daß zeitgenössisch bereits keine Einmütigkeit über die Gestalt dieses Stilistikums herrscht, läßt sich mit einem Hinweis auf Saint-Mard zeigen, der dem zitierten Satz aus dem ersten Buch Moses das Prädikat *sublime* abspricht. (Rémond de Saint-Mard, *Réflexions sur la poésie en général*, Den Haag 1734, Repr. Genf 1970, S. 211 f.)

[83] Eine solche Zuordnung dieser drei Gattungen zu den *genera elocutionis* findet sich erstmals in Boileaus *Art poétique* im zweiten Gesang.
[84] J. F. Marmontel, «De l'ode», in: *Poétique Françoise*, 2 Bde., Paris 1763, Repr. New York/London 1972, II, S. 408–453, hier S. 409.

den topischen Urteilen über die Lyrik des französischen 17. und 18. Jahrhunderts, daß es ihr gerade hieran, nämlich an 'Gefühl' mangle – eine Kategorie, die im Rahmen der Erlebnislyrik zum zentralen Konzept aufsteigt. Dennoch gelten die *sentiments* auch für die «poètes antipoétiques», wie Lamartine sie nennt, als gattungsfundierendes Merkmal. Dieses Verwirrspiel läßt sich freilich auflösen, wenn wir auf die näheren Bestimmungen, die die Kategorie *sentiment* jeweils erfährt, eingehen. So erläutert Batteux das für die Ode spezifische Konzept des *enthousiasme* in der folgenden Weise:

L'ENTHOUSIASME, ou fureur poëtique, est ainsi nommé, par ce que l'ame qui en est remplie, est toute entiere à l'objet qui le lui inspire. Ce n'est autre chose qu'un sentiment, quel qu'il soit, amour, colere, joie, admiration, tristesse, &c. produit par une idée.

Ce sentiment n'a pas proprement le nom d'enthousiasme, quand il est naturel, c'est-à-dire, qu'il existe dans un homme qui l'eprouve par la réalité meme de son etat; mais seulement quand il se trouve dans un artiste, poëte, peintre, musicien; & qu'il est l'effet d'une imagination echauffée artificiellement par les objets qu'elle se représente dans la composition.[85]

In diesen Ausführungen wird ein entscheidender Unterschied zum romantischen Erlebniskonzept deutlich, der in der anders konzipierten Relation des Textes zur dargestellten außersprachlichen Realität begründet ist. In einer romantischen – oder dafür gehaltenen – Perspektive wird *sentiment* zur sprachunabhängigen, psychologisch begründeten Kategorie, die das Entstehen eines bestimmten Textes bedingt. Kennzeichnend für ein solches Selbstverständnis, das die fundierende Kategorie zu einer außersprachlichen macht, ist es denn auch, daß die Relation Erleben/Ausdruck oder – anders formuliert – Erleben/Text eine besondere Legitimation erfahren kann. Weil das Gefühlserlebnis hier sprachunabhängig konzipiert wird, ist dessen Vermittlung in einem literarischen Sprechakt mit dem *sentiment* selbst noch nicht hinreichend zu erklären. Folgerichtig vollzieht sich eine Rechtfertigung der Darstellung denn auch wiederum mit Hilfe psychologischer Erklärungsmuster. Die Texte werden als «soulagement» des Erlebenden, als «gémissement» oder «cri de l'âme» apostrophiert.[86] Der Erklärungsanspruch solcher Formulierungen

---

[85] Batteux, *Principes de la littérature*, III, S. 217f.
[86] Vgl. A. de Lamartine, «Première Préface des Méditations», in: Ders., *Méditations poétiques*, hrsg. v. G. Lanson, 2 Bde., Paris ²1922, II, S. 348–374, hier S. 365. Zu einer eingehenderen Darstellung dieser Überlegungen vgl. A. Kablitz, *Alphonse de Lamartines ›Méditations poétiques‹. Untersuchungen zur Bedeu-*

aber liegt darin, daß die Äußerung in eine Kausalrelation zum Erleben gestellt wird, wobei dessen Intensität als *causa* der Wirkung 'Text' fungiert und der Text somit in den Erlebniszusammenhang selbst gehört.

Diese kurze Skizze einer Argumentation, die die Relation Text/Dargestelltes zum Gegenstand hat, wie sie sich im 19. Jahrhundert präsentiert, vermag die davon wesentlich abweichende Position Batteux' kontrastiv zu verdeutlichen. Denn dessen Ausführungen zum *sentiment* führen in einen anderen Kreis von Überlegungen, der Blickwinkel ist geradezu umgekehrt. Dem *sentiment* des *enthousiasme* wird eine lebensweltliche Relevanz explizit abgesprochen; es wird statt dessen unmittelbar relativ zu einer ästhetischen Produktionssituation definiert. *Enthousiasme* als das hier behandelte spezifische *sentiment* der *ode* – dies wird sich im folgenden noch deutlicher zeigen – bezieht sich immer schon auf sprachlich vermittelte Realität.[87] Es kennzeichnet hier wie andernorts die Theorie der Ode im 18. Jahrhundert, daß die Relation von gattungstypischer Konvention und außersprachlicher Realität nicht problematisiert wird bzw. – historisch korrekter formuliert – keine relevante Fragestellung bildet.

Daß nun der *enthousiasme* bereits diskursbezogen definiert ist,[88] tritt am sichtbarsten in Batteux' Aussagen zur konkreten Manifestation dieses

---

tungskonstitution im Widerstreit von Lesererwartung und Textstruktur, Stuttgart 1985, insb. Kap. 2.2.1.1.

[87] 'Realität' ist in diesem Zusammenhang keine ontologische Kategorie, sondern auf Eigenschaften von Aussagen bezogen formuliert. 'Realität' meint die extensionalen Gegenstände und Sachverhalte, über die sich intersubjektiv Aussagen machen lassen. So hängt dieser Wirklichkeitsbegriff mit dem Wahrheitswert von Sätzen zusammen. (Zur Beschreibung eines solchen Wahrheitsbegriffes siehe A. Tarski, „Der Wahrheitsbegriff in den formalisierten Sprachen", in: K. Berka/L. Kreiser, *Logik-Texte*, Berlin 1971, S. 447–559, insb. S. 453, und D. Wunderlich, *Grundlagen der Linguistik*, Hamburg 1974, S. 165–170.)

[88] Wenn in theoretischer Reflexion über dieses Genus außersprachliche Phänomene unmittelbar als sprachliche beschrieben werden, dann konkretisiert sich darin die Relation von Aussage und extensionalem Sachverhalt, die in der zeitgenössischen Diskurstheorie als konstitutiv formuliert wird. Condillac geht vom grundsätzlich mimetischen Charakter der Sprache aus; diese Relation von Sprache und Realität äußert sich z. B. darin, daß das zentrale sprachliche Verfahren des Urteils mit der Operation der Wahrnehmung zusammenfällt. «Lorsqu'on juge qu'un arbre est grand, l'opération de l'esprit n'est que la perception du rapport de *grand* à *arbre*, si, comme nous l'avons dit, juger n'est qu'apercevoir un rapport entre deux idées que l'on compare.» Condillac, *Art de Raisonner et Grammaire*, in: *Œuvres complètes*, VI, S. 382.

gattungstypischen Merkmals hervor. Denn die «fureur poétique« wird über sprachliche Stilistika expliziert,[89] die sich als semantische Relationen beschreiben lassen und sich als Abweichungen gegenüber einem als Normaltypus angesetzten Verfahren der Textbildung konkretisieren. Solche Abweichungen kennt Batteux als syntagmatische «écarts»[90]:

Les Ecarts sont une espece de vuide entre deux idées, qui n'ont point de liaisons intermédiaires,[91]

sowie als paradigmatische «digressions»:

Les Digressions dans l'Ode, sont des sorties que l'esprit du poëte fait sur d'autres sujets voisins de celui qu'il traite, soit que la beauté de la matiere l'ait tenté, ou que la stérilité de son sujet l'ait obligé d'aller chercher ailleurs de quoi l'enrichir.[92]

Läßt sich *sentiment* bei Batteux als sprachliches Phänomen beschreiben, so erklärt dies einen weiteren entscheidenden Unterschied zu einer Explikation von 'Gefühl' über den Erlebnisbegriff, einen Unterschied, der mit Eigenschaften der Sprache als semiotischem System zusammenhängt. Bislang haben wir nur die semantische Dimension betrachtet. Verstehen wir aber semantische Konzepte als Systematisierungen in einer Sprach-

Wenn oben gezeigt wurde, daß im Werk Batteux' *imitation* als Ähnlichkeitsrelation, als ikonische Zeichenrelation beschrieben werden kann, dann deutet auch dies auf die Beziehung Sprache–Realität, die bei Condillac erkennbar wird, indem die Sprache insgesamt mimetisch konzipiert ist. Damit greifen wir ein von Hans Blumenberg praktiziertes Verfahren auf, der die *imitatio*-Poetik jeweils auf den zeitgenössischen Wirklichkeitsbegriff bezieht. (H. Blumenberg, „Wirklichkeitsbegriff und Möglichkeit des Romans", in: *Nachahmung und Illusion*, hrsg. v. H. R. Jauß, S. 9–27.)

[89] «Nous avons dit que l'Enthousiasme sublime de la Poësie lyrique consistoit dans la vivacité des sentimens, & que cette vivacité produisoit la grandeur & l'éclat des images, des pensées, des expressions, &c.» (Batteux, *Principes de la littérature*, III, S. 226.) Ähnlich lautet die Definition im Artikel «Ode» der *Encyclopédie*: «Comme l'*ode* est une poésie faite pour exprimer les sentimens les plus passionnés, elle admet l'enthousiasme, le sublime lyrique, la hardiesse des débuts, les écarts, les digressions, enfin le désordre poétique.» (*Encyclopédie*, hrsg. v. Diderot/d'Alembert, XXIII, S. 362 (s. v. *Ode*).)

[90] Im Unterschied zum Gebrauch des Begriffes «écart» zur Bezeichnung paradigmatischer Relationen in der heutigen Stilistik (zu einer Darstellung der Diskussion siehe R. Kloepfer, *Poetik und Linguistik*, München 1975, insb. Kapitel 2.2) sind hier syntagmatische Phänomene gemeint.

[91] Batteux, *Principes de la littérature*, III, S. 228.

[92] Ebd., III, S. 230.

gemeinschaft, die für eine Vielzahl von Sprechern verbindlich sind,[93] so bezeichnen *sentiment/enthousiasme* überindividuelle Phänomene, denen ein Modellcharakter eignet und deren Interpretation über Regeln des Sprachsystems ermöglicht wird. Demgegenüber ist eine Hermeneutik für Texte, die als Umsetzung von Erlebnissen begriffen werden, wesentlich problematischer zu fundieren, da sie letztlich den unmittelbaren Zugang zu einer außersprachlichen Größe, die aber sprachlich vermittelt ist, gewährleisten muß. Denn der – lyrische – Text wird zum integrativen Bestandteil eines individuellen psychologischen Prozesses. Eine Definition des Lyrischen auf der Grundlage eines spezifischen Erlebens korrespondiert denn auch mit einer Theorie der 'Einfühlung', die dem Interpreten den unvermittelten Nachvollzug psychischen Fremderlebens ermöglichen soll. Weil sich eine solche hermeneutische Lehre aber als Konsequenz einer Beschreibung des Lyrischen ausweisen läßt, die auf eine poetologische Begründungsproblematik in einer bestimmten historischen Konstellation weist, muß die Interpretation lyrischer Texte des 18. Jahrhunderts an historisch adäquatere Kategorien anschließen.[94]

4.1.2 Die Theorie der Ode und ihr Verhältnis zur zeitgenössischen Analyse des Diskurses

Die Suche nach einer historisch angemessenen Konzeption lyrischer Dichtung hat uns zu sprachinternen Relationen geführt. Es sind spezifi-

---

[93] Mit den Begriffen von Morris (Ch. Morris, *Foundations of the Theory of Signs*, Chicago 1938) formuliert, betrachten wir hier semantische Konzepte in einer pragmatischen Perspektive.

[94] Die hermeneutische Theorie der 'Einfühlung', die sich allerdings nach dem Bekunden ihrer Vertreter einer Theoretisierung entzieht, lebt bis in unsere Tage fort und hat in der sog. 'Werkinterpretation' eine Neubegründung erfahren. Paradigmatisch sei hier E. Staigers *Kunst der Interpretation* angeführt mit dem Satz: „Das Kriterium des Gefühls wird auch das Kriterium der Wissenschaftlichkeit sein." (E. Staiger, *Die Kunst der Interpretation*, München ³1974, S. 11.) Weil hier gegen elementare Anforderungen an jegliche Theoriebildung wie z. B. das Postulat der Intersubjektivität verstoßen wird, kann aufgrund wissenschaftstheoretischer Vorbehalte auch für romantische Texte dieses Konzept keine akzeptable Interpretationslehre bilden. (Zur Kritik am Erlebnisbegriff als textanalytischer Kategorie und zu seiner Neuformulierung als „Erlebnispostulat" vgl. M. Wünsch, *Der Strukturwandel in der Lyrik Goethes*, Stuttgart 1975, S. 40 ff.)

sche Merkmale des Diskurses, die als gattungsfundierend bezeichnet werden. Aber gerade diese, auf bestimmte Textmerkmale bezogene Definition der Ode erklärt auch eine schon zeitgenössisch ausgetragene Kontroverse um das Für und Wider dieser Gattung, die die Kontrahenten in zwei sich befehdende Lager spaltet. Im Unterschied zu anderen poetologischen Auseinandersetzungen der Zeit geht der im Zusammenhang der *querelle des anciens et des modernes* schon Ende des 17. Jahrhunderts ausbrechende Streit in diesem Fall um die Berechtigung der Ode insgesamt, und es fehlt nicht an Stimmen wie derjenigen Perraults, die eben diese Berechtigung in Zweifel ziehen. Diese Skepsis gegenüber der Gattung wird verständlich, wenn wir zeitgenössisch verbindliche Normen der Textkonstitution berücksichtigen. In seiner Schrift *De l'art d'écrire*, die zugleich didaktische Absichten verfolgt und einen Teil des Werkes für den Prinzen von Parma bildet, schreibt Condillac:

En effet, il n'y a de la lumière dans l'esprit, qu'autant que les idées s'en prêtent mutuellement. Cette lumière n'est sensible, que parce que les rapports qui sont entre elles, nous frappent la vue: et si, pour connoître la vérité d'un jugement, il faut saisir à-la-fois tous les rapports, il est encore plus nécessaire de n'en laisser échapper aucun, lorsqu'on veut s'assurer de la vérité d'une longue suite de jugemens.[95]

Schon wenig später wird das Prinzip der «liaison des idées», das hier zunächst als allgemeine Bedingung von Wirklichkeitserkenntnis formuliert wird, zum Postulat der Konstitution der Rede erhoben:

Le langage doit donc exprimer sensiblement cet ordre, cette subordination, cette liaison. Par conséquent le principe que vous devez vous faire en écrivant, est de vous conformer toujours à la plus grande liaison des idées: ...[96]

Wird die «plus grande liaison des idées» zum generellen konstitutiven Prinzip, dem der Diskurs zu gehorchen hat, dann scheint sich in der Tat ein Problem zu ergeben, wenn als gattungsfundierende Kategorie der Ode spezifische Abweichungen formuliert werden, die wie die «écarts» Batteux' explizit gegen ein solches Prinzip verstoßen. Doch der Widerspruch läßt sich als ein nur scheinbarer ausweisen.

Schon in Boileaus kurzer Darstellung der Ode im *Art poétique* fällt der zentrale Begriff, der neben *enthousiasme* und *fureur poétique* zur Bezeichnung gattungsspezifischer Merkmale Verwendung findet. So sagt Boileau von der Ode:

---

[95] Condillac, *De l'art d'ecrire*, V, S. 196.
[96] Ebd., V, S. 198.

> Son stile impetueux souvent marche au hazard.
> Chez elle un beau désordre est un effet de l'art.[97]

Das Charakteristische des Terminus « beau désordre » fällt besonders auf, wenn man die Transformation berücksichtigt, die Horaz' Ausführungen zu Pindar, auf die Boileau hier Bezug nimmt, erfahren haben:

> Laurea donandus Apollinari,
> Seu per audacis nova dithyrambos
> Verba devolvit numerisque fertur
> Lege solutis;[98]

Verdient Pindar für Horaz den Lorbeer, weil er sich der Norm widersetzt habe, so ordnet Boileau dem Begriff *désordre* bezeichnenderweise das Epitheton *beau* zu, d. h., er bindet den odentypischen Regelverstoß letztlich doch wiederum an ein Ordnungssystem, das durch die Merkmale der Kategorie *beauté* bezeichnet wird.[99] Es fehlt deshalb im 18. Jahrhundert auch nicht an Stimmen, die den *enthousiasme* als « la raison même » beschreiben.[100] Diese Kategorie widerspreche nicht den Anforderungen an einen korrekten Diskurs, sondern erfülle sie auf eine zwar ungewohnte, dafür aber noch gesteigerte Art und Weise. In welcher Weise nun die scheinbar widersprüchlichen Positionen vermittelt werden können, deutet sich in den folgenden Worten La Mottes an:

> J'entens par ce beau désordre, une suite de pensées liées entr'elles par un rapport commun à la même matière, mais affranchies des liaisons grammaticales, & de ces

---

[97] N. Boileau, *Art poétique*, in: *Œuvres complètes*, hrsg. v. F. Escal, Paris 1966, S. 164.

[98] Q. Horatius Flaccus, *Carmina* IV, 2, v. 9–12, in: *Opera omnia*, hrsg. v. H. Färber, München o. J., S. 94.

[99] Vgl. bspw. Diderots Definition des Begriffs *beau*, der diese Kategorie auf ein System von Beziehungen zurückführt: « J'appelle donc *beau* hors de moi, tout ce qui contient en soi de quoi réveiller dans mon entendement l'idée de rapports; et *beau* par rapport à moi, tout ce qui réveille cette idée. » (D. Diderot, *Traité du Beau*, in: *Œuvres*, hrsg. v. A. Billy, Paris 1951, S. 1096.)

[100] Vgl. z. B. die folgende Kritik des Begriffs *fureur* zur Bezeichnung des *enthousiasme*:
« Mais la fureur n'est qu'un accès violent de folie, & la folie est une absence ou un égarement de la raison; ainsi, lorsqu'on a défini l'enthousiasme, *une fureur, un transport*, c'est comme si l'on avoit dit qu'il est un *redoublement de folie*, par conséquent incompatible pour jamais avec la raison. C'est la raison seule cependant qui le fait naître; il est un feu pur qu'elle allume dans les momens de sa plus grande

transitions scrupuleuses qui énervent la Poésie Lyrique, & lui font perdre même toute sa grâce.[101] La Motte differenziert bezüglich des Phänomens der «liaison» zwischen zwei sprachlichen Ebenen. Während die syntaktische Ebene in der Ode gewisse Freiheiten kennt, bleiben die einzelnen «pensées» jedoch miteinander verbunden, und zwar semantisch. Der Relationstyp, den La Motte als Form dieser «liaison» benennt, läßt sich als Zugehörigkeit zu demselben Paradigma präzisieren. Seine Aussagen lassen vermuten, daß das oben konstatierte, scheinbar problematische Verhältnis der Ode zu generellen Normen der Textkonstitution in der Komplexität des Textbegriffes, der für diese Gattung angesetzt wird, aufgehoben ist. In welcher Weise sich dies für die Praxis selbst behaupten läßt, wollen wir im folgenden anhand einer Einzeltextanalyse untersuchen.

4.1.3 'Enthousiasme' und die 'intensionale Kohärenz' – zur Komplexität der Odenpraxis

Wir wollen dieser Frage anhand desjenigen Textes nachgehen, der – obgleich noch zu Ende des 17. Jahrhunderts entstanden – für die Odenpraxis des 18. Jahrhunderts normbildend geworden ist und dem ein Vorwort vorangestellt ist, in dem dieser Text explizit als exemplarische Realisation odentypischer Besonderheiten ausgewiesen wird – Boileaus 1693 erschienene *Ode sur la Prise de Namur*[102]. Wird bereits im Titel die Darstellung

supériorité.» (*Encyclopédie*, hrsg. v. Diderot/d'Alembert, XII, S. 543 (s. v. *enthousiasme*).)

[101] La Motte, *Œuvres complètes*, I, S. 30.

[102] In seinem *Discours sur l'Ode* wendet sich Boileau gegen die Position, die Charles Perrault in seiner *Parallèle des Anciens et des Modernes* vertritt, wo er eine fundamentale Kritik an Pindar als dem klassischen Repräsentanten der für die Ode konventionell verbindlichen *fureur poétique* formuliert. Boileau tritt demgegenüber für eine Pindarische Konzeption ein: «Il [sc. Perrault] a sur tout traité de ridicules ces endroits merveilleux, où le Poëte, pour marquer un esprit entierement hors de soy, rompt quelquefois de dessein formé la suitte de son discours; et afin de mieux entrer dans la raison sort, s'il faut ainsi parler, de la raison même; évitant avec grand soin cet ordre methodique et ces exactes liaisons de sens qui osteroient l'ame à la Poësie Lyrique.» (Boileau, *Œuvres complètes*, S. 227.)

Dem Nachweis der Relevanz der *raison* – und dies bedeutet textstrukturell der «liaison des idées» – jenseits ihrer scheinbaren Negation gilt die folgende Interpretation.

einer Schlacht signalisiert, so löst der Sprecher diese Erwartung wie folgt ein:

> Est-ce Apollon, et Neptune
> Qui sur ces Rocs sourcilleux
> Ont, compagnons de fortune
> Basti ces murs orgueilleux?
> De leur enceinte fameuse
> La Sombre unie à la Meuse
> Deffend le fatal abord,
> Et par cent bouches horribles
> L'airain sur ces monts terribles
> Vômit le fer, et la mort.[103]

Durch verschiedene, teilweise sehr komplexe rhetorische Operationen[104] wird hier eine Isotopieebene[105] erstellt, die sich als 'Kampf elementarer Naturgewalten' beschreiben läßt;[106] denn die einzelnen Verfahren lassen sich auf diese gemeinsame semantische Funktion beziehen. So tritt in dem metonymischen[107] Ausdruck «l'airain» der Rohstoff an die Stelle des Produktes, und durch die metaphorischen Ausdrücke «bouches» und «vômit» werden die Kanonen zu Ungeheuern, die sich in ihrer

---

[103] Boileau, *Art poétique*, in: *Œuvres complètes*, S. 230.

[104] Damit ergibt sich aus dieser Analyse auch, daß der Text eben zu den hohen Genera zählt; denn die Häufung komplexer rhetorischer Verfahren weist ihn dem *style noble* zu. (Zu dessen Charakteristika vgl. Hempfer, *Tendenz und Ästhetik*, S. 45 ff.)

[105] Den Begriff 'Isotopie' benutzen wir hier nach A. J. Greimas, *Sémantique structurale*, Paris 1966. Wir können Isotopien als Klassen rekurrenter Seme beschreiben. Zu Problemen, die bei der Analyse von Texten mit diesem methodischen Instrument auftreten können, vgl. G. Regn, *Konflikt der Interpretationen*, München 1978, S. 46–48.

[106] Hier handelt es sich um eine häufige Ingredienz der Ode. Vgl. z. B. J.-B. Rousseau, *Ode sur la Naissance de Monseigneur le Duc de Bretagne*:
> «Les éléments cessent leur guerre;
> Les cieux ont repris leur azur.»

(J.-B. Rousseau, *Œuvres*, 5 Bde., Paris 1820, Repr. Genf 1972, I, S. 95.)

[107] Der Begriff der Metonymie wird hier im Anschluß an Jakobson, „Der Doppelcharakter der Sprache. Die Polarität zwischen Metaphorik und Metonymik", in: J. Ihwe (Hrsg.), *Literaturwissenschaft und Linguistik, Ergebnisse und Perspektiven*, 4 Bde., Frankfurt a. M. ²1972, I, S. 323–333, als Ersetzung eines Terms durch einen anderen, zu dem er in einem Kontiguitätsverhältnis steht, verstanden. Die Metapher ist demgegenüber definiert als Ersetzungsoperation zwischen Termen, zwischen denen eine Ähnlichkeitsrelation besteht.

Anthropomorphisierung schon längst von denen, die sie bedienen, losgelöst zu haben scheinen. In die skizzierte Richtung deutet gleichfalls das metonymische «fer», das wiederum den Rohstoff des Geschosses an die Stelle des Produktes setzt, und dessen Treffsicherheit in einer erneuten Metonymie unterstrichen wird: «L'airain sur ces monts terribles/Vômit le fer, et la mort.»

Aber nicht nur die Instrumente der Schlacht selbst, sondern auch der Raum, in dem sie spielt, wird sprachlich in einer Weise überformt, die mit den bislang untersuchten Operationen konvergiert. Die als «orgueilleux» bezeichneten Mauern erhalten ein Epitheton, das das Sem 'menschlich' voraussetzt.[108] Daß das Adjektiv hier aber neben ein Substantiv tritt, neben das es an sich nicht treten kann, erklärt die Frage des Sprechers, ob es nicht Apoll und Neptun waren, die diese Mauern errichtet haben. Die im sprachlichen *écart* erkennbare Außergewöhnlichkeit wird zum Anlaß, die eigentlichen Urheber durch mythologische Gestalten zu ersetzen und damit auch die Konstruktion der Festung auf die Ebene zu beziehen, auf die bereits die zuvor untersuchten Operationen verweisen. Zu Handlungsträgern werden die Flüsse Maas und Sombre, deren Mündung sich über das Verb *unir* zum Zusammenschluß alliierter Verbände gestaltet, die den Zugang zur umkämpften Stadt verwehren.

In diesem Sinn läßt sich behaupten, daß die sprachliche Gestaltung dieser Strophe den Kampf um die Festung zu einer Auseinandersetzung elementarer Gewalten stilisiert. Zu einem Movens der Konstitution dieser Isotopieebene aber wird auch die große Kohärenz der verschiedenen Verfahren, wie vor allem die Raumdarstellung zu zeigen vermag. Es bleibt nicht bei einer bloßen Situierung des Geschehens in einem bestimmten geographischen Raum, sondern diese mimetische Funktion wird den semantischen Strategien einverleibt, die die untersuchten Verse andernorts kennzeichnen. So verwandelt sich eine topographische Relation zur Teilhabe am Schlachtgeschehen, zu einer Kampfeshandlung.

Als erste Konkretisierung eines «style audacieux» haben wir somit die über metaphorische und metonymische Operationen erzeugte Verfremdung kennengelernt, die aufgrund einer spezifischen Sprachverwendung

---

[108] Eine sehr präzise Definition der semantischen Einheit 'Sem' findet sich im Anschluß an Coseriu bei J. Lyons: "According to Coseriu, semes are the minimal distinctive features of meaning that are operative within a single lexical field, and they serve to structure the field in terms of various kinds of opposition." (J. Lyons, *Semantics*, 2 Bde., Cambridge 1977, I, S. 326.)

ein konkretes Geschehen wesentlich transformiert.[109] Es läßt sich diese Verfremdung übrigens mit einem der beiden Stilistika, die Batteux als konstitutiv für den *enthousiasme* der Ode gekennzeichnet hat, in Verbindung bringen. «Digression» hatte Batteux den Ausgriff auf benachbarte Themen genannt. Um ein damit vergleichbares Phänomen handelt es sich aber auch in diesem Text, wenn eine Schlachtenschilderung in einen quasi mythologischen Streit hinübergespielt wird. Eine erste Abweichung wird somit in der Verfremdung sichtbar, die jedoch ein erstaunliches Maß an Kohärenz bedingt, da ihr eine große Zahl der verschiedenen Darstellungsstrategien subsumiert werden kann, was vor allem anhand der Überformung der Mimesis einer Topographie sichtbar wurde.

Unsere semantische Analyse muß um einige Bemerkungen zur Pragmatik des Textes ergänzt werden.[110] Der Sprechakt erstellt den Eindruck einer Gleichzeitigkeit von Geschehen und Rede. Damit gehört er in den Umkreis des Geschehens, das er selbst metaphorisch-verfremdend darstellt, und es bietet sich an, die Relationen dieser beiden Textschichten zu untersuchen. Der *enthousiasme* ist pragmatisch über eine Reihe von Abweichungen zu üblichen Formen der Sprechsituation realisiert. Die Erregung des Sprechers läßt ihn seine Rede in Fragen auflösen und bedingt seine Anreden an ständig wechselnde Adressaten:

> Déployez toutes vos rages,
> Princes, Vents, Peuples, Frimats,
> Ramassez tous vos nuages,
> Rassemblez tous vos Soldats.[111]

[109] Metaphorik als Instrument eines «style audacieux» thematisiert Boileau selbst für seine Ode: «J'y ay jetté autant que j'ay pû la magnificence des mots; et à l'exemple des anciens Poëtes Dithyrambiques, j'ay employé les figures les plus audacieuses, jusqu'à y faire un Astre de la plume blanche que le Roy porte ordinairement à son chappeau.» (Boileau, «Discours sur l'Ode», in: *Œuvres complètes*, S. 228.)

[110] 'Pragmatik' benutzen wir hier nach Morris (vgl. Anm. 93) zur Bezeichnung der Relation zwischen Zeichen und Zeichenbenutzern. Die pragmatische Situation eines Textes meint seine Sprechsituation; pragmatische Aspekte sind z. B. die Frage des Adressaten der Rede, das Verhältnis des Sprechers zum Gegenstand seiner Rede etc. Zur Relevanz der Pragmatik für die semantische Analyse konkreter Äußerungen siehe D. Wunderlich, „Pragmatik, Sprechsituation, Deixis", in: *Linguistik und Literatur*, 1,1/2 (1971), S. 153–190. Für die Berücksichtigung pragmatischer Fragestellungen bei der Textanalyse plädiert K. Dirscherl, „Das Beschreiben als poetische Sprechweise in Baudelaires *Fleurs du Mal*", in: A. Noyer-Weidner (Hrsg.), *Baudelaire*, Darmstadt 1976, S. 318–361, hier S. 321.

[111] Boileau, *Ode sur la Prise de Namur*, in: *Œuvres complètes*, S. 232.

Als eine Abweichung erscheint zunächst die Zahl der Adressaten, wie anhand des folgenden Zitates noch deutlicher wird:

> Accourez, Nassau, Baviere
> De ces murs l'unique espoir:
> A couvert d'une riviere
> Venez, vous pouvez tout voir.[112]

Wenn ganze Völker – im letzten Zitat metonymisch vermittelt – angesprochen werden, sind die Grenzen einer realisierbaren Sprechsituation transzendiert. Die semantisch konstituierte Isotopieebene des Kampfes elementarer Gewalten korrespondiert hier mit der synekdochischen Überbietung normalsprachlicher Sprechsituationen, indem die Menge der Angesprochenen eine potentielle Anzahl von Adressaten weit übersteigt und damit Teile wie Ganze behandelt werden; denn einzelne Bataillone werden mit den Nationen, die sie entsandt haben, identifiziert.[113] Diese sprachliche Transformation der Adressaten bleibt jedoch möglicherweise nicht ohne Auswirkungen auf die kommunikative Relevanz der Anrede. Richtet der Sprecher seinen Appell an ganze Völkerschaften, so fragt es sich, ob nicht die konative Funktion[114] seines Ausrufes zugunsten einer darstellenden Wirkung neutralisiert wird. Das heißt, es wäre zu überlegen, ob nicht der pragmatische *écart* die Anrede einem mimetischen Aussageinteresse subsumiert, die konative zur referentiellen[115] Funktion wird, indem die Aufforderung an die Adressaten mehr der Darstellung der Situation dient, als eine Handlungsanleitung zu bilden.

Diese Überlegungen führen zum zweiten Typ pragmatischer Abweichung, dem dieselbe Wirkung zu eignen scheint. Denn als ein weiterer *écart* ist die Eigenart der Angesprochenen zu beschreiben. Naturgewalten und Personen erscheinen als gleichwertige Ansprechpartner: Damit

---

[112] Ebd.

[113] Es handelt sich bei diesen Operationen um ein typisches Verfahren der Gattung. Marmontel nennt als idealtypische Realisation folgenden Texteingang J.-B. Rousseaus, den dieselben Verfahren – Überbietung möglicher Sprechsituationen in Verbindung mit elementaren Größen – kennzeichnen:

> «Qu'aux accens de ma voix la terre se réveille.
> Rois, soyez attentifs, peuples, prêtez l'oreille.
> Que l'Univers se taise & m'écoute parler.»

(Marmontel, *Poétique Françoise*, S. 414.)

[114] Vgl. R. Jakobson, „Linguistik und Poetik", in: Ihwe, *Literaturwissenschaft und Linguistik*, II/1, S. 142–178, hier S. 148f.

[115] Ebd., S. 147.

kehrt eine rhetorische Operation wieder, die wir in der semantischen Analyse dieses Textes bereits kennengelernt haben; es handelt sich um die Anthropomorphisierung, die sich auch in der Darstellung der Schlacht, die wir oben untersucht haben, findet. Wieder konvergieren verschiedene Textebenen in identischen Vertextungsstrategien. Nicht nur wird dem Sprecher in seiner Darstellung die Schlachtenszenerie zum Ringen mit Naturgewalten, sondern auch seine Rede in ihrer pragmatischen Dimension gehorcht denselben Prinzipien, wenn Soldaten und Winde zu gleichwertigen Adressaten werden. Gerade in der bloßen Aneinanderreihung unterschiedlicher Anreden aber steckt wiederum ein Merkmal, das Batteux als gattungsspezifisch genannt hatte. Für ihn waren kennzeichnend in der Ode die «écarts», «une espèce de vuide entre deux idées». Ein solches Phänomen begegnet in einer Reihung von miteinander nicht verknüpften Anreden.

So kommt der Relation zwischen den einzelnen, gesondert analysierten Textmerkmalen eine besondere Bedeutung zu. Wurde in der Odentheorie *fureur poétique* definiert als Aufhebung bestimmter Postulate für die Stringenz eines Textes, und trat diese Kategorie damit zunächst in Konkurrenz zu allgemein verbindlichen Normen der Sprache wie der «liaison des idées», so läßt sich gerade anhand der Praxis demonstrieren, daß diese «liaison» weiterhin ein konstitutives Textbildungsverfahren bleibt. Zwar bilden die einzelnen beschriebenen Phänomene Abweichungen gegenüber einer 'Normalform' des Diskurses, doch bauen diese atypischen Formen ein Geflecht von Beziehungen auf, das wir 'intensionale Kohärenz' nennen wollen[116] und das zeitgenössisch als «un ordre qui soit caché avec art sous le voile d'un désordre apparent»[117] wiederum mehr metaphorisch umspielt als eigentlich beschrieben wird. Über die Ähnlichkeit von bestimmten Operationen des Diskurses wird eine Kohärenz erstellt, die andernorts gebrochen scheint, indem verschiedene Komponenten des Textes, zwischen denen keine Beziehungen zu

---

[116] 'Intensional' wird hier im Anschluß an die Unterscheidung von Intension und Extension in der Logik verwandt. Die Intension eines Prädikates läßt sich auch explizieren als die Menge seiner semantischen Merkmale. Die Semanalysen der strukturalen Semantik sind in diesem Sinne Rekonstruktionen von Intensionen. Die Extension eines Prädikates wird bezeichnet durch die Menge der Gegenstände, auf die das Prädikat in wahren Sätzen angewandt werden kann. (Zu einer formal präziseren Definition vgl. R. Carnap, *Meaning and Necessity*, Chicago 1958 [7. Nachdruck], S. 18f.)

[117] In: *Encyclopédie*, hrsg. v. Diderot/d'Alembert, XXIII, S. 364 (s. v. *ode*).

existieren scheinen, paradigmatisch aufeinander bezogen sind.[118] Während die Anrede an die skizzierten Adressaten zunächst aus der Darstellung des Sprechers herauszufallen scheint, ließ sich zeigen, daß sie aufgrund derselben Verfahren konstituiert ist, die schon die sprachliche Gestaltung der Schlachtenszenerie bestimmen, und sie damit eine zunächst gebrochene Kohärenz wiederherstellt.

Entscheidend für die Konstruktion des Textes ist es, daß die «liaison» nicht nur als Ähnlichkeitsrelation zwischen Verfahren derselben sprachlichen Ebene erstellt wird, sondern daß auch verschiedene Dimensionen wie Semantik und Pragmatik sich solchermaßen auf einen gemeinsamen Fluchtpunkt beziehen lassen. Die anhand der Schlachtendarstellung beobachtete Verfremdung organisiert verschiedenste Aspekte der *Ode sur la Prise de Namur* und wird solchermaßen zum kohärenzstiftenden Faktor. Nun läßt sich diese Verfremdung mimetisch begründen, weil sie zur sprachlichen Umsetzung der Außergewöhnlichkeit des Geschehens wird. Wir werden ihr aber später noch eine weitere semantische Funktion zuordnen können, die mit bislang nicht behandelten konventionellen Momenten der Gattung zusammenhängt.

Wenn Boileaus Vorwort diesen Text in die Kontroverse mit Perrault um die Vorbildlichkeit von traditionellen Autoritäten einreiht, dann versucht er der theoretischen Streitfrage, ob Pindar ein Musterautor für die Zeitgenossen sein könne, auf der Ebene der poetischen Praxis zu begegnen. Indem die Pindarische *audace*, d. h. der Verstoß gegen die «liaison», auf bestimmten Textebenen aufgehoben und somit das System der Textbildungsverfahren wieder in seine alten Rechte gehoben ist, vollzieht sich in diesem Lösungsversuch auch eine Vermittlung von Synchronie und Diachronie. Ein Musterautor der Gattung ist in seiner Vorbildlichkeit in Frage gestellt, da seine Texte als dunkel beurteilt werden und somit gegen fundamentale Normen zu verstoßen scheinen. Boileau integriert nun diesen problematischen Aspekt von dessen Texten in das synchrone System und stellt damit den Modellcharakter des antiken Autors wieder her. Nicht zufällig gehört der hier untersuchte Text somit in die *querelle des*

---

[118] Dieses Ergebnis scheint dem Urteil Janiks zu widersprechen: „Die Tatsache, daß der «désordre» ästhetisch anerkannt wird, bedeutet doch zugleich, daß nicht die «raison» mit ihrem Vermögen, logische Fügungen herzustellen, die wichtigste oder zumindest die allein wirksame Kraft des Dichters ist." (D. Janik, *Geschichte der Ode und der «Stances» von Ronsard bis Boileau*, Bad Homburg v. d. H. 1968, S. 225.)
Es deutet sich vielmehr an, daß *désordre* nicht als autonome Kategorie eingeführt, sondern im Text selbst wiederaufgehoben wird.

anciens et des modernes und ist eine Antwort auf Perrault in der poetischen Praxis, eine Antwort, die er schon im Vorwort mit der Formulierung vorweggenommen hat, daß Pindar die *raison* nur aufgebe, um sie in einer höheren Form wiederzugewinnen.

Wir haben bislang die Ode in ihren synchronen Relationen zu Normen, die die Konstitution des Diskurses regeln, untersucht. Gerade der anhand von Boileaus *Ode sur la Prise de Namur* erkennbare Zusammenhang zwischen seinem exemplarisch verstandenen Text und der zeitgenössischen Diskussion um den Wert oder Unwert antiker Vorbilder weist aber auf die diachrone Dimension der Gattungstradition. Diesem zweiten Aspekt sei nun im folgenden nachgegangen.

4.2 Die Heterogenität der Odentradition und die Einheit der Gattung

4.2.1 Die historische Fundierung der *sentiment*-Kategorie

Wie aus den letzten Bemerkungen hervorgeht, gehört die Ode nicht nur in das synchrone Bezugsfeld der Diskursnormen, sie ist auch eine traditionsgeleitete Gattung, deren Ursprung sich in Griechenland bis ins 7. Jahrhundert v. Chr. zurückverfolgen läßt und die in Pindar, Anakreon und Horaz idealtypische und damit modellhaft verpflichtende Vertreter gefunden hat. So stellt sich das Problem, die bislang synchron beschriebene Kategorie *sentiment* diachron zu fundieren, d. h., es geht um den Nachweis, daß die systematische Kategorie zugleich der Gattungstradition entspricht. Ein zeitgenössischer Versuch, den synchronen Ort im System der Diskurstypen mit einer historischen Herleitung zu verbinden, läßt sich bei Batteux erkennen, wenn er formuliert:

La Poësie lyrique, en général, est destinée à être mise en chant. C'est pour cela qu'on l'a appellée lyrique; parce qu'autrefois, quand on la chantoit, la lyre accompagnoit la voix. Le mot *ode* a la même origine: il signifie *chant, chanson, hymne, cantique*.
Il suit de-là que la Poësie lyrique & la Musique ont entre elles un rapport intime, fondé dans les choses mêmes; puisqu'elles ont l'une & l'autre les mêmes objets à exprimer. Et si cela est, la Musique etant une expression des sentimens du cœur par les sons inarticulés, la Poësie musicale, ou lyrique, sera l'expression des mêmes sentimens par les sons articulés, ou, ce qui est la même chose, par les mots. L'un doit être l'interprete, & comme la traduction de l'autre.[119]

---

[119] Batteux, *Principes de la littérature*, III, S. 213f.

Wie die Etymologie des Wortes *lyrique* bzw. *ode* zeige, so läßt sich Batteux' Argumentation rekonstruieren, verdankt diese Dichtung der Musik ihren Namen; dieser Zusammenhang von Wort und Ton geht jedoch noch weiter. Der Ursprung der Gattung liegt in der engen Verbindung von Musik und Sprache, eine Verbindung, die hinsichtlich eines gemeinsamen Dritten stattfindet, der «expression des sentimens du cœur». Dieser Gefühlsausdruck ist ein konstitutives Merkmal von Musik. Gehen aber Dichtung und Musik eine so enge Verbindung ein, dann muß auch die «Poësie» zum Ausdruck der «sentimens» werden. An dieser Stelle setzt nun das argumentative Raffinement Batteux' an: Musik ist ein Ausdruck von Gefühl in Form von «sons inarticulés», die «Poësie musicale, ou lyrique» ist Ausdruck derselben Gegenstände in Form von «sons articulés» oder, was dasselbe ist, in Form von Worten. Über die Ähnlichkeit eines Merkmals der beiden semiotischen Systeme – nämlich ihre akustische Manifestation – spielt Batteux fast unmerklich eine Eigenschaft der Musik auf die Sprache hinüber.[120] Aus dem äußerlichen Zusammenhang von Musik und Wort ist eine Strukturähnlichkeit von Größen geworden, die sich wechselseitig interpretieren.

Damit ist aber auch die Vermittlung zwischen der systematischen Kategorie *sentiment*, die über ihre Stellung im System der Diskursnormen bestimmt wurde, und der diachronen Dimension einer Gattungsnorm geleistet, indem der Ursprung der Gattung als textstrukturelle Systematik reinterpretiert wird. Indem Batteux' Argumentation die in der Etymologie der Gattungsbezeichnung angedeutete Kombination von Sprache und Musik in eine sprachstrukturelle Merkmalsmenge transformiert, wird die Diachronie in einer synchron-systematischen Kategorie aufgehoben. In der – ursprünglichen – «Poësie musicale» haben sich nicht mehr zwei autonome semiotische Systeme gefunden, sondern ihre Verbindung liegt in einer Homologie. Damit wird die Musik aber letztlich zu einem entbehrlichen Supplement, da die Sprachstruktur die semantische Leistung der Musik integriert hat. Ein solcher Umstand ist entscheidend für die Einheit der Gattungstradition, weil die Ode schon bald ihre anfänglich unentbehrliche Verbindung mit der Musik verliert, wie Marmontel feststellt:

[120] Argumentativ weniger raffiniert, aber in der Relation der beiden Systeme analog verfährt Marmontel: «Il est naturel à l'homme de chanter: voilà le genre de l'Ode établi. Quand, comment, & d'où vient cette envie de chanter? Voilà ce qui caractérise l'Ode... Ainsi quels que soient le sujet & le ton de ce Poëme, le principe en est invariable. Toutes les règles en sont prises dans la situation de celui qui chante, & dans les règles mêmes du chant.» (Marmontel, *Poétique Françoise* II, S. 408 f.)

A cet égard le poëme *lyrique* ou l'ode, chez les Latins & chez les nations modernes, n'a été qu'une frivole imitation du poëme *lyrique* des Grecs: on a dit, *je chante*, & on n'a point chanté; on a parlé des accords de sa lyre, & on n'avoit point de lyre. Aucun poëte, depuis Horace inclusivement, ne paroît avoir modelé des odes sur un chant.[121]

Geht man statt dessen von der strukturellen Homologie von Diskurseigenschaften der «Poësie lyrique» und Merkmalen der Musik aus, so ist die Geschichte der Gattung trotz des Verlustes musikalischer Begleitung nicht mehr nur als Entfernung von einer einstmals idealen Form zu begreifen, sondern eben diese Form ist in der textstrukturellen Reinterpretation der einstigen Verbindung von Wort und Musik erhalten. So bleibt denn auch in Batteux' knapper Definition der Ode nur mehr die Erinnerung an die Musik – in einem Epitheton, das die Metrik charakterisieren soll:

On pourra donc définir la Poësie lyrique, celle qui exprime le sentiment. Qu'on y ajoute une forme de versification qui soit chantante, elle aura tout ce dont elle a besoin pour être parfaite.[122]

Weil die einstige Verbindung von Dichtung und Musik in der Gattungstradition der Ode textstrukturell reinterpretiert wird, verhindert der Verlust musikalischer Begleitung nicht die Perfektion des Textes.

Wenn es der zeitgenössischen Theoriebildung gelingt, spezifische Stilistika zu benennen, die als sprachliche Umsetzung des einst gattungsbegründenden *chant* verstanden werden können, dann gilt es im folgenden zu untersuchen, in welcher Weise sich die Texte traditionell verbindlicher Musterautoren unter die sprachstilistisch konzipierte Kategorie *sentiment* subsumieren lassen.

4.2.2 Die antiken Musterautoren der Ode und ihr Verhältnis zum Gattungsmodell

Le nom de Pindare n'est gueres plus le nom d'un poëte, que celui de l'enthousiasme même. Il porte avec lui l'idée de transports, d'écarts, de désordre, de digressions lyriques. Cependant il sort beaucoup moins de ses sujets qu'on ne le croit communément. La gloire des héros qu'il a célébrés n'étoit point une gloire propre au héros vainqueur. Elle appartenoit de plein droit à sa famille, & plus encore à la ville dont il étoit citoyen.[123]

---

[121] In: *Encyclopédie*, hrsg. v. Diderot/d'Alembert, XX, S. 581 (s. v. *lyrique*).
[122] Batteux, *Principes de la littérature*, III, S. 216f.
[123] Ebd., S. 243.

In dieser Charakterisierung Pindars durch Batteux erscheint er nicht nur als Urbild des perfekten Odendichters, sondern seine idealtypische Realisation des *enthousiasme* wird zugleich in ihrer thematischen Eingrenzung erkennbar. Pindars Oden sind Hymnen auf olympische Sieger, und die angebliche Variation seiner *sujets* erweist sich als scheinbare, denn noch das Preislied auf die Familie oder die Stadt gelte letztlich dem Sieger in Olympia. Batteux grenzt damit den Gegenstandsbereich der Pindarischen Gesänge auf eine bestimmte Panegyrik ein.[124] Ähnlich heißt es am Beginn des Artikels *Lyrique* der *Encyclopédie*:

On employa d'abord la poésie *lyrique* à célébrer les louanges des dieux & des héros. *Musa dedit fidibus divos, puerosque deorum*, dit Horace.[125]

Auch der Chevalier de Jaucourt weist Pindar in seiner Aufzählung der verschiedenen Arten der Ode einen solchen Rang zu:

La seconde espèce est des *odes* héroïques, ainsi nommées, parce qu'elles sont consacrées à la gloire des héros. Telles sont celles de Pindare surtout, quelques-unes d'Horace, de Malherbe, de Rousseau.[126]

Pindars Ode wird somit in der zeitgenössischen Theorie zum Idealtyp der Gattung, da deren fundierende Kategorie *enthousiasme/fureur poétique/beau désordre* hier vorbildlich realisiert ist. Doch erfährt dieses generelle Konzept eine zusätzliche Bestimmung, indem es in spezifischer Weise instrumentalisiert wird. Wenn Pindars Oden Preislieder auf olympische Sieger sind, dann werden gattungsspezifische Konstituenten zum Vehikel eines bestimmten Aussageinteresses. Als zeitgenössische Konzeption der pindarischen Ode läßt sich die Relation der für die gesamte Gattung kennzeichnenden Vertextungsstrategien zu einer konventionell vorgegebenen Semantik oder, anders formuliert, die Funktionalisierung des *enthousiasme* zur Panegyrik bezeichnen. Entscheidend ist dabei, beide Komponenten als distinktiv nicht in ihrer Konjunktion, sondern in ihrer spezifischen Relation zu verstehen.[127] Was dies *in concreto* für den einzelnen Text heißt, läßt sich an Boileaus *Ode sur la Prise de Namur* demon-

---

[124] Dieses Bild Pindars ist durch die Überlieferungsverhältnisse seiner Dichtungen bestimmt. Während antike Editoren sein Werk in 27 Bücher mit z. T. sehr unterschiedlichem Inhalt einteilen, sind bis auf Fragmente der anderen Teile nur seine 4 Bücher Epinikien erhalten.
[125] *Encyclopédie*, hrsg. v. Diderot/d'Alembert, XX, S. 581 (s. v. *lyrique*).
[126] Ebd., XXIII, S. 363 f. (s. v. *ode*).
[127] Generell zur Begründung von Gattungskonzepten auf Relationen von Elementen vgl. K. W. Hempfer, *Gattungstheorie*, München 1973, S. 139 ff.

strieren. Der Verfremdung der Schlachtenszenerie als Manifestation eines *enthousiasme* können wir nämlich nunmehr eine weitere semantische Funktion zuordnen. Wandelt sich das Geschehen des Kampfes zum Aufstand elementarer Naturgewalten, so gewinnt der schließlich errungene Sieg Ludwigs XIV. einen Wert, der ihn über den nur logistisch Erfolgreichen in eine quasi numinose Sphäre hinaushebt. Die oben skizzierten sprachlichen Operationen werden in den Dienst der Enkomiastik gestellt. In diesem Sinne läßt sich formulieren, daß die gattungsbegründende Kategorie *sentiment* dann als pindarische erscheint, wenn die in dieser Kategorie implizierten Stilistika in den Dienst eines panegyrischen Aussageinteresses gestellt werden.

Auch im Fall des zweiten griechischen Musterautors fällt es der zeitgenössischen Theorie nicht schwer, ein systematisches Konstrukt zu erstellen, das Anakreons Texte als spezifische Konkretisation der allgemeinen Gattungsmerkmale ausweist:

> L'enthousiasme est, comme je l'ai dit, la pleine illusion où se plonge l'ame du Poëte. Si la situation est violente, l'enthousiasme est passionné. Si la situation est voluptueuse, c'est un sentiment doux & calme.[128]

Das Prädikat *voluptueux* im Zusammenhang der Ode deutet jeweils auf denjenigen, der der unbestrittene Meister dieser Form ist: Anakreon. So formuliert Jaucourt die Opposition von pindarischer und anakreontischer Ode wie folgt:

> Il est un autre genre d'*ode* moins superbe, moins éclatant, mais non moins agréable; c'est l'*ode* anacréontique. Elle chante les jeux, les ris folâtres, les plaisirs & les agrémens de la vie champêtre, &c. Jamais la lyre du voluptueux Anacréon ne résonne pour célébrer les héros & les combats. Partagé entre Bacchus & l'Amour, il ne produit que des chansons inspirées par ces deux divinités.[129]

Wie das obige Marmontel-Zitat zeigt, wird auch in bezug auf Anakreon *enthousiasme* als die Kategorie verstanden, die die Texte zu beschreiben vermag. Allerdings hat hier eine nicht unwesentliche Reinterpretation dieses Konzeptes stattgefunden, wie eine genauere Analyse der angeführten Zeilen zeigen kann. Ist die dargestellte Situation «violente», so ist der *enthousiasme* «passionné», ist sie «voluptueuse», so erscheint er als «doux & calme». Während nun die Epitheta «passionné» und «doux & calme» auf derselben semantischen Achse angesiedelt sind, gilt das für die Begriffe, denen sie zugeordnet sind, nicht. «Violent» ist ein Prädikat, das

---

[128] Marmontel, *Poétique Françoise*, II, S. 418.
[129] *Encyclopédie*, hrsg. v. Diderot/d'Alembert, XXIII, S. 365 (s. v. *ode*).

Situationen eine bestimmte Intensität zuweist und somit formaler Natur ist und auf eine Vielzahl von Fällen angewandt werden kann. «Voluptueux» spezifiziert demgegenüber bereits in inhaltlicher Hinsicht – es handelt sich um Epitheta verschiedener Natur. Dies wird vor allem deutlich, wenn wir die beiden Prädikate in Relation zu Textmerkmalen stellen. Während eine «situation violente» sich textstrukturell in Stilistika manifestieren kann, die Batteux als «digressions» und «écarts» definiert hat und die inhaltsinvariant sind, verlangt eine «situation voluptueuse» immer schon inhaltliche Merkmale und ist damit nicht mehr auf formale Textbildungsverfahren zu beziehen.

Die Subsumtion der Anakreontischen Ode unter die systematische *sentiment*-Kategorie bedingt deren Reinterpretation von einem formal-stilistischen zu einem inhaltlichen Konzept. Die anakreontische Ode bildet eine Untergattung, die an der ihr eigenen Thematik von 'Wein, Weib und Gesang' erkennbar ist. Da sie damit die gattungsbegründenden Konzepte transformiert, gehört ihr auch in der Odenpraxis eine Sonderstellung. Im Unterschied zu den anderen Typen erhält sie neben der allgemeinen Gattungsbezeichnung *ode* häufig auch das differenzierende Prädikat *anacréontique*.

Wesentlich größere Probleme bereitet den Zeitgenossen der Versuch, auch die Horazischen *Carmina* als spezifische Transformation – im Piagetschen Sinne – der Ode auszuweisen. So erscheint Horaz seinerseits schon als abhängig von den gekennzeichneten griechischen Modellen. Jaucourt vermerkt:

> Horace s'est montré tantôt Pindare, & tantôt Anacréon; mais s'il imite Pindare dans ses nobles transports, il le suit aussi quelquefois un peu trop dans son désordre; s'il imite la délicatesse et la douceur naïve d'Anacréon, il adopte aussi sa morale voluptueuse, & la traite d'une maniere encore plus libre, mais moins ingénue.[130]

Auch Batteux äußert sich ähnlich über Horaz:

> Il a, selon les sujets, la gravité & la noblesse d'Alcée & de Stesichore, l'élévation & la fougue de Pindare, le feu, la vivacité de Sappho, la mollesse & la douceur d'Anacréon.[131]

Eine horazische Ode als eigenständiger Typus wird nicht formuliert. Vielmehr löst Batteux die Horazischen *Carmina* in eine Vielzahl von intertextuellen Bezügen auf. Während Jaucourt glaubte feststellen zu

---

[130] Ebd.
[131] Batteux, *Principes de la littérature*, III, S. 253.

können, daß Horaz Pindar in seinem *enthousiasme* in nichts nachstehe, gelangt Marmontel zur gegenteiligen Ansicht:

> Il faut avouer qu'Horace doit à Pindare cet art d'agrandir ses sujets; mais les éloges qu'il donne à son maître ne l'ont pas aveuglé sur le manque de liaison & d'ensemble, défaut dont il avoit à se garantir en l'imitant.[132]

Lassen sich zu Pindar und Anakreon weitgehend übereinstimmende Aussagen finden, die freilich in der Bewertung der beobachteten Phänomene divergieren, so ist das Urteil über die Horazische Ode wesentlich weniger einheitlich. Dies läßt sich mit der Heterogenität des Korpus begründen. Denn auch eine Aufteilung der *Carmina* auf einen pindarischen und einen anakreontischen Traditionsstrang wird seiner Themenfülle nicht gerecht. Horazische Oden stehen in den verschiedensten thematischen Bezügen und Verwendungskontexten. Eine Epistel an den Freund Maecenas (II, 17) findet sich neben dem Tadel des Geizes (II, 2) oder dem Rat zur Bescheidung im Alltäglichen (II, 16). Die Horazischen *Carmina* verfolgen die unterschiedlichsten Aussageinteressen und werden neben eindeutig panegyrischen oder erotischen Texten zum Medium der Erörterung von Themen unterschiedlichster Art oder gestalten sich zur Formulierung einer praktischen Lebensweisheit.[133] Diesen schillernden Charakter von Horaz' Oden vermag Batteux nur noch durch die Flucht in die Metaphorik zu bewältigen:

> On peut appliquer au lyrique d'Horace ce qu'il a dit lui-même du Destin: Qu'il ressemble à un fleuve, qui tantôt paisible au milieu de ses rives, marche sans bruit vers la mer; & tantôt, quand les torrens ont grossi son cours, emporte avec lui les rochers qu'il a minés, les arbres qu'il déracine, les troupeaux & les maisons des laboureurs, en faisant retentir au loin les forêts & les montagnes.[134]

Es gelingt der zeitgenössischen Theoriebildung nicht, wie für Pindar und Anakreon auch für die *Carmina* des Horaz ein Konzept zu formulieren, das sich als Transformation des *sentiment* ausweisen läßt. Während die Homogenität der vier Horazischen Bücher auf metrischen Kriterien beruht, scheitern die Versuche, sie auf eine bestimmte stilistische Konzeption oder einheitliche Thematik festzulegen. So wird Horaz zum Phlogi-

---

[132] Marmontel, *Poétique Françoise*, II, S. 437.
[133] Nur eine Auswahl stellen die folgenden Horazischen *Carmina* dar, die außer den schon genannten in einer Aufteilung auf einen pindarischen und einen anakreontischen Traditionsstrang keinen Platz finden: II, 3; II, 10; II, 15; III, 2; IV, 8.
[134] Batteux, *Principes de la littérature*, III, S. 254.

ston der Odentheorie, an der die einheitliche Systematik zu zerbrechen droht.

Es läßt sich aber anhand der Odenpraxis zeigen, daß dieses Problem dort eine Lösung erfährt. Die Heterogenität möglicher Gegenstände in der Horazischen Ode, die einer einheitlichen Systematik entgegenzustehen scheint, wird zum integrativen Bestandteil des Odenkonzeptes, indem der horazische und der pindarische Traditionsstrang in der poetischen Praxis eine noch zu erörternde Kombination eingehen. Indem die Pindarische Panegyrik in neuartiger Weise funktionalisiert wird, kann der scheinbar nur negative Beitrag der Horazischen Ode dem Gattungskonzept einverleibt werden.

4.3 Aspekte der Odenpraxis

4.3.1 J.-B. Rousseaus «Ode sur la naissance de Monseigneur le Duc de Bretagne» – panegyrische Intention und immanente Poetologie

> Descends de la double colline,
> Nymphe dont le fils amoureux
> Du sombre époux de Proserpine
> Sut fléchir le cœur rigoureux:
> Viens servir l'ardeur qui m'inspire.[135]

Dieser Text beginnt in Anlehnung an die vierte Ode des dritten Buches der Horazischen *Carmina* mit einem Musenanruf. Fordert der Sprecher die Muse am Beginn seiner Rede auf, vom Parnaß herabzusteigen, so weist er seinen Sprechakt metaphorisch als Verbindung von Himmel und Erde aus. Kalliope wird dabei nicht mit ihrem Namen angerufen, sondern erscheint in einer Periphrase als Mutter desjenigen, der, erneut periphrastisch formuliert, Pluto mit seinem Gesang bezwang, als Mutter des Orpheus. Die folgende Analyse soll dem Nachweis der Hypothese gelten, daß in dieser spezifischen Thematisierung des Sprechaktes, die auf einen bestimmten Diskurstyp, eben die Ode, verweist, bereits das semantische Material zu finden ist, das die Darstellung des im Titel angezeigten Ereignisses bestimmt. Das heißt, daß das Geschehen selbst bereits in der Formulierung des Gattungsbezugs vorgegeben ist. Die Geburt des Thronfolgers und der Sprechakt werden demselben Paradigma zugeordnet. Dies zeigt sich schon an folgender Darstellung:

---

[135] J.-B. Rousseau, *Œuvres*, I, S. 90.

> Quel Dieu propice nous ramène
> L'espoir que nous avions perdu?
> Un fils de Thétis ou d'Alcmène
> Par le ciel nous est-il rendu?
> N'en doutons point, le ciel sensible
> Veut réparer le coup terrible
> Qui nous fit verser tant de pleurs.[136]

Als Sohn der Thetis oder Alkmene ist der Neugeborene ein Halbgott, ein Achilleus oder ein Herakles. Diese metaphorische Benennung wird zunächst zu einem panegyrischen Moment. Die Enkomiastik des Herrscherhauses findet ihren Ausdruck in der mythologischen Überhöhung des Sprosses aus königlicher Familie. Diese panegyrische Instrumentalisierung der Metaphorik läßt sich aber auch als ein Mittel beschreiben, eine narrative Ereignisabfolge in das Gattungskonzept der Ode zu integrieren. Indem die Geburt des Duc durch die Art der Formulierung zu einem Instrument des Herrscherlobs gemacht wird, läßt sich die Darstellung dieses Geschehens an die Gattungsregeln anschließen.[137]

Entscheidend für den Zusammenhang des Textes aber ist es, daß die metaphorische Überhöhung der Geburt als Inkarnation eines Heros zum Äquivalent des Sprechaktes gestaltet wird. So wie der Sprecher die Muse angerufen hatte, sie solle vom Parnaß herabsteigen und solchermaßen in seiner Rede Himmel und Erde verbinden, ist nun in dem Duc de Bretagne ein Halbgott auf Erden angekommen. Die sprachliche Gestaltung der Thematisierung des Gattungsbezuges enthält bereits die semantischen Komponenten, die die Darstellung des zentralen Geschehens strukturieren. Es handelt sich bei dieser Relation wiederum um das Phänomen, das wir 'intensionale Kohärenz' genannt haben. Der Musenanruf der ersten Strophe und die Schilderung der Geburt in der zweiten Strophe stehen zueinander in dem Verhältnis, das Batteux als «écart» bezeichnet hat. Zwei *idées*, deren Beziehung nicht ersichtlich ist, folgen aufeinander. Indem die beiden unterschiedlichen Themen aber eine Gestaltung erfahren, die sie in dasselbe Paradigma einordnet und den Sprechakt und die «naissance» zur Erscheinung überirdischer Mächte stilisiert, ist der «écart» in der paradigmatischen Kohärenz des Diskurses aufgehoben.

---

[136] Ebd., S. 91.
[137] Ein besonders interessantes Beispiel der Integration eines Erzählungszusammenhangs in die Ode liefert Le Bruns «Ode à M. de Buffon», in der die Darstellung des Todes der Frau des Gelehrten, dessen eigene lebensbedrohende Erkrankung und schließliche unerwartete Heilung im Rahmen von gattungstypischen Textbildungsverfahren gelingt.

Diese Verbindung zwischen den beiden Strophen läßt sich noch weitergehend verfolgen und erlaubt es auch, den oben konstatierten periphrastischen Formulierungen eine semantische Funktion zuzuordnen. Kalliope wurde nicht mit ihrem Namen benannt, sondern erschien sprachlich als Mutter des Orpheus, der den Tod bezwang. In ihrer Rolle als Mutter wird sie in der Funktion angesprochen, die auf die Geburt des Herzogs verweist, dies aber bedeutet, daß die Periphrase zum kohärenzstiftenden Faktor wird. Als Mutter des Orpheus ist Kalliope zudem nicht die Mutter irgendeines Sohnes, sondern die Mutter desjenigen, der in der Unterwelt Pluto und damit den Tod bezwang. In ähnlicher Weise aber wird der Herzog der Bretagne als Überwinder von Schicksalsschlägen gepriesen – eine Anspielung auf die Ereignisse im Hause Bourbon und die schwierige Nachfolgeregelung Ludwigs XIV. Wird der Neugeborene damit Orpheus äquivalent, so führt diese Beziehung der beiden auf den Gattungszusammenhang zurück. Denn im Gesang des Orpheus, dem selbst Pluto nicht zu widerstehen vermochte, besitzt der Odendichter ein idealtypisches Vorbild. So findet die Geburt des Herzogs in der Gattung desjenigen, der wie er den Tod zu überwinden vermochte, einen adäquaten Ausdruck.

Damit scheint sich unsere eingangs formulierte Hypothese zu bestätigen. Das komplexe System von Beziehungen, das unsere Analyse aufdekken konnte, zeigt, daß die Thematisierung des Gattungsbezugs bereits das semantische Potential enthält, das die Darstellung des im Titel als zentraler Gegenstand ausgewiesenen Ereignisses bestimmt. Wie schon unsere Deutung der Funktion des Orpheus-Mythos zeigte, läßt sich diese Relation auch in umgekehrter Richtung beschreiben. Daß der Herzog dem Orpheus ähnlich wird, läßt sich auch poetologisch lesen: Seine Geburt findet in dieser Gattung einen angemessenen sprachlichen Ausdruck, das *aptum*-Gebot [138] ist nicht nur eingehalten, es ist auch vertextet. Insofern ist Rousseaus Ode nicht nur ein Hymnus auf das Haus der Bourbonen, sondern ein Stück Poetologie, [139] was die beständige Bezugnahme auf die Odentradition im weiteren Verlauf des Textes noch verdeutlichen kann. Eine solche Korrelation unterschiedlicher Aussageinteressen verweist auf den im ersten Teil dieses Abschnitts untersuchten Ort

---

[138] Zu diesem Begriff vgl. H. Lausberg, *Handbuch der literarischen Rhetorik*, 2 Bde., München 1960, § 1058; zur zeitgenössischen Bedeutung des Konzeptes vgl. Hempfer, *Tendenz und Ästhetik*, S. 42ff.

[139] Neu in bezug auf die Odentradition ist nicht die poetologische Thematik, die sich bereits im als Modell gekennzeichneten Text von Horaz findet, sondern die spezifische Verbindung von panegyrischer Intention und poetologischer Problematik.

der Ode im zeitgenössischen Literatursystem zurück. Die Panegyrik ist ein Erbe des pindarischen Traditionsstranges, den sowohl Theorie als auch Praxis in zeitgenössische Diskursnormen zu integrieren trachten, d. h., die Ode wird zu einem Schnittpunkt synchroner Normen und einer diachronen Autorität, um deren Vermittlung Theorie und Praxis sich bemühen.

Insofern kann Rousseaus Ode zu einem Ort konkurrierender Aussageinteressen werden. Die Verbindung von Enkomiastik als Komponente der Pindarischen Ode und Poetologie ist begründet in der zeitgenössischen Problematik der Relation einer traditionell verbindlichen Autorität zu konstitutiven Diskursnormen. Die Ode ist damit nicht allein Vehikel einer bestimmten Thematik, sondern ihre spezifische Stellung im System der zeitgenössischen Diskurstypen bedingt es auch, daß poetologische Aspekte zu integrativen Bestandteilen der Praxis werden können.[140] Das komplexe System von Bezügen, in das die Ode im 18. Jahrhundert gehört, macht ihre historische Spezifität in dieser Epoche aus und bedingt zugleich den engen Zusammenhang von theoretischer Reflexion über das Genus und dessen poetischer Praxis, der sich bis in elementare Textbildungsverfahren auswirkt.

Wenn sich in der untersuchten Ode Rousseaus wie bei Boileau das Phänomen der 'intensionalen Kohärenz' als ein Konstruktionsprinzip des Textes beobachten läßt, so gibt es doch einen entscheidenden Unterschied. Diejenigen Vertextungsstrategien, die die «liaison des idées» erstellen, ließen sich in der *Ode sur la Prise de Namur* mimetisch rückbinden und funktionierten als sprachliche Abbildung des außergewöhnlichen Geschehens. Doch der Zusammenhang zwischen der Geburt des Thronfolgers und der Thematisierung der Gattung am Beginn des Textes läßt sich nur noch mit der konventionellen Zuordnung bestimmter Gegenstände zu bestimmten Diskurstypen in Verbindung bringen. Damit deutet dieser Text auf eine Tendenz der Odenpraxis, die sich vor allem in der zweiten Hälfte des Jahrhunderts beobachten ließe: die mimetische Funktion des Diskurses der Ode wird zusehends problematischer.[141]

---

[140] Aufschlußreich wäre in diesem Zusammenhang eine bislang fehlende Untersuchung über die Gebrauchsfunktion der Ode, die in der Analyse von Rezeptionsdokumenten eine Antwort auf die Frage zu geben vermöchte, wer wann warum wie liest.

[141] Wir können hier nur auf zwei Texte verweisen, anhand deren sich exemplarisch demonstrieren ließe, in welcher Weise dies für den Diskurs der Ode gilt: La Harpes »Le Philosophe des Alpes« und Le Bruns Ode auf das Schiff «Le Ven-

4.3.2 Le Bruns Ode « Que l'étude de la nature est préférable à celle des anciens » und die Kombination unterschiedlicher Traditionsstränge der Gattung

Die Behandlung einer poetologischen Problematik in Form einer Ode hat unter den antiken Musterautoren kein unmittelbares Vorbild. Das Bild Pindars und dasjenige Anakreons, das sich die Zeitgenossen gemacht haben, grenzt die beiden als mögliche Modelle aus. Wenn es aber kennzeichnend für die Horazischen *Carmina* war, daß sie zum Ort der Behandlung unterschiedlicher Gegenstände werden konnten, dann läßt sich die Erörterung der dichtungstheoretischen Streitfrage im Rahmen einer Ode am ehesten mit diesem Traditionsstrang in Verbindung bringen. Freilich wurde die Heterogenität des Horazischen Korpus der zeitgenössischen Theoriebildung zum Problem, da sie sich der Subsumtion unter die gattungskonstitutive Kategorie *sentiment* entgegenzustellen scheint. Der im folgenden untersuchte Text vermag aber zu zeigen, wie das Erstellen einer panegyrischen Dominante,[142] auf die die Thematik bezogen wird, auch den ungewohnten Gegenstand mit gängigen Vertextungsstrategien zu verbinden erlaubt. Zugleich läßt sich zeigen, wie in diesem Verfahren historisch disparate Traditionen kombiniert werden. Bereits in der ersten Strophe wird die im Titel angedeutete systematische Problemstellung in eine erlebnishafte Situation transformiert:

> Eh quoi! la Nature est vivante!
> Et dans une Tombe savante
> L'Étude ensevelit tes yeux!
> Modère une docte manie,
> Viens; la Nature est le Génie
> Qui seul inspira nos Aïeux.[143]

Die spezifische pragmatische Gestaltung dieser Verse bildet über die Interjektion « Eh quoi », die Auflösung der Rede in aneinandergereihte

---

geur ». Nach Abschluß des Manuskripts erschien der Aufsatz von W. Brand, „Das Ende der Ode. Zur Entwicklung der französischen Lyrik in der zweiten Hälfte des 18. Jahrhunderts", in: *RZLG* 8 (1984), S. 44–59. Die These Brands, daß eine entscheidende Zäsur für die Gattungsentwicklung in der Jahrhundertmitte festzustellen sei, vermag allerdings nicht zu überzeugen; sie stützt sich auf eher traditionelle Phänomene. Vgl. etwa die Analyse einer Ode Lefranc de Pompignans, a. a. O.

[142] Zu diesem Begriff vgl. J. Tynjanov, „Über die literarische Evolution", in: J. Striedter (Hrsg.), *Russischer Formalismus*, S. 433–461, hier S. 451.

[143] Ponce-Denis Ecouchard-Le Brun, *Œuvres*, 4 Bde., Paris 1811, hrsg. v. P. L. Ginguené, I, S. 55.

Ausrufe und die anzitierte Handlungsanweisung «Viens» die Position des Sprechers in einer literaturtheoretischen Streitfrage in aktuale Betroffenheit und emotionale Anteilnahme an diesem Sachverhalt um und ermöglicht so den Anschluß an gattungsspezifische Textbildungsverfahren, wie wir sie aus Boileaus Musterode bereits kennen. Die Integration der theoretischen Erörterung in diskurstypübliche Strategien endet nicht mit der Identifikation von Sprech- und Erlebnissituation mit den daraus resultierenden pragmatischen Besonderheiten des Textes, sondern betrifft auch das Verhältnis zum panegyrischen Moment der pindarischen Ode. In Strophen wie:

>C'est Elle encor que je veux suivre;
>Par tout de son auguste Livre
>J'assemble les feuillets épars:
>L'Aurore, les Fleurs, les Ombrages,
>La Nuit, les Torrens, les Orages,
>Tout la révèle à mes regards[144]

oder

>O Nature! celui qu'embrase
>Ta sublime et rapide extase
>N'entend plus les cris de Scylla,
>Ni des Mers la rive ébranlée,
>Ni les Flots hurlants de Malée
>Ni les Feux tonnants de l'Etna[145]

hebt der Sprecher zu einem Preislied auf die Natur an. In doppeltem Sinn wird hier auf die Pindarische Ode Bezug genommen. Anlaß der enkomiastischen Rede ist die elementare Gewalt der Natur – eine topische Ingredienz der Ode, der wir bei Boileau in der Schilderung der Schlacht in metaphorischer Vermittlung erstmals begegnet sind. Außerdem gewinnt der Hymnus selbst eine neuartige Funktion; er wird zu einem Instrument der Argumentationsstrategie. Weil der Natur nichts Ebenbürtiges gegenübergestellt werden kann, ist sie der für die *imitatio* geeignete Gegenstand. Die Erörterung der theoretischen Problematik wird solchermaßen an gattungsübliche Konstituenten der Pindarischen Ode angeschlossen, diese aber werden zugleich in anderer Weise funktionalisiert. Der Hymnus wird zum argumentativen Mittel der Begründung einer Position in bezug auf einen strittigen Sachverhalt. In dieser abstrakten Erörterung im Rahmen von Textbildungsverfahren der pindarischen Ode ist ein Phlogiston

---

[144] Ebd., I, S. 57.
[145] Ebd., I, S. 58.

der Odentheorie, das in der Heterogenität des Horazischen Korpus seinen Ursprung hatte, gelöst. Die Refunktionalisierung pindarischer Strategien ermöglicht es, auch die Momente der Horazischen Ode, die sich der Systematik der *sentiment*-Kategorie zu entziehen schienen, dem übergreifenden Gattungskonzept einzuverleiben. Gerade dieses Textbeispiel vermag damit zu belegen, daß die in der theoretischen Reflexion über die Ode als gattungsfundierende Kategorie betrachteten Phänomene *enthousiasme / sentiment / fureur poétique* auch für die Praxis zum entscheidenden Bezugspunkt werden. Die Refunktionalisierung konventionell verbindlicher Konstituenten ermöglicht es insbesondere auf dieser Ebene, im Anschluß an das *sentiment*-Konzept eine synchrone Einheit zwischen disparaten Traditionssträngen zu erstellen. Anhand der untersuchten Ode Le Bruns ließ sich somit demonstrieren, daß den Texten einerseits der gattungsübliche synchrone Ort im zeitgenössischen System von Diskurstypen zugewiesen wird, daß sich aber andererseits spezifische Strategien erkennen lassen, die gesamte Tradition der Gattung in dieser synchronen Position zu integrieren.

Unsere Darstellung der Ode im 18. Jahrhundert nahm ihren Ausgang von den Phänomenen, die zeitgenössisch als gattungskonstitutiv formuliert werden. Wird von den verschiedensten Theoretikern *sentiment* als fundierende Kategorie genannt, so sind damit – im Unterschied zu einem romantischen Erlebniskonzept – immer bereits bestimmte Stilistika, also sprachliche Erscheinungen gemeint. Es sind zugleich diese Kennzeichen der Ode, die die z. T. recht kontroverse Diskussion um Wert oder Unwert der Gattung verständlich machen. Denn die gattungstypischen «écarts» und «digressions» scheinen generellen Normen für Diskurse wie dem Gebot der «plus grande liaison» zu widersprechen. Indem aber im Konzept des *beau désordre* die scheinbaren Regelverstöße der *fureur poétique* an gültige Normen zurückgebunden werden, ist der Widerspruch als ein scheinbarer entlarvt. Anhand der Praxis ließ sich durch bestimmte Vertextungsstrategien demonstrieren, wie *in concreto* der auf bestimmten Ebenen gelockerte Zusammenhang im Verfahren der 'intensionalen Kohärenz' auf anderen Ebenen des Textes aufgehoben wird.

Die Untersuchung der synchronen Stellung der Ode im Verhältnis zu generellen Sprachnormen wurde durch eine historische Perspektive ergänzt. Die zeitgenössische Theoriebildung begreift die typischen Stilistika auch als sprachliche Umsetzung des einstmals gattungsfundierenden *chant*. Lassen sich damit die synchronen Merkmale der Ode auch auf die Tradition der Gattung beziehen, so erfahren diese Merkmale eine zusätzliche Spezifizierung, insofern sie zu einzelnen Musterautoren in Bezug gesetzt werden. Die Pindarische Ode stellt die besondere sprachliche Form der Gattung in den Dienst der Panegyrik. Auch für den Anakreontischen Text ist das *sentiment* verbindlich, wenngleich es eine – freilich verschwiegene – Reinterpretation erfährt und sich von einer formalen zu einer inhaltlichen Kategorie wandelt. Nur die Heterogenität des Horazischen Korpus scheint sich allen Systematisierungsversuchen zu widersetzen. Aber was der Theorie zum nur noch metaphorisch zu bewältigenden Problem wird, ist auf der Ebene der Praxis gelöst. Die Refunktionalisierung der Pindarischen Panegyrik erlaubt selbst die Darstellung einer poetologischen Streitfrage in Odenform.

Stellt man die Ode als den hauptsächlichen Vertreter der *poésie lyrique* in das Bezugsfeld zeitgenössischer Diskurstypen, ohne sie bereits explizit oder implizit an einem 'romantischen' Erlebniskonzept zu messen, so scheint es, daß auch die im 19. Jahrhundert schon bald diskreditierten Produkte der «poètes antipoétiques» einen lohnenden Gegenstand der Untersuchung bilden können, der in nicht unerheblichem Maße generell Aufschluß über das Funktionieren poetischer Texte im 18. Jahrhundert zu geben vermag.

5. Die Gattung der Elegie

5.1 Gattungstradition und Systembildung: von der metrischen zur thematischen Identität der Gattung

Es gehört zu den Gemeinplätzen einer ihrer Fakten nicht sonderlich mächtigen Literarhistorie, die Entwicklung des Gattungssystems im 18. Jahrhundert als einen allmählichen Auflösungs- und Mischungsprozeß zu beschreiben. Hierfür sind von den 'traditionellen' Genera nun auch und gerade Theorie und Praxis der Elegie in Anschlag gebracht worden,[146] doch ergibt sich bei Auswertung einer weniger eklektischen Materialbasis ein grundsätzlich anderes Bild. Zunächst ist einmal festzuhalten, daß die Elegie im ausgehenden 17. Jahrhundert keineswegs über ein festes Gattungsprofil verfügt:

Je ne parle point des élégies françoises, c'est un genre de vers que nous ne distinguons pas de l'héroïque, et on appelle indifféremment élégie parmy nous, tout ce

---

[146] Vgl. H. Dieckmann, „Zur Theorie der Lyrik" in: Iser (Hrsg.), *Immanente Ästhetik – Ästhetische Reflexion*, S. 111 f. Kritisch hierzu bereits Kirchmeir, *Romantische Lyrik*, S. 127, Anm. 78 und S. 222 f.

qu'on veut. En quoy la distinction du vray caractère de ces vers n'y est pas encore bien établie.[147]

Die Heterogenität, die Rapin an der heimischen Elegie beklagt, ist letztlich jedoch in der Gattungstradition vorgegeben, wie aus folgendem Bestimmungsversuch ersichtlich wird:

> L'élégie par la qualité de son nom est un poème destiné aux pleurs et aux plaintes: et ainsi elle doit estre d'un caractère douloureux. Mais on s'en est servy depuis dans les sujets tendres, comme dans les amours et dans les autres matières.[148]

Diese Heterogenität der Gattungstradition, die die Elegie sowohl als Klagelied wie als Liebesgedicht begreift und auch noch weitere Themen zuläßt, intrigiert noch Batteux,[149] während sie Boileau zu eskamotieren sucht:

> D'un ton un peu plus haut, mais pourtant sans audace,
> La plaintive Elegie en longs habits de deüil,
> Sçait les cheveux épars gémir sur un cercueil.
> Elle peint des Amans la joye, et la tristesse,
> Flatte, menace, irrite, appaise une Maistresse:
> Mais pour bien exprimer ces caprices heureux,
> C'est peu d'estre Poëte, il faut estre amoureux.[150]

Die unvermittelte Kombination von grundsätzlich Verschiedenem – der Trauer- und der Liebeselegie – erkennt bereits Mancini-Nivernais als Pseudolösung:

> Il me semble qu'il y a là de la méprise et de la confusion. Est-ce l'Elégie en habits de deuil, et gémissant sur un cercueil, qui flatte, menace, irrite, appaise une maîtresse?[151]

Mancini-Nivernais sucht nun einen Ausweg dahingehend, daß er einräumt, daß das elegische Distichon ursprünglich entsprechend der Ety-

---

[147] R. Rapin, *Les Réflexions sur la Poétique de ce temps et sur les Ouvrages des poètes anciens et modernes*, éd. crit. publiée p. E. T. Dubois, Genf 1970, S. 127f. Zu Rapin vgl. auch Jungmann, *Studien zur französischen Elegie des 18. Jahrhunderts*, S. 55ff.
[148] Rapin, S. 127.
[149] Vgl. Batteux, *Principes de la littérature*, III, S. 295–298.
[150] N. Boileau, *Art poétique*, hrsg. v. A. Buck, München 1970, II, V. 38–44.
[151] Louis Jules Mancini Mazarin duc de Nivernais, «Dissertation sur l'Elégie» (1743), in: *Œuvres*, 8 Bde., Paris 1796, IV, S. 257–290, hier S. 259.

mologie von ἔλεγος für Trauergesänge verwendet worden sei,[152] daß es sich dabei aber nicht um die 'eigentliche' Elegie handle, die er auf die Liebeselegie einschränkt und deren Ursprung er an Hand der 'Quellenbezüge' der römischen Elegiker bei Kallimachos und Mimnermos ansetzt.[153] Dabei wird ganz eindeutig die Metrik *qua* Mittel der Darstellung durch die Thematik *qua* Gegenstand der Darstellung als gattungsdifferenzierendem Kriterium ersetzt:

> Des éloges funèbres, des histoires, des lois, des satires en vers pentamètres, ne sont pas des Elégies.[154]

In Auseinandersetzung mit Fraguier, der die Heterogenität der Gattungstradition genau in entgegengesetzter Weise auflösen möchte und als «la vraye Elégie» einzig den in den ersten Versen des obigen Boileau-Zitats beschriebenen Typ anerkennt,[155] versucht Mancini-Nivernais an Hand der immanenten Elegiepoetik in Ovids *Amores* III, 1, die Liebesthematik als allein elegienkonstitutiv auszuweisen,[156] verschweigt dabei freilich die ganz andere Charakterisierung und Verwendung der Elegie in der Klage auf den Tod Tibulls in *Amores* III, 9, auf die die ersten beiden Verse des Boileau-Zitats zurückgehen:

> Flebilis indignos, Elegeia, solve capillos.
> A! nimis ex vero nunc tibi nomen erit.[157]

Trotz des unterschiedlichen Ergebnisses verfolgen Fraguier und Mancini-Nivernais im Prinzip die gleiche Zielsetzung, nämlich eine Neubestimmung der Gattung durch Ausgrenzen von Heterogenem, wobei Mancini-Nivernais explizit den Grundsatz formuliert, der diesen Ausgrenzungsprozeß bestimmt, die Tatsache nämlich, daß ein und dieselbe Gattung nicht grundsätzlich verschiedene «idées» und «matières» zum Ausdruck bringen könne.[158] Während für die antike Elegie aufgrund des

---

[152] Ebd., IV, S. 260.
[153] Ebd., IV, S. 260 ff.
[154] Ebd., IV, S. 265.
[155] C. F. Fraguier, «Mémoire sur l'Elégie grecque et latine» (1720), in: *Mémoires de littérature tirez des registres de l'Académie royale des Inscriptions et Belles Lettres. Depuis l'année MDCCXVIII jusques et compris l'année MDCCXXV*, Paris 1729, VI, S. 277–282, hier S. 277.
[156] Mancini-Nivernais, *Œuvres*, IV, S. 267 ff.
[157] Publius Ovidius Naso, *Liebesgedichte*, Lateinisch und deutsch, hrsg. v. R. Harder/W. Marg, München 1956, III, 9, 3 f.
[158] Mancini-Nivernais, *Œuvres*, IV, S. 273 ff.

Metrums auch bei heterogenen Inhalten ein gattungskonstitutives Kriterium gegeben war, mußte nach Wegfall dieses Kriteriums ein neues 'einheitsstiftendes' Prinzip formuliert werden, das die Abgrenzung der Elegie von anderen Gattungen ermöglichte, wollte man nicht das Prinzip der Gattungstrennung insgesamt gefährden. Und dies wollte man offensichtlich nicht, ganz im Gegenteil.

Beispiele für die gleiche explizite Formulierung des skizzierten Ausgrenzungsprozesses ließen sich vermehren. So könnte man etwa auf Le Blanc hinweisen, der den threnetischen und den erotischen Strang der Gattungstradition durch die Feststellung zu vermitteln sucht, die Elegie sei nichts anderes als «la plainte d'un amour mécontent»[159], um damit gleichfalls den bei Boileau vorfindlichen Widerspruch aufzulösen;[160] man könnte aber genauso seinen Widersacher Michault zitieren, der zwar in einer Mehrzahl von Punkten grundsätzlich verschiedener Meinung ist, generell von der Elegie aber feststellt:

> C'est presque toujours l'amour qui parle & qui supplie,[161]

und an einer anderen Stelle *élégiaque* als eine Verbindung von *amoureux* und *plaintif* versteht.[162]

Der Ausgrenzungsprozeß und dessen dominante Zielrichtung wird jedoch nicht nur über explizite poetologische Äußerungen greifbar. Entsprechendes ergibt etwa die Untersuchung der Rezeption Tibulls, der im Verlauf des 18. Jahrhunderts Ovid aus der Position des vorbildlichsten Repräsentanten der Gattung verdrängt und der „vor allem als Liebhaber Delias fungiert, so daß andere Themenkreise seiner Elegien wenig oder gar nicht berücksichtigt werden"[163]. Und selbst ein Autor wie Marmontel, der der historischen Vielfalt der Gattung möglichst gerecht zu werden versucht und ihr explizit eine besondere Freiheit zugesteht,[164] beschränkt sich bei seinen näheren Ausführungen im wesentlichen auf die erotische Spielart.[165]

---

[159] *Elegies de Mr. L*B** [= Le Blanc]. *Avec un discours sur ce genre de poësie, et quelques autres pieces du mesme auteur,* Paris 1731, S. 7.
[160] Ebd., S. 6.
[161] J. B. Michault, *Réflexions critiques sur l'Elégie,* Dijon 1734, S. 45. Zit. bei Jungmann, *Studien zur französischen Elegie des 18. Jahrhunderts,* S. 64.
[162] Vgl. Jungmann, S. 66 und Michault, S. 105.
[163] Ebd., S. 198.
[164] Vgl. den Elegie-Artikel von Marmontel, *Œuvres complètes,* VII, S. 424–432.
[165] Vgl. auch Jungmann, *Studien zur französischen Elegie des 18. Jahrhunderts,* S. 73ff.

Besonders aufschlußreich ist schließlich die Umfunktionierung traditioneller Komponenten des poetologischen Diskurses über die Elegie, wie sie etwa folgende Chénier-Stelle belegen kann:

> Mais la tendre Elégie et sa grâce touchante
> M'ont séduit: l'Elégie à la voix gémissante,
> Au ris mêlé de pleurs, aux longs cheveux épars;
> Belle, levant au ciel ses humides regards.
> Sur un axe brillant c'est moi qui la promène
> Parmi tous ces palais dont s'enrichit la Seine
> Le peuple des Amours y marche auprès de nous;
> La lyre est dans leurs mains: cortège aimable et doux,
> Qu'aux fêtes de la Grèce enleva l'Italie!
> Et ma fière Camille est la sœur de Délie.
>
> (V. 15–24)[166]

Hier werden einerseits typische Versatzstücke einer Elegie-Allegorie verwendet, wie sie in der 'poetischen Poetologie' dieser Gattung gängig sind – am auffälligsten das direkte Boileau-Zitat der «cheveux épars» und das Fast-Zitat der «voix gémissante» –, gleichwohl kommt es zu bezeichnenden Umformungen: Wenn noch vom Klageton die Rede ist, so wird dieser doch zugleich durch die 'gemischten Empfindungen' – «au ris mêlé de pleurs» – abgefangen. Ferner wird auf die den Klageton präzisierenden Bestimmungen mittels *cercueil* und *deuil* verzichtet, so daß die traditionelle Bildlichkeit der Klageelegie zwar anzitiert, durch das Nachfolgende aber auf die Liebesthematik bezogen und damit die Elegie insgesamt als ein Liebesleid und -lust thematisierendes Gedicht bestimmt wird:

> A voir mon vers au rire, aux pleurs abandonné
> (V. 37)

heißt es an späterer Stelle von der synekdochisch mit *vers* bezeichneten Elegie.

Auffälliger noch als die skizzierte Umfunktionierung traditioneller Versatzstücke einer 'poetischen Poetologie' ist deren Übergang aus dem metasprachlichen in den objektsprachlichen Diskurs, so etwa, wenn die *cheveux épars* der Klageelegie zur Beschreibung der erotischen Partnerin refunktionalisiert werden:

---

[166] A. Chénier, *Œuvres complètes*, hrsg. v. P. Dimoff, 3 Bde., Neudruck Paris 1956, III, S. 128 («Mânes de Callimaque, ombre de Philétas»).

> Mais si jamais sans voile, et les cheveux épars,
> Elle a rassasié ma flamme et mes regards.
> (V. 61 f.)[167]

Entsprechendes findet sich auch bei Bertin:

> Si, les cheveux épars, incertaine, égarée,
> Tu cours, les bras tendus, à mon cou t'enlacer ...[168]

Solche Refunktionalisierungen einer insbesondere durch die Verwendung bei Boileau traditionell wesentlich verschieden besetzten Bildlichkeit markieren besonders deutlich einen Umstrukturierungsprozeß, der sich auch an Hand der Gesamtkonzeption der Sammlungen belegen läßt. Es ist hier nicht der Ort, um im einzelnen nachzuweisen, wie bei Mancini-Nivernais, Le Brun, Parny, Bertin oder Chénier die Liebesthematik den eindeutig dominierenden thematischen Impuls abgibt,[169] doch soll noch angedeutet werden, wie eine Einbindung auch andersartiger Thematik in den Liebeskontext erfolgt.

So finden sich im zweiten Buch der Elegien Le Bruns zwei Totenklagen, deren erste, überschrieben mit

> Sur un fils d'Adelaïde. Né le premier mai 1781, et mort le 21 juin 1782,
> (II, 7)

folgendermaßen beginnt:

> O d'un amour trahi cher et dernier lien!
> Enfant d'Adelaïde! ... ô Toi qui fus le mien! ...
> Des plus tendres Baisers, gage, hélas! peu durable,
> Tu m'es ravi! tu meurs! Enfant trop déplorable!
> De ma perfide Amante, en naissant, séparé,
> Sur le Sein maternel tu n'as pas expiré:
> Enfant! jouis du moins des larmes de ton Père.
> (V. 1–7)[170]

---

[167] Ebd., III, S. 144 («Pourquoi de mes loisirs accuser la langueur»).

[168] A. Bertin, *Poésies et œuvres diverses*, avec une notice bio-bibliographique par E. Asse, Paris 1879, S. 26 (*Les Amours* I, 9). An anderer Stelle verwendet Bertin das Bild noch im Trauerzusammenhang, doch ist es dort die Geliebte, die über den Tod des Geliebten trauert (III, 10). Ebenso bei Le Brun, *Œuvres*, II, S. 8.

[169] Dies läßt sich z. T. aus den Befunden der entsprechenden Kapitel von Jungmann, *Studien zur französischen Elegie des 18. Jahrhunderts*, ableiten, wenngleich die Verfasserin diesen Aspekt nicht in ausreichender Weise berücksichtigt (vgl. die Rezension von K. W. Hempfer in: *ZfSL* 93 [1983]). Speziell zu Parny vgl. A. Kablitz, *Alphonse de Lamartines ›Méditations poétiques‹*.

[170] Le Brun, *Œuvres*, II, S. 49.

Wie schon im Untertitel angedeutet, thematisiert die Elegie den Tod des Knaben im Zusammenhang der Beziehung des Sprechers zu seiner amourösen Partnerin, d. h., die Liebesbeziehung ist die Voraussetzung, ja der Ermöglichungsgrund der Totenklage, wobei der Knabe in seiner Funktion als «lien» zwischen den Liebenden geradezu als *mise en abyme* der spezifischen Diskursstruktur fungiert, die die Trauer um den Tod des Knaben immer rückbezieht auf das Verhältnis des Sprechers zu dessen Mutter als Geliebter und solchermaßen threnetische Elegie und Liebeselegie vermittelt.

Ähnliches ließe sich an der *Elegie* II, 10 («A M. le marquis de B ***, sur la mort de mon fils»)[171] zeigen, wo in verwickelter Weise Totenklage, Liebeselegie und Preis der Freundschaft verknüpft werden. Umgekehrt ist bezeichnend, daß diejenigen Elegien in den vier Büchern Le Bruns, die sich am ehesten einer Konzentration auf die Liebesthematik entziehen, zu den freien Übertragungen von vier Elegien Tibulls gehören, wo also jeweils ein ganzer Text und damit auch dessen mögliche thematische Vielfalt imitiert wird, obgleich auch hier gegenüber den Originalen eine Verstärkung der Liebesthematik erfolgt.[172] Die bei der Ode beobachteten Schwierigkeiten der Vermittlung von Diachronie und synchron elaborierten Normen existieren also, wenn auch in abgeschwächter Form, bei der Elegie gleichermaßen und sind notwendiges Produkt einer poetischen Theorie und Praxis, die einerseits an bestimmten Musterautoren orientiert ist, andererseits aber eine Gattungssystematik auf z. T. wesentlich verschiedenen Grundlagen entwickelt. Solchermaßen können trotz des generellen Ausgrenzungsprozesses und des dominierenden Status der Liebesthematik in der Elegie des 18. Jahrhunderts weiterhin Themen behandelt werden, die etwa eher bukolischer Natur sind, weil sie eben auch bei Tibull und anderen in Elegien vorkommen. Wenn also der systematische Umorganisationsprozeß einer Gattung durch die über das *imitatio-auctorum*-Prinzip immer einbringbare Diachronie zumindest teilweise konterkariert werden kann, so läßt sich bezüglich der Elegie in der Regel doch zeigen, wie eine weitgehende Einbindung der anderen Thematiken in die dominante Liebesthematik erfolgt, und sei dies nur durch eine spezifische Schlußfolgerung wie in Chéniers «O Jours de mon printemps, jours couronnés de rose», einer Elegie, die in typisch tibull-

---

[171] Ebd., II, S. 57–59.
[172] Es handelt sich um III, 1–4. Vgl. ebd. II, S. 61–76. Zu einem Vergleich mit den entsprechenden Tibull-Texten s. Jungmann, *Studien zur französischen Elegie des 18. Jahrhunderts*, S. 117 ff.

scher Manier verschiedene Themen miteinander verknüpft, aber gleichwohl folgendermaßen endet:

> Courant partout, partout cherchant à mon passage
> Quelque ange aux yeux divins, qui veuille me charmer,
> Qui m'écoute et qui m'aime ou qui se laisse aimer.
> (V. 86–88)[173]

5.2 Das 'Sprechen des Herzens' und die präetablierte Ordnung der Diskurse

Wenn Boileau im *Art poétique* für eine adäquate Darstellung der elegienspezifischen Thematik fordert:

> C'est peu d'estre Poëte, il faut estre amoureux,
> (II, 44)

so scheint, wie bei der Ode, in die Gattungsbestimmung ein produktionsästhetisches Moment einzugehen, das sich auf den ersten Blick nicht von einem romantischen Literaturverständnis unterscheidet.[174] Hiergegen spricht freilich zum einen bereits die Tatsache, daß mit dieser spezifischen Relationierung von Text und 'Wirklichkeit' nicht die 'Lyrik' oder gar die Literatur generell charakterisiert werden soll, sondern eine ganz bestimmte Einzelgattung. Entscheidender ist jedoch, daß diese und entsprechende Formulierungen in der Elegientheorie des 18. Jahrhunderts auf dem Hintergrund der bisher skizzierten poetologischen Grundlagen einschließlich der im Odenkapitel behandelten spezifischen *sentiment*-Ästhetik zu sehen sind, woher sie eine ganz andere Bedeutung erlangen.

---

[173] Chénier, *Œuvres complètes*, II, S. 155. Zu dieser Elegie vgl. auch Jungmann, *Studien zur französischen Elegie des 18. Jahrhunderts*, S. 182 ff. Jungmanns genereller Feststellung, daß die Elegie bei Chénier „eine größere thematische Spannweite als bei den anderen Elegikern des 18. Jahrhunderts" (S. 169) erreicht, ist im Prinzip zuzustimmen, doch heißt dies nicht, daß bei Chénier die verschiedenen Themen einfach beliebig nebeneinander existieren. Da uns vielfach nur Elegienfragmente überliefert sind und nur ein Teil der Texte vom Autor ausdrücklich als Elegie bezeichnet wird, die Zuordnung zu dieser Gattung also von den Herausgebern stammt, befinden wir uns auf sehr schwankendem Boden. Zu einer verläßlichen Rekonstruktion der Chénierschen Elegienkonzeption sollten nur die von ihm selbst extern oder intern als Elegien klassifizierten Texte herangezogen werden. In seinen expliziten poetologischen Aussagen erfaßt Chénier im übrigen, wie auch Jungmann feststellt, nur die erotische Spielart (vgl. S. 173).

[174] Vgl. das eingangs angeführte Lamartine-Zitat.

Wenn man die Boileau-Stelle nämlich in ihren Kontext zurückversetzt, dann wird deutlich, daß die an der Norm des oben zitierten Verses gemessene Realität schlechter Elegiker im Hinblick auf deren Diskurs und nicht etwa im Hinblick auf die Tatsächlichkeit oder Erfundenheit der dargestellten Ereignisse näher bestimmt wird; denn es geht um die Übertriebenheit und Künstlichkeit der Darstellung in bezug auf ein bei Tibull und Ovid *in praxi* realisiertes Ideal. Der Kern dieses Ideals wird dann abschließend nochmals formuliert:

> Il faut que le cœur seul parle dans l'Elegie.
>
> (II, 57)

Bei Boileau ist also keinesfalls die faktische Wahrheit der Darstellung von primärer Bedeutung,[175] sondern die Plausibilität – in historischer Terminologie: die Wahrscheinlichkeit – des vermittelnden Diskurses, heißt es doch nicht umsonst an einer anderen Stelle des *Art poétique*:

> Le vrai peut quelquefois n'estre pas vraisemblable.
>
> (III, 48)

Wenn die hierarchisch höhere Kategorie, wie bei Boileau, die Wahrscheinlichkeit der Darstellung ist, so wird die Frage nach deren Wahrheit irrelevant.

Die hier vorgenommene Boileau-Deutung wäre sicherlich problematischer, ließe sie sich nicht durch Ausführungen bei Houdar de La Motte, Batteux, Souchay u. a. stützen, die, wie wir teilweise ja schon gesehen haben, explizit feststellen, daß es sich in der 'Lyrik' keineswegs um den Ausdruck realer Empfindungen der empirischen Autorperson handeln muß, soll oder überhaupt kann – Batteux' *imitatio*-Definition von Dichtung etwa steht dem grundsätzlich entgegen –, sondern um nachgeahmte, 'vorgetäuschte' Empfindungen, die freilich dem Kriterium der Wahrscheinlichkeit gehorchen müssen.[176] Was jedoch wahrscheinlich ist, ist nicht abhängig von irgendeiner Faktizität, sondern von Wirklichkeitsmodellen, die spezifische Diskurse bedingen oder durch spezifische

---

[175] Es bliebe zu fragen, inwiefern Boileau mit seiner Formulierung so etwas wie einen generellen Erfahrungshorizont des Dichters voraussetzt, der garantiert, daß er weiß, wovon er redet, doch wäre hiermit sicherlich nicht das romantische Erlebniskonzept abgedeckt.

[176] Vgl. die ausführlichen Zitate bei Kirchmeir, *Romantische Lyrik*, S. 146 bis 155. Zu einer kritischen Auseinandersetzung mit Kirchmeirs Deutung der Belege und zu dem gesamten Fragenkomplex vgl. ausführlicher A. Kablitz, *Alphonse de Lamartines ›Méditations poétiques‹*, S. 57 ff., insb. S. 68, A1.

Diskurse bedingt werden. Den grundsätzlichen Unterschied zur romantischen Ausdrucksästhetik markiert nicht zuletzt die rhetorische Bestimmung des *sincérité*-Kriteriums, auf die Kirchmeir hingewiesen hat. Als vom normalsprachlichen Gebrauch abgehobener Terminus findet er sich etwa in der Rhetorik Giberts, wobei ausdrücklich betont wird, daß dieser Begriff auch für die Poetik gültig sei – unter Hinweis auf die Boileausche Übertragung des Horazischen *Si vis me flere*, das gleichfalls eine Ausdrucksästhetik romantischer Prägung zu implizieren scheint. Gibert führt aus, daß die rhetorische *sincérité* «indépendante de celle qui consiste à dire vrai» sei, sie bestehe nicht in der «vérité de nos propositions», vielmehr handle es sich um

une maniere de dire les choses qui laisse voir les mouvemens de l'ame, et montre que nous sommes touchés de ce que nous disons, ainsi que nous devons l'être. Car comme nous entrons tous aisément dans les passions de ceux qui parlent, lorsqu'ils paroissent concevoir et sentir ce qu'ils disent, en sorte que leur discours paroît plutôt une effusion de leur cœur qu'une production de leur esprit, il emporte (sic!) extrêmement à l'Orateur, que par son discours même, il paroisse pénétré de ce qu'il dit.[177]

Der in Frage stehende Begriff der *sincérité* könnte kaum deutlicher als ein nichtromantischer definiert werden, insofern er eben gerade nicht auf die Relation Text/Wirklichkeit bezogen ist, sondern Eigenschaften des Diskurses selbst meint. Ob nun aber ein Diskurs *sincère* ist oder nicht, bestimmt sich nur in Relation zur präetablierten und d. h. zu der dem einzelnen Diskurs vorgeordneten, epochal gültigen Ordnung der Diskurse.

Einem möglichen Mißverständnis dieser Gefühlsästhetik hat sicherlich die zeitgenössisch nicht systematisch durchgeführte Trennung von textinternem Sprecher und realer Autorperson Vorschub geleistet, und zwar insbesondere dann, wenn, wie etwa bei Mancini-Nivernais, das Spezifische der Elegie gerade darauf gegründet wird, daß hier der 'Dichter' in eigener Person spreche.[178] Mancini-Nivernais versucht auf diese Weise zu fundieren, warum die Klage der Andromache im ersten Akt der gleichnamigen Tragödie des Euripides keine Elegie, sondern nur ein in elegischen Versen verfaßtes Stück Theater sei. Eine solche Bestimmung der Elegie über eine spezifische Fassung des Aristotelischen Redekriteriums, wie sie sich bei Mancini-Nivernais u. a. findet, hat nun erhebliche Konsequenzen. Hier sei nur auf einen Aspekt, nämlich auf die metapoetische Funk-

---

[177] B. Gibert, *La Rhétorique, ou les Règles de l'Eloquence*, Paris 1766 ([1]1730), S. 546f. (zit. nach Kirchmeir, S. 158) (Herv. v. Vf.).
[178] Mancini-Nivernais, *Œuvres*, IV, S. 269f.

tionalisierbarkeit der Gattung, abgehoben. Zu einer adäquaten Behandlung dieses Aspektes ist das Redekriterium jedoch zunächst in modifizierter Form zu formulieren, und zwar dergestalt, daß der empirische Autor einen Sprecher konstituiert, dem er zugleich die Eigenschaften des *poète* und des amourösen Protagonisten zuordnet. Daß eine solche Unterscheidung von textexternem Autor und textinterner Sprecherfigur nicht nur theoretisch notwendig, sondern in der Zeit selbst 'vorgedacht' wurde, auch wenn es zu keiner systematischen terminologischen Differenzierung kam, ergibt sich aus folgendem Kommentar La Mottes zu seinen anakreontischen Oden:

C'est ainsi que je tâche de ressembler à Anacréon: J'ai imité même jusqu'à sa morale et à ses passions que je désavoüe. J'avertis que dans ces Odes Anacréontiques, je parle toujours pour un autre, & que je ne fais qu'y joüer le personnage d'un Auteur dont j'envierois beaucoup plus le tour & les expressions que les sentimens.[179]

Wenn das Redekriterium also dahingehend umformuliert werden muß, daß der Sprecher der Elegie explizit zugleich als *poète* und als *amoureux* ausgewiesen wird – die Notwendigkeit der Trennung von empirischem Autor und textinternem Sprecher zeigt sich im übrigen schon allein daran, daß nicht jeder Sprecher eines Liebesgedichts als *poète* stilisiert wird, der Text insgesamt aber wohl von einem Autor stammt –, dann ist es diese Doppelcharakterisierung des Sprechers, aus der der vielfach metapoetische Charakter von Elegien resultiert. So wird in einer Vielzahl von Texten eben diese Doppelheit unmittelbar thematisch, indem ein wechselseitiges Bedingungsverhältnis zwischen Verliebtheit und elegischem Dichten formuliert wird, wobei häufig zugleich eine Absage an andere Gattungen, insbesondere das Epos, erfolgt.[180] Wie im *Art poétique* Boileaus wird in den Elegien selbst ferner der vorgeblich ausdrucksästhetische Charakter elegischen Dichtens betont, so bei Mancini-Nivernais:

Le cœur tout seul échauffe mon génie[181]

und analog bei Chénier:

L'amour seul dans mon âme a créé le génie.[182]

---

[179] La Motte, *Œuvres complètes*, I/1, S. 43f.
[180] Beispiele: Bertin, I, S. 1; I, S. 16 und III, S. 11; Mancini-Nivernais, S. 1 und S. 9; Chénier, «Pourquoi de mes loisirs accuser la langueur», *Œuvres complètes*, III, S. 142ff.
[181] Mancini-Nivernais, *Œuvres*, IV, S. 312.
[182] Chénier, *Œuvres complètes*, III, S. 130.

Des weiteren wird das Land – im Gegensatz zur Stadt – nicht nur als liebes-, sondern auch als dichtungsfreundliche Örtlichkeit ausgewiesen,[183] oder es werden Gebrauchsfunktionen elegischen Dichtens formuliert, wenn etwa der Sprecher selbst der Geliebten seine Texte vorträgt und damit bestimmte handlungspraktische Wirkungen erzielt, oder wenn er seine Gedichte als «code d'amour, de plaisir, de tendresse» für andere Liebende begreift:

> Qu'à bien aimer tous deux mes chansons les excitent,
> Qu'ils s'adressent mes vers, qu'ensemble ils les récitent:
> Lassés de leurs plaisirs, qu'aux feux de mes pinceaux
> Ils s'animent encore à des plaisirs nouveaux.[184]

Könnte die Angabe einer solch 'lebensweltlichen' Funktion elegischen Dichtens erneut an der Diskursorientiertheit der Darstellung zweifeln lassen, so wird gerade diese in dem zitierten Text kurz zuvor thematisch:

> Oh! je ne quitte plus ces bosquets enchanteurs
> Où rêva mon Tibulle aux soupirs séducteurs;
> Où le feuillage encore dit Corinne charmante;
> Où Cynthie est écrite en l'écorce odorante;
> Où les sentiers français ne me conduisaient pas;
> Où mes pas de Le Brun ont rencontré les pas.[185]

In Form einer poetologischen Allegorie wird hier die 'Welt' der Chénierschen Elegie ausdrücklich als 'Buch-Welt' expliziert, deren Spezifität sich nicht auf einen wie auch immer gearteten Bezug zur textexternen Wirklichkeit gründet, sondern diese wird über intertextuelle Relationen auf den Diskurs der römischen Elegie – in der spezifischen Rezeption, die diese im 18. Jahrhundert erfuhr – zurückgeführt. Damit wird auch über die immanente Poetologie der Texte selbst als Adäquatheitskriterium der Darstellung die Relation des einzelnen Diskurses zur vorgegebenen Ordnung der Diskurse formuliert, d. h., der potentielle Wirklichkeitsbezug ist immer schon über Diskurssysteme vermittelt und durch diese konditioniert, wie sich nicht zuletzt paradigmatisch am Titel der Elegiensammlung von Mancini-Nivernais ablesen läßt: «Elégies pour ma femme, sous le nom de Délie.»[186]

---

[183] Ebd., III, S. 138–141 «Quand la feuille en festons a couronné les bois» oder Bertin, *Poésies et œuvres diverses*, Elegie III, 22.
[184] Chénier, III, S. 129.
[185] Ebd., vgl. analoge Ausführungen etwa bei Bertin, *Poésies et œuvres diverses*, Elegie I, S. 5 und I, S. 16.
[186] Mancini-Nivernais, *Œuvres*, IV, S. 291.

5.3 Die 'mögliche' Welt des elegischen Diskurses

In seinen *Réflexions sur les passions*, die freilich nur Reflexionen über die Leidenschaft der Liebe sind, gibt Bernis folgende Beschreibung der 'Welt' eines Verliebten:

Le monde aux yeux d'un amant ne conserve jamais la même face: il change avec l'état de son cœur. Est-il heureux? tout est riant, tout est tranquille. La nuit devient plus belle mille fois que le jour, ses ténébres sont des voiles charmans où les plaisirs se cachent pour séduire: son silence devient le langage du bonheur même: tout est animé. Les saisons amenent de nouveaux plaisirs avec de nouveaux jours, l'univers enfin devient le théâtre de la félicité. Est-il malheureux? les élémens sont bouleversés: le jour n'est plus qu'une nuit funébre, la pointe des plaisirs devient celle de la douleur; ce n'est plus cet air pur; cette nature riante & parée: le caprice d'une maîtresse a renversé ce bel ordre: c'est un nouveau ciel, ce sont d'autres étoiles.
Le monde est bien petit aux yeux d'un amant. Sa maîtresse, les habits qui la touchent, le lieu qui l'enferme, l'air qui l'embrasse; voilà le monde entier, voilà le vaste univers!
Si tous les hommes étoient amans, les sociétés ne seroient composées que de deux personnes, de celui qui aime, & de celle qui est aimée. De tous les biens qui nous unissent à nos familles, à nos plaisirs, l'amour ne fait qu'une seule chaîne qu'il attache fortement à notre cœur, & c'est la main de l'amante qui la gouverne.[187]

Offenkundig entwirft Bernis das Bild einer aufgrund des passionierten Zustands des Liebenden von der aktualen entscheidend abweichenden 'Welt', deren Spezifität freilich in Relation zu dieser bestimmt wird; Bernis konstituiert also eine für den Liebhaber besondere, in ihrer Alternativität zur aktualen jedoch 'mögliche Welt': Der auf Leibniz zurückgehende Begriff hat in der neueren Logikdiskussion eine beachtliche Renaissance erfahren[188] und wird im wesentlichen dadurch näher bestimmt, daß eine 'mögliche Welt' aus einer bestimmten Menge von Individuen und deren Eigenschaften sowie einer bestimmten Menge von Relationen zwischen diesen Individuen besteht.[189] Bernis' Definition der 'Welt des

---

[187] *Œuvres mêlées de M. l'Abbé de Bernis, en prose et en vers*, Genf 1753, S. 93 bis 117; hier S. 100f.

[188] Vgl. hierzu G. Link, *Intensionale Semantik*, München 1976, S. 75 ff. Dieser Begriff dürfte auch für eine Reihe von literaturtheoretischen und historischen Problemen neue Lösungsmöglichkeiten eröffnen. Insbesondere die Fiktionsproblematik scheint im Rahmen einer Möglichen-Welt-Semantik sinnvoll angehbar. Zu einem ersten Ansatz vgl. Th. J. Pavel, "'Possible Worlds' in Literary Semantics", *The Journal of Aesthetics and Art Criticism* 34 (1975/76), S. 165–176.

[189] Vgl. hierzu Link, insb. S. 84.

Liebenden' impliziert nun nicht nur das Konzept der 'möglichen Welt', sondern sie thematisiert auch und gerade Konstitutionsbedingungen der 'Welt', wie sie im elegischen Diskurs thematisch wird.

Um mit dem Ende des Zitats zu beginnen: Bernis nennt hier zum einen den Individuenbereich und die spezielle Relation zwischen den Individuen – x liebt y – und bestimmt zum anderen diese Relation abschließend metaphorisch auch hinsichtlich ihres Ausschließlichkeitscharakters. Eine solche Definition des amourösen Zustands hat wohl wenig gemein mit der zeitgenössisch aktualen Wirklichkeit, sie trifft jedoch entscheidende Aspekte der Wirklichkeitskonstitution der Elegiensammlungen der Zeit.

Was den Individuenbereich betrifft, so ist er in der Tat im wesentlichen auf die zwei genannten Aktanten des Liebesgeschehens beschränkt; sofern andere Personen auf der Ebene der dargestellten 'Geschichte' vorkommen, sind sie reduziert auf ihre Funktion der Ermöglichung oder Verhinderung des Liebesgeschehens, wie etwa die Mutter, der Wächter oder der eifersüchtige Ehemann, d. h., sie fungieren nur als Katalysator für die Thematisierung einer spezifischen Situation oder eines spezifischen Ereigniszusammenhangs der *histoire*. Auf der Ebene des *discours* kommen als Adressaten natürlich auch andere, wegen der ausdrucksästhetischen Illusion der Gattung vielfach reale bzw. als solche ausgewiesene Personen vor, doch gehören diese eben gerade nicht zu der durch den elegischen Diskurs erstellten 'möglichen Welt', sondern konstituieren diese als eine solche, indem durch sie mögliche und aktuale Welt unmittelbar relationiert werden.[190] Eine solche Relationierung erfolgt natürlich auch dadurch, daß der Liebende, wie wir gesehen haben, in der Regel gleichzeitig auch als *poète* ausgewiesen wird und daß diese Dichterrolle, unabhängig davon, ob ein realer Adressat vorhanden ist oder nicht, autobiographisch gefüllt sein kann, freilich nicht muß. Dadurch, daß der Liebende zugleich 'Dichter' ist, ist auch die Sprecherinstanz besetzt. Es ist in der Regel[191] der *poète amoureux*, der spricht, während die Geliebte

---

[190] Vgl. hierzu etwa Bertins Elegien an die beiden Parny (II, 8; 9; 11) oder Chéniers Elegien an Le Brun, François de Pange oder die Brüder Trudaine, *Œuvres complètes*, III, S. 127 ff.

[191] Die Ausnahme in einem explizit als Sapphonachahmung ausgewiesenen Elegieentwurf Chéniers bestätigt diese Regel (vgl. III, S. 23). Anders ist die Situation bei den Heroiden, die freilich auch auf einer anderen Kommunikationsstruktur basieren, wobei hier offengelassen werden soll, ob man diese als Untergattung der Elegie oder als eigenständige Gattung auffassen soll. In diese Tradition gehören die Elegien Le Blancs, wo die Sprecherinstanz jeweils durch Frauen konstituiert wird, insofern sowohl die heroidenspezifische Kommunikationssituation

unmittelbare Adressatin sein kann, häufiger jedoch Gegenstand des Diskurses ist. Schließlich ist der Sprecher noch hinsichtlich seines Alters fixiert; der *poète amoureux* des elegischen Diskurses ist jung, weil nur der Jugend die Liebe und damit das Dichten über Liebe geziemt, wie etwa in einem Elegienentwurf Chéniers explizit formuliert wird:

L'Elégie est venue me trouver (la peindre . . .) Eh bien! m'a-t-elle dit, m'as-tu abandonnée? attends-tu que tu sois vieux pour faire ἔλεγους? je n'aime point ceux qui me courtisent trop vieux . . . Il faut être jeune.[192]

Versteht sich für die Geliebte Jugend samt Schönheit von selbst, so wird bei ihr eine andere, soziale Eigenschaft relevant: Die Geliebte ist entweder ein (sehr) junges, unverheiratetes Mädchen oder eine bereits verheiratete Frau – mit Ausnahme der Elegiensammlung Mancini-Nivernais' –, aber gerade nicht diejenige des Sprechers. Hierdurch wird die den elegischen Diskurs bestimmende Liebesrelation notwenig zu einer moralisch problematischen, insofern sie ein Liebesverhältnis einschließlich der intendierten und realisierten sexuellen Vereinigung zum Gegenstand hat, das sich gerade außerhalb der hierfür vorgesehenen sozialen Institution vollzieht, ja diese grundsätzlich in Frage stellt und solchermaßen ein Normsystem konstituiert, das zur gesellschaftlich verbindlichen, wenn auch nicht notwendig realisierten Moral in Widerspruch steht. Diese Problematik wird in den Elegien selbst wiederholt und in unterschiedlicher Weise thematisch. Findet sich etwa in einem Elegienfragment Chéniers von einem 'gereiften Standpunkt' aus – «aujourd'hui que mon âge a commencé de se calmer» – eine Palinodie auf die «vers, trop suaves peut-être», auf den «vain amas de mes jeunesses folles»[193], so läßt sich Parny auf keinerlei Apologiestrategie ein: Im Eröffnungstext seiner Sammlung, der mit «Le Lendemain» überschrieben ist und das Eingetretensein des 'zentralen Ereignisses' in Anrede an die Geliebte bespricht, heißt es abschließend:

(das Schreiben an den entfernten Geliebten) als auch die Gattungstradition selbst wiederholt thematisch werden. Vgl. etwa Elegie III (Le Blanc, *Elegies de Mr. L*B**, S. 76) und Elegie IV (ebd., S. 85). Gelegentlich finden sich freilich auch Elegien, in denen die Sprecherinstanz von der Geliebten eingenommen wird (vgl. Le Brun, *Œuvres*, II, S. 15–17, Elegie I, 6), doch handelt es sich hierbei um spezifisch markierte Situationen etwa im Kontext der *absence*-Thematik.

[192] Chénier, *Œuvres complètes*, III, S. 78. Die Thematisierung der *jeunesse* des Sprechers findet sich auch in einer Reihe weiterer Elegien(fragmente). Vgl. ebd., III, S. 36f., 129f. u. ö.

[193] Ebd., III, S. 32.

> Ah! laissons nos tristes censeurs
> Traiter de crime impardonnable
> Le seul baume pour nos douleurs,
> Le plaisir pur, dont un dieu favorable
> Mit le germe dans tous les cœurs.
> Ne crois pas à leur imposture.
> Leur zèle hypocrite et jaloux
> Fait un outrage à la nature:
> Non, le crime n'est pas si doux. [194]

Hier wird der Normenkonflikt also dergestalt gelöst, daß für die Welt des elegischen Diskurses explizit eine abweichende Normhierarchie postuliert wird, in der erfüllter Liebe der höchste Wert zukommt. Die Umbesetzung der Werte- und Normenhierarchie erfolgt freilich nicht nur im Hinblick auf die 'Sexualmoral'. So wird in den Elegien etwa das Verhältnis von *amour* und *gloire* thematisch, und zwar mit der spezifischen Entscheidung gegen den Ruhm und für die Liebe [195], und in Parnys «Les Paradis» findet sich eine Absage an jegliche Transzendenzvorstellungen zugunsten eines «paradis des amours»:

> Et ce paradis des amours,
> Auprès d'Eléonore on le trouve en ce monde. [196]

Neben den Individuen und deren invarianten Eigenschaften sowie der sich hieraus ergebenden Normenproblematik konstituiert sich die Spezifität der elegischen Welt jedoch auch durch die Eigenschaften der Relation als solcher, insofern das Prädikat 'lieben' eine spezifische zweistellige Relation darstellt. Diese Relation ist beispielsweise asymmetrisch, d. h., der Liebende muß nicht auch notwendig geliebt werden. Ist dies der Fall, dann ergeben sich hieraus die Themen des Liebesglücks und der Liebeserfüllung, ist dies nicht der Fall, diejenigen der *souffrance*. Diese Grundopposition kann das Verhältnis einzelner Elegien zueinander, aber auch

---

[194] *Œuvres de Parny.* Elégies et poésies diverses, nouvelle édition revue et annotée par M. A.-J. Pons, avec une préface de M. Sainte-Beuve, Paris o. J., S. 3f. Zu Parny vgl. ausführlicher A. Kablitz, *Alphonse de Lamartines ›Méditations poétiques‹*, S. 108ff.

[195] Vgl. etwa Bertin, *Poésies et œuvres diverses,* III, 11 und 18 oder Chénier, *Œuvres complètes*, III, S. 130ff., 142ff. u. ö. Wenn im Schlußgedicht der Bertinschen Sammlung das Ende der Liebesdichtung mit dem „Ruf" der Ehre und dem Aufbruch in den Krieg begründet wird, so belegt dies *e negativo* die spezifische Wertehierarchie des elegischen Diskurses.

[196] Parny, «Les Paradis», *Œuvres de Parny*, S. 26–29, hier S. 29.

ganzer Elegienbücher bestimmen, wie dies im wesentlichen für das I. und II. Buch Parnys der Fall ist. Welche Ausprägung der Relation realisiert wird, hängt nun wiederum von den Eigenschaften der Individuen ab, und zwar von den variablen Eigenschaften: ob Liebender und Geliebte sich am selben Ort befinden oder nicht – hieraus entwickelt sich die *absence*-Thematik als spezifische Realisationsmöglichkeit der *souffrance* –, ob die Geliebte treu oder untreu, zugänglich, abweisend, launisch usw. ist.

Es ließen sich weitere Eigenschaften der Relation bzw. deren spezifischer Realisation im elegischen Diskurs bestimmen wie etwa die Tatsache, daß der Vorbereich der Relation, die 'Position' des Liebenden, durch die Identität von Sprecher und Liebendem in der Regel eine Individuenkonstante darstellt, während der Nachbereich, die 'Position' der Geliebten, innerhalb ein und derselben Sammlung durchaus variabel besetzt sein kann, eine Spezifizierung der Relation, auf die sich wiederum ganz bestimmte, in den Elegien abgehandelte Themen beziehen lassen,[197] doch wollen wir hierauf nicht weiter eingehen, um nochmals auf das Bernis-Zitat zurückzukommen, dessen erster Teil das Verhältnis von Liebendem und diesen umgebender äußerer Wirklichkeit zum Gegenstand hat. Dabei gelangt Bernis erneut zu einer Charakterisierung, die exakt den Gegebenheiten des elegischen Diskurses entspricht.

Zum einen ist die Welt der Elegie nicht nur hinsichtlich ihres Individuenbereichs, sondern auch hinsichtlich der Anzahl von Objekten, die thematisch werden, sehr klein, wobei diese zudem immer einen präzis bestimmten Bezug zur Liebessituation haben. Paradigmatisch sind in diesem Zusammenhang etwa Parnys «Au gazon foulé par Eléonore», wo bereits der Titel die liebesthematische Funktionalisierung der Naturgegenständlichkeit anzeigt,[198] oder die Lampen-Elegie Chéniers, in der die Lampe dem Sprecher über die Untreue seiner Geliebten berichtet,[199] oder wiederum Parnys «Le cabinet de toilette», wo der Zusammenhang von Geliebter und beschriebenem Gegenstand explizit formuliert ist:

> Tout m'y [sc. dans le cabinet] rappelle ma maîtresse,
> Tout m'y parle de ses attraits;

---

[197] So thematisiert Bertin in seinem dritten Elegienbuch explizit die Unterschiede zwischen Eucharis, der Geliebten der ersten beiden Bücher, und Catilie, seiner neuen Liebe, und begründet die Absage an Eucharis, die sich ihm wieder zuwenden möchte. Vgl. insb. Elegie III, 10.
[198] *Œuvres de Parny*, S. 75.
[199] Chénier, *Œuvres complètes*, III, S. 50 ff.

> Je crois l'entendre; et mon ivresse
> La revoit dans tous les objets.[200]

Neben dieser äußersten Reduziertheit hinsichtlich der Einbeziehung von Gegenständen, die Teile der aktualen Welt sind, ist die Welt der Elegie auch extrem subjektiviert in genau der Art, wie Bernis eingangs die Weltsicht der Liebenden beschreibt. Dabei sieht der *poète amoureux* die ihn umgebende Wirklichkeit nicht nur aus der Perspektive seines jeweiligen passionierten Zustandes, er thematisiert auch, daß er sie so sieht:

> Ces regards purs et doux, que sur ce coin du monde
> Verse d'un ciel ami l'indulgence féconde,
> N'éveillent plus mes sens ni mon âme. Ces bords
> Ont beau de leur Cybèle étaler les trésors;
> Ces ombrages n'ont plus d'aimables rêveries,
> Et l'ennui taciturne habite ces prairies.
> Tu fis tous leurs attraits: ils fuyaient avec toi.
>
> (V. 21–27)[201]

Die Natur hat sich objektiv nicht verändert; aufgrund der Abwesenheit der Geliebten und der hierdurch gestörten Liebesbeziehung erscheint sie dem Sprecher gleichwohl in einem gänzlich anderen Licht. Allgemeiner noch wird die Relation von 'äußerer Wirklichkeit' und Liebenden in einer anderen Elegie Chéniers bestimmt:

> Tout est formé pour eux dans la nature entière.
>
> (V. 9)[202]

Dies heißt jedoch nichts anderes, als daß die Liebesrelation nun nicht nur das Verhältnis zwischen den Individuen bestimmt, sondern daß sich darüber hinaus die gesamte 'Welt' des elegischen Diskurses bis hin zu den zeitlich-räumlichen Situationsindikatoren in Abhängigkeit von dieser Relation konstituiert. Insofern sich solchermaßen der elegische Diskurs als geradezu idealtypische Realisation der Liebeskonzeption der *Réflexions* Bernis' darstellt, erhebt sich natürlich die Frage nach den Gründen dieses Zusammenhangs. Einen Hinweis gibt uns Bernis selbst, wenn er begründet, warum er wieder einmal über die Liebe handle:

Le goût que nous avons pour la nouveauté, s'étend moins sur les matieres, que sur la maniere de les traiter: n'épuisons point notre imagination à créer un nouvel ordre de choses, approfondissons celles qui sont connues, peignons-les d'une

---

[200] *Œuvres de Parny*, S. 78.
[201] Chénier, *Œuvres complètes*, III, S. 63 f.
[202] Ebd., III, S. 94.

main hardie; & sans y penser, nous deviendrons de grands Peintres, & des Peintres originaux.[203] Dieses Zitat belegt zum einen nochmals das von der Romantik grundsätzlich verschiedene Literaturverständnis des 18. Jahrhunderts im allgemeinen und scheint uns zum anderen auch jene präetablierte Ordnung der Diskurse zu thematisieren, von der oben die Rede war. Die Doppelheit von *matière* und *manière* impliziert nämlich eine diskursive Vermitteltheit des Gegenstandes, was heißt, daß Bernis seine Ausführungen nicht in Relation zur lebensweltlichen Praxis, zur beobachtbaren Wirklichkeit, sondern zu vorgängigen Diskursen situiert. Zu den Diskursen, die Liebe thematisieren, gehörte jedoch in besonderem Maße immer schon die Elegie, ja Tibull und Delia fungierten, wie wir gesehen haben, als idealtypisches Liebespaar schlechthin. Die zunächst überraschende Übereinstimmung zwischen Bernis' Definition des Zustands der Liebe und den Konstitutionsbedingungen der zeitgenössischen Elegie hat letztlich nichts Verwunderliches, weil diese Definition aus derselben Tradition des Redens über Liebe abgeleitet ist und auf denselben ästhetischen Voraussetzungen beruht wie der elegische Diskurs selbst. Aufgrund der eingangs dargestellten Reduktion der thematischen Vielfalt der antiken Elegien auf die Liebesthematik treffen Bernis' Ausführungen jedoch nicht mehr nur eine bestimmte Ausprägung des elegischen Diskurses, sondern vermitteln die Konstitutionsbedingungen der für den zeitgenössischen elegischen Diskurs insgesamt charakteristischen 'Welt'.

6. Die Ekloge

Mit dieser letzten der von uns behandelten Gattungen begeben wir uns in die europäische Tradition der bukolischen Dichtung,[204] die in der Form der *églogue* bzw. *idylle*[205] schon vor dem 18. Jahrhundert einen Vertreter – unter anderen[206] – gefunden hat. Daß es sich hier um eine in besonderem Maße traditionsgeleitete Gattung handelt, wird auch zeit-

---

[203] Bernis, *Œuvres mêlées*, S. 107f.
[204] Vgl. E. R. Curtius, *Europäische Literatur und lateinisches Mittelalter*, Bern [8]1973, S. 195ff.
[205] Die beiden Namen finden unterschiedslos zur Bezeichnung der Gattung Verwendung. Idyllen heißen die Texte Theokrits, bei Vergil werden sie Eklogen genannt.
[206] Es ist hier nicht der Ort, auf andere, narrative oder dramatische Formen bukolischer Dichtung in der französischen Klassik einzugehen. Zur Pastorale des

genössisch thematisiert. So gilt Theokrit als der Begründer der Schäferpoesie. In häufig dialogischen Szenen erzählen die Hirten in seinen Idyllen von ihrem einfachen Leben in ursprünglicher Umgebung[207]. Es ist diese Thematik, die auch nach zeitgenössischem Verständnis der Ekloge zugrunde liegt, wie aus der kurzen Definition dieses Genres am Beginn des Artikels *églogue* der *Encyclopédie* hervorgeht:

Eglogue ..., poésie bucolique, poésie pastorale, trois termes différens qui ne signifient qu'une même chose, l'*imitation, la peinture des mœurs champêtres*.[208]

Nun haben wir bereits im Abschnitt 2.3 dieser Abhandlung dargelegt, daß die auch in dieser Definition der Ekloge als konstitutiv angesetzte Relation der *imitation* eine Beziehung meint, die im System der Diskurse angesiedelt ist. *Imitation* eines bestimmten Wirklichkeitsausschnittes bezieht sich auf spezifische Diskursphänomene, die einer Gattung einen bestimmten Ort in der Ordnung der Diskurse zuordnen, wobei dieses System die Möglichkeiten der Erfahrung von Wirklichkeit konditioniert. Weil die Ordnung der Diskurstypen selbst die letztgültige Ebene des Zugangs zur Realität bildet, werden einzelne Wirklichkeitsausschnitte konsequenterweise über differentielle Merkmale innerhalb dieses Systems vermittelt. In unserer Untersuchung der Ode konnten wir *in concreto* demonstrieren, in welcher Weise sich die 'Nachahmung' eines bestimmten Wirklichkeitsausschnittes als spezifische stilistische Abweichung gegenüber anderen Diskurstypen beschreiben läßt. Daß die Abbildung eines Teils von 'Welt' in der Poetologie des 18. Jahrhunderts Relationen zwischen Diskursphänomenen meint, die für bestimmte Gattungen definiert sind, läßt sich nun auch und gerade für die Ekloge zeigen.

Ein beredtes Beispiel für eine solche Konzeption bietet die Darstellung dieses Genus im zweiten Gesang von Boileaus *Art poétique*,[209] die zum Bezugspunkt der Diskussion um die Ekloge im 18. Jahrhundert werden wird.

---

17. Jahrhunderts vgl. M. I. Gerhardt, *La Pastorale. Essai d'analyse littéraire*, Assen 1950, S. 249–279.

[207] E. Panofsky hat in einem grundlegenden Aufsatz zur arkadischen Tradition „*Et in Arcadia ego*. Poussin und die Tradition des Elegischen", in: Ders., *Meaning in the Visual Arts*, New York 1955, dt. *Sinn und Deutung in der bildenden Kunst*, Köln 1975, S. 351–377, gezeigt, daß der Mythos Arkadiens bereits antik auf einer literarischen Stilisierung beruht.

[208] *Encyclopédie*, hrsg. von Diderot/d'Alembert, XI, S. 986 (s. v. *églogue*).

[209] Zur Diskussion um die Ekloge im späten 17. Jahrhundert vgl. Otto, *Ode, Ekloge und Elegie im 18. Jahrhundert*, S. 91–127.

> Telle qu'une Bergere, au plus beau jour de feste,
> De superbes rubis ne charge point sa teste,
> Et sans méler à l'or l'éclat des diamans,
> Cueille en un champ voisin ses plus beaux ornemens.
> Telle, aimable en son air, mais humble dans son stile,
> Doit éclater sans pompe une élegante Idylle:
> Son tour simple et naïf n'a rien de fastueux,
> Et n'aime point l'orgueil d'un vers présomptueux.[210]

Bereits dieser Beginn der Charakterisierung der Ekloge deutet auf das spezifische Verhältnis von Thematik und Diskurs, Dargestelltem und Darstellung, um das es uns hier geht. Denn die kurze eklogenhafte Szene dient der Kennzeichnung des besonderen Stils der Gattung. Durch den Vergleich werden die *Bergere* und das, was von ihr berichtet wird, metasprachlich funktionalisiert: sie bilden die spezifische Sprachform der Gattung ab; die Eklogenszene wird letztlich zur Allegorie des Stils. Die Hirten und ihre Welt bilden die konventionell etablierte Thematik einer bestimmten Gattung, die über die *imitation* dieses Wirklichkeitsausschnittes definiert ist. Daß die 'Nachahmung' aber die Spezifität von Diskursphänomenen meint, kann kaum deutlicher werden, als wenn eben diese Thematik in Boileaus Skizze der Gattung zur Abbildung der Form ihrer Vermittlung wird.

Zeigen damit schon die ersten Zeilen dieses für die theoretische Diskussion um die Ekloge normbildenden Textes, daß konstitutiv für die Gattung nicht die ihr eigene Thematik, sondern die Form ihrer Darstellung ist, so läßt sich der Fortsetzung des obigen Zitats entnehmen, daß diese Form ihrerseits einen spezifischen Ort in der Ordnung der Diskurse bezeichnet:

> Mais souvent dans ce stile un Rimeur aux abois
> Jette là de dépit la flûte et le haubois,
> Et follement pompeux, dans sa verve indiscrete,
> Au milieu d'une Eglogue entonne la trompette.
> De peur de l'écouter, Pan fuit dans les roseaux,
> Et les Nymphes d'effroi se cachent sous les eaux.[211]

Die verwerfliche Abweichung, die hier gebrandmarkt wird, ist die allzu große Annäherung an den Stil der Ode; durch das für diese Gattung typische Instrument der «trompette» wird der Bezug zur *poésie lyrique* eindeutig. Interessant für uns aber ist erneut die Art und Weise, in der

---

[210] Boileau, *Art poétique*, in: *Œuvres complètes*, S. 163 (II, v. 1 ff.).
[211] Ebd.

dieser Tadel eines möglichen Fehlgriffs vertextet ist. Denn es begegnet uns eine eklogenhafte Szene, die diesmal freilich zur Allegorie des *écart* wird. Pan und die Nymphen verlassen fluchtartig den sonst so einladenden Ort. Beachtung verdient dabei, wie die verschiedenen Ebenen miteinander vermittelt werden. Während die Angabe «Au milieu d'une Eglogue» die metasprachliche des Stils meint, wird der Ausdruck im folgenden objektsprachlich reinterpretiert und bezieht sich auf die Szenerie einer Ekloge. In der doppelten Funktion dieser Angabe aber wird das Dargestellte als Sprachallegorie erkennbar. Die zweite Abweichung, auf die Boileau eingeht, ist in anderer Hinsicht aufschlußreich:

> Au contraire, cet Autre abject en son langage
> Fait parler ses Bergers, comme on parle au village.
> Ses vers plats et grossiers dépoüillez d'agrément,
> Toûjours baisent la terre, et rampent tristement.[212]

Ein anderer möglicher Fehler, in den der Eklogendichter verfallen kann, ist es, seine Sprache allzusehr derjenigen der lebensweltlichen Hirten anzugleichen. Sein Diskurs überschritte damit die Grenze des Systems der *genera elocutionis*, als deren unterste Stufe das *genus humile* definiert ist. Daß hier die Transgression des Systems der Diskurse getadelt wird, läßt *e negativo* noch einmal die spezifische Konzeption der *imitation* hervortreten. 'Nachahmung' oder auch 'Abbildung' meint gerade nicht die *peinture* konkreter Faktizität, und sei es auch in generalisierter Form, *imitation* ordnet vielmehr einem Diskurstyp einen bestimmten Ort im präetablierten System der Diskurse zu. Gilt den Theoretikern der Gattung die Hirtenwelt der Ekloge als der Inbegriff einer paradiesischen Lebensform, in der der Mensch noch nicht von der Natur entfremdet ist,[213] so bedeutet doch dieser Mythos der Natürlichkeit für die Gattung

---

[212] Ebd. Es ist übrigens nicht irgendeine hypothetische Verfehlung, die hier kritisiert wird. Vielmehr wendet sich Boileau mit diesen Worten gegen Ronsard (vgl. analog Batteux, *Principes de la littérature*, III, S. 175).

[213] Vgl. La Motte, «Discours sur l'Eglogue», *Œuvres complètes*, III, S. 281 bis 325, hier S. 283. Es ist ein höchst aufschlußreiches Phänomen, daß La Motte hier die «vie pastorale» nicht nur als den faktisch ersten Zustand der Menschen begreift, sondern daß er diese Lebensform als ursprüngliche aufgrund seines Menschenbildes postuliert: «La vie pastorale a été la premiere condition des hommes. Quand l'Histoire ne nous l'apprendroit pas, on suppléroit à son silence, & l'on n'en imagineroit pas moins que les hommes s'en sont tenus d'abord aux biens réels que la nature leur offroit» (ebd.). Die Historiographie erscheint nur mehr als Bestätigung eines aufgrund der vorgängigen Konzeption zu postulierenden

selbst nur eine spezifische Sprachform, die in der Differenz zu anderen Diskurstypen erscheint. Für die Ekloge sind beispielsweise nur bestimmte *images*, Metaphern zugelassen. In der *Encyclopédie* heißt es vom «berger»:

Il a recours aux images sensibles: l'herbe que ranime la rosée, la nature renaissante au lever du soleil, les fleurs écloses au premier souffle du zéphyr, lui prêtent les couleurs les plus vives pour exprimer ce qu'un métaphysicien auroit bien de la peine à rendre. Telle est l'origine du langage figuré, le seul qui convienne à la pastorale, par la raison qu'il est le seul que la nature ait enseigné.[214]

Die Thematik der *pastores*[215] bildet konventionell etablierte Gegenstände einer traditionsgeleiteten Gattung, die aufgrund der Modellfunktion antiker Autoren für das 18. Jahrhundert eine verbindliche Form der Dichtung darstellt. Wir konnten beobachten, wie in der zeitgenössischen Poetologie die besondere Thematik diskursspezifisch übersetzt wurde. Die *imitation* der «mœurs champêtres» ist bezogen auf eine bestimmte Sprachform, die einen bestimmten Ort im System der Diskurse erhält. Die *peinture* der Hirtenwelt bezeichnet differentielle Merkmale eines Stils.

Haben wir damit in den Möglichkeiten und Grenzen der Gattung notwendige Bedingungen eines Diskurstyps *Eglogue* im 18. Jahrhundert rekonstruiert, so bilden die aufgewiesenen Merkmale jedoch keine hinreichenden Bedingungen. Denn spezifische stilistische Kennzeichen vermögen allein noch kein Modell der Gattung zu begründen. Weitere Konstituenten werden aber dort erkennbar, wo sprechsituative Merkmale der Ekloge formuliert werden, die übrigens eine *differentia specifica* gegenüber der Elegie begründen:

L'*églogue* est un récit, ou un entretien, ou un mélange de l'un & de l'autre: dans tous les cas elle doit être absolue dans son plan, c'est-à-dire, ne laisser rien à désirer dans son commencement, dans son milieu ni dans sa fin: regle contre laquelle peche toute *églogue*, dont les personnages ne savent à quel propos ils commencent, continuent, ou finissent de parler.[216]

Faktums. Eine sehr ähnliche Argumentationsform finden wir dort, wo Batteux die Funktionen des «réel» und des «feint» für das *sentiment* der *poésie lyrique* bestimmt: «S'il y a du réel, il se mêle avec ce qui est feint, pour faire un Tout de même nature: la fiction embellit la vérité, & la vérité donne du crédit à la fiction» (Batteux, *Principes de la littérature*, I, S. 328).

[214] *Encyclopédie*, hrsg. von Diderot/d'Alembert, XI, S. 995 (s. v. *églogue*).
[215] Vergil spricht in *Georgica* IV, 565 von seinen Schäfergedichten als „carmina pastorum".
[216] *Encyclopédie*, hrsg. von Diderot/d'Alembert, XI, S. 995 (s. v. *églogue*).

Im Unterschied zur Elegie muß der *poète* nicht eine der agierenden Figuren sein. Vielmehr kennt die Ekloge hier eine Variationsmöglichkeit, die für die Elegie nicht existiert. Scheint damit zunächst nur die für die Gattung spezifische pragmatische Form der Informationsvermittlung angesprochen zu werden, so zeigt sich schon bald, daß es auch und gerade um die semantische Organisation des Dargestellten geht. Gleichgültig, ob es einen Erzähler als vermittelnde Instanz gibt oder nicht,[217] wesentlich für eine Ekloge ist es, daß sie Anfang, Mitte und Ende hat. Was sich aus dem Dialog miteinander kommunizierender Hirten entwickelt oder vom Erzähler präsentiert wird, das Zueinander verschiedener Teile einer Sequenz, läßt sich nun als eine *histoire* beschreiben.[218] Das Sujet einer solchen *histoire* bemüht sich die Theorie wiederum aus den Bedingungen der gattungsspezifischen Thematik zu entwickeln:

L'amour a toujours été la passion dominante de l'*églogue*, par la raison qu'elle est la plus naturelle aux hommes, & la plus familiere aux bergers.[219]

Daß die Liebe für die Welt der Hirten der angemessenste Gegenstand ist, wird nicht nur in der Theorie formuliert, sondern findet auch in der poetischen Praxis explizite Thematisierungen. So heißt es in der zehnten Ekloge La Mottes:

> Sur la fin d'un beau jour, rassemblés sous des hêtres,
> Des Bergers s'amusoient à des discours champêtres:
> Quelques Belles entr'eux se mêlant à leur tour,
> L'entretien fut plus vif & tourna sur l'amour.
> On vanta ses plaisirs, on parla de ses peines,
> Des fidéles amans, des Belles inhumaines:
> Tous les autres sujets & les plus étrangers,
> Conduisent-là bientôt, & sur-tout des Bergers.[220]

Indem für die Ekloge *amour* als das geeignetste Sujet festgelegt wird, begeben wir uns freilich in das thematische Gebiet der Elegie, für die, wie oben unter 5.1 dargestellt, die erotische Variante der Gattungstradition gleichfalls zum dominanten Modell wird. Daß sich solchermaßen Abgrenzungsprobleme zwischen Elegie und Ekloge ergeben, ist ein Tatbe-

---

[217] Vgl. hierzu M. Pfister, *Das Drama*, München 1977, S. 19 ff.
[218] Vgl. hierzu W.-D. Stempel, „Erzählung, Beschreibung und der historische Diskurs", in: R. Koselleck/W.-D. Stempel, *Geschichte-Ereignis und Erzählung*, München 1973, S. 325–346, hier S. 328. Vgl. auch Aristoteles, *Poetik*, Kap. 8.
[219] *Encyclopédie*, hrsg. von Diderot/d'Alembert, XI, S. 993 (s. v. *églogue*).
[220] La Motte, *Eglogue X, Œuvres complètes*, III, S. 372; vgl. auch *Eglogue VIII*, S. 355 f.

stand, der bereits zeitgenössisch thematisiert wird. Wir haben oben, am Ende des dritten Abschnitts, bereits die Stellungnahme Batteux' zitiert, der von einigen Eklogen sagt, daß man sie auch *Elégie* nennen könne.[221] Le Blanc formuliert das umgekehrte Phänomen:

> Le sujet des Elégies peut être plus varié qu'on ne pense; car bien que toutes les Eglogues ne soient pas des Elégies, il y a bien des Elégies qui peuvent être en méme tems des Eglogues: Il suffit pour cela d'y faire parler des Bergers amoureux d'un ton plaintif.[222]

Die Ähnlichkeit zwischen beiden Gattungen wird noch deutlicher, wenn wir uns ihrer spezifischen Raumorganisation zuwenden. Die naturgebundene Schäferwelt tritt in der Ekloge in Opposition zu einem negativ bewerteten Außenraum 'Stadt'. *La ville* ist derjenige Ort, an dem all das negiert wird, was für die Hirten konstitutiv ist. Es ist für eine Reihe von Eklogen geradezu fundierend, daß die *bergers* die Organisationsform ihrer 'Welt' beständig selbst thematisieren, indem sie sich gegen einen Raum *ville* abgrenzen.[223]

Die Opposition von 'Stadt' und 'Natur' ist jedoch, worauf wir oben schon verwiesen haben,[224] auch für die Elegie des 18. Jahrhunderts kennzeichnend. Natur ist der Ort, an dem die amourösen Partner sich mit Vorliebe begegnen:

> Superbes orangers, qui croissez sans culture,
> Versez sur moi vos fleurs, votre ombre et vos parfums.
> Mais surtout dérobez aux regards importuns
> Mes plaisirs, comme vous enfants de la nature.[225]

Die Stadt als der Ort der sozialen Norm wird für diejenigen, die sich außerhalb legitimer Verhaltensweisen bewegen, zum gefahrvollen Terrain. Die spezifische Raumorganisation der Elegie, die Opposition von 'Stadt' und 'Natur', ist eine Konsequenz des erotischen Verhältnisses. An dieser Stelle aber wird auch das Differenzierungskriterium zwischen Ekloge

---

[221] Vgl. oben S. 286.
[222] Le Blanc, *Elegies de Mr. L* B**, S. 19.
[223] Vgl. dazu z. B. La Motte, *Eglogues* I, IV; vgl. auch Chénier, *Bucoliques, Œuvres, complètes*, I, S. 222. Zu den Problemen, die sich aus der Form der Überlieferung von Chéniers *Bucoliques* für eine adäquate Bewertung der Texte ergeben, vgl. E. Guitton, «*Les Bucoliques* d'André Chénier: une tentative de reconstitution», in: *StV* 193 (1980), S. 1604–1606.
[224] Vgl. oben S. 326 und Anm. 183.
[225] *Œuvres de Parny*, S. 72.

und Elegie erkennbar. Die jeweils dominante Ebene ist eine andere. Für die Elegie wird das Verhältnis der *amants* zum entscheidenden Bezugspunkt. In der Ekloge ist es der Mythos der Natürlichkeit, der auch das Verhalten der *bergers* bestimmt. Wird die Nacht in der Elegie zum privilegierten Zeitpunkt der Begegnung der Partner,[226] so trennen sich in der Ekloge die Hirten, wenn die Nacht hereinbricht, weil es ihnen als ein Frevel erschiene, die dann gebotene Ruhe nicht einzuhalten:

> Fugitives douceurs, instans si désirables
> Ou soïez moins charmans, ou soïez plus durables!
> A peine eus je livré mon cœur à ses désirs,
> Que la nuit vint troubler nos innocens plaisirs;
> Malgré nous, il fallut nous soustraire à leurs charmes:
> Tircis fut accablé, je répandis des larmes,
> Et pour nous séparer, en nous serrant la main,
> Nous ne pûmes tous deux prononcer, qu'à demain.[227]

Die Ähnlichkeiten zwischen Elegie und Ekloge können nicht darüber hinwegtäuschen, daß diejenigen Phänomene, die ihre Vergleichbarkeit begründen, in der jeweiligen Gattung einen unterschiedlichen strukturellen Wert besitzen, weil die jeweils dominante Perspektive eine andere ist. Dies zeigt sich auch und gerade anhand der diskursspezifischen Explikation der zeitgenössischen Theorie. Konstitutiv für die Elegie ist die Sprechsituation, die den *poète* zum *amant* macht und in dieser Organisation der verschiedenen pragmatischen Ebenen die dargestellte Liebessituation auch zu einer Dichtungssituation gestaltet,[228] solchermaßen aber Darstellung und Dargestelltes identifiziert. In anderer Weise konnten wir Ähnliches für die Ekloge feststellen, bei der die Theoretiker die spezifische Thematik der *bergers* diskursspezifisch reformulieren und in einen bestimmten Stil übersetzen. Was am Dargestellten interessiert, ist die Form seiner Darstellung. Nirgends zeigt sich dies so deutlich wie dort, wo bei Boileau die eklogenhafte Szene zur Allegorie der Sprachform gerät. In unterschiedlicher Weise werden die inhaltlichen Momente der jeweiligen Gattung auf sprachinterne Relationen zurückgeführt. Die jeweils verschiedenen Verfahren können aber nicht darüber hinwegtäuschen, daß das Ergebnis in beiden Fällen dasselbe ist: die *imitation* bestimmter Wirklichkeitsausschnitte, die für die jeweilige Gattung zum

---

[226] Vgl. z. B. Parny, *La Frayeur*, S. 15.
[227] Diese Ekloge Mangénots zitieren wir nach Otto, *Ode, Ekloge und Elegie im 18. Jahrhundert*, Textanhang S. 35f.
[228] Vgl. oben 5.2.

unterscheidenden Kriterium wird, läßt sich beschreiben über die Opposition verschiedener Organisationsformen von Texten. Die Nachahmung von 'Welt' meint die Ordnung der Diskurse. Die Ausdifferenzierung dieses Systems im Umkreis der *poésie lyrique* zu verfolgen, war das Anliegen dieser Darstellung der 'Lyrik' des 18. Jahrhunderts.

DIE ROMANTISCHE LYRIK

Von Winfried Engler

I. Abgrenzungstheorien

Wenn der oberflächliche, aber seit 1800 geläufige Ansatz, der einzig die deutsche Mentalität als für die Romantik empfänglich bestimmt, während eine französische Romantik als vernunftwidrig, ungesund, exotisch oder unpatriotisch zu gelten hätte, in die Ideologiegeschichte zu verweisen ist, muß davon abweichend folgendes Vorgehen bestechend erscheinen.[1] Durch eine Rekonstruktion definitorischer und qualifizierender Kriterien soll aus dem poetologischen Selbstverständnis der Romantiker heraus eine Basis fundiert werden, die die Einbettung konservierender wie innovierender Literatursysteme in das Gesellschaftssystem der nachrevolutionären Ära beschreiben läßt. Noch die geistesgeschichtlich ausgerichtete Darstellung in Friederichs *Outline of comparative literature*[2] akzeptiert diese Erschließung. Doch dieses Verfahren, bei dem nicht einmal sicher ist, ob die poetisch-ideologischen Relationen reziprok angesetzt sind, verhilft weder der Literaturkritik noch der Philologie zur wünschenswerten Eindeutigkeit des Urteils, denn mit «romantisme» wird in Frankreich keine Leitgattung und keine Stilrichtung zu bestimmen sein. Das Selbstverständnis der Modernität wechselt im 18. und frühen 19. Jahrhundert zu schnell.[3]

Hingegen ist beispielsweise „Naturalismus" sowohl eine Periodisierungs- als auch eine Gattungskategorie, da vornehmlich die Narrativik verändert wird; selbst als Stilbegriff ist Naturalismus akzeptabel. Deswegen bleibt die Frage offen, ob Max Milners Ansatz[4] erfolgversprechend

---

[1] Klaus Doderer, „Das englische und französische Bild von der deutschen Romantik", in: Helmut Prang (Hrsg.): *Begriffsbestimmung der Romantik*, Darmstadt 1972, S. 386–412, hier S. 404 ff.

[2] Chapel Hill 1954, S. 255 ff.

[3] Hans Robert Jauß, *Literaturgeschichte als Provokation*, Frankfurt a. M. 1970, S. 38 ff.

[4] Max Milner, *Le romantisme I*, 1820–1843, Littérature française 12, Paris 1973.

sein kann, wenn er von der Gesellschaftsformation auf das politische Handeln, die materiellen Rahmenbedingungen der Literaturproduktion und von daher auf die thematische bzw. motivische Orientierung der romantischen Literatur schließt. Seine Argumentation ist nur stringent, wenn man mit Milner voraussetzt, daß «romantisme» als Epochenbezeichnung und als Zivilisationsbegriff, der die Mentalität des 19. Jahrhunderts angemessen beschreibt, gilt.

Fraglos hat die Epochenbezeichnung, die politischen Ursprungs ist, ihre Funktion; hingegen war schon der Stilbegriff «romantique» seit dem 18. Jahrhundert vieldeutig und dadurch als Abgrenzungskategorie unbrauchbar.[5] Unter dieser relativierenden Prämisse bleibt „romantisch" ein Arbeitsbegriff mit einigem heuristischem Wert. 1823 meint „romantisch" bei Stendhal[6] „zeitgemäß", 1824 (Vorrede zu *Odes et ballades*) zögerte Hugo zwar, die Kategorie positiv zu setzen, doch er definierte sie, wenngleich selbstherrlich, im Sinne Stendhals: «La littérature nouvelle est vraie.»[7] Da die romantische Innovation im Einklang mit einem als providentiell erkannten Geschichtsverlauf steht, wird die Sprache des Dichters aus dem Irrationalismus sanktioniert: «Il ne sera jamais l'écho d'aucune parole, si ce n'est de celle de Dieu.»[8] Mit Stendhals Liberalismuskonzept war ein solches poetologisches Selbstverständnis unvereinbar. Für Hugo folgt aus der göttlichen Mission des Poeten, daß seine Worte Gesänge («chants») sind. Zeitgemäß ist ein Gesang freilich schon dadurch, daß er den aktuellen Philhellenismus[9] thematisiert (*Les Orientales*, 1829).

Später, bis 1831 (Vorrede zu *Hernani*), entwickelte Hugo die Analogiebeziehung von politischer und ästhetischer Revolution in Konkurrenz zu Ludovic Vitets Formel vom «protestantisme dans les lettres et les arts» (*Le Globe*, 2. 4. 1825) weiter und sprach vom fälligen 14. Juli in der Literatur bzw. dem Liberalismus als Wirtschafts- und zugleich Dichtungsprinzip. Sainte-Beuve, der immerhin die Revolutionsanalogie noch gelten ließ (*Le Globe*, 11. 10. 1830), reagierte darauf mit Hohn. „Liberalismus" besetzt schließlich für den jetzt saint-simonistisch orientierten *Globe* „Anarchie".[10]

---

[5] Winfried Engler, *Geschichte des französischen Romans. Von den Anfängen bis Marcel Proust,* Stuttgart 1982, S. 206.
[6] Stendhal, *Racine et Shakespeare*, éd. Roger Fayolle, Paris 1970, S. 71.
[7] Victor Hugo, *Œuvres poétiques I*, éd. Pierre Albouy, Paris 1964, S. 273.
[8] A. a. O., S. 277.
[9] Vgl. auch Klaus-Henning Schroeder, „Die Albaner als Thema des deutschen und französischen Philhellenismus", in: *Zeitschrift für Balkanologie* VII, 1–2 (1969/70), S. 150–165.
[10] Jean-Bertrand Barrère, «Sur quelques définitions du romantisme», in:

Die zu Beginn des Jahrhunderts in *De l'Allemagne* (II. Teil, Kap. 11) auf der stofflichen und motivischen Ebene betriebene Historisierung der Romantik (Referenzpunkte Mittelalter, Ritterwelt, Christentum) ist der Politisierung und Polemik in der Debatte gewichen. Daß Mme de Staëls Konzept die Geschichtstragödie, den empfindsamen Roman und die deskriptive Lyrik begünstigt haben soll, war dadurch hinfällig.[11] Seit Stendhals Essays stellt sich der Poetik und Literaturkritik die Frage, ob Literaturrevolution als Entgrenzung und poetischer Liberalismus als Auflösung jedes offiziellen Literatursystems gemeint seien. Dieses Thema ist nur wieder in den Griff zu bekommen, wenn, wie Sartre[12] es demonstriert hat, die Wirkungsabsichten romantischer Texte ernst genommen werden. Sartre nennt sie «machines de guerre: même leur sérénité sert à combattre». Sie entwickeln, um im Bild zu bleiben, bei den jungen Aristokraten Lamartine, Vigny und Musset gewiß eine andere Sprengkraft als bei den bürgerlichen Royalisten und Liberalen, die den Philister verhöhnen – Stendhal, Hugo oder Gautier. Bemerkenswert ist indessen, daß die zeitgenössische Kanonbildung solche Kriterien niedrig ansetzt. Als praktisches Beispiel sei eine anonym erschienene, gut informierte Anthologie genannt (*Poètes français contemporains*, par Mmes**, Francfort s/M 1832). Sie wendet sich an deutsches Publikum und präsentiert ihm als die großen Vier Béranger, Hugo, Lamartine und Vigny; Hugo galt damals als Verkörperung des romantischen Dichtens schlechthin;[13] Musset wird beiläufig genannt. Alle in der Romantik belegten lyrischen Gattungen sind in dieser Anthologie repräsentiert: Ode, Elegie, Hymne, Versepistel, Jamben, Romanze, Ballade, Sonett, Rondeau.

Der anhaltende Respekt der Dichter vor konventionellen Textklassen verstellt dem Leser möglicherweise den Blick auf die Wechselbeziehung von ideologischem und poetischem Horizont, die im angeblichen Zeitalter des Individualismus und der Verinnerlichung von maßgebenden Autoren selbst vorausgesetzt wird. Wie kann sich eine neue Poesie positiv kategorisieren, da sie auf die alte Nomenklatur nicht verzichten will? Lamartine findet, wovon noch die Rede sein wird, eine Lösung, die die Jahreszahl 1820 zum Datum erhebt; die Romantik hatte ihr erstes Ereignis.

Revue des sciences humaines (1951), S. 93–110, hier S. 94; Nelly Furman, *La Revue des deux mondes et le romantisme français* (1831–1848), Genf 1975, S. 69.

[11] René Wellek, *Geschichte der Literaturkritik 1750–1850, I: Das späte 18. Jahrhundert. Das Zeitalter der Romantik*, Darmstadt 1978, S. 481.

[12] Jean-Paul Sartre, *L'idiot de la famille III*, Paris 1972, S. 119.

[13] A. a. O., S. 166.

Als Baudelaire in mehreren Aufsätzen zwischen 1851 und 1868 (über Pierre Dupont, Victor Hugo, Théophile Gautier) Verlauf und Ergebnis der romantischen Bewegung erörterte, interessierten ihn weniger ihr Beginn als die Ursachen ihrer Auflösung. 1851 zieht er Bilanz und nennt als Ergebnis der romantischen Schule die „Wahrheit des Bildes"[14] und die Entlarvung akademischer Einfallslosigkeit. 1861, als er in Victor Hugo den Seher, der potentielle Tendenzen thematisiert, würdigt, verwendet er „Romantik" weniger als Epochen- denn als Ideologiebegriff. Während er das Publikum Lamartines und Hugos als maßgebende Adressaten romantischen Dichtens rekonstruiert und bemängelt, daß sich die Leser seit ihrer Begeisterung für Hugos «Ode à la colonne»[15] mit Vorliebe Gedichten zuwenden, die sie für politisch aktuell halten – davon profitierten auch Barbiers *Jamben* –, übergeht er Lamartine, als er die Innovation der romantischen Lyrik abgrenzt. «Victor Hugo, Sainte-Beuve, Alfred de Vigny, avaient rajeuni, plus encore, avaient ressucité la poésie française, morte depuis Corneille.»[16] Er bezweifelt Chéniers Einfluß auf die Romantiker; Mussets Lyrik trage nicht die Merkmale der Epoche. 1859 sieht er in Barbiers und Gautiers Poesie seit 1830 alle Kriterien zur Veränderung des Diskurses wie der Motivik; 1861 feiert er Hugos beispielhafte Größe.

So unzulässig es auch sein mag, die Aphorismenreihe in «Qu'est-ce que le romantisme» *(Salon de 1846)* und die sinnbildliche Sprache des Sonetts «Le coucher du soleil romantique» (*Les épaves*, 1866) in einen semantischen Zusammenhang zu bringen, nur weil Charles Baudelaire beidemal vom gleichen Thema handelt, so aufschlußreich ist doch, sofern die Symbiose der Künste als eigener Verstehenshorizont akzeptiert wird, die Trauer über das Ende des romantischen Zeitalters, die Anfang der sechziger Jahre in optischen Motiven formuliert wird. 1846 fehlte sie noch. „Romantisch malen" bedeutete Baudelaire damals, zeitgenössisch zu malen. Das Ich des Sonetts beklagt in naturgesetzlichen Analogien, wie sich die strahlende Kraft der Romantik verzehrt und den Lemuren das Feld geräumt hat. Weder 1846 noch 1866 ist von Kennzeichen eines romantischen Stils der Maler und Dichter die Rede; Baudelaire zitierte lediglich, und nicht einmal ironisch, den von Mme de Staël in die Kulturdebatte eingebrachten Nord-Süd-Mythos.[17] In der Romantikrezeption des

---

[14] *Charles Baudelaire, Œuvres complètes*, éd. Y.-G. Le Dantec, Paris 1954, S. 960.
[15] A. a. O., S. 1024.
[16] A. a. O., S. 1028.
[17] A. a. O., S. 611.

«poète-critique» stellen sich Gattungsprobleme nicht. Darin entspricht die Wirkung der Romantik dem Ereignis selbst. In den zahlreichen, indessen oft nur polemischen oder apologetischen Metatexten zur romantischen Veränderung des Literatursystems ist von Gattungsfragen der zeitgenössischen Lyrik relativ selten und nur vage die Rede. Von Einzelfällen wird noch zu sprechen sein. Die Intentionen der Autoren können zudem aus der Handhabung von Rhetorik, Motivik, Metrik und Terminologie der Genera erschlossen werden.

1846, 1866, 1885 – rückblickend vermag Paul Bourget in einem Exkurs zum Flaubertartikel der *Essais de psychologie contemporaine* den Romantisme wieder nur vom konventionellen Nord-Süd-Mythos, Exotismus, Kosmopolitismus und Weltschmerz her als epochenspezifische und daher vorübergehende Mentalität und Diktion zu bestimmen. «Aux environs de 1830, le mot traduisait, en même temps qu'une révolution dans les formes littéraires, un rêve particulier de la vie, à la fois très arbitraire et très exalté, surtout sublime ...»[18] Kenner der klassischen Poetik muß der Gebrauch von «sublime» in diesem Kontext erstaunen.

II. 1820

Über die Würdigung des Ereignisses „1820" ist schon deswegen keine Einigung zu erzielen, weil sich der Anspruch, spontane und aktuelle Ichdichtung zu schaffen, ein romantisches Postulat, und tatsächliche Übereinstimmung mit der älteren Lyriksprache mindestens graduell ausschließen. Ist der Lamartine von 1820 aus einem immer noch positiven Traditionsverständnis oder aus einer Gattungsfeindlichkeit heraus, die «méditation» setzt, wo der Leser «élégie» erwartet, zu situieren? Oder ist – Bénichous Position – die erste romantische Lyrik von Rang und Resonanz, die ihre Übereinstimmung mit der Rhetorik und Motivik der Tradition nie verleugnet, nicht durch die Entstehung, sondern den Funktionswandel des poetischen Diskurses zu beschreiben? Das veränderte, gesteigerte Selbstbewußtsein des Dichters fungierte entsprechend.[19] Somit müßte überzeugend wieder vom Literatursystem her argumentiert werden, und dieses verträgt 1820 keine Literaturrevolution; Lamartine

---

[18] Paris 1926, Bd. I, S. 134.
[19] Guy Rosa, «Entre 'Cromwell' et sa préface – Du grand homme au génie», in: *Revue d'histoire littéraire de la France* (Nov./Dez. 1981), S. 901 bis 918.

inszenierte sie auch nicht.[20] Alle von der Literaturkritik als gelungen bezeichneten *poetischen Meditationen* ziehen ihre Qualität nicht aus der Inspiration, sondern aus der Textarbeit, die schon deswegen hoch anzusetzen ist, weil Lamartine eine philosophische, durch Descartes u. a. sanktionierte Textsorte in eine lyrische umwandelt. Lamartine erntete dafür zunächst ablehnendes Mißtrauen.[21] Poetische und ideelle Umsetzungen werden 1820 als Innovation, aber auch als Verstoß angesehen.

Wie zuvor Mme de Staël im Briefroman *Delphine* (1802) komponiert Lamartine mit dem klassizistischen Standardvokabular, den konventionellen Topoi; er führt selbst das Hyperbaton fort. Alle diese poetischen Elemente bleiben, da die napoleonische Kulturpolitik sie vermittelt, der gebildeten Schicht vertraut. Aus der Verwurzelung dieser Literaturidee erklärt sich auch, warum Charles Nodier in *La Quotidienne* (18. 12. 1826), dem notorisch konservativen Blatt, das sich Historisierungstendenzen als Relativierungsabsichten verschließen muß, die Klassik-Romantik-Diskussion immer noch mit dem lapidaren Hinweis auf Qualitätsurteile (schlechte contra gute Dichtung) erledigte. Kann rekonstruiert werden, ob 1820 die *Méditations poétiques* als gute Dichtung galten? Kann der Rückschluß gezogen werden, daß eine Wirklichkeit problematisch geworden ist, wenn Genera kontaminiert und entgrenzt sind, wenn symbolische Neustrukturierungen neue Wahrnehmungen und neue Botschaften verzeichnen?

Rückblickend beschreibt Sainte-Beuve 1869 in einem Brief an Verlaine, welche Wirkung die *Méditations poétiques* seinerzeit ausübten: «On passait subitement d'une poésie sèche, maigre, pauvre, ayant de temps en temps un petit souffle à peine, à une poésie large, vraiment intérieure, abondante, élevée et toute divine.»[22] Mit dieser „Enthüllung" ist vor allem der Abstand zu Parny und Delille gemeint. Sainte-Beuve hat jedenfalls begriffen, daß die *Méditations poétiques* nicht allein auf den Kanon, in dem Ode und Elegie ihren Platz hatten, sondern auch auf die Poetisierung der Prosa durch Chateaubriand, mit der Naturerlebnis, wie Rous-

---

[20] So die These von Marius-François Guyard, dem Hrsg. von *Lamartine, Œuvres poétiques*, Paris 1963, XVIII. Zur Lyrik von Alexandre Soumet und Alexandre Guiraud, den Lieblingsautoren zugleich der Bonapartisten und Royalisten zwischen 1810 und 1824, vgl. Pierre Flottes, *Histoire de la poésie politique et sociale en France de 1815–1939*, Paris 1976, S. 18 ff.
[21] Erika Keil, *„Cantique" und „Hymne" in der französischen Lyrik seit der Romantik*, Diss. Bonn 1966, S. 63.
[22] Roger Fayolle, «Sainte-Beuve et Lamartine ou l'histoire d'un désillusionnement», in: Paul Viallaneix (Hrsg.): *Lamartine*, Paris 1971, S. 221–262, hier S. 224.

seau es vorgebildet hat, und Auflösung der Religiosität im Erlebnis göttlicher Fingerzeige in der Welt verbunden sind, zurückverweisen. Mit dieser zweifachen Intertextualität ist prinzipiell der Bruch mit der Lyrikgeschichte angelegt, wenn auch weiterhin neoklassizistische Diktionsteile montiert werden. Dadurch wurde 1820 zum Ereignis, und virtuell sind dem Prosagedicht im 19. Jahrhundert originelle Züge *a priori* entzogen. *Atala* und *René* sind ideologisch wie stilistisch mit Lamartine und Hugos früher Lyrik, nicht etwa mit den ersten «poèmes en prose» verbunden. Die Hypothesen von Guyard berücksichtigen diese Querverbindung im Literatursystem nicht entsprechend.

Der Autor der *Méditations poétiques* wird 1820 nicht deswegen akzeptiert, weil er, wie die Lyriker des späten 18. Jahrhunderts, seine privaten Konflikte in poetische Motive von denotierender und anekdotischer Qualität verwandelt, im Gegenteil: die *Méditations poétiques* sind überwiegend elegische Ichlyrik, verfaßt in einer diskreten Sprache, die jede referentielle Lektüre – obschon sie gerade in diesem Fall durch die Rezeptionsgeschichte obligat gemacht werden sollte – strikt verbietet. Kein Orts-, Zeit- oder Personenmotiv disponiert den Leser in der Weise, daß er die Texte autobiographisch, und nur auf dieser Verstehensebene aufschließt.[23] Dies unterscheidet Lamartines Komposition von elegischen Gelegenheitsgedichten, aber auch von der Kontamination antikisierender Periphrasen mit Anzüglichkeiten und Trivialitäten bei Antoine de Bertin *(Les amours)*. Freilich ist die Jahreszeitensymbolik, mit der die Poesie bis Baudelaire operiert, bei Bertin bereits konventionalisiert und dem Leser leicht zugänglich.

Ulrich Mölk[24] weist am Gedicht «L'invocation» als durchgängiges Prinzip die Doppelung nach (metrische, syntaktische, semantische, ideologische). Dieses Verfahren erhellt, wie Lamartine die Polarität von „traditionell"

---

[23] Laurence M. Porter, *The Renaissance of the Lyric in French Romanticism: Elegy, "Poëme" and Ode*, Lexington 1978, S. 20f.

Ergänzend sei auf Ballanches Position verwiesen. Im Kontext seiner umfassenden Mythentheorie rechtfertigte er das Gelegenheitsgedicht auf die Ermordung des Herzogs von Berry 1820 geschichtsphilosophisch und plante 1830 (oder später) eine Elegie als «chant funèbre d'une société qui meurt, d'une société condamnée par la Providence, et que l'homme ne peut rappeler à la vie». Zit. nach Paul Bénichou, «Le grand œuvre de Ballanche», in: *Revue d'histoire littéraire de la France* 5 (1975), S. 736–748, hier S. 740.

[24] „Alphonse de Lamartine: Invocation", in: Hans Hinterhäuser (Hrsg.): *Die französische Lyrik. Von Villon bis zur Gegenwart*, Düsseldorf 1975, I, S. 239–249, hier S. 243.

und „modern" abzutönen versteht. Ein lyrisches Ich, das Geschehnissen sowohl diesseitigen wie jenseitigen Zeichenwert zuerkennt, codiert die Welt in Alternanzen; sie entheben den Autor der Entscheidung, und sie fundieren intertextuelle Bezüge zum Dithyrambus der Pléiade wie zur Unendlichkeitsschwärmerei bei Mme de Staël und Chateaubriand.[25]
Referentiell verstanden enthüllen die *Méditations poétiques* keine empirischen Details, rhetorisch gelesen verweisen sie auf den klassizistischen Standard, intertextuell genommen, setzen sie beim Autor und Leser Kenntnis von Parny, Bertin, Chénier, Staël und Chateaubriand voraus. Leser, die damals mit Cousins Eklektizismus einverstanden sind, waren hinreichend disponiert, um Rationalismus und Religiosität in poetischen Gebilden vermischt zu billigen. Vernunft und religiöses Empfinden wecken auf unterschiedliche, doch jetzt nicht mehr exklusive Weise ein spezifisches Gefühl des Unendlichen. Aus Lamartines Intention folgt, daß eine undogmatisch religiös inspirierte Lyrik einen modifizierten traditionellen Diskurs wählt; kein unbedingt neuer Diskurs generiert eine neue Thematik. Vielmehr setzt eine traditionelle Lyriksprache, von keiner Literaturrevolution[26] schlagartig beseitigt, thematischen Veränderungen Widerstand entgegen; andererseits vereinfacht dies die Rezeption und Wirkung, da der Leser an bestimmte Diskursqualitäten gewöhnt ist (selbst der populäre Béranger benutzt das klassizistische Hyperbaton, weil es Teil des akzeptierten poetischen Stils ist).
Für die Wirkung der Romantik entscheidend ist, daß sie von der royalistischen Kritik gebilligt wird, während die Liberalen sie vorläufig ablehnen; Stendhal ist ein Sonderfall. Erst am Ende der Restauration leitet sich im poetologischen Selbstverständnis der Poeten, namentlich Victor Hugos, die lyrische Innovation positiv von der politischen Veränderung her. Das Prestige eines André Chénier, dessen Verse seit 1819 gedruckt vorliegen («On peut dater d'André Chénier la poésie moderne»), und des Vorbilds Chateaubriand – «être Chateaubriand ou rien» – wird jetzt auch politisch in Frage gestellt. Die Verteidigung der bürgerlichen Revolution und ihrer fälligen Entsprechung in der Sphäre sinnbildhafter Systeme desavouieren die Konterrevolution. Umgekehrt ist es nur folgerichtig, wenn Mély-Janin 1822 bei der Rezension der *Poèmes* Vignys den Autor an Chénier mißt und ihm mangelnde künstlerische Leistung, d. h. Abweichen von einer kanonisierten Lyriksprache vorwirft. Helen Maxwell

---

[25] A. a. O., S. 247.
[26] Karlheinrich Biermann, *Literarisch-politische Avantgarde in Frankreich 1830–1870*, Stuttgart 1982, S. 21.

King[27] weist nach, wie die konservative Literaturkritik schon 1820 befürchtete, daß die Entgrenzung der Rhetorik bald auch kühne Inhalte rechtfertigte. Deswegen ziehen die Kritiker mehrfach Chênedollé und Millevoye dem Autor der *Méditations poétiques*, der in *La Quotidienne* erst 1823, dann allerdings von Nodier gewürdigt wird, ausdrücklich vor. Im selben Jahr gründen Emile Deschamps und Victor Hugo die Zeitschrift, in der sich, wenigstens ein Jahr lang, die royalistische Romantik darstellen kann, *La Muse française*. 1823 erscheint zudem der Sammelband der *Tablettes romantiques*.

III. Originalität aus der Individualität

Brillant klingt diese Hypothese Sartres[28], wonach romantische Lyrik aristokratisches Dichten in einer bürgerlichen Welt ist. Sie thematisiert das adlige Scheitern während einer zwar Restauration genannten Epoche, die indessen die Mentalität und Wertvorstellung der Bourgeoisie begünstigte. Schmerz und Klage als wiederkehrende Themen erheben den Romantiker – «un superaristocrate» – über die Sphäre der gemeinen Gedanken und Empfindungen.

Solche Kategorien erfassen zweifellos die Intentionen von Lamartine, Vigny und Musset, die Dichter werden, als sie nicht mehr Offizier im herkömmlichen Verständnis sein können; sie betreffen Victor Hugo, obwohl Sartre ihn undifferenziert mit den anderen nennt, höchstens insoweit, als er sich zunächst auf der royalistischen Seite engagierte. Ob das Bewußtsein des Scheiterns bzw. die – in sich nicht widersprüchliche – Haltung des königstreuen Bourgeois sein poetologisches Selbstverständnis steuert, und ob er dabei zu unterschiedlicher Gattungsentscheidung gelangt, ist die eigentliche Frage.[29] Vergleicht man dazu die neueren Aufschlüsse von Franz Rauhut[30] und Laurence M. Porter, so ist jedenfalls der erste wenig tauglich.

Rauhut setzt voraus, daß die Romantiker das klassische Stilhöhenmodell anerkennen und sich an rhetorischen Klauseln der Antike und des 17. Jahrhunderts als den auch für sie gültigen Normen orientieren. „Die

---

[27] *Les doctrines littéraires de la Quotidienne 1814–1820*, Northampton/Paris 1919–20, S. 82.
[28] A. a. O., S. 120 ff.
[29] Doderer, a. a. O., S. 395.
[30] *Die klassizistische und romantische Lyrik der Franzosen*, Heidelberg 1977.

Romantiker dichten in den drei genera."[31] Intuitiv verteilt Rauhut romantische Texte auf dieses triadische Schema, das für ihn als Element einer Systematik existiert – obgleich es im 19. Jahrhundert historisch, und zwar explizit, außer Kraft gesetzt worden ist. Nicht einmal als es noch präskriptiv gesetzt wurde, konnte es den Substanzwert haben, den Rauhut ihm fortgesetzt zuschreibt. Diskussionswürdig wäre Rauhuts andere Prämisse, daß ein Text auf dem Hintergrund der Gattung wirklich verstanden werden kann;[32] keine Rede kann davon sein, daß die Romantik paradigmatische Isotopien der Gattung tradiert hätte, weil sie im 17. Jahrhundert sanktioniert worden wären. Die Sonettrezeption wäre das eklatante Gegenbeispiel.

Nützlich ist Porters Analyse, weil hier von beschreibbaren Veränderungen des Literatursystems und nicht von einem substantialisierten Erfahrungssubstrat der Literaten, ihren möglicherweise gestörten Beziehungen zur Umwelt her argumentiert wird.[33] Der Autor stellt fest, daß Lamartine und Hugo während der Restauration häufig die Gattungsbezeichnungen Elegie und Ode verwenden, dadurch einerseits eine Intertextualität zu Jean-Baptiste Rousseau, Bertin, Parny und André Chénier herstellen, andererseits durch die Ausbildung einer neuen Metaphorik den Gattungskanon antasten. Damit wären von der Motivik und vom lyrischen Diskurs her Differenzierungskriterien gewonnen, die u. a. auch den Anspruch der Romantiker auf Originalität aus der Individualität berücksichtigen. Praktisch scheitert Porters Versuch, Lamartine von der Elegie her (die der Lyriker freilich „poetische Meditation" nennt) in seinen Qualitäten zu situieren, denn zu den *Méditations poétiques* zählen auch Oden und Gelegenheitsgedichte. Lamartines Bemühen, nicht mehr Rokokoverse zu produzieren, nicht allein zu klagen, sondern zu belehren und zu erklären, muß anerkannt werden. Dadurch rückt bei ihm als erstem Romantiker das Originalitätssyndrom in ein eigenes Licht.

1818 nannte er das Gedicht « La gloire » noch « Stances. A un poète portugais exilé », obwohl ein häufiges Merkmal der französischen Stanze, die Isometrie, fehlte, wohl aber die Anforderungen der Ode erfüllt waren. Dieser terminologische Tausch, auffälliger noch das Bemühen um Ersatzbegriffe (méditation, harmonie, recueillement) für die tradierte Nomenklatur paßt zu Lamartines Verteidigung der Ichlyrik. Doch auch sie ist

---

[31] A. a. O., S. 64.
[32] Klaus W. Hempfer, *Gattungstheorie*, München 1973, S. 105.
[33] Eberhard Leube (Rez.), "Romantic and its Cognates", in: *Romanische Forschungen* LXXXVII (1975), S. 534–537, hier S. 535.

nicht frei von inneren Widersprüchen. Bei Irene Behrens[34] finden sich die Materialien, die vor und nach 1820 solche Definitionsversuche ermöglichten. In einem Avertissement zu den *Harmonies*, das die Pléiadeausgabe nicht abdruckt, verteidigte Lamartine die Ichform als den einzig legitimen poetischen Ausdruck. Selbst die konventionelle Rhetorik seiner Antrittsrede vor der Akademie im April 1830 verbirgt diesen Grundsatz nicht. Nur eigene oder wenigstens angeeignete Empfindungen seien es wert, im Gedicht modelliert zu werden; ohne Enthusiasmus und Inspiration entstehe keine authentische Poesie.[35] Lamartine schließt hier an Überlegungen englischer Dichter an, durch die das lyrische Gedicht zum poetischen Genus schlechthin werden sollte, weil das Überfließen der Gefühle, die Identifikation des lyrischen Ich mit der Person des Dichtenden restlos nur hier, und nicht in der Dramatik, Epik oder Narrativik gelingen konnte.[36] Trotz solcher Beteuerungen, die auf Selbstprojizierung hinzielen, die bald bei Musset, der Bilder, die in seiner Einbildung existierten, als eigene Erlebnisse ausgab (die Besteigung des berühmtesten Gipfels des Berner Oberlandes – «Au Yung-Frau»), zur Attitüde werden, tilgte Lamartine, als er die *Méditations poétiques* veröffentlichte, persönliche Anspielungen und verwischte Referenzen. Er trennte gerade das lyrische vom eigenen Ich; nicht der Bekenntnischarakter macht 1820 die Originalität aus. Auch die Naturmotive formieren sich zu örtlich nicht fixierbaren Seelenlandschaften, die zudem nicht mehr mit Rousseaus Rückschlüssen von der Naturstimmung auf die psychische Verfassung zu entziffern sind. Als aber Lamartine 1849 die *Méditations poétiques* mit Selbstkommentaren versah, legte er, obschon nicht immer verläßlich, autobiographische Spuren. Dies beweist zweierlei. 1820 hatte Lamartine Kompromisse mit einem klassizistischen Poesieverständnis, das freilich von der Liebeslyrik des 18. Jahrhunderts bereits in Frage gestellt war, geschlossen, um gegenüber dem Publikum die Ernsthaftigkeit seiner Thematik zu betonen. Erst durch die daran anschließend artikulierten Ansprüche der Romantik auf die Echtheit der dargestellten Gefühle und die Zustimmung des Lesers zu dieser Orientierung entstand in den Jahrzehnten nach 1820 das Interesse an der Person des Dichters und den anekdotischen Umständen der Komposition.

---

[34] *Die Lehre von der Einteilung der Dichtkunst.* Vornehmlich vom 16. bis 19. Jahrhundert, Halle/Saale 1940, S. 195 f.
[35] *Œuvres complètes. Harmonies poétiques et religieuses,* Brüssel 1831, S. 103.
[36] M. H. Abrams, *Spiegel und Lampe. Romantische Theorie und die Tradition der Kritik,* München 1978, S. 127.

Davon abgesehen sind Lamartine ältere Gattungseinteilungen schon darum gleichgültig, weil er 1820 das Gedicht als lyrischen Ausdruck, in dem Poesie und Religion zu verschmelzen sind [37], definiert. Seit der Arbeit an den *Méditations poétiques* unterscheidet Lamartine zwischen einer historisch gewordenen und daher im Geschichtsverlauf wieder zerfallenden sowie der unvergänglichen, weil göttlichen Sprache. Diese ist die Sprache des Herzens, der Dichter leitet seinen Enthusiasmus und seine Inspiration von Gott her («Chant d'amour», «Le poète mourant»). Als im April 1829 Sainte-Beuves erster Lyrikband, *Vie, poésies et pensées de Joseph Delorme*, dem 1830 *Les consolations* und 1837 *Pensées d'août* folgen werden, erschien, antwortete Lamartine unverzüglich auf ein ihm gewidmetes Gedicht mit einer Epistel [38] und kritisierte den Freund, der seine Verse im Stadium der Unvollkommenheit, deren Stilmerkmal die Hyperbel sei, veröffentlichte. Im Schlußteil seines Gedichts wiederholt Lamartine die Überzeugung, daß Poesie ohne göttliche Eingebung leer bleibe. Die «songes du génie», «songes divins» («Le génie dans l'obscurité») sind Geschenk, nicht Leistung. Willi Hirdt [39] beschreibt diese Quellen, aus denen Lamartines Spiritualismus schöpft (*Imitatio Christi*, Lamennais...). Lamartine hält daran fest, daß der Dichter eine innere Stimme, die die Brücke zur Transzendenz herstellt, in das jeweilige Sprachsystem umsetzt (in *Harmonies* die Gedichte «Invocation», III. 2–3, «Poésie ou paysage dans le golfe de Gênes»), er argumentiert im Sinne des Johannesevangeliums, wonach Gott das Wort («langue», «verbe»), die Poesie die unvollkommene jeweilige Sprache («langage», «parole», «bruit») sei. In der Kreatur ist eine göttliche Melodie zu vernehmen, die die Dichtung sucht und nur unzulänglich nachbildet («Désir»).

Auch Hugo, Guérin *(Le centaure)* und Nerval («Odelette») thematisieren diesen Mythos. 1832 lobte Lamartine Walter Scott für die providentielle Entflechtung seiner „Roman-Dramen"; der Dichter erfülle seinen Auftrag, wenn er „das große Buch des Schicksals" buchstabiere. Er entziffere die Schöpfung, soweit ihm über die Empfindsamkeit und Religiosität ihr Sinn zugänglich geworden sei, und lege die ideellen, vom

---

[37] Mario Hamlet-Metz, *La critique littéraire de Lamartine*, Den Haag 1974, S. 32. Vgl. neuerdings die Diss. von Andreas Kablitz, *Alphonse de Lamartines «Méditations poétiques»*, Stuttgart 1985, S. 223 ff.
[38] *Œuvres poétiques*, a. a. O., S. 415 ff. Zur Unvereinbarkeit der Weltsicht des Aristokraten Lamartine und des Kleinbürgers Sainte-Beuve vgl. Flottes, a. a. O., S. 124.
[39] *Studien zur Metaphorik Lamartines*, München 1967, S. 58 ff.

Schöpfer verantworteten Linien aus. Lamartine folgte hier auch dem von Chateaubriand *(Génie du christianisme)* entwickelten doppelten Zeitbegriff.[40] Es wäre angebracht, im einzelnen zu rekonstruieren, was Klaus Heitmann[41] im Hinblick auf die Lyrikdebatte bündig als den „Grundgedanken der Romantik" wiedergibt, wonach Dichtung aus dem Herzen komme. Darum führten die meisten der auf die Poesie bezogenen Teile der romantischen Theoriediskussion „über die These vom intimen, persönlichen, gefühlsbetonten Charakter der Lyrik nicht wesentlich hinaus". Zum Schlüsselmotiv der Lektüre im Buch der Schöpfung äußern sich Lamartine und Hugo auf ihre Weise.

Der Aristokrat liest die Heilsgeschichte, indem er den Zeugnissen des Gefühls und der poetischen Formung von Gefühlen folgt, dabei Aufklärung und Materialismus ablehnt, vorläufig auch, jedoch 1848 nicht mehr, den Fortschrittsglauben verwirft. So liest es sich auch wiederholt im *Cours familier de littérature*. Lamartines damalige Einwände gegen das dominierende Weltbild des 18. Jahrhunderts decken sich mit der in der reaktionären *Quotidienne* seit 1814 vertretenen Kritik am Rationalismus. Die tatsächliche Machtlosigkeit des Aristokraten wird durch die poetische Sublimierung der Niedergeschlagenheit wettgemacht.[42]

Hugo setzt, besonders anschaulich in *Notre-Dame de Paris*, gleichfalls die Heilsgeschichte als Geschichtsverlauf voraus, um nachzuweisen, daß die „toten Augen" der Kathedrale eine restlose Erschließung des Sinns der Nationalgeschichte, wo diese abschnittsweise nicht im Einklang mit dem Walten der Providenz beschreibbar ist, verwehren.

Diese Metaphorik bleibt auf der poetischen wie der metapoetischen Ebene rekurrent: Dichter buchstabieren die Welt, lesen in der riesigen Hieroglyphe des Universums, entziffern dunkle, aus Zeichen und Zahlen gebildete Sätze und antworten auf letzte Sinnfragen.[43] Erwartungsgemäß thematisiert Hugo im Vorwort zu *Les Rayons et les Ombres* (1840) die Mission des Seher-Dichters, ohne sich tagespolitisch zu engagieren; Diskursfragen sind 1840 nicht diskussionswürdig. «Pour ce qui est des questions de style et de forme, il n'en parlera point.»[44] Vage bekennt er sich zur Sprache der Bibel, zu den «divins maîtres» Vergil und Dante; «il a toujours eu un goût vif pour la forme méridionale et précise» – was immer

---

[40] Hirdt, a. a. O., S. 135f.
[41] *Europäische Romantik II*, Wiesbaden 1982, S. 9.
[42] Maxwell King, a. a. O., S. 39f.
[43] Alfred Glauser, *La poétique de Hugo*, Paris 1978, S. 23.
[44] *Œuvres poétiques I*, a. a. O., S. 1021.

damit gemeint sein soll. Die Ode «Fonction du poète» (1839), das Eingangsgedicht, preist den Dichter nicht, weil er Regeln der Dichtkunst anzuwenden weiß, sondern apostrophiert ihn als „gesalbten Träumer", aus dem ein Wort spricht. Hugo operiert mit der ästhetischen Umkehrung: «Compose tes chants inspirés/Avec la chanson des feuillages/Et l'hymne des flots azurés!» (IV. 2–4). Lyrische Gattungen sind kein Teil einer Poetik, sondern strukturieren das Lied der Natur. «La nature est la grande lyre,/Le poète est l'archet divin!» (IV. 9–10). Gattungen stehen als Metaphern der sinnlichen Vorstellungswelt. Nachdem die Phantasie sie gefunden hat, können sie Instrument der literarischen Erkenntnis werden und als Ordnungskategorien gesetzt werden. Hugo benutzt auf frappante Weise die Argumentation der Neoklassizisten, wie Auguste de Saint-Chamans oder Louis-Simon Auger, die die Naturgesetze des Schönen, welche nicht zu erfinden, hingegen zu entdecken sind, voraussetzen. Mit dieser Neufüllung eines Leitsatzes vermag Hugo die romantische Empfindsamkeit gegen Vorwürfe der Kunstfeindlichkeit in Schutz zu nehmen. „Tradition" besetzt in der vorletzten Strophe die Kategorien des kontinuierlichen Verlaufs der Weltgeschichte, fungiert eindeutig nicht literarhistorisch. Gattungen sind in Hugos Verständnis naturhafte Formen, ihr Ort ist die geschaffene Welt, deren Qualität sie ausweisen, nicht primär die poetisch formulierte Auskunft über die Kreatur. Der Dichter erlebt, sieht, hört Gattungen, sie konnotieren ihm keine Regelsysteme, die *a priori* zu beachten sind. Hugo verfährt insofern inkonsequent, als er daneben Gattungen als Kunstformen benutzt, auch wenn er sie ausdrücklich immer weniger benennt.

Wenn Alfred Glausers Darstellung des poetischen Handelns und der poetologischen Reflexion zugrunde gelegt wird, sind für den Lyriker Hugo Gattungsnormen auch deswegen von geringer Bedeutung, weil die Intertextualität vor allem Beziehungen zwischen den eigenen Werken herstellt.[45] Prinzipiell ist die Vereinbarung von Gattungskonventionen zwischen dem Autor und dem Publikum durch den Dichter aufgekündigt; das Revolutionsanalogon und die Apologie der visionären Individualität, Voraussetzungen der Annullierung jedes Kanons, erschließen den – metaphorischen – Text der Weltgeschichte als Heilsgeschichte. Diese teleologische Optik drückt sich nicht in sanktionierten Textsorten aus.

Aus Kirchmeirs faktenreicher Darstellung könnte dazu der mißverständliche Schluß gezogen werden, die romantische Theorie fordere die

---

[45] Glauser, a. a. O., S. 12.

tatsächliche Kunstlosigkeit, während die Poetik des 18. Jahrhunderts voraussetze, „daß im Gedicht durch höchste Kunst die Illusion der Kunstlosigkeit erzielt" [46] werde. Für Hugo trifft dies nicht zu, da er keine Opposition konstruierte, die sich an Castigliones Abteilung der kunstvollen Lässigkeit («fatica», «arte» vs. «sprezzatura»), von hohem Wert auch für den Kunstgenuß im Zeichen der «honnêteté» und danach, orientiert. Vielmehr deutet er die Lehre der Klassik und des Klassizismus von «l'art caché», falls er sie überhaupt referiert, dahin um, daß er aus den Schriftzeichen des Kosmos autonome schöne Gebilde erschließt, wie man Geheimnissen auf die Spur kommt. Für ihn stellt sich nicht die Frage nach der Relation von Gattung und Einzelwerk, sondern nach der Nachbildungsmöglichkeit idealer, dabei wirklicher, schöner Naturzeichen durch entsprechend schöne Textformen. Die Revolutionsanalogie bleibt auch auf diesem Reflexionsniveau gültige Voraussetzung des neuen dichterischen Ausdrucks, da erst die Auflösung der Gattungsthematik und der Gattungsrhetorik dieser Poesieidee gerecht wird. Damit rettet Hugo zu einem Teil wenigstens die Autonomie des poetischen Handelns vor dem umfassenden Vorwurf der Heteronomie und der Epigonalität. Denn die in die Natur eingebetteten Gattungen – als die zugleich idealen und realen – müssen jeweils aktualisiert werden. Mit den beiden Ebenen des Langue-parole-Modells wäre zur Erklärung des Vorgangs deshalb nichts gewonnen, weil bei Hugo die ontologische Verteilung unklar bleibt. Das Nachsprechen der Schönheit kann nicht als ihre Verwirklichung begriffen werden.

In der Vorrede (November 1831) zu *Les Feuilles d'automne* hat Hugo keine Veranlassung, hauptsächlich Gattungsprobleme zu erörtern. Er setzt sich direkt mit Sainte-Beuves Aufruf im *Globe* (11. 10. 1830) zur fälligen Politisierung der Dichtung auseinander; in diesem Text – «Espoir et vœu du mouvement littéraire et poétique» – war Hugos „militanter" Royalismus der zwanziger Jahre als negatives Beispiel genannt worden. Der Lyriker verteidigt 1831 seinen politischen und poetischen Liberalismus und meint damit die Freiheit, dem entmachteten Karl X. Respekt zu bezeugen und die Motivik seiner Gedichte nicht direkt von der Julirevolution herzuleiten. Er zitiert die kulturelle Entwicklung des 16. Jahrhunderts, um zu beweisen, daß sich literarische Blüte bei gleichzeitigem politischem Ruin einstellen kann. Sein Geschichtsbild ist höchst ungenau, denn er verrechnet die Poesie der fünfziger Jahre mit den Kriegen des

---

[46] Karl-Wilhelm Kirchmeir, *Romantische Lyrik und neoklassizistische Elegie*, München 1976, S. 175.

letzten Viertels des Jahrhunderts; Montaigne jedenfalls ist nicht sein Kronzeuge. Das Anliegen ist dabei folgendes: Hugo behauptet die unantastbare Substantialisierung der ästhetischen Leistung, indem er eine unveränderliche menschliche Natur, die er hier «cœur humain» nennt, voraussetzt. Keine Revolution verändere je die dieser Natur innewohnende Kreativität.[47] Diese Argumentation ist auch in anderer Weise bemerkenswert, denn Balzac, der die „Geschichte des menschlichen Herzens" narrativ modelliert («Avant-Propos», 1842), handelt nicht von der Idee des «cœur humain», vielmehr von dessen zufalls- und milieubedingten Ausprägungen, die allein interessant sind. Hugo hingegen beharrt auf der ahistorischen Auslegung und erkennt der Kunst, wenn nötig, den Wert des Unzeitgemäßen zu. Sie thematisiert nicht in jedem Fall die Zeitläufe; Mangel an politischem Engagement kann nicht als schöpferisches Versagen ausgelegt werden (*Les Rayons et les Ombres*, 1840). Mag auch die Gegenwart prosaisch sein, das Werk sticht durch seine Andersartigkeit davon ab. Beiläufig nennt der poetologische Text jetzt erst die Gedichte der *Feuilles d'automne* Elegien und meint damit den adäquaten Ausdruck der Seelenlage des liebenden Dichters. Das liebende Ich äußert sich wie auf natürliche Weise in der Elegie, es respektiert keinen Gattungskanon. Daraus versteht sich auch die weitere Bemerkung, Oden mit politischer Thematik störten diesen, von der Stimmung diktierten Kontext und würden separat veröffentlicht.

Auch als Lyriker und Lyriktheoretiker ziehen Lamartine und Hugo aus dem providentiellen bzw. teleologischen Ansatz abweichende Konsequenzen. Hugo polemisierte in der 2. und 3. Vorrede (1824, 1826) der *Odes et Ballades*, obwohl er sanktionierte Gattungsbegriffe verwendet, gegen dieses Gattungssystem, zitierte Stendhals Romantikschema aus *Racine et Shakespeare*, ohne es sich zu eigen zu machen, und plädierte in paradoxen Wendungen für die Freiheit des lyrischen Ausdrucks, «la régularité est le goût de la médiocrité, l'ordre est le goût du génie»[48]. Der Dichter respektiert nur ein Modell, die Natur, und ein Prinzip, die Wahrheit. «Il ne peut pas écrire avec ce qui a été écrit, mais avec son âme et avec son cœur.»[49] Trotz Hugos Bemühungen um eine, die künstlichen Gattungskriterien aufhebende universale Ausdruckslyrik vollzog sich bis

---

[47] *Œuvres poétiques I*, a. a. O., S. 713.
[48] *Odes et Ballades. Les Orientales*. Chronologie et introduction par Jean Gaudon, Paris 1968, S. 305; dazu ergänzend Margaret Gilman, *The Idea of Poetry in France from Houdar de la Motte to Baudelaire*, Cambridge (Mass.) 1958, S. 161 f.
[49] A. a. O., S. 307.

1830 der Zusammenbruch des Kanons doch langsamer, als er theoretisch betrieben wurde.[50] Für Hugo jedenfalls, der sich im Eingangsgedicht der *Feuilles d'automne* selbstbewußt wie schon 1824 als «écho sonore» versteht, zählen herkömmliche Gattungsfragen immer weniger. Spätestens jetzt, am Morgen nach den Julitagen, hob sich Lamartines Gefühlskult und Verteidigung der Ichform von Hugos Position merklich ab. Lamartine unterscheidet eine „äußere", intellektuelle von der „inneren" Gefühlsdichtung. Was Hugo 1835 in den *Chants du crépuscule*[51] und 1837 in den *Voix intérieures* erst forderte, aus persönlichen Erfahrungen heraus Allgemeines mitzuteilen, um die Dämmerung eines Zeitalters zu thematisieren, war für Lamartine 1820 fällig geworden. Landschaften in Abend- und Nachtstimmungen, die Dämmerung, der Herbst, welkende Rosen und Mandelblüten sind Motive, die Melancholie bis zur Todessehnsucht konnotieren. Religiöse können im Text profane Kategorien besetzen. Dem Mythos des Jammertals der Welt steht der Mythos der unantastbaren Sphäre eines deistisch gedachten Gottes gegenüber. Die tote Geliebte hat Rettungs- und Erlösungsfunktion («Le temple», «Le crucifix»). Das Lied des Dichters verewigt das Hinfällige, weil seine Inspiration göttlicher Natur ist («A Elvire», «Chant d'amour», «Le poète mourant»). Dante und Petrarca werden zitiert, Ronsard nicht. Die Verwandlung des Aristokraten in den Poeten, der mittels der Ichform eine „Illusion der Erlebtheit"[52] steigert, bedingt die Abwandlung lyrischer Formen und Diskurskontaminationen eigener Art. Lamartines Ode «Peuple! des crimes de tes pères...» *(Méditations poétiques)* und Hugos Ode «L'histoire» *(Odes et Ballades)* besetzen beide politische Abläufe mit Kategorien des Irrationalen. Lamartine thematisiert jedoch den Verlust einer harmonischen Weltsicht in einem Dreischritt: Das 17. Jahrhundert war vollkommen, die Aufklärung bewirkte den Niedergang, die Generation der Söhne beweint die Folgen der Revolution. Die Ode schließt als Elegie. Hugo begreift episodische historische Konflikte deswegen als nachgeordnet, weil alle «routes contraires» im «fleuve éternel» (IV. 4) aufgehoben werden. Die Kraft, die den Geschichtsprozeß bewegt, «un souffle immense et fort» (II.1), ist göttlichen Ursprungs. Das Naturanalogon des Gedichtes ist geeignet, die Tiefe der fließenden Zeit, Thema auch der Romane Hugos, zu konnotieren. Der Tenor der Ode wird durch die einheitliche Idee erhalten.

[50] Kirchmeir, a. a. O., S. 18 f.
[51] Hirdt, a. a. O., S. 70.
[52] Kirchmeir, a. a. O., S. 11 f.

Was Lamartine dazu veranlaßt haben mag, auch das Diskursschema „Ode" „poetische Meditation" zu nennen, welche Lesarten er vorschlägt, zeigt «L'isolement».

Das Eingangsgedicht der *Méditations poétiques* ist 1818 entstanden.[53] Lamartine schreibt die 13 vierzeiligen Alexandrinerstrophen als Ichlyrik, nicht jedoch als distanzierte Rollenlyrik. Der triadische Aufbau (I–IV, V–IX, X–XIII) repliziert äußerlich die seit Ronsard in Frankreich gepflegte Ode des pindarischen Modells. Lamartine orientiert sich an der poetischen Organisationsform dieser Gattung, die traditionellerweise die großen Sinnfragen thematisiert. Auch mit der Botschaft reiht sich sein Gedicht in die Tradition ein. Der Gattungsstil der Ode integriert als Diskursschema immer noch topische Periphrasen („Sonnenwagen", „bleicher Wagen des Nachtgestirns") und die fortgesetzte Verwendung des Hyperbatons; er bestimmt über die Regelung der poetischen Sprache auch teilweise die Botschaft des Textes.[54]

Der Natureingang ist im Blickfeld des lyrischen Subjekts ein Naturschauspiel, dessen Unbestimmtheitsgrad herausgestellt wird («souvent», «au hasard»). Für das unbewegliche, schauende Subjekt, das im Stadium der Meditation erscheint, sind sinnliche Erfahrungen bereits mit ästhetischen besetzt. In seinem geistigen Horizont setzt sich eine Landschaft, die, subjektiv genossen, alle Voraussetzungen der Seelenlandschaft bei Rousseau, Bernardin de Saint-Pierre, Senancour und Chateaubriand erfüllt, in Szene («tableau», I. 4). Auf den intertextuellen Zusammenhang der Landschaftsmotive ist hingewiesen worden. Solche Filiationen betreffen sowohl die vertikale Raumsymbolik (Gipfel – Tal) als auch den horizontalen Kreis des Panoramas. Der Lyriker zitiert darin wohl Elemente der Idylle, die idyllische Harmonie ist indessen zerfallen, da die Traurigkeit des Ichs, deren Ursache vage evoziert wird («Un seul être vous manque, et tout est dépeuplé», VII. 4), sich keine gefällige Natur mehr vorstellen kann. Weder versinnbildlicht die Außenwelt die Gefühlslagen des Subjekts, wie noch in Chateaubriands *René*, noch entwirft seine Innerlichkeit das Umfeld einer erträumten Geborgenheit. Die Begegnung mit der Natur als Landschaft emanzipiert und tröstet das Ich nicht mehr; weder die Weite des Horizonts noch die gotische Kirche (IV. 1), ein Motiv, das als Metonymie für Chateaubriands Katholizismus gelesen werden kann, der pathetische Kontrast von Palästen und Hütten

---

[53] Rauhut, a. a. O., S. 117f.
[54] Erich Köhler, „A. de Lamartine: L'Isolement. Versuch einer sozio-semiotischen Interpretation", in: *RZLG* (1981), S. 2–3, S. 129–152.

(VII. 1), ein Relikt der pathetischen Sozialkritik seit der Renaissance, heben die Vereinsamung auf.

«D'un œil indifférent» (VIII. 2) wendet sich der Klagende von den „nichtigen" Repräsentationen der Welt ab (VII). Neuer Gegenstand seiner Meditation ist ein Jenseitsbild, das platonische, durch Petrarca vermittelte, vermischt mit deistischen Ideologemen, die typisch sind für die Metaphysikdebatte seit der Aufklärung. Die Rekurrenz des Motivs «terre» erklärt sich unter dieser Prämisse schlüssiger aus dem biblisch-philosophischen Diskurszusammenhang als aus einer Lesart, die den Vertreter des entmachteten und enteigneten, freilich von der Restauration entschädigten Landadligen als Subjekt, das im Gedicht gemeint sein soll, ins Auge faßt. Die Erde sieht der Verzagende als Totenreich (V. 3–4), der Erde überläßt er seine sterbliche Hülle, falls er in eine jenseitige Traumwelt aufbricht (X. 3), die irdische und die „ideale" Existenz sind in seinem Weltbild unvereinbar (XI. 4), nichts bindet ihn mehr an das Jammertal, «la terre d'exil», dem er in der Meditation entflieht (XII. 3–4). Mit „Exil" ist die Trauer auch um den erloschenen Zauber der Naturszene symbolisiert (V. 2). Wenn «L'isolement» eine „unbewußte Geschichtsschreibung" der Restauration wäre,[55] dann in einer höchst latenten Weise. Von der politisch disponierten Lesart würde dann verlangt, daß sie Intentionen der verdeckenden Kategorisierung aus biographischer Quelle erfährt. In der Schlußstrophe nimmt Lamartines Gedicht den Natureingang wieder auf. Die Konnotationen des Herbstbildes, von Chateaubriand im *René* angelegt, und der verdeutlichende Vergleich der Widerstandslosigkeit des Ichs mit dem Sterben in der Natur vollenden das gespaltene Weltbild. Einerseits sucht das Individuum, wenn es sich die Landschaft vorstellt, Geborgenheit, andererseits überläßt es sein Schicksal den Naturgewalten.

Im Januar 1825, nachdem Lamartine bei der Wahl in die Akademie durchgefallen war, verfaßte er die Ode «Sur l'ingratitude des peuples», in 15 zehnzeiligen Strophen. Sie beginnt in Form einer antikisierenden Parabel mit invektivischer Absicht, beschwört die Literaturgeschichte, um die Enttäuschung des Dichters als Merkmal unverstandener Größe auszuweisen, und schließt wieder als Klagelied. Das Problem der unzulässigen Anerkennung innovierender Dichtung reduziert sich auf einen sittlichen Konfliktpunkt – Ruhm weckt Neid. Dieses im Achtsilber verfaßte Gedicht ebenso wie die häufigen vierzeiligen Alexandrinerstrophen im Werk von 1820 und später folgen fraglos metrischen Konventionen. Marcel

---

[55] A. a. O., S. 148.

Schaettels Anstrengungen, bei Lamartine einen freien Umgang mit der Zäsur[56] zu belegen, überzeugen kaum. Häufig beläßt Lamartine, durch die Interpunktion noch eigens signalisiert, die Zäsur an der klassischen Stelle. Offensichtlich ist die Auflösung der Metrik nicht mechanisch an die Aufhebung von Form-Inhalt-Klauseln gebunden.

Daß Lamartine festgelegte Gattungsmerkmale kennt, belegen auch «La mort de Socrate» (1823) oder die «Epitre à M. Casimir Delavigne» (1825). Er weiß, wann er epische, lyrische und didaktische Schreibweisen vermischt, und er thematisiert, wo er unzulässig in den Ton der Ode verfällt, mit der Sprache der betroffenen Versepistel diesen poetologischen Verstoß.

Trotz der kategorischen Unterscheidung von „äußerer" und „innerer" Dichtung,[57] denen der Intellekt und die Empfindsamkeit, eine alte und eine neue Haltung zugeordnet sind, wodurch auch eine Achse für die Metaphorik gelegt ist, lassen sich in Lamartines Lyriksprache zahlreiche Belege für ein Einverständnis mit der Tradition, die klassisch und neoklassizistisch kanonisiert waren, nachweisen. Dazu zählen die fortgesetzte Verwendung des Hyperbatons,[58] der Periphrase[59] und die Berücksichtigung des «style noble» («onde», «zéphyre», «coursier», «ministre», «temple», «nacelle», rhetorisch bedingte Pluralia: «mots», «cieux», «bords», «horizons», «mers» ...). Die 1823 entstandene, erst 1849 veröffentlichte «Invocation du poète» verdeutlicht, zu welchen Kompromissen zwischen Tradition und Innovation Lamartine fähig war. Die Anrufung der Trinität besetzt die in der Exordialtopik geläufige Musenbeschwörung, die Ausgießung des Geistes begründet die poetische Inspiration. Die affektierte Bescheidenheit, ein Aspekt dieser Konvention,[60]

---

[56] «La poésie de Lamartine: équilibre, harmonie, mouvement», in: Paul Viallaneix (Hrsg.): *Lamartine*, a. a. O., S. 71–94.

[57] Hirdt, a. a. O., S. 162 ff.

[58] Zum Hyperbaton in den *Méditations poétiques*: «Souvenir» VIII. 1, X. 1; «La prière» 13–14; zahlreich in «Le génie»; «L'automne» III. 2; «Etait-ce de la mort la pâle majesté» (La mort de Socrate); «Ma harpe fut souvent de larmes arrosée» (Le poète mourant).

[59] Lamartine nennt Parny «maître de la lyre» (A Elvire). Periphrasen für „Mond": «le char de la nuit» (Le soir), «l'astre au front d'argent», «l'astre nocturne», «l'astre du mystère» (Le lac, Le soir, Le vallon). Die Seelen der Toten sind die «mânes heureux» (Le soir), «sein» steht häufig für „Seele", „Herz", „Inneres", „Empfinden", z. B. «au sein de mon âme épuisée» (Le soir).

[60] Ernst Robert Curtius, *Europäische Literatur und lateinisches Mittelalter*, Bern/München ⁶1967, S. 93.

wird in die Sprache der Demutsformel gegossen. Hier nimmt ein neuer Spiritualismus seinen Ausgang; die Intertextualität mit älterer Idyllik verbirgt häufig, daß in Wirklichkeit eine Replik vorliegt, wenn Lamartine das Häufigkeitsmotiv «vallon» setzt. Denn die poetische Landschaft der Oden, Elegien und Hymnen ist durch zwei extreme Raumvorstellungen gekennzeichnet – die unendliche Weite, die bis hinter den sinnlich erfahrenen Horizont reicht, sowie die Senke, die Geborgenheit, das „Bett", konnotiert («L'infini dans les cieux»). Dadurch werden deistische Anschauungen, Entgrenzungstendenzen ebenso wie die politische Exilidee (im Sinne Chateaubriands) lyrisierbar. In der Welt wirken zugleich der Atem Gottes und der Strom der weltlich verursachten Schmerzen (vorrangig *Harmonies* und *Recueillements*).

Dieser Dualismus ist nicht ohne weiteres im Sinne Willi Hirdts auf den Gegensatz von Materiellem und Geistigem zurückzuführen, denn die inhaltsideologischen Entgegensetzungen von Aufbruch und Heimkehr markieren keine Alternativen in der Gattungsstruktur, sondern verlangen nach Vermengung des Tenors von Ode, Elegie und Hymne.

Die Rolle des Hofdichters, die Lamartine und Hugo 1824 vorübergehend spielen sollten (allein Hugo nahm an der Salbung in Reims teil), ihre Ernennung zu Rittern der Ehrenlegion, die Notwendigkeit, den angemessenen panegyrischen Ton zu treffen, wurden von der Presse sichtlich mißverstanden. In dem Augenblick, als Lamartine und Hugo Preislieder auf Karl X. verfassen und die Restauration die royalistischen Idole zu festigen schien, fiel Chateaubriand in Ungnade und räumte das Außenministerium. Emphatisch feiern die jungen Romantiker die künstlerischen Qualitäten des Meisters. Vor allem Hugos «Ode à Chateaubriand» wird viel beachtet. Gerade seine Oden waren von Anfang an mit eindeutigeren Signalen zur politischen Lesart versehen als die Mehrzahl der Gedichte Lamartines.

In einer detaillierten Darlegung, die Karlheinrich Biermann[61] nur ungenau referiert, begründet Paul Bénichou[62], worin sich Hugos politische Ode von der älteren panegyrischen und enkomiastischen Dichtung unterscheidet. Gegenstand der Oden Hugos ist seit den zwanziger Jahren die

---

[61] A. a. O., S. 41.

[62] *Le sacre de l'écrivain 1750–1830*, Paris 1973, S. 382 ff. Zum enkomiastischen Aufgebot von 1824 vgl. umfassend Flottes, a. a. O., S. 45 ff. Vigny, Royalist wie Hugo und Lamartine, jedoch ohne Ambition, als Hofdichter zu gelten, schweigt. Seine Auseinandersetzung mit der Zukunft der Monarchie wird narrativ geführt – 1826 in *Cinq-Mars*.

providentielle und später teleologische Geschichtsphilosophie, in rekurrente Bilder gefaßt. Zur prophetischen Mission paßt der Tenor der Ode, ohne daß dies auch immer Zustimmung zum vorrevolutionären Literaturkanon bedeutete. Unter dieser Voraussetzung ist Porters genannte Untersuchung, die Deschamps' Dreigliederung aufnimmt, generell richtig. Wenn Hugo sich mit seinem Odenbegriff nicht von präskriptiven poetologischen Vorstellungen gelöst hätte, könnte er 1827 in der *Préface de Cromwell* nicht feststellen, der Mensch der Vorzeit äußere sich lyrisch, für ihn erfülle in der Jugend der Welt die Ode die Funktion des Gebets. Nicht erst seit 1830 kontaminiert er den Stil der Ode und der «rêverie». Texte, die zwischen 1840 und 1855 entstehen, nennt er «contemplations», um die Kontamination gattungsspezifisch getrennter Haltungen und Sprechweisen zu ermöglichen. Wie «méditation» stammt «contemplation» aus der Vorstellung der Mystik, ist hingegen nicht wie die Meditation auch philosophiegeschichtlich vermittelt. Dichtung als Vision verlangt nach eigenen Ausdrucksformen, deren Ansprüche traditionelle Gattungen im Bewußtsein der Autoren nur unzulänglich erfüllen. Pierre Moreau bezieht Lamartines und Hugos Titel von 1820 bzw. 1856 aufeinander. «Les deux recueils par lesquels s'ouvre et se clôt le grand lyrisme romantique s'appellent *Méditations* et *Contemplations*.»[63] Am Beginn und am Ausklang der romantischen Strömung stünden demnach terminologische Innovationen, die inhaltsideologische Entwicklungen signalisierten.

Eindeutige und direkte politische Stellungnahmen finden sich bei Lamartine in drei Oden von 1830 und 1831, in denen er, wie zuvor schon Hugo, gegen die Todesstrafe plädiert und an Chéniers Schicksal erinnert, Sozial- und Dichtungsgeschichte in Wechselbeziehung setzt. In den *Harmonies* hingegen steht wiederholt ein Individuum bewundernd oder klagend vor der Welt, die ein Abglanz jenseitiger Vollkommenheit sein kann. Romeos Verwechslung der Lerche mit der Nachtigall wird als poetischer Stoff zitiert («Novissima verba», IV. 7–8), um die Lebenslüge, die gerade die Liebe nährt, aufzudecken. Das fühlende und liebende Ich lebt, wie überhaupt jeder Mensch, in einem Exil, das von Idolen umstellt ist (VIII. 9; X. 22). Daß der Landadel politisch und wirtschaftlich verspielt hat, wird in «Milly ou la terre natale» als Periphrase codiert (X. 10–11). Hymne, Elegie und Satire existieren noch in der Kontamination. Der Lobgesang bricht in den *Harmonies* jeweils dort ab, wo vage Lebensängste und Frustrationen, die indessen nicht untrüglich denotiert sind, die Freude ersticken. Natur, Himmel, Familie, Geliebte, Herrscher (des

---

[63] *Les Contemplations ou le Temps retrouvé*, Paris 1962, S. 3.

Himmels und der Erde) und Volk, auch das mutige griechische[64], sind poetische Motive, die isoliert werden können; die Tragik des Landadels hingegen ist nur indirekt literaturwürdig, weil jede Direktheit eine besondere Qualität der Texte, ihre Ambivalenz, zerstört hätte.

Fraglich bleibt in Porters philosophisch, nicht poetologisch oder soziologisch begründeter Gliederung in eine von der Elegie und eine von der Hymne geprägte Schaffensperiode die Hypothese, die Elegie werde dort durch die Hymne abgelöst, wo das lyrische Ich von einer indifferenten Welt Antwort erhalte.[65] Porter könnte sich dazu auf Sainte-Beuves Verurteilung der *Recueillements* berufen[66], wenn nicht bekannt wäre, daß Sainte-Beuve auch hier voreingenommen gesprochen hat. Lamartines – zuerst legitimistisches – Engagement gegen die Julimonarchie stellte den Lyriker vor politische Konflikte, jedoch in keinen neuen poetologischen Zwiespalt.

Vignys Ausgangssituation ist, von Unterschieden im Familienbesitz abgesehen, diejenige Lamartines. Beide können das politische Neue nicht billigen, ohne sich aufzugeben, und beide schaffen, weil die Poesie ihnen die gesellschaftliche Identität ersetzt, ästhetisch Neues. Religiös klingende Inhalte ihrer Werke sind nie orthodox gemeint. Vigny formuliert darüber hinaus seit den zwanziger Jahren eigene dichterische Ziele. «J'ai mis sur le cimier doré du gentilhomme / Une plume de fer qui n'est pas sans beauté» («L'esprit pur», I. 3–4). Diese Formel konnotiert einen später formulierten Topos – Hugo will das Personalpronomen in einen Jakobiner[67] verwandelt haben. Weder historisch noch literarhistorisch gäbe es einen Grund, Vignys Antithese in der von Franz Rauhut[68] empfohlenen Weise zu lesen, um von der Verherrlichung der geistigen Tat zur Tradition des Seelenadels seit dem „13. Jahrhundert" eine Filiation zu legen. Vignys Situation kann aus dem Anspruch der bürgerlichen Intelligenz des 12. Jahrhunderts und später nicht erschlossen werden. Aufschlußreich ist, daß Lamartine, Hugo und Vigny die „Schrift" eines höheren Wesens, sei es nun als Schöpfer, Vorsehung, Schicksal oder «PUR ESPRIT, roi du monde» vorzustellen, entziffern, wenn sie lyrisch dichten. Die Übereinstimmung in den Idolen ist auch ein Anlaß, gemeinsam Gattungsdistinktionen abzubauen.

[64] Vgl. Anm. 9.
[65] A. a. O., S. 45 f.
[66] Fayolle, a. a. O., S. 245.
[67] Moreau, a. a. O., S. 27.
[68] A. a. O., S. 140.

Porter[69] weist bei Vigny eine besondere thematische Entwicklung nach; auf Demütigung folgen Fatalismus und Selbstbewußtsein in der Vereinzelung, dessen hybride Modellierung sich im Schlußgedicht der *Destinées*, «L'esprit pur», findet. Unter dieser Voraussetzung veränderten sich in vier Jahrzehnten Rang und Funktion der Inspiration. Lamartine und Hugo begreifen sie als göttliche Eingebung, Vigny negativiert die Individualität. Bei ihm beklagte der Poet nicht nur das schwere Los, das die Welt getroffen hat; er ist als poetisch Handelnder, der seiner Eingebung folgt, isoliert, angefeindet, Märtyrer der Menschheit.[70] Er modelliert zwar die Realität, doch seine Komposition ist nutzlos, allein der Grad ihrer artistischen Vollendung ist ihr Sinn. Vigny fand eine neue Gattung – nach Max Milners Auffassung[71] neben dem Prosagedicht die einzige romantische Innovation –, das episch-lyrische «poème». Emile Deschamps hatte als erster (*Études françaises et étrangères*, 1828) Vigny mit dem Poem identifiziert und bemerkt, der Dichter verkürze nach dem Vorbild Byrons das klassizistische Epos und stelle erfundene Stoffe dar; weder für das Moses- noch das Rolandgedicht[72] trifft dies zu. Überdies meinte «poème» imVerständnis des 18. Jahrhunderts, das die Enzyklopädie auch codifizierte, bereits „Kurzepos". Allegorisierungen, die früher gattungsspezifisch gewesen waren, und alle Anzeichen des topischen epischen Stils wurden bereits von Chénier ausgeräumt. Davor bezeichnet «poème», wie Fritz Nies[73] belegt, seit 1500 entweder ein siebenzeiliges Gedicht oder ein Drama, eine Bittschrift, ein Oratorium und selbst die «monorime». Tatsächlich bevorzugt Vigny seit «La maison du berger» (1844) die siebenzeilige Alexandrinerstrophe mit dem Reimschema ababccb[74]. Er verständigte sich zuvor, 1839 in einem Brief an Maximilian von Bayern, über die moderne Funktion des «poème». Die Innovation wurde ebenso wie die abgewandelte Sprache der Ode und Elegie undifferenziert als «romantique à tout hasard» angesetzt.[75]

---

[69] A. a. O., S. 66ff.
[70] Henning Mehnert, „Alfred de Vigny", in: Wolf-Dieter Lange (Hrsg.): *Französische Literatur des 19. Jahrhunderts I*, Heidelberg 1979, S. 131–146; hier S. 135.
[71] Milner, a. a. O., S. 170f.
[72] *Vigny*, «Moïse», «Le cor», in: *Œuvres complètes*, texte présenté et commenté par Fernand Baldensperger, Paris 1970, S. 7–10, S. 85ff.
[73] *Genres mineurs*, München 1978, siehe Register.
[74] Manfred Lentzen, „Alfred de Vigny, L'Esprit pur", in: Hans Hinterhäuser (Hrsg.), a. a. O., S. 325–337.
[75] Luigi Sorrento, *Lettura e illustrazione critica della poesia di Alfred de Vigny*, Mailand 1945, S. 12.

Auch hier ist abzulesen, daß die Romantikdiskussion, ehe sie den gattungsungebundenen lyrischen Ausdruck durchsetzte, Innovation als Modifikation des bestehenden Kanons verstand. Mit der Form der «élévation», die Vigny seit 1826 skizzierte, plante er einen originellen lyrischen Ersatz für das episch-lyrische Poem. Fritz Nies rechnet die «élévation» noch nicht zu den «genres mineurs»; Paul Bénichou[76] vermutet, daß die «élévation» im Symbolismus der *Destinées* aufgegangen sei, ehe ihre textuelle Eigenständigkeit entfaltet werden konnte.

Musset stimmte Vigny, der Lamartines und Hugos Visions- und Inspirationsmythen in Frage gestellt hatte, zu, wobei er im Unterschied zu Vigny weder philosophisch noch poetologisch tiefsinnig argumentierte. Auffällig sind in «La coupe et les lèvres» die Invektiven gegen Hugo, der vor 1830 die Monarchie und seit der Julirevolution die bürgerlichen Freiheiten besingt (V. 9–10). Mussets Romanzen aus den *Contes d'Espagne et d'Italie* (1830), «L'andalouse», «Le lever», «Venise», «A Pépa», «A Juana», «A Julie», «A Laure», «Madrid», sind faktisch anakreontische Oden, die zu Ronsards Liedern, die diesen thematisch ausgewiesenen Gedichttypus in die französische Literatur eingebracht haben, eine direkte Intertextualität herstellen. Bei Musset, der auch Sonette verfaßt, stiftete Sainte-Beuves *Tableau* Tradition. Erotische Motive dominieren, inklusive der Ironisierung weiblicher Liebesbereitschaft. Anders als Lamartine vor allem preist Musset 1830 die Sinnlichkeit der Frau und faßt Erotik episodenhaft.

Die Ansätze zu poetologischer Selbstverständigung in «Les secrètes pensées de Rafaël» (*Revue de Paris*, 4. 7. 1830) setzten die Kritik an Hugo und Lamartine voraus. Musset zitiert seine «Ballade à la lune», die deswegen als schwerer Verstoß gegen die Freiheiten der Poesie angegriffen wurde, weil sie als Satire der bürgerlichen Intimität gelten mußte, und er verhöhnt die „Meister", die im ausschließlichen Besitz der göttlichen Inspiration und der einzig zulässigen Weltdeutung zu sein vorgeben. Er evoziert die Gestalt eines Dandys, des „genauen Gegenteils eines Romanhelden". In die Lyrikdiskussion greift er indessen 1830 nicht ein; vordringlicher ist ihm die Verurteilung der Mode historischer Romane. In der nach der Julirevolution verfaßten politischen Ode «Les vœux stériles» rühmt er den zeitgenössischen Philhellenismus und ruft Machiavelli an, um mit ihm die Mittelmäßigkeit der Gegenwart zu schmähen. Gemessen am politischen Handeln bewirke das poetische Handeln nichts. Der Dichter ist nicht das Echo seiner Zeit, allenfalls ihre Hure (I. 3–7).

---

[76] A. a. O., S. 363.

Wo Musset intertextuelle Linien zu Werken Hugos oder Lamartines legt (Versepistel «Lettre à M. de Lamartine», 1836), lesen sie sich immer vor einem thematischen Sinnhorizont. Lamartine verschmelze Liebes- und Natursymbole, wohingegen er, Musset, das Thema der unglücklichen Beziehungen als Großstadtlyrik modelliere (VI. 10). Gewöhnlich wird diese Errungenschaft Baudelaire zugesprochen. Lamartine' seinerseits («A M. de Musset», 1840) rechnete mit jeder Lyrik, in der sich das „Delirium" der Sinne ausdrückt, ab und kommentierte rückblickend die *Méditations poétiques* mit Kategorien, die er Dante und Petrarca entlehnt, namentlich, wenn er die Augensymbolik erläutert.

Warum jedes Verfahren, die romantischen Lyriker vom poetischen Diskurs her zu systematisieren, fragwürdig wäre, wurde erörtert. Für Musset ist es noch aussichtsloser. Dabei benutzt er zahlreiche feste Formen, von der Versepistel über die Ode, das Dialoggedicht zum Chanson, Rondeau, Epigramm, Sonett, zur Ballade, Elegie und Romanze. Sein Individualstil verändert die Sprache einer Textsorte, weil eine einheitliche Thematik vorherrscht (Selbstbezweiflung, Selbstironisierung, Entlarvung der Unbeständigkeit der Liebe). 1842 las Musset zum wiederholten Male Leopardis Gedichte und verstand sie als Ausdruck seiner eigenen Niedergeschlagenheit. In dieser Verfassung schrieb er die Literatursatire «Après une lecture».[77] Das Literatursystem sei jetzt dem Dramatiker oder dem Erzähler günstig, es benachteilige den Lyriker vor allem dann, wenn er spontan Stimmungen ausdrücken wolle. Ohne Stimmung entstehe keine wirkliche Poesie, nur Reimerei (XV. 2) oder eine Kopie (XVI. 2). Dichtung ist immer Herzensergießung ohne besondere Rücksicht auf die Gesetze der Metrik. Eine neue Lyriksprache ist nur insoweit notwendig, als Authentisches mitzuteilen ist. Damit wird die Polemik gegen Hugo indirekt hinfällig; Musset liest in seiner Seele, Hugo in der Welt, die die Seele des Lyrikers in Schwingungen versetzt.

IV. Politische Ode, Satire, Chanson

Derartige, anscheinend konträre poetische Mythenbildungen relativieren sich von selbst, wenn politische Gedichte in eine Reihe zu stellen sind. Daß „romantisch" kein Synonym für „unpolitisch" sein kann, ist oben deutlich geworden. Darüber hinaus ist zu fragen, ob die einzelnen Romantiker politische Themen in genuiner Weise codieren. Hugos lyri-

---

[77] *Alfred de Musset, Poésies complètes*, éd. Maurice Allem, Paris 1957, S. 422 ff.

schen Beitrag zur Versöhnung von Royalismus und Bonapartismus, die «Ode à la Colonne de la place Vendôme» (1827), kennzeichnet ein ambivalenter Diskurs, durch den Monarchisten und Liberale, sofern ihnen der Anlaß dieses Gelegenheitsgedichts bekannt war, die nationalistische Botschaft jeweils auf ihre Weise billigen können. Lamartine hingegen kontaminierte sieben Jahre früher, als er die revolutionären Verbrechen anprangerte, zwar den Tenor der Ode mit dem der Elegie, schmähte aber eindeutig das gottlose 18. Jahrhundert und verklärte das Zeitalter Turennes und Racines. Sein Nationalismus ist in geringerem Maße konsensfähig.

Ein anderes Verfahren ist die literarische Replik; sie legt intertextuelle Linien und verleitet nicht primär dazu, den Text als Abbildung aufzuschließen. An folgendem Vorfall wird dies verständlich. Als sich 1840 Österreich und Preußen in der Auseinandersetzung des Sultans mit dem ägyptischen Pascha auf die Seite des Türken stellten und zusammen mit England und dem Zarenreich ein Abkommen schlossen, erinnerte die französische Presse an die Politik der Alliierten von 1815 und forderte die Revision der damals geschlossenen Verträge, in der Praxis: das linke Rheinufer. Nikolaus Becker (1809–1845) veröffentlichte im September ein Lied vom Deutschen Rhein, das, hundertfach vertont, die vaterländische Stimmung genau traf. Auf Beckers *Rheinlied*, auch ins Französische übertragen, erwiderte Lamartine mit der *Marseillaise de la paix* (1841), deren klassizistischer Tenor die Völkerversöhnung beschwört und ein europäisches Vaterland der Wahrheit (IX. 9) proklamiert. Im Klischeebild der tapferen und tiefsinnigen Deutschen, ihrer mittelalterlichen Geschichte wirkt *De l'Allemagne* erkennbar nach. Alfred de Musset (*Le Rhin allemand*, 1841) berücksichtigte viel stärker als Lamartine die politische Stimmung in Frankreich und replizierte refrainartig: «Nous l'avons eu, votre Rhin allemand.» Lamartine evozierte pathetisch die mittelalterliche Vergangenheit der Rheinvölker, Musset erinnerte an die Pfalzfeldzüge und Napoléon, leitete Frankreichs Größe von der Schwächung des Reichs ab. Hugo, der anderweitig vom Rhein[78] gesprochen hat, griff in diese Polemik nicht ein. Gerade bei ihm fällt auf, daß die Lyrik der zwanziger Jahre mit Oden und Balladen und die der fünfziger Jahre mit Satiren, Liedern und Betrachtungen gattungsmäßig stärker differenziert war als die Produktion dazwischen.[79] Seit dem Erscheinen von *Les Rayons et les Ombres* (1840) hat Hugo dreizehn Jahre lang keine Lyrik mehr veröffent-

---

[78] Hugo, Le Rhin, in: *Œuvres politiques complètes. Œuvres diverses*, réunies et présentées par Francis Bouvet, Paris 1964, S. 871–1035.
[79] Albouy in: *Hugo, Œuvres poétiques*, a. a. O., S. XLIV.

licht, bis 1853, als Abrechnung mit dem Usurpator, von dessen Politik sich der Pair de France (seit 1845) zunächst hatte blenden lassen, im belgischen Exil *Les châtiments* herauskommen. 1840 noch wollte Hugo Politik von Geschichte trennen[80], jetzt zieht der Satiriker den „kleinen Napoléon", den er in der Abgeordnetenkammer schon verspottet hat, vor das Strafgericht der Weltgeschichte. Eine oppositionelle Mission der Lyrik war in Frankreich in Barbiers Jamben oder Bérangers politischem Lied lebendig geblieben. Als Opfer des Staatsstreichs und Deuter des Weltenplans, als der Hugo seit den zwanziger Jahren schon aufgetreten war, verzichtete er nach 1851 auf jede «poésie pure» (an den Verleger Hetzel, 7. 12. 1852). Er täuschte sich gründlich, wenn er die eilige Publikation der Invektiven mit dem bevorstehenden politischen Ende Napoléons III. rechtfertigte (an Hetzel, 23. 1. 1853). Ob providentiell oder teleologisch angelegt, deistisch oder nicht – Hugos Geschichtsidealismus setzte immer eine endzeitliche Bestimmung der Menschheit als definitiv voraus. Darum schmähte der Dichter jede skandalöse Politik, die sich von diesem Weg, der Straße des Fortschritts, entfernt. Napoléon III. muß, weil er den historischen Prozeß verwirrt, Gegenstand der Satire werden.[81] Das Zweite Kaiserreich etablierte die verkehrte Welt; nicht die Operettenhaftigkeit der Ära, die Zola in *Nana* denunzieren wird, ist Gegenstand des Zorns. Hugo entdeckte im Exil, daß er zum erstenmal ein politisches Regime kategorisch ablehnt, aber er ist sich auch darüber bewußt, daß er das erforderliche poetische Instrumentarium bereits ausgebildet hat. Seine Oden waren immer schon politische Lyrik gewesen. „Die Codierung von Beziehungen wie Verfolger – Verfolgter, Masse – Einzelner, Natur – Zivilisation hatte er erprobt. Baudelaire erinnerte ausdrücklich an diese Errungenschaft."[82]

Gewiß mündet nicht die gesamte Chanson-Tradition ins politische Gedicht. Jedoch kann nur unter Mißachtung der Textgeschichte wie in Edgar Pichs Darstellung[83] verfahren werden, wo «chanson» durchgängig als vorgetragenes, volkstümliches Lied (Béranger, Dupont), nicht aber auch als lyrische Teilgattung in der Tradition der Kanzone verstanden wird. Daß Gustave Planche mit einem Artikel (*Revue des deux mondes*,

---

[80] Winfried Engler, „Victor Hugo", in: Wolf-Dieter Lange (Hrsg.), a. a. O., S. 102–130, hier S. 117.
[81] *Les châtiments*. Introduction et commentaire de Guy Rosa, Paris 1972, S. XXIX.
[82] Engler, a. a. O., S. 119.
[83] «La poésie française en 1850», in: *Lendemains* 28 (1982), S. 14–22.

April – Juni 1850) diese mißverständliche Einschränkung zu verantworten hat[84], ist für den Stand der Literaturkritik wohl aufschlußreich, für die literaturwissenschaftliche Kategorisierung hingegen nicht maßgebend. Für die Philologie gilt, daß das politische Chanson des 19. Jahrhunderts nicht durch Trivialisierung der Kanzone, mit der es den Gattungsnamen teilt, entstanden sein kann; zu berücksichtigen ist die Aufwertung populärer Liedformen, die bei Béranger bis in die Refrainfunktion hinein sichtbar wird, z. B. im frühen Gedicht «Louis XI».

In seiner Einleitung zu Hugos *Chansons des rues et des bois*[85] verfährt Jacques Seebacher sehr behutsam. Einerseits ist nicht zu übersehen, daß Bérangers Tod Hugo dazu veranlaßt haben wird, sich im Genre des gefeierten Volksdichters zu versuchen, andererseits sind Hugos Texte nicht mit denjenigen Bérangers mechanisch zu vergleichen. Die Virtuosität, mit der Hugo den Vierzeiler variiert, integriert jenen Teil des Liedes, der im 19. Jahrhundert zum Bühnentext verkommen war, wieder in die Lyrik.

Die Chansons der Marceline Desbordes-Valmore, deren Leichtigkeit[86] immer wieder herausgestellt wird, oder diejenigen Mussets, die teilweise in komplizierte metrische Formen gegossen sind, gehören in diesen Kontext. Mussets zweistrophige «Chanson» (1851) ist zahlsymbolisch in neun-, fünf- und viersilbigen Versen verfaßt.

Immerhin wurden Chansonausgaben *(Recueil de chansons, Chansonnier national, Chansons nouvelles)*, selbst wenn es sich um Gelegenheitsgedichte handelte, 1824 und später in Auflagen von 1500 oder mehr Exemplaren gedruckt und meist vom Kolporteur[87] vertrieben. Die Februarrevolution begünstigte die Erneuerung des politischen Liedes und die Verbreiterung seiner Resonanz. Obwohl die Autoren die Formen – oder zumindest die Gattungsbezeichnungen – der Ode, Hymne, Versepistel, des Versdialogs weiter benutzten, waren der «chant» und Texte des Typus «appel» am geläufigsten.[88] Auch das inhaltliche Schema, das Baudelaire zur Einteilung der Gedichte Pierre Duponts 1851 benutzte, trennt

---

[84] Pich, a. a. O., S. 17.

[85] Paris 1966, S. 21, S. 31.

[86] Gustav Siebenmann, «Marceline Desbordes-Valmore, Les séparés», in: Hans Hinterhäuser (Hrsg.), a. a. O., S. 250–261, hier S. 255.

[87] Rudolf Schenda, „Populäre Lesestoffe im 19. Jahrhundert", in: Peter Brockmeier/Hermann H. Wetzel (Hrsg.): *Französische Literatur in Einzeldarstellungen II*, Stuttgart 1982, S. 73–122, hier S. 82 ff.

[88] Heinz Thoma, „Pierre Dupont und das politische Lied 1848–1851", in: *Lendemains* 28 (1982), S. 24.

die wenigen «chants symboliques» von den «chants politiques et socialistes».[89] «Chanson (politique)» und «chant» bilden einen Gedichttypus, der von «hymne» und «cantique» vorübergehend inhaltlich abgesetzt ist. Seit Lautréamont (*Les chants de Maldoror*, 1869) und seit der synonymen Setzung von «chant» für «cantique», die Erika Keil[90] bei Marie Noël nachweist, ist diese Differenzierung wieder hinfällig geworden; 1824 bereits hatte Hugo «chant» im Sinne von „Lobgesang" gesetzt.

V. Neuordnung der Literaturgeschichte

Das romantische Selbstverständnis ist insofern paradox, als Lamartine und Hugo, solange sie Royalisten waren, mit ihren Proklamationen des umfassenden lyrischen Ausdrucks die Aufhebung des Gattungsschemas betrieben. Im Besitz umfassender Weltgesetze, die Verdammung und Erlösung des einzelnen wie der Menschheit regeln, den jeweiligen Sinn des Opfers (Opferung eines Status, eines Gefühls, des Lebens) nennen[91], bestimmten die Lyriker, welcher Dichter ein Schöpfer und welcher nur ein Nachahmer war, unter welchen Voraussetzungen sich der «goût du génie» artikulierte (Hugo in der Vorrede von 1826 zu *Odes et Ballades*).

Solange solche Diskussionen im Zeichen Shakespeares vor allem geführt wurden, waren sie kein Anlaß zur Neuordnung der französischen Literaturgeschichte. Als 1828 von Emile Deschamps *(Etudes françaises et étrangères)* Literaturgeschichte als aprioristische Gattungsgeschichte konzipiert und Hugo der Ode, Lamartine der Elegie und Vigny dem Poem zugeordnet wurden, damit aus der angenommenen Stabilität von Textsorten die Originalität von Autoren abzuleiten war, ein Konzept, das nicht zwangsläufig biologistische Modelle fundieren mußte, wenngleich es historisch dazu gekommen ist, eröffnet diese Klassifizierung einen zumindest typologischen Verstehenshorizont. In der nationalgeschichtlichen Erschließung der romantischen Innovation ging gleichfalls 1828 Sainte-Beuve den entscheidenden Schritt weiter; seine Analogieschlüsse, die Renaissance und Romantik in Systembeziehung setzen, prägten, wie Klaus Hempfer[92] aus anderem Anlaß notiert, durch spätere Vermittlung Brunetières das Poesie(miß)verständnis von Generationen.

[89] *Œuvres*, a. a. O., S. 966.
[90] A. a. O., S. 80.
[91] Engler, „Hugo", a. a. O., S. 104.
[92] *Gattungstheorie*, a. a. O., S. 60.

Auch an dieser Stelle muß daran erinnert werden, daß sich Victor Klemperer[93] in seiner monumentalen Darstellung der Romantik den Blick auf ideologische Implikationen der poetologischen Selbstverständigung von 1828 mit dem Glauben an ein ewiges „romanisches Wesen" verstellt.

Die Ansätze von Deschamps und Sainte-Beuve markierten einen grundsätzlichen argumentativen Abstand zu einem Text wie Nodiers «Du genre romantique» (*Tablettes romantiques*, 1823), das das Axiom «la littérature est l'expression de la société» von Staël und Bonald wiederholt, und sie verdeutlichten ferner, daß die Bestimmung einer „Generation von 1830"[94] für die Poesiegeschichte, falls sie von der Gattungsproblematik her erschlossen werden soll, unzureichend bleibt.

Als Sainte-Beuve 1826, noch vor Hugos Veröffentlichung der *Préface de Cromwell*, mit Untersuchungen zur Nationalliteratur des 16. Jahrhunderts begann, diente der Renaissancebegriff bereits zu Periodisierungsversuchen. Jürgen Voß[95] findet Belege seit 1811. Neun Jahre später stellte Charles Nodier im ersten Band der *Voyages pittoresques et romantiques dans l'ancienne France* die Renaissance als Epoche dem Mittelalter gegenüber. Der in seinen Ursprüngen kunsthistorische Begriff „Renaissance" ist in der Mitte der zwanziger Jahre als Kulturbegriff in Frankreich akzeptiert, Beweis ist die Nennung in einem Geschichtsbuch für den Schulunterricht. Als Michelet in den fünfziger Jahren die Renaissance als Abschnitt der Geschichte Frankreichs vorstellte, kannten er und seine Leser die Begriffstradition, die Sainte-Beuves Darstellung der Dichtung des 16. Jahrhunderts gefestigt hat. Parallel zur Neubewertung der Renaissance verläuft die Petrarca-Rezeption, für die Sismondi (*Littérature du Midi de l'Europe*, 1813) die Eröffnung geleistet hat.

Sainte-Beuve redete im *Tableau historique et critique de la poésie française et du théâtre français au XVIe siècle* (1828, Neuausgabe 1843) nicht, wie von der Akademie, die das Thema als Preisaufgabe gestellt hat, erwartet, der klassizistischen Abwertung der Pléiade das Wort, sondern präsentierte die Lyriker um Ronsard als Dichter der Intimität, die Chénier an das 19. Jahrhundert vermitteln sollte, und als Vorboten der Romantik,

---

[93] *Geschichte der französischen Literatur im 19. und 20. Jahrhundert*, Berlin 1956, I, S. 68.

[94] James S. Allen, «Y a-t-il eu en France une génération romantique de 1830?», in: *Romantisme* 28–29 (1980), S. 103–118.

[95] Jürgen Voß, *Das Mittelalter im historischen Denken Frankreichs*, München 1972, S. 37f.

deren gewaltigste Innovationen Hugo zu verdanken sind. Unter dieser literarhistorischen Voraussetzung, die sich gegen das Deutschlandbuch der Mme de Staël richtet, entfällt jedes germanische Substrat der französischen Romantik, die vielmehr nationalliterarisch[96] situiert wird. Hervorzuheben ist die Nennung Chéniers in diesem Kontext; Sainte-Beuve versteht ihn im *Tableau* als Vorläufer der Romantik, was Baudelaire wiederum in Zweifel zog, während Sainte-Beuve 1829 bereits die Romantik als «école d'André Chénier» definiert. Somit mußte er später seine Verehrung nicht widerrufen, als er Einwände gegen Hugo und dessen Schule vorbrachte. Die Wertschätzung Chéniers bleibt erhalten, indem er ihn zum größten Versklassiker seit Racine[97] erhebt. Auch als Sainte-Beuve später die Formel wiederaufnahm, Chénier gelte als Modell des romantischen Dichters, sieht er ihn als den neuen Ronsard, dessen Platz nun nicht mehr Hugo einnimmt. Denn wie Ronsard thematisiert Chénier die antike Welt beispielhaft.

Dieser Bewertungsprozeß zeigt, daß Sainte-Beuve sich für die Dichtung des 16. Jahrhunderts als einem Paradigma, das sich zunächst zur Entwicklung des Cénacle in Beziehung setzen ließ, interessierte. Die Pléiade und den Hugo-Kreis verbinden innovatorische Bemühungen, die doch nicht den radikalen Bruch mit der Literaturgeschichte versuchen, und in beiden Fällen droht die Unterbindung einer Spontaneität durch Regelsysteme, klassische an der Wende vom 16. zum 17. Jahrhundert, neoklassizistische, die vom Kaiserreich und der Restauration favorisiert werden und den Literaturunterricht lange prägen.

Sainte-Beuve verfährt im *Tableau* in Analogien und Parallelen, die er, wie René Wellek[98] nachgewiesen hat, bei der Chateaubriand-Lektüre schätzen gelernt hat. Dies reicht vom Vergleich des Alexandrinergebrauchs Ronsards und Hugos bis zum Lob der Originalität der zwei Dichterschulen. Jacques Tahureau gilt als der Parny des 16. Jahrhunderts. Konsequenterweise kritisiert Sainte-Beuve Ronsard dafür, daß er nicht entschieden genug die mittelalterliche Tradition erhalten konnte, als er sich der Antike öffnete. Dennoch empfängt der Cénacle seinen Adelsbrief aus der Orientierung an der Pléiade; «l'école nouvelle en France a continué l'école du XVIe siècle sous le rapport de la facture et du

---

[96] Johannes Thomas, „Charles-Augustin Sainte-Beuve", in: Wolf-Dieter Lange (Hrsg.), a. a. O., S. 23–42.
[97] Hans Ludwig Scheel, *Die Urteile Sainte-Beuves über das Verhältnis der französischen Literatur zur Antike (1500–1800)*, Diss. Kiel 1950, S. 123 ff.
[98] A. a. O., S. 484.

rythme».[99] Um die Parallelen nicht zum Vorwand ahistorischer Argumentation zu nehmen, relativierte Sainte-Beuve auch die Übereinstimmungen: Ein „junges, emanzipiertes Volk" thematisiere Neuheiten, weil neue Dichtung in Funktion zur neuen Politik geschaffen wird. Unter diesen Voraussetzungen ist Lamartine der Dichter der Elegie und der religiösen Hymne. Béranger schreibt Lieder zum nationalen Ruhm, Hugo wagt, gemessen am Werk der Mme Tastu und Vignys, die größte Herausforderung des klassizistischen Kanons.

Diese Zuweisung unterschiedlicher literarischer Qualitäten, die Sainte-Beuve im Schlußteil des *Tableau* vornimmt, versteht sich aus der zeitgenössischen poetologischen Selbstverständigung. Sainte-Beuve, der selbst als Lyriker nach Geltung strebte, identifiziert die neuen Freunde mit einer seiner Auffassung nach prestigereichen Strömung. Er mußte aber auch wissen, daß seine Apologie des 16. Jahrhunderts und des Cénacle auf Ablehnung stoßen würde, denn in der Literaturkritik, beispielsweise der *Quotidienne*, fungiert die Pléiade als schlechtes Vorbild einer barbarischen Romantik.[100] Umgekehrt warf Nodier den Klassizisten vor, aus Unkenntnis der Literaturgeschichte den kühnen Stil der Romantiker von Ronsard und Du Bartas her zu disqualifizieren, denn selbst Boileau habe Ronsards Klassizität bestätigt.

Wenig später, in der Einleitung zum *Choix de poésies de Ronsard, du Bellay* ... von 1830 (neu 1855), die Henri Lemaître im Appendix des ersten Bandes der Werkausgabe (1958) abdruckt, benutzt Gérard de Nerval im Hinblick auf die Literatur des 16. Jahrhunderts das geläufige Symbol des botanischen Archetypus, um Merkmale eines Epochenstils auf Prinzipien der Nationalliteratur zu beziehen. In dieser Sicht ist die Leistung der Pléiade kein Parameter für das Wirken des traditionsbedürftigen Cénacle; andererseits entkleidete 1830 Nerval wie zuvor Mme de Staël und Stendhal die Klassik ihrer normierenden Funktion und verlegte den Ursprung der für die französische Dichtung spezifischen Themen in das Mittelalter zurück. Genau besehen, argumentierte er damit am Restriktionsschema der klassizistischen Poetik vorbei, um auf einer inhaltsideologischen Ebene kontinuierliche Linien zu legen, in deren Struktur immerhin 1549 als Epochenschwelle gilt. Da Nerval darüber spottet, wie Du Bellay in der Rolle Johannes' des Täufers den „Messias" Ronsard

---

[99] Sainte-Beuve, *Tableau*, a. a. O., S. 283.
[100] Maxwell King, a. a. O., S. 45. Zum Problem des 16. Jahrhunderts vgl. ergänzend Friedrich Wolfzettel, *Einführung in die französische Literaturgeschichtsschreibung*, Darmstadt 1982, S. 175 ff.

ankündigt, ist die Beziehung Sainte-Beuves zu Hugo erkennbar konnotiert. Mehr noch: Nerval verkehrt, wenngleich nur als Parenthese, Sainte-Beuves apologetische Analogie in eine Rezeptionsbeziehung und rühmt Hugo dafür, daß er den „kräftigen und brillanten" Vers Ronsards studiert.

Solche Bemühungen um die Neuordnung der Literaturgeschichte verändern das Gattungsverständnis der Romantiker generell nicht; die Sonettrezeption, von der noch die Rede sein wird, bildet die Ausnahme. Da in Hugos Cénacle 1827 bis 1830 die fällige Kulturrevolution und die Befreiung des Schauspiels von Kanonzwängen[101] gefordert werden, der Meister selbst sich in diesen Jahren vom Royalisten zum Bonapartisten und Liberalen entwickelte, verläuft die Lyrikdebatte, auch in der *Préface de Cromwell*, eher am Rande. Der Bruch im Literatursystem tritt scharf hervor. Zur selben Zeit feiert Sainte-Beuve Hugos Cénacle als Wiedergeburt der Pléiade, und der Gefeierte, der Dichtungsgeschichte als Entfaltung des dreigliedrigen Gattungssystems[102] sanktioniert, begründet, warum das Drama und nicht die Lyrik die Moderne dominiert. Hugo setzte 1827 teilweise außer Kraft, was er bis 1826 in mehreren Vorreden verteidigt hatte. Nach dem Mißerfolg von 1843 verlor das Theater an Interesse und entsprechend intensivierte sich die Arbeit an der Lyrik.

Im Hinblick auf Lamartine, der zwar keine Schule zusammengeführt hat, müßte die Kernfrage, von der Kirchmeir[103] absieht, lauten: Ist der Autor der *Méditations poétiques* für junge Lyriker vorbildlich geworden, was Kirchmeir und andere behaupten, weil er einen reproduzierbaren Persönlichkeitsstil schuf, oder weil er vertraute Kompositions- und Diskursmuster abwandelte; war er aktuell, weil er Neues oder weil er Traditionelles brachte? Von daher wäre das Lamartine-Kapitel in der Romantikgeschichte neu zu schreiben; zu berücksichtigen ist dabei, daß Lamartine nicht seine lyrische, sondern die epische Produktion (*Jocelyn, La chute d'un ange*) als Vollendung seines Schaffens angenommen hat.[104]

Théophile Gautiers Abhandlung *Les progrès de la poésie française*, 1867 im Auftrag des Erziehungsministeriums als Beitrag zur Weltausstellung verfaßt, gliedert das Material chronologisch und untersucht vor allem Inhalte. Dabei wandelte Gautier Sainte-Beuves Vergleich des Cénacle und der Pléiade dahingehend ab, daß er von einer unvergleichlichen Blüte der

---

[101] Théophile Gautier, *Histoire du romantisme*, Paris 1911, S. 1.
[102] Jauß, *Literaturgeschichte*, a. a. O., S. 117.
[103] A. a. O., S. 12.
[104] Milner, *Romantisme*, a. a. O., S. 254.

Poesie in zwei Zeitaltern, der Renaissance und der Romantik, sprach.[105] Einerseits setzte er voraus, daß die Trägergestalten der Romantik Lamartine, Hugo und Musset sind, andererseits skizzierte er ausführlich nur eine Gattung, das politische Chanson von Pierre Dupont. Indirekt war damit bewiesen, daß 1848, in seiner Vorstellung ohnehin keine Kulturrevolution, die älteren Textsorten nicht aufhob, aber doch die Umwandlung einer Thematik, die bisher von der politischen Ode wahrgenommen wurde, in einen neuen Diskurs einleitete.[106]

VI. Sonett

Aus der Liquidierung des traditionellen Gattungssystems und dem Anspruch, Poesie als Ausdruck des empirischen oder typischen Ich zu erneuern, erklärt sich Lamartines und Hugos Vorliebe für das lange Gedicht ohne strenge Bauform, jedenfalls ohne epigrammatische Knappheit. Diese Entscheidung, ferner die Bevorzugung des metabolischen Aufbaus vor dem isometrischen hätte die Erneuerung lyrischer Kurzformen eher verhindern können.[107] Daß indessen daraus keine mechanische Alternative abzuleiten ist, zeigt Vignys Werk, dessen Spektrum vom kleinen Epos zum Sonett reicht, und Mussets Lyrik, zu der längere Kompositionen, jedoch auch Sonette und Rondeaus[108] zählen. Andererseits ist die Romanze bei Desbordes-Valmore, Hugo und Musset nicht mehr das kurze Liebesgedicht mit melancholischem Ausgang, sondern eine neue Benennung für die narrative Ballade[109], die andererseits auch das französische Prosagedicht begründet.

Daß nach 1825 das Sonett überhaupt die Aufmerksamkeit der Literaturkritik, dann der Poeten erregte, war ein Ergebnis des neugeweckten Interesses am 16. Jahrhundert, kein isoliertes Ereignis im literarischen System der Restaurationsära, die eben, 1824, in ihre reaktionäre Phase eintrat. Ältere Bemühungen von Italianisten um das Petrarca-Sonett fanden keine direkte Resonanz. Das *Tableau historique et critique de la poésie française et du théâtre français au XVIe siècle* von Sainte-Beuve lenkte den

[105] *Histoire*, a. a. O., S. 300.
[106] A. a. O., S. 323 f.
[107] David H. Scott, *Sonnet Theory and Practice in 19th Century France*, Hull 1977, S. 14 f.
[108] Georg Roellenbleck, „Alfred de Musset", in: Wolf-Dieter Lange (Hrsg.), a. a. O., S. 147–170, hier S. 148 f.
[109] Rauhut, a. a. O., S. 8 f.

Blick auf die Nationalliteratur der Renaissance und zwangsläufig auf das Sonett, dessen Tradition trotz Boileaus Lob[110] seit dem späten 17. Jahrhundert praktisch ausgesetzt hatte. Sainte-Beuve selbst, Barbier, Vigny und Gautier verfassen seit 1829 wieder Sonette, ohne gleichzeitig den Zyklus im Sinne Petrarcas, Du Bellays und Ronsards als Gattungsmerkmal anzuerkennen. Der von Sainte-Beuve selbst konstruierte Gegensatz von nationalliterarischem Schaffensprozeß, der vom Mittelalter, ohne Bruch und Revision, bis in die Gegenwart reichen sollte, einerseits und der Imitation antiker Poesie und Poetik durch die Pléiade andererseits konnte weder Form noch gattungsspezifische Motivik des Sonetts betreffen, da sonst auch der italienische Ursprung diskutiert werden müßte. Sainte-Beuve reflektiert nicht die Gegebenheit und Folgen der Fassung bestimmter Themen, die Chénier noch als Elegie, Lamartine als Meditation und er selbst als Sonett codieren. Die im 16. Jahrhundert beachtete Form-Inhalt-Dialektik jedenfalls entging dieser poetischen Praxis. Sainte-Beuve vermittelte der Romantik überdies die reiche englische Sonett-Tradition.[111]

Musset, der ausdrücklich zu nennen ist, häufte vielfach in den Sonetten der *Premières poésies*, die seit 1829 entstanden sind, und auch danach konventionelle Liebes- und Landschaftsmotive an, die keine Sonettform zwingend voraussetzen. Andererseits wird die Tradition im Literatursonett ironisiert («J'ai le cœur de Pétrarque et n'ai point son génie»). Selten ist wie in «Tristesse» (1841) oder «A Alf. T.» (1841) die Relation der Vierzeiler- und Dreizeilerblöcke auch als Stilmerkmal beachtet.

Baudelaire erinnert sich 1859, wie Gautier 1843 die Autoren eines Versbandes deswegen kritisierte, weil sie sich Freiheiten mit dem Reimschema des regelmäßigen Sonetts herausgenommen hatten – ein Vorwurf, der ihm selbst und Nerval gelten könnte.[112] Nicht erst durch Baudelaire, wenngleich am nachhaltigsten durch die Wirkung der *Fleurs du mal*, war die Gestaltung des Sonettzyklus wieder interessant. Seit 1840 wurden in den Gedichtsammlungen auch wieder mehr Sonette publiziert. Bei Gérard de Nerval, in dessen Frühwerk noch Elegien und Odelettes vorherrschen, sind die zwölf Sonette der *Chimères* (1854) als mythoserfüllte Teilbilder einer analogischen Vision angeordnet. In seinem Forschungsbericht hat Julius Wilhelm[113] notiert, daß Nerval, wegen des thematisierten Hermetis-

---

[110] Boileau, Art poétique, chant II, *Œuvres complètes*, introduction par Antoine Adam, Paris 1966, S. 165.
[111] Scott, a. a. O., S. 17; Walter Mönch, *Das Sonett*, Heidelberg 1955, S. 173.
[112] *Œuvres*, a. a. O., S. 1025.
[113] Julius Wilhelm, *Beiträge zur romanischen Literaturwissenschaft*, Tübingen

mus, mit Vorliebe inhaltsideologisch und nicht über den Gattungsdiskurs erschlossen wird. Dabei fingiert Nerval, durch die Benutzung der zyklischen Anlage, eine Intertextualität mit den Meistern des Sonetts, um eine sanktionierte Lyrikform gegen poetische Implikationen ihrer Tradition zu kehren. Dem Leser, der von Sainte-Beuve gelernt hatte, die Pléiade, über die auch Nerval in der Einleitung zu einer Anthologie (*Choix de poésies de Ronsard, du Bellay . . .*, 1830, neu 1835) schrieb, zu verstehen, und sei es nur typologisch im Vergleich mit dem Cénacle Victor Hugos, ist bei der diffizilen Auslegung der *Chimères* das geläufige Instrumentarium entwertet worden. Nervals Bezüge zur Geschichte des Sonetts eröffnen eher dissimilierende als assimilierende Perspektiven. Der Lyriker disponiert zu einer auf Erschließung von Konnotationen gerichteten Lesart und formuliert in Wirklichkeit Unbekanntes und Verschlüsseltes. Der Motivzusammenhang in «El Desdichado» ist nicht mehr linear zu klären; nicht einmal Mythen sind einfach transponierbar. Solche Gedichte falsifizieren die Hypothese von der Gattung als einem vereinbarten komplexen Zeichensystem, das deswegen als Dominante fungiert, weil eine Konventionalisierung stattgefunden hat.

VII. POÈME EN PROSE

Aus der Mißachtung der Gattungskonventionen zogen Aloysius Bertrand (*Gaspard de la nuit*, postum 1842) und Baudelaire, der in den sechziger Jahren dessen Modernität erst bekannt gemacht hat, die radikale Konsequenz, daß lyrischer Ausdruck und Prosadiskurs sich nicht ausschließen. Fritz Nies [114] verfolgt poetologische Reflexionen Bertrands, aus denen sowohl unbedingtes Innovationsbewußtsein als Enttäuschung über die mangelnde Resonanz sprechen. Zur Vorgeschichte des Prosagedichts liegen seit Rauhuts Habilitationsschrift [115] mehrere grundlegende Untersuchungen vor. Die Rezeption der deutschen Balladenform als einer narrativen Subgattung markierte Bertrands, hingegen nicht Maurice de Guérins (*Le centaure*, postum 1861) und Baudelaires Stil.

1956, S. 81–102. Aus der neueren Forschung vgl. ergänzend Kurt Schärer, *Pour une poétique des «Chimères» de Nerval*, Paris 1981, sowie Daniel Vouga, *Nerval et ses «Chimères»*, Paris 1981.
[114] *Poesie in prosaischer Welt*, Heidelberg 1964, S. 38 ff.
[115] Franz Rauhut, *Das französische Prosagedicht*, Hamburg 1929; Suzanne Bernard, *Le poème en prose de Baudelaire jusqu'à nos jours*, Paris 1959.

Maßgebend blieb für die Entwicklung des französischen Prosagedichts, daß es bis hin zu Mallarmé, der auch als Dichter der durchdachtesten Formen (Sonett, Rondeau, Terzine) arbeitete, die Verslyrik begleitet, nicht ersetzt.

VIII. Schluss

Romantische Lyrik ist nicht mehr als Geschichte einzelner Gattungen restlos zu veranschaulichen. Falls 1820 eine Revision des Parameters fällig geworden ist, wirkt sie auf Lyriker und Leser schon deswegen nicht eindeutig, weil das Bildungs- und Erfahrungssubstrat zwischen 1820 und 1851 keinesfalls homogen geblieben ist. Wiederum muß daran erinnert werden, daß die Romantiker der ersten Stunde dieselbe – klassizistisch orientierte – Ausbildung genossen haben wie ihre Väter; doch erst die Generation der Söhne kritisierte angesichts veränderter sozialer und kultureller Konstellationen ihr Verhältnis zum Überkommenen. Aristokraten und Offiziere bewältigen ihre Welt, indem sie sie, was unerhört ist, zum Gegenstand der Poesie erheben. La Rochefoucauld oder Vauvenargues hatten andere Genera gewählt.

Die Lyrik gewinnt eine neue Funktion und einen neuen Rang. Als Baudelaire 1859 Gautiers Leistung, auch als Erzähler, würdigte, trennte er die wichtigsten Rezeptionsdispositionen voneinander. Vom wissenschaftlichen, auch dem geschichtswissenschaftlichen Text sei Wahrheit zu erwarten, das Gute sei Gegenstand der moralischen Untersuchung, allein vom Schönen handle die Dichtung. Weder Lamartine noch Cousin hätten diese Ausschließlichkeit verstanden. Für Baudelaire ist der Roman als Mischform mit dem Wahren und dem Schönen zugleich befaßt, er behält einen Referenzpunkt in der Wirklichkeit. Anders die Poesie – sie ist sich selbst thematisch.[116] Weil die menschliche Natur ins „Exil der Unvollkommenheit" vertrieben wurde, ist sie von jeder ästhetischen Leistung, die ihr das „Paradies enthüllt", ergriffen. Dichtung komme nicht, wie ein bürgerliches Vorurteil laute, aus dem Herzen, sondern aus der Imagination, der tatsächlichen Instanz des guten Geschmacks. Diese Bemerkung Baudelaires[117] bezieht sich auf den Wendepunkt einer Entwicklung, die Hugo Friedrich[118] als Verlöschen der literarischen Mode Romantik verstanden hätte.

---

[116] Baudelaire, Œuvres, a. a. O., S. 1030.
[117] A. a. O., S. 1032.
[118] *Die Struktur der modernen Lyrik*, Hamburg 1956, S. 21.

Sehen wir von inhaltsideologischen Ausdeutungen ab und konzentrieren wir uns auf Umschichtungen innerhalb des Literatursystems, so konstatieren wir das Ende eines homogenen Gattungsgefüges. In eine neue Korrelation einbezogen sind tradierte Gattungen (Ode, Sonett, Chanson, Ballade, Rondeau) und Ersatz- bzw. Mischgattungen (Poème, Poème en prose, Méditation, Contemplation...), die, weil sie kaum formalisierbar sind, das Stadium des Idiolekts nicht überwinden.[119] Dieser Zustand bedingt einerseits Lesarten, die das Literatursystem mit einem Gattungssystem in eins setzen und ein Sonett als solches aufzuschließen suchen, andererseits, im Hinblick auf die Originalität als Individualität, eine Textarbeit, die unkonventionelle, d. h. auch konnotationsarme Formen akzeptiert, dem Kriterium des Zeitgemäßen im Sinne Stendhals oder Hugos zustimmt und darum bemüht ist, Kontaminationen von Diskurselementen und selbst eine unvergleichliche Lyriksprache verständlich zu finden. Die Vorzüge eines gattungsgeschichtlichen Ansatzes werden evident. Er hebt die gerade für die romantische Poesie, weil diese in den Verstehensweisen der Literaturkritik und der Philologie als Ausdrucks- und Erlebniskritik schlechthin kategorisiert wird, beliebte Individualisierung der Komposition auf. Die vorschnelle und mechanische Bindung der Textverfassung an die momentane Seelenlage des Dichters kann relativiert werden; wie sollte sonst z. B. das Mythologem vom „Dichter im Exil" bei Lamartine und wieder bei Baudelaire beschrieben werden?

Andererseits verführt das gattungsgeschichtliche Vorgehen unter normativen Prämissen zu bloß noch ahistorischen Vergleichen von spekulativ rekonstruierten Urmodellen oder idealen Genusstrukturen mit den wirklichen Textbefunden und diskutiert diese als Motiv- und Diskursvarianten womöglich nur von ihren Mängeln her. Daß eine solche Systematik ein Fehlschlag wäre, weil sie die Intentionen der Autoren, die Bedingungen des Schreibens, Veröffentlichens und Lesens mißachtet, bedarf keines Beweises mehr.[120]

---

[119] Hempfer, *Gattungstheorie*, a. a. O., S. 102f.
[120] Nach Abschluß des Manuskripts erschien das zweibändige Sammelwerk *The French Romantics*, ed. by D. G. Charlton, Cambridge 1984, mit dem Lyrikbeitrag von J. C. Ireson, Bd. 1, S. 113–162. Ireson schreibt die Geschichte der romantischen Poesie, entlang ihrer Chronologie, als Leistung einer Generation, die von 1820 bis 1840 die Höhenkammliteratur formte. Sowohl der gruppensoziologischen als der evolutionstheoretischen Kategorisierung des Prozesses nach bleibt seine Darstellung den älteren Prinzipien der Literaturgeschichtsschreibung verpflichtet.

ZWISCHEN HUGO UND MALLARMÉ.
DIE LYRISCHEN GATTUNGEN
IN DER MITTE DES 19. JAHRHUNDERTS

Von Sebastian Neumeister

> Laissez donc cette vieille
> locution du *marbre*.
> Baudelaire

I

Am Ende von Ferdinand Brunetières Vorlesungsreihe *L'Évolution de la poésie lyrique en France au dix-neuvième siècle* (1893), deren Aussagen in Frankreich lange Zeit ebensolchen kanonischen Rang beanspruchen konnten wie später die eines Benedetto Croce in Italien, rechtfertigt er noch einmal, warum er die Literaturgeschichte seines Jahrhunderts gerade am Beispiel der Lyrik darstellt:

Si le triomphe de l'individualisme aura sans doute été le caractère essentiel du siècle qui va finir, et je n'y reviens pas dans cette leçon, – comme y ayant sans doute assez insisté dans les précédentes, – qu'y a-t-il de plus naturel que d'en trouver l'expression la plus éloquente justement dans le genre qui, de tous les genres littéraires, peut et doit être défini lui-même comme le plus individuel? Contrainte ou gênée ailleurs, au théâtre ou dans le roman, par des lois ou si vous le voulez, par des conventions dont l'objet n'était que de limiter l'expansion du moi, dans quel autre genre la liberté de l'individu, se trouvant plus au large, eût-elle pu s'exercer avec plus d'indépendance? Puisqu'on ne demande au poète lyrique, dans l'élégie, dans l'ode, ou dans la satire même, que d'être lui, rien autre chose, et de l'être pleinement, ne serait-il pas au contraire étonnant que le lyrisme ne fût pas devenu, dans le siècle où nous sommes, de tous les genres, le plus représentatif?[1]

Die Behauptung, das 19. Jahrhundert sei ein essentiell individualistisches Jahrhundert und die Lyrik daher die ihm gemäßeste Gattung, läßt in geistesgeschichtlicher wie in literaturtheoretischer Hinsicht den romantischen Urgrund erkennen, auf dem Brunetière seine Darstellung errichtet

---

[1] A. a. O., Paris 1894, Bd. II, S. 286.

hat. Beide Feststellungen erscheinen in ihrer Bindung an die Subjektivität als Inspirations- und als Erlebniszentrum, aber im Blick auf den Roman auch schlicht historisch sehr fragwürdig. Trotz des ungewöhnlichen Erfolges der *Fleurs du Mal* und trotz der allgemeinen Blüte der Poesie kann es nicht erlaubt sein, «de rattacher l'histoire entière de la littérature à l'évolution du genre».[2] Gerade die Ignorierung des Romans, derjenigen Gattung also, die das Jahrhundert im Bereich der Literatur vor allem charakterisiert, verrät, wie sehr Brunetière, der im übrigen auch Baudelaire die Anerkennung verweigert,[3] noch dem traditionell-akademischen Verständnis der literarischen Genera folgt.

Den zweiten, sehr viel genauer auf die lyrische Produktion bezogenen Aspekt deutet Brunetière wenige Seiten zuvor an, bei der Beschreibung der literaturgeschichtlichen Entwicklung anhand der Frage «comment, sous l'influence de quelles causes, une poésie purement lyrique et subjective à l'origine était insensiblement devenue objective ou impersonnelle». *L'art pour l'art* und Parnasse werden damit nach der ausführlichen Darstellung der Romantiker – Chateaubriand, Lamartine, Hugo, Sainte-Beuve, Musset, Vigny – geradezu zwangsläufig zum Ausklang und zum Höhepunkt einer Darstellung, der der Symbolismus einschließlich Baudelaire nur ein einziges und überdies stark polemisch getöntes Kapitel wert ist, und dies im Rahmen einer Reihe von Vorlesungen, deren letzte immerhin auf den 7. Juni 1893 datiert ist. Wir müssen die Perspektive, aus der Brunetière die Dichtung seines Jahrhunderts sieht, als exemplarisches Zeugnis einer zeitgenössischen Rezeption ernst nehmen, auch wenn es der Funktion nach eine typisch akademische ist, und obwohl sie unter dem selbstgestellten Anspruch zu leiden hat, biologisch-teleologische Gesetzmäßigkeiten aufzeigen zu können.[4] Immerhin steckt Brunetière

---

[2] Ebd.

[3] Vgl. ebd., Bd. II, S. 231 ff., und die Artikel «Charles Baudelaire» (1887) und «La statue de Baudelaire» (1892).

[4] «Comment naissent les genres, à la faveur de quelles circonstances de temps ou de milieu; comment ils se distinguent et comment ils se différencient; comment ils se développent – à la façon d'un être vivant, – et comment ils s'organisent, éliminant, écartant tout ce qui peut leur nuire, et, au contraire, s'adaptant ou s'assimilant tout ce qui peut les servir, les nourrir, les aider à grandir; comment ils meurent, par quel appauvrissement ou quelle désagrégation d'eux-mêmes, et de quelle transformation, ou de quelle genèse d'un genre nouveau, leurs débris deviennent les éléments, telles sont, Messieurs, les questions que se propose de traiter la méthode évolutive» (ebd., Bd. II, S. 5). Die Vorlesungen über *L'Évolution des genres dans la littérature* (Paris 1898) enden bei Sainte-Beuve und Taine.

mit den Akzenten seiner Darstellung den Rahmen ab, aus dem sich das entfaltet, was ihm selbst nicht mehr zugänglich scheint: die moderne Lyrik in Frankreich.

Schon Alexis de Tocqueville hat um 1830 mit einem durch seinen Amerika-Aufenthalt geschärften Blick auf das noch junge Jahrhundert beschrieben, wie in einer sich wandelnden Gesellschaft auch die Literatur sich verändert. Rahmenbedingung des literarischen Wandels ist für Tocqueville die im 19. Jahrhundert entstehende industrielle Massengesellschaft, «une foule confuse», der in der Artikulierung ihrer kulturellen Bedürfnisse Stabilität, Tradition und Zusammenhalt gleichermaßen abhanden gekommen sind:

Ces nouveaux amateurs des plaisirs de l'esprit n'ont point tous reçu la même éducation; ils ne possèdent pas les mêmes lumières, ils ne ressemblent point à leurs pères, et à chaque instant ils diffèrent d'eux-mêmes; car ils changent sans cesse de place, de sentiments et de fortune. L'esprit de chacun d'eux n'est donc point lié à celui de tous les autres par des traditions et des habitudes communes, et ils n'ont jamais eu ni le pouvoir, ni la volonté, ni le temps de s'entendre entre eux. C'est pourtant au sein de cette multitude incohérente et agitée que naissent les auteurs, et c'est elle qui distribue à ceux-ci les profits et la gloire.[5]

Der Mangel an Traditionen und «habitudes communes» wirkt sich auch auf die Existenz der durch jahrhundertelangen Gebrauch ausgeprägten Formen und Konventionen aus, wie sie noch die Literatur des Ancien Régime und des napoleonischen und nachnapoleonischen Klassizismus kennzeichnen:

Je n'ai point de peine à comprendre que, les choses étant ainsi, je dois m'attendre à ne rencontrer dans la littérature d'un pareil peuple qu'un petit nombre de ces conventions rigoureuses que reconnaissent dans les siècles aristocratiques les lecteurs et les écrivains. S'il arrivait que les hommes d'une époque tombassent d'accord sur quelques-unes, cela ne prouverait encore rien pour l'époque suivante; car, chez les nations démocratiques, chaque génération nouvelle est un nouveau peuple. Chez ces nations, les lettres ne sauraient donc que difficilement être soumises à des règles étroites, et il est comme impossible qu'elles le soient jamais à des règles permanentes.

Tocquevilles Idealbild einer dem Gemeinwesen verantwortlichen Aristokratie bestimmt auch in dieser auf die Literatur bezogenen Passage seines Amerika-Buches den Blick. Seine beziehungsreiche Schlußfolgerung, die

---

[5] Hier und im folgenden zitiert nach *Œuvres complètes*, hrsg. von J.-P. Mayer, Paris 1951 ff., I, 2, Kap. XIII und XIV.

Leser des 19. Jahrhunderts, auch die mit literarischer Schulung, verlangten nur noch nach «beautés faciles qui se livrent d'elles-mêmes et dont on puisse jouir sur l'heure», mag auf die Mehrzahl des neuen Publikums zutreffen. Doch abgesehen einmal von der Frage, ob sich an der Verlagerung der Leseinteressen nicht eher ein Fortschritt als ein Rückschritt ablesen läßt, die Erschließung ganz neuer Leserschichten nämlich, und abgesehen von der auch von Tocqueville zugestandenen Existenz von Autoren «qui voudront marcher dans une autre voie», macht es sich Tocqueville in der Übertragung soziologischer Kategorien auf die Literatur ein wenig zu leicht, wenn er resümiert:

Prise dans son ensemble, la littérature des siècles démocratiques ne saurait présenter, ainsi que dans les temps d'aristocratie, l'image de l'ordre, de la régularité, de la science et de l'art; la forme s'y trouvera, d'ordinaire, négligée et parfois méprisée. Le style s'y montrera souvent bizarre, incorrect, surchargé et mou, et presque toujours hardi et véhément. Les auteurs y viseront à la rapidité de l'exécution plus qu'à la perfection des détails. Les petits écrits y seront plus fréquents que les gros livres, l'esprit que l'érudition, l'imagination que la profondeur; il y régnera une force inculte et presque sauvage dans la pensée, et souvent une variété très grande et une fécondité singulière dans ses produits.

Die Existenz und die fortdauernde Attraktion auch hochartifizieller Literatur, die sich ausführlich, tiefsinnig oder gar hermetisch äußert, widerlegt Tocquevilles Pessimismus. Es gehört zu den erstaunlichen Phänomenen der Literaturgeschichte und kann nicht nur einer sich dem Lauf der Geschichte letztlich vergeblich entgegenstemmenden Reaktion zugeschrieben werden, daß immer erneut, und im Frankreich des 19. Jahrhunderts geradezu exemplarisch, Kunstreligion und Formkult, Esoterik und Ästhetizismus auch da aufblühen und ihr Publikum finden, wo ein solches jenseits der professionellen Literaturkritik nicht mehr vorstellbar scheint.

Das Spektrum möglicher Antworten auf diese Divergenz zwischen sozialgeschichtlichem Stand und literarischem Faktum ist breit. Es reicht von den gegen die Einsichten des späten, insbesondere des tschechischen Strukturalismus (Tynjanov, Mukařovský) erneuerten Versuche, die „außerästhetischen Werte" ganz aus der Analyse literarischer Fakten auszuschließen,[6] bis zu dem vergänglichen Bemühen, in oft das Absurde streifenden Kraftakten insbesondere Baudelaire zum Parteigänger eines

---

[6] Exemplarisch können dafür die Interpretation von Baudelaires Gedicht *Les chats* durch Roman Jakobson und Claude Lévi-Strauss und die dadurch ausgelöste Diskussion stehen (vgl. R. Wolff, *Strukturalismus und Assoziationspsycholo-*

sozialrevolutionären Proletariats zu machen.[7] Während dem einen Extrem seine historische Blindheit vorzuhalten ist, läßt im anderen Falle oft schon der Text die gewünschte Auslegung nicht zu. Gattungsgeschichte kann nicht nur Strukturgeschichte sein, sie kann aber auch nicht ohne weiteres an die allgemeine Geschichte einer Epoche angeschlossen werden. Gerade da, wo das philologische Gewissen dem Text gegenüber noch schlägt, sind die Ergebnisse oft so banal, daß vom Einsatz einer heuristisch fruchtbaren Methode kaum mehr gesprochen werden kann,[8] oder aber die Lösung der Vermittlungsproblematik fällt so verklausuliert aus, daß die Darstellung der Zusammenhänge von Literatur, Gesellschaft und Geschichte nicht zu überzeugen vermag.[9]

Die von Tocqueville skizzierten Verhältnisse bilden den Hintergrund für das Schicksal der lyrischen Gattungen im Frankreich der Jahrhundertmitte. Um es beschreiben zu können, gilt es jedoch, auch einige literatur-

---

gie. Empirisch-pragmatische Literaturwissenschaft im Experiment: Baudelaires ›Les Chats‹, Tübingen 1977).

[7] Voraussetzungen für solche Deutungen haben insbesondere der in den sechziger Jahren durch Werkeditionen ausgelöste Walter-Benjamin-Kult und eine sich daran anschließende „materialistische", später auch psychoanalytisch angereicherte Literaturbetrachtung geschaffen. Extreme Beispiele bieten die Baudelaire-Bücher und -Artikel von Wolfgang Fietkau, Dolf Oehler und Oskar Sahlberg. Hartmut Stenzel, der sich an der dadurch ausgelösten Diskussion beteiligt hat, resümiert 1982: „... noch so ingeniöse Deutungen einzelner Texte reichen meines Erachtens nicht hin, Baudelaire zu einem 'revolutionären' Dichter zu stilisieren." („Baudelaire und die Revolution von 1848", in: *Lendemains* 28, S. 33–37, hier S. 36.) Vgl. auch W. Drost, "Baudelaire between Marx, Sade and Satan", in: M. Bowie u. a. (Hrsg.), *Baudelaire, Mallarmé, Valéry. New Essays in Honour of Lloyd Austin*, Cambridge 1982, S. 38–57.

[8] Ein Beispiel bietet die „auf einer umfänglichen literatursoziologischen Querschnittsanalyse der Lyrik des Jahres 1857" (S. 343, vgl. S. 351) fußende Abhandlung „La douceur du foyer: Lyrik des Jahres 1857 als Muster der Vermittlung sozialer Normen" von Hans Robert Jauß (1975, jetzt in: Ders., *Ästhetische Erfahrung und literarische Hermeneutik 1*, München 1977, S. 343–376). Was hier mit methodischen Anleihen bei der Wissenssoziologie von Peter L. Berger und Thomas Luckmann (vgl. S. 349) untersucht werden soll, nämlich nichts geringeres als die „literarische Vermittlung, Weiterbildung und Legitimierung sozialer Normen" (S. 344), reicht am Ende kaum über die detaillierte und systematisierte Beschreibung eines literarischen Motivs, eben «la douceur du foyer», in zwanzig ausgewählten Gedichten hinaus.

[9] Vgl. etwa E. Köhler, „Gattungssystem und Gesellschaftssystem", in: *RZLG* 1

wissenschaftliche Voraussetzungen zu beachten, ohne die eine gattungsgeschichtliche Analyse phänomenologisch Schiffbruch erleiden müßte:

1. Veränderungen in einem gegebenen Gattungssystem lassen sich nicht nur an den Gattungsbezeichnungen ablesen und beschränken sich nicht auf sie. Es wäre daher ebenso ein Mißverständnis, aus dem Weiterbestehen des Sonetts auf dessen Unveränderlichkeit zu schließen, wie die Entstehung neuer lyrischer Sprechweisen nur deshalb zu ignorieren, weil ihnen die Etikettierung mit einem Gattungsnamen fehlt.

2. Veränderungen in einem gegebenen Gattungssystem werden im Sinne eines dynamischen Strukturbegriffes von systeminternen wie von außerliterarischen Zusammenhängen bestimmt. Ihre Beschreibung ist nur auf dem Hintergrund des literarischen Gesamtsystems der jeweiligen Epoche und ihrer Produktions- wie Rezeptionsverhältnisse möglich.[10] Die französische Lyrik des Fortschritts im 19. Jahrhundert etwa – *l'Art pour le Progrès*, eine Formulierung Victor Hugos – ist so gleichermaßen als ein Zeugnis politisch 'progressiver', zumeist auf der *rive gauche* angesiedelter Gesinnung zu verstehen wie als eine innerliterarische Reaktion auf Gautier und Baudelaire.[11]

3. Veränderungen in einem gegebenen Gattungssystem sind als diachrone Prozesse häufig im Rahmen einer synchronen Gleichzeitigkeit des Ungleichzeitigen zu sehen. Diese wird sich im Regelfall als die Existenz oder die Verschiebung von Dominanten[12] auswirken, sie kann sich aber auch als unvermittelbares Nebeneinander darstellen. Das beste Bei-

---

(1977), S. 7–22; die Grundüberzeugungen Erich Köhlers arbeitet Ulrich Schulz-Buschhaus in einer Rezension sehr scharfsichtig heraus (in: *RJb* 35 [1984], S. 150–156).

[10] Vgl. K. W. Hempfer, *Gattungstheorie*, München 1973, S. 191; H. R. Jauß, „Theorie der Gattungen und Literaturen des Mittelalters", in: Ders./E. Köhler (Hrsg.), *Grundriß der romanischen Literaturen des Mittelalters*, Heidelberg 1968 ff., Bd. I, S. 106–138, hier bes. Abschnitt 2.

[11] Vgl. dazu Cl. Pichois, *Le Romantisme II 1843–1869 (Littérature française 13)*, Paris 1979, S. 352. Das Buch enthält ebenso wie der Folgeband von Raymond Pouillard eine materialreiche und über den engeren Rahmen der Literatur hinausreichende historische Darstellung der hier interessierenden Epoche.

[12] Der Begriff der Dominante wurde im russischen Formalismus geprägt, insbesondere von Boris Eichenbaum und Jurij Tynjanov. Eine Anwendung auf lyrische Phänomene bietet Tynjanovs Oden-Abhandlung („Die Ode als oratorisches Genre", russisch und deutsch, in: W.-D. Stempel [Hrsg.], *Texte der russischen Formalisten*, München 1972, II, S. 272–337).

spiel, das die Literatur des 19. Jahrhunderts für die Verschränkung von Synchronie und Diachronie, von Repräsentanz und Verblassen im Kreise der Zeitgenossen zu bieten hat, ist bekanntlich Hugo: seine erste Gedichtsammlung *Odes* stammt aus dem Jahre 1822, demselben, in dem auch die *Poèmes* von Alfred de Vigny erschienen sind; die letzte zu seinen Lebzeiten gedruckte *(Les Quatre Vents de l'Esprit)* aus dem Jahre 1881, dem Erscheinungsjahr von Verlaines *Sagesse*.

4. Gattungen sind Steuerungssignale der literarischen Kommunikation.[13] Sie erzeugen eine je spezifische Erwartungshaltung, die sich im übrigen oft gerade dort besonders deutlich beschreiben läßt, wo sie enttäuscht wird. Die kommunikative Funktion literarischer Formtraditionen läßt sich an den Inhalten ablesen, aber auch an den formalen Merkmalen der Großgattungen – Epos, Drama, Roman, Lyrik, Film – und ihrer Subgenera, in unserem Falle also der lyrischen Einzelform.[14]

Der folgende Durchgang durch die Geschichte der französischen Lyrik in der Mitte des 19. Jahrhunderts muß diese Prämissen beachten. Das Mißverhältnis von verfügbarem Raum einerseits und Komplexität wie Bedeutung des Gegenstandes andererseits zwingt im übrigen dazu, exemplarisch zu verfahren. Es gilt, an wenigen, aber möglichst zentralen Texten zu demonstrieren, warum gerade der Symbolismus, dessen Formensprache den Zeitgenossen zunehmend Probleme bereitete, aus dem ästhetischen Potential der Romantik und des Parnasse die Kraft entfaltet, zur Vorschule und zum ersten Kapitel der Lyrik der Moderne zu werden. Handhabung und Schicksal der tradierten Gattungen bis hin zu ihrer Auflösung sind dafür ein wichtiger Indikator.

II

Baudelaire hat bekanntlich an den Skizzen des Zeichners Constantin Guys und am Beispiel der Mode die Modernität als jene poetische Essenz definiert, die es aus der Vergänglichkeit der Geschichte zu ziehen gelte:

[13] Einen „informationsästhetische[n] Ansatz zu einer kommunikativen Gattungstheorie" entwickelt Dieter Janik in seinem Aufsatz „Informationsästhetische Gattungstheorie: Ebenen und Repertoires literarischer Bedeutungserzeugung", in: *LiLi* 4 (1974), S. 79–98. Grundsätzlich zur Gattungsfrage auch: W. Raible, „Was sind Gattungen? Eine Antwort aus semiotischer und textlinguistischer Sicht", in: *Poetica* 12 (1980), S. 320–349.
[14] Zur historischen Problematik einer Definition des Lyrischen als einer zeit-

« Il s'agit, pour lui, de dégager de la mode ce qu'elle peut contenir de poétique dans l'historique, de tirer l'éternel du transitoire. »[15] Man könnte versucht sein, Baudelaires Bestimmung, in der sich Vergänglichkeit (« le transitoire, le fugitif, le contingent ») und Ewigkeit (« l'éternel et l'immuable ») zu gleichen Teilen wiederfinden,[16] ins Literaturgeschichtliche zu wenden und auf ihn selbst als den Jahrhundertdichter zu beziehen, der die Fluten der romantischen Seele in die Marmorschale parnassischer Form geleitet hat. Denn nicht der Nerval der *Chimères*, sondern Baudelaire ist zum Begründer der Lyrik der Moderne geworden – die strenge Architektur der *Fleurs du Mal*[17] stand dem offenbar ebensowenig im Wege wie die Fortführung klassischer Formtraditionen oder die Widmung an Théophile Gautier.

Tradition und Innovation bleiben auch im folgenden eng miteinander verknüpft. So distanzieren sich etwa jene Gedichte, die wie die *Odes funambulesques* von Banville oder die Sammlungen des *Parnasse Satirique* (1864 und 1866) parodistisch verfahren, durchaus vom klassischen Formengut. Wie die daran beteiligten Autoren, aber auch die seriöse Publikationsweise als Buch zeigen, handelt es sich dabei jedoch noch nicht um eine Rebellion gegen das bestehende literarische System, sondern, sofern man Banville glauben darf, um die Zeugnisse einer unverminderten Gültigkeit der überlieferten Gattungen: « les genres littéraires arrivés à leur apogée ne sauraient mieux s'affirmer que par leur propre parodie ... »[18]

Auch Rimbaud ist nicht zu denken ohne die Erinnerungen, die ihn poetologisch an Romantik und Parnasse binden. Anders als die soeben genannten Gedichte allerdings nehmen seine Parodien mehr und mehr den Charakter der Verweigerung an, mit der diese Qualität zunächst noch abmildernden Besonderheit, daß er in seinen Parodien schon ihrerseits satirisch oder parodistisch geprägte Muster wählt, die *Châtiments* Victor Hugos (Le Forgeron) etwa oder Banvilles *Odes funambulesques* (Vénus

---

losen „Grundhaltung" oder „Naturform" vgl. Hempfer, a. a. O. (Anm. 10), S. 148f.

[15] « Le Peintre de la vie moderne », in: *Œuvres complètes*, ed. Cl. Pichois (Bibl. de la Pléiade), Paris 1976, II, S. 683–724, hier S. 694.

[16] Ebd., S. 695.

[17] „Neben Petrarcas *Canzoniere*, Goethes *Westöstlichem Divan* und Guilléns *Cántico* sind die *Fleurs du Mal* das architektonisch strengste Buch der europäischen Lyrik." H. Friedrich, *Die Struktur der modernen Lyrik*, Reinbek 1967 (erweiterte Neuausgabe), S. 39.

[18] *Odes funambulesques*, Avertissement de la deuxième édition (1859).

Anadyomène).[19] Die kritische Haltung entspricht derjenigen der Vorlage, Imitation und Parodie kommen zur Deckung. Den Ausbruch aus dem überlieferten poetischen System, wie er in *Le Bateau ivre* verkündet und im Spätwerk zur Tatsache wird, probt Rimbaud erstmals in dem Gedicht «Ce qu'on dit au poète à propos de fleurs». Die konventionelle, wenn auch schon parodistisch gebrochene Form wie die Widmung an Banville dienen hier, wie der Inhalt beweist, allein dem Ziel, Parnasse und *art utilitaire* gleichermaßen der Lächerlichkeit preiszugeben. Erst Mallarmé wird die nötige Souveränität besitzen, um sich dem Bann der Tradition zu entziehen und das Verhältnis zur unmittelbaren Vergangenheit neu und frei von Polemik zu ordnen. Kritischer als sein Altersgenosse Verlaine, aber ohne die Aggressivität des *enfant terrible* Rimbaud gelingt ihm die Formulierung einer Poetik, die aus der selbstsicheren Aneignung der Tradition die Kraft zu ihrer Überwindung gewinnt. Doch jede Darstellung dieser Entwicklung hat bei Baudelaire zu beginnen.

In einem Artikel gegen den Kult der Antike, der vor allem auf Banville gemünzt sein dürfte, wendet sich Baudelaire 1852 scharf gegen den Formkult der Parnassiens:

Le goût immodéré de la forme pousse à des désordres monstrueux et inconnus. Absorbées par la passion féroce du beau, du drôle, du joli, car il y a des degrés, les notions du juste et du vrai disparaissent. La passion frénétique de l'art est un chancre qui dévore le reste; et, comme l'absence nette du juste et du vrai dans l'art équivaut à l'absence d'art, l'homme entier s'évanouit; la spécialisation excessive d'une faculté aboutit au néant.[20]

Baudelaire erweist sich hier noch ganz als Anhänger der Romantik und – in der sich anschließenden Gleichsetzung von Wissenschaft, Literatur und Philosophie – als ein Schüler Hugos. Dieser hatte in seinem Gedicht «Fonction du poète» (1839) den Dichter als einen «rêveur sacré» bezeichnet und aus der uralten Gleichsetzung mit dem Propheten einen Erziehungsauftrag abgeleitet:

> Le poète en des jours impies
> Vient préparer des jours meilleurs.
> Il est l'homme des utopies,
> Les pieds ici, les yeux ailleurs.
> C'est lui qui sur toutes les têtes,

---

[19] Auf Rimbauds Verhältnis zur Tradition geht ausführlich Eva Riedel ein (*Strukturwandel in der Lyrik Rimbauds*, München 1982, S. 29–64).

[20] «L'Ecole païenne», a. a. O. (Anm. 15), II, S. 44–49, hier S. 48f.

> En tout temps, pareil aux prophètes,
> Dans sa main, où tout peut tenir,
> Doit, qu'on l'insulte ou qu'on le loue,
> Comme une torche qu'il secoue,
> Faire flamboyer l'avenir!

Der Einfluß Hugos konnte im Selbstfindungsprozeß Baudelaires nur eine Etappe sein. Fünf Jahre nach *L'École païenne*, im Erscheinungsjahr der *Fleurs du Mal* und unter dem Eindruck Edgar Allan Poes, kündigt Baudelaire das Bündnis mit Wissenschaft und Moral wieder auf. Gelassener zwar als Théophile Gautier in der «Préface» zu *Mademoiselle de Maupin*, doch ebenso eindeutig distanziert sich Baudelaire vom Vorwurf des «chanteur inutile» (Hugo) und kritisiert die Gleichsetzung von Kunst, Wahrheit und Moral. Die erzieherische Funktion der Dichtung wird nicht bestritten, aber Baudelaire unterstellt sie dem Primat der Kunst:

Je ne veux pas dire que la poésie n'ennoblisse pas les mœurs, – qu'on me comprenne bien, – que son résultat final ne soit pas d'élever l'homme au-dessus du niveau des intérêts vulgaires; ce serait évidemment une absurdité. Je dis que si le poète a poursuivi un but moral, il a diminué sa force poétique; et il n'est pas imprudent de parier que son œuvre sera mauvaise. La poésie ne peut pas, sous peine de mort ou de défaillance, s'assimiler à la science ou à la morale; elle n'a pas la Vérité pour objet, elle n'a qu'Elle-même. Les modes de démonstration de vérité sont autres et sont ailleurs. La Vérité n'a rien à faire avec les chansons. Tout ce qui fait le charme, la grâce, l'irrésistible d'une chanson enlèverait à la Vérité son autorité et son pouvoir. Froide, calme, impassible, l'humeur démonstrative repousse les diamants et les fleurs de la muse; elle est donc absolument l'inverse de l'humeur poétique.[21]

Zwei Linien kreuzen sich hier, die Abkehr von Hugos Auffassung der Kunst als eines «art utilitaire» und die Kritik am Wissenschaftsanspruch («l'humeur démonstrative») des *l'art pour l'art*.[22] Der Dichter der *Fleurs du Mal* verteidigt die Poesie nach zwei Seiten, gegen Romantik und Parnasse. Bei aller Bedeutung, die beide Traditionen für ihn haben, gewinnt so Baudelaire für sich und für die Dichtung eine neue, dem Streit des Tages entzogene Autonomie: «elle n'a qu'Elle-même».

---

[21] «Notes nouvelles sur Edgar Poe», ebd., II, S. 319–337, hier S. 333.
[22] Victor Klemperer würde in Baudelaires Kritik an der «humeur démonstrative» ein Beispiel des Übergangs von der Phase des Aussprechens (Hugo: «Je nommai le cochon par son nom. Pourquoi pas?»), die ihm zufolge die bis zur Romantik herrschende Phase des Umschreibens ablöst, zur Phase des Andeutens sehen (ders., *Moderne französische Lyrik*, Berlin 1957, S. 45).

Die Form war bislang, d. h. bei den Romantikern, nur als ein selbstverständlicher Bestandteil der literarischen Erziehung und Tradition präsent gewesen. Das entsprach, wie das Beispiel Hugos zeigt, dem didaktischen Auftrag der Dichtung. Formale Neuerungen und Gattungsexperimente hatten dagegen in der französischen Romantik anders als in der deutschen kein Publikum. Es kann daher nicht verwundern, daß Ode und Langgedicht bis zur Jahrhundertmitte lebensfähig bleiben und die Frage des Epos noch in Banvilles *Petit traité de poésie française* von 1871 einer ausführlichen Diskussion für wert befunden wird. Den Anlaß dazu liefert Banville wie schon Baudelaire Victor Hugos *Légende des siècles* (1859).

Baudelaire hatte das Epos in seinem Portrait Victor Hugos aus dem Jahre 1861 als den Bastard zweier Gattungen hingestellt, als Beleidigung der Musen der Geschichte wie der Poesie.[23] Der neuen «division du travail», nach Baudelaire ein Zeichen höchster Kultur auch im Bereich des Geistes, sei das epische Gedicht nicht mehr angemessen, vielmehr durch seine Länge und durch den Gestus angemaßter Bedeutsamkeit – Baudelaire spielt hier auf Edgar Quinets Versepos *Napoléon* von 1836 an – schlicht unerträglich geworden. Hugo entgeht dieser Gefahr, will man Baudelaire glauben, in der *Légende des siècles* nur durch die Verwendung kurzer Gedichtgattungen und durch einen überzeitlichen Standpunkt, der sich Legenden, Mythen und Fabeln als Ausdrucksformen wählt.

Baudelaires Bewertung bestätigt zumindest eines: Das Zeitalter des Epos ist beendet. Wenn es noch eines abschließenden Beweises bedürfte, so liefert ihn Banville mit seiner Behauptung, das «idéal du poème moderne» sei zwar ein Epos, doch handle es sich dabei um ein Werk von jenseits des Rheines, um Heinrich Heines komische Versdichtung *Atta Troll*[24]. Die satirische Einheit von «merveilleux épique» und «merveilleux bouffon», die Banville an Heines Gedicht lobt, kann offensichtlich nicht mehr als ein Wechsel auf die Zukunft einer Gattung angesehen werden, der das Publikum fehlt.

An die Stelle solcher ironischen Brechungen der romantischen Formenwelt als deren Grabgesang tritt bei den Parnassiens, formalistisch

---

[23] «Excepté à l'aurore de la vie des nations, où la poésie est à la fois l'expression de leur âme et le répertoire de leurs connaissances, l'histoire mise en vers est une dérogation aux lois qui gouvernent les deux genres, l'histoire et la poésie; c'est un outrage aux deux Muses.» («Réflexions sur quelques-uns de mes contemporains I: Victor Hugo», a. a. O. Anm. 15, S. 129–141, hier S. 139.)

[24] *Petit traité de poésie française* (1871), Paris 1899, S. 131 f. Banville und Nerval haben das Epos gemeinsam ins Französische übersetzt.

gesprochen, die Entautomatisierung der überlieferten lyrischen Formen im bewußten Vollzug ihrer Gesetze. In den oft von theoretisierenden Vorworten begleiteten Gedichtsammlungen der Vertreter des *l'art pour l'art* und des Parnasse erhebt die Form noch einmal wie in der Epoche der normativen Gattungspoetik Anspruch auf klassische Geltung. Das Gedicht, das Banville 1856 in seinen *Odelettes* Théophile Gautier zueignet, macht die Beachtung der «vieilles lois», bezogen hier noch auf die durch Hugo vorherrschende Ode, zum Reformprogramm:

> A Théophile Gautier
>
> Quand sa chasse est finie,
> Le poète oiseleur
>   Manie
> l'outil du ciseleur.
>
> Car il faut qu'il meurtrisse,
> Pour y graver son pur
>   Caprice,
> Un métal au cœur dur.
>
> Pas de travail commode!
> Tu prétends, comme moi,
>   Que l'Ode
> Garde sa vieille loi,
>
> Et que, brillant et ferme,
> Le beau rythme d'airain
>   Enferme
> l'idée au front serein.
>
> Car toi qui, fou d'extase,
> Mènes par les grands cieux
>   Pégase,
> Le cheval aux beaux yeux;
>
> Toi qui sur une grève
> Sais prendre en ton réseau
>   Le Rêve,
> Comme un farouche oiseau;
>
> Maître, qui nous enseignes
> L'amour du vert laurier,
>   Tu daignes
> Etre un bon ouvrier.[25]

---

[25] Ähnliche Gedanken äußert Banville schon in dem die Sammlung *Les stalac-*

Erz und Metall, Arbeit und Werkzeug sind die Symbole einer artistischen Perfektion, die an die Stelle des Gefühls und der Weisheit als Maßstab romantischen Dichtens tritt. Gautiers Gedicht «L'Art», das 1857, also ebenfalls gleichzeitig mit den *Fleurs du Mal* in der Zeitschrift *L'Artiste* erscheint und das Gautier im Jahr darauf zum Schlußstein der *Émaux et Camées* macht, nimmt Banvilles Appell auf:

> L'Art
>
> Oui, l'œuvre sort plus belle
> D'une forme au travail
>   Rebelle,
> Vers, marbre, onyx, émail.
>
> Point de contraintes fausses!
> Mais que pour marcher droit
>   Tu chausses,
> Muse, un cothurne étroit.
>
> Fi du rythme commode,
> Comme un soulier trop grand,
>   Du mode
> Que tout pied quitte et prend!
> ...

Gautier bekräftigt die Ideologie des allein an der Ewigkeit orientirten Kunstarbeiters, er sammelt, was immer an edlem, dauerhafter Formung fähigem Material den Vertretern des *l'art pour l'art* heilig ist. Zwischen «contraintes fausses» und «rythme commode» soll der Dichter unbeirrt seinen Weg nehmen, durch den Verzicht auf überlebte Gattungszwänge ebenso wie durch das Vermeiden neuer Bequemlichkeiten.

Banville wird in seinem *Petit traité* die lange Reihe der Gattungen aufzählen, deren Lebenskraft nunmehr erloschen ist: Rondel, Ballade, Rondeau, Triolet, Vilanelle, Lai, Virelai, Chant Royal, Sextine, Glose, Pantoum, Eglogue, Idylle, Elégie, Satire, Epître, Fable, Chanson, Conte, Epigramme, Madrigal, Poème didactique.[26] Die Tatsache jedoch, daß Banville gleichwohl die Gesetzmäßigkeiten jeder Gattung verzeichnet und die Dichter vor allem der zweiten Jahrhunderthälfte sich immer wieder an ihnen versuchen, zeigt, daß sie darin keine «contraintes fausses»

---

tites (1846) beschließenden Gedicht «Sculpteur, cherche avec soin, en attendant l'extase».

[26] Trotz der z. T. bis ins Mittelalter zurückreichenden Ahnenreihe dieser Gattungen bleibt festzuhalten, daß die Hochliteratur hier, wenn auch uneinge-

sehen. Die traditionellen Gattungen sind, wie schon die von Banville zitierten Beispiele zeigen, noch einmal davongekommen: als Spielmaterial und als Probierstein. Das erklärt, warum sich die Kunstübungen der Parnassiens und der sogenannten *École fantaisiste*,[27] aber auch die Anfänge eines Verlaine oder Rimbaud noch häufig auf dem Felde der «poëmes traditionnels à forme fixe» abspielen. Die Wahl einer Gattung aus der literarischen Tradition wird zum Anlaß, technisches Können vorzuführen. Gautiers *Émaux et Camées* ebenso wie der durch Louis Ménard erneuerte klassische Kanon, die strenge Architektur der *Fleurs du Mal* wie die Formenspielereien der *École fantaisiste*, der bis in Verlaines Parodien hinein spürbare Kult des Sonetts wie Banvilles Glaube an die Allmacht des Reimes[28] – dies alles legt Zeugnis ab für das Nachwirken der klassischen Formenkultur.

Dennoch erweist sich nicht sie, sondern ihr Verfall als das eigentliche Gesetz der Stunde. Den Grund für diese Entwicklung deutet Banville bei der Behandlung der Epître an, einer der vielen Gattungen, die nur noch ein Schein-Dasein fristen: «Dans l'âge des chemins de fer, de la photographie, du télégraphe électrique et du câble sous-marin, les amusements littéraires sont finis. Il n'y a plus que le langage vulgaire ou scientifique et l'Ode.»[29]

Doch auch der Ode, der Banville in seinem Traktat ebenso wie dem Sonett noch einen großen Platz einräumt, ist es nicht vergönnt, sich als eine lyrische „Natur"-Gattung zu behaupten. Das Jahrhundert des Fortschritts hat, das zeigt der weitere Gang der Gattungsgeschichte, für den romantischen Maßstab lyrischer Poetizität ebensowenig Verwendung wie für den klassischen der geschlossenen Form. Sein Parameter ist, darin ist Tocqueville und Banville gleichermaßen recht zu geben, der nervöse Rhythmus der neuen Verkehrsmittel und Kommunikationsformen, die Zerschlagung jahrhundertealter Sozialbindungen und ihre Neukonstituierung in der Anonymität der Großstädte. Das hat Nachwirkungen auch

standen, dem Bedürfnis nach sangbaren und damit volkstümlichen Formen zu entsprechen sucht, aus deren Verdrängung die Dichotomie von «poésie» und «poésie populaire», von «poème» und «chanson» entsteht. Vgl. Pichois, a. a. O. (Anm. 11), S. 353–362, und E. Pich, «La poésie française en 1850. Structures et événements», in: *Lendemains* 28, S. 15–22.

[27] Vgl. Pichois, ebd., S. 343 ff.
[28] Vgl. dazu Klemperer, a. a. O. (Anm. 22), S. 7 f.
[29] *Petit traité*, a. a. O. (Anm. 24), S. 154.

dort, wo der Abstand zur zeitgenössischen Wirklichkeit scheinbar ein größerer ist als im Boulevardtheater, im Journalismus oder im realistischen Roman. Es ist die historische Rolle Baudelaires, die diesen Umwälzungen angemessene Sprache gefunden zu haben.

III

Baudelaire, der zunächst, wie die Widmung der *Fleurs du Mal*, aber etwa auch das Gedicht «La Beauté» zeigt, durchaus auch den Idolen des *l'art pour l'art* geopfert hat, stellt sich als erster der historischen Aufgabe. Im Gegensatz zu den Panegyrikern des technischen und sozialen Fortschritts, die ihre Hymnen auf die Gegenwart noch im Stile der Vergangenheit singen, bemüht sich Baudelaire darum, als Dichter das zu sein, was seiner Darstellung zufolge Constantin Guys als Zeichner ist: «le peintre de la vie moderne». Modezeichnung und «croquis de mœurs» erhalten ein literarisches Pendant, das bislang im Katalog der lyrischen Gattungen nicht vertreten war, «le miracle d'une prose poétique, musicale sans rythme et sans rime, assez souple et assez heurtée pour s'adapter aux mouvements lyriques de l'âme, aux ondulations de la rêverie, aux soubresauts de la conscience ».[30] Was Baudelaire hier in einer noch ganz und gar romantischen Manier beschreibt, ist weit mehr als «encore des *Fleurs du Mal*», es ist die wichtigste formale Neuerung in der Gattungsgeschichte des 19. Jahrhunderts: das *poème en prose*.

Die Filiation der neuen Gattung ist bekannt[31]: Baudelaire beruft sich auf die *Fantaisies à la manière de Rembrandt et de Callot* von Aloysius Bertrand, die 1842, ein Jahr nach dem Tode ihres Autors, in Angers und Paris erschienen waren. Doch wichtiger als diese Sammlung, die sich nach Intention und Bedeutung nicht mit Baudelaires *Spleen de Paris* messen kann (und die gegen die eigene Behauptung auch nur geringen Einfluß auf ihn gehabt haben dürfte), ist das, was Baudelaire in der Widmung an Arsène Houssaye scheinbar spielerisch zur Entschuldigung seines Unternehmens vorträgt:

Mon cher ami, je vous envoie un petit ouvrage dont on ne pourrait pas dire, sans injustice, qu'il n'a ni queue ni tête, puisque tout, au contraire, y est à la fois tête et queue, alternativement et réciproquement. Considérez, je vous prie, quelles admirables commodités cette combinaison nous offre à tous, à vous, à moi et au

---

[30] *Le Spleen de Paris*, a. a. O. (Anm. 15), Widmungsbrief, S. 275 f.
[31] Grundlegend F. Nies, *Poesie in prosaischer Welt*. Untersuchungen zum Pro-

lecteur. Nous pouvons couper où nous voulons, moi ma rêverie, vous le manuscrit, le lecteur sa lecture: car je ne suspends pas la volonté rétive de celui-ci au fil interminable d'une intrigue superflue. Enlevez une vertèbre, et les deux morceaux de cette tortueuse fantaisie se rejoindront sans peine. Hachez-la en nombreux fragments, et vous verrez que chacun peut exister à part. Dans l'espérance que quelques-uns de ces tronçons seront assez vivants pour vous plaire et vous amuser, j'ose vous dédier le serpent tout entier.[32]

Das Bild der zerstückelten Schlange wird zumeist als ein Ausdruck romantischer Subjektivität und ihrer Krisenhaftigkeit verstanden und tritt auch mehrfach als solches auf, etwa bei Victor Hugo («Les Tronçons du serpent», in: *Les Orientales*).[33] Baudelaire, der das Gedicht sicherlich kannte, verwendet das Bild jedoch ironisch und gibt ihm schon damit einen neuen Sinn. Das *poème en prose*, dessen Strukturgesetz Baudelaire in das Bild der Schlange faßt, dient der «description de la vie moderne», es ist die diesem Leben angemessene literarische Form. Inmitten eines Publikums, dessen Unrast und Leseunlust umfangreiche und sorgfältig konstruierte Texte nicht mehr vertragen, und unter dem Eindruck einer Boulevardpresse, deren dem Erfolg verpflichtete Erscheinungsweise jede Äußerung erbarmungslos segmentiert, schafft sich Baudelaire eine Gattung, die der neuen Marktlage entspricht.[34]

Baudelaire realisiert durch die Zerstörung der geschlossenen Form, durch „Zerlegen und Deformieren" (Hugo Friedrich)[35], ein neues, zunächst negativ definiertes Dichtungsideal. Das *poème en prose*, mit dem Baudelaire den Bogen von der Vergangenheit in die Zukunft, von der romantischen Theorie des Fragments hin zu Rimbaud, Mallarmé, Lautréamont schlägt, hat in seiner Wirkung auf die Literatur der Moderne den angestrengten Formwillen der Parnassiens weit übertroffen. Dies läßt sich an den Prosagedichten selbst ablesen, die nach Baudelaire, aber unter Berufung auf ihn und Bertrand, geschrieben werden, aber auch an dem

---

sagedicht bei Aloysius Bertrand und Baudelaire, Heidelberg 1964; B. Johnson, *Défigurations du langage poétique. La seconde révolution de Baudelaire*, Paris 1979.

[32] A. a. O. (Anm. 30).

[33] Vgl. ebd., S. 1308, Anm. 1.

[34] Zum Zusammenhang von Feuilleton und *poème en prose* bei Baudelaire äußert sich Karlheinrich Biermann (*Literarisch-politische Avantgarde in Frankreich 1830–1870. Hugo, Sand, Baudelaire und andere*, Stuttgart 1982, S. 180 ff.). Zur „Marktlage" vgl. S. Neumeister, *Der Dichter als Dandy. Kafka, Baudelaire, Thomas Bernhard*, München 1973, Kap. II.

[35] A. a. O. (Anm. 17), S. 55–57.

dadurch veränderten Stellenwert jeglicher Gattungsnorm. Gattungen werden von nun an – etwa in der Tradition des *l'art pour l'art* – bewußt gewählt oder sie werden – etwa bei Rimbaud – bewußt ignoriert. In beiden Fällen sind sie verfügbar geworden und damit als literarische Normen im Grunde schon obsolet. Die neue Errungenschaft tritt überdies ihre Herrschaft nicht in Form kodifizierter Regeln an, sondern in Gestalt der Herausforderung durch das Vorbild Baudelaire. An die Stelle der normativen Poetik tritt die Begegnung mit einer historischen Person.

Zwei Dinge sind es, die Baudelaire in der oben zitierten Definition des *poème en prose* hervorhebt: die aus der Opferung aller äußeren Gattungszwänge gewonnene größere Elastizität des Ausdrucks und die Musikalität dieser Prosa. Beides finden wir wieder im Programm Paul Verlaines, dessen «Art poétique» gut ein Jahrzehnt nach den ersten Stücken der Sammlung *Le Spleen de Paris* entstanden ist. Doch im Unterschied zu Baudelaire macht Verlaine noch einmal den Versuch, die klassische Formenwelt der Lyrik, die ja auch Baudelaire perfekt beherrscht, gegen den Mißbrauch durch Rhetorik und Mittelmaß, aber auch gegen die Verhärtungen des parnassischen Kunsthandwerks auch theoretisch zu erneuern:

> Art poétique
>
> De la musique avant toute chose,
> Et pour cela préfère l'Impair,
> Plus vague et plus soluble dans l'air,
> Sans rien en lui qui pèse ou qui pose.
>
> Il faut aussi que tu n'ailles point
> Choisir tes mots sans quelque méprise :
> Rien de plus cher que la chanson grise
> Où l'Indécis au Précis se joint.
>
> C'est des beaux yeux derrière des voiles,
> C'est le grand jour tremblant de midi,
> C'est par un ciel d'automne attiédi,
> Le bleu fouillis des claires étoiles !
>
> Car nous voulons la Nuance encor,
> Pas la Couleur, rien que la nuance !
> Oh ! la nuance seule fiance
> Le rêve au rêve et la flûte au cor !
>
> Fuis du plus loin la Pointe assassine,
> L'Esprit cruel et le Rire impur,

> Qui font pleurer les yeux de l'Azur,
> Et tout cet ail de basse cuisine!
>
> Prends l'éloquence et tords-lui son cou!
> Tu feras bien, en train d'énergie,
> De rendre un peu la Rime assagie.
> Si l'on n'y veille, elle ira jusqu'où?
>
> Oh! qui dira, les torts de la Rime!
> Quel enfant sourd ou quel nègre fou
> Nous a forgé ce bijou d'un sou
> Qui sonne creux et faux sous la lime?
>
> De la musique encore et toujours!
> Que ton vers soit la chose envolée,
> Qu'on sent qui fuit d'une âme en allée
> Vers d'autres cieux à d'autres amours.
>
> Que ton vers soit la bonne aventure
> Éparse au vent crispé du matin
> Qui va fleurant la menthe et le thym ...
> Et tout le reste est littérature.

Verlaine geht es, formal gesehen, vor allem um eine Belebung und Lockerung der durch den Formenkult des Parnasse festgeschriebenen Prosodie. Es ist dies ein Rettungsversuch gegen den sich bereits ankündigenden Verfall der Gattungen, die ja vielfältig aus Vers, Reim und Strophe hervorgehen. Daß Verlaine darin weiter geht als Baudelaire, der in seinen Gedichten die Herrschaft des Reimes noch streng respektiert, zeigt sein – im übrigen von Brunetière, wie nicht anders zu erwarten, scharf zurückgewiesenes[36] – Beharren auf dem *(vers) Impair*, dem *Indécis*, der *Nuance* – ein Beharren, das dem Lob des *Précis* und der *Rime assagie* die Starrheit nehmen soll. Die Wendung gegen die hohl gewordene Rhetorik der Romantiker – auch hier lastet der Schatten Hugos noch auf der Entwicklung – ebenso wie die Kritik an den Parnassiens ist deutlich.[37] Sie wird schließlich doch dem *vers libre* des Symbolismus den Weg öffnen, auch wenn Verlaine selbst sich in einem Epigramm noch über dessen Freiheiten mokiert und den Reim verteidigt:

> J'admire l'ambition du Vers Libre
> – Et moi-même que fais-je en ce moment

---

[36] *L'Evolution*, a. a. O. (Anm. 1), II, S. 244.
[37] Vgl. die Interpretation des Gedichtes durch A. W. Raitt, *Life and Letters in France. The Nineteenth Century*, London 1965, S. 153–161.

> Que d'essayer d'émouvoir l'équilibre
> D'un nombre ayant deux rythmes seulement?
>
> Il est vrai que je reste dans ce nombre
> Et dans la rime, un abus que je sais
> Combien il pèse et combien il encombre,
> Mais indispensable à notre art français.
>
> Autrement muet dans la poésie
> Puisque le langage est sourd à l'accent.
> Qu'y voulez-vous faire? Et la fantaisie
> Ici perd ses droits: rimer est pressant.
>
> Que l'ambition du Vers Libre hante
> De jeunes cerveaux épris de hasards!
> C'est l'ardeur d'une illusion touchante.
> On ne peut que sourire à leurs écarts.
>
> Gais poulains qui vont gambadant sur l'herbe
> Avec une sincère gravité!
> Leur cas est fou, mais leur âge est superbe.
> Gentil vraiment, le Vers Libre tenté!

Verlaines Poetik ist, das zeigt gerade die Existenz eines solchen Epigramms, januskitätig. Die Ablehnung der Couleur, die als deskriptives Mittel *(couleur locale)* der Wirklichkeitserfassung für Romantik, Realismus und Parnasse gleich wichtig war, zugunsten der musikalischen Nuance rückt Verlaine in die Nähe einer nicht mehr mimetischen (und bald auch surrealistischen) Moderne. Die arkadische Bildlichkeit, die sich in vielen von Verlaines bekanntesten Gedichten findet, und die anders als in Rimbauds «Dormeur du val» nicht schockartig zerstört wird, ist dagegen ein Indiz für die Ferne, in die das Lyrische und die ihm von Verlaine oft gegebenen und oft auch vertonten sangbaren Formen *(chansons, ariettes, romances sans paroles)* für die Bewohner der «villes énormes» (Baudelaire), der «villes tentaculaires» (Verhaeren) schon gerückt sind. Es bleibt so Rimbaud vorbehalten, dem Lebensgefühl dieser Menschen auch formal Ausdruck zu verleihen. Allerdings haben sie – das ist der Preis der Wahrheit – zum ersten Mal nicht mehr die literarische Bildung, ihn zu verstehen.

Rimbaud klärt, ehe er in «Le Bateau ivre» die neue Poetik der Negativität und des Zerfalls programmatisch verkündet, sein Verhältnis zur Tradition. Das Gedicht «Ce qu'on dit au poète à propos de fleurs», in dem dies am sichtbarsten geschieht, ist in wohlüberlegter Absicht Banville gewidmet.[38] Schon der Titel läßt aber vermuten, daß die vierzig Strophen dieses Gedichtes gegen den äußeren Anschein der konventionellen Form – Achtsilbler im Kreuzreim – eine Kampfansage an die Parnassiens enthalten. Die provozierende Art, in der das poetischste aller Themen, die Blume, behandelt wird, ebenso wie die Reimverknüpfung, die dem an Baudelaire und Verlaine geschulten Stilempfinden ins Gesicht schlägt, bestätigt diesen Eindruck durchaus. Das Gedicht ist der Abgesang auf eine Lyrik, die im Zeitalter der Kolonialreiche und der Naturwissenschaften keine Daseinsberechtigung mehr hat:

> Commerçant! colon! médium!
> Ta Rime sourdra, rose ou blanche,
> Comme un rayon de sodium,
> Comme un caoutchouc qui s'épanche!

Auch das Formenarsenal dieser Lyrik ist ruiniert. An die Stelle des «sonnet de mille huit cent trente» tritt die Befreiung aus dem Würgegriff der metrischen Formen:

> Mais, Cher, l'Art n'est plus, maintenant,
> – C'est la vérité, – de permettre
> A l'Eucalyptus étonnant
> Des constrictors d'un hexamètre;

Und auch die Bilder dieser Hohnrede lassen auf der Folie der ehrwürdigen Dichtermetaphorik schon die Entfesselung der poetischen Sprache ahnen, die «Le Bateau ivre» charakterisieren wird:

> Où vont les Cygnes par milliers:
> Que tes strophes soient des réclames
> Pour l'abatis des mangliers
> Fouillés des hydres et des lames!

Der Schiffbruch, der dann am Ende von «Le Bateau ivre» steht, ist ruinöser als jede das Bestehende nur negierende Kritik. Er ist nicht zuletzt auch ein Schiffbruch des Lesers, der an klassischer Reimkunst geschult und auch hier durch eine konventionelle Form zunächst vielleicht getäuscht, vergeblich nach logischen Verknüpfungen sucht, wo sich aus semantischen Feldern nur mehr mühsam ein Sinn konstituieren läßt.

Die Selbstaufgabe als Neubeginn, von der das trunkene Schiff träumt – «O que ma quille éclate! O que j'aille à la mer!» –, vollendet sich in nicht

---

[38] Zum Folgenden vgl. Riedel, a. a. O. (Anm. 19), S. 64–76.

zu überbietender Radikalität im Spätwerk Rimbauds. Die chronologisch kaum eindeutig zu fixierende Werkgeschichte dieses Dichters, von den noch auf die literarische Tradition bezogenen Anfängen des Schülers über die polemische Ablehnung und die Zerstörung dieser Tradition bis hin zu den Prosagedichten der *Illuminations* und der *Saison en enfer*, spiegelt wie im Zeitraffer die Geschichte der französischen Lyrik im 19. Jahrhundert, auch sie eine Geschichte der Destruktion aller Gattungszwänge und doch zugleich auch die eines poetischen Neubeginns. Rimbaud fühlt sich als Zerstörer und Vollender der Geschichte der Dichtung zugleich. Der Dichter ist ihm, wie er an Paul Demeny schreibt,[39] eine «Énormité devenant norme», er ist «vraiment *un multiplicateur de progrès*!». Doch auch Rimbaud versteht sich, wie schon der nächste Absatz zeigt, noch als legitimer Erbe des klassischen Formideals, er will sein – zweifellos unerhört radikaler – Erneuerer sein:

> Cet avenir sera matérialiste, vous le voyez. – Toujours pleins du *Nombre* et de l'*Harmonie*, ces poèmes seront faits pour rester. – Au fond, ce serait encore un peu la Poésie grecque.

IV

Es gibt keinen Abschied von der Geschichte. Auch Mallarmé, der in der Poetik der Negation noch über Rimbaud hinausgeht, kann das Ende der Dichtung nur postulieren, der damit gesetzten Aporie jedoch als Dichter nicht entgehen. Sein Standpunkt ist, literatursoziologisch gesehen, aristokratischer Natur.[40] Das verbindet ihn, rein äußerlich gesehen, mit den Vertretern des *l'art pour l'art*, Leconte de Lisle etwa und dessen Sonett «Les montreurs». Dieses vielzitierte Gedicht beschreibt die kompromißlose Haltung sehr gut, die auch Mallarmé im Interesse der Kunst gegenüber einem als «plèbe carnassière» erlebten literarischen Publikum einnimmt:

> Les montreurs
>
> Tel qu'un morne animal, meurtri, plein de poussière,
> La chaîne au cou, hurlant au chaud soleil d'été,

---

[39] Sog. Voyant-Brief (15. Mai 1871).

[40] Er spricht dies im übrigen mit aller Klarheit aus: «Car moi, au fond, je suis un solitaire, je crois que la poésie est faite pour le faste et les pompes suprêmes d'une société constituée où aurait sa place la gloire dont les gens semblent avoir perdu la notion.» (*Œuvres complètes*, ed. H. Mondor/G. Jean-Aubry [Bibl. de la Pléiade], Paris 1965, S. 869.)

> Promène qui voudra son cœur ensanglanté
> Sur ton pavé cynique, ô plèbe carnassière!
>
> Pour mettre un feu stérile en ton œil hébété,
> Pour mendier ton rire ou ta pitié grossière,
> Déchire qui voudra la robe de lumière
> De la pudeur divine et de la volupté.
>
> Dans mon orgueil muet, dans ma tombe sans gloire,
> Dussé-je m'engloutir pour l'éternité noire,
> Je ne te vendrai pas mon ivresse ou mon mal,
>
> Je ne livrerai pas ma vie à tes huées,
> Je ne danserai pas sur ton tréteau banal
> Avec tes histrions et tes prostituées.

Doch Mallarmés Stolz, seine «ivresse» und sein «mal» unterscheiden sich grundlegend von den Kunstproblemen, aus denen seine Mitautoren im ersten und zweiten *Parnasse contemporain* ihren Hochmut beziehen. Nahmen sie um der Kunst willen Abschied von der Menge, so nimmt Mallarmé Abschied von der Kunst um der Wahrheit willen. Dieser Abschied ist so radikaler Natur, daß die Literaturkritik der Zeit davor verstummt.[41] Das hat Konsequenzen auch für die lyrischen Formgesetze. Ihr Schicksal ist zwischen einer bis zur Jahrhundertwende und auch noch darüber hinaus sich fortsetzenden Pflege der literarischen Konventionen einerseits[42] und dem radikalen Bruch mit ihnen andererseits für mehrere Jahrzehnte „Mallarmé und den Seinen" (Karl Voßler) anvertraut.

Mallarmé hält seine Vorgänger nicht einfach für überwunden, sondern versucht in die Aktualität einzubringen, was sie geleistet haben. Er ist zuerst ein unbestechlicher, nichts beschönigender Zeuge der Krise, die die französische Lyrik gegen Ende des Jahrhunderts erfaßt hat und die mit dem Tode Victor Hugos offenbar wird:

> La littérature ici subit une exquise crise, fondamentale.
>
> Qui accorde à cette fonction une place ou la première, reconnaît, là, le fait d'actualité: on assiste, comme finale d'un siècle, pas ainsi que ce fut dans le dernier, à des bouleversements; mais, hors de la place publique, à une inquiétude du voile dans le temple avec des plis significatifs et un peu sa déchirure.

---

[41] Brunetière erwähnt Mallarmé nur einmal und dies ironisch in einer Fußnote (*L'Evolution*, a. a. O. [Anm. 1], II, S. 244).
[42] Vgl. dazu F. Nies, „Revolutionspathos und Gattungsbindung in der französischen Lyrik (1900–1918)", in: R. Warning/W. Wehle (Hrsg.), *Lyrik und Malerei der Avantgarde*, München 1982, S. 41–59.

Un lecteur français, ses habitudes interrompues à la mort de Victor Hugo, ne peut que se déconcerter. Hugo, dans sa tâche mystérieuse, rabattit toute la prose, philosophie, éloquence, histoire au vers, et, comme il était le vers personnellement, il confisqua chez qui pense, discourt ou narre, presque le droit à s'énoncer. Monument en ce désert, avec le silence loin; dans une crypte la divinité ainsi d'une majestueuse idée inconsciente, à savoir que la forme appelée vers est simplement elle-même la littérature; que vers il y a sitôt que s'accentue la diction, rythme dès que style. Le vers, je crois, avec respect attendit que le géant qui l'identifiait à sa main tenace et plus ferme toujours de forgeron, vînt à manquer; pour, lui, se rompre. Toute la langue, ajustée à la métrique, y recouvrant ses coupes vitales, s'évade, selon une libre disjonction aux mille éléments simples; et, je l'indiquerai, pas sans similitude avec la multiplicité des cris d'une orchestration, qui reste verbale. *(Crise de vers)*[43]

Die Besinnung der poetischen Sprache auf die ihr innewohnende Kraft, die keiner Konvention bedarf, ihre Befreiung zu sich selbst, ist jedoch für Mallarmé kein nur innerliterarischer Vorgang. Das zeigt die Beschreibung desselben Vorganges in einem Interview mit Jules Huret:

Nous assistons, en ce moment, *m'a-t-il dit*, à un spectacle vraiment extraordinaire, unique, dans toute l'histoire de la poésie: chaque poëte allant, dans son coin, jouer sur une flûte, bien à lui, les airs qu'il lui plaît; pour la première fois, depuis le commencement, les poëtes ne chantent plus au lutrin. Jusqu'ici, n'est-ce pas, il fallait, pour s'accompagner, les grandes orgues du mètre officiel. Eh bien! on en a trop joué, et on s'en est lassé. En mourant, le grand Hugo, j'en suis bien sûr, était persuadé qu'il avait enterré toute poésie pour un siècle; et pourtant, Paul Verlaine avait déjà écrit *Sagesse*; on peut pardonner cette illusion à celui qui a tant accompli de miracles, mais il comptait sans l'éternel instinct, la perpétuelle et inéluctable poussée lyrique. Surtout manqua cette notion indubitable: que, dans une société sans stabilité, sans unité, il ne peut se créer d'art stable, d'art définitif. De cette organisation sociale inachevée, qui explique en même temps l'inquiétude des esprits, naît l'inexpliqué besoin d'individualité dont les manifestations littéraires présentes sont le reflet direct. *(Sur l'évolution littéraire)*[44]

Der Literaturgeschichte *in nuce*, vom *mètre officiel* Hugos über Verlaine bis zum aktuellen Subjektivismus der Lyrik («l'inexpliqué besoin d'individualité»), fügt Mallarmé hier die noch einmal an Tocqueville gemahnende Diagnose an. Mallarmé zieht jedoch aus der in Bewegung geratenen literarischen Szene, der in der Behandlung des Gedichtes und insbesondere des auf dem Alexandriner gegründeten *grand vers* eine größere Flexibilität entspricht («une sorte de mobilité entre les vers de grand

---

[43] A. a. O. (Anm. 40), S. 360f.
[44] Ebd., S. 866, vgl. S. 363.

jet»⁴⁵), keine revolutionären Konsequenzen. Die Aufspaltung der Dichtung in die beiden Extreme eines absoluten Formkultes und einer totalen Verweigerung gegenüber der Tradition kann und muß vielmehr nach Mallarmé im Kompromiß überwunden werden:

Il y a donc scission par inconscience de part et d'autre que les efforts peuvent se rejoindre plutôt qu'ils ne se détruisent. Car, si, d'un côté, les Parnassiens ont été, en effet, les absolus serviteurs du vers, y sacrifiant jusqu'à leur personnalité, les jeunes gens ont tiré directement leur instinct des musiques, comme s'il n'y avait rien eu auparavant; mais ils ne font qu'espacer le raidissement, la construction parnassienne, et, selon moi, les deux efforts peuvent se compléter.

Mallarmés Werk scheint dieser Forderung gerecht zu werden, reicht es doch von den Anfängen unter dem Einfluß Baudelaires und der Teilnahme am Parnasse über Versuche, die Lyrik bis zur äußersten formalen Perfektion zu treiben, etwa in den Sonetten oder in der *Prose pour des Esseintes*, bis zum *poème en prose* und zur Durchbrechung der überlieferten Schranken in *Un coup de dés*.

Doch Mallarmé verharmlost in dem zitierten Interview mit Jules Huret und auch noch in *Crise de vers* die Sprengkraft der eigenen Poetik. Sie ist, auch wenn der zitierte Kompromiß an ihrem Anfang steht, nicht mehr das Ergebnis allein formaler Experimente:

L'œuvre pure implique la disparition élocutoire du poète, qui cède l'initiative aux mots, par le heurt de leur inégalité mobilisés; ils s'allument de reflets réciproques comme une virtuelle traînée de feux sur des pierreries, remplaçant la respiration perceptible en l'ancien souffle lyrique ou la direction personnelle enthousiaste de la phrase.⁴⁶

«L'œuvre pure», das von den bisherigen lyrischen Gesetzmäßigkeiten, aber auch von allen subjektiven Spuren gereinigte «grand œuvre», leitet den Abschied von der bisherigen Literatur, für Mallarmé von Literatur überhaupt ein. Der Verzicht auf den Dichter, aber auch auf den Leser,⁴⁷

---

⁴⁵ Ebd., S. 868, ebenso das folgende Zitat.
⁴⁶ Ebd., S. 366.
⁴⁷ «Le Livre, où vit l'esprit satisfait, en cas de malentendu, un obligé par quelque pureté d'ébat à secouer le gros du moment. Impersonnifié, le volume, autant qu'on s'en sépare comme auteur, ne réclame approche de lecteur. Tel, sache, entre les accessoires humains, il a lieu tout seul: fait, étant. Le sens enseveli se meut et dispose, en chœur, des feuillets» (ebd., S. 372). Die geistesgeschichtliche Bedeutung dieser Position erörtert Hans Blumenberg in seiner Geschichte des Buches (*Die Lesbarkeit der Welt*, Frankfurt a. M. 1981, S. 323f.). Zur Dunkelheit Mallarmés vgl. G. Regn, *Konflikt der Interpretationen*. Sinnrätsel und Suggestion in der Lyrik Mallarmés, München 1978.

läßt allein dem Wort noch Raum, einem Wort, dessen aktuelle Präsenz ein Zufall ist angesichts des Auftrages, in seiner «virtualité» die «notion pure» zu beschwören:

Le vers qui de plusieurs vocables refait un mot total, neuf, étranger à la langue et comme incantatoire, achève cet isolement de la parole: niant, d'un trait souverain, le hasard demeuré aux termes malgré l'artifice de leur retrempe alternée en le sens et la sonorité, et vous cause cette surprise de n'avoir ouï jamais tel fragment ordinaire d'élocution, en même temps que la réminiscence de l'objet nommé baigne dans une neuve atmosphère.[48]

Auf dem Hintergrund dieser Zielsetzung stellt sich die Werkgeschichte Mallarmés ganz anders dar als unter dem Blickpunkt der lyrischen Gattungen. Sie führt von den frühen und als strenges Exerzitium bis in die Spätzeit durchgehaltenen Stilübungen in den lyrischen Formen der Zeit über den nicht zu verwirklichenden Plan des einen Buches *(le Livre)* zur Darstellung seines Scheiterns am Absoluten in *Igitur* und zu *Un coup de dés,* der allein in der Negation denkbaren Beschwörung der poetischen Blume, «l'absente de tous bouquets».

Ernest Renan hat, wie uns Brunetière in einer Fußnote überliefert, am Ende seines Lebens befürchtet, die Fragmentarität des modernen Lebens («l'incohérence même de la vie») lasse die Kunst den Sinn für die Form verlieren und damit ihre vielleicht wichtigste Daseinsberechtigung.[49] Renans Vision ist das Resultat eines Kunstverständnisses, das – anders als Romantik und Moderne – das Fragment als Form nicht zu denken vermag. Gerade diese Form ist es jedoch, mit der die Gattungsgeschichte der Moderne alle literarischen Konventionen transzendiert und an ihr Ende bringt. Auch Mallarmés *Livre*, dessen Konzeption ihn seit 1866 wie ein Laster beherrscht und, wie er 1868 François Coppée schreibt, fast den Verstand und die Sprache kostet, «le sens des paroles»,[50] ist vorstellbar nur als Fragment:

Voilà l'aveu de mon vice, mis à nu, cher ami, que mille fois j'ai rejeté, l'esprit meurtri ou las, mais cela me possède et je réussirai peut-être; non pas à faire cet

---

[48] A. a. O. (Anm. 40), S. 368, ebenso das folgende Zitat.
[49] «... il craignait qu'à force de prétendre imiter l'incohérence même de la vie, – qui n'est que trop réelle, – l'art ne finit quelque jour par y perdre le sens de la forme; et avec le sens de la forme, l'une au moins de ses raisons d'être; et peut-être la principale.» (*L'Evolution*, a. a. O. [Anm. 1], II, S. 273.)
[50] *Correspondance* 1826–1871, ed. H. Mondor, Paris 1959, S. 270. Vgl. Blumenberg, a. a. O. (Anm. 47), S. 319 ff.

ouvrage dans son ensemble (il faudrait être je ne sais qui pour cela!) mais à en montrer un fragment d'exécuté, à en faire scintiller par une place l'authenticité glorieuse, en indiquant le reste tout entier auquel ne suffit pas une vie. Prouver par les portions faites que ce livre existe, et que j'ai connu ce que je n'aurai pu accomplir.[51]

Das Fragment, das als Ganzes nicht realisierbare Werk, ist einer Zeit angemessen, die sich, wie Mallarmé gegenüber dem der gleichen Generation angehörenden Verlaine im selben Brief äußert, als eine Epoche des Übergangs darstellt:

Au fond je considère l'époque contemporaine comme un interrègne pour le poète qui n'a point à s'y mêler: elle est trop en désuétude et en effervescence préparatoire pour qu'il ait autre chose à faire qu'à travailler avec mystère en vue de plus tard ou de jamais et de temps en temps à envoyer aux vivants sa carte de visite, stances ou sonnets, pour n'être point lapidé d'eux, s'ils le soupçonnaient de savoir qu'ils n'ont pas lieu.[52]

Mallarmés Gelegenheitsgedichte stehen insofern für sein Verhältnis zur Dichtung seiner Zeit überhaupt. Sie sind in der Respektierung der überlieferten Formen («stances ou sonnets») nichts anderes als Zugeständnisse an den Zeitgeschmack, Fingerübungen vor Beginn der dem Dichter eigentlich aufgetragenen Arbeit, mehr nicht. Die Instrumente, deren Konzert die bisherige Literatur ausmachte, die «flûte» des Dichters, die «grandes orgues du mètre officiel», die «très beaux éclats de cuivres» der «jeunes gens», die «douze timbres» des Alexandriners, das «latent clavier» der poetischen Orthodoxie,[53] sind gut nur für die Vorstufe jener «poésie pure», von der Mallarmé sich beim Hören orchestraler Musik eine Vorstellung zu machen sucht:

Je me figure par un indéracinable sans doute préjugé d'écrivain, que rien ne demeurera sans être proféré; que nous en sommes là, précisément, à rechercher, devant une brisure des grands rythmes littéraires (il en a été question plus haut) et leur éparpillement en frissons articulés proches de l'instrumentation, un art d'achever la transposition, au Livre, de la symphonie ou uniment de reprendre notre bien: car, ce n'est pas de sonorités élémentaires par les cuivres, les cordes, les bois, indéniablement mais de l'intellectuelle parole à son apogée que doit avec plénitude et évidence, résulter, en tant que l'ensemble des rapports existant dans tout, la Musique.[54]

[51] A. a. O. (Anm. 40), S. 663.
[52] Ebd., S. 664.
[53] Ebd., S. 362f. und S. 868ff.
[54] Ebd., S. 367f.

Aus der «intellectuelle parole à son apogée» steigt wie aus den Gesamtkunstwerken Richard Wagners, die Mallarmé wie vor ihm Baudelaire zutiefst bewundert,[55] die Musik, in der sich die Gesamtheit aller Sinnbezüge ausdrückt – jenseits der Dichtung.

---

[55] Die Bewunderung ist gerade in literarischen Kreisen allgemein. Vgl. Brunetière, a. a. O. (Anm. 1), II, S. 239 ff. Catulle Mendès läßt 1886 eine Wagner-Monographie erscheinen.

LYRIK IM ZEITALTER DER AVANTGARDE.
DIE ENTSTEHUNG EINER „GANZ NEUEN ÄSTHETIK" ZU JAHRHUNDERTBEGINN

Von Winfried Wehle

I

Man mag die *terra incognita*, die die historischen Avantgarden entdeckt haben, beurteilen, wie man will: was sich vom Vorabend des Ersten Weltkrieges bis etwa Mitte der zwanziger Jahre auf dem Feld der Ästhetik ereignet hat, übt einen prägenden Einfluß bis in die Gegenwartskultur aus. Die öffentliche und auch wissenschaftliche Würdigung dieser Teilhabe allerdings bleibt z. T. noch beträchtlich hinter dieser Realität zurück. Dies dürfte einesteils dadurch bedingt sein, daß sich in dieser Epoche die schönen Künste endgültig als 'Nicht mehr schöne Künste' etabliert haben. Mit herausfordernden 'Ohrfeigen' (Marinetti, Chlebnikov) gegen jede herkömmliche Wohlgefälligkeit haben ihre Mitstreiter im übrigen entsprechend darauf hingewiesen. Anderntseils hat der Zweite Weltkrieg allgemein und in Deutschland in besonderem Maße den Brückenschlag zu den kulturellen Vorleistungen des Jahrhundertbeginns ideologisch belastet. Sich damit auseinanderzusetzen heißt deshalb zugleich, unsere Gegenwart im Spiegel ihrer historischen Voraussetzungen ansichtig werden zu lassen.

Dem stehen allerdings erhebliche Zugangsprobleme im Wege. Die gravierendsten haben die Avantgarden selbst und mit voller Bewußtheit geschaffen. Ihr Widerstand gegen damals gültige Kunst- und Kulturvorstellungen war so grundstürzend, daß ihr „Prinzip der Privation" (W. Pabst)* eine ästhetische Äußerung gewissermaßen nur noch im Modus der Negation gelten zu lassen schien.[1] Wo der „Formbruch als Form-

---

* Besonderen Dank schulde ich Walter Pabst: Er hat mir seine erst jetzt erschienene Arbeit über *Französische Lyrik des 20. Jahrhunderts. Theorie und Dichtung der Avantgarden* (Berlin 1983/Grundlagen der Romanistik 12) schon im Umbruch zugänglich gemacht und dadurch wertvolle Perspektiven eröffnet.

[1] Zum größeren Horizont dieser Untersuchung vgl. R. Warning/W. Wehle

prinzip" (R. Warning)² programmatisch ins Recht gesetzt wird, ist eine Erfassung nach „Kategorien des Verlustes und des Zerfalls" (H. R. Jauß) unverzichtbar. Die Absetzung dieser Kunst gegen alle Tradition vor und neben ihr ging jedoch keineswegs mehr in einem Modernisierungsbedürfnis auf, wie es den Künsten seit der Romantik periodisch erwuchs. Ihre Revolte zielte weiter. Sie wollte die Aufhebung der „garantierten Realität" (H. Blumenberg) selbst,³ in deren Dienste sie bisherige Kunst verwickelt sah. Davon abgebracht werden sollte die neue Kunst vor allem dadurch, daß sie gegen die ästhetischen Spielregeln verstieß, mit denen Publikum und Kritik gewohnt waren, sich auf Kunstwerke einzulassen. Nicht zuletzt dadurch hat sich die heilsame Negation, die die Avantgarden durchaus sein sollten, in eine hartnäckige Negativität ihrer Beurteilung insgesamt verkehrt. In der Tat stellt sich die Frage, wie avantgardistische Künste auf dem Wege einer gegenläufigen, ja absichtlich befremdlichen Wirklichkeitsbehandlung etwas bewirken sollen. Sie verzichten auf die 'moderne' Errungenschaft des geschlossenen Kunstwerks, seinen organischen Werkbegriff, auf einen einheitlichen Stilwillen, der bisher Epochenbegriffe rechtfertigte. Sie verbannen das lyrische Ich aus dem Mittelpunkt der Dichtung; sie lösen den Gegenstand und die Perspektive in der Malerei auf; sie verhindern, daß ihre Objekte noch über ein Thema,

---

(Hrsg.), *Lyrik und Malerei der Avantgarde*, München 1982. Vgl. dort auch meine beiden Beiträge „Avantgarde: ein historisch-systematisches Paradigma 'moderner' Literatur und Kunst" (S. 9–40) sowie „Orpheus' zerbrochene Leier. Zur 'Poetik des Machens' in avantgardistischer Lyrik (Apollinaire)" (S. 381–420); sie bilden Vorstufen des Folgenden. – Die bisher umfassendste literaturgeschichtliche Porträtistik der avantgardistischen Lyrik hat jetzt R. Sabatier mit *La poésie du vingtième siecle II – Révolutions et Conquêtes*, Paris 1982 (Bd. VI, 2 seiner *Histoire de la poésie française*) gezeichnet. – Ein weitgespanntes Epochenpanorama unter Berücksichtigung politischer und sozialer Tendenzen hat P.-O. Walzer entworfen: *Littérature française*, Bd. 15 «Le XXe siècle», Paris 1975. Vgl. bes. auch S. Neumeister, „Die französische Lyrik 1900–1918", in: *Jahrhundertende – Jahrhundertwende II* (Neues Handbuch der Literaturwissenschaft Bd. 19), Wiesbaden 1976, S. 65–88, sowie W. Raible, *Moderne Lyrik in Frankreich*, Stuttgart 1972.

[2] Vgl. seinen Beitrag „Surrealistische Totalität und die Partialität der Moderne", in: Warning/Wehle (Hrsg.), *Lyrik*, S. 481 ff. Er weist exemplarisch an Eluard nach, daß der 'Verlust des Epochencharakters' einen neuen Begriff von 'partialer Kunst' und mit ihr die Ermöglichung von Vielgestaltigkeit eröffnet hat.

[3] „Wirklichkeitsbegriff und Möglichkeit des Romans", in: *Nachahmung und Illusion*, hrsg. v. H. R. Jauß, München 1964, S. 13.

eine Anekdote oder eine Intrige betreten werden können. Statt auf Komposition setzen sie auf Montage. Sie scheuen sich nicht, das Verstehen selbst vor das Problem der Unverständlichkeit zu stellen.

So viel negative Entschlossenheit wäre jedoch kaum durchzuhalten, wenn sie nicht auf ihre Weise konzeptionell gebunden wäre. Gerade wenn die Avantgarden das Zeitalter eröffnen, in dem sich die Künste nicht mehr nach Ganzheitsvorstellungen früherer Epochen mustern lassen, verdienen sie, daraufhin geprüft zu werden, ob ihre entschiedene Sezession nicht vielmehr nur die dialektische Ermöglichung dessen schafft, was Apollinaire bereits 1912 prophetisch als den Anbruch einer „ganz neuen Ästhetik" identifizieren zu können glaubte.[4] Fest steht, daß mit ihnen die Schwelle zu einer neuen Dimension in der Kunst überschritten wurde. Um so mehr Schwierigkeiten allerdings bereitet der Versuch, eine Bewegung systematisch fassen zu wollen, der es wichtiger ist, über Bestehendes hinaus- als irgendwo anzukommen. Ihr geschichtliches Maß ist die Zukunft der Möglichkeiten. Sie machen die Avantgarden eher in der Unbeständigkeit ihrer Positionen beständig, als daß sie sich von einer Doktrin verplanen ließen. Dennoch ist damit nicht auch jede Verbindung zu durchlaufenden Kulturbewegungen abgebrochen. Gerade sie aber sind stets in Deutungsmodellen aufgefangen worden, die im Wandel, zumal in den Künsten, einen Prozeßcharakter mit Folgerichtigkeit sehen wollen. Eines, das besonders auch die Literatur betrifft, wird etwa von Adorno ausgeprägt verkörpert.[5] Es bemißt Kunstwerke am Kriterium ihrer Autonomie von Fremdbestimmungen, die sie für andere als ihre ästhetischen Interessen in Beschlag nehmen. Mit dem Anspruch einer solchen „Zweckfreiheit" hat sich namentlich die Literatur seit dem 18. Jahrhundert einen Abstand zu der Wirklichkeit erschlossen, zu der sie andererseits darstellend in Beziehung tritt. Diese Distanz räumt ihr Kritikfähigkeit ein: nicht so sehr als Sprachrohr von Überzeugungen, sondern in der emphatischen Darstellung der Lebenswelt, wie sie ist oder sein könnte. Ästhetische Autonomie hätte ihr oberstes Ziel in der „Negation gesellschaftlich verpflichtenden Sinns"[6]. Sie würde ihrem Konzept am ehesten gerecht, wenn sie kritische Reflexion zeitigte. Die Ära des nachautonomen Kunstwerks würde durch eine ‚Konsum- und Tauschgesellschaft'

---

[4] Über sein Gedicht «Les Fenêtres» *(Calligrammes).*
[5] Früheres zusammenfassend: *Ästhetische Theorie,* Frankfurt a. M. 1970. Zur kritischen Würdigung vgl. H. R. Jauß, *Ästhetische Erfahrung und literarische Hermeneutik,* Frankfurt a. M. 1982, bes. S. 44 ff.
[6] *Ästhetische Theorie,* S. 239.

erzwungen, die mit der zweiten industriellen Revolution auch das Buch zur Ware degradiert und damit eine kritische Leistung von Literatur gegen billige Affirmation von Bedürfnissen wieder eintauscht. Mit Bezug auf diesen erkenntniskritischen Ansatz fiele der Aufstand der Avantgarden mit dem Ende der Autonomieästhetik zusammen. Andererseits aber erreichen die avantgardistischen Künste einen nicht zu überbietenden Höhepunkt in der Negation der herrschenden Ansichten von ihrer Lebenswelt. Zumindest Dada hat versucht, Kunst noch aus der Zerstörung der Kunst zu machen. Auffassungen wie die Adornos mußten dieser letzten Form der ästhetischen Selbstbehauptung gegenüber reserviert bleiben, weil deren auf Effekt, Überraschung, ja Beleidigung des Publikums ausgerichtete Wirkungsabsicht gegenüber dem kritisch-reflexiven Kriterium versagt. Die avantgardistischen Künste verteidigen zwar das alte Vorrecht der Autonomie bis aufs äußerste, haben aber von ihrem öffentlichen Auftrag grundlegend andere Vorstellungen. Hierin soll die folgende Untersuchung einen ihrer Bezugspunkte haben.

Was sich aus der Perspektive einer Autonomieästhetik sagen läßt, berührt sich jedoch zugleich mit dem der Literatur vertrauten Konzept der Mimesis. Seit der Renaissance wird der Nutzen von Kunst maßgeblich nach ihrem Verhältnis zur 'Natur' bemessen.[7] Solange 'Natur' als ideale Norm erfahren wurde und für Menschenhand mithin als unübertrefflich gelten mußte, blieb Kunst dieser Natur prinzipiell nachgeordnet. Sie konnte sie allenfalls nachahmen („imitatio") oder verdeutlichen. Dadurch blieb ihre Tätigkeit den Grenzen einer normativen Ästhetik verpflichtet. Mit dem Aufbruch des 'modernen' Bewußtseins der Subjektivität im 18. Jahrhundert erweiterte sich die Vorstellung von faktisch und ästhetisch Machbarem einschneidend. Die darauf gründende Genieästhetik begreift Kunst nicht mehr nur als Veranschaulichung einer in ihren Möglichkeiten immer schon erfüllten Welt. In dem Maße, wie die – geschichtliche und gesellschaftliche – 'Natur' als unvollkommen erscheint und eine Wendung zum Vollkommeneren hin an die Perfektibilität des Menschen geknüpft wird, darf sich auch das Schaffen der Kunst als dem Walten der Natur ebenbürtig verstehen. Sie ist damit von der Verpflichtung entbunden, *nach* der Natur zu schaffen; vielmehr handeln ihre Verwandlungen der Welt in schönen Schein *wie* sie.

---

[7] Als Modell einer Funktionsbestimmung unter produktionsästhetischem Aspekt vgl. H. Blumenberg, „Nachahmung der Natur. Zur Vorgeschichte der Idee des schöpferischen Menschen", in: *Studium Generale* 10 (1957), S. 266–283. Einen knappen Abriß gibt H. R. Jauß, *Ästhetische Erfahrung*, S. 41 ff.

Eine letzte Position des Schöpferischen in der Kunst wäre dann erreicht, wenn Kunst in der geschichtlich realisierten 'Natur' nur noch auf ihre verbrauchten oder verfehlten Möglichkeiten gestoßen wird und es keinem ihrer Schöpfungsakte mehr gelingen will, daraus noch den Funken eines vollkommenen Ausdrucks zu schlagen. Spätestens mit der Décadence, mit der Stimmung eines 'untergehenden Abendlandes', hatte die Wirklichkeit als Ort der Erfahrbarkeit eines ideal Vollkommenen abgedankt. Damit zerfiel auch die moralische und erzieherische Geschäftsgrundlage der Künste. Im Prinzip zumindest werden sie jetzt frei, von den Unzulänglichkeiten des Wirklichen gänzlich abzusehen und ihm einen anderen Zustand vorzumachen. Kunst schafft dann *gegen* und in diesem Sinne *ohne* die Natur. Durch diese Ungebundenheit können sich ihre ästhetischen Entwürfe dem Leben geradezu vorordnen. Die 'Natur', die die Künste nun vernehmbar werden lassen, kommt erst durch ihre Hervorbringung in die Wirklichkeit. Bezogen auf ihren ursprünglichen Nachahmungsauftrag würde er sich in dieser Moderne dann genau umkehren: Kunst stellte jetzt die Vor-Bilder für eine bessere Lebenswelt auf, würde zur „Vorahmung einer Natur" (Blumenberg), welche der ungefügen Wirklichkeit zur Nachahmung aufgetragen wäre.

Vieles spricht für die These, daß die Avantgarden genau diese Position bezogen haben. Diese utopische Selbstbestimmung und ihre poetologischen Konsequenzen sollen deshalb ins Interesse des Folgenden rücken. Auffälligerweise stehen die Avantgarden, von wo aus man sie auch betrachten mag, stets am Beginn einer bedeutenden kulturellen Zeitenwende. Für die Lyrik im engeren Sinne, um die es vor allem gehen soll, konnte dies jüngst auch durch den Übergang des Begriffs «poésie» in «lyrisme» bestätigt werden (W. Pabst).[8] Daß mit ihrer Avantgarde die bisherige Vorstellung von Kunst überholt wird, haben ihre Mitstreiter selbst verkündet und gewollt. Ihr Bruch hat jedoch einen Aufbruch ermöglicht, der den Verlust epochaler Totalität als Entgrenzung feiert. Zumindest aus ihrer eigenen Sicht arbeitet sie maßgeblich an einer neuen Ära ästhetischen Verhaltens mit. Die Frage nach einer *positiven* Identität muß schon allein deshalb in Erwägung gezogen werden.[9] Daß sie sich aber so schwer stellen läßt, liegt nicht an der vorherrschend negativen Kontur allein. Sie ist zugleich auch das Ergebnis der ‚Sprachlosigkeit', die

---

[8] *Französische Lyrik*, S. 16 ff.
[9] Als Ansatz fruchtbar gemacht von K. A. Blüher, „Die poetische Funktion der Sprache in der symbolistischen und surrealistischen Lyrik", in: *Sprachen der Lyrik. Festschrift H. Friedrich*, hrsg. v. E. Köhler, Frankfurt a. M. 1975, S. 22 ff.

das Phänomen selbst hervorgerufen hat, als es so radikal mit allen alten Begriffen aufzuräumen versuchte.

II

Wie die meisten Umbruchsbewegungen ist auch die der historischen Avantgarde fest in dem verwurzelt, gegen das sie sich richtet. Vieles spricht für die These, daß ihre Anfänge noch aus dem Grundsatz hervorgingen, mit dem das nachromantische 19. Jahrhundert ästhetischen Fortschritt vorgesehen hatte: dem Modernitätskonzept. Seit dem Literaturstreit zwischen Klassizisten und Anhängern eines romantischen Geschmacksideals war die Entwicklung der Literatur von der Entwicklung der Gesellschaft abhängig gemacht worden.[10] Literatur und Kunst konnten deshalb immer dann unter ästhetischen Änderungsdruck geraten, wenn sie sich nicht mehr auf der Höhe der gesellschaftlichen Entfaltung befanden. Wenn aus den „Kindern der Revolution" (Stendhal) tatsächlich, wie Hugo 1827 behauptet, ein „neues Volk" hervorgegangen ist, dann hatte ihm auch ein «art nouveau» zu entsprechen.[11] Sein Begriff freilich ist nicht mehr mit einer Bereinigung des Gegenwärtigen im Lichte zeitloser Ideale erfüllt. Vielmehr wurde er auf das jetzt Aktuelle, das «transitoire, fugitif» (Baudelaire) festgelegt. Was dem klassischen Schönheitssinn der Vorschein des Vollkommenen, ist dem modernen der Reiz des Neuen. Ob als «être neuf» bei Balzac, ob im Schlußwort der *Fleurs du Mal* («trouver du nouveau»; «Le Voyage») – «Nouveauté» wird als modernes Erregungsprinzip ästhetischen Wohlgefallens inthronisiert. Wo solchermaßen aber das Unvertraute, Überraschende, Unerwartete zu ästhetischen Ehren kommt, scheint es immer weniger auf das anzukommen, was die 'Natur' von sich aus vorstreckt, und immer mehr auf das, was die Arbeit des Kunstschaffenden daraus zu machen weiß. Kunst verfährt nicht eigentlich mehr *nach* der Natur, sondern *wie* die Natur. Wo erst eine wissenschaftliche, besonders aber eine dichterische Imagination dem Bestehenden einen höheren Sinn zu verleihen vermag,[12] ist mit ihr

---

[10] Vgl. D. Hoeges, *Literatur und Evolution. Studien zur frz. Literaturkritik im 19. Jh.*, Heidelberg 1980, ebenso F. Wolfzettel, *Einführung in die franz. Literaturgeschichtsschreibung*, Darmstadt 1982.

[11] «Préface de Cromwell». Zuvor schon Stendhal in *Racine et Shakespeare* (1823 und 1825). Zum Modernitätskonzept H. R. Jauß, „Literarische Tradition und gegenwärtiges Bewußtsein der Modernität", in: Ders., *Literaturgeschichte als Provokation*, Frankfurt a. M. 1970, bes. Kap. IX ff. (S. 50 ff.).

[12] Vgl. zum dichtungstheoretischen Übergang M. Eigeldinger, «Du suprana-

jenes kreative Vermögen ins Recht gesetzt, das für die Moderne seither bestimmend wurde.

Rückblickend von den Positionen der Avantgarde-Bewegungen zeichnet sich deshalb bereits in den vorsichtigen Reformen der Lyrik im 19. Jahrhundert jener radikale Kassensturz ab, in dem das beginnende 20. Jahrhundert den traditionellen literarischen Diskurs einer unnachsichtigen Bilanz unterzieht. Es wird aus der poetischen Erbmasse nur die Vorleistungen ihrer eigenen Genealogie gutschreiben, die aufgrund der damaligen Modernität ihrer Zeit voraus waren. Baudelaire, Rimbaud, Lautréamont werden als exponierte «Phares» einer allgemeinen Tendenz in Anspruch genommen, mit der die Lyrik auf die Umbesetzungen im Lebensgefühl des fortgeschrittenen 19. Jahrhunderts reagierte. Auch wenn es Mallarmé nicht wahrhaben wollte («la Nature a lieu, on n'y ajoutera pas; que des cités, les voies ferrées et plusieurs inventions formant notre matériel»[13]): angewandte Wissenschaft, Industrie, Technik, Großstadt waren längst dabei, die menschlichen Beziehungen unwiderruflich neu zu definieren. Das konnte nur dem belanglos erscheinen, der die 'wahre Welt' ohnehin woanders suchte. Wo sich jedoch transzendente Blickrichtungen zunehmend abschwächten, konnte deshalb die Lyrik in den ungewohnten Zugzwang geraten, sich 'auf den Stand der Zeit' zu bringen.[14] Sie hat dem frühzeitig zu entsprechen gesucht. Baudelaire reagierte auf eine fühlbar werdende Entfremdung der Dichtung zu den Empfindungsweisen der Epoche mit der Vision einer neuen 'poetischen Prosa'. Sie sollte „musikalisch ohne Rhythmus und Reim, geschmeidig und kantig" zugleich sein, um einer „Beschreibung des modernen Lebens" genügen zu können.[15] Seine Prosa-Gedichte, nicht weniger als Rimbauds *Illuminations* oder Lautréamonts *Chants de Maldoror*, haben einer im herkömmlichen Verständnis von Poesie undenkbaren Ausdrucksform statt-

---

turalisme au surréalisme», in: *Le Surnaturalisme français*, Neuchâtel 1979, S. 109–132.

[13] St. Mallarmé, *Œuvres complètes*, éd. Mondor/Jean-Aubry, Paris 1945 u. ö., S. 647.

[14] Vgl. *Les Manifestes littéraires de la Belle Epoque, 1886–1914*, éd. B. Mitchell, Paris 1966, S. 69ff. u. ö. Umfassend situiert und als Gattung analysiert bei J. Schultz, *Literarische Manifeste der 'Belle Epoque' (Frankreich 1886–1909)*, Frankfurt a. M./Bern 1981.

[15] Baudelaire, *Œuvres complètes*, éd. Y.-G. Le Dantec/C. Pichois, Paris 1961 u. ö. Widmungsbrief an A. Houssaye, S. 229f. Vgl. alles weitere bei F. Nies, *Poesie in prosaischer Welt. Untersuchungen zum Prosagedicht bei A. Bertrand u. Baudelaire*, Heidelberg 1964.

gegeben. Sie brechen mit der jahrhundertealten Auffassung, daß das Lyrische sich allererst an versifizierter Sprache auszuweisen habe. Mallarmés *Un coup de dés* schließlich gab einer kommenden Avantgarde das abschließende Signal dafür, daß das Auseinanderhalten von Poesie und Prosa endgültig hinfällig geworden ist. Die literarische Besprechung moderner Lebenswelt ließ sich nicht länger mit den beiden Darstellungsregistern von gebundener und ungebundener Sprache bewältigen. Die Abwendung von Stil- und Gattungskonventionen konkretisiert sich beispielhaft im unaufhaltsamen Siegeszug der poetischen Prosa. Sie ist eines der Felder, auf dem sich die Avantgarden am ehesten dem modernistischen Gesetz vom Wandel in Kontinuität verpflichtet zeigen. Sie kulminiert in avantgardistischen Paradetexten wie Jarrys *Minutes de sable mémorial* (1894),[16] Max Jacobs Prosagedichtsammlung *Cornet à dés* (1916), in Blaise Cendrars' *Prose du Transsibérien* oder Saint-John Perses *Eloges* (1911) ebenso wie in der «écriture automatique». Dem «poème en prose» ließ sich sogar ein beachtliches produktives Moment zur Erneuerung des Romans nachsagen.[17]

Umgekehrt vollzog sich innerhalb der gebundenen Sprache zur gleichen Zeit eine letztlich ruinöse Lockerung von Vers, Rhythmus und Reim. Verlaines *Art poétique* («Prends l'éloquence et tords-lui son cou», V. 21) gibt einem unaufhaltsamen symbolistischen Hang zum «vers libéré» insgesamt Ausdruck. Er wiederum bereitet dem «vers libre» den Weg. Dessen freie Abfolge von Versen, ungebundene Silbenzahl und unregelmäßige strophische Gruppierung räumen der dichterischen Sprache so viel Flexibilität ein, daß ihre Grenze zur rhythmisierten Prosa fließend wird. Mit Berufung auf die freien Rhythmen Walt Whitmans kam (angeführt namentlich von Gustave Kahn im Vorwort zu *Palais Nomades*, 1897) ein regelrechter theoretischer Feldzug in Gang, der von künftigen Avantgardisten wie Marinetti (*Enquête internationale sur le vers libre*, 1909) oder Apollinaire aufgenommen wurde. Der Verslibrismus bildet seitdem eine feste Größe in der Sprache der Lyrik. Auch Autoren, denen die avantgardistische Spielart zu schrill tönte, wahrten diese Errungen-

---

[16] Vgl. dazu H. Hinterhäuser, «Jarry, l'homme à la hache», in: Ders. (Hrsg.), *Die franz. Lyrik* Bd. II, Düsseldorf 1975, S. 167 ff., und Ch. Grivel, „Die Explosion des Gedächtnisses", in: Warning/Wehle (Hrsg.), *Lyrik und Malerei der Avantgarde*, S. 243 ff.

[17] Vgl. I. Nolting-Hauff, „Prousts ›A la recherche tu temps perdu‹ und die Tradition des Prosagedichts", in: *Poetica* 1 (1967), S. 67–84. Die These wäre an Marinettis *Mafarka il futurista* (1909), Apollinaires *Enchanteur pourrissant* (1909) oder P. Albert-Birots *Grabinoulor* zu verifizieren.

schaften: Claudels *Cinq Grandes Odes* (1910),[18] Saint-John Perses *Eloges* (1911), Ungarettis *L'Allegria* (1914–1919),[19] Péguys *Le Mystère de la Charité de Jeanne d'Arc* oder August Stramms *Du* (1915), Rilkes *Duineser Elegien* (1923) oder Brechts *Hauspostille* (1927).[20]

Wieviel vorwärtstreibende Energie jedoch in dieser Entwicklung enthalten war, zeigte sich in dem, was die Avantgardisten daraus machen sollten. Die früheste und ohne Zweifel vehementeste Entmachtung der Verssprache ist der Parolibrismus, die „befreiten Worte" der Futuristen. Nicht nur, daß jede formale Bindung der Sprache abgeworfen war. Auch jede Grammatikalität wurde kompromißlos verabschiedet, um der Sprache die Unmittelbarkeit des Schreis zu verleihen. Apollinaire, Führer und Geschäftsführer der Pariser Avantgarde, wird ebenso wie Blaise Cendrars oder Albert-Birot davon erkennbar in Bann geschlagen: Abschaffung der Interpunktion um 1912 (Cendrars: *Prose du Transsibérien*; Apollinaire: *Alcools*, 1913), Preisgabe der Zeilenordnung, die in Apollinaires oder Marinettis Ideogrammen gipfelt, Verabschiedung des lyrischen Ich aus dem Zentrum einer monologisierenden Sprechweise. Sie entlassen die Lyrik in jene Vielstimmigkeit (vgl. bereits J. Romains polyphones Gedicht «L'Eglise», 1905), die sich wenige Jahre später als eine der produktivsten Anregungen avantgardistischen 'Dichtens' erweisen wird. Zur Not ließen sich diese Entwicklungen noch mit dem modernistischen Verjüngungsgrundsatz der Literatur vereinbaren. Deren Scheitelpunkt scheint jedoch mit dem erreicht, was als „simultanes Kunstwerk" bezeichnet werden kann. Mit ihm schien um 1912/13 das damals Machbare wenn nicht schon getan, so doch programmatisch entworfen.[21]

III

Für viele Zeitgenossen aber hatten diese Vorstöße der Literatur ins Feld ihrer Möglichkeiten längst jede Kontinuität mit dem Bisherigen drama-

---

[18] Dazu V. Kapp, *Poesie und Eros. Zum Dichtungsbegriff der fünf Großen Oden von Paul Claudel*, München 1972.

[19] Vgl. den Versuch einer Würdigung von A. Noyer-Weidner, *Zur Frage der 'Poetik des Wortes' in U.'s ›L'Allegria‹*, Krefeld 1980 (Schr. u. Vortr. d. Petrarca-Inst. 30, Köln).

[20] Mit bes. Hinweis auf die 'avantgardistische' Erschließung Brechts bei W. Preisendanz, „Die Pluralisierung des Mediums Lyrik beim frühen Brecht", in: Warning/Wehle (Hrsg.), *Lyrik*, S. 333 ff.

[21] Im Sinne dieser Struktur*einheit* untersucht R. Bellour den Umschlag der

tisch aufgekündigt. Verglichen mit der an der Tradition geschulten Lyrik, wie sie Albert Samain, Francis Jammes, Henri de Régnier, Claudel oder Péguy u. a. pflegten – ihnen gehörte in der Belle Epoque die Gunst der Liebhaber –, hatten sich entsprechende Versuche der seit 1880 geborenen Dichtergeneration in der Tat so weit von einem gemeinsamen Traditionszusammenhang entfernt, daß die einen darin eine schwere Krise der Dichtung, die anderen den Ansatz zu einer „ganz neuen Ästhetik" (Apollinaire) sahen. An diesem Verhältnis zur Tradition enthüllt sich der vorgeschobene Standpunkt der Jüngeren als nicht mehr vereinbar mit dem Innovationsspielraum des Modernitätsgesetzes. Dies führte fast erwartungsgemäß zu einer literarischen «Querelle» zwischen Traditionalisten und Antitraditionalisten. Im Grunde von Beginn an, mit dem 1. Futuristischen Manifest vom 20. 2. 1909, hatte die Avantgarde die Zeichen der Zeit unversöhnlich auf Revolte, auf Bruch gestellt. Warum ihre Anhänger jedoch glaubten, nur noch durch eine solch heftige Wendung gegen alles, was bis dahin an der Tagesordnung der Künste war, deren Aussagefähigkeit in die Zukunft zu retten, kann aus einer ästhetischen Eigengesetzlichkeit der Kunst kaum zureichend erklärt werden. Sähe man in ihr nur den historischen Abschluß der zur Autonomie strebenden Künste vor ihrem Versinken in der nachautonomen Warenästhetik, widerspräche dies ihrem selbsterklärten sozialen Auftrag. Nicht Kunst um der Kunst, sondern „um des Lebens willen" («Art pour la vie») war das erklärte Projekt schon der schnell aufeinanderfolgenden 'Schulen' der Belle Epoque.[22] Diese avantgardistische Hinwendung zum Leben, die zugleich mit einer unmittelbaren Abwendung von symbolistischer Weltauffassung erkämpft werden mußte, erfolgte noch immer im Namen und mit der Argumentation, mit der das 19. Jahrhundert ästhetischen Fortschritt programmiert hatte: eine Änderung in der Gesellschaft bedinge eine Änderung in der Kunst. Der zweite und wohl ausschlaggebende Anstoß zu einer einschneidenden Revision der Künste muß deshalb in der Revolution der Lebensumstände gesucht werden.[23]

Tradition des 19. Jh. bis zur poetischen Revolution um 1912/13. Die Bedingungen eines solchen Ansatzes ändern sich jedoch, wenn die Avantgarden als geschichtliche Einheit begriffen werden («1913: Pourquoi écrire, Poète?», in: *L'Année 1913*, éd. L. Brion-Guerry, Bd. 1, Paris 1971; S. 526–632).
[22] Vgl. N. Beauduin, «La Poésie de l'époque», in: *Mercure de France* 107 (1914), S. 276–286; hier S. 278. – Ein frühes literarhistorisches Zeitbild entwirft P. Aeschimann, «La poésie», in: E. Montfort (Hrsg.), *25 ans de littérature française* (T. I), Paris [1925/26], S. 1–96.
[23] Als Faktor der literarischen Entwicklung anschaulich gemacht bei P. Berg-

Wie kaum jemals zuvor hatte die technisch-industrielle Zivilisation gerade dieser Epoche in die Vollzugsformen des Alltagslebens eingegriffen. Was im 19. Jahrhundert von ideellem und moralischem Fortschritt der Menschheit erhofft worden war, schien sich unvermutet durch *technischen* Fortschritt zu ereignen. Unverkennbar hat er die menschlichen Beziehungsverhältnisse von Grund auf umgestaltet. Errungenschaften wie das Fahrrad, das Automobil, Straßenbahn, U-Bahn, Transatlantische Schiffslinien, Transsibirische Eisenbahn, vor allem aber das Flugzeug nährten die Illusion, daß sich räumliche Distanz aufheben ließe. Ubiquität wurde zu einer populären Vorstellung. Die Biographien von Marinetti, Blaise Cendrars, André Salmon oder Arthur Cravan lesen sich wie Protokolle dieser Erfahrung. Der damalige Kosmopolitismus erfuhr einen technisch geförderten Aufschwung. Andererseits veränderten sich, zumal in den Großstädten, den Brennpunkten dieser Entwicklung, die Schemata sozialer Kontakte tiefgreifend. Telegraphie, vor allem die drahtlose, besonders das Telephon, Grammophon, Rohrpost, Film, Elektrizität, die aus der natürlichen Nacht einen künstlichen Tag machte – all diese neuen Bedingungen der Kommunikation lösten gleichsam eine perzeptive Explosion und eine bisher unvorstellbare Verdichtung kommunikativer Berührungen insgesamt aus. Sie schufen die neue Erfahrung von der aufhebbaren Zeit, Omnipräsenz. Die urbane Vermassung macht jeden, der mit ihrer Zivilisation in Beziehung tritt, zum Betroffenen dieses 'Fortschritts'. Die Erfahrung der Kollektivität[24] wird dadurch zu einer seiner erregendsten Herausforderungen. Maßgebliche Ursachen sind die Veränderung der Arbeitswelt mit der symptomatischen Einführung des Fließbandes und der Verstädterung der Bevölkerung. Sozialtheoretisch wurde dieser Strukturwandel frühzeitig registriert, sei es in der Philosophie von Marx, bei Durkheim («conscience collective») oder in der Anarchielehre Bakunins oder Charles Sorels. Im Bereich literarischer Kritik wurde das Konzept einer «anarchie littéraire» (A. Baju) oder der nicht allzuweit entfernte Unanimismus J. Romains' denkbar; auf dem Gebiet der Sozialpsychologie die Theorie eines kollektiven Unbewußten (C. G. Jung).

Ein neues Lebensgefühl war im Entstehen. Es ließ 'Omnipräsenz', 'Ubiquität', 'Kollektivität' als Wirkungszusammenhang empfinden. Wo

---

man, *Modernolatria et Simultaneità*, Uppsala 1962. Vgl. ebenfalls Chr. Baumgarth, *Geschichte des Futurismus*, Reinbek 1966, sowie *L'Année 1913* (Op. cit.).
[24] Vgl. bes. W. Pabst in der „Einleitung" zu dem von ihm hrsg. Interpretationsband *Die moderne französische Lyrik*, Berlin 1976, S. 7–48.

dies begeistert oder zustimmend akzeptiert wurde, entstand ein regelrechter Kult der Moderne – mit einer entsprechend heftigen Abwertung der Vergangenheitstreue als 'Passatismus'. Die unmittelbare Gegenwart rückte zum geschichtlichen Maß aller Dinge auf. Damit aber schien das Denken in zeitlichen und räumlichen Kategorien, die Ansicht, ein Nachfolgendes sei die Folge eines Vorhergehenden, mithin das Prinzip der Kausalität selbst grundlegend in Frage stellbar. Seinen Platz nimmt, zumindest in der künstlerischen Klärung, das Modell der Simultaneität ein. Es bezeichnet den durch Technik herbeigeführten Wandel in den Vollzugsformen des Alltags, gewissermaßen die 'Poetik' dieser 'modernen' Lebenswelt.[25] Da es zugleich jeden betrifft und ihm neue Maßstäbe seiner Empfindungsurteile beibringt, steht Simultaneität daher zugleich im Mittelpunkt einer Sensibilität des Maschinenzeitalters. Arthur Cravan hat dieser «funeste pluralité» einen authentischen Ausdruck der Betroffenheit verliehen:

> Je voudrais être à Vienne et à Calcutta,
> Prendre tous les trains et tous les navires,
> Forniquer toutes les femmes et bâfrer tous les plats.
> Mondain, chimiste, putain, ivrogne, musicien,
>   ouvrier, peintre, acrobate, acteur;
> Vieillard, enfant, escroc, voyou, ange et noceur;
>   millionnaire, bourgeois, cactus, girafe ou corbeau,
> Lâche, héros, nègre, singe, Don Juan, souteneur,
>   lord, paysan, chasseur, industriel, Faune et Flore:
> Je suis toutes les choses, tous les hommes et tous les animaux!
>   (in: *Maintenant* N° 2/Juli 1913)

Wer wie die jungen Künstler dieser Epoche bereit war, sich dieser neuen Realität zu stellen oder ihr nicht entgehen konnte, der war auf eben diese Simultaneität als den Inbegriff dessen verpflichtet, was eine zeitgemäße Kunst zu bewältigen habe. Die Folgen für die Kunst, aber auch für die Wirklichkeit waren beträchtlich. Moderne Zivilisation konnte wohl deshalb soviel Macht über Dichtung erlangen, weil sie den Beweis zu erbringen schien, daß die Entgrenzung des Lebensspielraums durch technischen Fortschritt letztlich der menschlichen Tatkraft gutzuschreiben ist. Diese neue Welt konnte, wie nie zuvor, als Gebilde aus Menschenhand verstanden werden: «Le dieu nouveau», ruft N. Beauduin, einer der von ‚Modernolatrìa' Befallenen aus, «le dieu nouveau, c'est l'homme

---

[25] Beispielhaft resümiert bei N. Beauduin, «La poésie de l'époque». Zitat Cendrars' nach: *J'étais cigare;* éd. J. Pierre, Paris 1971 [Le Désordre 11], S. 58 f.

qui s'agite». Damit aber verändert sich nachhaltig das Verhältnis des Menschen zur Natur. Die Überwindung natürlicher Zustände durch menschliche Arbeit erlangt eine bislang unerhörte Vorrangstellung. Natur, Welt, Wirklichkeit müssen nicht mehr als ein vom Menschen unabhängiger, objektiver, wenngleich getrübter Vorschein eines kosmologisch geordneten Ganzen genommen werden. Vielmehr sind sie als Hervorbringungen menschlicher Tätigkeit anzusehen. Apollinaire, der dies exemplarisch reflektiert hat, sieht daher in 'Natur' einen positiven Wert erst in ihrer Überwindung. Dadurch wird gerade das Unnatürliche, das Artifizielle zur wahren 'Realität' aufgewertet. Er gibt dafür ein aufschlußreiches Gleichnis: «Quand l'homme a voulu imiter la marche [i. e. Natur], il a créé la roue qui ne ressemble pas à une jambe.» Dieser technisch verlaufende Alltag erzeuge deshalb bereits in seiner simultanen Lebensunmittelbarkeit «surréalisme»![26]

Wenn aber schon das Leben eine „Kunstwirklichkeit" (Reverdy) ist, dann stünde eine Kunst auf verlorenem Posten, die noch immer in einer herkömmlichen Nachahmung der 'Natur' deren geheime Ordnung anzutreffen hofft. Simultanem Lebensgefühl liegt deshalb auch eine radikal neue Funktionsbestimmung der Kunst zugrunde: «L'ordre qui paraît dans la nature ... n'est qu'un effet de l'art» (Apollinaire).[27] Dies stellt alle bisherigen Anschauungen auf den Kopf. 'Natur' ist zur bloßen Materialität herabgestuft. Erst menschliche Geistestätigkeit, allem voran die der Dichter und Künstler, vermag dem natürlichen Chaos Wirklichkeitsentwürfe abzugewinnen. Welt wird namentlich durch Kunst erst hervorgebracht. In traditioneller Terminologie gesprochen: Kunst stellt 'Natur' erst her. Wie nie zuvor mit solcher Unbedingtheit ist, was wir für Realität halten, als selbstgeschaffen zur Geltung gebracht. Verwandelt zeigt sich davon zugleich die Mission des Dichters. Er sei «analogue à la divinité» (Apollinaire). Wo sein Genie nicht mehr nur dem Gedanken der Schöpfung nachspürt, sondern sich selbst ganz als Schöpfer begreift, hat er sein Amt bereits an der modernen Technomythe vom Übermenschen (superuomo/surhomme) ausgerichtet.[28]

Dieser von fortschrittlichem Lebensgefühl ausgehende Impuls identifizierte sich um 1912/13 vor allem im Begriff von Simultanismus. Marinetti und die Maler des italienischen Futurismus, namentlich ihr Theoretiker

---

[26] Œuvres complètes, éd. M. Décaudin, Paris 1966, Bd. III, S. 609.
[27] O. C., Bd. IV, S. 21 bzw. Bd. III, S. 809 für das folgende Zitat.
[28] Zum geistesgeschichtlichen und historischen Zusammenhang vgl. M. Carrouges, La Mystique du Surhomme, Paris 1948.

Umberto Boccioni,[29] Apollinaire und Robert Delaunay («le simultané»), Barzun oder Herwarth Waldens Zeitschrift *Der Sturm* stritten eifersüchtig um das Privileg, den sprachlichen und bildenden Künsten das zeitgemäße Programm sowie die ersten angewandten Beispiele gegeben zu haben. Unbestritten hingegen war die Aufgabe und ihre Unaufschiebbarkeit. Poesie, Malerei, Plastik, Theater hatten der Simultaneität als der Quintessenz modernen Lebens auf ihre Weise jeweils künstlerisch gerecht zu werden. Als zentrales Problem stellte sich die Frage, wie der Rausch gleichzeitig ablaufender Lebensprozesse adäquat in Worte, Farbe, Holz, Bronze etc. zu übersetzen sei. Jede dieser 'Sprachen' muß den Gegenstand, den sie besprechen will, den Dimensionen ihres Mediums anpassen. Dichtung ist auf artikulatorisches und syntaktisches Nacheinander, Malerei auf Anordnung der Farben in zweidimensionaler Fläche, Plastik auf feste Raumverhältnisse angewiesen. Gegenüber gelebter Wirklichkeit bedeutet ästhetische Darstellung deshalb Brechung ihrer Unmittelbarkeit. Am fühlbarsten wird dies naturgemäß in der künstlerischen Bewältigung von Dynamik. Deren Wiedergabe in Lyrik und Malerei kollidiert mit der unumgänglichen Fixierung der Sprache als Text oder Farben im Bild. Aus dieser Sicht wird die Begeisterung der Avantgardisten für das Medium Kino oder die Aktionsform des literarischen Variétés verständlich.

Die Not des jeweils zu bearbeitenden Materials machte jedoch poetologisch erfinderisch. Seine Schwäche ließ sich, richtig verstanden, dann in eine ästhetische Stärke verwandeln, wenn man Brechung als Differenz positiv in Kauf nahm und Kunst gezielt zur Deformation von gewohnten Erscheinungsweisen ins Feld führte. Solche bewußt gesuchte Andersartigkeit vermag gerade vertrauteste Dinge, Themen, Redeweisen aus ihrer Selbstvergessenheit zu erlösen und aus Unwesentlichem unerwartet den Funken des Wesentlichen zu schlagen. Unter diesem Gesichtspunkt will die Serie von Experimenten zur Form der Lyrik in dieser Epoche verstanden sein, die quer durch alle Schulen und ‚-ismen' verläuft. Der Futurismus, der in diesem avantgardistischen Aufbruch lange die Rolle eines Extremisten spielte, hat entscheidend zur Erweiterung der Vorstellung beigetragen, daß eine Orientierung an Kultur- und Bildungsgütern, d. h. der Blick zurück, eine Lähmung, eine lästige Fessel für eine längst überfällige Erneuerung sei. Negation der alten Kunst als Hüterin einer veralteten Welt wird deshalb zu einer elementaren avantgardistischen Maßnahme, Antitraditionalismus oder Passatismus zu Kampfparolen dieser Auflehnung.[30]

---

[29] Zusammengefaßt in *Estetica e arte futuriste*, Milano [1946].
[30] Die Ermöglichung dieses Aufbruchs hat E. Leube auf die bewegenden

Je weiter jedoch eine simultane Kunst vordrang, desto näher rückte ihre Avantgarde an die Grenze heran, wo ihre künstlerischen Versuche jede Ähnlichkeit mit der Lebenswelt, auf die sie sich beriefen, letztlich einbüßten. Man mag es von der einen Seite als Gefahr, von der anderen als Kühnheit bezeichnen: Malerei und Literatur waren, in ihren fortgeschrittensten Entwicklungen, auf dem besten Wege, Kunst und Leben voneinander gänzlich unabhängig zu machen. Signale für eine solche 'absolute' Tendenz der Künste werden kurz vor dem Ersten Weltkrieg überall gesetzt. Das heftigste und wohl einflußreichste hat, auch für Paris, Marinetti in seinem *Technischen Manifest der futuristischen Literatur* (11. 5. 1912) gegeben, das er ein Jahr später mit *Zerstörung der Syntax, drahtlose Imagination, befreite Worte* (11. 5. 1913) vertieft. Henri-Martin Barzun, ein begeisterter Komparse der Avantgarde und insofern ihr getreues Echo, macht nicht zuletzt mit Bezug auf den Futurismus die unerhörte Forderung nach «liberté absolue» zur ersten Bedingung einer neuen Kunst.[31] Nur dadurch könne die „Polyphonie der simultanen Stimmen in der Welt" ästhetisch vergegenständlicht werden. «Je n'écrirais plus qu'une poésie libre de toute entrave», läßt Apollinaire zur selben Zeit den Dichter Croniamental sagen, «serait-ce celle du langage.»[32] Von dieser radikalen Befreiung war es allerdings nur ein unmerklicher Schritt zur Destruktion. Sie wurde für viele Gegner der Avantgarde ihr negatives, für ihre Anhänger das positive Markenzeichen. Der Futurist Papini hatte Anfang 1915 in diesem Sinne die radikale Behauptung aufgestellt, „nur eine vollkommene Unordnung schaffe einer neuen Ordnung Raum"[33]. Sein Argument wird Schule machen.

Motive der Einsamkeit und der Imagination zurückführen können. Vgl. „Das Freiheitskonzept des italienischen Futurismus", in: W. Hempel (Hrsg.), *Die Idee der Freiheit in der Literatur der romanischen Völker*, Tübingen 1980, S. 111 ff.

[31] *L'Ere du Drame* (1911–1912), Paris 1912, S. 44 bzw. S. 98.

[32] O. C., Bd. I, S. 257. Sein – moderater – Freund Max Jacob im Hinblick auf das Prosa-Gedicht: «Une œuvre d'art vaut par elle-même et non par les confrontations qu'on en peut faire avec la réalité» (Préface de 1916 von *Le Cornet à dés*, Paris [20]1945, S. 17).

[33] In der Florentiner Futuristenzeitschrift *Lacerba* vom 1. 3. 1915. – A. Liede macht die „Zerstörung im Dienst einer neuen Ordnung" zum Grundansatz seiner Untersuchung der avantgardistischen Sprachartistik. Vgl. *Dichtung als Spiel. Studien zur Unsinnspoesie an den Grenzen der Sprache* (2 Bde.), Berlin 1963; hier Bd. I, S. 205 ff., S. 355 ff.

IV

Die Errungenschaft eines „simultanen Kunstwerks" mußte jedoch innerhalb kürzester Zeit noch einmal radikalisiert werden. Dadurch kam einerseits die Entelechie der avantgardistischen Entwicklung zum Vorschein. Möglich wurde dies andererseits jedoch nur um den Preis einer grundlegend anderen Qualität ihrer Revolution. Als bewegendes Motiv muß letztlich die zivilisatorische und kulturelle Katastrophe angesehen werden, mit der der Erste Weltkrieg die Illusion von einem wissenschaftlich-technischen Fortschritt der Menschheit schlagend widerlegte.[34] Die wenigsten Dichter – zumal der Avantgarde – brachten soviel Abstraktionsvermögen auf, um in der Vernichtungsmaschinerie des Krieges das gewaltigste Simultanspektakel des «Esprit moderne» zu sehen wie Marinetti *(Zang-tumb-tumb)* oder Apollinaire. Den meisten führte dieser Exzeß den „Bankrott" (Hugo Ball) eben der Ideen vor Augen, die ihn rechtfertigen sollten. Nach wenigen Jahren der Verheißung war die Vision einer auf Technik bauenden Zukunftshoffnung der Menschheit in deren existentielle Gefährdung umgeschlagen.[35] Die Gesellschaften der europäischen Vaterländer sahen sich offensichtlich außerstande, ihre industriellen Eroberungen unter Kontrolle zu halten und dem Gemeinwohl zugute kommen zu lassen. Das Elend dieses Krieges zog daher gewissermaßen Bilanz über die Gefährdung, mit der die zweite industrielle Revolution erkauft war. Offenkundig wurde dadurch die „Unmöglichkeit einer Menschheit, die sich ganz und gar abhängig gemacht hatte von ihrer eigenen Schöpfung, von ihrer Wissenschaft, von Technik, Statistik, Handel und Industrie, von einer erstarrten Gesellschaftsordnung"[36].

In dem Maße aber, wie die Künste ihre Erneuerung mit Berufung auf die 'Fortschritte' ihrer Lebenswelt begründet hatten, mußten sie mit deren Versagen selbst in eine schwerwiegende Krise geraten. Der Erste Weltkrieg entzog ihrer ungestümen Progressivität die ideologische Grundlage. Welchen Sinn sollte es noch haben, den Fortgang von Literatur und Kunst auf die Spur einer Gesellschaft zu verpflichten, die 1915/16 so unmißverständlich ihren eigenen Untergang betrieb? Was sollte angesichts einer offensichtlich nutzlosen moralischen Erziehung des Menschengeschlechts mit Literatur noch zu bewirken sein, wenn sie sich auf Dauer

---

[34] Vgl. C. M. Bowra, *Poetry and the First World War*, Oxford 1961.
[35] Vgl. den prophetischen Einspruch von Georges Sorel, *Les illusions du progrès*, Paris 1908.
[36] K. Pinthus im Vorwort zur expressionistischen Anthologie *Menschheitsdämmerung* (¹1920), neu hrsg. Reinbek 1959 (RK 55/56), S. 26.

im Zwiespalt zwischen dem Anspruch bürgerlicher Lebensordnung und ihrer tatsächlichen Ohnmacht einzurichten hätte? Der große Krieg wurde daher zum Katalysator einer neuen Funktionsbestimmung der Künste. Ein engagierter Bezug zur Wirklichkeit ließ nur mehr eine abgründige Verachtung für den menschlichen Übermut zu, der sich aus der modernistischen Mythe vom superuomo/surhomme herleitet. Geschichtliche Wirklichkeit, 'Natur', hatte damit unwiderruflich als ideelle Möglichkeit von Kunst abgedankt. Die weitgehende Lockerung ihrer gegenseitigen Beziehung, wie sie in der Idee vom „simultanen Kunstwerk" verfolgt wurde, schlug unter dem Eindruck des Krieges in offene Beziehungsfeindschaft um. Ihr unmißverständlichster ästhetischer Ausdruck war Dada. Wenn aber am Ausmaß der Heftigkeit das Ausmaß des Überwundenen zu bemessen ist,[37] dann setzt die kulturelle „Generalreinigung" (L. Aragon) der Dadaisten ein handgreifliches Zeichen dafür, daß alle bisherigen Begriffe von Literatur (und Kunst) tot waren. Wo Kunst und Wirklichkeit als unvereinbare Gegensätze empfunden werden, verbietet sich fortan nicht nur jeder Nachahmungsgedanke; revidiert ist damit auch das Gesetz der Modernität selbst, das Kunst und Leben zu unmittelbaren Partnern gemacht hatte. Die Avantgarden, die noch zu beträchtlichen Teilen nach diesem Schema in Gang kamen, schlagen schließlich um in eine Ablösung des ganzen bisherigen ästhetischen Konzepts: Kunst ist in ein Stadium des Selbstverständnisses eingetreten, in dem ihr Umgang mit Wirklichkeit ohne Rücksicht auf Wirklichkeit, so wie sie ist, auskommen muß. Die Bewegungen der Avantgarde erreichen damit eine Front, von der aus gesehen die Kunstperiode der 'Modernität' an ihr Extrem gekommen scheint.

Mit Dada hob endgültig das bittersüße Wagnis an, aus der rigorosen Abstoßung des historischen Lebens gleichwohl eine Kunst zu machen. „Was wir Dada nennen", schrieb Hugo Ball, Gründer des Cabaret Voltaire in Zürich 1916, „ist ein Narrenspiel aus dem Nichts ..., ein Spiel mit den schäbigen Überbleibseln ..., eine Hinrichtung der posierten Moralität."[38] Verglichen mit eingeführter Kunst erzwang die zersetzende Aktion von Dada einen bislang undenkbaren Begriff von Antikunst. Er gab jede kulturelle Anstrengung, an erster Stelle die der Künste selbst, einer unsinnigen Entstellung preis. «Dada ne signifie *rien*», definiert

---

[37] Nach der These von Th. S. Kuhn, *Die Struktur wissenschaftlicher Revolutionen*, Frankfurt a. M. ⁴1979, die auch für kulturelle Prozesse insoweit Gültigkeit beanspruchen darf, wie sie sich am wissenschaftlichen Paradigma orientieren.
[38] Zit. nach H. Richter, *Dada – Kunst und Anti-Kunst*, Köln ³1973, S. 31.

Tzara 1918: Nichts von dem, was besteht, ist noch wert, zu Kunst zu werden.[39] Nur eine Absage an alles, was diese nichtswürdige Welt verschuldet haben konnte, schien überhaupt noch eine ästhetische Äußerung zu gestatten. Haben die Unsinnsgebärden des Dadaismus einen historischen Sinn dann aber nicht gerade darin, daß sie im Grunde nur die Unsinnigkeit der kriegstreibenden Gesellschaften wirklichkeitsgetreu im Medium der Künste ansichtig werden ließen? Ihre Abartigkeiten boten lediglich eine 'Nachahmung' der abartigen gesellschaftlichen Vernunft. Im übrigen stand diese dadaistische Sichtweise der damaligen Gegenwart keineswegs allein. Weniger lautstark, aber nicht minder irritiert zeigte sich die verwandte Tendenz zur antiutopischen Literatur. Sie deutete ihrerseits technische Zukunft als Fortschritt im Verhängnis.

Diese vorsätzliche Weltverleugnung hat jedoch nichts mit symbolistischer Entsagung zu tun. Sie schaute ohnehin nicht auf das Naheliegende. Wenn Dada die Welt auf den Kopf stellt, äußert sich darin eine hohe kritische Energie. Der Erste Weltkrieg hat diesen Kunstschaffenden einen kulturellen Schock versetzt, der den Verlust ihrer ästhetischen Unschuld besiegelt hatte. Man mag geteilter Meinung sein über den Wert oder Unwert ihrer literarischen (und künstlerischen) Hervorbringungen. Unbestreitbar scheinen jedoch ihre Schrittmacherdienste im damaligen kulturellen Klärungsprozeß. Dada warf den gesamten zeitgenössischen Literatur- (und Kunst-)betrieb ins Purgatorium seiner Exzesse und Skandale. Sie brachen insbesondere mit dem ehernen Vorurteil, daß Kunst, in ihrer Fiktivität, eine unverbindliche Welt neben der Welt errichte. Da sie mit derselben Sprache umgeht, ist das, was und wie sie es sagt, daher ebenso für ihre Verfassung verantwortlich oder schuldig, wie alle anderen kulturellen Ordnungen auch. Das öffentliche Ärgernis des Futurismus und Dadaismus will die Künste deshalb mit Gewalt aus ihrem Reservat in der Lebenspraxis austreiben. Ihr scheinbar kunstvernichtender Feldzug ist im Grunde ein Bekenntnis zur Kunst als einem vitalen Teil der schaffenden Lebenspraxis selbst. Ihr Generalangriff richtet sich also nicht nur gegen bestehende ästhetische Spielregeln; er probt den Aufstand gegen das kulturelle System selbst. „Zerbrecht alles, ihr Plattnasen. Herr seid ihr (nur) dessen, was ihr zerbrecht. Gesetze, Morallehren, Ästhetiken wurden allein gemacht, um euch Respekt vor allem Fragilen beizubringen. Was brüchig ist, muß zerbrochen werden" (L. Aragon).[40]

---

[39] „Manifeste DADA 1918", in: T. T., *Œuvres complètes*, Bd. I (1912–1924), éd. H. Béhar, Paris 1971, S. 360.
[40] In: *Littérature* N° 15 (juillet – août 1920).

Offensichtlich vermochten nur noch solche Zuwiderhandlungen den Blick dafür zu befreien, wie es nach dem Zusammenbruch abgewirtschafteter Leitbegriffe wie Nation, Vaterland, Familie, Religion, Moral[41] ästhetisch weitergehen könnte. Der erste avantgardistische Vorstoß, der Futurismus, formuliert daher auch schon eine neue historische Mission der Künste: „er habe eine kulturelle und kreative Periode einzuleiten, die von vorhergehenden *absolut* verschieden . . . sei."[42] Der totale Verzicht auf jede Sublimierung der Welt in schönem Schein bringt die Avantgarde in eine Position gegenüber der Wirklichkeit, die ihr erlaubt, mit jedem Schritt weg von der alten Kunst sich auch einen Schritt vorwärts in der Veränderung ihrer unwürdigen Gesellschaft zu wähnen. Kunst und Wirklichkeit lassen sich nur mehr unter der Bedingung noch aufeinander beziehen, daß Kunst die (bessere) Welt selbst in die Hand nimmt. Ein solcher Vorsatz kehrt die traditionelle Funktion von Literatur in der Lebenspraxis genau um. Nicht mehr ein Wandel in der Gesellschaft bestimmt über einen Wandel in der Kunst. Doppelt will nun Kunst selbst zum Anstoß einer Erneuerung des Lebens werden: wo ihre ästhetische Darstellung in der Wirklichkeit gerade das Abzustoßende, ihre verfehlten Möglichkeiten sieht, macht sie sich von bestehenden Verhältnissen prinzipiell unabhängig. Einer der scharfsichtigsten Parteigänger der Avantgarde, Pierre Reverdy, stellt dieser nichtmimetischen Kunst deshalb die Aufgabe, sie solle sich vom Leben abheben, um darin eine erhabenere und absolut unabhängige Rolle zu spielen. Erst dann könne sie ins Leben zurückkehren, aber an seiner Stelle und ohne ihm mehr verpflichtet zu sein als alle anderen Dinge, aus denen es zusammengesetzt ist![43]

Dichtung und Kunst übernehmen nun jene soziale Verantwortung, die bisher von Sozialtheorie und Gesellschaftslehre – vergeblich – verfochten wurde: „Wir wollen alles selbst schaffen – unsere neue Welt", verkündet der Dadaist Raoul Hausmann. Hinter allen ätzenden Grimassen regt sich noch einmal ein verquert sich äußerndes Bedürfnis nach einem „neuen Menschen" (Tzara). Mag sein, daß er nur eine chiliastische Chance hat, ausgerechnet aus dem Chaos des dadaistischen „Inferno" (Tzara) auf-

---

[41] Vgl. die *Déclaration du 27 janvier 1925,* wiedergegeben bei M. Nadeau, *Histoire du Surréalisme*, Paris 1964, S. 218f.

[42] In: *Marinetti e il Futurismo*, ed. L. de Maria, Milano 1973, S. 284.

[43] In: *Nord-Sud, Self-Défense et autres écrits sur l'art et la poésie (1917–1926)*, Paris 1975, S. 44. – Vgl. dazu K. Dirscherl, „Wirklichkeit und Kunstwirklichkeit. Reverdys Kubismustheorie als Programm für eine a-mimetische Lyrik", in: Warning/Wehle (Hrsg.), *Lyrik*, S. 445ff.

zuerstehen. Fest steht aber, daß sich niemals zuvor, sieht man von politischer Literatur ab, Kunst so unmittelbar als Lebenspraxis begriffen hat. In diesem aktiven, obgleich häufig nur zerstörerischen Engagement für die Schaffung besserer Verhältnisse darf man deshalb das maßgebliche Kriterium für das sehen, was spätere Avantgarden von den historischen trennt. Auch wenn namentlich Futurismus und Surrealismus für eine Veränderung der gesellschaftlichen Ordnung problematische politische Allianzen mit dem aufkommenden Faschismus Italiens bzw. der Kommunistischen Partei Frankreichs eingegangen sind: Die daraus entstehenden Anpassungskonflikte hoben ihr ureigenstes Anliegen nur desto schärfer heraus. Sie wollten ihre fortschrittlichen Kunstprinzipien als Lebensprinzipien einführen. Das Wort vom «pratiquer la poésie» (Breton)[44] nahm Kunsthandeln als gesellschaftliches Handeln ins Wort.

V

Doch dies ist nur die eine Seite des avantgardistischen Erneuerungswillens. Man könnte sie als dessen utopischen Fluchtpunkt verbuchen. Im 'Nahkampf' der Tagesereignisse kommt es vor allen Dingen darauf an, wie das hochgesteckte Ziel so in die künstlerische Tat umgesetzt werden kann, damit von ihm die erhoffte geistige 'Generalmobilmachung' ausginge. Trotz aller martialischen Parolen, Handgreiflichkeiten, Faustschläge und Happenings haben die futuristischen, dadaistischen und frühen surrealistischen Vorkämpfer für eine andere Welt dennoch nie ernsthaft ihre ursprüngliche Identität aus den Augen verloren: sie sind immer und zuerst *Kunst*-Bewegte geblieben. Gerade ihre mißlingenden Allianzen mit politischen Avantgarden haben das Bewußtsein für die Front geschärft, an der sie ganz in ihrem Element sein konnten: die *Sprache*, mit der die Künste jeweils die Wirklichkeit besprechen. Für diesen charakteristisch modernen Rückzug auf ihre elementarste Bedingung gibt es mehrere, sich ergänzende Motive. Im Vordergrund stand allerdings ein massiver ideologiekritischer Anlaß. „Vor allem anderen", definiert der Dadaist Breton, „attackieren wir die Sprache. Sie ist die schlimmste aller Konventionen."[45] Sie ästhetisch zu bekämpfen heißt, Kunst zu einer „Geißel des beruhigten Menschen" (R. Hausmann) zu machen.

Die neue Kunst hatte sich andererseits an dem Tag zu orientieren, «où

---

[44] A. Breton, *Manifestes du Surréalisme*, Paris (o. J.), S. 28.
[45] „Deux manifestes Dada" (1920), in: A. B., *Les pas perdus*, Paris 1924, S. 64f.

le phonographe et le cinéma étant devenus les seules formes d'expression en usage, les poètes auront une liberté inconnue jusqu'à présent »[46]. So wie einst die Photographie die Malerei von dokumentarischen Aufgaben befreit hat, so die neuen akustischen und optischen Medien die Literatur. Sie erzwangen ihrerseits eine Neubesinnung auf die unverwechselbare, allein ihr vorbehaltene Aussage.

Wer also die bestehenden Verhältnisse ablehnte und ihren Zustand auch dem Kulturbetrieb anlastete, der mußte den einzigen Ausweg für die Künste in einer „Erneuerung der Ausdrucksmittel"[47] sehen. Jede avantgardistische Antwort aber hatte sich dabei dem Tatbestand zu stellen, daß die jeweils benutzte Sprache schon etwas bedeutete, bevor sie zu ästhetischer Bedeutung gebracht wird. Die Sprache der Literatur ist im Prinzip dieselbe, mit der wir auch unser Leben regeln – dieselbe also, die damals für ihre Komplizenschaft mit dem zeitgeschichtlichen Verhängnis zur Rechenschaft zu ziehen war. Wie sollte fortan Dichtung möglich sein, die diesem schuldhaften Gebrauch entging? Die Aufgabe zumindest war klar: Kunstobjekte so einzurichten, daß durch die Art ihrer ästhetischen Darbietung dem Wahrnehmenden verwehrt wird, sie mit seinen normalsprachlichen Bedeutungen zu besetzen. Erschwerend kam hinzu, daß andererseits ohne gestaltbares, d. h. voreingenommenes Material nicht auszukommen war.

Apollinaire wagt als einer der ersten eine theoretische Formel. Sie wäre ohne die Diskussion unter den kubistischen Malerfreunden nicht zu denken: « tel est l'ouvrage poétique: la fausseté d'une réalité anéantie. »[48] Das unvermeidliche Zitat des Realen, das sprachliches Material mit sich führt, soll durch bewußte Verfälschung getilgt werden. Antitraditionalismus kehrt nun als das Theorem von der äußersten Antinatürlichkeit der Kunst wieder. Als nach den Futuristen, nach Apollinaire, die Dadaisten außer der Vergangenheit auch die Gegenwart verdammten, erhielt dieser avantgardistische Gestaltungszug seine provokativste Schärfe. Tristan Tzara faßte die Summe der Zürcher Dada-Aktionen zu einem Manifest zusammen (1918). Dort heißt es: «Que chaque homme crie: il y a un grand tra-

---

[46] Apollinaire in seinem 'Testament' « L'Esprit nouveau et les poètes », *O. C.*, Bd. III, S. 900 ff.

[47] Raoul Hausmann im „Pamphlet gegen die Weimarische Lebensauffassung" [1919], in: *Dada Berlin*, hrsg. v. K. Riha/H. Bergius, Stuttgart 1977, S. 52.

[48] *O. C.*, Bd. III, S. 812. – Zur surrealistischen Vitalität dieses Grundsatzes vgl. M. Blanchot, « Réflexions sur le surréalisme », in: Ders., *La Part du feu*, Paris 1949, S. 92 ff.

vail destructif, négatif, à accomplir. Balayer, nettoyer.»⁴⁹ Die vorhandene Welt muß ins Tollhaus ihrer Künste gebracht und dort einer spektakulären Dekomposition unterworfen werden. Dekomposition ist die verbindliche Losung, gewissermaßen der Ritus einer zukünftigen Literatur und Kunst. Mit Dada insbesondere wurde die prinzipielle Negativität von Kunst, wie sie der Autonomieästhetik zugrunde liegt, zu deren Gegenstand selbst gemacht. Denn das ist der Hintergedanke ihres unsinnigen Anscheins: die Kunstobjekte so anzuordnen, daß sie als eine öffentliche Demontage des Intellekts, der Moral, der Gesellschaftsordnung vollzogen werden müssen. Diese zu Kunst objektivierte Entwirklichung kann authentisch über die Wirklichkeit nur noch im Modus ihrer Überwindung sprechen. Man könnte diese avantgardistische Vorbeugung gegen die geläufige Redeweise als ‚Darstellen durch Entstellen' zusammenfassen.

Hinter allem Jahrmarktslärm geht es daher um eine durchaus ernstgemeinte Entwertung vorgefertigter Wirklichkeitsansichten. Ob als Revolte, Bruch oder Zerstörung, das avantgardistische Feindverhältnis *par excellence* wendet sich gegen alles, was für die überkommenen Ordnungen verantwortlich gemacht werden kann. Und ihre Aktivität zielt auf die Lösung der menschlichen Vorstellung aus den Fesseln einer immer schon gedeuteten Welt. Aus dieser – verbalen – „Brandstiftung" (Marinetti), „Verfälschung" (Apollinaire), „Dekomposition" (Tzara) sprach jedoch von Anfang an mehr als nur schadenfroher Nihilismus. Ihr Unsinn hatte durchaus Hinter-Sinn: «Je détruis les tiroirs du cerveau», erklärt Tzara, denn «la logique est toujours fausse». In der Herrschaft des «bon sens» ist das ärgste Übel in der Welt ausgemacht. «L'intelligence est une organisation comme une autre, l'organisation sociale, l'organisation d'une banque ou l'organisation d'un bavardage ... Elle sert à créer de l'ordre et à mettre de la clarté là où il n'y en a pas.»⁵⁰ Wer den an der Macht befindlichen Realitätssinn brechen will, muß zunächst zur umfassenden Irrealisierung aller 'vernünftigen' Ansichten Zuflucht nehmen. Was aber soll nach dem kommen, was bisher 'in Ordnung' war?

Es ist erstaunlich, wie sehr sich von der ersten (Futurismus) bis zur letzten (Surrealismus) Bewegung die Antworten darauf gleichen: alle sehen sie das Heil in dem, was J. Rivière schon damals als eine „post-intellektuelle Ordnung" diagnostizierte.⁵¹ Wiederum ist es Apollinaire, der

---

⁴⁹ *O. C.*, Bd. I, S. 366.
⁵⁰ Zit. nach M. Tison-Braun, *Dada et le surréalisme* (Textes théoriques), Paris 1973, S. 25.
⁵¹ «Reconnaissance à Dada», in: *NRF* 15 (1920), S. 234.

noch vor dem Fanal des 1. Futuristischen Manifests in seinen Kunstkritiken (*Les Peintres Cubistes,* seit 1905) der neuen Tendenz nachspürte und ihr erste begriffliche Stützen zu verleihen suchte. Den bahnbrechenden Umschlag in der Malerei Derains, Braques oder Picassos führte er auf eine Umkehrung in der Rangordnung von nachzuahmender Natur und nachahmender Kunst zurück. Der Künstler bestimme nun die Gesetze, ist Gesetz selber in dem, was durch ihn re-präsentiert wird. «Si le but de l'artiste est de créer, il faut un ordre dont *l'instinct* sera la mesure»![52] Eine Kunst, wenn sie unverfälscht sie selbst sein will, muß aus dem Instinkt heraus neu geboren werden. Bereits um 1908 war damit das irrationale Vermögen des Menschen als eine fundamentale Bedingung der 'neuen Ästhetik' zu Bewußtsein gekommen.

Noch im selben Jahr hat der Vielbelesene, wohl mit Bezug auf das Traumbuch des Artemidorus, eine solche vernunftwidrige Kunst als «Onirocritique» ins Positive gewendet. Diese weitgehend noch poetische Proklamation der Traumarbeit als Modell der Kunst huldigt damit bereits der erregenden zeitgenössischen Entdeckung des Irrationalen als einem eigenwertigen Grund menschlichen Urteilens. Ein Einklang mit Bergsons *Essai sur les données immédiates de la conscience* (um 1908 bereits mit mehreren Auflagen) ist ebenso bemerkenswert wie mit M. Prousts kritischen Vorklärungen zu den Bedingungen seines 'modernen' Romans in *Contre Sainte-Beuve* (ca. 1908–10). Dort wird der «élan vital» programmatisch im 1. Satz so ins Recht gesetzt: «Chaque jour j'attache moins de prix à l'intelligence . . ., ce n'est qu'en dehors d'elle que l'écrivain peut . . . atteindre . . . la seule matière de l'art»; «l'instinct doit occuper la première place [dans la hiérarchie des vertus]».[53] Populär wird diese Umwertung in der futuristischen Ausrufung der «pazzia» als Weltordnung.[54] Aus anderen Gründen, aber mit demselben Nachdruck verfechten die Dadaisten eine Welt im Zeichen des Wahnwitzes. «Dada travaille de toutes ses forces à l'instauration de l'idiot partout»,[55] um zu „lachen, lachen, und *tun*, was unsere Instinkte heißen"[56]. Deren Gebot der Stunde aber, so Tzara, «c'est la spontanéité . . . parce que tout ce qui sort librement de nous-mêmes sans l'intervention des idées spéculatives, nous représente».[57] Der Mensch *vor* seinem kulturellen Sündenfall – ihn

---

[52] *O. C.,* Bd. IV, S. 85.
[53] Ausg. Paris 1954, S. 55.
[54] Vgl. *Marinetti e il Futurismo,* S. 4, 5, 25, 26 u. ö.
[55] Tzara, «Manifeste DADA 1918», S. 384.
[56] R. Hausmann, in: *Dada Berlin,* S. 51.
[57] In: *Dada et le Surréalisme,* S. 25.

will die Anti-Kunst wieder zu Wort kommen lassen. Gehorsam gegenüber dem unvermittelt aus uns sich Entäußernden aber heißt, so Breton: «nous ne devons garder aucun contrôle sur nous-mêmes»[58]. Im 1. Manifest definiert er dessen neuen Ausdruck als «Dictée de la pensée, en l'absence de tout contrôle exercé par la raison, en dehors de toute préoccupation esthétique ou morale». Trotz aller Berufung auf Freud oder auf Pierre Janet (*L'Automatisme psychologique,* Paris 1889; 9 Aufl. bis 1921) bringt die surrealistische Lehre im Grunde nur eine Auffassung zum Abschluß, der die Avantgarden längst einen dichtungstheoretischen Weg gebahnt hatten. Breton, ihr Generalsekretär, war ihn allerdings methodisch bis zu Ende gegangen.

Damit schien es möglich, selbst im magischen „Gemurmel aus unserem Unbewußten" noch einmal einen zwar weitgehend verschütteten, aber ganz eigengesetzlich organisierten Diskurs anzunehmen. Unser „psychischer Automatismus" hätte, nicht weniger als unser logisches Verhalten, System. Seine Äußerungen aber enthielten bereits unmittelbar, ohne unser Zutun und vor jeder gedanklichen Bearbeitung, Sinn – wenn man sie nur poetisch liest. Die «dictée magique», die sich konfus aus uns vernehmen läßt, steht mit einem poetischen Urzustand des Menschen in Verbindung. Dessen primitive Ursprünglichkeit gilt es wieder herauszuheben aus den kulturellen Deformationen des Lebens, die als Vernunft honoriert werden. Entsprechend dem Maß ihrer Verschüttung muß die Therapie – dadaistisch – radikal sein:

> Lâchez tout.
> Lâchez Dada.
> Lâchez votre femme, lâchez votre maîtresse.
> Lâchez vos espérances et vos craintes.
> Semez vos enfants au coin d'un bois.
> Lâchez la proie pour l'ombre.
> Lâchez au besoin une vie aisée, ce qu'on vous
>   donne pour une situation d'avenir.
> Partez sur les routes.[59]

Wer diesem Appell zur bedingungslosen Reise ins Irrationale Folge leistet, dem kann die höhere Logik der Un-Logik mit einem einzigen, aus der Tiefe des Bewußtseins aufgestiegenen Bild „das ganze Universum revidieren" (wie Aragon im *Paysan de Paris* behauptet). Schon 1919, bevor dies der Surrealismus doktrinär verfocht, hatte J. Rivière *(Reconnaissance*

---

[58] *Les Pas perdus,* S. 65.
[59] Ebda., S. 110.

à Dada) diesen avantgardistischen Grundzug scharfsichtig analysiert: «Saisir l'être avant qu'il n'ait cédé à la comptabilité; l'atteindre dans son incohérence, ou mieux dans sa cohérence primitive, avant que l'idée de contradiction ne soit apparue et ne l'ait forcé à se réduire, à se construire; substituer à son unité logique, forcément acquise, son unité absurde, seule originelle.»[60]

Scheint es deshalb nicht angebracht, in dieser Suche nach einem kulturfreien Lebensprinzip die würdigste Utopie dieses avantgardistischen Aufbruchs zu sehen? Diese Regressionsfigur ist jedoch nicht mehr mit den beiden anderen an der Schwelle zur Moderne gleichzusetzen, denen sie ähnlich scheint: der anti-rationalistischen Zivilisationskritik und dem romantischen Weg in die Innerlichkeit. Weder die Rückbesinnung auf die Tugenden eines archaischen Lebens in Solidarität (Rousseau, *Discours sur l'origine et les fondements de l'inégalité parmi les hommes*) noch auf das Ideal einer progressiven Universalpoesie können in den Augen der Surrealisten den Graben zwischen objektiver und subjektiver Welterfahrung dauerhaft überwinden. Beide Lösungen bleiben dem Bewußtsein von der Doppelnatur des Menschen verhaftet. Und weder reformierte Regeln des Zusammenlebens noch die Sublimierung der Kontingenz in der Welt des schönen Scheins vermögen den verlorenen Zustand der naiven Ureinfalt, die „Kindheit des Menschengeschlechts"[61], wieder zurückzubringen. Die avantgardistische Auffassung, pointiert in der frühen Phase des Surrealismus, zieht daraus den Schluß, daß die 'moderne' Mißversöhnung von „Leben und Tod, von Wirklichem und Unwirklichem, von Vergangenheit und Zukunft, von Sagbarem und Unsagbarem" (Breton, *2. Surrealistisches Manifest*) in keiner Weise dauerhaft auf der Ebene ihrer Dialektik selbst geheilt werden könne. Alles kommt vielmehr darauf an, jenen archimedischen Punkt («point suprême») des menschlichen Bewußtseins zu bestimmen, von dem aus gesehen die scheinbar unversöhnlichen Gegensätze von Traum und Wirklichkeit, Natur und Kultur in einer absoluten Wirklichkeit, einer 'Surrealität' widerspruchsfrei aufgehoben sind *(1. Surrealistisches Manifest).*[62] Sosehr solches Fragen an Descartes erinnern mag, diesen Weg hatte unmittelbar Jarry gewiesen.[63]

---

[60] *NRF* 15 (1920), S. 218.

[61] Breton, *Manifestes*, S. 11, das Folgende S. 76f.

[62] Vgl. dazu G. Steinwachs, *Mythologie des Surrealismus oder die Rückverwandlung von Kultur in Natur,* Neuwied/Berlin 1971.

[63] Vgl. Th. M. Scheerer, *Phantasielösungen. Kleines Lehrbuch der Pataphysik*, Rheinbach/Merzbach 1982, S. 25 u. ö.

Mit seinem pataphysischen Begriff der «éthernité» („Aethernitas") bezeichnete er den Raum um die Metaphysik herum, in dem Realität und Imagination einander nicht widersprechen. Die avantgardistische Gewißheit, die in der surrealistischen Bewegung gipfelt, stellt sich am anderen Ende der Welt ein, die vom Licht der denkenden Vernunft erreicht wird. Sie setzt auf die 'Stimme', die aus den Tiefen des unterdrückten Gemüts spricht.

VI

Daß sich dafür die Avantgarden zuständig fühlten und dahin ausgerechnet den ästhetischen Weg einschlagen würden, ist aus ihrer Sicht jedoch durchaus folgerichtig. Ihr Privileg liegt in der Sache selbst begründet. Einerseits zeigen sich die ohne Verstandeskontrolle aufsteigenden Äußerungen bereits von sich aus als hochgradig poetisch organisiert. Umgekehrt sind dann vor allem anderen Dichtung und Kunst dazu berufen, diesem poetischen Urzustand auf die Spur zu kommen. Das «pratiquer la poésie» (Breton) hat deshalb das Menschenmögliche dieser Utopie im Auge: Daß Leben nur (noch) als – avantgardistische – Kunst authentisch möglich sei, so wie – avantgardistische – Kunst erst eigentlich als Lebensform angemessen begriffen ist.

Der (neuen) Dichtung und Kunst stellt sich dadurch die ebenso prägnante wie unerhörte Aufgabe, sich so zu organisieren, daß sie einen Prozeß zur Ermöglichung dieses ursprünglichen Menschen anstößt. Gewiß, Futurismus und 'literarischer Kubismus' hatten im Konzept eines 'simultanen Kunstwerks' wegweisende Vorleistungen erbracht. Mit Dada und dem aus ihm hervorgehenden Surrealismus verfällt jedoch auch die bisherige Avantgarde einer Kritik ihrer selbst. Sie mußte zur Weiterentwicklung gerade derjenigen Kunsttendenzen drängen, die ihr Heil bisher schon in einer strikten Unvereinbarkeit mit hergebrachten Anschauungen gesucht haben. Ihnen war ästhetisches Handeln nur dann vor unwürdiger Komplizenschaft und für glaubwürdiges Engagement zu retten, wenn das bisherige Ideal eines 'simultanen Kunstwerks' in das eines 'abstrakten Kunstwerks' hinübergerettet würde. Die Tendenz zum 'abstrakten Kunstwerk' – dies darf als die radikalste Entelechie der avantgardistischen Kampagne gelten.

Über die erreichte Position hinauszugehen hieß jedoch, Mittel und Wege noch einmal zu überbieten, mit denen schon die bisherige Unabhängigkeit errungen wurde. Es genügte also nicht mehr, einem 'zitierten' Gegenstand, Motiv oder Thema sowie einer bekannten Art und Weise seiner Darstellung dekomponierend zuwiderzuhandeln. Eine solche Demontage blieb letztlich doch der Welt verhaftet, die ästhetisch überwunden werden sollte. Dada hielt daher selbst diese destruktive Teilhabe noch für eine heimliche Verführung zur Affirmation. Allein jene Dichtung schien vor Rückfällen in geläufige Weltauslegungen sicher, die ihre 'Sprache' so weit 'irrealisiert', daß sie in den Zustand vor ihrem semantischen Sündenfall zurückkehrt. Da die Sprache der Dichtung aber immer schon mit Bedeutungen einhergeht, hieß dies, sie mittels ihrer ästhetischen Verwendung von jeder vorgängigen Bedeutung abzuziehen – 'abstrakt' zu machen. Diese Vorstellung scheint zur gleichen Zeit dem 'arbitraire du signe' und den Anagramm-Studien Saussures nicht fern. Diesem Ziel war am nächsten zu kommen, wenn eine poetische und allgemein ästhetische Aussage im üblichen Verständnis Sinn unmittelbar nicht mehr zuläßt. Zu erreichen war das nur durch eine im Grunde paradoxe Anstrengung. Der semantische Grundeintrag der Worte, auf den sich eine alltägliche Verständigung gerade verläßt, war gleichsam wieder zu löschen. Das poetische Verfahren, im übrigen eng bezogen auf analoge Vorgänge in den bildenden Künsten, leitet dazu, wie der Blick auf die Poetik im einzelnen konkretisieren wird, Bedeutungserwartungen fast systematisch ins Leere. Der Kontext, in den das einzelne Wort gebracht wird, stellt es syntaktisch und semantisch bloß, statt es zu identifizieren. Avantgardistische Texte treiben diese ‚Entvereindeutigung' vor allem mit Hilfe einer Poetik der Inkohärenz voran.[64]

Um solche simultanen, erst recht 'abstrakten' Gedichte noch zum Sprechen zu bringen, bedarf es jedoch eines grundlegend anderen Wahrnehmungsverhaltens. Ihre gewollte Unbestimmtheit wird bedeutend überhaupt erst, wenn ein Wahrnehmender etwas damit anfängt. Was die Abstraktionstendenz dem Gedicht an Mitteilsamkeit abnimmt, kann nur durch eine entsprechend große semantische Investition des Lesers (oder Zuhörers) wieder aufgewogen werden. Wie niemals zuvor wird in avantgardistischer Dichtung damit der Wahrnehmende in den ästhetischen Vorgang mit einbezogen. Wenn er in dieser Kunst mithalten will, muß er die klassische Rolle des Rezipienten aufgeben und in einer bislang höchst ungewohnten Weise konstruktiv werden. Aber nicht was er letztlich aus der

---

[64] Vgl. dazu die Erarbeitungen v. Vf. in: „Orpheus' zerbrochene Leier", in: Warning/Wehle (Hrsg.), *Lyrik*, S. 381 ff. (mit entspr. Lit.). – Das Nonplusultra ihrer Möglichkeiten hat R. Queneau realisiert: ein «livre sans fin» mit dem Titel *Cent mille milliards de poèmes* (Paris 1961), entstanden aus 10 Sonetten; jeder Vers auf einen Papierstreifen gedruckt, alle Verse gegeneinander mobil.

Zeichenvorgabe herausliest, kann dabei im Vordergrund stehen, sondern daß sie ihn überhaupt zum Sprachhandeln veranlaßt. Das avantgardistische 'Gedicht' steckt nur mehr einen 'Parcours' ab.[65] Seine begrenzte Menge sprachlicher, lautlicher oder optischer Zeichen bildet nicht schon den Text selbst, sondern nur den Auslöser zu einer konstruktiven Text-Tätigkeit auf seiten des Lesers. Er ist es letztlich, der die einzelnen Elemente zu einer möglichen Fassung 'verdichtet'. Die Lesart des Lesers deckt sich dann aber so sehr mit seiner Zutat, daß das Gedicht im Grunde seine eigenen Züge annimmt. Letzten Endes hat die Abstraktionstendenz zur Folge, daß der Wahrnehmende sich selbst expliziert. Dies scheint das eigentlich positive Anliegen der vordergründigen Rundum-Negationen zu sein: Dichtung so zu konzipieren, daß sie einen Prozeß in Bewegung bringt, der aus allen Voreingenommenheiten freisetzt und in eine eigentlichere Identität einführt. Abstraktheit lebt deshalb von der maßgeblichen Idee, auf ästhetischem Pfade zu jenem irrationalen Gesetz des Menschen zu kommen, das die Avantgarde unter verschiedensten Vorzeichen in jedweder 'vernünftigen' Lebensweise unterdrückt sieht. Ihr ästhetischer Vorstellungskreis beginnt sich damit zu schließen. Dichtung (und Kunst) steht unter der Erwartung, jeden, der sich auf sie einläßt, in eine Aktion hineinzuziehen, die an seine untergründigen Gemütshandlungen appelliert und sie gegen die rational bearbeiteten als wahre Realität in Kraft setzt. Dann wäre Kunst in der Tat die konstruktive, selbstschöpferische Tat, die in die 'höhere Wirklichkeit' des 'neuen Menschen' überleitete.

Wie auf jedem Weg nach Utopia stellen sich jedoch auch dem, der avantgardistisch dahin aufbricht, außerordentliche Hindernisse entgegen. Trotz aller Bemühungen ist es weder Dada noch der surrealistischen Bewegung nachhaltig gelungen, ästhetisches Handeln als gleichberechtigten Teil der Lebenspraxis durchzusetzen. Zu sehr ist das Interesse durch Forderungen des Tages gebunden, als daß sich solch avantgardistische Kunst gegen die Konkurrenz des Bedarfslebens hätte entscheidend behaupten können. Im Grunde ähnelt ihr Problem daher dem der Psychiatrie, die etwa zur selben Zeit ihre grundlegende Theoriebildung leistete.[66] In beiden Fällen liegen als Befunde Sprachkonglomerate vor, die

---

[65] Zu Begriff und poetischer Technik vgl. Ph. Renaud, *Lectures d'Apollinaire*, Lausanne 1969.
[66] Vgl. zum linguistischen Aspekt des Verfahrens H. M. Gauger, «Le langage chez Freud», in: *Confrontations psychiatriques* 19 (1981), S. 185–213; zum theoretischen und methodischen Aspekt vgl. A. Lorenzer, *Sprachzerstörung und*

wie einzelne, aus dem Zusammenhang gerissene, aber darum neuen symbolischen Besetzungen geöffnete Bruchstücke einer verlorengegangenen Geschichte aussehen. Wenn man, wie die Avantgardisten, aber auch Freud, das Nicht-Vernünftige als den wirklichen Grundantrieb menschlichen Verhaltens ansetzt,[67] dann können solche Äußerungen als Indizien eines Sinns genommen werden, dessen Zusammenhang im Unbewußten liegt. Alles hängt davon ab, ob die geäußerten Wort- und Dingzeichen in einer verstehenden Aneignung erlöst werden. An diesem Punkt trennen sich Poesie und Psychologie. Letztere hat akute Fälle von Unbewußtseinsäußerungen bereits vorliegen. Ihr therapeutischer Auftrag besteht darin, die theoriegeleitete Hypothese einer 'Geschichte' zu entwerfen, die die ungereimten Fragmente kohärent macht und dadurch einen – delikaten – sprachlichen Übergang von Unbewußtem zu Bewußtem schafft. Verglichen damit stellt sich die Aufgabe der avantgardistischen Abstraktionstendenz gerade umgekehrt. Sie will Dichtung so einrichten, daß sie die „Stimme des Unbewußten" (Breton) erst vernehmbar werden läßt. Der Mediziner Breton hält dafür diejenige poetische Sprache für angemessen, «qu'on met le plus longtemps à traduire en langage pratique»[68]! Indem Poesie Eindeutigkeiten gezielt auflöst, fördert sie ein sprachliches Verhalten, das alte Zusammenhänge, bekannte Geschichten zersetzt, um Raum für die einzig authentische zu schaffen. Arzt und Avantgardist handeln gewissermaßen komplementär. Der eine will einen für gewöhnlich als krankhaft angesehenen Schwund des Realitätssinnes so weit rational einholen, daß ein sozialer Ausschluß des Patienten vermeidbar wird. Der Dichter dagegen setzt auf die radikale Gegenmaßnahme. Er sieht gerade in der gesellschaftlichen Vernunft ein Krankheitssymptom. Seine poetische Therapie will den Leser (und Zuhörer) durch eine Sprache führen, deren «degré d'arbitraire le plus élevé»[69] ihn zur Wahrnehmung seiner unbewußten Interessen freistellt.

Die besondere Schwierigkeit dieses poetischen Angriffs auf die Welt der Vernunft besteht jedoch darin, daß der Leser simultaner und erst recht abstrakter Dichtung nicht, wie der Psychiater, über eine ausgebildete Theorie zur Erschließung solcher 'Geschichten' aus dem Unbewußten verfügt. Ein 'Erfolg' hängt deshalb von jener besonderen Sprachver-

Rekonstruktion. Vorarbeiten zu einer Metatheorie der Psychoanalyse, Frankfurt a. M. 1970.
[67] Vgl. W. Schulz, *Philosophie in veränderter Zeit*, Pfullingen 1972, S. 67.
[68] *Manifestes*, S. 51.
[69] Ebda.

wirrung ab, wo die Wort-, Ding- und Bildangaben des Textes den glücklichen Zufall bewirken, daß ein Wahrnehmender sie in einem assoziativen Rundschluß zusammenführt. Der Zufall erlangt damit einen geradezu systematischen Rang in der subversiven Sinnstrategie dieser Poesie. Die ernsthafteste Deutung dieses Zusammenhanges erbringt die surrealistische Reflexion auf den «hasard objectif». Worte, Dinge, Bilder sind wie die verzauberten Prinzessinnen des Märchens. Treffen sie auf eine «sensation élective»[70], kann diese sie aus ihrer vermeintlich 'objektiven' Gestalt erlösen. Und wie der Erlöser des Märchens zur Belohnung höchste Wünsche äußern darf, beginnen auch die bislang stummen Zeichen der Dichtung (und des Lebens) von den verschütteten Wunschgestalten ihres unbewußten Lebens zu sprechen. Je fremder die Chiffren erscheinen, desto größer muß der Zufall sein, dem sie sich plötzlich als Zusammenhang zu erkennen geben, desto ursprünglicher war aber auch die Notwendigkeit, mit der sie sich zu Wort meldeten. Willkürlichkeit («arbitraire»; «gratuité») erhärtet sich damit als erstrangiges Merkmal von abstraktivem Sprechen. Die Größe des dazu erforderlichen sinnerschließenden Zufalles gibt das Maß für die Dringlichkeit einer unterschwelligen Entladung.

Alles hängt also davon ab, Zustände herbeizuführen, die diesem unfreiwilligen, aber gewollten Zufall Brücken bauen. Avantgardistische Texthandlungen sollen dabei eine Hauptrolle übernehmen. Das «poème abstrait» als Lautgedicht, Figurengedicht, Collage, Bildgedicht, als «écriture automatique», als Traumbericht, hypnotisches Diktat oder als halluzinatorisches Sprechen inszeniert diese vielgestaltige Suche nach etwas, das gleichwohl nicht gesucht werden kann: die «trouvaille».

Die Autoren haben, mehr oder minder ausdrücklich, diese Schwierigkeit bedacht und daraus eine doppelte Konsequenz gezogen. Mit ihr vervollständigen sich die Wesensmerkmale ihrer ästhetischen Revolution. Um die vielfältig zensierte Phantasie und Imagination des Lesers freizustellen, war der Produzent von Textvorgaben darauf angewiesen, alles Mögliche zu erproben, was diese 'höhere Lebenswirklichkeit' in der Tiefe des menschlichen Bewußtseins zu entsperren vermag. Der unaufhaltsame Zug der Avantgarden zur Gattungsinkonsistenz wird dabei eine feste Bedingung dieser Dichtung insofern, als selbst ihre entgrenztesten Erscheinungsformen immer nur unzulänglicher, obwohl privilegierter Auftakt dessen bleiben, was sie einleiten sollen, da sich im voraus nicht programmieren läßt, wodurch ein elektiver Zufall ausgelöst wird. Man denke nur an das vergleichbare Eintreten der «mémoire involontaire» in Prousts

---

[70] A. Breton, *Nadja*, Paris (o. J.), S. 25.

– avantgardistischem – Roman. Das letztlich einzige 'Gesetz', dem Dichtung sich verschreiben kann, wäre paradoxerweise die Erzeugung höchster Ambiguität.[71] Die surrealistische Anstrengung nach dem «objet ambigu», zur gleichen Zeit und gleich gewagt reflektiert von Valéry in *Eupalinos ou l'Architecte* (1923), macht eine kalkulierte Unbestimmtheit, ja Unverständlichkeit der Aussage zur wesentlichen Bedingung dieser auf Vieldeutigkeit angelegten Ästhetik.

VII

Der avantgardistischen Dichtung bleibt angesichts dessen nur, ihr poetisches Angebot ständig und systematisch weiterzuentwickeln. Sie ist damit ursächlich auf «Recherche» angewiesen. Der Begriff spielt nicht ohne Grund auf die wissenschaftliche Attitüde dieses Verfahrens an: Mit den Avantgarden wird Dichtung (und Kunst) experimentell.[72] Kaum einer ihrer Mitstreiter, der seine Tätigkeit und seine Hervorbringungen nicht als 'Experiment' eingeschätzt hätte. Zwar mag die Übereinstimmung mit zentralen Begriffen der naturwissenschaftlichen Handlungsweise auch nur oberflächlich sein; sie organisiert die Vorstellung von einer neuen ästhetischen Handlungsweise doch entscheidend. Beim 'Dichter' scheint die Analogie noch am ehesten auf der Hand zu liegen. Die Flut von Versuchen zur Form eines ebenso zeitgemäßen wie wirkungskritischen Ausdrucks können durchaus als experimentelle Arbeit an einer neuen dichterischen Sprechweise angesehen werden. Wie im Bereich der exakten Wissenschaften gehören dazu auch relativ hohe Verluste: der größere Teil avantgardistischer Experimente darf im Hinblick auf die geistige Revolution, der sie dienen sollten, als mißlungen gelten. Dies schmälert ihren dichtungstheoretischen und poetologischen Aufschlußwert keineswegs. Im Unterschied zu den exakten Wissenschaften allerdings will auch das Produkt, der Text, seinerseits ein Experiment sein. Nach avantgardistischer Grundüberzeugung nimmt Kunst ihre Aufgabe erst dann angemessen wahr, wenn sie den Rezipienten in einen Produzenten verwandelt.

---

[71] Im Zusammenhang der modernen Wende der Ästhetik vgl. dazu H. R. Jauß, *Ästhetische Erfahrung*, S. 118f.
[72] So schon bei H. Friedrich, *Struktur der modernen Lyrik* (Reinbek ⁴1971) anerkannt (vgl. S. 161 ff.). Zum durchaus nicht unproblematischen wissenschaftlichen Patronat der Avantgarden vgl. die maßgebliche Auseinandersetzung von K. A. Ott, „Die wissenschaftlichen Ursprünge des Futurismus und Surrealismus", in: *Poetica* 3 (1968), S. 371–398.

Die jeweiligen Bedeutungsvorgaben, die das Kunstgebilde dem Leser oder Betrachter vorstreckt, schaffen im Prinzip nur den Anlaß für dessen Sinnspiele. Erst wenn auch er sie in einer semantischen Versuchsreihe durchspielt, bringt er Möglichkeiten zu einem Sinn hervor. Je radikaler die Avantgarde entwickelt ist, desto mehr verdichtet sich der Eindruck, daß im Idealfall der Wahrnehmende nicht zur Ruhe kommen soll. Im Grunde geht es eher um die Erhaltung des konstruktiven Prozesses selbst als um ein abschließendes Ergebnis.

Eine solche Zielsetzung aber unterscheidet sich erheblich von wissenschaftlichem Handeln. Dieser Hang zum Experiment um des Experimentes willen bringt nachdrücklich die andersartige hermeneutische Interessenlage des ästhetischen Gegenstandes zum Vorschein. Er steht, wie Literatur von jeher, im Dienste der Ermittlung und Vermittlung neuer Bedeutungen. Im Vergleich dazu zielt eine wissenschaftliche Behandlungsweise gerade auf die methodische Einengung möglicher Aussagen über ihren Gegenstand. Ihre 'Objektivität' stützt sich auf nachvollziehbare Allgemeinverbindlichkeit, erkauft durch eine systematische Ausschaltung subjektiver Schwankungen in der Auslegung eines Sachverhalts. Mehr als der Verwandtschaft zu wissenschaftlichem Denken der Zeit scheinen daher avantgardistische Versuche der viel älteren Auffassung verpflichtet, die das Wesen der Kunst als Spiel begreift.[73] Ihr experimenteller Zug ließe sich mithin als radikalisiertes Spielverhalten deuten. Es gestattet menschlicher Kreativität, die Welt in ein entlastendes Spiel, ihre Zustände wieder in Möglichkeiten rückzuverwandeln. In der Dichtung Apollinaires verkehre sich das Leben, so Tzara, in ein «jeu tournant et sérieux». In diesem Sinne verteidigt er die Kunst Hans Arps gegen die 'emmerdeurs' «cubistes, futuristes ou puristes» einzig aus dem Grund, weil sie «rien qu'un jeu» sei, «comme la vie et ses émotions». Mehrfach betont Breton im ersten Manifest, der Surrealismus beruhe auf dem Glauben an das «jeu désintéressé de la pensée»[74]. Die «écriture automatique» sei ein «jeu surréaliste».[75] Später wird Francis Ponge diese freisetzende Kraft mit der spielerischen Formel von der Dichtung als «objeu», einem «objet» als Anlaß eines «jeu» wiederholen.[76] Die avantgardistische

---

[73] Vgl. dazu das herausragende Kap. 3a „Dichtung als Experiment und Spiel" bei W. Pabst, *Französische Lyrik im 20. Jh.*, S. 210 ff.
[74] O. C., Bd. I, S. 396 und S. 625.
[75] Breton, *Manifestes*, S. 37 bzw. 43.
[76] Vgl. G. Butters, *Francis Ponge. Theorie und Praxis einer neuen Poesie*, Bensberg 1976.

Recherche betreibt also eine Art Grundlagenforschung in eigener Sache: sie geht ihren fundamental ludischen Bedingungen auf den Grund.

Zu einem nicht geringen Teil scheint gerade dies ihrer Popularität im Wege gestanden zu haben. Meist wenn die schönen Künste sich in ihr Laboratorium zurückziehen, erwecken sie den Eindruck einer Krise. Ihre Ungereimtheiten erscheinen als Zwischenspiel vor einer neuen Epoche konsolidierter Anschauungen. Diesem Vorurteil sind in beträchtlichem Maß die Avantgardebewegungen zum Opfer gefallen. Der Surrealismus verdankt sein Ansehen nicht zuletzt dem Umstand, daß er sich seit 1925 eine von Breton eifersüchtig überwachte Doktrin gab. Vieles spricht jedoch dafür, daß der Extremismus der Avantgarden insgesamt eine Entwicklung auf die Spitze getrieben hat, die im konstruktiven Handeln ein ganz eigenwertiges ästhetisches Erkenntnismodell ins Recht setzt, dem niemals zuvor mit solcher Unbedingtheit vertraut wurde. Darum darf es für ihre Modernität paradigmatischen Anspruch erheben.

Sein Schlüssel liegt in der Ideengeschichte des schöpferischen Menschen. H. R. Jauß hat seinem vernachlässigten Anspruch jüngst ein engagiertes Plädoyer gewidmet.[77] Der avantgardistische Begriff von den schönen Künsten als einem abstrakt-konstruktiven Tun bildet den Endpunkt einer Emanzipation von der Vorstellung, daß alle menschliche Hervorbringung, praktische *und* künstlerische Poiesis also, nur die vollkommenen Muster nachahmen könne, die in ewigen Urbildern oder in gottgeschaffener Natur jedem menschlichen Schaffensakt ideal vorausliegen. Erst als im Zeitalter der Aufklärung, namentlich im Geniebegriff, Vollendung zumindest als schöner Schein ins Maß des Menschenmöglichen aufgenommen wurde, war der Weg frei für ein eigenschöpferisches Selbstverständnis menschlicher Tätigkeit. Technische Erfindungen, Mathematik, selbst Geschichte durften fortan in eben der Weise Anerkennung als originelle Schöpfungen beanspruchen wie 'Kunstwerke', die immer schon, wenn auch mehr oder minder verdeckt, als höchste Form menschlicher Fertigkeit galten. Mit der dazu erforderlichen Inspiration war der Künstler ohnehin stets auf dem Sprung zu erfundenen Wirklichkeiten nach seinem Bild und Gleichnis. Als «superuomo» (Marinetti), als „Gott, der nach Belieben schafft" (Apollinaire), als Mythenschöpfer, der die leitenden Ideen künftiger Menschheitsentwicklung entwirft, der „mit seinem dichterischen Wort" schließlich den neuen Menschen selbst erschaffen will – mit diesem avantgardistischen Creator schreibt sich ästhetisches

---

[77] Vgl. „Aufriß einer Theorie und Geschichte der ästhetischen Erfahrung", in: Ders., *Ästhetische Erfahrung*, S. 103 ff.

Können die erste Schöpfungsgewalt in einer Welt zu, in der „Gott sterben mußte, damit der Übermensch lebe" (Nietzsche).[78]
Die neue Kunst reklamiert also den Ort menschlicher Erfahrung *par excellence* für sich, wo „sich faktisch immer mehr machen läßt, als in Theorie und Praxis gerade realisiert ist"[79]. Auf diesem praktischen, ja handwerklichen Versuch ist eine Aussicht auf Erkenntnis begründbar, auf die die experimentelle Tendenz der Avantgarden baut. Sie kultivieren ein Machen, das sehen will, was sich machen läßt. Über dieses poietische Modell des Verstehens hat Paul Valéry in der *Introduction à la méthode de Léonard de Vinci* (1894) beispielhaft für die Moderne nachgedacht.[80] Das Wissen, das auf experimentellem Wege zutage gefördert wird, ist nicht von präexistenten Begriffen erschlossen, sondern entsteht erst im Verlauf praktischer Tätigkeit selbst. Der konstruktive Mensch, wie ihn avantgardistische Kunst haben will, wird zur extremen Verkörperung einer Einsicht, „die vom Können, vom erprobenden Handeln abhängt". Abstrakte Dichtung zumal ergibt einen Sinn dann, wenn sie nach dem Grundsatz ‚Begreifen durch Hervorbringen' erschlossen wird.

Damit ist der Kern des ästhetischen Entwurfs bezeichnet, welcher historisch und substantiell die „imitatio naturae" ablöst. Die „fraglose Polarität des Mimetischen und Konstruktiven", die Adorno als die bewegenden Prinzipien von Kunst behauptet,[81] tendiert in einer für die Moderne charakteristischen Weise zum Konstruktiven. Wenn avantgardistische Versuche ihre Rede abstraktiv entgegenständlichen, dringen sie an jenen äußersten Punkt einer nicht mehr darstellenden Kunst vor, der je in den Möglichkeiten ihrer Modernität angelegt war. Der dabei bewußt herbeigeführte Verlust an Lebensbezügen, der einer nachahmenden Auffassung gerade heilig war, meint jedoch alles andere als Absage ans Leben überhaupt. Vielmehr will sich Kunst dadurch erst freistellen, um genau diese Lebensbezüge, in die wir verwachsen sind, ästhetisch als Ursache unserer verhängnisvollen Uneigentlichkeit erfahrbar zu machen. Kunst arbeitet für die Interessen des ‚wahren Lebens' dadurch, so wäre aus avantgardistischer Sicht zu sagen, daß sie denjenigen, der ihrem Angebot Folge leistet, ermächtigt, seinen ursprünglichsten Impulsen zu folgen und

---

[78] F. Nietzsche, *Werke in 3 Bänden*, hrsg. v. K. Schlechta, München 1976/77, Bd. II, S. 127 (u. ö.).
[79] J. Mittelstraß, *Neuzeit und Aufklärung – Studien zur Entstehung der neuzeitlichen Wissenschaft und Philosophie*, Berlin/New York 1970, S. 349.
[80] Zum Zusammenhang vgl. H. R. Jauß, *Ästhetische Erfahrung*, S. 111.
[81] *Ästhetische Theorie*, S. 72f.

selbständig, eigenmächtig festzulegen, was für ihn von Bedeutung ist. Adorno mochte die Konsequenzen dieses Typus von konstruktivistischer Einsicht nicht gleichwertig neben der reflexiv erworbenen zulassen. Ihm schien ihre Negativität zu weit zu gehen. Sie vermag keine „sekundäre Negation" (Iser)[82] mehr auszulösen, mit der der Wahrnehmende ihre Fremdheit noch einmal in ein Thema verwandelt und sie dadurch wiederaufhebt. Das Interesse der avantgardistischen Künste am Experiment hat sich so sehr in die Hände des Zufalls begeben, daß ihr Beschäftigtsein mit sich selber kaum mehr Rücksicht nehmen konnte auf jene ästhetische 'Objektivität', „die dem kontingenten Individuum vor Augen stellt, was mehr und anders ist als es in seiner geschichtlich notwendigen Unzulänglichkeit"[83]. Diese Kunst vermittelt Einsichten gerade an kontrollierter Reflexion vorbei. Dadurch muß sie der gesellschaftlichen Arbeit der Kunst fernstehen, die bestimmte „Negation objektiv verpflichtenden Sinns" von ihr verlangt.

Solcherlei Vorbehalte konnten weder von den Zeitgenossen der Avantgarde noch später ausgeräumt werden. Dennoch bleibt historisch festzuhalten, daß sie mit ihrem Dichtungs- und Kunstverständnis ein bis heute reichendes 'post-intellektuelles' Erkenntnismodell etabliert haben. Es vertraut bei den Fähigkeiten des Menschen auf den Vorrang des Handwerklichen vor dem Geistigen. Wie zu Zeiten mittelalterlicher Rivalität zwischen den praktischen und spekulativen 'Artes' beharrt es auf der Spruchweisheit, daß „Probieren über Studieren gehe"; auf Einsichten also, die primär erfahrungsvermittelt sind und sich erst nachträglich womöglich in ein System fügen lassen.

Ihre Absage an den Typus reflexionsvermittelter Erkenntnis fügt sich bruchlos in den avantgardistischen Argwohn gegen alles Vernünftige und Intellektuelle. Ihm begegnet er mit dem Konzept einer 'poietischen Sinnlichkeit'. Sie verkörpert die Form tätiger Umarbeitung alles Normativen. Jenseits von Erfolg oder Mißerfolg der antirationalistischen Kampagne der schönen Künste zu Jahrhundertbeginn wirft ihre Geschichte kritischen Ertrag zumindest insofern ab, als sie eine ebenso lautstarke wie grundsätzliche Infragestellung des Objektivismus anzettelt, der durch Wissenschaft, Technologie, Industrie und Zivilisation seinen Siegeszug hielt. Doppelt stellt sie sich gegen diesen Zug der Zeit: negativierend, wo sie deren Sprachgebrauch, wenn es sein muß mit allen Mitteln, aufhebt; und konstruktivistisch, wo sie mit ihrem eigenen, abstraktiven Sprach-

---

[82] *Der Akt des Lesens*, München 1976, bes. S. 343 ff.
[83] *Ästhetische Theorie*, S. 64.

gebrauch eine von Realitäten entlastete Alternative erwecken will. Auch wenn sie damit fürs Zusammenleben effektiv nur wenig ausgerichtet hat, so rettet doch ihre Revolution das Bewußtsein von einem 'wahren Leben', das nur in fortgesetzten Akten der Selbst- und Weltermittlung einem beschönigenden Schein der Uneigentlichkeit entgeht. Indem sie Gedicht und Leser auf eine konstruktiv-kreative Tat verpflichtet, hat avantgardistische Dichtung, wenn man so will, das bedrohte hermeneutische Fundament der Kultur selbst zum Gegenstand gemacht. Wenn ihre Abwendung ins abstraktive Kunstwerk eine historische Bedeutung hat, dann die, dem gedankenlosen Nachvollzug vorrätiger Wirklichkeitsfassungen das hermeneutische Prinzip radikal, bis hin zu dem Punkt entgegenzusetzen, wo es als unbegrenztes Handeln selbst wieder zur Gefahr ausartet.

VIII

Wie aber müßte, wie kann eine Dichtung beschaffen sein, die nahezu ausschließlich mit den Waffen einer zudem befremdlichen Sprache unser erstarrtes Bewußtsein überwinden will? Antwort darauf hat vor allem der Blick auf die Texte zu geben. Die Zielvorgaben sind umrissen. Was sie verhindern wollen: den kultivierten Menschen und seine zweite Natur, die ihn anachronistisch hinter seiner Zeit zurückhält oder schuldhaft ihrem Verhängnis das Wort redet. Was sie bewirken wollen: die Aufnahme zeitgemäßer sprachlicher Bezüge zu einer Welt, die in der ersten Euphorie ihrer technischen Revolution die Macht des Menschen ins Inkommensurable hob; dann aber seine gänzliche Neuschöpfung aus dem Geist seiner verschütteten ersten Natur.

Was die Avantgarden im Laufe ihrer Entfaltung unternommen haben, läuft, so soll die im folgenden näher zu erläuternde These lauten, auf einen „ästhetischen Primitivismus" (Breton) hinaus.[84] Die fortgeschrittenste Lyrik dieser Zeit hat die Einsicht in den Zeichencharakter der Sprache praktisch bereits auf die Spitze getrieben. Negations- und Abstraktionstendenz entkleiden ihr sprachliches Werkzeug zum bloßen Werk-Stoff. Sartre brachte diesen poetischen Materialismus auf den Begriff einer „lyrischen Phänomenologie"[85]. Das abstraktive Kunstwerk will die Worte

---

[84] Auch hierin vorbereitet und angeregt durch den Futurismus und seine Wirkungen auf Frankreich. Vgl. G. Lista, *Le Futurisme*, Lausanne 1973, Einleitung, S. 69 ff.

[85] «Qu'est-ce que la littérature?», in: *Situations II*, Paris 1948, bes. S. 63 ff.,

von ihren angestammten Sachverhalten lösen und sie gegen ihren Gebrauchswert richten, weil es in der Physis der Sprache am ehesten ihre von unpassenden und unwürdigen Zwecken freie Benutzung erhalten sieht. Dichten und Umgang mit Dichtung sollen so die Aussicht gewähren, die Dinge wie zum ersten Mal zu benennen, eine Welt zum Sprechen zu bringen, die nur den Worten bekannt ist. Diese 'orphische' Macht des Wortes hat ihr Urbild im biblischen Schöpfungsmythos. Seine damalige Aktualität hatte im übrigen noch der späte Symbolismus (Mallarmé, Verhaeren, Ghil) mit seinem Kult des «Verbe» besorgt. Gestützt wird diese Auffassung durch die Behauptung, daß „die Materie ein eigenes Bewußtsein habe"[86]. Auch Worte führten demnach ein eigenes Leben jenseits aller offenkundigen Bedeutungsleistung; und Dichter waren immer wieder bereit, der Sprache ein geradezu geheimes Wissen zuzugestehen, das unterhalb ihrer instrumentellen Verständigkeit wirkt.

Das Gesetz der Formlosigkeit, das in den unzähligen Versuchen dieser Lyrik zu walten scheint, gilt jedoch nur aus der Sicht bisheriger Gattungsvorstellungen.[87] Wenn es nicht gelingen will, die Unzahl miteinander konkurrierender neuer Textarten nach bekannten Größen zu sortieren und in feste Gattungsverhältnisse zu bringen, so muß dies nicht bedeuten, daß sie einer formalen Anarchie huldigen. Ihre 'Ordnung' richtet sich nur an anderen Prinzipien aus. Zwar wurde sie zu keiner Zeit bis zu jener schulmäßigen Eindeutigkeit abgeklärt, wie sie jahrhundertelang eine normative Gattungslehre durchzuhalten versuchte. Dort schrieb die Entscheidung für eine Form die Auswahl eines ihr gemäßen Stoffbereiches vor und umgekehrt. In ihrer Ablehnung von Traditionsvorgaben traten die Avantgarden gerade auf diesem Gebiet am entschiedensten aus dem Schatten rhetorischer und stilistischer Schnittmuster heraus. Zwar mochten sie bedeutende Anteile dieses Bildungsgutes ihren eigenen Ausdrucksmitteln gutschreiben – sie waren jedoch eindeutig mehr Verfügungsmasse

---

sowie Anm. 4, S. 85 ff., wo Sartre die Frage nach dem Wesen der Lyrik, insbesondere in moderner Zeit, stellt.

[86] Exemplarisch N. Beauduin; er argumentiert mit popularisierten Theoremen der damaligen Psychologie (Lamarck) und Philosophie (Bergson). Vgl. *La Poésie de l'époque*, S. 285. Vgl. ebenfalls W. Pabst, *Französische Lyrik*, S. 75, 85, 238.

[87] Über den dennoch hohen Anteil an verarbeiteten traditionellen Formen und 'Tönen' vgl. F. Nies, „Revolutionspathos und Gattungsbindung in der französischen Lyrik (1900–1918)", sowie K. Stierle, der am Beispiel von Apollinaire den produktiven Übergang sichtbar werden läßt („Babel und Pfingsten. Zur immanenten Poetik von A.'s *Alcools*"); beide in: Warning/Wehle (Hrsg.), *Lyrik*, S. 41 ff. bzw. 61 ff.

denn Formgesetz. Ihre Prägekraft hatte sich der überragenden avantgardistischen Tendenz zu beugen, die einen authentischen lyrischen Ausdruck außerhalb der überlieferten Stilvorstellungen gesucht hat.
Dreifach ist im Grunde ihr Bestreben, durch einen Rückgang auf die „Physik der Worte" (Tzara) von herkömmlichen Bedeutungen los- und zu neuen hinzukommen: Im ersten Fall löst ihre Dichtung die konventionelle Zuordnung von Bedeutung und Bedeutungsträger in der Absicht, sich ganz auf die Gestaltung der *Laut-Form* der Sprache einlassen zu können. Im zweiten Fall soll das Zeichen von seiner zugehörigen Bedeutung abgehoben werden, damit Dichtung sich in der ungehinderten Behandlung der *Seh-Form* der Sprache einen ihr gemäßen Ausdruck verschaffen kann. Im dritten Fall schließlich sucht sie vom semantischen Grundeintrag der Wörter, vom «emploi élémentaire du discours» (Mallarmé)[88] abzukommen, um ganz im meta-phorischen Reichtum, in der *Bild-Form* der Sprache aufgehen zu können.

IX

Von allen Wortkünsten hat die 'gebundene Sprache' der Poesie von jeher das 'andere Sprechen' der Literatur unangefochtener demonstriert als erzählende oder dramatische Dichtungen. Ihr eigentümlich metaphorisches Sprechen ist ein ehrwürdiges Formulierungsverfahren, das auf das menschliche Vermögen zur Herstellung von Analogien und Korrespondenzen vertraut und damit auf wesentlich bildhafte Weise Sinn vermittelt. Mit der erklärten Absage der avantgardistischen Künste an alle Traditionalismen vollendet sich jedoch auch der Bruch mit der Metaphorik alter Art.
Den lautstärksten Anspruch auf eine neue Sprachkunst hat abermals der Futurismus erhoben. Auch wenn sich in der Folge Vertreter der anderen Avantgarden nicht ohne Grund gegen dessen kurzatmigen Plakatstil wandten, so hat er dennoch als erster die Öffentlichkeit mit der Denkbarkeit einer verbalen Kunst schockiert, die den Einsatz der Sprachmittel völlig freigibt. Dieser 'Parolibrismus' enthält in Marinettis *Technischem Manifest der futuristischen Literatur* (auf 11. 5. 1912 datiert)[89] bereits alle maßgeblichen Gesichtspunkte eines abstrakten Sprachkunstwerks. Insbesondere verordnet er diktatorisch die für moderne Dichtung seither

---

[88] *Œuvres complètes*, op. cit. S. 857.
[89] Text nach *Marinetti e il futurismo*, op. cit. S. 77 ff. Zur poetologischen Würdigung vgl. W. Pabst, *Französische Lyrik*, S. 71 ff.

grundlegende Entgrenzung der Metapher ins Bild. Sobald sie ihre rhetorische Bevormundung abstreifte, entfesselte sie einen ununterbrochenen Strom neuer, überraschender Bilder, das „eigentliche Blut der Dichtung". Die völlige Unterdrückung von Verständnishilfen wie „gleich", „so wie", „entsprechend" etc., ja die gänzliche Abschaffung des ersten Teils in sprachlichen Vergleichen lasse Dichtung überhaupt erst zu sich kommen. Viel später wird Gottfried Benn diese Ansicht noch immer rechtfertigen. „Das Wie ist immer ein Bruch in der Vision, ... ein Einbruch des Erzählerischen, Feuilletonistischen in die Lyrik."[90] Ein radikaler Zusammenfall von Bild und Bedeutung ist nach normativen Verstehensmaßstäben jedoch nicht mehr zu verstehen. Marinettis Schlußfolgerung ist deshalb konsequent: Eine solche „drahtlose Imagination" könne ganz darauf verzichten, verstanden zu werden. Ihre anti-rhetorische Unordnung eröffnete dafür den nur Instinkten bekannten Weg ins geheimnisvolle Meer einer lyrisch besessenen Materie.

Wo alle denotativen Sicherheiten der Sprache unterbunden werden, spricht ihre Bildlichkeit nur noch für sich selber. Wer damit etwas anfangen will, darf in ihr nicht die Anweiserin einer vorab festgesetzten Bedeutung sehen. Wie sich die Metapher zum Bild verselbständigt, so verwandelt sich auch das (rhetorische) Formulierungsverfahren in ein Entdeckungsverfahren von Sinn. Verabsolutierung des bildhaften Sprechens darf als *eine* der poetologischen Strategien angesehen werden, mit der Lyrik seit den Avantgarden vom Nachvollzug einschlägiger Bedeutungen zu einem konstruktiven Abenteuer, zu einer „schöpferischen Transformation" (Benn) übergeleitet.

Apollinaire hat vieles davon adaptiert.[91] Allerdings konnte er manche futuristische Unmäßigkeit vermeiden, weil ihn die Debatte der kubistischen Malerfreunde auf dem Boden des technisch Machbaren hielt. In seiner Schrift *Les peintres cubistes* (gesammelte Besprechungen seit 1905; publiziert 1913) entwirft er ein theoretisches Programm zugleich für eine zeitgemäße Dichtung. Entscheidend auch hier die Einsicht, daß das Sujet, die Anekdote als thematologisches Organisationsprinzip in bildender und sprachlicher Kunst, eliminiert wird. Sujet und Bildlichkeit werden identisch, die Imagination zur allein sinngebenden Instanz. Wie eine

---

[90] Zit. nach W. Höllerer (Hrsg.), *Theorie der modernen Lyrik* (I), Reinbek 1965, S. 201.
[91] Zu theoretischen und thematischen Wechselbeziehungen zwischen französischer und italienischer Avantgarde vgl. H. Meter, *Apollinaire und der Futurismus*, Rheinfelden 1977.

Lyrik jenseits der bekannten Sprachwelt aussehen könnte, hat er prägnant im Schlüsselgedicht «Zone» (1. Gedicht der Sammlung *Alcools*; 1912) resümiert:

> Tu lis les prospectus les catalogues les affiches qui
>   chantent tout haut
> Voilà la poésie ce matin et pour la prose il y a les
>   journaux
> Il y a les livraisons à 25 centimes pleines d'aventures
>   policières
> Portraits de grands hommes et mille titres divers
>   (V. 11 ff.)

Dem symbolistischen Dichtungskonzept und seinem Textideal des «Chant» («chantent»)[92] setzt er seine zeitgemäße Nachfolgepoetik («la poésie ce matin») entgegen. Sie erkennt in Prospekten, Katalogen, Plakaten oder Zeitungen ein neues Verfahren der Sinnstiftung. Jedes seiner Beispiele ist ihm Beweis für die 'moderne' Fähigkeit, aus einem Nebeneinander höchst ungereimter und damit ganz sich selbst überlassener Elemente gleichwohl einen Text zu machen. Diese lebenspraktische Konstruktivität begründet eine Dichtung, die ihre eigene Kohärenz gezielt so weit herabsetzen kann, daß ihre einzelnen Notationen so viel Unabhängigkeit erlangen, um Leser und Zuhörer zur Erfahrung ihrer eigenen Kreativität zu bringen. Apollinaire selbst hat in den Gedichten «Lundi Rue Christine», «Les Fenêtres» oder «L'Arbre» (alle aus der Sammlung *Calligrammes*, 1918) mit der poetischen Umsetzbarkeit experimentiert; am weitesten ist er wohl in «Lundi rue Christine» gegangen. Es gibt darin keine zwei 'Verse' mit demselben Referenten.[93]

Die eigentliche Theorie einer kubistisch beeinflußten Dichtung aber hat Pierre Reverdy, der Freund Apollinaires und Max Jacobs, aufgestellt. Kunst in seinem Verständnis hat sich ihren Kunstcharakter durch Enthaltsamkeit gegenüber allen Nachahmungsverfahren zu verdienen. Die dadurch gewonnene Verfügbarkeit des Materials nimmt ihr jeden affirmati-

---

[92] Repräsentativ Mallarmé in seiner «Réponse à une enquête» von 1891 (in: *O. C.*, S. 866 ff.).

[93] Vgl. dazu die Interpretationen von Ph. Renaud, *Lectures d'Apollinaire*, op. cit. S. 314–324 u. ö., sowie, mit Bezug darauf, L. Dällenbach, „Das Bruchstück und der Reim. Zu Apollinaires ›Lundi Rue Christine‹", in: Warning/Wehle (Hrsg.), *Lyrik*, S. 295 ff., zuletzt H. R. Jauß, „Die Epochenschwelle von 1912 (ausgehend von Apollinaires ›Zone‹ und ›Lundi Rue Christine‹)", in: *Epochenschwelle und Epochenbewußtsein im lit. Prozeß des Modernismus, Poetik u. Hermeneutik* XII, im größeren Zusammenhang einer ästhetischen Wende.

Le Corset Mystère

Mes belles lectrices,

à force d'en voir **de toutes les couleurs**
Cartes splendides, *à effets de lumière*, Venise

Autrefois les meubles de ma chambre étaient fixés
solidement aux murs et je me faisais attacher pour écrire :
J'ai le pied marin

nous adhérons à une sorte de **Touring Club**
sentimental

UN CHATEAU A LA PLACE DE LA TÊTE

c'est aussi le **Bazar de la Charité**
Jeux très amusants pour tous âges ;

                        Jeux poétiques, etc.

Je tiens Paris comme — pour vous dévoiler l'avenir —
votre main ouverte

la taille bien prise.

ven Auftrag. Sie wird frei zur ganzen, ihr innewohnenden Bildfähigkeit. Diese ist um so stärker, je weiter die poetisch zusammengebrachten Bildvorstellungen auseinanderliegen („compositio oppositorum"). Das Gedicht wird dadurch zu einer Struktur der Entdeckung möglichen, in jedem Falle aber unzensierten Sinnes («vers l'inconnu»).[94]

Reverdys Lyrik selbst wie auch die seiner Freunde hat diese Quelle schöpferischer Sinntätigkeit freilich nicht mit der Rücksichtslosigkeit aus-

---

[94] Neben den Essays in *Nord-Sud* vgl. hier *Le Gant de Crin*, Paris 1968, S. 36. Zum weiteren Kontext K. Dirscherl („Wirklichkeit und Kunstwirklichkeit", op. cit., S. 456). – Dichterische Sprache vertritt damit einen Typus von Zeichen, die nur noch „ein potentielles und undeterminiertes Korrelat haben". Vgl. den systematischen Entwurf der Zeichenfunktionen bei D. Janik, „Zeichen – Zeichenbeziehungen – Zeichenerkennen", in: Eschbach/Rader (Hrsg.), *Literatursemiotik I*, Tübingen 1980, S. 135–147.

gebeutet wie Futuristen, Dadaisten und frühe Surrealisten. Ihre Verachtung für die mißbrauchte Sprache ihrer Gegenwart ließ sie an jene Grenze vordringen, wo das dichterische Bilder-Mobile alles – oder nichts mehr – bedeuten kann. Zumindest ein Stück mag dieses Spiel mit der Bild-Form der Sprache andeuten. Es ist aus Bretons früher Sammlung *Mont de Piété* (1919) genommen. Darin wird die Tendenz beispielhaft, wie sich mit Hilfe der Poesie eine „Innovation des Selbstverständlichen" [95] ereignen könnte. Versuche von Apollinaire *(Calligrammes)*, Pierre Albert-Birot *(Poésies 1916–1924)*, Tristan Tzara (vgl. bes. *Vingt-cinq poèmes*, 1918) oder Blaise Cendrars *(Documentaires*, 1924 veröff.) hatten bereits die Richtung erschlossen.

Ein solches 'Gedicht' läßt, und dies hat systematische Gültigkeit, im Grunde stets zwei ganz unterschiedliche Wege der Erschließung zu. Der eine, von den Texten bevorzugt, möchte darin den Auslöser eines imaginativen Puzzles sehen.[96] Der andere beschreibt seine Machart und läßt seine Bedeutung mit seiner Poetik zusammenfallen. Beides scheint angemessen. Einmal indem Valéry beim Wort genommen wird: «Mes vers ont le sens qu'on leur prête.» Zum anderen, weil seit der avantgardistischen Moderne die Form nicht nur ebenso wichtig wird wie der Inhalt, sondern geradezu Inhalt selbst sein will.[97]

Welche „Bildnetze" (Marinetti) dieser Text auswirft, hängt mindestens ebensosehr von der Initiative des Lesers wie von den Vorleistungen des Textes ab. Man könnte darüber einen Satz von der avantgardistischen Sinnmenge aufstellen: je näher die denotative Vorgabe des Textes gegen null gebracht wird, desto mehr strebt sein Konnotat gegen unendlich. Im Prinzip hat deshalb jede Lesart recht, zu welcher Assoziation die Sinn-Bilder des Textes sie auch verlocken. Je abwegiger, desto besser, würden sich Dadaisten und Surrealisten wünschen. Erst eine wirklich entfesselte Subjektivität bürgte dafür, daß das Denken von der Macht des Unvernünftigen übernommen werden kann. Natürlich könnte der Philologe den Text auf seine Weise zum Sprechen bringen. Man könnte den Titel, falls aufgrund des typographischen Abstands und der größeren Lettern «Le Corset Mystère» so aufgefaßt werden darf, nicht als parodisti-

---

[95] M. Imdahl, "Is it a flag, or is it a painting? – über mögliche Konsequenzen der konkreten Kunst", in: *Wallraf-Richartz-Jahrbuch* 31 (1969), S. 218, wo eine höchst komplementäre Analogie in der Bedeutungsstiftung der bildenden Künste erarbeitet wurde.
[96] So ein zeitgenössischer Rezensent über Tzaras *Vingt-cinq Poèmes* (1918). Vgl. ders., *O. C.* I, S. 647.
[97] Mit H. Friedrich, *Struktur der modernen Lyrik*, bes. S. 149.

sche Verwendung eines Werbeslogans für ein Damenbekleidungsstück, sondern als Signal für eine Vorstellung nehmen, in der 'Tarnwesten' noch fester Bestandteil der menschlichen Phantasie sind. Man könnte diese Lesart stützen durch die 'Damenapostrophe' «Mes belles lectrices». Seit der galanten Literatur gelten weibliche Leser als die besonderen Adressaten unterhaltender Literatur. Man könnte daran die bunte Farbenpracht («toutes les couleurs»), die 'couleur locale' einer pittoresken Romantik anknüpfen und Venedig einbeziehen als ein in die Wirklichkeit verschlagenes Stück historischen Romans. Man könnte in «Autrefois» einen weiteren Anreiz für diese Reise in eine 'sentimental' gestimmte Vergangenheit sehen («Touring Club sentimental»). Sie deckte sich zugleich mit der vertrauten Retrospektive der entsprechenden Romanliteratur. Man würde hier 'natürlich' «Un château» anfügen, den Schauplatz *par excellence* ihrer Abenteuer. Man könnte sich auch das Vergnügen des dadaistischen Zirkels an diesem ganzen Vers vorstellen, der, wenn man ihn auf die „schönen Leserinnen" bezieht, eine pikante Kritik an ihrer romantischen Urteilskraft übt. Faßte man die solchermaßen aufgerufenen Gefühle als Wohltätigkeitsbasar auf («c'est aussi le Bazar de la charité»), ließen sie sich andererseits auf jene avantgardistische Grundauffassung beziehen, der die Welt ein Jahrmarkt ist (man denke nur an die Vorliebe der Avantgardisten für den Marché aux puces). Er hielte alles in jener interessanten Unordnung, die einer Verwandlung der Wirklichkeit ins Spiel («Jeux») den Weg ebnete, d. h. der dadaistischen und surrealistischen Weltordnung. Dennoch läge gerade darin, wie in den Linien der Hand («votre main ouverte»), die Zukunft beschlossen – zumindest die einer avantgardistischen Kunst des Lebens. Das Sinnspiel ließe sich fortsetzen.

Am Ende bliebe dies aber doch nur eine von vielen möglichen Lesarten. Daran läßt sich deshalb zugleich das Risiko beziffern, das diese Poetik der absoluten Bildlichkeit eingeht. Je mehr Bezüge sich unter den Elementen herstellen lassen, desto weniger kann es gelingen, sich über diesen Text noch zu verständigen. Wie seine Sprachgestaltung sich über die Konvention der Sprache hinwegsetzt, so gibt sich auch der mögliche Sinn nicht mehr zu einem Gemeinschaftserlebnis zwischen Autor und Publikum her. Wenn der Text noch etwas 'vermittelt', dann höchstens den Texthandelnden mit sich selber. Seine konstruktive Tätigkeit schlägt unversehens assoziative Brücken zu verschütteten Regionen seiner Selbsterfahrung, über die sich objektiv nur schwer sprechen läßt. Bei extremer Zuspitzung, in Jarrys „Enthirnungs-Vision" etwa, in Marinettis Romanheld Mafarka, in Tzaras Ausrufung des Zeitalters der Idiotie, im surrealistischen «acte gratuit», läuft solche Avantgarde auf Anstiftung dessen hinaus, was man im Blick auf Psychiatrie und Tiefenpsychologie als paranoiden Ungehorsam bezeichnen könnte.

Will man einen objektiven Sinn dieses Textes ermitteln, so scheint man sich mit der Beschreibung seiner Machart bescheiden zu müssen. Grundlegend ist seine gezielte Poetik der Inkohärenz. Sie erlaubt die Zusammenfügung von Elementen, die, wie ihre Typographie zeigt, aus verschiedenen Texten herausgerissen und damit ihres ursprünglichen Zusammenhanges entkleidet wurden. Diese vorsätzliche Entkontextualisierung wird ergänzt durch ein weitgehend unverbundenes, ja zufallsbedingtes Nebeneinander. Tzara hat dieser aleatorischen Collage eine Poetik gegeben, die mehr besagt als alle Kommentare[98]:

> Pour faire un poème dadaïste.
>
> Prenez un journal.
> Prenez des ciseaux.
> Choisissez dans ce journal un article ayant la longueur que vous comptez donner à votre poème.
> Découpez l'article.
> Découpez ensuite avec soin chacun des mots qui forment cet article et mettez-les dans un sac.
> Agitez doucement.
> Sortez ensuite chaque coupure l'une après l'autre.
> Copiez consciencieusement
> dans l'ordre où elles ont quitté le sac.
> Le poème vous ressemblera.
> Et vous voilà un écrivain infiniment original et d'une sensibilité charmante, encore qu'incomprise du vulgaire.

Dies wiederum stellt alle herkömmliche Erwartung auf den Kopf, daß ein Text von sich aus die Kontinuität einer Mitteilung habe. Mit Begriffen der Malerei wie Collage, Montage oder Assemblage hat man dieser lyrischen Sprachverfremdung einen Namen zu geben versucht. Sie will für willentliche Abwehr vordergründiger Bedeutungen mit einer Bildmagie entschädigen. Der Dichter versteht sich, wenn es hoch kommt, als Sprachspielleiter. Er disponiert seine Versatzstücke nach dem 'Gesetz' weitgehender Ungewöhnlichkeit, ja mit einem «maximum di disordine» (Marinetti).[99]

Auf dieser Vorstellung beruhen Apollinaires verbale Montagen in seinen sog. «poèmes-conversations», Cendrars' «photographies verbales»

---

[98] O. C. I, S. 382.
[99] «Manifesto tecnico», in: *Marinetti e il futurismo*, S. 81.

(*Documentaires*); auf diese schöpferische Sprachverwirrung vertrauen surrealistische Experimente wie die «papiers pliés» (berühmtes Beispiel: «Le cadavre exquis boira le vin nouveau»), hypnotisches Sprechen, von R. Crevel eingeführt, mit R. Desnos als besonderem Medium und Mitgliedern der Gruppe als Stenographen; Traumberichte (vgl. die Beispiele in Bretons *Nadja* oder den *Vases communicants*; das «Journal d'une apparition» in R. Desnos' *Domaine public,* oder die von Breton edierte Sammlung *Trajectoire du rêve*). Nicht zuletzt die «écriture automatique» selbst darf als 'gattungshafte' Technik angesehen werden, die mit dem (poetischen) Text eine bildlich arbeitende Assoziationsmaschinerie in Gang setze. Sie entlastet das menschliche Bewußtsein von allem Zweckhaften, Planmäßigen. Dadurch eröffnet sie ihm, daß im zufällig herbeigeführten Zusammentreffen der Dinge im Gedicht ein Gesetz des Zufalls angelegt ist, das auf eine höhere als die übliche Bezüglichkeit hinführt. Es läßt im „ursachlosen Angeordnetsein" (C. G. Jung) einer bildlich befreiten Sprache jene Ordnung außerhalb der Kausalität durchscheinen, die im Irrationalen waltet.[100] Da sie sich gerade nicht aus willensmäßigen Anstrengungen herleiten läßt, ist sie etwas, was günstigenfalls einer interesselosen, poietischen Intuition 'zu-fällt'. Diese Vorkehrungen gegen die praktische Vernunft konnten die Vision nähren, daß die Bild-Form der Sprache in ein erweitertes Denken einführt, welches das Elend aller menschlichen Dualismen zu übersteigen vermag. Ihm wäre „der Verstand Teil [nicht Gegenteil] des Gefühls, und das Gefühl Teil des Verstandes" (Hans Arp).

X

Eine zweite Richtung innerhalb der avantgardistischen Experimentalpoetik verfolgt dieses Ziel dadurch, daß sie Bedeutungen bevorzugt über die Gestaltung des sichtbaren Teils der Sprache zu erzeugen sucht. Sosehr die Tradition lyrischen Sprechens den Ansatz zu einem solchen «lyrisme visuel» (Apollinaire) nahelegte, die Avantgarden wagen sich zu einem poetischen Ausdruck vor, dem unumwunden eine Lyrik des Schauens vorschwebt. Sie geht weit über die Erfahrung hinaus, daß ein Gedicht sich vor jeder Lektüre gewöhnlich schon durch seine Gestalt als solches zu erkennen gibt. Metrische Regulierung und strophische Gliederung der Sprache haben das Erscheinungsbild von Lyrik von jeher auch

---

[100] Vgl. H. Richter, *Dada*, S. 54 ff.; dort auch das folgende Zitat H. Arps (S. 60); die Hervorhebung v. Vf.

räumlich, von der Fläche her ausgelegt. Dieses erschließt sich jedoch nicht eigentlich dem lesenden, sondern dem betrachtenden Auge. Diese gedoppelte Wahrnehmung setzten etwa schon die Initialenmalerei, der ornamentale Gebrauch von Majuskeln oder manieristische Umgangsformen mit Sprache voraus. Daneben besteht eine mehr als zweitausendjährige Tradition der Technopaignia.[101] Redende und bildende Kunst hatten dort die Sprache als Text und Bild zugleich gestaltet. Was solche Figurengedichte mitzuteilen haben, muß über das Wechselverhältnis von Gesagtem und Dargestelltem erschlossen werden. Der Text ist mit dem Bild, das Bild mit dem Text zu vermitteln, ehe Sinn entspringt. Diese wahrnehmungsteilige Kodierung erhöht einerseits das Ausdrucksvermögen des Gedichts; es verändert andererseits die Verstehensarbeit. Das lyrische 'Text-Bild' erzeugt eine einfache Form von Simultaneität, die eine erschwerte ästhetische Wahrnehmung zur Folge hat. Bei allem Interesse für das, was es bedeuten soll, erzwingt seine Ablaufstrategie erhöhte Aufmerksamkeit für den Prozeß der Sinnbildung selbst. Nimmt man das Aufsehen hinzu, das Mallarmés *Un Coup de dés* bei Eingeweihten damals erregt hatte, so wird verständlicher, warum das avantgardistische Programm einer Befreiung aus Kulturzwängen durch eine Befreiung aus Sprachzwängen sich auch für visuelle Poesie aufgeschlossen zeigen mußte.

Die Vorstöße in dieses Feld der Expressivität schritten mit nahezu systematisch anmutender Gewissenhaftigkeit alle erdenklichen Ausdrucksmöglichkeiten ab, die sich auch an der optischen Physis der Sprache entwickeln ließen. Mit vollem experimentellen Risiko scheuten sie sich nicht, bis an die Grenze zu gehen, wo das visuelle Gedicht kippt und in burleske oder sarkastische Bilderrätsel umschlägt. Dennoch hat ihr Pioniergeist künftigen Sprachumgangsformen einen vielbegangenen, darum aber nicht weniger problematischen Weg gezeigt. Er sei, mit der gebotenen Kürze, an drei exemplarischen Beispielen abgesteckt. Apollinaires Gedicht «Il pleut», das letzte seiner zweiten Sammlung mit dem bezeichnenden Titel *Calligrammes*, steht für eine solche Möglichkeit. Er hatte um 1911/1912 mit 'poetischen Zeichnungen' (W. Pabst) zu experimentieren begonnen und der frühen Avantgarde damit eine entscheidende Orientierung gegeben. «Il nous a révélé tous les secrets des Dieux» wird

---

[101] Vgl. dazu bes. W. Pabst, „Das ›Idéogramme lyrique‹ und die Tradition der Technopaignia", in: E. Leube/A. Noyer-Weidner (Hrsg.), *Apollinaire* (ZfSL-Beiheft 7), Wiesbaden 1980, S. 1–30, mit Klärung der komplexen Begrifflichkeit und Interpretierbarkeit. – Allg. K. P. Dencker, *Text-Bilder*, Köln 1972.

IL PLEUT

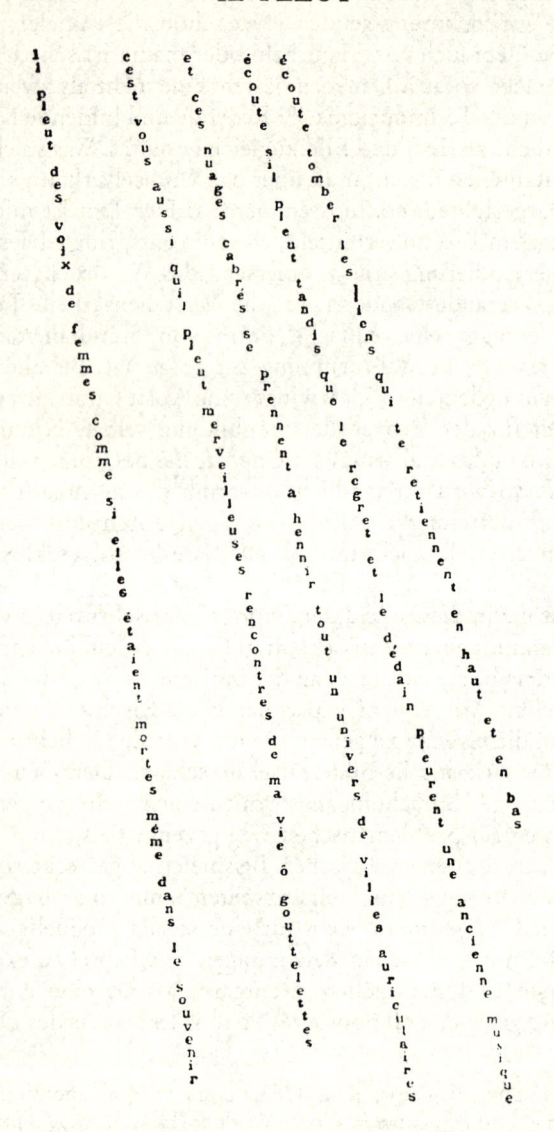

il pleut des voix de femmes comme si elles étaient mortes même dans le souvenir

c'est vous aussi qu'il pleut merveilleuses rencontres de ma vie ô gouttelettes

et ces nuages cabrés se prennent à hennir tout un univers de villes auriculaires

écoute s'il pleut tandis que le regret et le dédain pleurent une ancienne musique

écoute tomber les liens qui te retiennent en haut et en bas

Pierre Albert-Birot 'singen', einer seiner getreuesten Gefolgsleute in der Kunst des lyrischen Ideogramms.[102]

Wer dieses Gedicht lesen will, muß es zuerst betrachten. Zusammen mit dem Signal des Titels bringt es sein Thema bildlich auf den ersten Blick zur Sprache. Es legt damit jedem weiteren Vorgehen eine thematologische Annäherungshypothese nahe. Dafür sorgt nicht zuletzt der erschwerte Übergang vom Schauen zum Lesen. Zum einen bedarf es mehrerer Lektüren, um eine Ordnung der Wortschnüre zu ermitteln. Zum anderen setzen die kleinen, interpunktionslos und vertikal gereihten Sprachzeichen der Lektüre einen materialen Widerstand entgegen, der die Wahrnehmung beträchtlich verlangsamt. Andere Calligrammes wie etwa das Widmungsgedicht an Léopold Survage geben sich erst einer mühsamen Entzifferung preis.

Je länger aber diese retardierenden Maßnahmen das Bild dieses Textes betonen, desto mehr sinnliches Gewicht kommt seiner Vorstellung zu. Regen interessiert in poetischer Umgebung weniger in meteorologischer denn in metaphorischer Hinsicht. Bevor der Text sich noch selber äußern kann, verweist ihn seine Figur bereits an jenen reichbesetzten Kontext, den das Motiv des Regens mit sich führt. Seine Beliebtheit in hoher und trivialer Literatur hat es fest für sentimentale Perspektiven eingenommen. Zugleich legt sein Erscheinungsbild optisch großes Gewicht auf die Vertikale. Was immer der Sprachtext zu sagen hat, der Bildtext unterstellt es einer massiven Richtung von oben nach unten. Wie aber verhält sich der Text dazu?

(1) il pleut des voix de femmes comme si elles étaient mortes
    même dans le souvenir
(2) cest vous aussi quil pleut merveilleuses rencontres
    de ma vie ô gouttelettes
(3) et ces nuages cabrés se prennent à hennir tout un
    univers de villes auriculaires
(4) écoute sil pleut tandis que le regret et le dédain
    pleurent une ancienne musique
(5) écoute tomber les liens qui te retiennent en haut et
    en bas

Die sprachliche Mitteilung knüpft, im Grunde in jedem Vers, am Bild-Thema an (V. 1 «il pleut»; V. 2 «il pleut»; V. 3 «ces nuages»; V. 4 «il pleut»; V. 5 «tomber»). Was wie eine Wiederholung und Bestätigung aus-

---

[102] Vgl. «La Lune ou le livre des poèmes», in: *Poésie 1916–24*, Paris 1967, S. 237, V. 17.

sieht, erweist sich bei näherer Prüfung jedoch bereits als raffinierte Verarbeitung des bildlichen Vorschusses. Sie ruft das Motiv jeweils nur auf, um aus ihm sogleich in eine Welt des Unvertrauten überzuleiten. Apollinaires metaphorische Verfremdung des Motivs hält sich in diesem Falle in Grenzen. Aus «il pleut» (V. 1) transformiert er «des voix de femmes»; aus «il pleut» (V. 2) – «merveilleuses rencontres de ma vie», aus «nuages» (V. 3) – «tout un univers de villes»; aus «il pleut» (V. 4) schließt er über «regret et dédain» auf «une ancienne musique»; aus «tomber» (V. 5) schließlich auf «les liens qui te retiennent». Die fallende Linie der Verse präludiert einem vielfachen Abstieg in die Erinnerung (Ende V. 1), in der das Grundmotiv des Regens in die Grundbefindlichkeit des «mal-aimé» hinabführt. Einzig V. 5 deutet bereits bildlich an – er geht nicht bis auf den Grund der Seite –, daß im schwebenden Abschluß die Aussicht auf eine Aufhebung der verhängnisvollen Fallinie besteht: der unverzichtbare Durchgang durch die Leiderfahrungen dissonantischer (Liebes-) Begegnungen verklingt wie eine alte, wehmütige Musik (Ende V. 4). Die optisch und semantisch wie ein unumkehrbares Schicksal dominierende Abwärtsbewegung wird im letzten Vers schließlich thematisch eingeholt («qui te retiennent en haut et en bas») und damit gebannt – der „Regen" der Erinnerung und des Leidens geht zu Ende. Andere Gedichte Apollinaires bestätigen, daß erst diese schmerzvolle Überschreitung («tomber les liens») der traditionellen Grenzen («haut, bas») von Sentimentalismus und ästhetischer Tradition die Lyrik zu avantgardistischen Horizonten führen kann.

Wie sehr die Wirkung mit dem Schauen rechnet, sei noch an einem zweiten Aspekt angedeutet. Da seine Gestalt so stark das visuelle Vermögen anspricht, kann das Sagen selbst von bildhaften Eindrücken weitgehend entlastet werden. Mit einer bemerkenswerten Stimmigkeit entfaltet es deshalb nicht noch einmal die optische Aussage. In einer Art synästhetischer Korrespondenz läßt das Gedicht, was es sprachlich mitzuteilen hat, ganz als eine Welt des Hörens anschaulich werden: V. 1 «il pleut – des *voix*»; V. 2 ist eine syntaktische Analogie und zugleich eine Ausfaltung der «*voix* de femmes»; V. 3 «nuages se prennent à *hennir* – un univers de villes *auriculaires*»; V. 4 «*écoute* – il pleut . . . ils pleurent une ancienne *musique*»; V. 5 schließlich bekräftigt mit einer Anapher: «*écoute* tomber. . .». Diese Poesie schreitet damit zu einer immer umfassenderen Versinnlichung ihrer Mitteilung fort. Schauend hebt ein Sprechen an, das sich selbst wieder als Hören vollzieht. Die Stimme der Tiefe («mortes», «souvenir», V. 1; V. 2 «merveilleux»; V. 4 «ancien»; V. 5 «bas»), die sehend zu Gehör, hörend zu Gesicht kommt, weist bereits deutliche Anklänge an das surrealistische „Raunen des Unbewußten" auf, obwohl das lyrische Ich es hier noch als Leiderfahrung unterbinden zu müssen glaubt («tomber les liens»).

Diese ästhetische Richtung vertraut der optischen Physis der Sprache ebenso wie der semantischen Verfänglichkeit traditioneller Sageweisen und macht Sinn damit verstärkt zu einer Sache der sinnlichen Erfahrung. Was ihr Ausbruch aus den traditionellen Mustern der Darbietung an Eindeutigkeit einbüßt, versucht sie durch sinnlichen Reichtum aufzuwiegen. Je mehr das sprachliche Zeichen als Werkstoff, der Text als ein Bild gebraucht wird, desto stärker tritt es aus seiner bekannten semantischen Natur heraus. Entsprechend unmittelbar, so die daran geknüpften Erwartungen, kann es dann für sich selbst sprechen.

Apollinaires Standort in diesem Prozeß weist ihn eher als Schrittmacher denn als Vollender aus. An den kritischen Rand solcher Poesie waren andere neben und nach ihm vorgedrungen. Die Bereitschaft, Sprache bis zu ihrem Verstummen zu verbildlichen, hat in poetischer Hinsicht überwiegend problematische Ergebnisse zutage gebracht. Aber sie können die Denkrichtung der Recherche angeben. Zwei Beispiele extremer Visualisierung mögen dies ergänzend belegen. Bei allen ideologischen und politischen Verwirrungen, die die Entwicklung des italienischen Futurismus begleitet haben, darf diese Bewegung dennoch für sich in Anspruch nehmen, als erste das Maß für das damals Wagbare gegeben zu haben. Als Teil wie auch als Rivalin der Pariser Avantgarde hat sie diese entscheidend mitgeprägt. F. T. Marinetti, ihr Führer, mag deshalb mit einer „typographischen Collage", so seine eigene Gattungsbestimmung, eine Grenzerfahrung lyrischen Malens veranschaulichen.[103]

Nach futuristischem Selbstverständnis zumindest handelt es sich um ein 'Gedicht' im Stile der «parole in libertà». Gegenüber Apollinaires Text wird die fortgeschrittene Umschichtung der Aussage geradezu quantitativ ansichtig. Die verbliebenen Worte und Satzbruchstücke befinden sich eindeutig im Rückzug gegenüber anderen Bedeutungsträgern. Traditionelle Sprache ist zu einem Material unter anderem degradiert und muß sich einer 'malenden' Ausdrucksweise unterordnen. Darüber hinaus wird sie weder von einer Zeilenanordnung noch von einer Syntax zu einer Einheit der Mitteilung zusammengebunden. Nicht einmal das Lexikon setzt dieser Collage eine unterste Grenze. Sie setzt die Sprache einerseits zu purer Lautmalerei herab (GRAAAAQ, TRAC; SCRABrrRrraaNNG etc.) und verwandelt damit ihr akustisches Bild in Sichtbarkeit. Anderer-

---

[103] Aus: F. T. Marinetti, *Les mots en liberté futuriste*, Milano 1919.

SCRABrrrRrraaNNG
Ho ricevuto il vostro libro mentre bombardavo il monte Cucco F.T.M.
Paa piiig
Paaak
Piing
bombardare
futurista
GRAAAG
tam-tumb
tumb tumb-tumb-tumb-tumb
PUUM PAMPAM
TRAC
ISONZO
campestre intre fresco
DOLCE DOLCISSIIMO PACIFICO
SIMULTANEITÀ
ESPLOSIONE
Guerra ai tedescofili!
verdi
sdraiato

seits scheut sie sich nicht, die Sprache insgesamt zu verlassen. Die über die Fläche verstreuten graphischen Splitter zeigen einen Abstraktionsgrad der Aussage an, der das 'Gedicht' an den Rand eines Bildes bringt. In der Silhouette einer liegend sich aufstützenden Frau im rechten unteren Bereich ist dieser Umschlag bereits vollzogen. Wie nahe sich in der Tat poetische und künstlerische Collage dadurch kommen, vermag exemplarisch in diesem Zusammenhang Carràs *Manifestazione intervenista* zu bekunden.[104] Marinettis Beispiel kann deshalb für eine Tendenz der avantgardistischen Dichtung stehen, deren Vorbehalte gegen alles, was und wie es bisher gesagt wurde, bis hin zur selbstvernichtenden Erkundung einer Sprache ohne Sprache geht.

Um so mehr muß auffallen, daß es gerade diese geschmähte Sprache ist, die dem Verständnis dieser Collage massive thematische Angebote macht. Der Titel insbesondere formuliert in knappster Form eine erschließende Anekdote:

> Le soir, couchée dans son lit,
> Elle relisait la lettre de son artilleur au front

Die Lesende rechts unten nimmt die Stelle des von Marinetti aus der Lyrik verbannten lyrischen Ich ein. Aus ihrer Perspektive lassen sich die heterogenen Signale kohärent machen. Sie legt eine äußere Mitteilungssituation (lettre; elle; artilleur) und einen beherrschenden Gegenstand nahe: den Krieg (artilleur; front). Was im größten Teil der Collage dann im wahrsten Sinne zur Auslage kommt, präsentiert sich als die – avantgardistische – Inszenierung einer brieflichen Mitteilung. Die angedeutete affektive Perspektive der Leserin (*son* artilleur; dans son lit), die durch eine heroische ergänzt wird (Auszug aus ihrer Antwort: «grazie e auguri a lei e ai suoi arditi compagni»), begründet eine innere Mitteilungssituation, die den Inhalt des Briefes gewissermaßen vor die affektiv erregte Vorstellungskraft der Leserin bringt und damit die Art seiner Wiedergabe motiviert.

Der Hauptgegenstand selbst, eine zeitlich nicht näher bezeichnete Bombardierungsszene aus dem Ersten Weltkrieg, wird zu einer Demonstration futuristischer Simultaneität. Sprachliche und nichtsprachliche Mittel werden allein von der Absicht regiert, das gewaltigste Simultanspektakel, den Krieg, in einen adäquaten Ausdruck zu übersetzen. Nicht nur waren die Futuristen damals als Freiwillige in den Krieg gezogen und damit ins Zentrum der geschichtlichen Vitalität gerückt (vgl. oben links: «futuri-

---

[104] Abb. in: M. Calvesi, *Futurismus*, München 1975, Tafel 40.

sta»); der Krieg stand zugleich im Mittelpunkt ihrer ästhetischen Ideologie. Er macht jenes Fest der Instinkte möglich, deren chaotische Brutalität alles Festgefügte zerschlägt und die ursprünglichen menschlichen Antriebe an die Macht bringt. Die offenkundige Unordnung dieses Gedicht-Bildes will diesen futuristischen Glaubenssatz zu einer Erfahrung der Wahrnehmung machen. Im ungereimten Neben- und Ineinander von fliegenden Geschossen (rechts oben: «iiiii paa piiing»), Detonationen, Waffenlärm (Mitte: «tam-tumb-tumb» etc.), Kampfrufen («Guerra ai tedescofili»), Explosionsblitzen und den Schreien der Verwundeten («iiii») will sich diese infernalische Entladung in sinnlicher Dichte vergegenwärtigen. Der Text tut noch ein übriges: mit «esplosione» und «simultaneità» kommentiert er den zentralen Gegenstand und seine Poetik selbst.

Soviel Selbstexplikation neben der bildlichen Unmißverständlichkeit muß zu der kritischen Frage herausfordern, welches Terrain mit solcher Poesie gewonnen ist. Der Aufwand an visueller Abstraktion läßt keinen Zweifel zu. Solchen Experimenten steht die unbestrittene Patenschaft zu, Entwicklungen wie der Konkreten Poesie, dem Lettrismus oder Spatialismus den Boden bereitet zu haben. Wenn dieser Text seine Überwindung der traditionellen poetischen Sprechmuster und seine zur Schau gestellte Entgegenständlichung aber gleichzeitig wieder anekdotisch aufhebt, verkümmert die Bemühung um Abstraktion zu bloßer Illustration. Die Form wird zur Tautologie der Mitteilung. Dem Wahrnehmenden bleibt kaum mehr Spielraum, als in diesen futuristischen Lebensrausch einzustimmen – oder nicht. Die hier praktizierte Visualisierung der Sprache scheint weniger auf Erweiterung, allenfalls auf Intensivierung von Sinn angelegt. Statt dem freien Lauf der Bedeutungen zu folgen, wie die futuristischen Manifeste fordern, steht ihre Dichtung eher im Dienste eines Sinndiktats. Immerhin zeigt sie sich darin im Einklang mit ihrer Ideologie. Der Zerschlagung aller Traditionen geht es vor allem um die diktatorische Verpflichtung der neuen Kunst auf die Mitarbeit an einem „unbegrenzten intellektuellen und physiologischen Fortschritt der Menschen in technischer Zivilisation"[105]. Der Futurismus lieferte so den ersten Beleg dafür, daß eine avantgardistische Bewegung, sobald sie sich einer Ideologie verschreibt, ihre Avantgarde verrät. Nach ihm machen Dada (Berlin) oder der Surrealismus nach 1925 dieselbe Erfahrung. Die am Beispiel Marinettis erkennbar werdende Tendenz zu einer ‚photographischen Lyrik' zeigt, wo den Möglichkeiten ihrer visuellen Abstraktion die Grenzen der Un-Lyrik gezogen sind.

---

[105] Vgl. Chr. Baumgarth, *Futurismus*, S. 133 ff.

Genau ein solches Experiment veranstaltet Louis Aragon in «Persiennes».

PERSIENNES

Persienne Persienne Persienne

Persienne persienne persienne persienne persienne
persienne persienne persienne persienne persienne persienne
persienne persienne

Persienne Persienne Persienne

Persienne?[106]

Die Sprachbereinigung dieses Beispiels wagt den irritierenden Versuch, Titel und Text in nahezu vollkommene Übereinstimmung zu bringen. Der 'Text' selbst ist semantisch so redundant, daß er so gut wie verstummt. Das nach einer strengen horizontalen und vertikalen Geometrie verteilte Wort simuliert die typographische Anordnung eines traditionellen Gedichts und bildet doch nur einen lexikalischen Raster, in dem das einzelne Wort weitgehend aus dem Aufbau eines Bedeutungszusammenhanges herkömmlicher Art ausgeschieden ist. Dafür gewinnt es jedoch die Selbständigkeit eines graphischen Zeichens. Ein verbleibender Anreiz zur Sinnbildung spricht im Grunde nur aus seiner Anordnung in der Gedichtfläche. Die bis auf zwei Details (Plural des Titels; Fragezeichen hinter der letzten Nennung) identische Aussage von Titel und Text scheint sich ganz dem bildlichen Ausdruckswert zu fügen. Die vorherrschende Horizontale ahmt in der Anordnung der 'Verse' jene Querstruktur nach, die für Holz- oder Metalljalousien («Persiennes») charakteristisch ist. Die 'Verse' sind sichtbar gemachte Lamellen des Gegenstandes, den sie aussagen. Dieser ist aber nicht nur semantisch und optisch bezwingend. Durch die zwanzigfache Wiederholung als dem ganzen Inhalt des Gedichts nimmt er die Züge einer Obsession an. Bezogen auf ihren Zweck, der Abhaltung von Licht und Hitze, gäbe sich der abstrakte Einwort-Raster des Textes als ein 'Wörtervorhang' zu erkennen, der verdunkelt und bricht, was der Sprache anvertraut wird. Aus der Sicht dieses Textes erscheint sie als starres Schema. Er brächte damit die avantgardistischen Zweifel an der kommunikativen Funktion von Sprache überhaupt zu sichtbarem Ausdruck. Um in seinem Bilde zu bleiben: seine Jalousien vertreten die Scheuklappen des uneigentlichen Redens. Sie zwingen die

---

[106] Aus: L. A., «Mouvement perpétuel» (ca. 1922), in: *L'Œuvre poétique*, T. II, Paris 1974, S. 104.

Äußerungen des Lebens in die Engpässe des Geredes und seiner Vorurteile. Eine solche Lesart würde dieses Gedicht in den Zusammenhang der ausgeprägten avantgardistischen Sprachkritik stellen. Aragon selbst hat sich in mehr als einer heftigen Stellungnahme dazu bekannt.

Da andererseits dieser Versuch – anonym – in Paul Eluards dadaistischer Zeitschrift *Proverbes* zuerst veröffentlicht wurde, ist eine dadaistische Lesart nicht auszuschließen. Dafür könnte in der Tat der 'Abgesang' Vorschub leisten. Der Einwort-Vers beendet diese poetische Kampfansage an die bisherige Poesie mit einem herausfordernden Fragezeichen. Bekundet sich darin nicht eine burleske «mise en question» all dessen, was sich über diesen Seh-Text hat mutmaßen lassen? Wenn er bisher als eine Satire auf die 'bedeutende' Sprache hatte gelten können, will er dann am Ende nicht auch die Interpretationen vereiteln, zu denen er andererseits gerade herausfordern will? Hatte Tzara sein Publikum nicht belehrt: «Dada – ne signifie *rien*» und: «les vrais dadas sont contre DADA»? Damit wurde die Selbstaufhebung der Künste zu einem ihrer wesentlichen Themen gemacht. Das sprachliche Bildgefüge opferte dann selbst seine mögliche Bedeutsamkeit noch seiner Lust an der Dekompositon. Sein Sinn reduzierte sich letztlich auf eine nihilistische Irreführung aller Sprachgläubigkeit. Er wäre ein bloßes Spiel mit der Bedeutungswilligkeit von sprachlichen Zeichenbenutzern. Getroffen würde die menschliche Schwäche, allem und gerade dem Unverständlichen einen Sinn geben zu wollen. Der Aufstand der Künste gegen den sprachlichen und literarischen Gemeinplatz war deshalb nie kompromißloser als in dadaistischer Weltverachtung. Sie scheute sich nicht, selbst menschliches Reden als Sinnlosigkeit ästhetisch zu vergegenständlichen.

Vor diesem Hintergrund haben die Experimente mit der optischen Seite der Sprache ihren Platz. Sie bezeichnen diejenige poetologische Abstraktionstendenz, die mit der Ansiedlung der Aussage in der Seh-Form der Sprache der semantischen Patina zu Leibe zu rücken versucht, die der kollektive Gebrauch auf dem einzelnen Wort abgelagert hat. Je mehr dabei die Herstellung von Bedeutungen auf das Auge übergeht, desto unabhängiger macht sich das Poem von der lesend zu erfassenden. Die sprachlichen Zeichen werden zu bloßen Objekten, die sich visuell verarbeiten oder gar gänzlich ersetzen lassen. Ihre Sprachbilder erzeugen damit einen „Appell an das nicht durch das Wort gegangene Verstehen"[107]. Erkauft

---

[107] Pignatari, „Programm der konkreten Poesie", zit. nach der einschlägigen Untersuchung von R. Feldes, *Das Wort als Werkzeug*, Göttingen 1976, hier S. 13 f.

werden muß die Möglichkeit eines solch sehenden Sprechens jedoch mit einer paradoxen Selbstverleugnung der Sprache. Je mehr ein Gedicht zum Anlaß einer Betrachtung wird, desto mehr nähert es sich dem Übergang in die bildende Kunst. Marinettis Gebilde streift bereits die Collage-Bilder seiner Maler-Freunde; Aragons Textbild hat es nicht mehr weit zum 'Ziegelwandmuster' konkreter Poesie. Die visuelle Abstraktion in der Lyrik hat dort ihr Ende, wo die sprachlichen Zeichen als pure Zeichnung zum Schweigen gebracht werden. Diese visuelle Verfremdung der Sprache steht und fällt mit den Möglichkeiten sprachlosen Sprechens. Avantgardistische Lyrik geht das Wagnis ein, den längst erledigten Grundsatz des „ut pictura poesis" wörtlich zu nehmen. Sie erprobt, wie weit ein poetischer Sprachgebrauch gehen kann, der mit der optischen Physis der Sprache das Geschäft der Ikonographie, der Malerei, der Graphik betreibt und wo dabei seine Identität als Literatur endet. Dennoch hat sich gerade dieser visuelle Vorstoß als außerordentlich fruchtbar erwiesen. Er hat auf der einen Seite dem lyrischen Fortschritt danach den Weg bereitet. Konkrete Dichtung, Lettrismus, Spatialismus sind, unter poetologischen Gesichtspunkten, Epigonen dieser Dichtung fürs Auge. Ihr eigentlicher Triumph findet jedoch in der Werbung statt.[108] Sie hat sich zunehmend zu einer sprachoptischen Kommunikation entwickelt. In einer Zeit, in der niemand mehr Zeit hat, ist Werbung darauf angewiesen, sich möglichst auf einen Blick und einprägsam mitzuteilen. Die Gattung des 'Textdesign' (M. Bense) ist in wesentlichen Merkmalen angewandte Poetik der Avantgarde.

XI

Eine dritte Abstraktionstendenz untersucht, wie weit die Sprache bei der Gestaltung der Laut-Form trägt. Was die Experimentatoren dabei bis hin zum Klamauk verfolgen, scheint, obwohl kaum ein Versuch dem anderen gleicht, dennoch einer gemeinsamen Gattungsvision zu huldigen: dem 'Laut-Gedicht'. Die Befremdlichkeit und Fragwürdigkeit der einzelnen Beispiele könnte leicht in Vergessenheit geraten lassen, daß die Rücksicht auf die phonische Physis der Sprache eine ehrwürdige Tradition in der Geschichte der Lyrik hat. W. Pabst hat die Prägekraft des musika-

---

[108] R. Feldes (s. o.) sowie Massin, *Buchstabenbilder und Bildalphabete*, Ravensburg 1970, haben eindrucksvolle Beispiele dieser angewandten Experimentallyrik gesammelt und kommentiert; vgl. ergänzend S. C. Andronescu, *Essai sur l'esthétique de la poésie visuelle française*, Diss. Univ. of New York 1973.

lischen Prinzips in der Lyrik und ihr Streben nach Euphonie als historischen Untergrund auch der avantgardistischen Revolte ins Licht gerückt.[109] Die Wagner-Begeisterung des 19. Jh. ebenso wie der symbolistische Leitgedanke einer Dichtung als Gesang sehen in der Sprache einen Bedeutungsträger, der vorrangig durch seine Klangqualität wirkt (Verlaine: «De la musique avant toute chose»; «Art poétique», V. 1). Das „Wort als innerer Klang" (Kandinsky)[110] spricht, zumal in lyrischer Verdichtung, neben dem Wortlaut zugleich mit seinem Wohllaut. Die Poesie um die Jahrhundertwende war deshalb mit ihrer Idee von einem musikalischen Sprachkunstwerk bereits im Begriff, das Wort ungegenständlich, abstrakt zu handhaben.

Die Avantgarden ließen sich davon unbezweifelbar anregen. Dennoch geht ihr Aufstand nicht in einer linearen Fortführung und Vollendung dieser historischen Ansätze auf. Ihr Umgang mit der «image acoustique» (Saussure) der Sprache weicht so sehr von symbolistischem Melos ab, daß im Grunde erst ein Traditionsbruch ihre Unterschiedlichkeit zu erklären vermag. Im Kern baut er nicht mehr auf den Klang, sondern auf den *Laut* der Sprache. Dies schließt eine Nachfolge in «poésie pure» aus, ermöglicht andererseits aber das Neuland einer «poésie phonétique». Dort war eine «presque-disparition vibratoire» (Mallarmé) des Wortes notwendig, um durch die Klang-Alchimie des Gedichts noch einen Anklang an das Wort als mythischen Logosträger («Verbe») vernehmbar zu machen. Die Avantgarden teilen diese Notwendigkeit einer Entmachtung der gemeinen Sprache. Sie antworten darauf jedoch mit völlig anderen Maßnahmen. Ihre Dichtung transzendiert das sprachliche Medium gleichsam nach unten. Sie geht ihm in seiner kruden Stofflichkeit nach, läßt den Laut vor allem anderen sich selbst sagen. Tzara: «la pensée se fait dans la bouche»; also auch hier die Hoffnung auf die Sprache des ‚Primitivismus'. Sie setzt höchster Überarbeitung der geläufigen Rede ihre nicht minder weit getriebene sinnliche Verdinglichung entgegen.

Die Lautdichtung verfolgt dabei grob zwei Strategien. Die eine bildet phonische Reihen, die sich noch in den Grenzen des Verständlichen halten; die andere setzt sich auch darüber hinweg und übt sich im tönenden

---

[109] In: *Französische Lyrik*, bes. Kap. III, 3 b: «Poésie phonétique», S. 236 ff. – Vgl. außerdem A. Liede, *Dichtung als Spiel. Studien zur Unsinnspoesie an den Grenzen der Sprache*, Bd. II, S. 221–255, mit Beispielen der Avantgarde.

[110] W. Kandinsky in seiner richtungweisenden Schrift zur Grundlegung der ästhetischen Moderne *Über das Geistige in der Kunst* (Ed. u. Einf. v. M. Bill), München 1970.

Verschweigen eines Geheimnisses. Zur ersten Richtung zählen die bis zum ermüdenden Exzeß getriebenen Lautmalereien des Futurismus. Das Beispiel von Marinetti (vgl. S. 458) ist auch in diesem Zusammenhang aufschlußreich: die sprachlichen Zeichen werden dort als die populärste phonetische Umschrift in Anspruch genommen, um mit ihr im Grunde unsprachliche Laute zu transkribieren. Durch solche Onomatopöie fällt die Aussage mit den registrierten Lauten zusammen; Dichtung veranstaltet eine akustische Reportage. Richtungweisend waren futuristische Lautzeichnungen wie *Zang Tumb Tumb* oder *Dune* (Marinetti) jedoch weniger in dem, was sie erreicht, sondern was sie gewagt haben. Immerhin hatten sie die bahnbrechende Entgrenzung des lyrischen Tons zum *Geräusch* eingeleitet, die Schule machen sollte.

Andere hingegen sahen in der sprachlichen Lautform gerade eine Möglichkeit zur Entvereindeutigung. Apollinaire, der „Stimmenimitator",[111] gehörte zu den ersten, die über Homophonie (aber auch Homonymie) eine Entwicklung vorantrieben, die im Wechsel zwischen Lautbild und Schriftbild höchste Ambiguität der Bedeutung suchten. Dadaistische und frühsurrealistische Sprachwillkür erreichen einen Höhepunkt in der Technik, den Sinn gezielt in der Schwebe zu halten. Mit kaum verhohlenem Vergnügen führt die geschriebene Sprache die gehörte in die Irre. Ein Beispiel (von Jean-Pierre Brisset):

> Les dents, la bouche
> les dents, la bouchent
> l'aidant la bouche
> l'aide dans la bouche
> laides en la bouches
> lait dans la bouche[112]

Die Nähe zum Abzählvers der Kinder, zum Schüttelreim oder zum Wortspiel kann einen Rest an ernsthaftem Beweggrund nicht verdecken: die Annäherung an eine nur noch in absichtslosem Spiel zugängliche Unschuld der Sprache. Exemplarisch auf diesem Gebiet ist Robert Desnos. Er hat diese Technik zur Grundlage von zwei Gedichtzyklen gemacht: *Rrose Sélavy* und *L'Aumonyme* (!) (1922/23).[113] Eine ihrer berühmtesten Sprachexpeditionen ist das homophone Verwirrspiel:

---

[111] K. Stierle, „Babel und Pfingsten", in: Warning/Wehle (Hrsg.), *Lyrik*, S. 66 u. ö.
[112] In: Jean Baucomont et al. (Hrsg.), *Comptines de la langue française*, Paris 1970, S. 108.
[113] In der Slg. *Corps et biens*, Paris 1953, S. 31 ff. bzw. 47 ff.

RROSE SELAVY ETC.

Rose aisselle a vit.
Rr'ose, essaie là, vit.
Rôts et sel à vie.
Rose S, L, have I.
Rosée, c'est la vie.
Rrose scella vît.
Rrose sella vît.
Rrose sait la vie.
Rose, est-ce, hélas, vie?
Rrose aire héla vît.
Rrose est-ce aile, est-ce elle?
      Est celle
     AVIS

Einerseits ist die Lautung des Textes mit seinem Titel frappierend identisch – unter akustischem Aspekt eine glatte Tautologie. Andererseits macht sich die Schriftform ein Vergnügen daraus, diese Eindeutigkeit als ein Maximum an Uneindeutigkeit zu erweisen. Die einzelnen Variationen auf das phonische Grundthema nehmen weder Rücksicht auf grammatikalische Regeln noch darauf, ob die jeweilige Lautversion einen Sinn ergibt. Bestimmend ist allein das polyseme Prinzip. Im übrigen wird das Spiel keineswegs abgeschlossen und enthält insofern eine Aufforderung zur Fortsetzung. In derselben Sammlung hat Desnos eine Art poetologischer Paraphrase dieser Lautspiele unter dem bezeichnenden Titel «P'OASIS» [Poiesis] gegeben:

 – Je vois les penseés odorer les mots.
 – Nous sommes *les mots arborescents* qui
  fleurissent sur les chemins des jardins cérébraux[114]

Worte sind semantische Kreuzungen, die, sofern man ihnen unter poetischer Anleitung folgt, in alle Himmelsrichtungen der menschlichen Vorstellungskraft führen. Wenn der Mensch die Sprache, wie in avantgardistischen Experimenten, nur gewähren läßt, würde sie von selbst schon finden, was zu sagen ist.

Ein für avantgardistische Verhältnisse berühmtes Beispiel ist das 'Poème simultan' «L'Amiral cherche une maison à louer».[115]
Es wurde auf einer der ersten Dada-Soireen 1916 von Cabaret Voltaire

---

[114] Ebda., S. 65 (Hervorhebung v. Vf.).
[115] O. C. I, S. 492/3 (31. 3. 1916).

uraufgeführt. Was dieses Gedicht bedeuten will oder kann, hängt elementar von seiner Wahrnehmungsrealität ab: die szenische Aufführung vor Publikum. Die Druckfassung ist deshalb nur die Vorstufe in Form einer Partitur. Nach ihr zu urteilen handelt es sich um ein Gedicht für drei Stimmen, die eine ausgelegt als Gesang (Janko), die anderen als Rezitativ (Huelsenbeck; Tzara), unterbrochen von einem rhythmischen Intermezzo. Das Arrangement ahmt das Modell einer dreistimmigen Kantate nach. Jedoch erst wenn man ihre Wirkung in Betracht zieht, kommt ihr subversiver Anschlag so recht zum Vorschein: die drei Stimmen intonieren, gleichzeitig, drei verschiedene Texte in drei verschiedenen Sprachen, die in sich ihrerseits noch einmal unter die Schwelle verständiger Sprache zurückfallen (Huelsenbeck: „chrza prrza chrrza" etc.; Janko: „shai, shai" etc.). Stellt man überdies die Brechung des Vortrags durch die Geräusche des «intermède rythmique» in Rechnung, wird die Stimmenvielfalt zur Veranstaltung einer dadaistischen Sprachverwirrung.

Das ist nicht mehr nur Parodie auf lyrischen Wohlklang. Hugo Ball hat mit Bezug auf dieses Gedicht vom „Untergang der menschlichen Stimme im Lärm" gesprochen. Selbst die verbleibende Sprache hat sich dieser Zersetzung als ihrem obersten Ziel verschrieben. Nicht nur, daß die einzelnen Stimmen für sich genommen bis an den Rand des Nonsens gehen. Sie bedienen sich durchgängig eines herabsetzenden Vokabulars, das um Gewalttätigkeit, Obszönität und Zerstörung kreist. Der Verfall des Sublimen als ästhetischer Kategorie im 19. Jh. hat hier, in der Poetisierung des Anti-Sublimen, einen Höhepunkt erreicht, von dem aus es kein Zurück mehr gibt in die Reservate der alten Stilistik. Dichtung scheint sich in Unflat und Unfug selbst ertränken zu wollen. So stark war offenbar der Widerwillen gegen jede kulturelle Tradition angewachsen, daß Lyrik zum Gegenteil ihrer selbst, zu konzertanter Kakophonie herhalten mußte.

Dennoch scheint diese Dichtung des Bürgerschrecks nicht das letzte Wort zu haben. Einen Ansatzpunkt bieten die drei im Gedicht vertretenen Nationalsprachen Deutsch, Englisch und Französisch. Sie stimmen allzu auffällig mit denen der europäischen Vaterländer überein, die Europa damals mit Krieg überzogen hatten. Der Lärm des Gedichts wäre daher nichts anderes als ein Krieg der Stimmen. Dichtung hat mit ihren Mitteln die internationale Unordnung in ein akustisches Ereignis verwandelt. Das poetisch fühlbar werdende Scheitern der Sprache gibt somit eine Art hörbares Abbild des allgemeinen Chaos der Verständigung.

Dadaistische Kunst wird zwar erwartungsgemäß ihrem destruktiven Charakter gerecht. Gleichwohl hat es den Anschein, daß sie, wenn auch kaum vernehmbar, in dieser poetischen Abrechnung mit der damaligen

L'amiral cherch

Poème simultan par R. Huelsenbeck, M. Janko, Tr. Tz

HUELSENBECK	Ahoi	ahoi	Des	Admirals	gwirktes	Beinkleid	schnell
JANKO, chant			Where	the honny	suckle	wine twines	ilself
TZARA	Boum	boum boum	Il	déshabilla	sa chair	quand les	grenou
HUELSENBECK	und	der	Conciergenbäuche	Klapperschlangengrün		sind	milde
JANKO, chant	can	hear	the	weopour will	arround	arround the	hill
TZARA	serpent	à	Bucarest	on	dépendra	mes amis	dorénavant
HUELSENBECK	prrrza	chrrrza	prrrza		Wer	suchet	dem
JANKO, chant	mine	admirabily		confortabily	Grandmother		said
TZARA					Dimanche :		deux élép

HUELSENBECK	hihi	Yabomm	hihi	Yabomm	hihi	hihi	hihi
	ff		p	cresc	ff	cres	ff
TZARA	rouge bleu	rouge bleu	rouge bleu	rouge bleu	rouge
	p		f cresc	ff	cresc
SIFFLET (Janko)	———	——— .	——— .	———	
	p	cresc	f	ff	f
CLIQUETTE (TZ)	rrrrrrrrr	rrrrrrrrr	rrrrrrrrr	rrrrrrrrr	rrrrrrrrr	rrrr
	f decrsc	f	cresc	fff	uniform
GROSSE CAISE (Huels.)	o o o	o o o o o	o o o o o	o o o o	
	ff	p	f	fff	

(Intermède rythmique)

HUELSENBECK	im	Kloset	zumeistens	was	er	nötig hätt	ahoi iuché ahoi
JANKO (chant)	I love	the ladies	I love	to	be	among the	girls
TZARA	la concierge	qui m'a	trompé elle	a vendu	l'appartement	que j'avais

HUELSENBECK	hätt' O	süss gequolines Stelldichein des Admirals im Abendschein	uru
JANKO (chant)	o'clock and tea is set I like	to have my tea with some	brunet sha
TZARA	Le train	traîne la fumée comme	la fuite de l'animal blessé a

HUELSENBECK	Der Affe brüllt die Seekuh bellt im Lindenbaum der Schräg zerschellt
JANKO (chant)	doing it doing it see that ragtime coupple over there
TZARA	Autour du phare tourne l'auréole des oiseaux bleuillis en moitiés de lumièr

HUELSENBECK		Peitschen um die Lenden	Im Schlafsack gröhlt
JANKO (chant)	oh yes yes yes yes yes yes yes	yes
TZARA	cher c'est si difficile La rue s'enfuit avec mon bagage à travers la ville Un métro

---

NOTE POUR LES BOURGEOIS

Les essays sur la transmutation des objets et des couleurs des premiers peintres cubistes (1907) Picasso, B
Picabia, Duchamp-Villon, Delaunay, suscitaient l'envie d'appliquer en poésie les mêmes principes simulta
Villiers de l'Isle Adam eût des intentions pareilles dans le théâtre, où l'on remarque les tendances vers un
tanéisme schématique ; Mallarmé essaya une reforme typographique dans son poème : Un coup de dés n'a
jamais le hazard ; Marinetti qui popularisa cette subordination par ses " Paroles en liberté " ; les intentio
Blaise Cendrars et de Jules Romains, dernièrement, amménèrent Mr Apollinaire aux idées qu'il dévelop
1912 au " Sturm " dans une conférence.
Mais l'idée première, en son essence, fut exteriorisée par Mr H. Barzun dans un livre théoretique " Voix, Ry
et chants Simultanés " où il cherchait une relation plus étroite entre la symphonie polirythmique et le poè
opposait aux principes succesifs de la poésie lyrique une idée vaste et parallèle. Mais les intentions de comp
en profondeur cette t e c h n i q u e (avec le Drame Universel) en exagérant sa valeur au point de lui donn
idéologie nouvelle et de la cloîtrer dans l'exclusivisme d'une école, — echouèrent.

ne maison à louer[1]

```
illt                      Teerpappe    macht    Rawagen       in    der   Nacht
und    the   door   a     swetheart    mine  is waiting   patiently  for   me    I
ides          commancèrent à    bruler  j'ai  mis  le   cheval   dans   l'âme  du
errt   in   der   Natur                            chrza       prrrza        chrrza
                                                       my         great       room is
  très  intéressant  les  griffes  des  morsures  équatoriales
etan  Der    Ceylonlöwe   ist   kein   Schwan    Wer    Wasser    braucht    find
                                                     I   love   the   ladies
     Journal   de   Genève   au   restaurant    Le   télégraphiste   assassine


                                              Find    was     er    nötig
                                              And   when    it's    five
s l'église après la messe le pêcheur dit à la comtesse : Adieu Mathilde

uru    uro    uru    uru    uru    uro    pataclan    patablan    pataplan    uri    uri    uro
shai   shai   shai   shai   shai  Every   body   is   doing  it   doing it   doing it  Every    body   is
tins écrasés

taratata   tatatata   In   Joschiwara   dröhnt   der   Brand   und   knallt   mit   schnellen
throw   there   shoulders   in   the   air   She   said   the   raising   her   heart   oh   dwelling        oh
la distance des bateaux   Tandis que les archanges chient et les oiseaux tombent Oh!   mon

Oberpriester   und   zeigt   der   Schenkel   volle   Tastatur     L'Amiral   n'a   rien   trouvé
  oh yes   oh yes   oh yes   oh yes   yes yes   oh yes     sir     L'Amiral   n'a   rien   trouvé
a cinéma la prore de   je vous adore   était au casino du sycomore     L'Amiral   n'a   rien   trouvé
```

---

même temps Mr Apollinaire essayait un nouveau genre de poème visuel, qui est plus intéressant encore par
manque de système et par sa fantaisie tourmentée. Il accentue les images centrales, typographiquement,
nne la possibilité de commencer à lire un poème de tous les côtés à la fois. Les poèmes de Mrs Barzun et
re sont purement formels. Ils cherchent un effort musical, qu'on peut imaginer en faisant les mêmes abstrac-
que sur une partiture d'orchestre.

*
* *

voulais réaliser un poème basé sur d'autres principes. Qui consistent dans la possibilité que je donne à chaque
ant de lier les associations convenables. Il retient les éléments caractéristiques pour sa personalité,
tremêle, les fragments etc., restant tout-de-même dans la direction que l'auteur a canalisé.
poème que j'ai arrangé (avec Huelsenbeck et Janko) ne donne pas une description musicale, mais tente à
idualiser l'impression du poème simultan auquel nous donnons par là une nouvelle portée.
lecture parallèle que nous avons fait le 31 mars 1916, Huelsenbeck, Janko et moi, était la première réali-
n scénique de cette esthétique moderne.

TRISTAN TZARA

Gegenwart zumindest negativ auch eine Gegenlösung andeutet. Sie ist angelegt in der Tatsache, daß dieses lyrische Spektakel in dieser Zeit so überhaupt hat stattfinden können. Daß der Krieg in der neutralen Schweiz eine Oase ließ, in der Künstler mit ihren Unsinnsgebärden den Unsinn des Krieges zum Gegenstand der Kunst machen konnten. Rumänen, Deutsche, Elsässer, Juden, Schweizer setzten dem politischen Zerwürfnis den Kosmopolitismus der Avantgarde entgegen. Sie erbrachten in Zürich, später in Paris, New York oder Berlin den Beweis dafür, daß ästhetisches Handeln die einzig intakte Lebensform war, die über nationale, politische und kulturelle Schützengräben hinweg die Idee der Verständigung aufrechterhielt. Wenn André Breton später seinen Grundsatz vom «pratiquer la poésie» verkünden wird, dann ist daraus diese dadaistische Perspektive von der Kunst als einzig möglicher Lebenspraxis nicht wegzudenken.

Daß Dada das ganze zeitgeschichtliche Verhängnis im Krieg verkörpert sah, macht dieses Gedicht im übrigen auf seine Art offenkundig. Was immer der Zuhörer im einzelnen heraushören mag (vgl. Fußnote Tzaras), zwei Elemente entgehen demonstrativ dem poetischen Lärmkonzert: die Solostimme des Titels und das Unisono des Refrains. Beide nehmen unmittelbar aufeinander Bezug. Wenn ein Admiral, in Kriegszeiten ein höchster Repräsentant der Staatsgewalt, ein Haus zu mieten sucht, gerät dieser gutbürgerliche Wunsch in einen satirischen oder unmoralischen Gegensatz zu seinem militärischen Auftrag zur See. Spätestens der schadenfrohe und unmißverständliche Refrain «L'Amiral n'a rien trouvé» macht dann deutlich, daß dieser Text eine Posse auf höchste staatliche Autorität aufführt. Es ist ein Anti-Kriegsgedicht, das in einer der Kunst möglichen Weise den sanktionierten Ordnungsbegriff 'Militär' attackiert, der sich an der eingetretenen Unordnung schuldig gemacht hatte.

Die poetisch inszenierte Abwertung der menschlichen Sprache ins Geräusch, wie es hier das «poème bruitiste» praktiziert, ist jedoch nur eine Spielart für die avantgardistische Tendenz, von der Sprache (wie die Malerei vom Gegenstand) zu abstrahieren. Bereits am 14. Juli 1916 wurde das in dieser Art Äußerste Ereignis: Hugo Ball trug zum ersten Mal sein legendäres Lautgedicht «O Gadji Beri Bimba» vor. Mit ihm war die Lyrik in das Stadium des reinen Lautgedichts eingetreten. Das „optophonetische Gedicht" von Raoul Hausmann gibt ein ausgebautes Beispiel dieser Versuchsrichtung.[116]

Sieht man zunächst von den typographischen Unterschieden ab, bleibt

---

[116] Zit. nach H. Richter, *Dada*, S. 124.

Lyrik im Zeitalter der Avantgarde   471

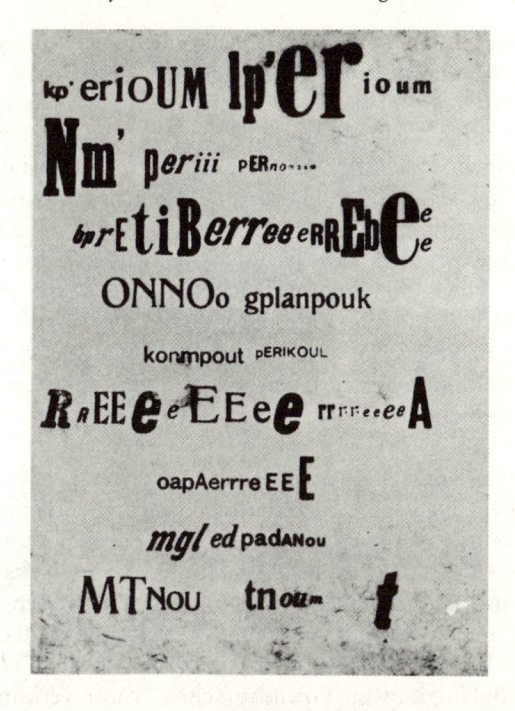

eine Lautfolge übrig, die Aussehen und Klang einer fremden Sprache simuliert, von keiner Sprache der Welt aber mehr verständlich zu machen ist. Zwar kann man auf die damalige Faszination am «art nègre» und anderen Eingeborenenkulturen verweisen. Ihre Objekte riefen ähnliche Wirkungen hervor, waren im Prinzip aber noch dechiffrierbar. „Verse ohne Worte" [117] hingegen, so bezeichnete Hugo Ball diese Experimente, verweigern jedes Zugeständnis an phonetische und semantische Transparenz. Ohne Zweifel ist eine solche Dichtung vor jeder Komplizenschaft mit der Sprache einer bankrotten Welt bewahrt. Sicher ist auch, daß sie als eine Strafexpedition gegen den Spießer, auch in der Kultur, durchaus 'verständlich' scheint. Dafür aber mußte sie die absolute lautliche Verdinglichung der Sprache in Kauf nehmen – eine höchste Form ihrer Abstraktion von akustischer Seite.

Mit diesen Experimenten begibt sich die Lyrik jedoch zugleich an die Grenze zum Un-Sinn. Wenn sie von sich aus jeglichen inhaltlichen Anknüpfungspunkt unterdrückt, was kann sie dann noch zu sagen haben?

---

[117] *Flucht aus der Zeit*, Luzern 1946, S. 98.

Wer dennoch nach einer Bedeutung sucht, sieht sich einzig auf die Art und Weise verwiesen, *wie* das Unverständliche gesagt wird. Diese Randzone des Poetischen gibt damit eine extreme Veranschaulichung für die allgemein zu beobachtende Bestrebung der Avantgarden, eine Aussage in ihrer Form aufgehen zu lassen. Unter dieser Perspektive ist die sorgfältige typographische Gestaltung in Hausmanns Gedicht zu würdigen. Sie hält optisch fest, wie Stimme, Laut und Atem eingesetzt werden sollen und stellt damit eine Art artikulatorisches Notenblatt dar. Im Grunde wird auf diese Weise allein die reine Ausdrucksstärke des Textes mitgeteilt. Immerhin läßt sich daran die außerordentliche Spannweite des emphatischen Einsatzes ablesen. Sie verlangt vom Vortragenden ein Ergriffensein, das auf das Publikum übergreifen soll. Obwohl das Gedicht also im strengen Sinne nichts mitteilt, führt es doch eine Art phonische Pantomime auf.

Welche geheime Botschaft es dabei suggerieren mag, läßt sich kaum objektiv feststellen. Daß seine Fremdartigkeit nur einen derben Scherz im Sinn haben könnte, ist nicht auszuschließen. Hausmann und andere Autoren dieses Genres waren erklärte Dadaisten. Andererseits schließt sich diese Lyrik ausdrücklich einem archaischen Sprachwissen an, dem seit undenklichen Zeiten ein Reden bekannt ist, das ohne landläufige Mitteilsamkeit auszukommen scheint und doch verständlich bleibt: an die menschliche Befähigung zu Grundsprachen. Zwar verkümmert dieses Vermögen wohl proportional zu kultureller Überformung. Wenn in Schlagertexten aber ernsthaft von 'babi dibi da', wenn beim Jodeln von 'holladi holleradi dia holleradidi' die Rede ist, hat sich darin nicht ein Rest dieser sinnvollen Unverständlichkeit erhalten, dem auch das Lallen, Stottern oder Stammeln der Kinder (und der Eltern) etwas bedeutet? Deutlicher wird diese irrationale Sprache in der Zauberei.[118] Ihr 'abrakadabra', ihr 'simsalabim' erinnert an Kulturstufen, in denen Beschwörungsformeln der weißen und der schwarzen Magie die Kraft zugesprochen wurde, jemand in Bann zu schlagen oder einen Bann zu lösen. Diese untergründige Macht des imaginären Wortes wird in seiner höchsten Potenz etwa im Pfingstwunder offenkundig. Dort wird von einem bemerkenswerten sprachlichen Ereignis berichtet. Als die Apostel plötzlich in vielen Zungen zu reden begannen, aber von allen verstanden wurden, verfielen sie in jenes verzückte, unirdische Reden, wie es später die Mystiker praktizierten. Diese „ignota lingua" (Hildegard von Bingen) läßt sich sprach-

---

[118] In diesem – magischen – Zusammenhang vgl. die Erschließung bei R. Feldes, *Wort als Werkzeug*, Kap. 2 (S. 42 ff.).

Lyrik im Zeitalter der Avantgarde 473

wissenschaftlich als Glossolalie bestimmen.[119] Eine ihr verwandte Lautdichtung lehnte sich deshalb an eine Redeweise an, deren geäußerte Laute lediglich auslösende Momente für irrationale Sinnprozesse bilden. Ihre Emphase spricht nur noch die Tiefen des menschlichen Gemüts an. Mit Rücksicht auf eine positive Deutbarkeit ließe sich die Lautdichtung dem Modell eines glossomatischen Gedichts zuweisen. Genau darauf zielen im übrigen die surrealistischen Techniken, wenn sie auf poetischem Wege das «murmure de l'inconscient» (Breton) in uns vernehmbar zu machen hoffen.

Die letzte Steigerung einer phonischen Poesie wäre dann erreicht, wenn sie gänzlich auf jede Lautung verzichtete. Tatsächlich hat das avantgardistische Experimentierbedürfnis selbst vor dieser totalen Sprachlosigkeit nicht haltgemacht. Man Rays «Lautgedicht» markiert diese Position.

[120]

Lyrik hat sich in das Exil des Verstummens geflüchtet. Der Titel – «Lautgedicht» – mag auf den ersten Blick als ein dadaistischer Gag erscheinen. Wo aber nichts mehr verlautet, muß sich dieses Nichts, wenn es dennoch ausgedrückt werden soll, visuell bekunden. Insofern ist das Gedicht

---

[119] Vgl. R. Jakobson, „Glossolalie", in: *Tel Quel* 26 (1966), S. 3 ff. Zum Bezug auf avantgardistische Dichtung: W. Pabst, *Franz. Lyrik*, S. 241 ff.

[120] Aus: *391*, réédition intégr. prés. p. M. Sanouillet, Paris 1960, S. 119.

poetologisch konsequent und gehört hierher. Die Frage, was damit noch gemeint sein könnte, läßt sich auf zwei Versuchsreihen eingrenzen. Es kann einmal gelesen werden als ein Text, der nichts mehr zu sagen hat und genau diese Erfahrung so prägnant wie möglich zum Gegenstand einer poetischen Aussage macht. Damit schriebe er das Schlußkapitel jeder poetischen (und erst recht jeder anderen) Kommunikation. Ob man seine Chiffren als imaginäre Morsezeichen deutet oder als Überreste eines Gedichts, dessen sprachliche Bestandteile sorgfältig wieder ausgestrichen wurden, oder aber als Summton in freien Rhythmen – übrig bleibt zunächst nur der dadaistische Überdruß an der bestehenden Welt, der Kunst zu retten versucht, indem er sie lieber stumm als verständlich macht. Dafür spricht nicht zuletzt, daß dieses Anti-Gedicht zuerst in der Zeitschrift *391* erschienen ist, die von Francis Picabia, dem Gott- und Weltverächter, herausgegeben wurde und dessen Weggenosse Man Ray war.

Andererseits bliebe zumindest erwägenswert, ob der Text nicht auch den Zustand desjenigen poetisch aufzeichnet, dem es die verfügbare Sprache verschlagen hat. Dieses Ungenügen könnte in Verbindung stehen mit der Utopie von einer Literatur, die sich ganz von der Sprache löst. Es ist nicht auszuschließen, daß Man Rays Versuch demselben Fluchtpunkt folgt, den vor ihm Flaubert im «livre sur rien» bezeichnet hatte. Mallarmé war von diesem unmöglichen Ideal fasziniert, als er sein Gedicht «Un Coup de dés» über leere Seiten gehen ließ; Becketts Romane verlieren von Stufe zu Stufe mehr die Sprache und nähern sich unter bedrohlichen Vorzeichen dieser Nullstelle.

Abstrakte Lautdichtung treibt damit ihre Kompromißlosigkeit über die Glossolalie hinaus in den Endbereich der Sprache, bis hin zur Aphasie. Sie bildet das Gegenstück zur anderen Form der Sprachlosigkeit, zum Schrei, zu dem der schrankenlose Vitalismus der futuristischen Weltanschauung Zuflucht nahm. Er hat als erster die befreite Typographie umfassend als poetische Schlagzeile und visuellen Blickfang eingesetzt, ein konventionelles Mittel zur Erzeugung optischer Lautstärke. P. Albert-Birot kreiert auf dieser Grundlage die avantgardistische Textsorte des «Poème-Pancarte».[121] Später kann sich das Gedicht unter dem Einfluß dadaistischer Ideologiekritik in einen Aufschrei verwandeln. Ein Manifest-Poem Tzaras besteht aus 275 Wiederholungen des einen Wortes «hurle», angeordnet in 25 'Versen' à 11 identischen Wörtern; am Ende die (berechtigte) Frage: «Qui se trouve encore très sympathique.»[122] In

---

[121] Vgl. *Poésies 1916–1924*, op. cit., S. 404 ff.
[122] O. C. I, S. 307.

poetologisch vergleichbarer Weise verfaßt Albert-Birot «Poèmes à crier et à danser».[123]

Wo avantgardistische Dichtung ihre unverfälschte Möglichkeit durch einen Rückzug in die lautliche Substanz der Sprache zu erhalten sucht, gibt das Ausmaß der Abstraktion einen Ausdruck für die Gefährdung, die ihrer Ansicht nach einer verbalen Verständigung droht. Offenbar mußte diese experimentelle Dichtung bis zum Lärm, zum Verstummen oder zum Schrei vordringen, um auf die Not der mißbrauchten Sprache aufmerksam zu machen.

XII

Mit der bahnbrechenden Wendung in die Abstraktion hatte auch im Bereich der Literatur eine neue Kunstperiode begonnen, die bis heute andauert. Sie konnte sich als solche bisher nur bedingt Anerkennung verschaffen, weil dies einen entschiedenen Verzicht auf geläufige poetische Maßstäbe und Kriterien voraussetzte. Wie viele Liebhaber von Poesie sind schon bereit, dem experimentellen Wort bis an die Grenze der Unverständlichkeit und des Unsinns zu folgen? Dennoch hat dieser Rückzug auf die bildhafte, hörbare oder sehbare Stofflichkeit des Ausdrucks nichts mit einem verzweifelten Selbstopfer der Dichtung zu tun, mit dem sie den Untergang ihrer Autonomie in Warenästhetik und Kulturindustrie begeht. Die Abstraktionstendenz ist, bei allem experimentellen Ausschuß zu ihren Seiten, bis heute die kompromißloseste Formel geblieben, von der aus die Künste eine Unabhängigkeit ihrer kritischen Stimme gegen jede Art der Vereinnahmung und Hörigkeit behaupten. Insofern ist sie reinster Ausdruck einer Ästhetik der Negation. Sie litte aber nur dann an der „Krankheit ihrer Zwecklosigkeit"[124], wenn man ihren Hang zum Materialen mit Verdinglichung gleichsetzte. In der Tat eigneten sich poetische (Vexier-)Bilder, Zeichnungen oder Laute denkbar schlecht zu gesellschaftlich verantwortlicher Reflexion. Genau dies aber wollte Adorno als einzig angemessene Auflösung ästhetischer Negativität gelten lassen. Würden die Errungenschaften der Avantgarden nach diesem Maß beurteilt, könnte ihre abstrakte Sprache allenfalls die „Anpassung des Geistes an das Nützliche" vereiteln.[125] Als Experimente ließen sie indessen „gern

---

[123] *Poésie*, S. 330 ff.
[124] *Philosophie der neuen Musik*, in: *Gesammelte Schriften* Bd. 12, Frankfurt 1975, S. 30.
[125] *Ästhetische Theorie*, S. 358 bzw. S. 62, 239.

auf den Zweck vergebens warten". Der Endpunkt in der Entwicklung einer so verstandenen autonomen Kunst in den Avantgarden bezeichnete mithin ein Ende der Aufklärung, die im 18. Jahrhundert ästhetische Autonomie gestiftet hatte, um damit einen kritischen Gesellschaftsauftrag, die „Negation objektiv verpflichtenden Sinns", betreiben zu können.

Um so mehr Gewicht kommt deshalb der Tatsache zu, daß die ästhetische Schwelle, die die neue Lyrik überschreitet, von ihr selbst als diejenige von Vernunft und Rationalität bezeichnet wurde. In den Augen der Avantgardisten war gerade das Vernunftprinzip suspekt geworden, mit dessen Hilfe das aufklärerische Fortschrittsdenken die Entwicklung des Menschengeschlechts in einen Prozeß moralischer und kultureller Perfektibilität verwandeln zu können glaubte. In der Bilanz der Avantgarden zu Jahrhundertbeginn war dieser Anspruch der geschichtlichen Wirklichkeit auf krasse Weise fremd geworden. Diese aufgebrauchte Utopie sollte auch weiterhin den gesellschaftlichen Auftrag von Kunst ausmachen? Von der futuristischen «pazzia» bis zum surrealistischen Unbewußten hat das avantgardistische Selbstverständnis demgegenüber auf eine Erneuerung aus der Macht des irrationalen Prinzips gesetzt. Im Feldzug gegen das 'vernünftige Denken' genießt es deshalb keineswegs die Lust am Untergang ihrer gesellschaftlichen Verantwortung. Ihre Negativität bietet vielmehr nur die Vorderansicht eines grundlegenden Funktionsübergangs der Künste insgesamt. Nicht mehr Reflexion schien geboten, Ästhetik als Einübung in kritisches Denken. Konstruktivität hieß vielmehr der «mot d'ordre» ihrer geschichtlichen Stunde: durch eine „ganz neue Ästhetik" (Apollinaire) dem Leben einen ganz neuen Sinn anzuweisen.

Avantgardistische Dichtung gibt damit die Haltung einer nur kritischen Unbotmäßigkeit gegenüber der Lebenspraxis auf. Sie will sich an die Spitze ihres Schaffensprozesses selbst setzen. Gerade die Theorie der Abstraktion schafft die Voraussetzungen für eine Auffassung des Kunstwerks, die ästhetische Wahrnehmung als einen Akt kreativer Tätigkeit vollzogen wissen will. Die Versuche zur Bild-, Laut- und Seh-Form der Sprache konkretisieren dies im einzelnen. Auf ihre Art sucht jede dieser Experimentalrichtungen ihr Heil in einem ästhetischen Primitivismus. Er legt das Dichten an die Kette der rein materiellen Substanz der Sprache. Auf diese Weise vermag sich der poetische Ausdruck kompromißlos von semantischen Gemeinplätzen fernzuhalten. Allerdings muß der Verlust der konventionell gesicherten Eindeutigkeit an anderer Stelle wieder aufgewogen werden. Die Vorkämpfer einer neuen Kunst haben dazu eine niemals zuvor so konsequent verfochtene Sprache der Sinnlichkeit ins Feld geführt. Was die Bildketten, Zeichnungen und Lautungen ihrer Gedichte zu besagen haben, ist jeweils so unmittelbar der Einbildungskraft, dem Auge oder dem Ohr anheimgestellt, daß Bedeutung allererst und bevorzugt zu einer Sache des Sinneneindrucks wird. Genau diesem Interesse scheint sich die Poetik verschrieben zu haben. Die herangezogenen Beispiele belegen exemplarisch, wie jede der drei abstraktiven Grundtendenzen nicht nur jeweils an *ein* sensuelles Vermögen appelliert, sondern sich gewöhnlich mit anderen steigernd und intensivierend verbindet. Was das abstraktive Gedicht daher an Gemeinverständlichkeit aufgibt, versucht es durch eine Totalisierung sinnenmöglicher Prägnanz wieder auszugleichen.

Eine solche Idee versetzt das lyrische Wortkunstwerk in die ungewöhnliche Lage, im Prinzip, für wenige Jahre auch in der Praxis, den Kreislauf der kulturellen Vereinzelung zu sprengen. In der Regel liefert der für sich schaffende Dichter sein Gedicht einem anonymen Publikum wie eine Ware aus. Diesem wird es seinerseits zum Anlaß eines Rückzugs ins Private, wo jeder es sich allein zu eigen macht. Wo avantgardistische Lyrik aber imaginatives Handeln, Schauen und Hören als eine Einheit des Wahrnehmens vorsieht, durchbricht sie diesen Zirkel ästhetischer Entfremdung. Ihre Abstraktion macht im Grunde die Wiederherstellung eines ihr ursprünglichen Wahrnehmungsganzen erforderlich. Allerdings konnte es sich kaum darum handeln, sie in jene vorautonomen Formen des Gemeinschaftserlebens wie im attischen Theater, in der Hofkunst, in den Salons oder literarischen Vereinen zurückzuholen. Ihrer Zeit angemessener ist eher die Idee vom Gesamtkunstwerk.[126]

Für deren Aktualität hatte im übrigen die Wagner-Begeisterung noch der Jahrhundertwende gesorgt. Einer avantgardistischen „Verschmelzung" der Künste liegt jedoch die Utopie von einem „in das öffentliche politische Leben eintretenden Volkskunstwerk" (Wagner) fern.[127] Sie sucht nicht neue Integration, sondern den Bruch der Künste mit ihrem gesellschaftlichen Status, der sie entwaffnet. Poetische Tätigkeit, zu wel-

---

[126] Die Tendenz der Avantgarden hin zu einem erneuerten Konzept vom Gesamtkunstwerk scheint ein maßgeblicher positiver Grundzug. Eine besondere Rolle spielt dabei Kandinskys Schrift *Über das Geistige in der Kunst*; Auswirkungen auf H. Ball und avantgardistische Tendenzen in Deutschland scheinen bedeutend (vgl. H. Richter, *Dada*, S. 31, 44). Zur franz./ital. Avantgarde neben Apollinaire vgl. Ribemont-Dessaignes, «Histoire de Dada», in: *NRF* 36 (1931), sowie W. Pabst, *Franz. Lyrik*, S. 79 ff. Zuletzt vgl. *Der Hang zum Gesamtkunstwerk*, Aarau/Frankfurt a. M. 1983.

[127] Zum Begriffsverständnis Wagners vgl. D. Borchmeyer, *Das Theater Richard Wagners*, Stuttgart 1982, S. 68 ff.

cher die Lyrik den Wahrnehmenden verlocken soll, ist ganz auf Abstandserlebnis angelegt. Ihre ästhetische Gesamterregung der Sinne dient gerade einer Maximierung von Effekten, nicht von Ideen. Bei allen Verschränkungen mit den zurückgewiesenen Traditionen des 19. Jahrhunderts kreisen die Bemühungen um ein avantgardistisches „Gesamtkunstwerk" deshalb im Grunde um eine Ästhetik der Überraschung. Wiederum war es Apollinaire, der im Vorwort zu seinem Stück *Les Mamelles de Tirésias* (1917) sowie in seinem Vortrag *L'Esprit nouveau et les poètes* ihr Konzept umrissen hat.[128] Für kurze Zeit ist sie sogar gattungshaft in Erscheinung getreten: in den frühen lyrischen Soireen, den literarischen Variétés der Futuristen und Dadaisten oder zugespitzt in den Happenings um 1920. In ihnen vervollständigt sich selbst die Lyrik wieder zur sinnlichen Ganzheit jenes «art moderne», wo sich schockartig «Les sons les gestes les couleurs les cris les bruits/La musique la danse l'acrobatie la poésie la peinture/Les choeurs les actions et les décors multiples» vereinen und synästhetisch ein Bild vom modernen Lebensbegriff geben.[129] In ihm kommt auf neuartige Weise das Disparate als Einheit in der Gleichzeitigkeit zu Bewußtsein.

Je direkter Literatur ihre Wirksamkeit aber auf Überraschung hin kalkuliert, desto ausschließlicher setzt sie auf ein nicht-rationales Prinzip der Verständigung. Es zieht seine Anstöße aus einer jähen Wendung von Vertrautem in Unvertrautes. Stellt man überdies die gesteigerte sensuelle Ansprache dieser Kunst in Rechnung, so tendiert sie unverkennbar nach der Seite einer Sinnenerregungskunst. Unter Umgehung des denkenden Verstandes eröffnet sie eine grundlegend emphatische Kommunikation. Diese war bereits der antiken Rhetorik geläufig.[130] Im erfolgreichen Einsatz der Sprache baute sie neben der Strategie des argumentativen Überzeugens auf eine solche des affektiven Überredens. Schon ihr ist eine Redeführung bekannt, die etwas Bestimmtes gerade auf unbestimmte

---

[128] Zur analogen und einflußreichen Entwicklung des normbrechenden Theaters dieser Zeit vgl. jetzt die stattliche Würdigung von J. Grimm, *Das avantgardistische Theater Frankreichs (1895–1930)*, München 1982. Den 'systematischen' Zusammenhang zwischen einem Theater der Sinnlichkeit und der Gewalt-Tätigkeit hatte H.-J. Müller erarbeitet: «Guerra, violenza, azione – terreur, violence, cruauté», in: *Sprachtheorie und Sprachpraxis*. Festschr. H. Vernay, Tübingen 1979, S. 261 ff.

[129] Apollinaire, Prolog zum Stück *Les Mamelles de Tirésias* (in: *Œuvres poétiques*, éd. Adéma/Décaudin, Paris 1965, Bibl. de la Pléiade, S. 881).

[130] Vgl. H. Lausberg, *Handbuch der lit. Rhetorik*, Bd. I, München ²1973, § 578 bzw. § 906.

Weise zu sagen vermag. In radikaler Vereinseitigung verschreibt sich der avantgardistische Diskurs dieser Verständigung ohne Einschaltung des reflexiven Vermögens. Er ist präkommunikativ in der Weise, daß er im Zweifelsfalle einer «Pensée sans langage»[131], einem Denken ohne Sprache mehr zutraut als jedem vernünftigen Sprechen. Er will den Wahrnehmenden in Bann schlagen und überwältigen, bevor er zur Besinnung kommt und das lyrische Wort über seine alten Leisten schlagen kann. Avantgardistische Emphase will sich mit ihm magisch verständigen. Verlockung, Bedrohung; Verführung, Verweigerung; Beschwörung und Beschimpfung sind Momente ihres begriffslosen Zugangs zum Reich einer abseitigen Vernunft. Sie lassen das Wort nur dann gelten, wenn es aus der immer schon gedeuteten Welt hinausführt. Alle avantgardistischen Richtungen sehen in der abstraktiven Amtsenthebung der 'gemeinen' Sprache die historisch angemessene Maßnahme zur Herabsetzung des gewährleisteten Sinns.

In letzter Instanz geht es ihnen nicht mehr darum, den Fragen ihrer Welt eine passende Botschaft entgegenzuhalten. Unbeirrbar haben sie das traditionelle Versöhnungsgeschäft hinter sich gelassen, dem wichtig ist, *was* gesagt wird, weil Literatur etwas in Ordnung bringen soll. Sie leiten eine neue Kunstperiode nicht zuletzt deshalb ein, weil sie die Sprachkunst vorsätzlich entsubstantialisieren. Sie widersetzen sich der Erwartung, dem Publikum 'etwas geben' zu sollen. Wesentlich wird ihnen, *wie* unter dem Aspekt der Sprache Lebenseinstellungen ausgehandelt werden. Man darf behaupten, daß ihnen nicht in erster Linie am Sinn, sondern am Verfahren gelegen ist, wie Sinn hergestellt wird. Da sich die Avantgarden nicht zu jedem Zeitpunkt auf derselben Höhe ihres Problembewußtseins befanden, lassen sich im Verlaufe ihrer Entwicklung zwei Typen von Sinnanleitung unterscheiden. Ein erster deckt sich weitgehend mit dem historischen Programm und den poetischen Errungenschaften eines simultanen Kunstwerks. Es wollte die Begriffsmacht der gelebten Sprache durch die Aufhebung ihrer gewohnten Kontexte brechen. Mit Hilfe seiner Poetik der Inkohärenz betrieb es eine Verfremdung des vergesellschafteten Sinns zugunsten einer Sinn*erweiterung* über das Gehege der Normalität hinaus. Schon der futuristischen, erst recht aber der dadaistischen Kampagne schien dieses Verfahren jedoch noch immer allzusehr mit dem verstrickt, was es überwinden wollte. Deren kritische

---

[131] Titel des Vorworts zu F. Picabias *Unique Eunuque*, Paris 1920. Vgl. ebenso M. Jacob: «le lyrisme est un état de pensée sans penser» (in: *Conseils à un jeune poète*, Ausg. Paris 1941, S. 56).

Energie drängte deshalb zu einem noch radikaleren Typus. Erst das abstrakte Kunstwerk schien ihm die Gewähr dafür zu geben, daß einer Rückverwandlung der lyrischen Negation in Gemeinsinn der Riegel der Unverständlichkeit vorgeschoben war. Lyrik nahm ihre Möglichkeiten zunächst auf eine äußerste Position reiner Verweigerung zurück. Ohne jede Bindung ans Bestehende aber ließ sich ein *ganz neuer Sinn* anbahnen, der einem Gesinnungswechsel gleichkommt. Der 'neue Mensch', den die Avantgarden visionär entwerfen, kann nur aus einem Umsturz des geltenden Sinn-Systems hervorgehen.

Daß ausgerechnet Dichtung sich eine solche Aufgabe zumutet, und daß sie zu deren Verwirklichung den Weg der Abstraktion einschlägt, der ins unsagbare Sprechen führt, mag, gemessen an ihrer historischen Wirkungslosigkeit, als Aporie erscheinen. Ästhetisch gesehen ist diese experimentelle Lyrik jedoch das Wagnis eingegangen, den Wert der Sprache, das Vermögen der Literatur gegen die aufziehenden Bedrohungen durch ideologischen Mißbrauch oder Warenästhetik bis an jenen selbstvernichtenden Punkt zu verteidigen, wo sie verstummt. Symbolistische Dichtung mochte die Unversöhnlichkeit mit ihren Lebensverhältnissen ein letztes Mal noch zu entschärfen hoffen, indem sie sie in Klang und Harmonie umschuf. Sie sah ihre Textutopie in der Sprachmusik, in «Le Chant». Die avantgardistische Pathologie des Realen aber findet eine ihr antwortende Utopie im Schweigen. Es bezeichnet den Augenblick, bevor jedes Sprechen anhebt und in dem es noch im Vollbesitz seiner orphischen Möglichkeiten ist. Es steht andererseits für den Moment, in dem alle Rede aufgehört hat – weil alles gesagt ist oder jedes weitere Wort zuviel wäre.

(1983)

IM „MEER" DER «BAGATELLES» UND «PETITS VERS».
DAS GATTUNGSFELD DER KURZEN VERSTEXTE SEIT BEGINN DES 16. JAHRHUNDERTS

Von Fritz Nies

Fontenelles Metapher eines von zahllosen Gattungsinseln übersäten Meeres der Poesie[1] wirkt keineswegs übertrieben auf den Historiker, dessen Blick fünf Jahrhunderte französischer Versdichtung übergreift. Unschwer könnte er rund zweihundert Kurzgattungen aufzählen,[2] von denen in sämtlichen vorangegangenen Beiträgen nur ein knappes Achtel mehr oder weniger eingehend gewürdigt wird. Wollte ich alle übrigen Genres vorstellen, müßte ich also pro Seite drei bis vier von ihnen beschreiben und, um wenigstens einen allerersten Eindruck zu vermitteln, durch je ein Textbeispiel veranschaulichen. Solcher rudimentären Einzelpräsentation vorzuziehen scheint mir eine Aussonderung der augenfälligsten Gruppen innerhalb einer Gesamtmenge, bei der oft schon die Diminutivform des Gattungsnamens die Kleinheit, Leichtigkeit und zugleich das Liebenswerte der unter derartigen Namen vereinten Gebilde signalisiert.[3] Der 'lyrische' Charakter der Konzepte soll im folgenden nicht erörtert werden. Wurde doch das Substantiv *Lyrik* nur in Deutschland zum Rang einer „Grundgattung" erhoben und ist eine Entlehnung aus dem Französischen erst des 19. Jahrhunderts. Dort aber wurde das Adjektiv *lyrique* bis zu jenem Zeitpunkt ausschließlich auf sämtliche Spielarten von Verstexten angewandt, die sangbar oder mit Musikbegleitung vorzutragen waren. Seitdem erst entwickelten sich zusätzliche Bedeutungskomponenten wie 'Innerlichkeit', 'Enthusiasmus' u. ä.

[1] Im Kontext zitiert bei F. Nies, *Genres mineurs. Texte zur Theorie und Geschichte nichtkanonischer Literatur,* München 1978, S. 46.
[2] Entsprechend dem gegenwärtigen Stand eines von mir geleiteten Forschungsprojekts zur Geschichte des französischen Gattungssystems, dessen Nomenklatur augenblicklich rund 3000 Gattungen umfaßt. Als Gattung gilt im folgenden – ohne systemhierarchische Implikation – jede Gruppe von Texten, der bestimmte gemeinsame Merkmalbündel von zeitgenössischen Trägerschichten zuerkannt und die durch sie unter gemeinsamem Namen zusammengefaßt wurde.
[3] Sei es die Verkleinerungsform eines Gattungsnamens (Ariette, Ballette, Can-

Die Gesamtmenge jeweils belegter Kurztext-Versgattungen scheint in ihrer Größenordnung durch alle Epochen hindurch annähernd gleichzubleiben. Ihre Schwankungen bewegen sich etwa zwischen einem halben und einem knappen Hundert von Genera. Die gängige Pauschalbehauptung von einer vorgeblich mit dem 18. Jahrhundert einsetzenden, im 20. Jahrhundert praktisch vollendeten „Auflösung der literarischen Gattungen"[4] erweist sich für unseren Teilbereich als schlichtweg falsch, und für Autoren wie Rezipienten unseres Jahrhunderts ist das System der kurzen Verstexte annähernd gleich stark gegliedert wie für diejenigen schon des 16. Jahrhunderts. Unterschiedlich ist einzig der Beitrag einzelner Epochen zur Herausbildung neuer Kategorien. Betrug deren Anteil an den insgesamt gängigen im 16. Jahrhundert noch fast drei Viertel, so fiel er – über die Hälfte im 17. und etwa ein Sechstel im 18. und 19. – auf fast Null im 20. Jahrhundert. Das französische Gattungsdenken der Neuzeit spiegelt also für den Bereich kleiner Versdichtung einen stetig steigenden Sättigungsgrad und immer ausschließlicheren Rückgriff auf bereits Bewährtes und Vertrautes.

1. Langzeitphänomene, Wiedergeburten, poetische Sternschnuppen

Die meisten Gattungskonzepte beweisen erstaunliche Langlebigkeit. Mehr als ein halbes Hundert von ihnen nutzten zahlreiche Poeten mehrere Jahrhunderte lang zur Kategorisierung ihrer neuentstehenden Verstexte. Muster wie *Motet*, *Noël* oder *Dit* beispielsweise haben zwar mitnichten als zeitlose Konstanten, sondern eindeutig als Hervorbringungen nachantiker Literatur zu gelten, doch ihre Zeitresistenz reicht vom Mittelalter bis in unsere Gegenwart.[5] Zu den Konzepten, die sich durch besondere Dauerhaftigkeit auszeichnen, gehören fast sämtliche Gedichtarten fester Form wie *Pantoum*, *Triolet* oder *Villanelle*,[6] deren kompliziertes metrisches Gerüst bis in unsere Tage Anwendung findet.

tatille, Canzonette/Chansonnette, Egloguette, Madrigalet, Odelette, Rondelet) oder einer der zahlreichen anderen – besonders im 18. und 19. Jahrhundert verstärkt aufkommenden – Diminutive von anderen Basiswörtern: Amourette, Amusette, Barzelette, Berger(onn)ette, Brunette, Devinette, Formulette, Landérirette, usf.

[4] Cf. dazu Nies, *Genres mineurs*, S. 14.
[5] Ebenso wie die mancher Genera, die in den vorstehenden Beiträgen behandelt wurden, so Chant royal, Epitaphe, Rondeau.
[6] Oder die in den vorstehenden Beiträgen behandelten Genera *Sonnet*, *Virelai*.

Begnügen wir uns vorerst mit einer Kurzpräsentation des achtzeiligen *Triolet* aus Achtsilblerversen, deren erster nach dem dritten und deren erste beide nach dem sechsten wiederholt werden. Im späten 15. Jahrhundert entstanden, erfreute es sich im frühen 16., den beiden letzten Dritteln des 17. und im 18. Jahrhundert breiter Beliebtheit und wurde bis über Banville und die Symbolisten hinaus weitergepflegt. Herrschte zu Beginn der Gattungsgeschichte noch die Liebesthematik vor, wurden sehr bald die unterschiedlichsten heiteren Themen angesprochen. In den Auseinandersetzungen der Fronde lieferte das Genre die Texte der wohl beliebtesten Spottlieder, deren Autoren verständlicherweise (mit Ausnahme Scarrons) unter dem Mantel der Anonymität verborgen blieben. Hier eine respektlose Attacke gegen die Königinmutter, der man mit Klosterinternierung drohte, falls sie Mazarin nicht entlasse:

> 1649
>
> Ma Mie Anne mal à propos
> Vous retenez le Seigneur Jule
> Vous vous mettez le peuple à dos
> Ma Mie Anne mal à propos
> Et si vous n'aimez le repos
> Qu'on goute dans une Cellule
> Ma Mie Anne mal à propos
> Vous retenez le Seigneur Jule.[7]

Gleiche Zählebigkeit demonstrieren einige Genera mit metrischer Dominante, wie *Distique, Sixain, Huitain* und *Quatrain*.[8] Auch für sie gilt, daß die metrische Komponente keineswegs der einzige einheitsstiftende Faktor ist. Diente der *Quatrain* im späten 16. und 17. Jahrhundert und noch bei Ch. Péguy nicht selten als Vehikel religiöser und moralischer Belehrung, signalisierte die Form doch von Anbeginn oft, und später fast ausschließlich, Scherzhaft-Satirisches:

> Quatrain sur le Lit de Justice.
>
> Ami, sais-tu ce que l'on dit?
> La Justice est embarrassée;
> Le Roi la fut voir dans son lit:
> On prétend qu'il l'a violée.[9]

---

[7] *Recueil de chansons, anecdotes, satyriques & historiques. Avec des notes curieuses & instructives,* Bibliothèque Nationale, Ms frs 12666, I, S. 246.

[8] Langlebig ist auch der im Beitrag Janik behandelte Dizain.

[9] Mathieu Marais, *Journal et Mémoires,* éd. Lescure, Repr. Genf 1967, III, S. 201 (Eintrag juin 1725).

Der *Distique* war die bevorzugte Form ernsthafter wie scherzhafter Sentenzen und positiver wie negativer Werturteile über bekannte Persönlichkeiten. Ungemein dauerhaft waren auch zahlreiche sonstige Konzepte mit einheitsstiftenden Faktoren anderer Art. Zu erwähnen wären hier insbesondere zwei Dutzend zum Singen bestimmter Textarten. Derartigen Modellen von epochenübergreifender Dauer kann eine nach Dichtungsepochen gegliederte Darstellung kaum gerecht werden. Es ist unwahrscheinlich, daß gerade Langzeitphänomene Epochenspezialisten ins Blickfeld geraten, die ja nach Gegenteiligem – eben für die jeweiligen Zeiträume Typischem – fragen. So entspricht es nur der Erwartung, wenn vier Fünftel von ihnen in keinem der vorangehenden Beiträge Erwähnung finden. Werden einige wenige dennoch hier und da genannt, wirkt dies leicht als bloße ermüdende Wiederholung, die Bruchstücke fügen sich schwerlich zum Ganzen der Gattungsgeschichte.[10] Begegnen solche Genres statt dessen nur in einem einzigen Beitrag, erscheinen sie zu Unrecht als Phänomen der betreffenden Periode: *Chant royal, Coq-à-l'âne* und *Dizain* sind sowenig auf das 16. Jahrhundert beschränkt wie *Bouts-rimés* und *Enigme, Epitaphe, Impromptu* und *Madrigal* auf das siebzehnte oder die *Idylle* auf das achtzehnte; und auch die Geschichte der *Eglogue* endet nicht in diesem Jahrhundert, sondern läßt sich bis in das neunzehnte und zwanzigste weiterführen. Als Illustration mögen die Namen einiger der bekanntesten Höhenkammautoren genügen, die unverändert auf das bewährte Modell zurückgreifen: Lamartine und V. Hugo, Mallarmé, Moréas und H. de Régnier.

Für ein rundes Dutzend von Gattungen, die sich im Mittelalter und vor allem im 16. Jahrhundert herausbildeten und die auch in den beiden ersten Dritteln des 17. Jahrhunderts noch praktiziert wurden, kann man eine durchgehende kompakte Tradition zumindest gegenwärtig nicht nachweisen. Über die Jahrzehnte der Hochklassik und das ganze 18. Jahrhundert hin werden die Belege selten oder fehlen völlig, und erst nach langem Dornröschenschlaf erwachen diese Genres zu neuem Leben. Für die meisten von ihnen beginnt es mit Restauration und Romantik. So für das einst vom Marot-Kreis eingeführte *Huitain*, für die *Prélude*, für die amourös, religiös oder politisch motivierten *Soupirs*, die nicht nur von Banville und Leconte de Lisle wiederbenutzte *Villanelle*, ja sogar für das *Sonnet*. Für einzelne setzt die Renaissance etwas früher ein (etwa *Gaieté*), bei anderen erst mit Beginn des 20. Jahrhunderts: *Dit, Fantaisie, Odelette*

---

[10] So bei Eglogue und Epigramme (Beiträge Janik, Meyer-Minnemann, Hempfer), bei Sonnet (ib. und Engler), Rondeau und Virelai (passim).

oder die amouröse Themen variierende *Aubade*. Solche wiederholt zu beobachtende Reaktivierung lange ungenutzter oder vergessener Modelle macht deutlich, daß von epochenspezifischen Gattungen oder dem Verschwinden bestimmter Muster immer nur vorläufig gesprochen werden kann.

Bei vielen Langzeit-Genera, in denen keine längerfristige Unterbrechung der Textproduktion eintritt, lassen sich doch klare Blüteperioden ausmachen. Einige von ihnen sind Produkte spielerisch verfeinerter Geselligkeit, so etwa die im *Mercure de France* so zahlreichen *Bouquets*, deren Blüte mit dem zweiten Drittel des 17. Jahrhunderts einsetzt und mit der Großen Revolution abbricht. Meist an eine Dame, gelegentlich auch an einen Herrn der besseren Gesellschaft (bis hin zu König und Königin) adressiert, aus Anlaß des Namenstags, späterhin auch der Überreichung eines Geschenks – künstlicher oder natürlicher Blumen, Briefpapier, Handarbeitsmaterial, Kaffee:

> BOUQUET à Iris, en lui envoyant
> des Immortelles blanches.
>
> Daigne agréer en ce jour
> Ces fleurs avec mon hommage:
> Elles sont de mon amour
> Et le symbole & le gage.
> CAT.**[11]

Ähnlich einzugrenzen ist die Blütezeit der von derartigen Anlässen unabhängigen, im aristokratisch-mondänen Milieu beheimateten *Galanterie*, an der sich u. a. Cotin, Sarasin und Saint-Amant versuchten. Die Gesamtzahl solcher Gattungen, die zwar nicht nur einem einzigen Jahrhundert zuweisbar sind, aber eine sehr ausgeprägte Vollblüte erkennen lassen, beläuft sich auf rund drei Dutzend, bei zwei Dritteln von ihnen handelt es sich um Liedgattungen.

Eine Reihe von Genres schließlich sind nicht viel mehr als eine Art von Sternschnuppen, die nur für wenige Jahre oder bestenfalls Jahrzehnte in die Peripherie des poetischen Systems eindringen, hell aufleuchten und wieder spurlos verschwinden. Zu diesen Modeerscheinungen gehören beispielsweise viele jener Tanzlied- und Spottliedtypen insbesondere des 17. Jahrhunderts, von denen ich später noch einige vorstellen werde.[12] Nennen wir vorerst nur jene *Feuillantines*, über die Lefèvre d'Ormesson

---

[11] *Mercure de France*, mars 1746, S. 145.
[12] *Pont-breton, Guéridon, Tricotet, Pour-et-contre* usf.

am 13. Sept. 1646 in seinem Tagebuch festhielt, man singe sie «par toute la France et en tous les villages»,[13] oder jene ganze Serie von Chansontypen, von denen um 1630 Voiture anläßlich einer Landpartie vermerkte: «Nous chantasmes en chemin vne infinité de *Sçauans*, de *Petit-doits*, de *Bonsoirs*, de *Pont-Bretons*.»

2. ORALE UND SEMI-ORALE POESIE

Eine Vielzahl poetischer Gattungen, deren Kenntnis wir einzig schriftlicher Textfixierung verdanken, war über Jahrhunderte hin und bis in die jüngste Vergangenheit keineswegs zur Lektüre bestimmt, die sich für uns unmerklich immer inniger mit dem Dichtungsbegriff verbunden hat. Rufen wir uns in Erinnerung, daß in dem rund neunhundert Jahre umfassenden Zeitraum französischer Versdichtung der weitaus größte Teil dadurch gekennzeichnet ist, daß nur eine verschwindende Minderheit der Bevölkerung lesen konnte und daß noch bis weit in das 19. Jahrhundert hinein die Lesegewohnten als klar minoritär gelten müssen. Der literarhistorisch noch kaum erforschte Bereich von ausschließlich oder teilweise auf Mündlichkeit hin konzipierten Genera verdient schon aus diesem Grund besondere Aufmerksamkeit. Das gilt natürlich für die Spruchdichtung, die Lieder usw. der nicht oder nur rudimentär alphabetisierten Bevölkerungsmehrheit, aber ebenso für jene Texttypen, deren Lebensraum mehrere oder alle Schichten übergreift, und schließlich für diejenigen Muster, die integraler Bestandteil der Geselligkeit sozialer Eliten waren. Für neun Zehntel französischer Dichtungsgeschichte ist also davon auszugehen, daß ein Großteil der Gattungen schriftlich erwähnte oder aufgezeichnete Texte vereinte, die aus der Sphäre der Mündlichkeit kamen und anschließend oft wieder in sie eingingen.[14]

Diese Feststellung gilt in besonderem Maße für die Versgattungen, bedeuten doch Vers, Reim und andere metrische Regelungsmittel wertvolle mnemotechnische Hilfen für die mentale Aneignung von Texten. Und sie gilt doppelt für kurze Verstexte, da deren knapper Umfang die zu erbringende Gedächtnisleistung in engen Grenzen hält.

[13] *Journal*, éd. M. Chéruel, Paris 1860 (cf. ib. S. 358). Folgendes Zitat: Voiture, *Œuvres*, Paris ²1650, S. 36f.

[14] Cf. zu alledem und zum Folgenden Nies, «Würze der Kürze», in: *Erzählforschung*, hrsg. v. E. Lämmert, Stuttgart 1982.

2.1 Religiöse Textarten

In der Liturgie, der kirchlichen Unterweisung der Gläubigen, dem Leben der Ordensgemeinschaften, der Familie wie des einzelnen spielten und spielen auswendig gelernte Texte zum Aufsagen oder gemeinsamen Gesang seit je eine wichtige Rolle. An erster Stelle verdient hier die *Prière* Erwähnung, aus wenigen Versen bestehend oder in Strophen unterteilt, meist im kurzen und leicht merkbaren Achtsilbler, selten nur im feierlichen Alexandriner gehalten. Versgebete gab und gibt es für fast alle erdenklichen Anlässe: an Gott, die Gottesmutter und die Heiligen, gegen die Pest und andere Krankheiten, für den Lebenskampf und den Frieden, den König und die Königin, den Reisebeginn, Beichte, Kommunion und Empfang sonstiger Sakramente, Morgen, Abend und die Stunden des Tages, die Todesstunde, ja sogar die «Interruptions du sommeil»:

> Repos eternel que mon ame desire!
> Hors de toy le sommeil n'est-il pas vn martyre?
> A mon Dieu, mon esprit qui se trouble chez soy,
> N'aura iamais repos, s'il ne repose en toy![15]

Nicht weniger wichtig für die Evangelisation der großen Masse der Gläubigen waren, und sind noch immer, eine Reihe zum Singen bestimmter Texttypen, die nach François de Sales in der Menge den «esprit de joie et de suavité» wecken sollten. Es ist so nicht erstaunlich, daß die häufigsten Spielarten der katholischen *Chanson spirituelle*, wie *Hymne*, *Cantique* und *Noël*, die mnemotechnischen Hilfen in reichem Maße nutzten und in Kleinstrophen von meist 4 bis 6 Versen gegliedert waren. Von ihnen bediente sich einzig der *Cantique* gern des gravitätischen Alexandriners, *Hymne* und *Noël* bevorzugten kleinere und leichter eingängige Versarten. Die Freudenbekundungen der *Cantiques* wurden oft biblischen Personen wie Maria, Moses, Simeon usf. in den Mund gelegt, um so Christi Geburt oder Auferstehung oder sonstige Ereignisse der Heilsgeschichte und des Kirchenjahrs zu feiern. Ein mehrere Jahrhunderte lang reichbelegter Typus geistlicher Lieder sind die weihnachtlichen *Noëls*. Sie wurden gesungen auf allbekannte Melodien oft ausgesprochen profaner Herkunft (von *Vaudevilles*, Liebes-, Trink- oder Scherzliedern), wollten sie doch «intelligibles à toute sorte de personnes» sein.[16] Der seit dem Spätmittel-

---

[15] J. Magnon, *Les heures du chrestien*, Paris 1654, S. 1.
[16] C.-G. Bachet, *Chansons spirituelles*, 1618, «Au lecteur». – Cf. zu alledem F. Pezant, *Noëls nouveaux*, 1653; F. Pascal, *Cantiques et noëls nouveaux*, 1672

alter nachweisbare *Noël* wurde oft Hirten in den Mund gelegt und schloß nicht weniger oft die Aufforderung ein, das Gotteskind zu wiegen, zu singen und zu tanzen. In Billigdrucken zu Hunderttausenden unter «gens de province» und Landbevölkerung verbreitet, wurden diese Weihnachtslieder zum Mustertyp des «cantique populaire». All jene Gattungen waren den kleinen Leuten ebenso vertraut wie den sozialen Eliten. Wie sehr und wie lange sie als selbstverständlicher Bestandteil der Alltagspraxis sämtlicher Bevölkerungsgruppen anzusehen sind, illustrieren nicht zuletzt die zahlreichen Parodien: Gebete an Bacchus, Amor und Merkur, die «Hymne du maquerellage» eines Abbé Cotin, die später noch vorzustellenden *Noëls de Cour, Alléluias, Confiteors* usf.

2.2 Sangbare profane Texttypen

«Chansons que tout cela!» Den sauertöpfischen Pedanten, der das Wort Chanson so verächtlich als Inbegriff alles Nichternstzunehmenden gebraucht, hat Molière selbst zur lächerlichen Figur stilisiert: voller Beschränktheit und Gegenbild des Weltoffen-Lebensklugen, ist er doch manch ehrbarem Poetologen unserer wie längstvergangener Tage verwandt, was die Mißachtung eines ungemein bunten Gattungsfeldes angeht. Schon Boileau hatte dem Verfasser einer bloßen *Chansonnette* das Recht aberkannt «de se croire Poëte» (*Art poétique* I, 198), und selbst die modische Trivialliteratur-Forschung hat den Blick der Literaturwissenschaftler nicht auf diesen so reichen und komplexen poetischen Kosmos gelenkt. Fast hundert Gattungen, und damit die Hälfte der eingangs geschätzten Gesamtmenge, vereinen zum Singen bestimmte Texte. Solche aus sprachlichen und musikalischen Komponenten gebildeten Mischphänomene werden hier natürlich nur insoweit berücksichtigt, als der Gattungsname auch oder primär ihren Textanteil signalisiert. So wurde etwa die *Cantate* schon in den frühesten Belegen nicht vom musikalischen Aspekt her, sondern als «petit poëme» und durch das ganze 18. Jahrhundert hindurch weiterhin als «espèce d'ode» definiert. Und schon die ersten Titel kündigten 'in Musik gesetzte' *Airs* oder *Villanelles* an oder «chansons en façon d'airs».[17] Die Fülle solch musikbezogener Textarten

---

und F. Nies, «Genres littéraires d'inspiration religieuse», in: *La pensée religieuse dans la littérature et la civilisation du XVIIe s. en France*, hrsg. v. V. Kapp/ M. Tietz, Tübingen 1984, passim.

[17] Siehe dazu F. Nies, „‹A la façon italienne›. Import literarischer Gattungs-

– *Cantatilles* und *Cavatines, Ariettes, Cantilènes* und *Couplets* und *Motets* und viele andere – ruft unüberhörbar die Lyra als Ursprungswort der Lyrik ins Gedächtnis. Aus dem Gesichtskreis neuerer Literaturhistorie dürften die meisten von ihnen wohl primär deswegen verschwunden sein, weil unser Dichtungskonzept sich zunehmend zur Leseliteratur hin entwickelt hat. Erwähnen wir nur die *Matelottes,* oder die aus Fragmenten anderer Chansons zusammengesetzten *Fricassées* des 15. und 16. Jahrhunderts, oder die *Brunettes* des 18. Jahrhunderts, die ihren Namen den Mädchen (petites brunes) verdanken, an die sie sich ursprünglich wandten. Als Spielart der Schäferpoesie thematisierten sie empfindsame ländliche Liebe, die manchmal Untertöne sozialen Aufbegehrens vernehmbar machte und ein zur Inkarnation des Volkes stilisiertes Hirtenmädchen gegen die Herren des Hofes stellten. Ebensooft aber beschworen sie eine bukolische Idylle:

> Dans ces lieux l'innocence habite;
> La paix & les plaisirs y regnent tour à tour:
> C'est ici qu'Ariste & Mélite,
> La vertu, l'hymen & l'amour,
> Réunis & contens ont choisi leur séjour.[18]

Eine weitere reichbelegte, zu Beginn häufig pseudospanisch oder mittelalterlich inspirierte Liedgattung war die *Romance*.[18a] Sie tauchte im zweiten Drittel des 18. Jahrhunderts auf, ihre Blütezeit dauerte über die Revolutionswirren hinweg bis ins späte 19. Jahrhundert, und noch heute ist sie nicht völlig ausgestorben. Die seelenvoll-gefühligen Texte, eine typische Hervorbringung des 'empfindsamen' Zeitalters, kreisen um Abschied, Gefangenschaft, unglückliche treue Liebe bis in den Tod, Seufzer, Tränen und Klagen. Über die wichtigsten Spielarten der ebenfalls vom 18. Jahrhundert bis zur Gegenwart beliebten *Ronde*, des Rundgesangs mit Refrain, wird in den nächsten Abschnitten zu sprechen sein. Neben den dort behandelten Varianten des Trink- und Tanzlieds für Er-

---

konzepte als aktuelles Forschungsproblem", in: *Italia Viva ... Festschrift für H. L. Scheel,* Tübingen 1983, S. 304.

[18] *Mercure de France*, mars 1748, S. 149. Zum Vorangehenden siehe den *Dictionnaire de Trévoux* 1760, Supplément s. v. und D. Paquette, «Histoire de la Pastorale en musique», in: *Le genre pastoral en Europe du XVe au XVIIe siècle,* 1980, S. 363–367.

[18a] Als Titelwort erstmals bei Moncrif, *Les Constantes amours d'Alix et d'Alexis, romance,* 1738; cf. zu alledem auch D. Pistone, *La musique en France de la Révolution à 1900,* Paris 1979, S. 18, S. 80.

wachsene ist zumindest auf die seit dem späten 18. Jahrhundert belegten, aber zweifellos weit älteren *Rondes enfantines* hinzuweisen:

> J'ai des pommes à vendre
> Elles sont rouges et blanches
> A cinq sous, à dix sous
> Mademoisell' détournez-vous.[19]

Die Erwachsenen-Ronde gehört zu jenen sangbaren Textarten, die den Hauptanteil innerhalb dieses poetischen Subsystems beanspruchen und bei deren Einzeltexten oft die Tanz-, Trink- und Spottliedfunktion zusammentreffen. Ihre Blütezeit liegt aus Gründen, die noch zu erörtern sind, fast ohne Ausnahme vor der Großen Revolution.

2.2.1 Tanzliedtypen des Ancien Régime

Beginnen wir mit dem von mehreren zeitgenössischen Poetiken erwähnten und beschriebenen *Cartel,* einer meist in 'heroischen' Alexandrinern gesungenen und getanzten Duellforderung. Sie fand gewöhnlich ihren Platz innerhalb der *Mascarades* des höfischen Karnevalstreibens im späten 16. und frühen 17. Jahrhundert:

> *Cartel pour le mesme* [sc. le cheualier solitaire ayant ses armes blanches et noyres, couuertes de larmes argentées]
>
> Tu me vois solitaire en ces fieres campagnes.
> Mon audace et mon deuil sont mes seules compagnes.
> Je lamente vn subject qui megale en douleur:
> Mais si quelqu'autre a moy compare sa vaillance
> Ma lance fera voir aux braues de la France
> Qu'en guerre et quen amour tout cede a ma valeur.[20]

Nicht selten war das *Cartel* im Blick auf Mehrfach-Scheinduelle einer größeren Gruppe von Tänzern entworfen, und unverkennbar stand es in der Tradition von Turnier- und Ritterdichtung: Nach Laudun d'Aigaliers Poetik von 1598 pflegen Kartellverse zu behaupten, die Kampfbegierigen seien « venus pour voir quelque dame de laquelle en leur pays ils ont ouy parler », und weiter heißt es « l'on faict a croire que pour venir la, l'on a

---

[19] Nach C. Laforte, *Poétique de la chanson traditionnelle française*, Québec 1976, S. 91.
[20] Bibliothèque Nationale, Ms frs 24322, fol. 49 v°.

passé tant de mers tant de hazards, tant combatu de bestes sauuages, &c.».
Nicht von ungefähr hatte die Gattung ihre Hochblüte in jener Periode, während der die Duellwut in Frankreich ihren Höhepunkt erreichte und die Könige zwang, gegen den epidemischen Todesrausch ihrer Aristokratie scharfe Maßnahmen zu ergreifen. Daß gerade der duellfeindliche Königshof zum sozialen Umfeld der *Cartel*-Gedichte werden konnte und diese meist mit Anlässen wie Karneval und Maskenfest verknüpft sind, legt die Vermutung nahe, es sei ihnen die Funktion einer sprachlich-tänzerischen Ersatzhandlung zugekommen. Sie mögen dazu gedient haben, selbstzerstörerische Energien zu kanalisieren, standestypische Verhaltensweisen zugleich ins Bewußtsein zu heben und spielerisch auszuleben. Das Verschwinden der Gattung um die Mitte des 17. Jahrhunderts mag vor allem darin gründen, daß sie ihre soziale und ideologische Aktualität, ihren 'Sitz im Leben' weitgehend verloren hatte: Das Duell als Mittel aristokratischer Selbstjustiz war inzwischen entscheidend zurückgedrängt, und immer weniger ließ der monarchische Ordnungswille Raum für narzißtisches Sichausleben des Adels.[21]

Der Tanz allerdings galt weiterhin als typisch aristokratische Betätigung, gehörte zu den drei traditionell für jeden Gentilhomme unabdingbaren Fertigkeiten: «qu'il aprene à monter à Cheual, à Tirer des armes, & à Dancer.»[22] So ist es alles andere als verwunderlich, wenn die uns erhaltenen Texte vieler Tanzliedtypen eine ausgesprochen höfische Aura besitzen: die des langlebigen, meist heterometrischen *Branle* und seiner Unterarten mit überwiegend erotischer Thematik, wie sie auch die vorwiegend in Achtsilberstrophen gehaltene *Gaillarde* bevorzugte. Nicht weniger aristokratisch war die aus der Südromania importierte *Pavane* seit dem 16. Jahrhundert, waren die kurzlebigen *Tricotets,* die *Gavotte,* die zwei- oder mehrstrophige *Courante* im siebzehnten, der *Mirliton* und *Rigaudon* im achtzehnten.[23] Hier einige Textproben:

Tricotet

    Il est vray que i'aime en deux lieux,
    Cet aueu vous offence;

---

[21] Cf. zu alledem F. Nies, „Kartelle und pikanter Eintopf. Konzepte der Rechts- und Küchensprache im französischen Gattungsdenken", in: *Lili* 8 (1978), S. 23f.
[22] Saint-Hubert, *La maniere de composer et de faire réussir les ballets*, 1641, S. 3f.
[23] Verlängern ließe sich diese Tanzlieder-Serie durch Boléro, Bourrée,

J'aime vostre bouche, & vos yeux,
C'est là mon inconstance.

Mirliton. Sur la Reine

Par l'avis de Son Altesse
Louis fait un beau lien
Il épouse une princesse
Qui ne lui apporte rien
Que son mirliton . . .

Gavotte

Je croyais que le plaisir de boire
De tous les plaisirs étoit le plus charmant:
Mais, l'Amour m'a fait pour sa gloire
Voir & penser autrement,
J'aime tendrement
Et ne bois qu'autant
Que le vin fait les affaires d'un Amant.

Menuet de M. Lully
Ah! qu'il fait beau, &c.

Entre la Poire & le Fromage,
C'est le temps de boire aux Chansons:
Sur nouueaux frais, Amis, prenons courage,
Et nous faisons jolis Garçons;
Vn bon Buueur à ce ramage
Aualerait la Mer & les Poissons.[24]

Diese Serie ließe sich fortsetzen, etwa mit den vor Empfindsamkeit überfließenden «tendres *Musettes*» voller Schalmeienklänge, Nachtigallschluchzen und treuliebender Hirten in bukolischer Landschaft.

Chaconne, Contre-danse, Cotillon, Gigue, Marche, Passacaille, Passemèse, Quadrille, Ronde à danser, Tarentelle usf. oder die in vorangehenden Beiträgen erwähnten Ballette, Carole, Sarabande.

[24] Vorstehende Beispiele nach *Poésies choisies*, éd. Ch. de Sercy, Paris 1653, II, S. 44 (Tricotet); M. Marais loc. cit. III, S. 197 = juin 1725 (Mirliton); J.-B.-Chr. Ballard, *Tendresses bacchiques*, 1718, II, S. 175 (Gavotte); [B. de Bacilly,] *Recueil de tous les plus beaux airs bachiques*, Paris 1671, S. 73 (Menuet).

2.2.2. Trinkliedtypen des ‹Ancien Régime›

Wie zum Tanz sang man auch im stattlichen Kreis von Geladenen beim festlichen, erlesenen und reichbeschickten Mahl, das eines der wichtigsten Statussymbole großzügig-adliger Lebensweise war. Wie wir aus dem eben zitierten *Menuet* erfahren, scheint dort das Singen im 17. Jahrhundert seinen festen Platz vor allem während der heiter-gelösten Schlußphase gehabt zu haben. Die Skala klargeprägter Trinkliedtypen ist zwar weniger umfangreich als die der Tanzlieder. Meist werden die zahllosen Texte des 17. und 18. Jahrhunderts unterschiedslos als *Chanson à boire/bachique*, später als *Air à boire/bachique* bezeichnet, und formale Dominanten sind nicht ausmachbar. Im 18. Jahrhundert konstituiert sich die *Ronde de table* als Sondertypus des Rundgesangs, bei dem z. B. die Flasche kreiste und der jeweils Trinkende ein Couplet zum besten gab, worauf der Chor von Zechgenossen mit dem Refrain einfiel.[25] Aber auch später zu behandelnde Spottlied-Arten wie *Lanturlus* und *Lampons* und manches Tanzlied gehören zugleich in die Kategorie der Trinklieder. Daß die besonders im 17. Jahrhundert meist derb-saftigen Texte nicht primär oder ausschließlich den Männerrunden primitiver Vorstadtkneipen zuzuordnen sind, sondern klar aristokratische Färbung besaßen, ergibt sich aus zahlreichen Indizien. Sie beginnen beim sozialen Ort der meisten Autoren,[26] beim Verleger des Sammelbandes oder seiner Widmung «aux belles dames», den evozierten Gerichten, Leckerbissen und Getränken. Diese gingen weit über den Gesichtskreis des 'petit peuple' hinaus, und selbst der auf bürgerliche Lebensführung bedachte Wohlhabende konnte oder wollte sie sich wohl kaum leisten: ein «excellent vin muscat», Hähnchen in Orangensauce, «perdreaux et cailles», ein «gros pâté de venaison» usf.[27] Die sozialen Merkmale der Lieder reichen bis hin zu Ausfällen gegen das als bürgerlich verachtete Thesaurieren

> Qui chérit les escus / Est ennemy du verre

und bis zur Demonstration aristokratischer Geringschätzung des Geldes

> Dépensant mon argent / Je n'ay point de regret.

---

[25] Siehe Chr. Ballard, *Nouvelles parodies bachiques,* 1700, S. 143 f., S. 194 bis 196; cf. auch *Dictionnaire de l'Académie française,* 1798 s. v. ronde. Mit Trinkliedern kombinierte Rundgesänge gab es natürlich schon lange vorher (cf. *Airs de cour,* Poictiers 1607, S. 537 ff.).
[26] Nennen wir nur die bekanntesten: Saint-Amant und Scarron.
[27] Die Jagd war bekanntlich ständisches Privileg des Adels. Einzelnachweise

Nach alledem ist es nicht eben erstaunlich, wenn bei Molière – neben dem Tanz – gerade der *Air à boire* erscheint als integraler Bestandteil eines Lebensstils, wie er dem Gentilhomme zukommt. Im Grand Siècle klassischer Regelpoetik scherten sich jene Trinklieder keinen Deut um die Beachtung der «bienséances». Mit unüberbietbarer Deutlichkeit insistieren sie auf Details orgiastischer Aufnahme von Speisen und Getränken wie ihrer Ausscheidung. Hier nur einige Kostproben:

Le Citre est ambulatoire ... Pour en gouster j'eus la gloire De chier dedans mes draps (De Rosiers 1637); Beuuons jusques au cou ... chez nous, vomir est chose fort honneste (Scarron 1644); s'il [le bon vin] nous force de nous rendre, Rendons luy la pareille en le rendant aussi (Scarron 1644); Feray sortir de mon canal En un quart d'heure plus d'urine ... Que la Samaritaine Ne verse d'eau en un été (*Carybarye* 1646); J'aime mieux, comme un pourceau, me remplir jusqu'à la gorge De friands morceaux (Scarron 1648) usf.

Viele der Texte thematisierten die Zweiheit von Wein und Liebe – sei es als Konkurrenzverhältnis, das zur Dienstaufkündigung an Amor führt, sei es als förderliches Miteinander. Auch hier waren die Anspielungen gelegentlich von ungenierter Drastik:

> Baccus est encore plus aymable
> Quand son ius est meslé à celuy de Vénus.[28]

2.2.3 Spottliedtypen des ‹Ancien Régime›

Sie gehören zu jenen Spielarten der Chanson, die von Boileau und der Pfälzer Liselotte über Rousseau, Voltaire, Chamfort, Mercier bis hin zu Friedrich Engels als typischer Ausfluß des französischen Nationalcharakters gerühmt oder gescholten wurden.[29] Einige dieser Genres parodierten biblische oder liturgische Muster, um eine soziale Gruppe, ein bestimmtes Mitglied der politischen oder sozialen Elite lächerlich zu machen. Vor allem zu Beginn der Fronde – zu deren Hauptakteuren zwei Kirchenfürsten (Mazarin und Retz) zählten – wuchsen solche Persiflagen religiöser

---

zum Vorstehenden bei Nies, „Le Français, né malin, forma le vaudeville. Und Gattungen zuhauf, die uns Boileau verschwieg", in: *Französische Klassik*, hrsg. v. F. Nies/K. Stierle, München 1984, Anm. 33.

[28] *Nouveau recueil de chansons et airs de cour*, Paris 1656, S. 163.

[29] Einzelnachweise siehe Nies, „Kulinarische Negativität: Gattungsstrukturen der Chanson im Vaudeville-Bereich", in: *Sprachen der Lyrik. Festschrift für H. Friedrich zum 70. Geburtstag*, Frankfurt a. M. 1975, Anm. 3.

Standardtexte zu einer wahren Lawine an. Nicht von ungefähr beginnt die Geschichte der ebenso weitverbreiteten wie langlebigen *Alléluia*-Couplets gerade 1648 mit dem *Alléluia des barricades*.[30] Man sang sie auf die Melodie des österlichen „O filii, ô filiae", und der biblische Freudenruf bildete den Refrain. Hier ein Beispiel, das die Ursache von Bussy-Rabutins Verbannung gewesen sein soll. Es verspottet selbst den inzwischen großjährigen Louis XIV und die Mundform seiner Geliebten Mlle de La Vallière:

> Que DEODATUS est heureux!
> Il baise ce bec amoureux
> Qui d'une oreille à l'autre va.
> Alléluia!

Andere Spottliedtypen inspirierten sich am *Credo*, am *De profundis* oder an Melodie und Text des *Confiteor*. Auch hierfür nur ein Beispiel:

> Premierement je me repens
> D'avoir trop aimé ce volage
> Car ce fut bien à mes despens
> Que je fis cest apprentissage!
> Je ne puis l'oublier encor:
> Dont je dis mon *Confiteor*...[31]

Ein sehr vitales Genus, das weit über ein Jahrhundert lang[32] in Mode blieb, war der satirische *Noël (de Cour)*, der religiöse Weihnachtslieder parodierte. Als Kostprobe mag wieder die Anfangsstrophe eines von 1620 stammenden *Noël, ensemble le Pasquin des Cheualiers* genügen. Sie beginnt mit der noch ein halbes Jahrhundert später geläufigen[33] Eingangsformel «Or nous dites» und spielt mit der Namensgleichheit von Gottesmutter und Königinmutter:

> Or nous dites Marie
> Tous ces grands Cheualiers
> Sont-ils tous de merite,

---

[30] Nicht erst 1659, wie G. Brunet/O. Delepierre, *Bibliothèque biblio-facétieuse*, s. l. 1852–56, III, S. 39f. annehmen. Zum Folgenden siehe z. B. J. Janin, *Les Français peints par eux-mêmes*, Curmer 1841, III, S. XVII.

[31] «Le Confiteor de la Sagonne», in: P. de l'Estoile, *Mémoires-Journaux*, éd. G. Brunet, Paris 1883, XI, S. 225. Weitere Beispiele siehe Nies, «Genres littéraires d'inspiration religieuse», Anm. 27 und passim.

[32] Siehe Brunet/Delepierre, III, S. 30 (das folgende Textbeispiel beweist, daß die Autoren die Gattungsgeschichte zu Unrecht erst Ende der sechziger Jahre des Grand Siècle beginnen lassen).

[33] Cf. etwa ein bei Brunet/Delepierre zitiertes Chanson von 1668.

> Comme braues Guerriers.
> Nanni dea ie le iure,
> Cela n'est pour certains,
> Ce sont gens sans figure:
> Car ils sont trop mutins.

Etwa aus der Zeit dieses Textes stammen auch die meisten Belege für die Mode der *Ponts-Bretons,* deren Beliebtheit allerdings – im Unterschied zu den Parodien religiöser Texte – nicht einmal ein Jahrzehnt lang anhielt. Zielscheibe der einfach gebauten, teils recht derben Couplets fester Form war vorwiegend der Intimbereich von Einzelpersonen aus der Hofsphäre, die dem zur Macht strebenden Richelieu im Wege waren. Zur Illustration ein Liedchen Voitures; es verspottet den Herzog von Bellegarde als vorgeblichen Exliebhaber der Königin Anne d'Autriche, der von Buckingham ausgestochen worden sei:

> L'astre de Roger
> Ne luit plus au Louvre;
> Chascun le descouvre,
> Et dit qu'un berger
> Arrivé de Douvre
> L'a fait desloger.[34]

Schon vom Gattungsnamen her ist die Nähe des Modegenres zum *(Chanson du) Pont-Neuf* deutlich, einer vom 17. bis zum 19. Jahrhundert gängigen Sammelbezeichnung für Spottlieder, die ursprünglich auf der Pariser Brücke gleichen Namens verkauft zu werden pflegten. Als solche *Pont-Neufs* galten beispielsweise auch die schon erwähnten *Mirlitons* und die später noch zu besprechenden *Land(é)riris.*

Ein Jahrzehnt früher als die *Ponts-Bretons* tauchten die ersten *Guéridons* auf. Sie verdanken ihren Namen einem Refrainwort und sind ebenfalls im Umkreis der Hofsphäre anzusiedeln, als Couplet fester Form mit starkem Aktualitätsbezug und gerichtet gegen Personen oder Gruppen, denen in den politischen Unruhen der Régence und der ersten Regierungsjahre von Louis XIII eine gewichtige Rolle zukam. Der folgende Beispieltext spielt mit der Homophonie von «encre» und dem Namen des Maréchal d'Ancre, eines gebürtigen Italieners von dunkel-südländischem Typ:

> Si la Reyne avoit
> Un enfant au ventre
> Il seroit bien noir

---

[34] Zitiert bei Tallemant des Réaux, *Historiettes*, éd. Ant. Adam, Gallimard

> Car il seroit d'encre
> O gueridon des gueridons Dondaine
> O gueridon des gueridons Dondon.³⁵

Vieles deutet darauf hin, daß die Spottliedchen in das Umfeld des Karnevalstreibens gehörten und weit über den Hofkreis hinaus auch in der Atmosphäre der Pariser Jahrmärkte und Jahrmarktskomödien gediehen. Ihre breite Beliebtheit ist für gut eineinhalb Jahrzehnte gesichert.

Etwa ein Jahrzehnt nach den frühesten *Guéridons* ist das Auftauchen der *Rocantins* oder *Roquentins* zu datieren. Zielscheibe der Vierzeiler fester Form waren einmal mehr Hof und Adel, insbesondere deren weibliche Vertreter und ihr Sexualverhalten:

> On void au clair de la Lune
> Madame de Seue la brune,
> Attendre vn Comte, ou son Page
> Qui sont faits au badinage.

Der Breitenerfolg der Liedchen scheint diesmal knapp vier Jahrzehnte gehalten zu haben. Etwa um die gleiche Zeit wie die ältesten *Roquentins* dürfte um 1630 der Trinklied-Typ der *Lantur(e)lus* oder *Lenturlus* entstanden sein. Wie bei den bisher erwähnten Spielarten handelt es sich um Texte fester Form, fast stärker noch als jene konzentriert auf Inhaber der wichtigsten politischen Machtpositionen des In- und Auslands, und weit deutlicher von einem Pathos höhnischer Auflehnung gegen die Mächtigen getränkt:

> Cardinal vous etes
> De race de fou
> Que la malepeste
> Vous casse le Cou
> Les Hemmoroïdes
> Vous ont tout rongé le cû
> Lanturlu, Lanturlu, Lanturlu.

Als soziale Bezugspunkte der Liedchen lassen sich aristokratische Zirkel ausmachen, die zugleich in Kontakt und in Opposition zum Königshof zu sehen sind; doch die Verbreitung der Couplets reichte offenbar wieder

---

1960/61, I, S. 27. Eine ausführliche Darstellung des Genres siehe F. Nies, „Die Ponts-Bretons", in: *RJb* 16 (1965), S. 94–114.

³⁵ Beleg bei Nies, „Kulinarische Negativität", Anm. 18. Detaillierte Darstellung des Genres wie der im folgenden behandelten Roquentins, Lanturlus und Lampons ib. S. 608–624.

weit in populäre Schichten der hauptstädtischen Öffentlichkeit hinein. Erst Ende der achtziger Jahre des Jahrhunderts scheint hier die allgemeine Beliebtheit vorüber gewesen zu sein.

Schlagartig, wie die *Guéridons,* tauchten 1642 die *Lampons* auf, Trinklieder fester Form mit einem wieder zum Gattungsnamen avancierten Reimwort unsicherer Bedeutung, die man offenbar im Wechsel- und Rundgesang beim Umtrunk anstimmte. Wie schon häufig ging es auch in ihnen um Anprangerung von Lastern und Schwächen derer, die in Staat und Gesellschaft Spitzenpositionen bekleideten:

> Richelieu dans les enfers, *(bis)*
> Favori de Lucifer, *(bis)*
> Est dans ces lieux, comme en France;
> On le traite d'Eminence.
> Lampons, lampons,
> Camarades, lampons.

Die schier endlose Reihe der Verhöhnten läßt sich hier über eineinhalb Jahrhunderte hin fortführen, von Louis XIV und seinen Liebesaffären, seinen Ministern und Heerführern, Günstlingen und Gegenspielern, über den Maréchal de Belle-Isle bis hin zum guillotinierwütigen Marat. Die Verbreitung innerhalb der Pariser Bevölkerung reichte einmal mehr von der Aristokratie bis zu den 'gemeinen Leuten'.

Eine etwa gleiche Entstehungszeit wie für die *Lampons* ist auch für das *Landrirette/Landriry* anzusetzen, dessen doppeltes Refrainwort wie schon so oft zum Namen eines – bis weit in das 18. Jahrhundert gängigen – Musters politischer Spottliedchen wurde[36]:

> Si les places que nous perdons
> Font ducs tous ceux qui les rendront,
> Landerirette,
> Nous en verrons beaucoup ici,
> Landeriri.

Solche *Landeriris* waren, wie die vier vorher charakterisierten Typen, wie die *Pour-et-Contres, Qu'en-dira-t-ons, Tuton-tuténes* der Frondezeit[37] Spielarten des *Vaudeville*. Dessen Herkunft wurde lange aus Trinkliedern abgeleitet, und als seine Hauptmerkmale galten, er sei «facile à chanter» und enthalte eine gegen Frauen oder «hommes publics» gerichtete Satire

---

[36] Siehe etwa G. Thurau, *Der Refrain in der französischen Chanson,* Berlin 1901, S. 21 ff. – Folgendes Couplet nach Sautereau de Marsy, *Nouveau Siècle de Louis XIV,* Paris 1793, II, S. 449.

[37] Eine Aufzählung siehe C. Petit-Jean, *Virgile goguenard,* Paris 1652, S. 114.

oder sonstige vergnüglich-boshafte Indiskretionen mit Aktualitätscharakter. Die Wirkung aktueller Vorgänge auf die Texte war so stark, daß einige *Vaudeville*-Arten sogar ihren Namen einem politischen Ereignis verdankten.[38] Möglicherweise gilt dies für die *Lanturlus*, und mit Bestimmtheit gingen die *Rochellois* auf die Belagerung von La Rochelle zurück, die *Léridas* auf diejenige der spanischen Stadt gleichen Namens in den Jahren 1647/48. Unter die *Vaudeville*-Verfasser zählte man nicht zuletzt manche «hommes de cour», zu den Trägerschichten aber auch das «peuple» der «carfours» von Paris und des Pont-Neuf. Jene schichtübergreifende Wirkungsbreite erweist sich als eines der wichtigsten Charakteristika erfolgreicher Spottliedtypen des Ancien Régime. Ihr schier unerschöpflicher Nährboden war die Stadtgesellschaft von Paris, mit ihrer hohen Dichte des Zusammenlebens unterschiedlichster sozialer Gruppen und der dadurch gesteigerten Durchlässigkeit sozialer Straten, die noch erhöht wurde durch katalytische Anlässe – Karneval, Jahrmarkt – und Örtlichkeiten – Theater, Straße, Kneipen –, an denen sich die Schichten inniger als sonst mischten. Vor diesem Hintergrund konnte Chamfort das Frankreich seiner Epoche letztlich als «monarchie absolue tempérée par des chansons»[39] definieren. Mehr noch als manche Texte karnevalistischer Bänkelsänger unserer längst thronlosen Gesellschaft waren jene Spottliedchen ein über Jahrhunderte hin funktionierendes Ventil für die Entladung angestauter Unlust- und Ohnmachtsgefühle gegen vielfältige soziale und politische Zwänge, manchmal bis zur revolutionären Eruption gesteigert, weit häufiger das beschwingende Gemeinschaftserlebnis des Vereint-sich-befreit-Fühlens vermittelnd.

3. Sonstige Spottgattungen

Hierher gehört ein Gutteil der Geschichte von Genera mit metrischer Dominante wie *Distique* und *Quatrain*. Reich belegt ist die spöttische, oft auch als *Tombeau* betitelte *Epitaphe* – eine Pseudo-Grabinschrift, die alles andere als den Ruhm eines meist mit vollem Namen bloßgestellten

---

[38] Zur Problematik dieser Ableitung siehe L. Matthes, *Vaudeville. Untersuchungen zu Geschichte und literatursystematischem Ort einer Erfolgsgattung*, Heidelberg 1983, Kap. 1; zum Folgenden ib. Kap. 2 und Nies, „Kulinarische Negativität".

[39] Zitiert nach Scribe bei K. Hölz, „Der gelehrte «polisson de la chanson»", in: *RJb* 23 (1973).

Verstorbenen verkündete. Sie ist schon im 16. und sehr häufig im 17. Jahrhundert anzutreffen, und die Gattungstradition sollte im *Mercure de France* des 18. und bis in das frühe 19. Jahrhundert hinein ungebrochen bleiben. Die nichtstrophischen, meist in Achtsilblern gehaltenen Texte überschritten nur selten den Umfang von zehn Versen, begannen gewöhnlich mit der Einleitungsformel «(I)ci-gît» und schlossen mit einer Pointe. Hier als Beispiel die *Epitaphe de Law*:

> Ci-gît cet Ecossais célèbre
> Ce calculateur sans égal
> Qui, par les règles de l'algèbre,
> A mis la France à l'hôpital.[40]

Nicht gegen wehrlose Tote, sondern gegen vorwiegend mächtige Lebende richteten sich *Pasquils* und *Pasquins,* die in Frankreich etwa ein Jahrhundert lang von den sechziger Jahren des 16. Jahrhunderts an nachweisbar sind. Diese Schmähgedichte verdankten ihren Namen und ihre Herkunft dem in Rom geübten Brauch, einer im Volksmund Pasquino genannten antiken Statue Zettel mit Spottversen anzuhängen, die sich gegen die päpstliche Obrigkeit richteten.[40a] Jenem Ursprung gemäß wandten sich die frühen französischen Beispiele ebenfalls gegen den König oder, oft aus protestantischer Sicht, gegen die «tyrannie papale», d. h. gegen die höchste weltliche oder kirchliche Obrigkeit. Danach wurden auch namentlich genannte Fürsten und Kardinäle, Adlige, Höflinge und Hofdamen, schließlich Literaten zur Zielscheibe. Richelet bezeichnete die formal sehr unterschiedlichen Gedichte 1680 im Rückblick als Spielart der Satire, die vernichten statt bessern wolle. Nur ein Teil von ihnen kam zur Entstehungszeit in Broschüren und Flugschriften zum Druck, und dann verständlicherweise meist anonym und ohne Nennung des Druckorts. Hier ein handschriftlich überliefertes Beispiel:

> *Pasquin contre Charlotte du Tillet 1599*
>
> Plus luisant que du verre
> Seiche comme vn pot de terre
> Tondue comme vn prelat
> Je viens des bords de Garonne
> Prostituer ma personne
> A tous lubriques combatz.

---

[40] M. Marais, *Journal*, I, S. 481 (nov. 1720); cf. auch ib. III, S. 7 und III, S. 21.

[40a] Cf. zu alledem Nies, *Genres mineurs* s. v. pasquinade. – Zum Folgenden: Eine Reihe von Texten ist durch die *Mémoires-Journaux* von P. de l'Estoile

4. Unsinns- und Rätselgattungen

Die französische Unsinns- und Lügendichtung besitzt eine bis zu den *Fatrasies* und *Fatras impossibles, Baguenaudes* und *Resveries, Oiseuses, Sottes amoureuses* und *Sottes chansons* des Mittelalters zurückreichende Traditionsfülle.[41] Sie wird in der Neuzeit weitergeführt etwa durch den *Coq-à-l'âne,* und zwar weit über den oftzitierten Marot und über mehr oder weniger erkennbare satirische Intentionen hinaus. Diese Dominante signalisierte laut Sébillet schon der Gattungsname, von seinen Erfindern gewählt «pour la variété inconstante dés non cohérens propos, que lés François expriment par le proverbe du saut deu Coq a l'asne»[42]. Erhalten bleibt bis um die Mitte des 17. Jahrhunderts zumeist die Fiktion des Versbriefs, wie sie schon die Ursprünge der Gattung prägte, und nur vereinzelt geben sich die Texte als Dialog, Ansprache oder Chanson. Hier die Anfangsverse eines von ca. 1675 stammenden *Cocq à l'Asne nouueau*:

> Voicy un Cocq à l'Asne
> Composé de nouveau
> Dessus le dos d'un Asne,
> En courant il dit qu'il vit Dame Jeanne
> Dans le ventre d'un veau.
> Il a veu des merveilles
> Dans un pot à pissé,
> quatre mille corneilles
> qui dansaient en tenant par les oreilles
> Un oignon fricassé...

In unmittelbar benachbarte Bereiche gehörte auch der *Galimatias,* der sich in den ersten beiden Jahrzehnten des 17. Jahrhunderts vor allem mit dem Namen Sigognes und mit den Sammelbänden buntgemischter Scherzgedichte verbindet; um die Jahrhundertmitte ging er in die Sphäre der burlesk-satirischen *Mazarinades* ein.[43] Als Probe mag die erste von

---

überliefert. Das zitierte Beispiel steht in Ms frs 24322, fol. 4v° der Bibliothèque Nationale.

[41] Zur Baguenaude siehe F. Nies, *Genres mineurs* s. v., zu anderen mittelalterlichen Spielarten Nies, „Fatrasies und Verwandtes: Gattungen fester Form?", in: *ZrP* 92 (1976).

[42] *Art poétique françois* (1548), éd. F. Gaiffe, Paris 1910, S. 167. – Folgender Beispieltext in: *Nouveau recueil des plus belles chansons et airs de cour de ce tems,* Troyes s. d., S. 48. – Zur Gattung siehe auch H. Meylan, *Epîtres du Coq à l'âne,* Genf 1956.

[43] Cf. etwa *Galimatias burlesque sur la vie du cardinal Mazarin,* s. l. 1652. –

neun Stances eines der (metrisch sehr unterschiedlichen) Gedichte von Sigogne hinreichen:

> Seine au front couronné de roseaux & de saules,
> Pour voir vostre beauté esleuera ses espaules,
> Et prononcera ces mots, Messieurs des poix pillez,
> Qui veut des choux gelez.

In beiden Gattungen haben sich fast unverändert viele Verfahren mittelalterlicher Unsinns- und Lügenpoesie erhalten: Verwendung skatologischer Details, Durcheinanderwürfeln der 'Seinsstufen' (Pflanzen werden mit Attributen von Mensch und Tier versehen, Tiere erscheinen mit menschlichem Gehabe), das 'Personal' enthält zahlreiches niederes Klein- und Hausgetier, eine Vorliebe für z. T. übelriechende Nahrungsmittel der unteren sozialen Schichten und sonstiges Unappetitliches ist unverkennbar, ebenso wie für die pseudo-chronistische Exaktheit von Namen- und Mengenangaben usf.

Schon Anspielungen auf Zauberbücher, auf die rätselhaften Prophezeihungen des Nostradamus und ähnliches in nicht wenigen Texten der Unsinnspoesie machen deren unterschwellige Zusammenhänge mit der Rätseldichtung erkennbar. Daß Rätseltexte über die Jahrhunderte hin gerne in Versform gefaßt wurden, dürfte einmal mehr gründen in ihrem Lebensraum, der überwiegend im Bereich geselliger Mündlichkeit zu situieren ist. Aus diesem semi-oralen Charakter läßt sich ein starkes Angewiesensein auf die mnemotechnische Hilfe sprachlicher Formalisierung direkt ableiten. Die Gedichtgattung *Enigme* wird schon um die Mitte des 16. Jahrhunderts von mehreren Poetiken behandelt. Sébillet widmet ihr ein eigenes Kapitel, definiert sie als «allégorie obscure», konstatiert ihre Beliebtheit bei Zeitgenossen und betont «lés plus cours sont lés plus élégans».[44] Alexandre Sylvain gelten *Ænigmes* 1582 als Gegenstand intensivsten Interesses vieler «grands personnages» seit den Zeiten der Antike und des Alten Testaments. Im 17. Jahrhundert gehörte das Versrätsel zu den beliebtesten Salon-Genres, im 18. Jahrhundert war es bis zur Revolution eine der Lieblingsgattungen des *Mercure de France,* laut S. Mercier

---

Folgendes Beispiel in: *La Quint-Essence satyrique,* Paris 1622, S. 29f.; cf. zum Folgenden auch Nies, „Fatrasies", S. 131f.

[44] Loc. cit. S. 175–177. – Zum Folgenden: A. Sylvain, *Cinquante Ænigmes françoises,* Widmungsbrief an die Königinmutter; Mercier-Zitat in *Tableau de Paris,* Amsterdam 1783, IV, S. 13; Textbeispiel in: *La Société du Gay-Savoir,* Cannes 1888, S. 7.

meist gedrechselt von den «oisifs ... qui s'ennuient dans les châteaux solitaires de province». Und noch im ausgehenden 19. Jahrhundert gehörte es zum Kernbestand der «jeux d'esprit en famille», wie die im Untertitel genannte Zweckbestimmung eines Sammelbands verdeutlicht, dem folgendes Beispiel entnommen ist:

> Cinq voyelles, une consonne
> En français forment mon nom,
> Et je porte sur ma personne
> De quoi l'écrire sans crayon. [Lösung: Oiseau]

Furore machte seit etwa 1730 eine Spielart unterhaltsamer Versrätsel, die über das gesamte 19. Jahrhundert hin stetig wachsende Beliebtheit errang: der *Logogriphe*.[45] Aufgabenstellung und Lösung erfolgten bis zur Revolutionsperiode meist im poetischen Dialog „literarisch ambitionierter Dilettanten", die vermutlich überwiegend den sozialen Eliten zuzurechnen waren. Bevorzugtes Austauschmedium war auch hier der *Mercure de France,* der ab 1728 monatlich, ab 1778 wöchentlich mindestens einen *Logogriphe* offerierte und in der Folgenummer die Lösung lieferte. Die Rätselart, deren Texte einen Maximalumfang von 30 Versen selten überschreiten, geht aus von einem zu erratenden Wort, das als Ganzes ebenso periphrasiert wird wie andere Wörter, die durch partielle oder totale Neukombination der es konstituierenden Buchstaben gebildet werden können. Beliebt sind, für die Kennzeichnung von Hauptlösungswort wie Position der abtrennbaren Wortteile und Teilwörter, eine Reihe anatomischer Metaphern (corps, cœur, tête, col, queue, pied, membre). Das Basiswort pflegt in der Sprecherrolle aufzutreten, metrische Dominanten sind nicht nachweisbar. Verschlüsselt werden, in Extremfällen des 18. Jahrhunderts, in einem einzigen Text zwanzig und mehr verschiedene Wörter. Die meisten Beispiele des 19. Jahrhunderts allerdings sind in dieser Hinsicht weit anspruchsloser:

> Avec ma tête, je suis pierre
> Et sans ma tête une prière.
> [Lösung: Pavé/Ave]

Der Versform bedient sich gerne, wenn auch weit weniger ausschließlich als der *Logogriphe,* die ihm verwandte Rätselart der *Charade.* Sie ist seit

---

[45] Nach E. Kuhs, *Buchstabendichtung,* Heidelberg 1982, Kap. 4.3 und 5.1.3 (auf diese Quelle stützen sich auch die folgenden Ausführungen zur Gattung). – Textbeispiel: *La Société du Gay-Savoir,* S. 8.

dem letzten Drittel des 18. Jahrhunderts nachweisbar und erfreute sich offenbar auch bei dem gebildeten hauptstädtischen Publikum schnell steigender Popularität.[46] Bis zum heutigen Tag hat sie ihre Vitalität bewahrt und wie der *Logogriphe* mehrere Unterarten ausgebildet. In ihrer ursprünglichen Ausprägung forderte die *Charade* das Erraten eines mehrsilbigen Worts, dessen Silben ebenfalls aus autonomen Wörtern bestehen, mit Hilfe von Umschreibungen sowohl des Basiswortes als auch der Teilwörter. Wie beim *Logogriphe* tritt auch hier das Basiswort in der Sprecherrolle auf, mit den stereotypen Hinweisen auf «Mon tout/mon premier/mon deuxième» etc. Doch im Unterschied zu denen des *Logogriphe* gehen die Periphrasen oft nicht von der graphischen, sondern von der lautlichen Gestalt des Wortes aus – ein klarer Hinweis auf primär mündliche Aktualisierung. Kombinationsspiele mit Einzelbuchstaben oder Änderung von deren Reihenfolge kommen nicht vor:

> La Bergere, pour mon premier,
> ne se sert que de mon dernier:
> Sans l'amitié, Zélis, la vie est mon entier.
> [Lösung: fardeau]

5. Diverse Scherzgattungen

Die Grenzen der Scherzgattungen zu den Spott- und Unsinnsgattungen sind natürlich fließend, doch bei weitem nicht immer nähert sich der Scherz dem Unsinn oder dem gezielten Spott. Auch unter diesen Genres zeichnen sich einige durch beachtliche Langlebigkeit aus. So die *Boutsrimés*, die in den vierziger Jahren des 17. Jahrhunders als Gesellschaftsspiel im Milieu aristokratisch-mondäner Salons entstanden, dann aber besonders von der periodischen Presse des 18. und 19. Jahrhunderts aufgegriffen wurden, um die Leser zum Mittun zu animieren und über den Wechsel von Aufgabenstellungen und Lösungen von einer Nummer zur andern bei der Stange zu halten. Der Lebensraum des Dichtspiels beschränkte sich über das 18. Jahrhundert hin keineswegs auf den *Mercure de France*, der es wie die *Logogriphes* als Köder zu nutzen wußte, und selbst Diderot war sich für die Silbenauffüllübung nicht zu schade.[47] Und noch in der

---

[46] Siehe dazu und zum Folgenden Nies, *Genres mineurs*, bes. S. 68f. – Textbeispiel *Mercure de France* 1er/8 janv. 1791, S. 28/51 (Autorangabe «Par M. Lagache fils, d'Amiens»).

[47] Siehe H. Dieckmann, *Inventaire du Fonds Vandeul*, Genf/Lille 1951, S. 281.

zweiten Hälfte des 19. Jahrhunderts sollte das *Petit Journal*, mit Hilfe von Alexandre Dumas und großem Erfolg, seine Leserschaft zu einem *Bouts-rimés*-Wettbewerb aufrufen. Über die ganze Gattungsgeschichte hinweg dominiert als Versart der (sonst für ernsthaft-hohe Dichtung typische) Alexandriner wohl deshalb, weil die im Großvers nach den vorgegebenen Reimwörtern verbleibende Silbenzahl dem Auffüllenden den meisten Spielraum läßt. Auch dafür ein Textbeispiel:

>   Il était autrefois un jeune prince   grec,
>   Un ange pour l'esprit, pour la figure un   singe;
>   Il aimait une belle, et la belle, tout   sec,
>   Refusait de montrer le dessous de son   linge.
>   L'amant désespéré se jette en bas d'un   pont,
>   Il y trouve une fée assise au pied de   l'arche;
>   Qui lui dit en riant: suis la rivière,   marche,
>   Au bord d'elle il en est qui te consoler   ont.

Belege für die isometrischen und fast immer strophischen, ursprünglich meist erotischen *Gaietés* massieren sich zwar in der zweiten Hälfte des 16. und dem ersten Drittel des 17. Jahrhunderts, reichen jedoch über die patriotischen Chansons der Revolutionsperiode bis zur zweiten Hälfte des 19. Jahrhunderts. Eine nieder-ungeschönte Wirklichkeit evozierten für ein reichliches halbes Jahrhundert (von den 70er Jahren des 16. bis zu den 20er Jahren des 17. Jh.) die ebenfalls meist strophisch-isometrischen *Gausseries*: Dreck, Flöhe und Wanzen, Lärm und Gestank, Hahnreischaft und Syphilis sowie Details der Sexualsphäre dienten als Gegenstand der Späße in derbem, selbst vor Obszönitäten nicht zurückschreckendem Ton. Den *Gausseries* nahe verwandt sind die *Railleries* der ersten Hälfte des 17. Jahrhunderts. Und in derselben Epoche entstanden auch die weit langlebigeren *Boutades* und *Caprices*. Die *Boutade*, von Richelet 1680 definiert als Kurzgedicht, das aus einer Folge von Versen «faits par caprice» bestehe, sollte bis in das 19. und frühe 20. Jahrhundert hinein «fort de mode»[48] bleiben, auf Spontaneität und damit formale Anspruchslosigkeit abhebende Versprachlichung eines Anflugs von Übellaunigkeit, mit späterhin vorwiegend satirischer Zielrichtung. Ähnlich wurden die *Caprices* 1690 von Furetière beschrieben als Gedichte «qui reüssissent plûtost par la force du genie que par l'observation des regles de l'art». Metri-

---

– Zum Folgenden: A. Dumas, *Bouts-rimés*, Paris 1865. – Textbeispiel: Villiers, *Souvenirs*, 1802, S. 10.

[48] A. Fabre zitiert nach H. Stenzel/H. Thoma, «Poésie et société...», in: *Romantisme* 39, 1983, S. 45. – Cf. zu alledem auch Nies, *Genres mineurs*, S. 73.

sche Konstanten der Gattung sind erwartungsgemäß nicht ausmachbar, aber die heitere Tonlage dominiert. Schon erwähnt wurde das Genre der *Tombeaux*, scherzhafter Grabgedichte des 17. Jahrhunderts auf Dichterlinge, Kurtisanen, liebesgeile Weiber und Mönche, gehörnte Ehemänner und Hungerleider, Säufer oder Impotente oder Schoßhündchen. Hier ein perspektivisch geschicktes 'Gedicht des Gedichts' als Beispiel:

> *Tombeau*
> Il faudroit, pour faire un tombeau
> Dont Ysabeau ne fait que rire,
> Monter sur elle, et puis escrire:
> « Icy dessous gist Ysabeau ».[49]

Noch kurzlebiger waren die *Gaudrioles* des 19. Jahrhunderts, auf die später genauer einzugehen sein wird. Hier sei abschließend nur das *Placet* erwähnt, ein scherzhaftes Bittgedicht an hochgestellte Persönlichkeiten (mit gelegentlich ernstgemeinten Untertönen). Von Marot über Voiture und Scarron bis hin zum *Mercure de France* des 18. Jahrhunderts erfreute sich der Typus beachtlicher Beliebtheit, um scheinbare oder echte Wünsche und Klagen an den König oder seinen Ersten Minister, den Chancelier, Surintendant oder sonstige Inhaber von Machtpositionen heranzutragen. Ihrer Herkunft von echten Bittschriften gemäß, pflegten die Texte einzusetzen mit einer Anrede des hochmögenden Adressaten und der Bitte um Geneigtheit, um dann Geld oder Kleidung, Straf- oder Steuererlaß oder einen Orden, eine Pfründe oder Hilfe in einem Prozeß zu fordern.[50]

6. Streifzug durch drei 'neuralgische' Epochen

Obwohl aus eingangs erörterten Gründen eine durchgehende Epochengliederung dieses Beitrags nicht ratsam schien, soll abschließend versucht werden, eine Art von Zusammensicht wenigstens einiger Epochen zu bieten. Ausgewählt habe ich dazu drei Zeiträume, die man weithin geprägt glaubt entweder durch die Dominanz ernsthafter, großer, hoher Genera oder aber durch Prozesse der Mischung, ja völligen Auflösung von Gattungskonzepten.

---

[49] *Le Cabinet Satyrique* (1618), éd. F. Fleuret/L. Perceau, Paris 1924, II, S. 262.
[50] Cf. zu dieser und benachbarten Gattungen Nies, „Kartelle", loc. cit.

6.1 Das Jahrhundert Boileaus

Das poetische System des Siècle classique ist der heutige Literarhistoriker, im Gefolge Boileaus, als streng hierarchisiertes Gefüge relativ weniger Textarten zu sehen gewohnt. Behandelt doch der «législateur du Parnasse» in seinem *Art poétique* nur insgesamt vierzehn Gattungen und erwähnt abschätzig sechs weitere. Wie jedoch einige vorangegangene Abschnitte schon vermuten ließen, besaß das Grand Siècle ein hochkomplexes Gesamtsystem auch und gerade im Bereich der kleinen Gedichtarten. Rund neunzig von ihnen hatten unstreitigen Gattungsstatus, und unter diesen wieder war ein halbes Hundert neuentstandener Typen. Mit solchen Zahlen aber liegt das siebzehnte klar vor jedem anderen Jahrhundert. Eine ganze Serie jener Genera wurde zweifellos von Boileau wie seiner geistigen Nachkommenschaft mit dem Bann der Unpoesie belegt einzig deshalb, weil sie Ausfluß vor- oder antiklassischer Ästhetik waren. Gegen die Vorschriften der «bienséances» verstießen gröblich viele Trinklied- und Spottliedtypen, die *Gausseries* und *Tombeaux*; oder manche *Acrostiche*-Gedichte, die noch am Jahrhundertende «vit», «con» und «foutez» zu Schlüsselwörtern erhoben; schließlich jene *Caprices*, in denen ein Saint-Amant etwa übelriechenden Käse oder Cidre thematisierte und von denen manche noch heutigen Doktoranden als „Zote" gelten. Auf recht derbe Weise pflegte die *Chanson à danser* insbesondere des ersten Jahrhundertdrittels «gorge ouverte», Nacktheit und das Liebesspiel zu evozieren:

> Il la print et l'embrassa,
> La jetta sur la verdure, . . .[51]

Für die auf Baïf und Ronsard zurückgehenden *Gaillardises* des gleichen Zeitraums signalisiert schon der Gattungsname unüberhörbar die einschlägige Dominante, beginnend mit detailliert ausgemaltem Zungenkuß und der Aufforderung «Troussez vostre cotillon verd» bis zum üblicherweise auf solche Vorspiele Folgenden. Der Verfemung verfielen jedoch nicht allein Gedichttypen, die solcherart die ungehemmte Kreatürlichkeit des Menschen hervorkehrten. Sie traf auch eine Reihe von Genres, die teils schon durch ihren Namen verdeutlichten, daß sie in anderer Weise eine Gegenposition zur überlegenen Regelpoetik vertraten, daß sie sich dem Boileauschen Primat von «bon sens» und «raison» sowenig unter-

---

[51] *La Fleur des chansons amoureuses*, Rouen 1600, S. 446. – Bei alledem und im folgenden stütze ich mich weitgehend auf Nies, «Le Français, né malin» (ib. genaue Belegnachweise).

warfen wie dem Anspruch auf handwerkliche Sorgfalt, Ausdauer und Exaktheit. Dies gilt für die bereits vorgestellten *Caprices* und *Boutades* oder die meist erotischen *Fantaisies* der ersten Jahrhunderthälfte. Zur selben Gattungsgruppe gehörte in dieser Hinsicht die *Sylve,* von dem durch die Académie française geächteten Furetière 1690 einer Beschreibung gewürdigt als

une pièce de Poësie composée par une boutade, fureur ou emportement poétique sans grande meditation, & tout d'une haleine, [...] fait à la haste, sur le champ, & au courant de la plume.

Wie die *Sylves* sollte auch der *Impromptu,* ungeachtet aller Mißachtung der Regelgläubigen, das Grand Siècle überdauern, in dessen zweiter Hälfte er mit Saint-Amant, Scarron, Coulanges und Chaulieu Gattungsstatus erlangte. Er galt als Gedichttyp, den dilettierende Marquis und ähnliche «esprits prompts & impatients» etwa bei Tisch praktizierten, um «sur le champ» oder «en demye-heure» auf ein anderes Gedicht oder die Abreise einer Bekannten zu reagieren. Boileau überschüttete jenen Typ von Schnelldichter

              [qui] met tous les matins six impromptus au net

im *Art poétique* mit ätzendem Hohn. Waren doch solche Dichtungskonzepte mit seiner Politurbesessenheit und seinen sonstigen Leitideen sowenig vereinbar wie die dionysisch sich gebärdenden Trink- und Tanzlieder.

    Ein weiteres Gattungsfeld, das aus unserem Gesichtskreis geriet, ist das der Gedichte religiösen Inhalts – der Gebete, *Hymnes* und *Noëls,* der über das ganze Jahrhundert hin so reich belegten Psalmenparaphrasen und sonstigen kirchlichen Standardtexte. Hier mag eine der Ursachen des Vergessens in der fortschreitenden Säkularisierung unseres Dichtungsbegriffs, seiner Emanzipation von aller Bindung an Jenseitiges liegen, in jener immer schärferen Trennung von geistlicher und weltlicher Sphäre, die der Mentalität des 17. Jahrhunderts noch völlig fremd war.

    Für den Reputationsverlust mancher Genres mag auch ihre zu starke 'Volkstümlichkeit' mitverantwortlich sein, durch die sie vielleicht die Verachtung literarischer oder sozialer Eliten späterer Epochen provozierten. Dies könnte ebenso gelten für den *Noël* wie für manche jener zahlreichen Spottliedtypen, die in der zeitgenössischen Gesellschaft noch schichtenübergreifende Wirkung besaßen. Wenn sie allerdings für den Historiker überhaupt aufspürbar geblieben sind, verdanken sie dies einzig der Tatsache, daß sie damals die Aufmerksamkeit auch der schreib- und lesekundigen Eliten fanden. Besaß doch spezifische Dichtung der unteren sozialen

Schichten eine ausschließlich orale Existenz. Die Eliten waren also wenn nicht einziger, so doch partieller Lebensraum aller Genres, von denen ein mehr als nur rudimentäres Wissen bis in unsere Zeit herüberzuretten war. Weit auffallender jedoch ist ein anderes Phänomen: Dem Großteil heute literarhierarchisch disqualifizierter Gedicht- und Liedarten des 17. Jahrhunderts ist deutlich die Aristokratie als wichtigste Trägerschicht zuzuordnen. Dies ruft uns ins Gedächtnis, daß aus der Mündlichkeit lebende Dichtung damals durchaus nicht Angelegenheit nur einer aus Analphabeten bestehenden Bevölkerungsmehrheit war, sondern integraler Bestandteil auch und gerade aristokratischer Geselligkeit. Erinnert sei nur an die Rätselspiele oder die zahllosen Tanz-, Trink- und Spottliedtypen. Aristokratische Sangesfreude manifestierte sich, wie wir sahen, im Grand Siècle bei vielerlei Gelegenheiten. Die im Eingangsabschnitt erwähnte, laut Voiture von Liedern unterschiedlicher Gattungen aufgelockerte Landpartie hatte einen Teilnehmerkreis, dessen soziale Situierung man sich kaum präziser wünschen könnte: «Madame la Princesse, Mademoiselle de Bourbon, Madame de Vigean, Madame Aubry, Mademoiselle de Rambouillet, & Monsieur de Chaudebonne» (*Œuvres*, Lettre X).

Aufmerksamkeit verdient die Tatsache, daß fast all jene Liedtypen nicht Darbietungen eigens geschulter Fachleute für eine passiv konsumierende Zuhörerschaft anvisierten, sondern sämtliche Anwesende einzubinden suchten durch Chor-, Rund- oder Wechselgesang. Ungemein erleichtert wird natürlich solch spontanes Mitmachen durch Einstimmigkeit der Melodie, Einfachheit des Reimschemas, Wiederholungen und Refrain, und die meisten dieser Charakteristika zeichneten fast sämtliche erwähnte Chansontypen aus. Bei einer langen Reihe von ihnen avancierte nicht von ungefähr ein markantes Reimwort sogar zum Gattungsnamen: *alléluia, guéridon, lanturlu, lampons, flonflon, landriri, ouïda*. Symptomatisch für das Bedürfnis nach leichter Singbarkeit war der Siegeszug des *Air de cour*[52] (oder Vaudeville, wie er zu Jahrhundertbeginn gelegentlich noch hieß). Schon für das erste Jahrzehnt des Jahrhunderts läßt sich, besonders für das aristokratische Milieu, die große Beliebtheit des Genres nachweisen, und sie hielt zumindest bis in die sechziger Jahre an. Charakteristisch war für dieses so durchschlagend erfolgreiche Chansonkonzept die Monodie – wichtiger noch als die Liebesthematik, zu deren Durchführung das übliche Personal aus dem mondänen Bildungsvorrat aufgeboten zu werden pflegte: Amor/Cupido, Apollo und die Musen, Tan-

---

[52] Zur Gattung siehe z. B. André P. J. Verchaly, *Poésie et air de cour en France jusqu'en 1620*, Paris 1954, bes. S. 215–218.

talus, Schäfer und Philis und Climène usf. Was manche der bereits vorgestellten satirischen Liedtypen angeht *(Feuillantines, Ponts-Bretons, Pour-et-Contre, Qu'en-dira-t-on, Lanturlu, Lampons, Tricotets, Alléluia)*, ist es alles andere als erstaunlich, daß auch sie in den politischen Auseinandersetzungen der ersten Jahrhunderthälfte und besonders der Fronde auftauchten, in denen sich die Aristokratie letztmalig gegen die absolutistische Zentralgewalt aufbäumte.

Eine weitere Gruppe von Genres war für aristokratische Soziabilität und Salonkultur nicht weniger kennzeichnend. Auch für sie gilt, daß Präsentation und Aufnahme der Texte nicht zwischen jeweils isolierten Individuen verlief, sondern als gesellige Veranstaltung. Es waren Gattungen, die im Wechselspiel von Aufgabenstellung und Lösung, von Ansprechen und Antworten gründeten und somit entweder physische Präsenz der Partner forderten oder zumindest gezielten Manuskriptaustausch zwischen Sender und Empfänger. Derlei poetische Spiele der Adels- und Hofkreise waren die *Bouts-rimés* und die Versrätsel oder die durch das ganze Jahrhundert hin beliebte *Réponse* auf ein Gedicht. Stark aristokratische Prägung hatte desgleichen die *Galanterie*. Ihre Einführung wurde von Tallemant des Réaux nicht zufällig dem 1632 gestorbenen Herzog von Nemours zugeschrieben «qui estoit un des plus galans de la Cour, le premier qui se soit adonné à faire des galanteries en vers». Eine nicht weniger aristokratische Aura besaß die bis zur Jahrhundertmitte recht beliebte *Plainte* im Munde des Liebhabers, deren Herkunft aus einer bis ins Mittelalter zurückreichenden Tradition standestypischer Lyrik unverkennbar ist. Die Adressatin wurde mit «Madame» oder «ma belle dame» tituliert, für wichtiger als äußere «appas» galt ihre «belle ame, A qui l'honneur sert de loy»; der Klagende hob seinen «mérite» oder Wert und Dauer seiner Dienste hervor, bedauerte die Unnahbarkeit der Angebeteten oder die Trennung von ihr usf. Ganz überwiegend im Adelsmilieu zu situieren scheinen schließlich die scherzhaften *Epitaphes* und *Tombeaux* der Epoche. Sie demonstrierten jene lachende Geringschätzung des Todes, die als überkommene Standestugend des Adels galt. Die Reihe damals fest im aristokratischen Umfeld verwurzelter Gedichtarten ließe sich weiter verlängern, etwa durch die ernsthaften oder burlesken *Estrennes,* die meist pseudoländliche Liebe thematisierenden *Villanelles*, die *Rondeaux* und *Rondeaux redoublés* und sonstige im Beitrag Meyer-Minnemann vorgestellten Genres. Doch kommen wir zur Bilanz:

Hinter Boileaus stark ausgedünntem poetischen System und dessen Wirkungsgeschichte entzog sich ein reicher Kosmos poetischer Textarten zunehmend dem Blick des Historikers. Die vermutlichen Gründe für diesen Reduktionsprozeß sind vielfältig: Unableitbarkeit der verdrängten Genres aus einer wie immer verstandenen Antike; Aktualitätsverhaftetheit anonym erschienener, nicht an berühmte Autorennamen anbindbarer oder gar ungedruckt gebliebener Texte; die Spiegelung einer in unterschiedlicher Weise 'antiklassischen' Ästhetik und Lebenshaltung; eine im Laufe der Geschichte immer stärker dominierende Tendenz zur Säkularisierung der schönen Literatur, zur Gleichsetzung von Dichtung und Lesetext u. a. m. Einem dieser Faktoren scheint vorläufig besonderes Gewicht zuzukommen: der praktischen wie theoretisch-kritischen Zurückdrängung einer Poesie demonstrativ aristokratisch-gesellig, unbotmäßig-freiheitsstolzen Dilettierens zugunsten der Dichtungskonzepte regelbesessener Fachleute und professioneller Literaturrichter von ganz anderer ständisch-sozialer Verwurzelung und Mentalität.

6.2 *Julimonarchie und Second Empire* [53]

In politischer und ideologischer Hinsicht gelten diese Jahrzehnte, von technischen und sozialen Umwälzungen geprägt, weithin als bloße Fortschreibung einer kleinkarierten Restaurationsperiode: nach dem heroischen Aufbruch der Grande Révolution und des Premier Empire geprägt vom ängstlichen Bemühen konservativer oder reaktionärer Kräfte, Altes so weit irgend möglich zu bewahren, empordrängendes Neues zurückzustutzen auf das vielzitierte «juste-milieu». Eine Zeit erstickter Revolutionen, enttäuschter Hoffnungen, weitverbreiteter Resignation. Im Bereich der Poesie entspricht diesem Klischee die Schablone einer inneren Emigration des von der Gesellschaft sich lossagenden Dichters, der aus dem prosaischen Hier und Jetzt in ferne romantische Traumbereiche flieht oder sich im Vignyschen 'Elfenbeinturm' verschanzt, dem die alten Sicherheiten der Welt wie der Form, bis hin zu den Gattungen, abhanden gekommen sind. Spiegelt die Dichtung der Epoche also nur Abgelebtheit und Auflösung, war sie nur Konkursverwalterin eines gesellschaftlichen Bankrotts, unfähig zur Hervorbringung von Neuem und Zukunftsträchtigem? Dem steht entgegen, daß sich eine ganze Reihe lebenstüchtiger neuer Gattungen konstituierten, die nun kurz auf einige als epochentypisch geltende Merkmale hin geprüft werden sollen.

---

[53] Der Abschnitt stützt sich weitgehend auf F. Nies, «Nouveaux genres en France à l'époque du ‹papier continu›», in: *RZLG* 10 (1986), S. 184–196. Wo nicht anders vermerkt, finden sich dort Beleghinweise für die folgenden Ausführungen.

Als erstes fällt auf, daß mehrere von ihnen keineswegs geprägt sind von Weltschmerz, Trübsinn, Gedrücktheit, sondern von gelöster Heiterkeit, unbeschwertem Spott, überschäumender Lebensfreude. Da waren etwa die *Gaudrioles,* locker-pikante Trink- und Liebeslieder. Sie erneuerten alte Gattungstraditionen mit zeitgemäßen Elementen und nicht selten patriotischen Untertönen, einem der Entstehungsperiode entliehenen volkstümlichen Personal von Grisettes und Rekruten, einer Szenerie aus Cabriolets, Bahnhof und Quartier Mouffetard, einem oft demonstrativ niederen Sprachstil. Hier als Probe die Eingangsstrophe eines von J. Jeannin unter dem Pseudonym Tostain[54] publizierten Chansons:

> Totor, faut pas que j'te répond', car
> V'là qu'tu m'attrapp's d'achar!
> Comprends qu'je n'peux pas m'taire.
> Entre nous, n'faut pas t'épater,
> Mais tu n'as qu'à m'vanter
> Sur ma manièr' de faire.
>   Mon Totor,   *(bis)*
> J'crois qu'tu calcul's mal ton affaire.
>   Mon Totor,   *(bis)*
> Tu m'lâch's d'un cran, eh ben, t'as tort.

Frappierend ist, in welch hohem Maß man, nicht zuletzt im Umkreis solch 'volksnaher' Liedformen, Gattungen anderer Nationen zu integrieren suchte. Aus Italien – seit dem 16. Jahrhundert Ursprungsland zahlreicher Gattungsimporte gerade im Bereich von Lied und Lyrik – stammten die *Canzonettes,* «petites chansons aux refrains populaires, remplies de sentiment et de gaîté». Dann die zahlreichen, venezianischen oder neapolitanischen Gondelliedern nachempfundenen *Barcarolles.* Ihre Strophen thematisierten im sentimentalen Romanzenton Bootsfahrt, Liebe und Gesang:

> Embarquez-vous, qu'on se dépêche
> La nacelle est dans les roseaux;
> Le ciel est pur, la brise est fraîche,
> L'onde réfléchit les ormeaux;
> Le dieu de ces rians rivages,
> Le tendre Amour veille sur nous.
> Jeunes et vieux, folles et sages,
>   Embarquez-vous![55]

---

[54] *Mon Totor, . . . gaudriole de Jules Jeannin,* Paris [1870].
[55] U. Guttinguer, «Embarquez-vous. Barcarole», in: *Annales Romantiques* 1825, S. 306.

Als typische Sammelformen eines bestimmten Spektrums von Gedichtarten übernahm man aus Spanien den *Romancero,* aus England den *Keepsake.* Aus dem deutschsprachigen Raum kamen *Lied* und *Tyrolienne,* aus dem Orient *Myriologue, Pantoum, Ghasel* und der ihm übergeordnete *Divan.* Solche Faszination vom Fremden scheint sich mit der vertrauten These zu decken, daß die Dichter jener Zeit aus ihrer schalgewordenen Umwelt in ferne Traumreiche entflohen. Die meisten Gestalten jener importierten Texttypen, die in ihnen beschworene Welt scheinen tatsächlich weit entfernt von jenem lärmenden «chaos de boue et de neige», als das Baudelaires Paris in den *Poëmes en Prose* erscheinen wird: Helden versunkener Zeiten im *Romancero,* in den *Keepsakes* bajaderenumschmeichelte Sultane mit langstieligen Pfeifen; Tempeltänzerinnen und Gazellen unter ewigblauem Himmel beim *Pantoum:* die heiter-mediterranen Gestade besonders der frühen *Barcarolles,* Erlkönig und Suleika im *Lied,* eine archaische Bergwelt in der *Tyrolienne.* Doch solcher Exotismus wurde nicht bezogen aus einem beliebigen Irgendwo, das im ungreifbaren Nirgendwo zerfließt. Das zeigt schon die Herkunft der Neuimporte. Über die Hälfte von ihnen stammte aus unmittelbaren Nachbarländern Frankreichs und (so England, Österreich, Preußen) von konkurrierenden Großmächten auf der weltpolitischen Bühne. Andere kamen aus Gebieten, die teils bis zum Ende der Restaurationszeit, teils bis zum Ende der Julimonarchie und darüber hinaus unter französischer Besatzung lebten. Der Rest neueingebürgerter Texttypen war vorher im Orient verwurzelt, und auf ebendiesen Orient konzentrierten sich zusehends die Großmachtinteressen – auch und gerade Frankreichs: Der *Myriologue,* meist eine Totenklage in Frauenmund, war übernommen aus Griechenland, in dessen Freiheitskampf Frankreich eine Zentralrolle spielte. Die *Ghasels,* der aus ihnen kunstreich gefügte *Divan* waren verbreitet in türkischer und arabischer Dichtung. Hier ist zu erinnern an die zahlreichen französischen Interventionen im zerbröckelnden türkischen Großreich oder an die Eroberung Algeriens und Nordafrikas. Die Küste Hindustans schließlich überzog eine Kette französischer Niederlassungen; und ebendort war, neben den erwähnten islamischen Genres, auch der *Pantoum* zu Hause. Offenbar bedeutete also das Fasziniertsein von fremdwüchsigen Formen und Gehalten kein bloßes Ausweichen vor der konkreten Lebenswelt. Es entsprach vielmehr den machtpolitischen und ökonomischen Expansionsrichtungen eines außenorientierten Industriestaats. Diese starke Absorption außerfranzösischer Gattungen spiegelt den Willen, politisch und wirtschaftlich nahegerückte Kulturkreise und ihre Geschichte auch geistig und künstlerisch zu durchdringen, sich an ihnen zu bereichern, sie auf den Brennpunkt Frankreich hin zu bündeln.

Bei den Orient-Importen fällt noch ein weiterer Aspekt ins Auge. Es handelt sich um metrisch ungemein komplexe, weitgehend feste Formen:

En passant en chemin de fer. Pantoum

Discrets, furtifs & solitaires,
Où menez-vous, petits chemins?
Vous qu'on voit, pleins de frais mystères,
Vous cachant aux regards humains.

Où menez-vous, petits chemins
Tapissés de fleurs & de mousse?
Vous cachant aux regards humains,
Que votre ombre doit être douce!

Tapissés de fleurs & de mousse,
Abrités du froid & du vent,
Que votre ombre doit être douce
A celui qui s'en va rêvant!

Abrités du froid & du vent,
Le voyageur vous voit & passe.
A celui qui s'en va rêvant,
Peut-être ouvrirez-vous l'espace?

Le voyageur vous voit & passe,
Il se retourne en soupirant:
Peut-être ouvrirez-vous l'espace
A son cœur malade & souffrant?

Il se retourne en soupirant,
Emporté plus loin dans la vie.
A son cœur malade & souffrant
Votre silence fait envie [. . .] [56]

Das wache Interesse an solch technisch anspruchsvollen Mustern paßt schlecht zu der verbreiteten Vorstellung vom Widerwillen der 'romantischen' Epoche gegen formale Fertigkeiten, wie er sich manifestiert in Lamartines allbekannter Koketterie «ce que l'on sent fortement s'écrit vite». Selbst dort, wo nicht wie im vorstehenden Beispiel eine durch neue

---

[56] L. Siefert, *Rayons perdus*, Paris 1868, S. 30f. – An bekannten Autoren praktizierten die Gattung u. a. V. Hugo, Asselineau, Th. Gautier, Verlaine, Leconte de Lisle. Zum Folgenden cf. Banville, *Monselet d'automne. Pantoum* (1856).

technische Errungenschaften veränderte Sehweise, ein beklemmend gewandeltes Raumerlebnis thematisiert wird, liegt es nahe, Verbindungen herzustellen zwischen einer neugewonnenen Empfänglichkeit für normiert-systembezogene Verfahrensweisen der Lyrik und dem schnellwachsenden Gewicht des Technischen für die damalige Lebenswelt. Denn augenfällig ist schließlich auch das Verhältnis ganzer Neugattungen oder einzelner ihnen angehöriger Texte zur Aktualität. Zu simpel ist die Schablone von einer Flucht der 'romantischen' Periode nicht nur in räumliche, sondern auch zeitliche Ferne, von ihrer Absage an die Gegenwart. Der *Pantoum* evozierte das Gerangel der zeitgenössischen Literaturszene, und manche *Gaudrioles*-Auswahl pflegte schon im Titel ihren Neuheitswert anzupreisen.

Versuchen wir abschließend, Hersteller und Konsumenten der neuen Gedichttypen zu charakterisieren. Bei den Autoren fällt die große Bandbreite ins Auge. Einerseits waren viele bis heute berühmte Namen vertreten: Hugo, Desbordes-Valmore, Béranger, Gautier, Leconte de Lisle, Banville. Daneben aber zeichneten kaum mehr zu Identifizierende und dilettierende Damen der 'besseren Gesellschaft'. Die meisten *Barcarolles* und *Gaudrioles* verzichteten sogar ganz auf die Nennung eines Verfassers. Im Hinblick auf das Publikum dürften mehrere der importierten Gedichttypen – so *Ghasel, Pantoum* und *Lied* – nur die sozialen Eliten erreicht haben. Dagegen wanderten die Druckfassungen der *Barcarolles* Ende der dreißiger Jahre aus dem *Keepsake* für feine Damen in billige Duodez- und Sedezheftchen. Hatten die Texte zuerst Wasser-Lustpartien tändelnder Liebespärchen besungen, beschworen sie nun auch den gefahrvollen Arbeitsalltag der Seefischer und Matrosen, boten einem seiner Wurzeln beraubten Großstadtproletariat nostalgisches Erinnern an naturnah-kämpferisches Tun. Sie wurden inzwischen auch von Volkssängern verbreitet, ganz wie die ebenfalls in wohlfeilen Sammelheftchen gedruckten *Gaudrioles*. Gerade Liedtypen erreichten also – wie es auch für frühere Epochen anzunehmen war – ein halbalphabetisiertes Publikum aus den Kellergeschossen der Sozialhierarchie. Quantitativ neue Dimensionen dieser Breiten- und Tiefenwirkung wurden erreichbar durch den raschen Rückgang des Analphabetentums sowie eine komplementäre Doppelmechanisierung, die preiswerte Massenauflagen ermöglichte: die Einführung von mechanischer Papiermaschine und Schnellpresse.

6.3 Das frühe zwanzigste Jahrhundert

Brachte die Jahrhundertwende, mit dem Revolutionspathos ihrer dichterischen Avantgarde, einen endgültigen Verzicht auf die Einbindung poetischer Einzeltexte in übergreifende Zusammenhänge von Gattungsmustern?[57] Insgesamt gesehen ist die Zahl der Genera, denen Gedichttexte zugewiesen wurden, kaum geringer als in früheren Epochen. Über vier Fünftel der neuerscheinenden Gedichtsammlungen gaben schon im Titel Hinweise auf die Gattungszugehörigkeit der in ihnen enthaltenen Texte, Hunderte jener Bände offerierten Genres oft metrisch fester Form, die seit Jahrhunderten zu den vertrautesten gehören: *Sonnet, Rondeau, Ballade, Epigramme, Chanson, Ode* usf. Selbst *Chant royal* und *Sirventois, Sextine, Stances* und *Tierce-rime* wurden wiederbelebt, oft nach langer Unterbrechung und zum vorerst letzten Mal. Das Bewußtsein solcher Diskontinuität mag einer der Hauptanreize gewesen sein für derartige Reaktivierung weithin vergessener Modelle. Fast scheint es, als sei ihre Renaissance weniger der fortdauernden Vertrautheit mit jenen alten Gattungen zu danken als gerade ihrer befremdenden Andersheit, dem über sie ermöglichten, provozierenden Kontrasterlebnis zu moderner Erfahrung – kurz jener „Alterität", in der H. R. Jauß heutiges Interesse an der Literatur ferner Epochen zu begründen sucht. Bei wiedererweckten wie durchgehend wohlbekannten Genera wurden die durch Textzuweisungen geweckten Erwartungen des Literaturhistorikers überwiegend eingelöst, nur gelegentlich sind die Gattungsmuster spielerisch ausgeweitet oder gar in völlig unüblicher Weise genutzt.

Eines jedoch ist auffällig: So klar die Gattungsmodelle, selbst in einer Periode tiefgreifenden Umbruchs, ihre rezeptionslenkende Funktion bewahrten, so selten ist im 20. Jahrhundert die Herausbildung neuer lebensfähiger Genres der Versdichtung zu beobachten. Nur in wenigen Fällen versuchten sich Vertreter der poetischen Vorhut an der Entwicklung neuer Modelle und Namen, die sich jedoch auf die Dauer als wenig vital erwiesen: so Apollinaires *Calligrammes* und *Poèmes-conversation*, einige Kreationen des Dadaismus oder die poetische *Humoresque*. Insgesamt scheint das Gattungssystem der Verspoesie nun weitgehend gesättigt. Seine wesentlichen Positionen sind besetzt durch Überkommenes, eine

---

[57] Cf. zu alledem und zum gesamten folgenden Abschnitt Nies, „Revolutionspathos und Gattungsbindung in der französischen Lyrik (1900–1918)", in: *Lyrik und Malerei der Avantgarde*, hrsg. v. R. Warning/W. Wehle, München 1982, S. 41–59.

Evolution ist kaum mehr spürbar. Gewiß geraten auch in unserem Jahrhundert noch gelegentlich Gattungen neu ins Blickfeld. Doch es handelt sich dabei um volkstümliche Typen, die mit hoher Wahrscheinlichkeit als sehr alt gelten müssen und nur deshalb erst jetzt aufzutauchen scheinen, weil sie verspätet den Status von Druck oder Schriftlichkeit erlangten oder, lange als 'paralittérature' verachtet, erst mit der Ausweitung des Literaturbegriffs die Aufmerksamkeit 'seriöser' Wissenschaft auf sich zogen. Als Muster mögen Gedichttypen für Kinder oder von Kindern genügen. So etwa die schon in der zweiten Hälfte des 19. Jahrhunderts gelegentlich registrierten *Berceuses*, für die sich im 20. Jahrhundert auch einige Höhenkamm-Autoren wie Saint-John Perse interessieren.

> *Berceuse pour le petit dernier*
>
> Dors au profond de ma joie
> Dors, petit chat de mon cœur
> Dors, bébé, comme une fleur
> Le soleil ne te fait peur
> Ni la nuit aux yeux de soie
> Dors et partageons nos songes
> Et les mots qui nous prolongent![58]

Der Motivkanon von Wiegen- und Schlafliedern enthält wenig Zeitspezifisches. Meist evozieren sie die Tages- und Jahreszeiten, die Elemente, vertraute Tiere und Pflanzen oder Tätigkeiten, die häusliche Umgebung des Kindes, Märchenelemente. Ähnliches findet sich auch in vielen *Formulettes* und den zur Aussonderung bei Spielen dienenden *Comptines*. Diese oft gesungenen, gelegentlich skatologischen und der Unsinnspoesie nahestehenden Auszählreime wirken allerdings in ihrer Motivik wenn nicht aktualistisch, so doch weit weniger ort- und zeitlos als die große Mehrheit der Wiegenlieder. In ihnen tauchen Palais Royal, Porte Saint-Denis und Grands Boulevards, Prussiens und Papst, Kanonenkugeln und ein ganzes buntes Panorama europäischer Geschichte auf:

> C'est la reine d'Angleterre
> Qui s'est foutue par terre
> En dansant la polka
> Au bal de l'Opéra.
> Napoléon premier

---

[58] G. Jean, *Il était une fois, la poésie* (1974), zitiert nach id., *Le petit enfant et la poésie. Poésie 1,* Paris 1979, S. 63. – Cf. zum Folgenden auch J. Charpentreau, *Le romancero populaire,* Paris 1974.

> Voulut la ramasser:
> Son pantalon craqua
> Et la lune se montra.[59]

Eine systematische Sammlung solcher oft lustigen Hervorbringungen, die eine Vorliebe für fast 'surrealistische' Techniken überraschender Zusammenstellungen haben, existiert erst ansatzweise. Ihre literaturwissenschaftliche Deutung fehlt.

7. Ausblick

Die Geschichte auch nur einer Auswahl aus Hunderten von Typen kurzer Verstexte skizzieren zu wollen, mußte sich als illusionär erweisen. Denn noch immer steckt die topographische Aufnahme und exakte Vernetzung des Fontenelleschen „Archipels" der *Petits vers* in ihren Anfängen. Ich hatte mich damit zu begnügen, einzelne seiner Inselgruppen zu umkreisen und die Aufmerksamkeit auf wenigstens einiges von dem zu lenken, was mir den Rang einer Sehens-Würdigkeit zu verdienen scheint. Eines hoffe ich verdeutlicht zu haben: Das Gattungsfeld der kurzen Verstexte verdient es, daß Literaturhistoriker es sorgfältiger abernten als bisher. Wurde es doch immer wieder bestellt auch von Poeten, deren Namen zu den ganz großen zählen. Viele dieser scheinbaren „Bagatellen" erfreuten sich der Wertschätzung eines Publikums, das sich aus den sozialen und kulturellen Eliten rekrutierte. Und nicht weniger zahlreich sind jene Genres, deren Texte in ihrer schichtenübergreifenden Wirkungsbreite und -intensität die meisten poetischen Langformen um ein Vielfaches übertrafen. Welche weiteren Argumente könnte man finden, um der Kleinpoesie endlich zur Würdigung eines vollwertigen Forschungsgegenstandes zu verhelfen?

---

[59] Ph. Dumas, *Comptines coquines à ne pas montrer aux grandes personnes*, Paris 1981. – Eine inzwischen stattliche Reihe von Sammelbänden mit Abzählreimen setzt mit Beginn der dreißiger Jahre ein.

BIBLIOGRAPHIE
DER ZITIERTEN FORSCHUNGSLITERATUR

I. Allgemeines

Adorno, Th. W.: *Ästhetische Theorie.* Frankfurt a. M. 1970.
–: Philosophie der neuen Musik. In: Adorno, Th. W.: *Gesammelte Schriften,* Bd. 12., Frankfurt a. M. 1975.
Baehr, R.: *Manual de versificación española.* Madrid 1973.
Behrens, I.: *Die Lehre von der Einteilung der Dichtkunst. Vornehmlich vom 16. bis 19. Jahrhundert. Studien zur Geschichte der poetischen Gattungen.* Halle 1940.
Blumenberg, H.: *Die Lesbarkeit der Welt.* Frankfurt a. M. 1981.
–: Nachahmung der Natur. Zur Vorgeschichte der Idee des schöpferischen Menschen, *Studium Generale* 10 (1957), S. 266–283.
–: Wirklichkeitsbegriff und Möglichkeit des Romans. In: *Nachahmung und Illusion,* hrsg. v. H. R. Jauß. München ²1969, S. 9–27.
Brunetière, F.: *L'Evolution des genres dans l'histoire de la littérature.* Paris 1890.
Bürger, P.: Institution Kunst als literatursoziologische Kategorie, *Romanistische Zeitschrift für Literaturgeschichte* 1 (1977), S. 50–76.
Carnap, R.: *Meaning and Necessity.* Chicago 1958 (7. Nachdruck).
Charpentreau, J.: *Le romancero populaire.* Paris 1974.
Curtius, E. R.: *Europäische Literatur und lateinisches Mittelalter.* Bern ⁸1973.
Elwert, W. Th.: *Französische Metrik.* München ²1966.
Engler, W.: *Geschichte des französischen Romans. Von den Anfängen bis Marcel Proust.* Stuttgart 1982.
Feldes, R.: *Das Wort als Werkzeug.* Göttingen 1976.
Foucault, M.: *Les mots et les choses.* Paris 1966.
–: *L'ordre du discours.* Paris 1971.
Die französische Lyrik. Von Villon bis zur Gegenwart, hrsg. v. H. Hinterhäuser. Düsseldorf 1975.
Fuhrmann, M.: *Einführung in die antike Dichtungstheorie.* Darmstadt 1973.
Gerhardt, M. I.: *La Pastorale. Essai d'analyse littéraire.* Assen 1950.
Greimas, A. J.: *Sémantique structurale.* Paris 1966.
Hempfer, Kl. W.: *Gattungstheorie. Information und Synthese.* München 1973.
Iser, W.: *Der Akt des Lesens.* München 1976.
Jakobson, R.: Der Doppelcharakter der Sprache. Die Polarität zwischen Metaphorik und Metonymik. In: *Literaturwissenschaft und Linguistik. Ergebnisse und Perspektiven,* 4 Bde., hrsg. v. J. Ihwe. Frankfurt a. M. ²1972, I, S. 323–334.

Jacobsen, R.: Glossolalie, *Tel Quel* 26 (1966), S. 3–9.
–: Linguistik und Poetik. In: *Literaturwissenschaft und Linguistik. Ergebnisse und Perspektiven*, 4 Bde., hrsg. v. J. Ihwe. Frankfurt a. M. ²1972, II/1, S. 142 bis 178.
Janik, D.: Informationsästhetische Gattungstheorie: Ebenen und Repertoires literarischer Bedeutungserzeugung, *Zeitschrift für Literaturwissenschaft und Linguistik* 4 (1974), S. 79–98.
–: Zeichen – Zeichenbeziehungen – Zeichenerkennen. In: *Literatursemiotik I*, hrsg. v. A. Eschbach, W. Rader. Tübingen 1980, S. 135–147.
Jasinski, M.: *Histoire du sonnet en France*. Douai 1903.
Jauss, H. R.: *Ästhetische Erfahrung und literarische Hermeneutik*. Frankfurt a. M. 1982.
–: *Literaturgeschichte als Provokation*. Frankfurt a. M. 1970.
–: Theorie der Gattungen und Literatur des Mittelalters. In: *Grundriß der romanischen Literaturen des Mittelalters*, Bd. I, hrsg. v. M. Delbouille. Heidelberg 1972, S. 107–138.
Kandinsky, W.: *Über das Geistige in der Kunst* (Ed. und Einf. v. M. Bill). München 1970.
Kloepfer, R.: *Poetik und Linguistik*. München 1975.
Köhler, E.: Einige Thesen zur Literatursoziologie, *Germanisch-romanische Monatsschrift* 24 (1974), S. 257–264.
–: Gattungssystem und Gesellschaftssystem, *Romanistische Zeitschrift für Literaturgeschichte* 1 (1977), S. 7–22.
Kuhn, Th. S.: *Die Struktur wissenschaftlicher Revolutionen*. Frankfurt a. M. ⁴1979.
Kuhs, E.: *Buchstabendichtung*. Heidelberg 1982.
Laforte, C.: *Poétique de la chanson traditionelle française*. Québec 1976.
Lanson, G.: *Histoire de la littérature française*. Paris ¹⁴1920 (¹1894).
Lausberg, H.: *Handbuch der literarischen Rhetorik*, 2 Bde., München ²1973.
Leeman, A. D.: *Orationis ratio. The Stylistic Theories and Practice of the Roman Orators, Historians and Philosophers*, 2 Bde., Amsterdam 1963.
Liede, A.: *Dichtung als Spiel. Studien zur Unsinnspoesie an den Grenzen der Sprache*, 2 Bde., Berlin 1963.
Link, G.: *Intensionale Semantik*. München 1976.
Lorenzer, A.: *Sprachzerstörung und Rekonstruktion. Vorarbeiten zu einer Metatheorie der Psychoanalyse*. Frankfurt a. M. 1970.
Lyons, J.: *Semantics*, 2 Bde., Cambridge 1977.
Mönch, W.: *Das Sonett*. Heidelberg 1955.
Morris, Ch.: *Foundations of the Theory of Signs*. Chicago 1938.
Nies, F.: *Genres mineurs. Texte zur Theorie und Geschichte nicht kanonischer Literatur (vom 16. Jahrhundert bis zur Gegenwart)*. München 1978.
–: Würze der Kürze. In: *Erzählforschung*, hrsg. v. E. Lämmert. Stuttgart 1982, S. 418–434.
Pabst, W.: *Der Hang zum Gesamtkunstwerk*. Aarau, Frankfurt 1983.

Panofsky, E.: Et in Arcadia ego. Poussin und die Tradition des Elegischen. In: Panofsky, E.: *Meaning in the Visual Arts*. New York 1955 (dt. Sinn und Deutung in der bildenden Kunst. Köln 1975).
Pavel, Th. J.: 'Possible Worlds' in Literary Semantics, *The Journal of Aesthetics and Art Criticism* 34 (1975/76), S. 165–176.
Pfister, M.: *Das Drama*. München 1977.
Raible, W.: Was sind Gattungen? Eine Antwort aus semiotischer und textlinguistischer Sicht, *Poetica* 12 (1980), S. 320–349.
Rauhut, F.: *Das französische Prosagedicht*. Hamburg 1929.
Riffaterre, M.: Der stilistische Kontext. In: Riffaterre, M.: *Strukturale Stilistik*. München 1973, S. 60–83.
Sabatier, R.: *Histoire de la poésie française*, 6 Bde., Paris 1975–82.
Sartre, J.-P.: Qu'est-ce que la littérature? In: *Situations II*. Paris 1948, S. 63–330.
Schnur-Wellpott, M.: *Aporien der Gattungstheorie aus semiotischer Sicht*. Tübingen 1983.
Schulz, W.: *Philosophie in veränderter Zeit*. Pfullingen 1972.
Staiger, E.: *Die Kunst der Interpretation*. München ³1974.
Stempel, W.-D.: Erzählung, Beschreibung und der historische Diskurs. In: Koselleck, R./Stempel, W.-D.: *Geschichte, Ereignis und Erzählung*. München 1973, S. 325–346.
Thurau, G.: *Der Refrain in der französischen Chanson*. Berlin 1901.
Trabant, J.: *Elemente der Semiotik*. München 1976.
Tynjanov, J.: Die Ode als oratorisches Genre. Russisch und deutsch in: *Texte der russischen Formalisten*, hrsg. v. W.-D. Stempel. München 1972, II, S. 272–337.
–: Über die literarische Evolution. In: *Russischer Formalismus*, hrsg. v. J. Striedter. München 1969, S. 433–461.
Voß, J.: *Das Mittelalter im historischen Denken Frankreichs*. München 1972.
Wais, K. (Hrsg.): Interpretationen französischer Gedichte. Darmstadt 1970.
Walzer, P.-O.: *Littérature française*, 15 Bde., Paris 1975.
Wehle, W.: *L'art pour l'art. Die Begründung der Dichtung als Wissenschaft*. (Im Druck)
Wellek, R.: *Geschichte der Literaturkritik 1750–1850. I. Das späte 18. Jahrhundert. Das Zeitalter der Romantik*. Darmstadt 1978.
Wilhelm, J.: *Beiträge zur romanischen Literaturwissenschaft*. Tübingen 1956.
Willems, G.: *Das Konzept der literarischen Gattung. Untersuchungen zur klassischen deutschen Gattungstheorie, insbesondere zur Ästhetik F. Th. Vischers*. Tübingen 1981.
Wolfzettel, F.: *Einführung in die französische Literaturgeschichtsschreibung*. Darmstadt 1982.
Wünsch, M.: *Der Strukturwandel in der Lyrik Goethes*. Stuttgart 1975.
Wunderlich, D.: *Grundlagen der Linguistik*. Hamburg 1974.
–: Pragmatik, Sprechsituation, Deixis, *Zeitschrift für Literaturwissenschaft und Linguistik* 1, 1/2 (1971), S. 153–190.
Zumthor, P.: *Langue, texte, énigme*. Paris 1975.

II. Studien und Textsammlungen zu einzelnen Epochen

1. Von den Troubadours bis zum Ende des 15. Jahrhunderts

Adler, A.: Die politische Satire. In: *Grundriß der romanischen Literaturen des Mittelalters,* Bd. VI/2, hrsg. v. H. R. Jauss. Heidelberg 1970, S. 321–424.
Anglade, J.: Les miniatures des chansonniers provençaux, *Romania* 50 (1924), S. 593–604.
Appel, C.: *Provenzalische Chrestomathie.* Leipzig ²1902.
Aston, S. C.: The Provençal 'planh': I. The Lament for a Prince. In: *Mélanges Jean Boutière,* Bd. 1, Lüttich 1971, S. 23–30.
–: The Provençal 'planh': II. The Lament for a Lady. In: *Mélanges offerts à Rita Lejeune,* Bd. 1, Gembloux 1969, S. 57–65.
Bathe, J.: Der Begriff des provenzalischen 'ensenhamen', *Archiv für das Studium der neueren Sprachen und Literaturen* 113 (1904), S. 394–399.
Baum, R.: Le 'descort' ou l'anti-chanson. In: *Mélanges de philologie romane dédiés à la mémoire de Jean Boutière,* hrsg. v. J. Cluzel, F. Pirot. Bd. 1, Lüttich 1971, S. 75–98.
–: Un terme concernant le 'trobar': lais. In: *Actes du 5ᵉ Congrès international de langue et littérature d'oc et d'études franco-provençales.* Paris 1974, S. 47–72.
–: Les troubadours et les lais, *Zeitschrift für romanische Philologie* 85 (1969), S. 1–44.
Bec, P.: *Anthologie des troubadours.* Paris 1979.
–: De la 'resverie' médiévale à la chanson traditionnelle des 'menteries'. In: *Atti del XIV° Congresso internazionale di linguistica e filologia romanza,* Bd. 5, Neapel 1981, S. 481–489.
–: *La lyrique française au Moyen Age (XIIᵉ – XIIIᵉ siècles). Contribution à une typologie des genres poétiques médiévaux.* Bd. 1: *Etudes.* Bd. 2: *Textes.* Paris 1977–79.
–: *Nouvelle Anthologie de la lyrique occitane du Moyen Age.* Avignon ²1972.
–: Pour un essai de définition du 'salut d'amour': les quatre inflexions sémantiques du terme. A propos du salut anonyme 'Dompna, vos m'aves et Amors'. In: *Estudis de llatí medieval i de filologia romànica ded. a la memòria de Ll. N. D'Olwer,* Bd. 2, Barcelona 1961–66, S. 191–202.
–: Le problème des genres chez les premiers troubadours, *Cahiers de civilisation médiévale* 25 (1982), S. 31–47.
Beretta Spampinato, M.: 'Mot' e 'so' nella lirica trobadorica. In: *Atti del XIV° Congresso internazionale di linguistica e filologia romanza,* Bd. 5, Neapel 1981, S. 279–286.
Blanchard, J.: *La pastorale en France au XIVᵉ et XVᵉ siècle. Recherches sur les structures de l'imaginaire médiéval.* Paris 1983.
Bloch, M.: *La société féodale.* Paris ⁵1968.
Boutière, J./Schutz, A. H./Cluzel, I. M.: *Biographies des Troubadours.* Paris ²1973.

Brockmeier, P.: *François Villon*. Stuttgart 1979.
Brugnolo, F.: Note sulla canzone trilingue 'Ai faux ris' attributa a Dante. In: *Retorica e critica letteraria*, a cura di L. Ritter Santini e E. Raimondi. Bologna 1978, S. 35–68.
Cadart-Ricard, O.: Le thème de l'oiseau dans les comparaisons et les dictons chez onze troubadours, de Guillaume IX à Cerverí de Giron, *Cahiers de civilisation médiévale* 21 (1978), S. 205–230.
Calvez, D.: La structure du rondeau: mise au point, *The French Review* 55 (1982), S. 461–470.
Cerquiglini, J.: Le nouveau lyrisme (XIVe–XVe siècle). In: *Précis de littérature française du Moyen Age* sous la direction de D. Poirion. Paris 1983, S. 275 bis 292.
Chailley, J.: Notes sur les troubadours, les 'versus', et la question arabe. In: *Mélanges de linguistique et de littérature romanes à la mémoire d'I. Frank*. Saarbrücken 1957, S. 118–128.
–: Les premiers troubadours et le 'versus' de l'école d'Aquitaine, *Romania* 76 (1955), S. 212–239.
Cohen, C.: Les éléments constitutifs de quelques PLANCTUS des Xe et XIe siècles, *Cahiers de civilisation médiévale* 1 (1958), S. 83–86.
Cohen, G.: *La vie littéraire en France au moyen âge*. Paris 1949.
Cummins, P. W.: Le problème de la musique et de la poésie dans l'estampie, *Romania* 103 (1982), S. 259–277.
Diez, F.: *Leben und Werke der Troubadours*. Leipzig ²1882.
–: *Die Poesie der Troubadours*. Leipzig ²1883.
Dömling, W.: *Die mehrstimmigen Balladen, Rondeaux und Virelais von Guillaume de Machaut. Untersuchungen zum musikalischen Satz*. Tutzing 1970.
Doss-Quinby, E.: *Les Refrains chez les trouvères du XIIe au début du XIVe siècle*. New York, Bern, Frankfurt a. M. 1984.
Dragonetti, R.: 'La poésie, ceste musique naturelle'. Essai d'exégèse d'un passage de 'l'Art de Dictier' d'Eustache Deschamps. In: *Fin du Moyen Age et Renaissance. Mélanges de philologie française offerts à Robert Guiette*. Anvers 1961, S. 49–64.
–: *La technique poétique des trouvères dans la chanson courtoise*. Bruges 1960.
Egan, M.: 'Razo' and 'Novella'. A Case Study in Narrative Forms, *Medioevo Romanzo* 6 (1979), S. 302–314.
Engler, W.: Beitrag zur Pastourellen-Forschung (Literaturbericht und ergänzende Deutungen), *Zeitschrift für französische Sprache und Literatur* 74 (1964), S. 22 bis 39.
Evans, D.: Les oiseaux dans la poésie des troubadours, *Revue de langue et littérature d'oc* 12/13 (1965), S. 13–20.
Faral, E.: Les chansons de toile ou chansons d'histoire, *Romania* 69 (1946–47), S. 433–462.
Favati, G.: *Le biografie trovadoriche. Testi provenzali dei secoli XII e XIII*. Bologna 1961.

Fechner, J. U.: Zum 'gap' in der altprovenzalischen Lyrik, *Germanisch-romanische Monatsschrift* 45 (1964), S. 15–34.
Fernandez, M. H.: Note sur les origines du rondeau. Le 'repons bref', 'les preces' du Graduel de Saint Yrieix, *Cahiers de civilisation médiévale* 19 (1976), S. 265 bis 275.
Fernández Pereiro, N. G. B. de: *Originalidad y sinceridad en la poesía de amor trovadoresca*. La Plata 1968.
Fox, J.: *The Lyric Poetry of Charles d'Orléans*. Oxford 1969.
Françon, M.: La structure du rondeau, *Medium Aevum* 44 (1975), S. 54–59.
French Secular Music of the Late Fourteenth Century, ed. by W. Apel. Cambridge (Massachusetts) 1950.
Frenk, M.: La lírica pretrovadoresca. In: *Grundriß der romanischen Literaturen des Mittelalters*, Bd. II/1, fasc. 2, hrsg. v. E. Köhler. Heidelberg 1979, S. 25–79.
Garey, O.: The Fifteenth Century Rondeau as Aleatory Polytext, *Moyen Français* 5 (1979), S. 193–236.
Gasparini, E.: A proposito delle 'chansons de toile'. In: *Studi in onore di Italo Siciliano*. Florenz 1966, S. 457–466.
Gonfroy, G.: 'Lemozi', Limousin et 'Trobar'. In: *Trames: Le Limousin et son patrimoine culturel*. Limoges 1982, S. 173–186.
Gröber, G.: *Geschichte der mittelfranzösischen Literatur*, 2 Bde., zweite Auflage bearbeitet von St. Hofer. Berlin, Leipzig 1933–37.
Gruber, J.: *Die Dialektik des Trobar. Untersuchungen zur Struktur und Entwicklung des occitanischen und französischen Minnesangs des 12. Jahrhunderts*. Tübingen 1983.
Gsell, M. O.: Les genres médiévaux de l'"enueg" et du 'plazer'. In: *Actes du 5e Congrès international de langue et littérature d'oc et d'études franco-provençales*, hrsg. v. G. Moignet, R. Lasalle. Paris 1974.
Guiette, R.: D'une poésie formelle en France au Moyen Age, *Romanica Gandensia* 8 (1960), S. 9–23.
–: *Forme et Senefiance*. Genf 1978.
Guiraud, P.: Les structures étymologiques du trobar, *Poétique* 8 (1971), S. 417 bis 426.
Hagan, P.: *The Medieval Provençal 'tenson': Contribution to the Study of the Dialogue Genre*. Yale University 1975.
Handschin, J.: Über 'estampie' und Sequenz, *Zeitschrift für Musikwissenschaft* 12 (1929–30), S. 1–20 u. 13 (1930–31), S. 113–132.
Harris-Stäblein, P.: New Views on an Old Problem: The Dynamics of Death in the 'planh', *Romance Philology* XXXV, 1 (1981), S. 223–234.
Hatto, A. T.: *Eos. An Enquiry into the Themes of Lover's Meetings and Parting at Dawn in Poetry*. London, The Hague, Paris 1965.
Heger, H.: *Die Melancholie bei den französischen Lyrikern des Spätmittelalters*. Bonn 1967.
Heger, K: *Die bisher veröffentlichten Hargas und ihre Deutungen*. Tübingen 1960.

Heitmann, H.: *Französische Lyrik von Guillaume de Machaut bis Jean Marot.* In: *Neues Handbuch der Literaturwissenschaft,* Bd. 8, *Europäisches Spätmittelalter,* hrsg. v. W. Erzgräber. Wiesbaden 1978, S. 355–372.

d'Heur, J. M.: Des 'descorts' occitans et des 'descordos' galiciens-portugais, *Zeitschrift für romanische Philologie* 84 (1968), S. 323–339.

–: Per lo studio sistematico della pastorella romanza. In: *Atti del XIV° Congresso internazionale di linguistica e filologia romanza,* Bd. 5, Neapel 1981, S. 585–590.

Hibberd, L.: 'Estampie' und 'stantipes', *Speculum* 19 (1944), S. 222–249.

Hilty, G.: Die zweisprachige Alba. In: *Europäische Mehrsprachigkeit. Festschrift zum 70. Geburtstag von Mario Wandruszka.* Tübingen 1981, S. 43–51.

Hoepffner, E.: La chronologie des pastourelles de Froissart. In: *Mélanges offerts à Emile Picot.* Paris 1913, Bd. 2, S. 27–42.

Hofer, St.: Zur Entstehung des altprovenzalischen Streitgedichts, *Zeitschrift für romanische Philologie* 75 (1959), S. 37–88.

Huizinga, J.: *Herbst des Mittelalters.* Stuttgart [11]1975.

Ingenschay, D.: *Alltagswelt und Selbsterfahrung. Ballade und Testament bei Deschamps und Villon.* München 1986.

–: Pragmatische Form und lyrische Besetzung – zur Konstitution von Ballade und Testament bei Deschamps und besonders Villon. In: *Literatur in der Gesellschaft des Spätmittelalters,* hrsg. v. H. U. Gumbrecht. Heidelberg 1980, S. 169 bis 190.

–: La rhétorique et le 'monde quotidien' chez Eustache Deschamps. In: *Du mot au texte. Actes du IIIe Colloque International sur le Moyen Français,* hrsg. v. P. Wunderli. Tübingen 1982, S. 253–261.

Intertextualités médiévales, édition spéciale: *Littérature* 41 (1981).

Jauss, H. R.: *Alterität und Modernität der mittelalterlichen Literatur. Gesammelte Aufsätze 1956–1976.* München 1977.

Jeanroy, A.: *Les chansons de Guillaume IX.* Paris ²1927.

–: *Les origines de la poésie lyrique en France au Moyen Age* (Réimpr. 4e ed.). Paris 1965.

–: *La poésie lyrique des troubadours.* Toulouse, Paris 1934.

Jodogne, O.: La ballade dialoguée dans la littérature française médiévale. In: *Fin du Moyen Age et Renaissance. Mélanges offerts à Robert Guiette.* Anvers 1961, S. 71–85.

Jodogne, P.: Rhétoriqueurs. In: *Dizionario critico della letteratura francese,* Bd. 2, Turin 1972, S. 993.

Joly, R.: Les chansons d'histoire, *Romanistisches Jahrbuch* 12 (1961), S. 55–66.

Jones, D. J.: *La 'tenson' provençale. Etude d'un genre poétique, suivie d'une édition critique de quatre 'tensons' et d'une liste complète des 'tensons' provençales.* Paris 1934 (réimpr. Genève 1974).

Jones, L. W.: *The 'Cort d'amor'. A Thirteenth-Century Allegorical Art of Love.* Chapel Hill 1977.

Jones, W. P.: *The Pastourelle. A Study of the Origins and Tradition of a Lyric Type.* Cambridge (Massachusetts) 1931.

Jonin, P.: Le refrain dans les chansons de toile, *Romania* 96 (1975), S. 209 bis 244.
Jung, M. R.: Poetria. Zur Dichtungstheorie des ausgehenden Mittelalters in Frankreich, *Vox Romanica* 30 (1971), S. 44–64.
Kellermann, W.: Ein Sprachspiel des französischen Mittelalters: die 'resverie'. In: *Mélanges offerts à Rita Lejeune,* Bd. 2, Gembloux 1969, S. 1131–1346.
–: Über die altfranzösischen Gedichte des uneingeschränkten Unsinns, *Archiv für das Studium der neueren Sprachen* 205 (1962), S. 1–22.
Kendrick, L.: La poésie pastorale de Eustache Deschamps: Miroir de mentalité à la fin du XIVe siècle, *Romanistische Zeitschrift für Literaturgeschichte* 7 (1983), S. 28–44.
Kibler, W. W./Wimstatt, J. J.: The Development of the Pastourelle in the Fourteenth Century: An Edition of Fifteen Poems with an Analysis, *Medieval Studies* 45 (1983), S. 22–78.
Kippenberg, B.: *Der Rhythmus im Minnesang. Eine Kritik der literatur- und musikhistorischen Forschung mit einer Übersicht über die musikalischen Quellen.* München 1962.
Klein, K. W.: *The Partisan Voice. A Study of the Political Lyric in France and Germany (1180–1230).* Paris, Den Haag 1971.
Köhler, E.: Deliberation on a Theory of the Genre of the Old Provençal 'descort'. In: *Mélanges Th. G. Bergin.* New Haven, London 1976, S. 1–13.
–: 'Descort' und 'Lai'. In: *Grundriß der romanischen Literaturen des Mittelalters,* Bd. II/1, fasc. 4, hrsg. v. E. Köhler. Heidelberg 1980, S. 1–8.
–: Partimen ('joc partit'). In: *Grundriß der romanischen Literaturen des Mittelalters,* Bd. II/1, fasc. 5, hrsg. v. E. Köhler. Heidelberg 1979, S. 16–32.
–: Pastorela. In: *Grundriß der romanischen Literaturen des Mittelalters,* Bd. II/1, fasc. 5, hrsg. v. E. Köhler. Heidelberg 1979, S. 33–43.
–: La pastourelle dans la poésie des troubadours. In: *Etudes de langue et littérature du Moyen Age offerts à Félix Lecoy.* Paris 1973, S. 279–292.
–: Remarques sur la romance dans la poésie des troubadours. In: *Mélanges de philologie romane offerts à Charles Camproux,* Bd. 1, Montpellier 1978, S. 121–127.
–: Romanze. In: *Grundriß der romanischen Literaturen des Mittelalters,* Bd. II/1, fasc. 5, hrsg. v. E. Köhler. Heidelberg 1979, S. 55–59.
–: Die Sirventes-Kanzone. In: *Grundriß der romanischen Literaturen des Mittelalters,* Bd. II/1, fasc. 4, hrsg. v. E. Köhler. Heidelberg 1980, S. 62–66.
–: Die Sirventes-Kanzone: 'genre bâtard' oder legitime Gattung? In: *Mélanges offerts à Rita Lejeune,* Bd. 1, Gembloux 1969, S. 159–183.
–: Zur Struktur der altprovenzalischen Kanzone. In: Köhler, E.: *Esprit und arkadische Freiheit.* Frankfurt a. M., Bonn 1966, S. 28–45.
Kooijman, J.: Une étrange duplicité: la double ballade au bas moyen âge. In: *Le Génie de la forme. Mélanges de langue et littérature offerts à Jean Mourot.* Nancy 1972, S. 41–49.
Lafitte-Houssat, J.: *Troubadours et Cours d'amour.* Paris 1971.

Lafont, R.: Les 'Leys d'Amors' et la mutation de la conscience occitane, *Revue des langues romanes* 76 (1966), S. 13–59.

Lanciani, G.: Dagli 'enueg' alle 'parvoices', *Cultura neolatina* 30 (1970), S. 250 bis 299.

Langlois, E.: *Recueil d'Arts de seconde rhétorique*. Paris 1902.

Lavis, G.: *L'expression de l'affectivité dans la poésie lyrique française du Moyen Age (XIIe–XIIIe siècles). Etude sémantique et stylistique du réseau lexical joie – dolor*. Paris 1972.

Le Gentil, P.: *Le Virelai et le villancico. Le problème des origines arabes*. Paris 1954.

Leube, Chr.: Cobla. In: *Grundriß der romanischen Literaturen des Mittelalters*, Bd. II/1, fasc. 4, hrsg. v. E. Köhler. Heidelberg 1980, S. 67–72.

–: Das Kreuzzugslied. In: *Grundriß der romanischen Literaturen des Mittelalters*, Bd. II/1, fasc. 4, hrsg. v. E. Köhler. Heidelberg 1980, S. 73–82.

–: Salut d'amor. In: *Grundriß der romanischen Literaturen des Mittelalters*, Bd. II/1, fasc. 5, hrsg. v. E. Köhler. Heidelberg 1979, S. 77–87.

–: Tanzlied und 'estampida'. In: *Grundriß der romanischen Literaturen des Mittelalters*, Bd. II/1, fasc. 5, hrsg. v. E. Köhler. Heidelberg 1979, S. 60–66.

–: Religiöses Lied. In: *Grundriß der romanischen Literaturen des Mittelalters*, Bd. II/1, fasc. 5, hrsg. v. E. Köhler. Heidelberg 1980, S. 67–76.

Leube-Fey, Chr.: *Bild und Funktion der 'Dompna' in der Lyrik der Trobadors*. Heidelberg 1971.

Lieder der Trouvères. Französisch/Deutsch. Ausgewählt, übersetzt und kommentiert v. D. Rieger. Stuttgart 1983.

Limentani, A.: *L'eccezione narrativa. La Provenza medievale e l'arte del racconto*. Turin 1977.

–: 'Flamenca' e i trovatori. In: *Studi filologici, letterari e storici in memoria di Guido Favati*, Bd. 1, Padua 1977, S. 339–368.

Lipman, R. A.: *The Medieval French Ballades from its Beginnings to the Midfourteenth Century*. London 1981.

Lubienski-Bodenkam, H.: The Origins of the Fifteenth Century Views of Poetry as 'seconde rhétorique', *Modern Language Review* 74 (1979), S. 26–38.

Lukitsch, Sh.: The Poetics of the Prologue: Machaut's Conception of the Purpose of his Art, *Medium Aevum* (Oxford) 52 (1983), S. 258–271.

Lyrik des Mittelalters. Probleme und Interpretationen (...), hrsg. v. H. Bergner, 2 Bde., Stuttgart 1983.

Maillard, J.: *Evolution et esthétique du lai lyrique des origines à la fin du XIVe siècle*. Paris 1963.

–: Notes sur l'"acort' provençal, *Revue de langue et de littérature provençales* 3 (1960), S. 44–53.

–: Problèmes musicaux et littéraires du 'descort'. In: *Mélanges de linguistique et de littérature romanes à la mémoire d'I. Frank*. Saarbrücken 1957, S. 388–409.

Manning, St.: Game and Earnest in the Middle English and Provençal Love Lyrics, *Comparative Literature* 18 (1966), S. 225–241.

Marrou, H.-I. (Davenson, H.): *Les Troubadours*. Paris ²1971.
Marshall, J. H.: The Isotopic 'descort' in the Poetry of the Troubadours, *Romance Philology* XXXV, 1 (1981), S. 130–157.
–: Le 'vers' au XIIe siècle: genre poétique? In: *Actes et Mémoires du IIIe Congrès international de langue et littérature d'oc (Bordeaux, 3–8 sept. 1961)*, Bd. 2, Bordeaux 1965, S. 55–63.
Martineau-Genieys, Chr.: *Le thème de la mort dans la poésie française de 1450 à 1550*. Paris 1978.
Méjean, S.: Contribution à l'étude du 'sirventes joglaresc'. In: *Mélanges Jean Boutière*, Bd. 1, Lüttich 1971, S. 377–395.
Melli, E.: Nuove ricerche storiche sul trovatore bolognese Rambertino Buvalelli. In: *Studi in memoria di Guido Favati*, Bd. 2, Padua 1977, S. 425–448.
–: I 'salut' e l'espistolografia medievale, *Convivium* 30 (1962), S. 385–398.
Meneghetti, M. L.: 'Enamoratz' e 'fenhedors': Struttura ideologica e modelli narrativi nelle biografie trobadoriche, *Medioevo Romanzo* 6 (1979), S. 271 bis 301.
Menocal, M. R.: The Etymology of Old Provençal 'trobar', 'trobador': A Return to the 'Third Solution', *Romance Philology* XXXVI (1982), S. 137–153.
Meyer, P.: *Le 'salut d'amour' dans les littératures provençales et françaises*. Paris 1867.
Mölk, U.: Die provenzalische Lyrik. In: *Neues Handbuch der Literaturwissenschaft*, Bd. 7, *Europäisches Hochmittelalter*, hrsg. v. H. Krauss. Wiesbaden 1981, S. 19–36.
–: *Trobadorlyrik*. München, Zürich 1982.
–: *Trobar clus, trobar leu. Studien zur Dichtungstheorie der Trobadors*. München 1968.
Monson, A.: *Les 'ensenhamens' occitans*. Paris 1981.
Neumeister, S.: Le classement des genres lyriques des troubadours. In: *Actes du VIe Congrès international de langue et littérature d'oc et d'études franco-provençales*, Bd. 2, Montpellier 1971, S. 401–415.
–: *Das Spiel mit der höfischen Liebe. Das altprovenzalische Partimen*. München 1969.
Nies, F.: Fatrasies und Verwandtes: Gattungen fester Form?, *Zeitschrift für romanische Philologie* 92 (1976), S. 124–137.
Nykl, A. R.: *Hispano-arabic Poetry and its Relations with the Old Provençal Troubadours*. Baltimore 1946.
Oroz Arizcuren, F. J.: *La lírica religiosa en la literatura provenzal antigua*. Pamplona 1972.
Ourliac, P.: Troubadours et juristes, *Cahiers de civilisation médiévale* 8 (1965), S. 159–177.
Paden, W. D.: The Literary Background of the Pastourelle. In: *Acta Conventus Neolatini Lovaniensis*. Leuven 1973, S. 467–473.
Pagès, A.: *Les 'coblas'*. Toulouse 1949.
Panvini, B.: *Le biografie provenzali. Valore e attendibilità*. Florenz 1952.

Parducci, A.: La 'lettera d'amore' nell'antica letteratura provenzale, *Studi medievali* 15 (1942), S. 69–110.
Paris, G.: Etudes sur les romans de la Table Ronde. Lancelot du Lac. II. Le 'Conte de la Charrette', *Romania* 12 (1883), S. 459–534.
Pasero, N.: 'Devinalh', 'non-senso' e 'interiorizzazione testuale': osservazioni sui rapporti fra strutture formali e contenuti ideologici nella poesia provenzale, *Cultura neolatina* 28 (1968), S. 113–146.
Pattison, W. T.: *The Life and Works of the Troubadour Raimbaut d'Orange.* Minneapolis 1952.
Pinkernell, G.: *François Villons 'Lais'. Versuch einer Gesamtdarstellung.* Heidelberg 1979.
Pirot, F.: *Recherches sur les connaissances littéraires des troubadours occitans et catalans des XIIe et XIIIe siècles. Les 'sirventes-ensenhamens' de Guerau de Cabrera, Guiraut de Calanson et Bertrand de Paris.* Barcelona 1972.
Poirion, D.: *Le poète et le prince. L'évolution du lyrisme courtois de Guillaume de Machaut à Charles d'Orléans.* Paris 1965 (Réimpr. Genf 1978).
–: Traditions et fonctions du dit poétique au XIVe et au XVe siècle. In: *Literatur in der Gesellschaft des Spätmittelalters*, hrsg. v. H. U. Gumbrecht. Heidelberg 1980, S. 147–150.
Porter, L. C.: *La fatrasie et le fatras. Essai sur la poésie irrationnelle en France au moyen âge.* Genf, Paris 1960.
Raupach, M. u. M.: *Französisierte Trobadorlyrik. Zur Überlieferung provenzalischer Lieder in französischen Handschriften.* Tübingen 1979.
Raynaud, G.: *Rondeaux et autres poésies du XVe siècle.* Paris 1889.
Reany, G.: *Guillaume de Machaut.* London 1971.
Rieger, D.: *Gattungen und Gattungsbezeichnungen der Trobadorlyrik. Untersuchungen zum altprovenzalischen Sirventes.* Tübingen 1976.
–: Das Klagelied ('Planh'). In: *Grundriß der romanischen Literaturen des Mittelalters*, Bd. II/1, fasc. 4, hrsg. v. E. Köhler. Heidelberg 1980, S. 83–92.
–: Das Sirventes. In: *Grundriß der romanischen Literaturen des Mittelalters*, Bd. II/1, fasc. 4, hrsg. v. E. Köhler. Heidelberg 1980, S. 9–61.
–: Tagelied ('alba'). In: *Grundriß der romanischen Literaturen des Mittelalters*, Bd. II/1, fasc. 5, hrsg. v. E. Köhler. Heidelberg 1979, S. 44–54.
Riquer, M. de: El 'escondit' provenzal y su pervivencia en la lírica románica, *Boletín de la Real Academia de Buenas Letras de Barcelona* 24 (1951–52), S. 201–224.
–: Il significato politico del serventes provenzale. In: *Concetto, Storia, Miti e Immagini del Medio Evo*, a cura di V. Branca. Florenz 1973, S. 287–309.
–: *Los Trovadores. Historia literaria y textos*, 3 Bde., Barcelona 1975.
Rohr, R.: Zur Form der altprovenzalischen lyrischen Gattungen. In: Rohr, R.: *'Matière', 'sens', 'conjointure': Methodologische Einführung in die französische und provenzalische Literatur des Mittelalters.* Darmstadt 1978, S. 94–115.
–: Zur Interpretation der altprovenzalischen Lyrik. Hauptrichtungen der Forschung (1952–1962). In: *Der provenzalische Minnesang. Ein Querschnitt*

durch die neuere Forschungsdiskussion, hrsg. v. R. Baehr. Darmstadt 1967, S. 66–114.

Roncaglia, A.: 'Trobar clus': discussione aperta, *Cultura neolatina* 29 (1969), S. 1–59.

Rostaing, Ch.: Le 'partimen' de Guionet et Raimbaut et son prolongement possible chez les trouvères. In: *Mélanges Gossen.* Bern 1976, S. 769–776.

Roubaud, J.: *Les Troubadours. Anthologie bilingue.* Paris 1971.

Ruhe, E.: *'De amasio ad amasiam'. Zur Gattungsgeschichte des mittelalterlichen Liebesbriefes.* München 1975.

Russmann, W.: *Die Abschiedslieder in der provenzalischen Literatur.* Heidelberg 1915.

Salvat, J.: La Sainte Vierge dans la littérature occitane du Moyen Age. In: *Mélanges de linguistique et de littérature romanes à la mémoire d'I. Frank.* Saarbrücken 1957, S. 614–656.

Saville, J.: *The Medieval Erotic 'alba'. Structure as Meaning.* New York, London 1972.

Schlumbohm, C.: *Jocus und Amor: Liebesdiskussionen vom mittelalterlichen 'joc partit' bis zu den preziösen 'questions d'amour'.* Hamburg 1974.

Schulze-Busacker, E.: L'exorde de la pastourelle occitane,*Cultura neolatina* 38 (1978), S. 223–232.

Segre, C.: Le forme e le tradizioni didattiche. In: *Grundriß der romanischen Literaturen des Mittelalters,* Bd. VI/1, hrsg. v. H. R. Jauss. Heidelberg 1968, S. 58–145.

Shapiro, M.: Entrebescar los motz: Word-Weaving and Divine Rhetoric in Medieval Romance Lyric, *Zeitschrift für romanische Philologie* 100 (1984), S. 355 bis 383.

–: 'Tenson' et 'partimen': la 'tenson' fictive. In: *Atti del XIV° Congresso internazionale di linguistica e filologia romanza,* Bd. 5, Neapel 1981, S. 287–301.

Siciliano, I: *La chanson de geste et l'épopée. Mythes, Histoire, Poèmes.* Turin 1968.

–: *François Villon et les thèmes poétiques du Moyen Age.* Paris 1967.

Sonnemann, G.: *Die Ditdichtung des Guillaume de Machaut.* Göttingen 1969.

Spanke, H.: Über das Fortleben der Sequenzform in den romanischen Sprachen, *Zeitschrift für romanische Philologie* 51 (1931), S. 309–334.

Spence, S.: 'Et ades sera l'alba': Revelations as Intertext for the Provençal 'alba', *Romance Philology* XXXV, 1 (1981), S. 212–217.

Storost, J.: Die Kunst der provenzalischen Trobadors. In: *Der provenzalische Minnesang. Ein Querschnitt durch die neuere Forschungsdiskussion,* hrsg. v. R. Baehr. Darmstadt 1967, S. 1–19.

Taylor, R. A.: *La littérature occitane du Moyen Age. Bibliographie sélective et critique.* University of Toronto 1977.

Thiolier-Méjean, S.: *Les poésies satiriques et morales des troubadours du 12ᵉ siècle à la fin du 13ᵉ siècle.* Paris 1978.

Thiry, Cl.: *La plainte funèbre.* Turnhout 1978.

–: Lecture du texte de rhétoriqueur, *Cahiers d'analyse textuelle* 20 (1978), S. 85 bis 101.
Thompson Hill, R.: The 'enueg', *Publications of the Modern Language Association of America* 20 (1912), S. 265–296.
Tietz, M.: Die 'Belle Dame sans mercy' und die 'Dame des Belles Cousines'. Zur Funktion der höfischen Liebe in der Literatur des 15. Jahrhunderts, *Zeitschrift für romanische Philologie, Sonderheft Beiträge zum Romanischen Mittelalter* (1978), S. 357–376.
Les Troubadours. Texte et traduction, hrsg. v. R. Nelli/R. Lavaud, 2 Bde., Brüssel 1966.
van den Boogaard, N. H. J.: *Rondeaux et refrains français du XIIe siècle*. Paris 1962.
van der Werf, H.: *The Chansons of the Troubadours and Trouvères. A Study of the Melodies and their Relations to the Poems*. Utrecht, Oosthoek 1972.
Wentzlaff-Eggebert, F. W.: *Kreuzzugsdichtung des Mittelalters. Studien zu ihrer geschichtlichen und dichterischen Wirklichkeit*. Berlin 1960.
Wilkins, N.: *One Hundred Ballades, Rondeaux and Virelais from the Late Middle Ages*. Cambridge 1969.
–: The Structure of Ballades, Rondeaux and Virelais in Froissart and Christine de Pisan, *French Studies* 23 (1969), S. 337–348.
Wodsak, M.: *Die Complainte. Zur Geschichte einer französischen Populärgattung*. Heidelberg 1985.
Wolf, H. J.: 'Fatrasie': Kritik und Etymologie. In: *Romanica Europea et Americana. Festschrift für Harri Meier*. Bonn 1980, S. 639–657.
Wolfzettel, F.: La poésie lyrique en France comme mode d'appréhension de la réalité: remarques sur l'invention du sens visuel chez Machaut, Froissart, Deschamps et Charles d'Orléans. In: *Mélanges de langue et littérature françaises du Moyen Age et de la Renaissance offerts à M. Charles Foulon (...)*. T. I. Université de Bretagne 1980, S. 409–419.
Zink, M.: *Belle. Essai sur les chansons de toile. Suivi d'une édition et d'une traduction*. Paris 1978.
–: Le lyrisme en rond. Esthétique et séduction des poèmes à forme fixe au moyen âge, *Cahiers de l'Association internationale des études françaises* 32 (1980), S. 71–90.
–: *La pastourelle. Poésie et folklore au Moyen Age*. Paris, Montréal 1972.
Zumthor, P.: *Anthologie des grands rhétoriqueurs*. Paris 1978.
–: Essai d'analyse des procédés fatrasiques, *Romania* 84 (1963), S. 145–170.
–: *Essai de poétique médiévale*. Paris 1972.
–: Fatrasie et coq-à-l'âne. De Beaumanoir à Clément Marot. In: *Fin du Moyen Age et Renaissance. Mélanges offerts à Robert Guiette*. Anvers 1961, S. 5 bis 18.
–: Fatrasie, fatrasiers. In: Zumthor, P.: *Langue, texte, énigme*. Paris 1975, S. 68 bis 88.
–: Le grand 'change' des rhétoriqueurs. In: *Changement de forme, révolution,*

langage. Centre international de Cérisy-la-Salle. Colloque de Cérisy, dir. J. P. Faye/J. Roubaud. Paris 1975, Bd. 1, S. 191–221.

Zumthor, P.: *Le masque et la lumière. La poétique des grands rhétoriqueurs*. Paris 1978.

2. Vom 16. bis zum 18. Jahrhundert

Abraham, C. K.: *Enfin Malherbe. The Influence of Malherbe on French Lyric Prosody (1605–1674)*. Lexington (Kentucky) 1971.

Adam, A.: *Histoire de la littérature française au XVIIe siècle*, 5 Bde., Paris 1948 bis 1957.

Ardouin, P.: *La Délie de Maurice Scève et ses cinquante emblèmes ou les noces secrètes de la poésie et du signe*. Paris 1982.

Baiche, A.: *La naissance du baroque français. Poésie et image (1570–1605)*. Toulouse, Lille 1973.

Becker, Ph. A.: *Aus Frankreichs Frühhumanismus. Kritische Skizzen*. München 1927.

–: Die Versepistel vor Clément Marot. In: Becker, Ph. A.: *Aus Frankreichs Frühhumanismus. Kritische Skizzen*. München 1927, S. 47–84.

Biard, J. D.: *The Style of La Fontaine's Fables*. Oxford 1966.

Blänsdorf, J.: Das Neue in der Kunsttheorie Gerolamo Vidas. In: *Stimmen der Romania. Festschrift für W. Theodor Elwert*, hrsg. v. G. Schmidt und M. Tietz. Wiesbaden 1980, S. 89–102.

Brand, W.: Das Ende der Ode. Zur Entwicklung der französischen Lyrik in der zweiten Hälfte des 18. Jahrhunderts, *Romanistische Zeitschrift für Literaturgeschichte* 8 (1984), S. 44–59.

Brunot, F.: *La doctrine de Malherbe d'après son commentaire sur Desportes*. Paris 1891.

Buck, A.: *Forschungen zur romanischen Barockliteratur*. Darmstadt 1980.

–: *Die Rezeption der Antike in den romanischen Literaturen der Renaissance*. Berlin 1976.

Castor, G.: *Pléiade Poetics. A Study in Sixteenth-Century Thought and Terminology*. Cambridge 1964.

Cauchie, M.: Les églogues de Nicolas Frénicle et le groupe littéraire des 'Illustres Bergers', *Revue d'histoire de la philosophie* 29/30 (1942), S. 114–133.

Cave, T. C.: *The Cornucopian Text. Problems of Writing in the French Renaissance*. Oxford 1979.

–: *Devotional Poetry in France, c. 1570–1613*. Cambridge 1969.

Cave, T. C./Jeanneret, M.: *Métamorphoses Spirituelles. Anthologie de la poésie religieuse française 1570–1630*. Paris 1972.

Chamard, H.: *Histoire de la Pléiade*, 4 Bde., Paris 1961 (¹1939).

–: *Joachim du Bellay*. Lille 1900.

Chanson Verse of the Early Renaissance, hrsg. v. B. Jeffery. London 1971.

Chauveau, J. P.: Vie et mort d'un genre sous les règnes de Louis XIII et de Louis

XIV: La poésie encomiastique, *Papers on French Seventeenth Century Literature* 9 (1978), S. 67–82.
Coleman, D. G.: *The Gallo-Roman Muse. Aspects of Roman Literary Tradition in Sixteenth-Century France.* Cambridge, London, New York, Melbourne 1979.
Daschner, H.: *Die gedruckten mehrstimmigen Chansons von 1500–1600. Literarische Quellen und Bibliographie.* Bonn 1962.
Dieckmann, H.: *Inventaire du Fonds Vandeul.* Genf, Lille 1951.
–: Die Wandlung des Nachahmungsbegriffes in der französischen Ästhetik des 18. Jahrhunderts. In: *Nachahmung und Illusion,* hrsg. v. H. R. Jauss. München ²1969, S. 28–59.
–: Zur Theorie der Lyrik im 18. Jahrhundert in Frankreich, mit gelegentlicher Berücksichtigung der englischen Kritik. In: *Immanente Ästhetik – Ästhetische Reflexion,* hrsg. v. W. Iser. München 1966, S. 73–112.
Di Steffano, G.: Du 'Lais' au 'Testament', *Cahiers de l'Association Internationale des Etudes Françaises* 32 (1980), S. 39–50.
Donaldson-Evans, L. K.: D'Auvray's Seven Sonnets on the Passion of the Saviour: a Meditative Sonnet-Sequence, *French Studies* 25 (1971), S. 385–400.
Dresden, S.: La notion d'imitation dans la littérature de la Renaissance. In: *Invention et Imitation. Etudes sur la littérature du seizième siècle,* publiées sous la direction de J. A. Tans. Den Haag, Brüssel 1968, S. 22–38.
Droz, E.: *Jacques de Constans. L'Ami d'Agrippa d'Aubigné.* Genf 1962.
Elwert, W. Th.: Die Lyrik der Renaissance in Frankreich. In: *Neues Handbuch der Literaturwissenschaft,* Bd. 9, *Renaissance und Barock (1. Teil),* hrsg. v. A. Buck. Frankfurt a. M. 1972, S. 3–18.
–: La vogue des vers mêlés dans la poésie du dix-septième siècle, *XVIIe siècle* 88 (1970), S. 3–18.
Finch, R.: *The Sixth Sense. Individualism in French Poetry 1686–1760.* Toronto 1966.
Floeck, W.: *Die Literarästhetik des französischen Barock. Entstehung – Entwicklung – Auflösung.* Berlin 1979.
Forster, E.: *Die französische Elegie im 16. Jahrhundert.* Diss. Köln 1959.
Französische Klassik, hrsg. v. F. Nies, K. Stierle. München 1984.
Fromilhague, R.: *Malherbe. Technique et création poétique.* Paris 1954.
Fukui, Y.: *Raffinement précieux dans la poésie française du XVIIe siècle.* Paris 1964.
Fumaroli, M.: *L'âge de l'éloquence. Rhétorique et 'res literaria' de la Renaissance au seuil de l'époque classique.* Genf 1980.
Gaudiani, C. L.: *The Cabaret Poetry of Théophile de Viau.* Tübingen 1981.
Giraud, Y.: Aspects de l'épigramme chez Maynard. In: *Maynard et son temps.* Actes du colloque organisé les 19, 20 et 21 octobre 1973. Toulouse 1976, S. 75–94.
–: Les Eglogues spirituelles d'Antoine Godeau. In: *Antoine Godeau (1605–1672). De la galanterie de la sainteté.* Paris 1975, S. 295–318.
Goebel, G.: Style 'indirect libre' in La Fontaines ‹Amours de Psyche et de Cupidon› (1669), *Romanistisches Jahrbuch* 17 (1966), S. 98–111.
Gohin, F.: *L'art de La Fontaine dans ses fables.* Paris 1929.

Gordon, A. L.: *Ronsard et la rhétorique*. Genf 1970.
Guitton, E.: Les Bucoliques d'André Chénier: une tentative de reconstitution, *Studies on Voltaire and the 18th Century* 193 (1980), S. 1604–1606.
–: *Jaques Delille et le poème de la nature en France de 1750 à 1820*. Paris 1974.
Hardison, O. B.: *The Enduring Monument. A Study of the Idea of Praise in Renaissance Literary Theory and Practice*. Chapel Hill 1962.
Hatzfeld, H.: *Die französische Renaissancelyrik*. München 1924.
Hecker, K.: *Die satirische Epigrammatik im Frankreich des 18. Jahrhunderts*. o. O. 1979.
Heitmann, K.: Frankreich. In: Buck, A./Heitmann, K./Mettmann, W.: *Dichtungslehren der Romania aus der Zeit der Renaissance und des Barock*. Frankfurt a. M. 1972, S. 257–500.
Hempfer, Kl. W.: Rezension zu: Jungmann, K.: Studien zur französischen Elegie des 18. Jahrhunderts mit besonderer Berücksichtigung der Tibullrezeption. Hamburg 1976 (Hamburger romanistische Dissertationen, 16), *Zeitschrift für französische Sprache und Literatur* 93 (1983), S. 220–222.
–: *Tendenz und Ästhetik. Studien zur französischen Verssatire des 18. Jahrhunderts*. München 1972.
Hulubei, A.: *L'Eglogue en France au XVIe siècle. Epoque des Valois (1575–1589)*. Paris 1938.
Jackson, G. D.: *The Genre of the French Sacred Ode in the First Half of the 18th Century*. Toronto 1960/61.
Janik, D.: *Geschichte der Ode und der 'Stances' von Ronsard bis Boileau*. Bad Homburg v. d. H., Berlin, Zürich 1968.
Jauss, H. R.: Ästhetische Normen und geschichtliche Reflexion in der 'Querelle des Anciens et des Modernes'. In: *Ch. Perrault. Parallèle des Anciens et des Modernes en ce qui regarde les arts et les sciences*. Faksimiledruck der vierbändigen Originalausgabe (Paris 1688–97), hrsg. v. M. Imdahl, W. Iser, H. R. Jauss, W. Preisendanz, J. Striedter. München 1964, S. 8–64.
Jeanneret, M.: *Poésie et tradition biblique au XVIe siècle. Recherches stylistiques sur les paraphrases des psaumes de Marot à Malherbe*. Paris 1969.
Jungmann, K.: *Studien zur französischen Elegie des 18. Jahrhunderts mit besonderer Berücksichtigung der Tibull-Rezeption*. Hamburg 1976.
Kablitz, A.: Rezension zu: Guitton, E.: Jacques Delille et le poème de la nature en France de 1750 à 1820. Paris 1974, *Zeitschrift für französische Sprache und Literatur* 92 (1982), S. 359–362.
Kennedy, W. J.: *Rhetorical Norms in Renaissance Literature*. New Haven, London 1978.
Kibédi Varga, A.: Enfin du Perron vint. Malherbe ou le sens de la publicité, *Revue d'histoire littéraire de la France* 67 (1967), S. 1–17.
–: La poésie religieuse au XVIIe siècle, *Neophilologus* 47 (1962), S. 263–278.
–: *Rhétorique et littérature. Etudes de structures classiques*. Paris 1970.
Lachèvre, F.: *Bibliographie des Recueils Collectifs de Poésie du XVIe siècle*. Paris 1922.

Lafay, H.: *La poésie française du premier XVIIe siècle (1598–1630). Esquisse pour un tableau.* Paris 1975.
–: Les poésies de Malherbe dans les recueils collectifs du XVIIe siècle, *Revue d'histoire littéraire de la France* 64 (1964), S. 13–25.
Lausberg, H.: Zur Stellung Malherbes in der Geschichte der französischen Schriftsprache, *Romanische Forschungen* 62 (1950), S. 172–200.
Lavaud, J.: *Un poète de cour au temps des derniers Valois. Philippe Desportes.* Paris 1936.
Leblanc, P.: *Les paraphrases françaises des psaumes à la fin de la période baroque (1610–1660).* Paris 1960.
Lindner, H.: *Didaktische Gattungsstruktur und narratives Spiel. Studien zur Erzähltechnik in La Fontaines Fabeln.* München 1975.
–: Erhabener und schlichter Stil in der französischen Renaissance-Literatur. In: *Interpretation. Das Paradigma der europäischen Renaissance-Literatur. Festschrift für Alfred Noyer-Weidner zum 60. Geburtstag*, hrsg. v. Kl. W. Hempfer, H. Regn. Wiesbaden 1983, S. 105–123.
Martinon, Ph.: *Les strophes. Etude historique et critique sur les formes de la poésie lyrique en France depuis la Renaissance.* Paris 1912.
McFarlane, I. D.: Poésie néo-latine et poésie de langue vulgaire à l'époque de la Pléiade. In: *Acta Conventus Neo-latini Lovaniensis.* München, Leuven 1973, S. 389–403.
–: *Renaissance France 1470–1589.* New York 1974.
McGowan, M. M.: *L'Art du ballet de cour en France (1581–1643).* Paris 1963.
Ménager, D.: *Introduction à la vie littéraire du XVIe siècle.* Paris 1968.
Menant, S.: *La chute d'Icare. La crise de la poésie française 1700–1750.* Paris 1981.
Meyer-Minnemann, Kl.: *Die Tradition der klassischen Satire in Frankreich. Themen und Motive in den Verssatiren Théophiles de Viau.* Bad Homburg v. d. H., Berlin, Zürich 1969.
Meylan, H.: *Epîtres du Coq-à-l'âne.* Genf 1956.
Miller, J. R.: *Boileau en France au dix-huitième siècle.* Baltimore 1942.
Mittelstraß, J.: *Neuzeit und Aufklärung – Studien zur Entstehung der neuzeitlichen Wissenschaft und Philosophie.* Berlin, New York 1970.
Molinier, H.-J.: *Mellin de Saint-Gelays (1490?–1558). Etude sur sa vie et sur ses œuvres.* Paris 1910 (Réimpr. Genf 1968).
Mortier, R.: L'idée de décadence littéraire au XVIIIe siècle, *Studies on Voltaire and the 18th Century* 57 (1967), S. 1013–1029.
Moser, W.: De la signification d'une poésie insignifiante. Examen de la poésie fugitive au XVIIIe siècle et de ses rapports avec la pensée sensualiste en France, *Studies on Voltaire and the 18th Century* 94 (1972), S. 277–415.
Murarasu, D.: *La poésie néo-latine et la Renaissance des lettres antiques en France (1500–1549).* Paris 1928.
Naïs, H.: L'Année 1555 dans l'histoire de la poésie française. In: *Invention et imitation. Etudes sur la littérature du XVIe siècle*, publ. sous la dir. de J. A. Tans. Den Haag, Brüssel 1968, S. 6–21.

Nies, F.: A la façon italienne. Import literarischer Gattungskonzepte als aktuelles Forschungsproblem. In: *Italia Viva. Studien zur Sprache und Literatur Italiens. Festschrift für Hans Ludwig Scheel.* Tübingen 1983, S. 303–315.

–: *Gattungspoetik und Publikumsstruktur. Zur Geschichte der Sévignébriefe.* München 1972.

–: Genres littéraires d'inspiration religieuse. In: *La pensée religieuse dans la littérature et la civilisation du XVIIe siècle en France. Actes du Colloque de Bamberg (1983),* hrsg. v. V. Kapp, M. Tietz. Paris, Seattle, Tübingen 1984, S. 211 bis 224.

–: Kartelle und pikanter Eintopf. Konzepte der Rechts- und Küchensprache im französischen Gattungsdenken, *Zeitschrift für Literaturwissenschaft und Linguistik* 8 (1978), S. 20–34.

Otto, G.: *Ode, Ekloge und Elegie im 18. Jahrhundert. Zur Theorie und Praxis französischer Lyrik nach Boileau.* Bern, Frankfurt a. M. 1973.

Pagrot, L.: *Den klassiska verssatirens teori. Debatten kring genren från Horatius t. o. m. 1700-talet.* Lund 1961.

Paquette, D.: Histoire de la Pastorale en musique. In: *Le genre pastoral en Europe du XVe au XVIIe siècle.* Actes du Colloque international tenu à Saint-Etienne du 28 sept. au 1er oct. 1978, publ. sous la dir. de Cl. Longeon. Université de Saint-Etienne 1980, S. 363–367.

Petermann, B.: *Der Streit um Vers und Prosa in der französischen Literatur des 18. Jahrhunderts.* Halle 1913.

Picard, R.: *La poésie française de 1640 à 1680,* 2 Bde., Paris ²1965–69.

Pineaux, J.: *La poésie des protestants de langue française (1559–1598).* Paris 1971.

La poésie française de 1640 à 1680. Poésie religieuse, épopée, lyrisme officiel, hrsg. v. R. Picard. Paris 1965.

Poètes du XVIe siècle, édition établie et annotée par A.-M. Schmidt. Paris 1953.

Raymond, M.: *L'Influence de Ronsard sur la poésie française (1550–1585).* Paris 1927.

Rigolot, F.: *Le texte de la Renaissance. Des Rhétoriqueurs à Montaigne.* Genf 1982.

Rothe, A.: *Französische Lyrik im Zeitalter des Barock.* Berlin 1974.

Roudaut, J.: Les logiques poétiques au XVIIIe siècle, *Cahiers du Sud* 48 (1959), S. 10–32.

Les satires françaises du XVIIe siècle, éd. par F. Fleuret et L. Perceau, 2 Bde., Paris 1923.

Scheel, H. L.: *Die Urteile Sainte-Beuves über das Verhältnis der französischen Literatur zur Antike (1500–1800).* Kiel 1950.

Schenker, M.: *Charles Batteux und seine Nachahmungstheorie in Deutschland.* Leipzig 1909.

Scherpe, K. R.: *Gattungspoetik im 18. Jahrhundert. Reflexionen über eine modifizierte Fundamentalpoetik.* Bern, München 1968.

Schmidt, A.-M.: La littérature humaniste à l'époque de la Renaissance. In: *Histoire des Littératures Bd. III; Littératures Françaises, connexes et margina-*

les. Volume publié sous la direction de Raymond Queneau. Paris 1958, S. 165 bis 252.

–: *La poésie scientifique en France au seizième siècle*. Paris 1938.

Schröder, W.: Zum Begriff 'Nachahmung' in Batteux' Theorie der schönen Künste. In: *Beiträge zur französischen Aufklärung und zur spanischen Literatur. Festgabe für W. Krauss zum 70. Geburtstag*, hrsg. v. W. Bahner. Berlin 1971, S. 363–373.

Schulz-Buschhaus, U.: Boileaus 'Repas ridicule'. Klassische Satire und burleske Poetologie, *Romanistisches Jahrbuch* 32 (1981), S. 69–91.

–: Honnête Homme und Poeta doctus – Zum Verhältnis von Boileaus und Menzinis poetologischen Lehrgedichten, *Arcadia* 9 (1974), S. 113–133.

–: *Das Madrigal. Zur Stilgeschichte der italienischen Lyrik zwischen Renaissance und Barock*. Bad Homburg v. d. H., Berlin, Zürich 1969.

–: Rezension zu: Floeck, W.: Die Literarästhetik des französischen Barock. Entstehung – Entwicklung – Auflösung, *Archiv für das Studium der neueren Sprachen* 218 (1981), S. 469–475.

Spitzer, L.: Die klassische Dämpfung in Racines Stil, *Archivum romanicum* 12 (1928), S. 361–466.

Stavan, H. A.: *Le lyrisme dans la poésie française de 1760 à 1820. Analyses et textes de quelques auteurs*. Paris 1976.

Strosetzki, Chr.: *Konversation. Ein Kapitel gesellschaftlicher und literarischer Pragmatik im Frankreich des 17. Jahrhunderts*. Frankfurt a. M. 1978.

Terreaux, L.: *Ronsard. Correcteur de ses œuvres. Les variantes des 'Odes' et des deux premiers livres des 'Amours'*. Genf 1968.

Thiersot, J.: *Ronsard et la Musique de son Temps*. Paris 1922.

Trtnik-Rossettini, O.: *Les influences anciennes et italiennes sur la satire en France au XVIe siècle*. Florenz 1958.

Verchaly, A. P. J.: *Poésie et air de cour en France jusqu'en 1620*. Paris 1954.

Vianey, J.: *Mathurin Régnier*. Paris 1896.

Voisine, J.: La crise du sonnet français au XVIIe siècle. In: *Literatur und Spiritualität. Hans Sckommodau zum 70. Geburtstag*, hrsg. v. H. Rheinfelder. München 1978, S. 245–259.

von Jan, E.: Madeleine de Scudérys Schrift 'De la Poësie Françoise'. Ein Beitrag zur Geschichte der französischen Literaturbetrachtung. In: *Romanica. Festschrift Prof. Dr. Fritz Neubert*, hrsg. v. R. Brummer. Berlin 1948, S. 159–184.

Weber, H.: *La création poétique au XVIe siècle en France. De Maurice Scève à Agrippa d'Aubigné*, 2 Bde., Paris 1956.

Wentzlaff-Eggebert, Chr.: *Forminteresse, Traditionsverbundenheit und Aktualisierungsbedürfnis als Merkmale des Dichtens von Saint-Amant*. München 1970.

Winegarten, R.: *French Lyric Poetry in the Age of Malherbe*. Manchester 1954.

Wittschier, H. W.: *Die Lyrik der Pléiade*. Frankfurt a. M. 1971.

Yates, F. A.: *The French Academies of the Sixteenth Century*. London 1947.

Zimmer, W.: *Die literarische Kritik am Preziösentum*. Meisenheim am Glan 1978.

3. Studien zum 19. und 20. Jahrhundert

Abrams, M. H.: *Spiegel und Lampe. Romantische Theorie und die Tradition der Kritik.* München 1978.
Aeschimann, P.: La poésie. In: *25 ans de littérature française,* éd. par E. Montfort, Bd. 1, Paris 1925–26, S. 1–96.
Andronescu, S. C.: *Essai sur l'esthétique de la poésie visuelle française.* University of New York 1973.
Barrère, J. B.: Sur quelques définitions du romantisme, *Revue des sciences humaines* 16 (1951), S. 93–110.
Baumgarth, Chr.: *Geschichte des Futurismus.* Reinbek 1966.
Beauduin, N.: La poésie de l'époque, *Mercure de France* 107 (1914), S. 276–286.
Bellour, R.: 1913: Pourquoi écrire, Poète? In: *L'Année 1913,* éd. par L. Brion-Guerry, Bd. 1., Paris 1971, S. 526–632.
Bénichou, P.: Le grand œuvre de Ballanche, *Revue d'histoire littéraire de la France* 5 (1975), S. 736–748.
Bergman, P.: *Modernolatría et Simultaneità.* Uppsala 1962.
Bernard, S.: *Le poème en prose de Baudelaire jusqu'à nos jours.* Paris 1959.
Biermann, K.: *Literarisch-politische Avantgarde in Frankreich 1830–1870. Hugo, Sand, Baudelaire und andere.* Stuttgart 1982.
Blüher, K. A.: Die poetische Funktion der Sprache in der symbolistischen und surrealistischen Lyrik. In: *Sprachen der Lyrik. Festschrift H. Friedrich,* hrsg. v. E. Köhler. Frankfurt a. M. 1975, S. 22–45.
Boccioni, U.: *Estetica e arte futuriste.* Milano 1946.
Borchmeyer, D.: *Das Theater Richard Wagners.* Stuttgart 1982.
Bowra, C. M.: *Poetry and the First World War.* Oxford 1961.
Brunetière, F.: *L'Evolution de la poésie lyrique en France au 19e siècle.* Paris 1894.
Butters, G.: *Francis Ponge. Theorie und Praxis einer neuen Poesie.* Bensberg 1976.
Calvesi, M.: *Futurismus.* München 1975.
Carrouges, M.: *La Mystique Surhomme.* Paris 1948.
Dällenbach, L.: Das Bruchstück und der Reim. Zu Apollinaires 'Lundi rue Christine'. In: *Lyrik und Malerei der Avantgarde,* hrsg. v. R. Warning, W. Wehle. München 1982, S. 295–316.
Dencker, K. P.: *Text-Bilder.* Köln 1972.
Dirscherl, K.: Das Beschreiben als poetische Sprechweise in Baudelaires 'Fleurs du Mal'. In: *Baudelaire,* hrsg. v. A. Noyer-Weidner. Darmstadt 1976, S. 318 bis 361.
–: Wirklichkeit und Kunstwirklichkeit. Reverdys Kubismustheorie als Programm für eine a-mimetische Lyrik. In: *Lyrik und Malerei der Avantgarde,* hrsg. v. R. Warning, W. Wehle. München 1982, S. 445–480.
Doderer, Kl.: Das englische und französische Bild von der deutschen Romantik. In: *Begriffsbestimmung der Romantik,* hrsg. v. H. Prang. Darmstadt 1972, S. 386–412.
Drost, W.: Baudelaire between Marx, Sade and Satan. In: *Baudelaire, Mallarmé,*

Valéry. New Essays in Honour of Lloyd Austin, hrsg. v. M. Bowie u. a. Cambridge 1982, S. 38–57.

Eigeldinger, M.: Du supranaturalisme au surréalisme. In: *Le Surnaturalisme français. Actes du Colloque organisé à l'Université Vanderbilt 31. 3. et 1. 4. 1978.* W. T. Center for Baudelaire Studies. Neuchâtel 1979, S. 109–132.

Engler, W.: Victor Hugo. In: *Französische Literatur des 19. Jahrhunderts*, hrsg. v. W.-D. Lange. Heidelberg 1979, S. 102–130.

Fayolle, R.: Sainte-Beuve et Lamartine ou l'histoire d'un désillusionnement. In: *Lamartine*, hrsg. v. P. Viallaneix. Paris 1971, S. 221–262.

Flottes, P.: *Histoire de la poésie politique et sociale en France de 1815–1939.* Paris 1976.

Friedrich, H.: *Die Struktur der modernen Lyrik.* Reinbek 1967 (erweiterte Neuausgabe).

Furman, N.: *La Revue des deux mondes et le romantisme français (1831–1848).* Genf 1975.

Gilman, M.: *The Idea of Poetry in France from Houdar de la Motte to Baudelaire.* Cambridge (Massachusetts) 1958.

Glauser, A.: *La poétique de Hugo.* Paris 1978.

Grimm, J.: *Das avantgardistische Theater Frankreichs (1895–1930).* München 1982.

Grivel, Ch.: Die Explosion des Gedächtnisses. In: *Lyrik und Malerei der Avantgarde*, hrsg. v. R. Warning, W. Wehle. München 1982, S. 243–294.

Gros, L.-G.: Poésie bien-disante, poètes maudits, *Cahiers du Sud* 48 (1959), S. 3–9.

Hamlet-Metz, M.: *La critique littéraire de Lamartine.* Den Haag 1974.

Hausmann, R.: Pamphlet gegen die Weimarische Lebensauffassung (1919). In: *Dada Berlin*, hrsg. v. K. Riha, H. Bergius. Stuttgart 1977.

Heitmann, Kl.: Klassiker und Romantiker sich heftig bekämpfend. In: *Neues Handbuch der Literaturwissenschaft*, Bd. 15, *Europäische Romantik II*, hrsg. v. Kl. Heitmann. Wiesbaden 1982, S. 1–24.

–: Der Weltschmerz in den europäischen Literaturen. In: *Neues Handbuch der Literaturwissenschaft*, Bd. 15, *Europäische Romantik II*, hrsg. v. Kl. Heitmann. Wiesbaden 1982, S. 57–82.

Hinterhäuser, H.: Jarry. L'homme à la hache. In: *Die französische Lyrik. Von Villon bis zur Gegenwart*, hrsg. v. H. Hinterhäuser. Düsseldorf 1975, II, S. 167–187.

Hirdt, W.: *Studien zur Metaphorik Lamartines.* München 1967.

Hoeges, D.: *Literatur und Evolution. Studien zur französischen Literaturkritik im 19. Jahrhundert.* Heidelberg 1980.

Hölz, K.: Der gelehrte 'polisson de la chanson', *Romanistisches Jahrbuch* 23 (1972), S. 150–177.

Imdahl, M.: Is it a flag, or is it a painting? – über mögliche Konsequenzen der konkreten Kunst. In: *Wallraf-Richartz-Jahrbuch* 31 (1969), S. 205–232.

James, S. A.: Y a-t-il eu en France une génération romantique de 1830?, *Romantisme* 28/29 (1980), S. 103–118.

Janin, J.: *Les Français peints par eux-mêmes.* Curmer 1841.
Jauss, H. R.: La douceur du foyer: Lyrik des Jahres 1857 als Muster der Vermittlung sozialer Normen. In: H. R. Jauss: *Ästhetische Erfahrung und literarische Hermeneutik.* München 1977, I, S. 343–376.
–: Die Epochenschwelle von 1912 (ausgehend von Apollinaires 'Zone' und 'Lundi rue Christine'). In: *Epochenschwelle und Epochenbewußtsein,* hrsg. v. R. Herzog, R. Kosellek (Poetik und Hermeneutik 12). München 1986.
–: Literarische Tradition und gegenwärtiges Bewußtsein der Modernität. In: Jauss, H. R.: *Literaturgeschichte als Provokation.* Frankfurt a. M. 1970, S. 11 bis 66.
Johnson, B.: *Défigurations du langage poétique. La seconde révolution de Baudelaire.* Paris 1979.
Kablitz, A.: *Alphonse de Lamartines 'Méditations poétiques' im Kontext zeitgenössischer Sinnsysteme.* Berlin 1983.
Kapp, V.: *Poesie und Eros. Zum Dichtungsbegriff der fünf Großen Oden von Paul Claudel.* München 1972.
Keil, E.: *„Cantique" und „Hymne" in der französischen Lyrik seit der Romantik.* Bonn 1966.
Kirchmeir, K.-W.: *Romantische Lyrik und neoklassizistische Elegie.* München 1976.
Klemperer, V.: *Geschichte der französischen Literatur im 19. und 20. Jahrhundert.* Berlin 1956.
–: *Moderne französische Lyrik.* Berlin 1957.
Köhler, E.: Alphonse de Lamartine: 'L'isolement'. Versuch einer sozio-semiotischen Interpretation, *Romanistische Zeitschrift für Literaturgeschichte* 2/3 (1981), S. 129–152.
Lentzen, M.: Alfred de Vigny. L'Esprit pur. In: *Die französische Lyrik. Von Villon bis zur Gegenwart,* hrsg. v. H. Hinterhäuser. Düsseldorf 1975, S. 325–337.
Leube, E.: Das Freiheitskonzept des italienischen Futurismus. In: *Die Idee der Freiheit in der Literatur der romanischen Völker,* hrsg. v. W. Hempel. Tübingen 1980, S. 111–129.
–: Rezension zu: 'Romantic' and its Cognates. The European History of a Word, ed. by H. Eichner. Manchester University 1972, *Romanische Forschungen* 87 (1975), S. 534–537.
Lista, G.: *Le Futurisme.* Lausanne 1973.
Lyrik und Malerei der Avantgarde, hrsg. v. R. Warning, W. Wehle. München 1982.
Les Manifestes littéraires de la Belle Epoque 1886–1914, hrsg. v. B. Mitchell. Paris 1966.
Massin, R.: *Buchstabenbilder und Bildalphabete.* Ravensburg 1970.
Matthes, L.: *Vaudeville. Untersuchungen zu Geschichte und literatursystematischem Ort einer Erfolgsgattung.* Heidelberg 1983.
Maxwell King, H.: *Les doctrines littéraires de la Quotidienne 1814–1820.* Northampton, Paris 1919–20.

Mehnert, H.: Alfred de Vigny. In: *Französische Literatur des 19. Jahrhunderts,* hrsg. v. W.-D. Lange. Heidelberg 1979, I, S. 131–146.
Meter, H.: *Apollinaire und der Futurismus.* Rheinfelden 1977.
Milner, M.: *Le romantisme I (1820–1843).* Paris 1973.
Mölk, U.: Alphonse de Lamartine. 'Invocation'. In: *Die französische Lyrik. Von Villon bis zur Gegenwart,* hrsg. v. H. Hinterhäuser. Düsseldorf 1975, I, S. 239–249.
Müller, H.-J.: 'Guerra, violenza, azione' – 'terreur, violence, cruauté'. In: *Sprachtheorie und Sprachpraxis. Festschrift H. Vernay.* Tübingen 1979, S. 261 bis 277.
Nadeau, M.: *Histoire du Surréalisme.* Paris 1964.
Neumeister, S.: *Der Dichter als Dandy. Kafka, Baudelaire, Thomas Bernhard.* München 1973.
–: Die französische Lyrik 1900–1918. In: *Neues Handbuch der Literaturwissenschaft,* Bd. 19, *Jahrhundertende – Jahrhundertwende (2. Teil),* hrsg. v. H. Hinterhäuser. Wiesbaden 1976, S. 65–88.
Nies, F.: Kulinarische Negativität: Gattungsstrukturen der Chanson im Vaudeville-Bereich. In: *Sprachen der Lyrik. Festschrift für H. Friedrich zum 70. Geburtstag.* Frankfurt a. M. 1975, S. 606–629.
–: *Poesie in prosaischer Welt. Untersuchungen zum Prosagedicht bei Aloysius Bertrand und Baudelaire.* Heidelberg 1964.
–: Die Ponts-Bretons, *Romanistisches Jahrbuch* 16 (1965), S. 94–114.
–: Revolutionspathos und Gattungsbildung in der französischen Lyrik (1900 bis 1918). In: *Lyrik und Malerei der Avantgarde,* hrsg. v. R. Warning, W. Wehle. München 1982, S. 41–59.
Nolting-Hauff, I.: Prousts 'A la recherche tu temps perdu' und die Tradition des Prosagedichts, *Poetica* 1 (1967), S. 67–84.
Noyer-Weidner, A.: Antitraditionalität und Tradition. Zum Konzept einer 'ganz neuen Ästhetik' in 'Les Fenêtres' von Apollinaire. In: *Apollinaire,* hrsg. v. E. Leube, A. Noyer-Weidner. Wiesbaden 1980, S. 37–56.
–: *Zur Frage der „Poetik des Wortes" in Ungarettis 'L'Allegria'.* Krefeld 1980.
Ott, K. A.: Die wissenschaftlichen Ursprünge des Futurismus und Surrealismus, *Poetica* 3 (1968), S. 371–398.
Pabst, W.: *Französische Lyrik des 20. Jahrhunderts. Theorie und Dichtung der Avantgarden.* Berlin 1983.
–: Das Idéogramme lyrique und die Tradition der Technopaignia. In: *Apollinaire,* hrsg. v. E. Leube, A. Noyer-Weidner. Wiesbaden 1980, S. 1–30.
–: *Die moderne französische Lyrik. Interpretationen,* hrsg. v. W. Pabst. Berlin 1976.
Pich, E.: La poésie française en 1850. Structures et événements, *Lendemains* 28 (1982), S. 15–22.
Pichois, Cl.: *Le Romantisme II (1843–1869).* Paris 1979.
Pistone, D.: *La musique en France de la Révolution à 1900.* Paris 1979.
Porter, L. M.: *The Renaissance of the Lyric in French Romanticism: Elegy, „poëme" and ode.* Lexington 1978.

Preisendanz, W.: Die Pluralisierung des Mediums Lyrik beim frühen Brecht. In: *Lyrik und Malerei der Avantgarde*, hrsg. v. R. Warning, W. Wehle. München 1982, S. 333–358.
Raible, W.: *Moderne Lyrik in Frankreich*. Stuttgart 1972.
Raitt, A. W.: *Life and Letters in France. The Nineteenth Century.* London 1965.
Rauhut, F.: *Die klassizistische und romantische Lyrik der Franzosen.* Heidelberg 1977.
Regn, G.: *Konflikt der Interpretationen. Sinnrätsel und Suggestion in der Lyrik Mallarmés.* München 1978.
Renaud, Ph.: *Lectures d'Apollinaire.* Lausanne 1969.
Ribémont-Dessaignes, G.: Histoire de Dada, *La Nouvelle Revue Française* 36 (1931), S. 867–879.
Richter, H.: *Dada – Kunst und Anti-Kunst.* Köln ³1973.
Riedel, E.: *Strukturwandel in der Lyrik Rimbauds.* München 1982.
Roellenbleck, G.: Alfred de Musset. In: *Französische Literatur des 19. Jahrhunderts*, hrsg. v. W.-D. Lange. Heidelberg 1979, S. 147–170.
Rohrmann, E.: *Grundlagen und Charakterzüge der französischen Rokokolyrik.* Breslau 1930.
Rosa, G.: Entre 'Cromwell' et sa préface. Du grand homme au génie, *Revue d'histoire littéraire de la France* (Nov./Déc. 1981), S. 901–918.
Sartre, J.-P.: *L'idiot de la famille*, 3 Bde., Paris 1972.
Schärer, K.: *Pour une poétique des Chimères de Nerval.* Paris 1981.
Schaettel, M.: La poésie de Lamartine: équilibre, harmonie, mouvement. In: *Lamartine*, hrsg. v. P. Viallaneix. Paris 1971. S. 71–94.
Scheerer, Th. M.: *Phantasielösungen. Kleines Lehrbuch der Pataphysik.* Rheinbach, Merzbach 1982.
Schenda, R.: Populäre Lesestoffe im 19. Jahrhundert. In: *Französische Literatur in Einzeldarstellungen*, hrsg. v. P. Brockmeier, H. H. Wetzel. Stuttgart 1982, II, S. 73–122.
Schroeder, Kl.-H.: Die Albaner als Thema des deutschen und französischen Philhellenismus, *Zeitschrift für Balkanologie*, VII/1–2 (1969/70), S. 150–165.
Schultz, J.: *Literarische Manifeste der 'Belle Epoque' (Frankreich 1886–1909).* Frankfurt a. M., Bern 1981.
Scott, D. H.: *Sonnet Theory and Practice in 19th Century France.* Hull 1977.
Siebenmann, G.: Marceline Desbordes-Valmore. 'Les séparés'. In: *Französische Literatur des 19. Jahrhunderts*, hrsg. v. W.-D. Lange. Heidelberg 1979, S. 250 bis 261.
Sorel, G.: *Les Illusions du progrès.* Paris 1908.
Sorrento, L.: *Lettura e illustrazione critica della poesia di Alfred de Vigny.* Milano 1945.
Steinwachs, G.: *Mythologie des Surrealismus oder die Rückverwandlung von Kultur in Natur.* Neuwied, Berlin 1971.
Stenzel, H.: Baudelaire und die Revolution von 1848, *Lendemains* 28 (1982), S. 33–37.

–/Thoma, H.: Poésie et société dans la critique littéraire du Globe, *Romantisme* 39 (1983), S. 25–59.
Stierle, K.: Babel und Pfingsten. Zur immanenten Poetik von Apollinaires 'Alcools'. In: *Lyrik und Malerei der Avantgarde,* hrsg. v. R. Warning, W. Wehle. München 1982, S. 61–112.
Theorie der modernen Lyrik, hrsg. v. W. Höllerer. Reinbek 1965.
Thoma, H.: Pierre Dupont und das politische Lied 1848–1851, *Lendemains* 28 (1982), S. 24.
Thomas, J.: Charles-Augustin Sainte-Beuve. In: *Französische Literatur des 19. Jahrhunderts,* hrsg. v. W.-D. Lange. Heidelberg 1979. S. 23–42.
Tison-Braun, M.: *Dada et le surréalisme (Textes théoriques).* Paris 1973.
Vouga, D.: *Nerval et ses Chimères.* Paris 1981.
Warning, R.: Surrealistische Totalität und die Partialität der Moderne. In: *Lyrik und Malerei der Avantgarde,* hrsg. v. R. Warning, W. Wehle. München 1982, S. 481–520.
Wehle, W.: Avantgarde: ein historisch-systematisches Paradigma 'moderner' Literatur und Kunst. In: *Lyrik und Malerei der Avantgarde,* hrsg. v. R. Warning, W. Wehle. München 1982, S. 9–40.
–: Orpheus' zerbrochene Leier. Zur 'Poetik des Machens' in avantgardistischer Lyrik (Apollinaire). In: *Lyrik und Malerei der Avantgarde,* hrsg. v. R. Warning, W. Wehle. München 1982, S. 381–420.
Wolff, R.: *Strukturalismus und Assoziationspsychologie. Empirisch-pragmatische Literaturwissenschaft im Experiment: Baudelaires 'Les Chats'.* Tübingen 1977.

ABKÜRZUNGEN

Ant.	Anthologie
ASNS	Archiv für das Studium der Neueren Sprachen und Literaturen
Bal.	Ballade
CAT.	Catalogue
FSt	French Studies
GRLMA	Grundriß der romanischen Literaturen des Mittelalters
LiLi	Zeitschrift für Literaturwissenschaft und Linguistik
Ms frs	Manuscrit français
n./N.	numéro/Nummer
N.F.	Neue Folge
nfrz.	neufranzösisch
NRF.	Nouvelle Revue Française
O.c.	Œuvres complètes
PMLA	Publications of the Modern Language Association of America
RF	Romanische Forschungen
RHLF	Revue d'Histoire Littéraire de la France
RJb	Romanistisches Jahrbuch
RZLG	Romanistische Zeitschrift für Literaturgeschichte
Schr.u.Vortr.d.	Schriften und Vorträge der
Slg.	Sammlung
Str.	Strophe
StV	Studies on Voltaire and the 18th century
s.v.	sub voce (unter dem Stichwort)
t./T.	Tome
ZFSL	Zeitschrift für französische Sprache und Literatur
ZrP/ZrPh	Zeitschrift für romanische Philologie

REGISTER

Personen

Abraham, C. K. 231 ff. 241 ff. 262
Abrams, M. H. 283. 352
Adam, A. 234. 377. 496
Adam de la Halle 100 ff. 128. 135
Adéma, M. 478
Ademar de Poitiers 48
Adler, A. 33. 44
Adorno, Th. W. 410. 441. 442. 475
Aeschimann, P. 417
Aigaliers, Laudun d' 189. 490
Aimeric de Peguilhan 22 f. 46. 48
Aimeric de Sarlat 14
Albert-Birot, Pierre 415 f. 449. 455. 474 f.
Albertet de Sisteron 48
Albouy, P. 343. 368
Alegret 19
Alembert, Jean le Rond d' 282 ff. 303 ff. 337 ff.
Alfonso II 5
Alfonso X (von Kastilien) 14
Allem, M. 367
Allen, J. S. 372
Amanieu de Sescars 9. 31. 34
Anakreon 211 ff. 284. 301 ff.
Ancre, Concino Concini, marquis d' 496
Andreas Capellanus 84
Andrieu Contredit 93
Andronescu, S. C. 463
Anglade, J. 3
Anne d'Autriche 496
Apel, W. 116. 129
Apollinaire, Guillaume 409 ff. 420 ff. 446 ff. 476 ff. 516. 538 ff. 540 ff.

Appel, C. 20. 30 ff. 50 ff. 58
Aragon, Louis 424 ff. 431. 461 ff.
Ardouin, P. 227
Aristoteles VIII. 272 ff. 280 ff. 324. 338
Arnaut Daniel 1. 5. 15 f. 27
Arnaut Guilhem de Marsan 9
Arnaut Romieu 2
Arnaut de Mareuil 9. 24. 31
Arnould, L. 238
Arp, Hans 439. 452
Asse, E. 320
Asselineau, Charles 514
Aston, S. C. 43
Aubigné, Agrippa d' 216. 221. 533. 537
Aubry, Madame 509
Audefroi le Bâtard 75
Auger, Louis-Simon 355
Austin, L. 385. 539
Autafort, Vescoms d' 5
Auvray, Jean d' 243. 533
Avalle, D'Arco S. 13
Azalais de Boissazon 12

Bachet, C.-G. 487
Bacilly, B. de 492
Baehr, R. 2. 256
Bahner, W. 274
Baïche, A. 216
Baïf, Jean Antoine de 179 ff. 209. 218 ff. 507
Bailbé, J. 240
Baju, A. 418
Bakunin, Michail Alexandrowitsch 418
Baldensperger, F. 365

Ball, Hugo 423. 424. 467 ff. 470 ff.
  476. 477
Ballanche, Pierre-Simon 348. 538
Ballard, J.-B.-Chr. 492 f.
Balzac, Honoré de 357. 413
Banville, Théodore de 388 ff. 483 f.
  514 f.
Barbier, Henri-Auguste 345. 369.
  376 f.
Baridon, S. F. 210
Baro, Balthazar 239. 247
Barrère, J.-B. 343
Bartsch, K. 56
Barzun, Henri-Martin 421 f.
Batteux, Charles 271 ff. 284 ff. 296 ff.
  306 ff. 336 ff. 536 f.
Baucomont, Jean 465
Baude Fastoul 100. 101
Baude, Henri 143. 171
Baudelaire, Charles 268. 297 ff. 370 ff.
  388 ff. 413 ff. 538 ff.
Baudet Harenc 148
Baudouin, R. S. 153
Baum, R. 29
Baumgarth, Chr. 418. 460
Beatrix von Este 31
Beauduin, N. 417. 419. 444
Beaulieu, Eustorg de 201
Beaumanoir 171. 531
Bec, P. 1. 9. 19 ff. 34 ff. 50 ff. 57 ff.
  128 ff. 148. 162. 171
Becker, Nikolaus 368
Becker, Ph. A. 195
Béhar, H. 425
Behrens, I. 272. 352
Belle-Isle, Maréchal de 498
Belleau, Rémy 179. 211
Bellegarde, Herzog von 496
Bellour, R. 416
Bembo, Pietro 275
Bénichou, P. 346. 348. 362 ff.
Benjamin, Walter 385
Benn, Gottfried 446
Benoît de Sainte-Maure 42

Bense, M. 463
Benserade, Isaac de 252
Béranger, Pierre-Jean 344. 349. 369 ff.
  515
Berenguer d'Anoya 7
Beretta Spampinato, M. 11
Berger, P. I. 385
Bergin, Th. G. 29. 526
Bergius, H. 428
Bergman, P. 417
Bergner, H. 109
Bergson, Henri 430. 444
Berka, K. 289
Bernard, S. 378
Bernart Martí 8. 15 f. 19. 37
Bernart Sicart de Maruèjols 2
Bernart de Sissac 2
Bernart de Ventadorn 4. 8. 23 f. 28. 42.
  91 f.
Bernhard, Thomas 396. 541
Bernhard von Clairvaux 33
Berni, Francesco 261
Bernis, François de 327 ff.
Berry, Duc de 348
Bertaut, Jean 188. 220 ff.
Berthelot, Pierre 235. 245
Bertin, Antoine de 320. 326 ff. 348 ff.
Bertran Carbonel 37. 46. 49 f.
Bertran de Born 2. 27 f. 38. 40. 43
Bertran de Paris en Rouergue 9. 529
Bertrand, Aloysius 378. 395 f. 414. 541
Bèze, Théodore de 180
Biard, J. D. 265
Biermann, K. 349. 362. 396
Bill, M. 464
Billy, A. 293
Billy, D. 29
Bion, Adonis de 284. 286
Blänsdorf, J. 203
Blanchard, J. 151
Blanchot, M. 428
Bloch, M. 24
Blüher, K. A. 412
Blumenberg, H. 290. 404 ff. 412

Boase, A. 225
Boccaccio, Giovanni 4
Boccioni, Umberto 421
Boethius 117
Boileau-Despréaux, Nicolas 141. 209. 225 ff. 261 ff. 292 ff. 334 ff. 374 ff. 488 ff. 507 ff. 534 ff.
Boisrobert, François Le Metel de 235. 247. 257 f.
Bonfons, Nicolas und Pierre 224
Bonifaz von Monferrato 39. 54
Boogard, N. H. J. van den 115
Borchmeyer, D. 477
Boucicault le Jeune 174
Boudhors, Ch.-H. 261. 263
Boufflers, Stanislas marquis de 267
Boulanger, A. 211
Bourbon, Mademoiselle de 509
Bourget, Paul 346
Boutière, J. 4 f. 29. 43. 522. 528
Boutière-Schutz-Cluzel 5 ff. 10 ff. 26 ff. 42. 54
Bouvet, F. 368
Bowie, M. 385
Bowra, C. M. 423
Branca, V. 35
Brand, W. 312
Braque, Georges 430
Brecht, Bertolt 106. 416. 542
Breton, André 427 ff. 449. 470 ff.
Brion-Guerry, L. 417
Brisset, Jean-Pierre 465
Brockmeier, P. 126. 152
Brodeau, Victor 201
Browning, Robert 4
Brugnolo, Furio 29
Brummer, R. 225
Brunet, G. 495
Brunetière, F. 189. 371. 381 f. 398 ff.
Brunot, F. 237
Buck, A. 216. 230 ff. 263. 316
Bürger, P. 228
Buffon, Georges-Louis Leclerc de 309

Buñuel, Luis 71
Bussy, Roger de Rabutin, comte de 495
Butet, M. Cl. de 180
Butters, G. 439
Buttet, M.-Cl. 218
Byron, George Gordon Noel, Lord 365

Cadart-Ricard, O. 60
Cadenet 32. 55
Caldarini, E. 207
Callot, Jacques 395
Calvesi, M. 459
Calvez, Daniel 134
Calvin, Johannes 198
Camproux, Ch. 60. 526
Carducci, Giosuè 4
Carnap, R. 299
Caron, Louis de 180
Carrà, Carlo 459
Carrouges, M. 420
Castiglione, Baldassare 356
Castor, G. 210
Catull 182. 246. 284
Cauchie, M. 248. 258
Cave, T. C. 179. 212 ff. 224 ff.
Cendrars, Blaise 415 ff. 449 ff.
Cercamon 5. 11. 19 ff. 36 ff.
Cerquiglini, J. 110. 123. 175
Cerverí de Giron 3. 9. 17. 25. 41. 52 ff. 523
Chailley, J. 19
Chamard, H. 180. 197. 248
Chambers, F. M. 19
Chamfort, Sébastien Roch Nicolas 494. 499
Champion, P. 122
Chapelain, Jean 239. 247. 251
Charles d'Anjou 59
Charles d'Orléans 110 ff. 116. 120 ff. 145 ff. 524. 529
Charlton, D. G. 380
Charpentreau, J. 517

Chartier, Alain 111. 120. 123. 132. 135. 143. 165 ff. 175
Charvet, P. E. 181
Chassignet, Jean-Baptiste 180. 223
Chastellain, Georges 147
Chateaubriand, François de 347 ff. 354 ff. 373. 382
Châtelain de Coucy 91
Chaudebonne, Monsieur de 509
Chaulieu, Guillaume Amfrye, abbé de 508
Chauveau, J.-P. 238. 253
Chênedollé, Charles-Julien Licoult de 350
Chénier, André 286. 319 ff. 330 ff. 339 ff. 372 ff. 534
Chéruel, M. 486
Chichmaref, V. 165
Chlebnikov, Welemir Wladimirowitsch 408
Cicero 13. 277
Clarac, P. 251
Claudel, Paul 416. 417 ff.
Cluzel, I.-M. 5
Cohen, C. 43
Cohen, G. 173. 211 ff.
Coleman, D. G. 184. 213
Colin Muset 64. 104
Colletet, Guillaume 242 ff.
Comfort, W. W. 278
Condillac, Etienne Bonnot, abbé de 277 ff. 289 ff.
Conon de Béthune 27. 64. 88. 103
Constans, Jacques de 180. 222. 533
Constantin, Robert 182. 193. 386 f.
Coppée, François 405
Coquillart, Guillaume 171
Corneille, Pierre 257. 345
Coseriu, E. 296
Cotin, Charles 257. 485 ff.
Coulanges, Philippe Emmanuel 508
Courval, Sonnet de 249
Cousin, Antoine de 379
Cousin, Victor 349

Couton, G. 265
Cravan, Arthur 418 ff.
Crétin, Guillaume 147. 194
Crevel, R. 452
Crevier, J.-R.-L. 277. 281
Croce, Benedetto 381
Croy, Henry de 131
Cummins, P. W. 54
Curtius, E. R. 333. 361

Dällenbach, L. 447
Dalfin d'Alvernha 37
Dante 27. 173. 175. 354. 358. 367
Dante da Maiano 27
Daschner, H. 199
Daude de Pradas 32 f.
Davenson, H. 33
De Rosiers 494
Décaudin, M. 420. 478
Dejeanne, J.-M.-L. 28
Delaunay, Robert 421
Delavigne, Casimir 360
Delbouille, M. 110
Delepierre, O. 495
Delille, Jacques 267 ff. 347. 534
Demeny, Paul 401
Demerson, G. 209
Dencker, K. P. 453
Denizot, Nicolas 180
Derain, André 430
Des Masures, Louis 180
Desbordes-Valmore, Marceline 370. 376. 515. 542
Descartes, René 347. 432
Deschamps, Emile 350. 363 ff. 371 f.
Deschamps, Eustache 9. 110 ff. 122 ff. 148 ff. 285. 523 ff.
Deshoulières, Antoinette du Ligier de la Garde, Madame 286
Desmarets de Saint-Sorlin, Jean 239. 247
Desnos, Robert 452. 465 f.
Desonay, F. 207

Desportes, Philippe 188. 218 ff. 237. 532. 535
Devos, Raymond 106
Di Steffano, G. 176
Diderot, Denis 271 ff. 293 ff. 303 ff. 334 ff. 504
Die, Comtesse de 5
Dieckmann, H. 271 ff. 315. 504
Diez, F. 3. 44
Dimoff, P. 319
Dionisotti, C. 275
Dirscherl, K. 297. 426. 448
Doderer, Kl. 342. 350
Döblin, Alfred 4
Dömling, W. 117
Dolet, Etienne 193. 199
Donaldson-Evans, L. K. 243
Dorat, Claude Joseph 267
Dorat, Jean 209. 268
Doss-Quinby, E. 115
Dragonetti, R. 65. 87. 92. 110. 117
Dresden, S. 211
Drost, W. 385
Droz, E. 222
Du Bartas, Guillaume de Salluste 374
Du Bellay, Joachim 109. 140. 177 ff. 186 f. 203 ff. 214 ff. 248. 374 ff. 532
Du Perrier, Antoine 286
Du Perron, Jacques Davy 220 ff. 231 ff. 247. 534
Dubois, E. T. 316
Dufournet, J. 126
Dulorens, Jacques 249. 258
Dumarsais, César Chesneau 281
Dumas, Alexandre 505
Dumas, Ph. 518
Dupont, Pierre 345. 369 ff. 543
Durkheim, Emile 418

Egan, M. 4
Eichenbaum, B. 386
Eigeldinger, M. 413
Elias d'Ussel 49
Eluard, Paul 409. 462

Elwert, W. Th. 128 ff. 138. 179. 202 f. 240. 252 ff. 532
Engler, W. 57. 343. 369. 371. 484
Eperonnière, Angot de l' 249
Erasmus 212
Erzgräber, W. 110
Escal, F. 293
Eschbach, A. 448
Esternod, Claude d' 249
Estoile, Pierre de l' 495. 500
Evans, D. 60

Fabre, A. 505
Fabri, Pierre 190 f. 212
Färber, H. 293
Falquet de Roman 38
Faral, E. 75
Favati, G. 4. 31. 528
Favre, Antoine 224
Fayolle, R. 343. 347. 364
Fechner, J.-U. 42
Feldes, R. 462. 463. 472
Fernandez, M. H. 135
Fernández Pereiro, N. G. B. de 26
Festugière, P. 252
Fietkau, W. 385
Finch, R. 268 f.
Flaubert, Gustave 346. 474
Fleuret, F. 236. 506
Floeck, W. 233
Flottes, P. 347. 353. 362
Fontanès, Louis de 267
Fontenelle, Bernard le Bovier de 481
Forster, E. 196
Foucault, M. 216. 282
Foulon, Charles 531
Fox, J. 158
Fraguier, C. F. 317
Françon, M. 134
Frank, I. 32. 523. 527. 530
Frénicle, Nicolas 247 f. 255
Frenk, M. 56
Fresnaye, Vauquelin de la 190. 248
Freud, Sigmund 431. 435

Friederich, W. P. 342
Friedrich, H. 379. 388. 396. 412. 438. 449. 494. 541
Friedrich II. von Sizilien 13. 116
Froissart, Jean 111. 123. 129 ff. 525. 531
Fromilhague, R. 235 ff. 242 f.
Fuhrmann, M. 272 ff.
Fukui, Y. 234. 255. 257. 260
Fumaroli, M. 213. 229 ff.
Furetière, Antoine 258. 266. 505. 508
Furman, N. 344

Gace Brulé 64. 89. 90. 92
Gaiffe, F. 196 ff. 203. 501
Garey, O. 129. 136
Garin lo Brun 9
Garrisson, G. 247
Gasparini, E. 59
Gaucelm Faidit 33. 39. 43. 49. 51
Gaudiani, C. L. 244
Gaudon, J. 357
Gauger, H.-M. 435
Gausbert de Poicibot 16
Gautier, Théophile 344 ff. 375 ff. 386. 390 ff. 514 f.
Gavaudan 57
Geoffroi de Vinsauf 43
Gerhardt, M. I. 334
Ghil, René 444
Gibert, Bernard de 324
Gilles Le Vinier 64
Gilman, M. 268. 357
Ginguené, P. L. 312
Girard, G. 279
Girard, H. 285
Giraud, Y. 246. 257
Giraut de Bornelh 46. 55. 57
Glauser, A. 354. 355
Godeau, Antoine 238 f. 247. 257. 533
Goebel, G. 266
Goethe, Johann Wolfgang von 56. 60. 284. 291. 388
Gohin, F. 264

Gombauld, Jean Ogier de 254
Gonfray, G. 7
Gordon, A. L. 213
Goulart, Simon 180. 222
Graduel de Saint Yrieix 135. 524
Greimas, A. J. 295
Grenier, A. 198
Grévin, Jacques 180. 216 ff.
Grimm, J. 478
Grisé, C. M. 251
Grivel, Ch. 415
Gröber, G. 121
Gros, L.-G. 268
Gruber, J. 8. 11
Gsell, M. O. 40
Guerau de Cabrera 529
Guérin, Charles de 353
Guérin, Maurice de 378
Gui de Cavalhon 46
Guiette, R. 65. 110. 118. 124. 143. 171. 523 ff.
Guilhelm Ademar 21
Guilhelm d'Antpol 46
Guilhem de Cabestanh 4. 97
Guilhem Molinier 6
Guilhem de Ribas 2
Guillaume IX 2. 10 ff. 28 ff. 60. 523 ff.
Guillaume de Dôle 74
Guillaume de Saint-Amour 107
Guillaume Le Vinier 64
Guillem Figueira 35. 42
Guillem de Berguedà 4 f. 24. 37. 46
Guillem de Cervera 3
Guillem de la Tor 6
Guillén, Jorge 388
Guillet, Pernette du 180 f.
Guiot de Provins 98
Guiraud, Alexandre 347
Guiraud, P. 10
Guiraut Riquier 2. 13 f. 21 f. 32. 49 ff.
Guiraut de Bornelh 5 ff. 26. 37. 48. 95
Guiraut de Cabrera 8. 36
Guiraut de Calanson 9. 529
Guitton, E. 269. 339

Personen

Gumbrecht, H.-U. 110. 124
Gunkel, H. 111
Guttinguer, U. 512
Guyard, M.-F. 347. 348
Guys, Constantin 387. 395

Habert, François 239. 247
Hagan, P. 46
Hamlet-Metz, M. 353
Handschin, J. 53. 54
Harder, R. 317
Hardison, O. B. 229
Harris Stäblein, P. 43
Hatto, A. T. 54
Hatzfeld, H. 178f.
Hausmann, Raoul 426ff. 470ff.
Hecker, K. 269
Heger, H. 127
Heger, Kl. 81
Heine, Heinrich 4. 391
Heinrich II. 219
Heinrich II. von England 5. 43
Heinrich III. 220
Heitmann, Kl. 110. 116f. 122ff. 147. 230
Hélinand de Froidmont 98. 106
Hempel, W. 422
Hempfer, Kl. W. IX. 269. 277ff. 295ff. 320. 351. 371ff. 484
Héroët, Antoine 201. 207
Hetzel, Pierre Jules 369
Heur, J.-M. d' 29. 57
Hibberd, L. 53
Hildebert de Lavardin 17
Hildegard von Bingen 472
Hilty, G. 56
Hinterhäuser H. XI. 152. 348. 365. 370. 415
Hirdt, W. 353f. 358. 362
Hoeges, D. 413
Hölderlin, Friedrich 10
Höllerer, W. 446
Hölz, K. 499
Hoepffner, E. 112. 152

Hofer, St. 45. 121ff. 141. 168
Homer 214
Horaz 203ff. 214. 249ff. 275ff. 292ff. 324. 536
Hornik, H. 192
Houssaye, Arsène 395. 414
Huelsenbeck, R. 467f.
Hugo, Victor 343ff. 367ff. 375ff. 398ff. 413. 484. 514f. 538f.
Hugues de Berzé 98
Hugues de Pierrepont 77
Huizinga, J. 109. 120. 127
Hulubei, A. 197
Huret, J. 403. 404

Ibn Da'cud 81
Ibn Hazm 80
Ihwe, J. 295
Imdahl, M. 449
Ingenschay, D. 110. 142ff. 175
Ireson, J. C. 380
Iser, W. 271. 315. 442
Isidor 20

Jackson, G. D. 269
Jacme March 7
Jacob, Max 415. 422. 447. 479
Jakobson, R. 295. 298. 384. 473
Jammes, Francis 417
Jamyn, Amadis 180. 218
Jan, E. von 225
Janet, Pierre 431
Janik, D. 209. 219. 228ff. 251ff. 300. 387. 448. 483f.
Janko, M. 467f.
Jannini, P. A. 242
Jarry, Alfred 415. 432. 450
Jasinski, M. 218
Jaucourt, Louis de 304ff.
Jaufre Rudel 3f. 11. 19. 24. 95
Jauss, H. R. IX. 1. 10. 26. 110ff. 271ff. 342. 375. 385ff. 438ff. 516
Jean Bodel 99ff.
Jean Bretel 64

Jean Erart 64
Jean, G. 517
Jean Renart 74. 76. 97. 173
Jean de Brienne 64
Jean de Cresecque 174
Jean de Garencières 123
Jean de Meun 107
Jean le Seneschal 174
Jean-Aubry, G. 401. 414
Jeanne d'Arc 127
Jeanneret, M. 179. 198. 224
Jeannin, Jules 512
Jeanroy, A. 16. 32. 41. 52 ff. 67
Jehan Acart 173
Jehan Rictus 106
Jehan de Lescurel 128
Jehan de Nostredame 44
Joan de Castellnou 7
Jodelle, Etienne 180. 218
Jodogne, O. 143
Jodogne, P. 204
Jofre de Foixà 7. 12. 34
Johnson, B. 396
Joly, R. 59
Jones, D. J. 45
Jones, L. W. 44
Jones, W. P. 57
Jonin, P. 59
Jouaust, D. 258
Julien, B. 276
Jung, Carl Gustav 418. 452
Jung, M.-R. 113. 191. 215
Jungmann, K. 269. 286. 316 ff.
Juvenal 262

Kablitz, A. 269. 288. 320 ff. 353
Kafka, Franz 396. 541
Kahn, Gustave 415
Kallimachos 317
Kandinsky, Wassily 464. 476 f.
Kapp, V. 416. 488
Karl VI. 142
Karl X. 356. 362
Karl der Große 75

Keil, E. 347. 371
Kellermann, W. 41. 171
Kendrick, L. 152
Kennedy, W. J. 213
Kibédi Varga, A. 229 ff.
Kibler, W. W. 149
Kippenberg, B. 2
Kirchmeir, K.-W. 267 ff. 285. 315. 323 f. 355 ff. 375
Klein, K. W. 34
Klemperer, V. 372. 390. 394
Klesczewski, R. 152
Kloepfer, R. 290
Köhler, E. 22 ff. 38 ff. 57 ff. 110. 285. 359. 386. 412
König Dom Dinis 82
König Philipp-August 103
Konradin von Hohenstaufen 43
Kooijman, J. 144
Koselleck, R. 338
Krauss, W. 274. 537
Kreiser, L. 289
Kruse, M. 228
Kuhn, Th. S. 424
Kuhs, E. 503

L'Estoile, Claude de 235. 239. 247
La Boétie, Etienne 180
La Bruyère, Jean de 278
La Ceppède, Jean de 243
La Fontaine, Jean de 140. 251. 259 ff. 532 ff.
La Harpe, Jean-François de 267. 311
La Haye, Maclou de 201
La Motte, Antoine Houdar de 268. 276 ff. 323 ff. 357. 539
La Péruse, Jean de 180
La Roche-Chandieu, Antoine de 180
La Rochefoucauld, François de 379
La Suze, Comtesse de 256
La Vallière, Mademoiselle de 495
La Vigne, André de 171
Labé, Louise 202

Lachèvre. F. 183. 201. 224
Lämmert, E. 486
Lafay, H. 234. 235. 243. 249. 252
Lafitte-Houssat, J. 44
Lafont, R. 6
Laforte, C. 490
Lagache 504
Lagny, J. 240
Lalanne, Pierre 257
Lamarck, Jean-Baptiste du 444
Lamartine, Alphonse de 267 ff. 288. 320 ff. 344 ff. 360 ff. 382 ff. 484. 514. 539 ff.
Lamy, B. 280
Lanciani, G. 40
Lanfranchi da Pistoia, Paolo 27
Lanfranco, Cigala 32. 37
Lange, W.-D. 365 ff.
Langlois, E. 112. 148
Lanson, G. 268. 288
Lasphrise, Marc Papillon de 180. 218
Lausberg, H. 229. 237. 310. 478
Lautréamont, Isidore-Lucien Ducasse, comte de 371. 396. 414
Lavaud, J. 221
Lavaud, R. 4
Lavis, G. 88
Le Brun, Ponce-Denis Ecouchard 309 ff. 320. 326 ff.
Le Dantec, Y.-G. 345. 414
Le Gentil, P. 81
Le Moyne, Pierre 238. 260
Lebègue, R. 235 ff. 242
Le Blanc, l'abbé Jean-Bernard 328. 339
Leblanc, P. 232. 240
Leblanc, de Guillet 318
Leconte de Lisle, Charles-Marie-René 401. 484. 514 f.
Leeman, A. D. 277
Lefèvre d'Ormesson 485
Lefranc de Pompignan 312
Leibniz, Gottfried Wilhelm 327
Lejeune, R. 22. 39 ff. 522. 526

Lemaire de Belges, Jean 144. 188. 192. 203
Lemaître, H. 374
Lentzen, M. 365
Leroy, M. 267
Leube, Chr. 31 ff. 49 ff.
Leube, E. 351. 421. 453. 477
Leube-Fey, Chr. 28 f.
Lévi-Strauss, Cl. 384
Lhuillier de Maisonfleur, Jérôme 180
Liede, A. 422. 464
Limentani, A. 4. 25
Lindner, H. 214. 263 f.
Lingendes, Jean de 235. 238
Link, G. 327
Lipman, R. A. 130
Liselotte von der Pfalz 494
Lista, G. 443
Lorenzer, A. 435
Louis XIII 238. 496. 532
Louis XIV 238. 268 f. 495. 498. 533
Lubienski-Bodenkam, H. 113
Lucilius 261
Luckmann, Th. 385
Ludwig XIV. 251. 305. 310
Lukitsch, S. 120
Lunel de Montech 9. 33
Luther, Martin 198
Luys d'Averço 7
Lyons, J. 296

Machiavelli, Niccolò 366
Machaut, Guillaume de 107 ff. 122 ff. 145 ff. 173 ff. 523 ff.
Macrin, Jean Salmon 209
Magnon, J. 487
Magny, Olivier de 180. 218 f.
Maillard, J. 29 f. 162
Malherbe, François de 124. 224 ff. 245 ff. 251 ff. 286. 304. 532 ff.
Mallarmé, Stéphane 379 ff. 414 f. 444 ff. 474. 484. 538. 542
Malleville, Claude 239. 247 f. 254

Mancini Mazarin, duc de Nivernais, Louis Jules 316f. 320ff.
Manfred von Sizilien 59
Mangénot, l'abbé Louis 340
Manning, St. 41
Marais, Mathieu 483. 492. 500
Marat, Jean-Paul 498
Marcabru 2. 11ff. 28ff. 39ff. 57ff. 91ff.
Marcoat 36
Marg, W. 317
Marguerite d'Angoulême 180
Maria, L. de 426
Marie d'Orléans 176
Marigny, Jacques Carpentier de 257
Marinetti, Emilio Filippo Tommaso 408. 415ff. 423ff. 440ff. 451ff.
Marmontel, Jean-François 279ff. 298ff. 318
Marot, Clément 126. 171ff. 196ff. 213. 223ff. 484ff. 531
Marot, Jean 110. 134. 525
Marrou, H.-I. 33
Marshall, J. H. 6ff. 34. 52ff.
Martial 207. 246
Martial d'Auvergne 124
Martineau-Genieys, Chr. 127
Martinon, Ph. 199
Marullus 197. 217
Marx, Karl 385. 418. 538
Mascaron, Jules de 258
Massin, R. 463
Matthes, L. 499
Mauduit, Louis 247
Maximilian von Bayern 365
Maxwell King, H. 349. 354. 374
Mayer, C. A. 186. 193ff.
Mayer, J.-P. 383
Maynard, François de 235ff. 243ff. 533
Mazarin, Giulio Mazarini 483ff.
McFarlane, I. D. 181. 209
McGowan, M. M. 241
Mehnert, H. 365
Meier, H. 41. 531
Méjean, S. 36
Melli, E. 31
Mély-Janin, Jean-Marie 349
Ménage, Gilles 257
Ménager, D. 219
Menant, S. 269f.
Ménard, Louis 239. 294
Mendès, Catulle 407
Meneghetti, M.-L. 4. 9
Menocal, M. R. 11. 18
Menzini, Benedetto 263. 537
Mercier, Louis Sébastien 494. 502
Meter, H. 446
Mettmann, W. 230
Meyer, P. 31
Meyer-Minnemann, Kl. 249. 484. 510
Meylan, H. 501
Michault, J. B. 318
Michel III de Harnes 77
Michelet, Jules 372
Miller, J. R. 271
Millevoye, Charles-Hubert 350
Milner, M. 342f. 365. 375
Mimnermos 317
Miquel de la Tor 4
Mitchell, B. 414
Mittelstraß, J. 441
Mölk, U. 1. 8ff. 95. 348
Mönch, W. 377
Moland, L. 278
Molinet, Jean 147. 169
Molinier, H.-J. 201
Molière 261. 488. 494
Moncrif, François Augustin de 489
Mondor, H. 401. 405. 414
Monfuron, Jean Nicolas Garnier de 235
Moniot d'Arras 64
Monson, A. 9
Montaigne, Michel de 200. 357. 536
Montaudon, Mönch von 3. 37. 40ff.
Montfort, E. 417
Moréas, Jean 484

Personen 557

Moreau, P. 363 f.
Morris, Ch. 291. 297
Mortier, R. 268
Moschus 284
Moser, W. 269
Motin, Pierre 235. 245
Mourot, J. 144. 526
Müller, H.-J. 478
Mukařovský, J. 384
Murarasu, D. 209
Musset, Alfred de 344 ff. 352. 366. 367 ff. 370. 376 ff. 382 ff. 542

Nadeau, M. 426
Naïs, H. 212
Napoléon Bonaparte 368
Napoléon III. 369
Nelli, R. 4
Nelli-Lavaud 8. 37
Nemours, Herzog von 510
Nerval, Gérard de 353. 374 ff. 391 ff. 542 f.
Neubert, F. 225. 537
Neumeister, S. 1. 47. 396. 409
Nies, F. XII. 187 ff. 221 ff. 259 ff. 365 ff. 395 ff. 444. 481 ff. 500 ff.
Nietzsche, Friedrich 441
Nodier, Charles 347 ff. 372 ff.
Noël, M. 371
Nolting-Hauff, I. 415
Nostradamus 502
Noyer-Weidner, A. 214. 297. 416. 453. 477
Nykl, A. R. 81

Oehler, D. 385
Olwer, Ll. N. D' 31
Oroz Arizcuren, F. J. 32
Ortali, R. 248
Othon de Grandson 123. 165
Ott, K. A. 438
Otto, G. 268 f. 334. 340
Ourliac, P. 24
Ovid 17. 207. 284. 317. 323

Pabst, W. XIII. 408. 412 ff. 439 ff. 473 ff.
Paden, W. D. 57
Pagès, A. 49
Pagrot, L. 249
Panofsky, E. 334
Panvini, B. 4
Papini, Giovanni 422
Paquette, D. 489
Parducci, A. 31
Paris, G. 23
Parmentier, Jean 134
Parny, Evariste Désiré de 267. 320. 328 ff. 340. 347. 349. 351. 361
Pascal, F. 487
Pasero, N. 41
Passerat, Jean 180
Pattison, W. T. 95
Paulet de Marselha 59
Pavel, Th. J. 327
Pedro II. von Aragon 12
Pedro III. von Aragon 5
Péguy, Charles 416 f. 483
Peire Cardenal 4
Peire d'Alvernha 3. 7. 23. 26. 37. 59. 95
Peire Guillem de Luzerna 32
Peire Rogier 5
Peire Vidal 2. 13. 39. 42
Peire de Monzo 2
Peire de Valeira 91
Peiròl 45. 46
Peletier du Mans, Jacques 211
Perceau, L. 236. 245. 250. 506
Perdigon 48
Péronne d'Armentières 125. 173
Perrault, Charles 256. 276. 284 ff. 534
Persius 262
Petermann, B. 278
Petersen, J. IX
Petit-Jean, C. 498
Petrarca 4. 157. 174. 199 ff. 358 ff. 372 ff. 388

Pezant, F. 487
Pfister, M. 338
Philippe d'Artois 174
Philippe de Vitry 151 f.
Piaget, A. 123
Piaget, Jean 306
Picabia, François 474. 479
Picard, R. 231. 251
Picasso, Pablo 430
Pich, E. 369 f. 394
Pichois, Cl. 386 ff. 414
Picot, E. 152. 525
Pierre, J. 419
Pignatari 462
Pindar 209 ff. 284. 293 ff. 300 ff.
Pineaux, J. 179. 222 f.
Pinkernell, G. 176
Pinthus, K. 423
Pirandello, Luigi 4
Pirot, F. 9
Pisan, Christine de 111. 120 ff. 138 ff. 531
Pistone, D. 489
Planche, G. 369
Plessis-Mornay, Philippe du 180
Poe, Edgar Allan 390
Poirion, D. 110 ff. 121 ff. 145 ff. 170 ff.
Ponge, Francis 439. 538
Pons, A.-J. 330
Pons Barba 37
Porchères, Arbaud de 240
Porter, L. C. 41. 171
Porter, L. M. 348 ff. 363 ff.
Pouillard, R. 386
Pound, Ezra 1
Poupo, Pierre 180
Poussin, Nicolas 334. 521
Prang, H. 342
Preisendanz, W. 416
Properz 207. 284
Proust, Marcel 343. 415. 430. 437. 519. 541
Pure, Abbé Michel de 262

Queneau, Raymond 179. 434
Quinault, Philippe 262
Quinet, Edgar 391
Quintilian 203. 286

Racan, Honorat de Beuil 235 ff. 240 ff. 247. 251 f.
Racine, Jean 251. 268. 281 ff. 343. 357 ff. 413. 537
Rader, W. 448
Raibaud, G. 249
Raible, W. XIII. 387. 409
Raimbaut d'Aurenga 5. 14 f. 19. 27. 46 ff. 94 ff. 528 f.
Raimbaut de Vaqueira 30. 41 ff. 53 ff.
Raimon Jordan 5
Raimon Vidal de Besalú 6 ff. 17 ff. 34. 50. 57
Raimon de Cornet 7
Raimon de Miraval 12 f.
Raitt, A. W. 398
Rambertí de Buvalel 31. 528
Rambouillet, Catherine de 255. 509
Raoul de Soissons 93
Rapin, R. 316
Rauhut, F. 350 f. 359. 364. 378
Raupach, M. und M. 3
Ray, Man 473 f.
Raymond, M. 225
Raynaud, F. 106. 155 f.
Raynaud, G. 113. 138. 174 f.
Reany, G. 117. 129. 159. 245. 404
Regn, G. 295. 404
Régnier, Henri de 417. 484
Regnier, Jean 143
Régnier, Mathurin 233 ff. 248 ff. 537
Rembrandt 395
Renan, Ernest 405
Renaud, A. 278
Renaud, Ph. 435. 447
Retz, Jean François Paul de Gondi, baron de 494
Retz, Maréchale de 221

Reverdy, Pierre 420. 426. 447f. 538
Rheinfelder, H. 253
Ribemont-Dessaignes, G. 477f.
Richard Löwenherz 5. 37f. 40. 43
Richart de Berbezilh 10
Richelet 500. 505
Richelieu, Armand-Jean du Plessis, duc de 235. 496. 498
Richter, H. 424. 452. 470ff.
Richter, M. 180
Riedel, E. 389. 400
Rieger, A. 1. 24
Rieger, D. 8ff. 26ff. 34ff. 55f. 109f.
Riffaterre, M. 287
Rigolot, F. 200
Riha, K. 428
Rilke, Rainer Maria 416
Rimbaud, Arthur 388ff. 396ff. 414. 542
Riquer, M. de 1ff. 25ff. 40ff. 50ff.
Rivarol, Antoine de 278
Rivière, Jacques 429ff.
Roellenbleck, G. 376
Rohr, R. 2ff. 18ff. 38. 44
Rohrmann, E. 268
Romains, Jules 416. 418
Roncaglia, A. 60
Ronsard, Pierre de 158. 178ff. 206ff. 236ff. 300. 336. 358ff. 378. 507. 534ff.
Rosa, G. 346. 369
Rossini, Gioacchino 59
Rostaing, Ch. 47
Rostand, Edmond 4
Rostanh, Berenguier de Marselha 54
Rothe, A. 230ff. 243. 255
Roubaud, J. 15. 47
Roudaut, J. 268
Rousseau, Jean-Baptiste 267. 295ff. 304ff. 310ff. 351
Rousseau, Jean-Jacques 347ff. 432. 494
Roy, M. 144
Ruchon, F. 225

Ruhe, E. 31
Russmann, W. 29
Rutebeuf 105ff. 124. 168. 170

Sabatier, R. XI. 409
Sade, Donatien-Alphonse-François, marquis de 385. 538
Sahlberg, O. 385
Saint-Amant, Antoine Girard de 234. 240ff. 252. 485. 493. 507f. 537
Saint-Chamans, Auguste de 355
Saint,Gelais, Mellin de 188. 201ff. 220. 535
Saint-Hubert 491
Saint-John Perse 415f. 517
Saint-Mard, Rémond de 287
Saint-Pierre, Bernard de 359
Sainte-Beuve, Charles Augustin 178. 225. 267. 330. 343ff. 353ff. 371ff. 382ff. 536ff.
Salel, Hugues 201
Sales, François de 487
Salmon, André 418
Salvat, J. 32
Samain, Albert 417
Sand, George 396. 538
Sanouillet, M. 473
Sappho 306. 328
Sarasin, Jean-François 251ff. 485
Sartre, Jean-Paul 344. 350. 443f.
Saulnier, V.-L. 209
Saussure, Ferdinand de 434. 464
Sautereau de Marsy 498
Savari de Mauleon 4f.
Saville, J. 54
Scaliger, Julius Caesar 246
Scarron, Paul 258. 483. 493f. 506. 508
Scève, Maurice 178. 200ff. 216. 226f. 532. 537
Scévole de Sainte-Marthe 180
Schaettel, M. 360
Schärer, K. 378
Scheel, H. L. 202. 373. 489
Scheerer, Th. M. 432

Scheler, A. 148
Schenda, R. 370
Schenker, M. 273
Scherpe, K. R. 271. 273
Schlechta, K. 441
Schlumbohm, Chr. 44
Schmidt, A.-M. 179f. 189. 197. 200ff.
Schmidt, G. 203
Schnur-Wellpott, M. IX
Schroeder, Kl.-H. 343
Schröder, W. 274
Schultz, J. 414
Schulz, W. 436
Schulz-Buschhaus, U. 228. 233. 246. 254ff. 386
Schulze-Busacker, E. 57
Schutz, A.-H. 4f.
Schweickard, C. 1. 22
Sckommodau, H. 253. 537
Scott, D. H. 376f.
Scott, Walter 353
Scribe, Eugène 59. 499
Scudéry, Madeleine de 225. 537
Sébillet, Thomas 188. 196. 203ff. 213f. 501f.
Secundus, Johannes 219
Seebacher, J. 370
Segrais, Jean Regnault de 254ff.
Segre, C. 7
Senancour, Etienne-Pivert de 359
Seneca 17
Serafino d'Aquila 201
Sercy, Ch. de 492
Sévigné, Marie de Rabutin-Chantel Madame de 229. 282
Shakespeare 343. 357. 371. 413
Shapiro, M. 15. 45
Siciliano, I. 56. 123. 148. 152
Siebenmann, G. 370
Siefert, L. 514
Sigogne, Charles Timoléon 235. 245. 501f.
Sismondi, J. Ch. L. 372
Sonnemann, G. 173

Sordello di Gòito 9
Sorel, Charles 418. 423
Sorrento, L. 365
Souchay, l'abbé Jean Baptiste 323
Soumet, Alexandre 347
Spanke, H. 52. 164
Spence, S. 55
Spitzer, L. 281
Sponde, Jean de 180. 188. 223ff.
Staël, Anne Louise Germaine, Madame de 183. 344ff. 372ff.
Staiger, E. 291
Stavan, H. A. 268f.
Steinwachs, G. 432
Stempel, W.-D. 338. 386
Stendhal 4. 343f. 357. 379f. 413
Stenzel, H. 385. 505
Stierle, K. 444. 465. 494
Storost, J. 2
Stramm, August 416
Streicher, J. 239
Striedter, J. 312
Strosetzki, Chr. 258
Survage, Léopold 455
Swinburne, Algernon Charles 4
Sylvain, Alexandre 502

Tagaut, Jean 180
Tahureau, Jacques 180. 373
Taille, Jean et Jacques de la 180
Taine, Hippolyte 382
Tallemant des Réaux, Gédéon 496. 510
Tans, J. A. 211
Tarski, A. 289
Tastu, Madame 374
Taylor, R. A. 1
Terramagnino da Pisa, Geronimo 6
Terreaux, L. 183
Theokrit 284. 333f.
Thibaut IV de Champagne 64. 89ff.
Thiersot, J. 210
Thiolier-Méjean, S. 34
Thiry, Cl. 119. 170
Thoma, H. 370. 505

Thomas, J. 373
Thompson Hill, R. 40
Thurau, G. 498
Tibull 207. 318 ff.
Tietz, M. 203. 488
Tillet, Charlotte du 500
Tison-Braun, M. 429
Tocqueville, Alexis de 383 ff. 394. 403
Tomaševskij, B. 115
Torelli, P. 274
Tostain 512
Touvant, Charles de Pyard 235
Trabant, J. 273 ff.
Tripoli, Gräfin von 5
Trissino, G. G. 274
Tristan l'Hermite, François 234. 251 ff.
Trtnik-Rossettini, O. 248
Turenne, Henri de la Tour d'Auvergne, vicomte de 368
Tyard, Pontus de 180. 210 f.
Tynjanov, J. IX. 115. 312. 384 ff.
Tzara, Tristan 425 ff. 449. 470 ff.

Uc Catola 45
Uc Faidit 6 f.
Uc de Lescura 2
Uc de Pena 4
Uc de Saint Circ 4. 26
Uhland, Ludwig 1. 4
Ungaretti, Giuseppe 416
Urban II. 33
Urfé, Honoré d' 254
Uzanne, O. 252

Vaillant de Guelis, Germain 155 f.
Valéry, Paul 385. 438. 441. 449. 539
Vauvenargues, Luc de Clopiers, marquis de 379
Vega Carpio, Lope Félix de 255
Vérard, A. 184
Verchaly, A. P. J. 509
Verdi, Giuseppe 59

Vergil 17. 197. 214. 286. 333 ff. 354
Verhaeren, Emile 399. 444
Verlaine, Paul 347. 387 ff. 397 ff. 415. 464. 514
Vernay, H. 478. 541
Viallaneix, P. 347. 361
Vianey, J. 249
Viau, Théophile de 234 ff. 244 ff. 258. 533. 535
Vida, Girolamo 203. 532
Vigean, Mademoiselle de 509
Vigenère, Blaise de 180
Vigny, Alfred de 344 ff. 364 ff. 382 ff. 511. 540 ff.
Villedieu, Madame de 256
Villiers, Pierre 505
Villon, François XI. 109 ff. 120 ff. 145 ff. 348. 519 ff. 540 f.
Vischer, F. Th. X
Visconti, Luchino 157
Vitet, Ludovic 343
Voisine, J. 253
Voiture, Vincent 141. 158. 252 ff. 486. 496 ff. 509
Voltaire 267 f. 278. 494. 534 f.
Vouga, D. 378
Voß, J. 372
Voßler, K. 402

Wagner, Richard 407. 464. 476 f. 538
Walden, Herwarth 421
Walter von Châtillons 104
Walzer, P.-O. 409
Wandruszka, M. 56. 525
Warning, R. 402. 408 ff. 426. 434. 444 ff. 465. 516
Watriquet de Couvin 171
Weber, H. 216. 220
Wehle, W. 402. 408. 415 ff. 444 ff. 465. 516
Weinberg, B. 274
Wellek, R. 344. 373
Wentzlaff-Eggebert, Chr. 240. 243
Wentzlaff-Eggebert, F.-W. 33

562 Register

Werf, H. J. van der 2
Wetzel, H. H. 370
Whitman, Walt 415
Wilhelm IX. 5. 75. 83. 95. 104
Wilhelm, J. 377
Wilhelm X. von Aquitanien 19
Wilkins, N. 129 ff. 153. 174
Willems, G. X
Wimsatt, J. J. 149
Winegarten, R. 231
Wittschier, H. W. 167 ff.
Wodsak, M. 167 ff.
Wolf, H. J. 41
Wolff, R. 384

Wolfzettel, F. 110. 116. 121 ff. 374.
  413
Wünsch, M. 291
Wunderli, P. 142
Wunderlich, D. 289. 297

Yates, F. A. 210. 220

Zimmer, W. 232
Zink, M. 57. 66. 77. 84. 112. 152. 156
Zola, Emile 369
Zorzi, Bartolomé 43
Zumthor, P. 41. 50. 65 ff. 106. 119. 124.
  145 ff. 185. 191 f.

Gattungen

Absence 250
Adieu 250
Air 253. 488
– à boire 494
– de Cour 509
Alba 2. 18. 24. 54 ff. 111. 127.
  142
Allégresse 250
Alléluia 488. 495. 509 f.
Amores 181
Amour 183. 187 f. 208. 218 f.
Amourette 482
Amusette 482
Anti-Gedicht 474
Ariette 399. 481. 489
Assemblage 451
Aubade 485

Baguenaude 501
Balada 51 f.
Balade 112 f. 184
– en forme de Complainte 184
Baladele 112
Ballade (Balade) 110 ff. 128 ff. 162 ff.
  173 ff. 184 ff. 190 ff. 232. 255. 344 ff.
  366 ff. 376 ff. 393. 516
– amoureuse 113. 141 f.

– dialoguée 143
– double 174
– de Moralité 141
– rétrograde 144
Ballet 250
Ballette 51. 481. 492
Barcarolle 512. 515
Barzelette 482
Berceuse 517
Bergerette (Bergeronnette) 138. 152.
  482
Bildgedicht 437
Blason 185. 194. 201
Boléro 491
Bona Chanso 32
Bonsoir 486
Bouquet 485
Bourrée 491
Boutade 505 ff.
Bouts-Rimés 254. 484. 504 f. 510
Branle 491
Brunette 482. 489
Burleske 284

Calligramme 516
Cançó (s. a. Canso, Chanson, Chansso,
  Kanzone) 18

Gattungen

Canço de les Letres 41
Canso (s. a. Canço, Chanso, Chansso, Kanzone) 12 ff. 22 ff. 32 ff. 50. 57. 107
Canso (Breu, Carta, Escrig, Letra) 31
Cansson (Canson) 19 f.
Cantate 488
Cantatille 482. 489
Cantigas d'Amigo 82 f.
Cantilène 489
Cantique 185. 197 ff. 204 f. 301. 487
Canzonette (Chansonnette) 482. 512
Canzoniere 200
Capitolo 202. 245. 249. 261
Caprice 505 ff.
Carmen 209
Carole 138. 161. 492
Cartel 187 f. 490 f.
Cavatine 489
Chaconne 492
Champ Royal (Chant Royal) 190
Chanso (s. a. Canço, Canso, Chansso, Kanzone) 5 ff. 13. 25
Chanson 27. 68. 109. 132. 173. 184 ff. 198 ff. 222. 232 ff. 252 f. 301. 355. 367 ff. 393 ff. 516
– d'aube 85 ff.
– bachique 493
– baladée (balladée, Chançon baladée) 112 f. 138
– à boire 242. 493
– de croisade 33
– à danser 507
– de femme 80
– de geste 74
– d'histoire 74
– de malmariée 59. 78 ff. 83. 86
– politique 371
–, politisches 370. 376
– de reverdie 93
– royale (Chançon roial, royal) 112 f. 128 ff.

– spirituelle 223
– de toile 59. 67. 74 ff. 83 ff. 111 ff. 142. 168. 173
Chansonnette (Canzonette) 482. 488
Chansso (s. a. Canço, Canso, Chanso, Kanzone) 19
Chant 187. 276. 301 ff. 343. 355. 370 f. 414. 447
– lyrique 204 f.
– royal 132 ff. 151 ff. 174 ff. 185 f. 203 ff. 393. 482 ff. 516
– triumphal 208
Chançon Royal (Chanson Roial) 112 ff. 118
– royale (Sotte) 148
Chapitre 202
Chappellet 190
Charade 503 f.
Cobla 49
– tensonada 49
– esparsa 18
Collage 437. 451. 459
–, typographische 457
Comjat 28 f.
Complainte 112 ff. 128. 160 ff. 185 ff. 204 f. 221. 248
– amoureuse 169
Comptine 517 f.
Confiteor 488. 495
Confort 160
Congé 99 ff. 106
Conte 393
– en vers 264
Contemplation 380
Contre-Danse 492
Coq-à-l'Ane 185. 206. 248. 484. 501
Cotillon 492
Couplet 489
Courante 491

Dansa (Dança, Danza) 12. 18. 51 f.
Débat 123. 153. 174
– par Ballades 143
Déploration 185. 203 ff.

Descort (Discort) 18. 29f. 41. 162
Desdain 250
Desdansa 53
Desplazer 40
Devinalh 41
Devinette 482
Dialoggedicht 367
Dialogue 188. 250
Dictie 184
Diktat, hypnotisches 437
Discort (Descort) 18
Discours 183ff. 210. 225. 235. 247f. 257
Distique 483f. 499
Dit 98. 110. 120. 124. 141. 152. 161ff. 482ff.
– notable 174
Dithyrambus 349
Divan 513
Dizain (Dixain) 186. 200ff. 483f.
Doppelballade 173f.

Ecriture automatique 415. 437. 439. 452
Egloguette 482
Ekloge (Eclogue, Eglogue) 185ff. 197. 204ff. 248. 257. 269ff. 284ff. 333ff. 393. 484
Elegeion (s. a. Elegie, Elégie) 181
Elegie (Elégie) 188ff. 232ff. 249ff. 270. 284ff. 315ff. 338ff. 357ff. 367ff. 377ff.
Elégie (Complainte, Déploration, Distique, Elegie) 183ff. 204ff. 210. 221. 286. 381. 393
Elévation 366
Eloge 416
Enigme 256f. 484. 502
Ensenhamen 9
Entretien 260
Enueg (Ennui) 40
Enueg-Plazer 40
Epigramm (Epigramme, Epygramme) 181. 185ff. 199ff. 232. 242ff. 259. 284. 367. 393ff. 484. 516

Epilogue 190
Epistel 143. 195. 232. 250. 258ff. 269. 353
Epistre (s. a. Epître) 186. 198. 212. 258f.
– amoureuse 196
– de Coq-à-l'Asne 196
Epitaph (Epitaphe) 173. 184ff. 203ff. 246. 482ff. 499f. 510
Epithalamie (Epithalame) 185. 187
Epître (Epistre) 185ff. 201ff. 226. 393f.
– amoureuse 196
– marotique 194
Escondich 24. 28
Estampida 18. 53f.
Estribot 41
Etrennes (Estrennes) 185. 510
Extaze 250

Fabel (Fable) 232. 264ff. 284. 393
Fantaisie 250. 484. 508
Fatras 171f. 501
– Picart 190
Fatrasie 41. 128. 148. 171. 501
Feuillantines 485. 510
Figurengedicht 437. 453
Flonflon 509
Folastrie (s. a. Gaieté) 187. 219
Formulette 482. 517
Fragment 405f.
Frauenlied (Chanson de Femme) 80ff.
Fricassée 489

Gaieté (Gayeté, Gayté, s. a. Folastrie) 187. 219. 250. 484. 505
Gaillarde 491
Gaillardise 507
Galanterie 485. 510
Galimatias 501
Gap 42
Gaudriole 506. 512. 515

Gattungen

Gausserie 505 ff.
Gavotte 491 f.
Gayta 18. 55
Gelosesca (Gelozesca) 18. 59
Ghasel 513. 515
Gigue 492
Glosa (Glose) 256. 393
Glossolalie 473 f.
Grand Chant Courtois (s. a. Minnelied) 63. 68. 72. 83 ff. 93. 102 ff. 111 ff. 162
Guéridon 496 ff. 509

Harangue 187
Ḫarǧas 80 ff.
Hoquette 119
Huitain 483 f.
Humoresque 516
Hymne 170. 183 ff. 197. 210 ff. 250. 301. 344. 355. 362 ff. 395. 487. 508

Ideogramm, lyrisches 455
Idylle 333. 359. 393. 484
Impromptu 259. 484. 508

Jambus 344 f. 369
Jeu Parti (Streitgedicht, s. a. Joc Partit) 83. 86. 153
Joc Partit (s. a. Jeu Parti) 44

Kanzone (s. a. Canço, Canso, Chanso, Chansso) 12 ff. 38. 112 ff. 127 f. 141 ff. 164. 173 f. 370
Keepsake 513. 515
Konkrete Dichtung 463
Konkrete Poesie 460
Kreuzzugslied 33

Lai 29. 85. 112. 114 ff. 158 ff. 170 ff. 393
Lai-Descort 29
Lampons 493. 498. 509 f.
Landérirette (Landrirette) 482. 498

Landriri (Landériri) 496. 509
Lanturelu (Lanturlu, Lenturlu) 493. 497. 509 f.
Lautdichtung 464. 473 f.
Lautgedicht 437. 463. 470
Lautmalerei 457
Lay 18. 113. 177. 190
– lyrique 128
Lettre 258
– burlesque 263
– galante 263
– mêlée 258. 260
– poétique 260
Lettrismus 460. 463
Lied 513. 515
Logographe 503 f.
Lyrik, photographische 460
Lyrisme visuel 452
Lérida 499

Madrigal 174. 202. 232. 246 ff. 256 f. 260. 393. 484
Madrigalet 482
Mala Canso 28 f.
Marche 492
Mascarade 187 f. 490
Matelotte 489
Mazarinade 501
Meditation (Méditation) 377. 380
Menuet 492 f.
Messe 119
Metamorphose 256 f.
Mignardise 219
Minnelied (s. a. Grand Chant Courtois) 63 ff. 101 f.
Minnesang 123 ff.
Mirliton 491 ff.
Montage 451
Motet 72. 102. 184. 482
Motette 119
Musette 492
Muwaššah (Zagal, Zéjel) 80
Myriologue 513

Noël 482. 487f. 495. 508
Nouvelle en Vers 264
Novelh Chan 33

Ode (Oda) 143. 170ff. 187f. 199ff.
  224. 230ff. 246ff. 252ff. 270ff.
  290ff. 321ff. 334ff. 366f. 380ff. 416.
  516
–, anakreontische (anacréontique)
  305f. 325. 366
–, enkomiastische 236. 239. 251
–, horazische 307f. 314
– héroïque 304
–, pindarische 277. 313ff. 359
–, politische 376
Odelette 377. 392. 482ff.
Oiseuse 501
Optophonetisches Gedicht 470
Ouïda 509

Pantoum 393. 482. 513ff.
Papier plié 452
Partimen 23. 44ff.
Pasquil 500
Pasquin 495. 500
Passacaille 492
Passemèse 492
Pastora 18
Pastorale 185
Pastorela (Pastorella) 2. 50. 57f.
Pastourelle 59. 64. 67. 83ff. 112ff.
  128. 148ff. 190
– historique 149. 152
Pasturella 20
Pavane 491
Peguesca 52
Petit Doit 486
Photographie verbale 451
Placet 506
Plainte 188. 510
Planh 43
Plant 18
Plazer 40
Poem 371

Pont-Breton 486. 496. 510
Pont-Neuf 496
Pour-et-Contre 498. 510
Poésie phonétique 464
Poésie pure 464
Poème (Poëme) 183. 187. 210ff. 365.
  380. 387
– abstrait 437
– bruitiste 470
– dialectique 393
– lyrique 194
– Pancarte 474
– en Prose 378ff. 395ff. 404. 415. 513
Poème-Blason 201
Poème-Conversation 451. 516
Prélude 484
Prière 487
Procès contre ... 221
Pronostication 185
Prosagedicht 365. 376. 414
Prosopopée 187
Prosphonématique 208
Psalm (s. a. Psaume, Pseaume) 223
Psalmenparaphrase 232. 235. 240.
  252. 508
Psaume (s. a. Psalm, Pseaume) 198f.
Pseaume (s. a. Psalm, Psaume) 198f.

Qu'en-dira-t-on 498. 510
Quadrille 492
Quatrain 483. 499

Raillerie 505
Razo (Rason) 3ff. 63ff. 96. 103
Redonda 16
Redondel 51
Reffrain Branlant 190
Regret 185. 187. 250
Religiöses Lied 33
Réponse 510
Resverie 501
Retroncha (Retroencha, Retroensa,
  Retronxa) 18. 50f.
Reverdie 84

Gattungen

Rigaudon 491
Rocantin (Roquentin) 497
Rochellois 499
Romance 489
– sans Paroles 399
Romancero 513
Romanze 59. 344. 366f. 376
Romanç 50
Ronde 489
– à danser 492
– enfantine 490
– de table 93. 493
Rondeau 68ff. 78. 85. 102ff. 113ff.
 128ff. 153ff. 173ff. 204ff. 231ff.
 251ff. 344. 367ff. 393. 482ff. 510.
 516
– double Laye 135
– double redoublé 135
– jumeau 135
– Laye 135
– redoublé 510
Rondel 184. 393
– double 134
– sangle 134
– de Carole 135
Rondelet 482
– amoureux 153
Rondet 51. 130
Rondolet 112

Salut 31
Sarabande 259. 492
Satire (Satyre, s. a. Verssatire) 194.
 206. 218. 230ff. 245ff. 261ff. 363ff.
 381. 393
Septain 190
Serena 55
Serventois (Servantoys, s. a. Sirventois) 145ff. 190
Sestine (Sextine) 15. 174. 393. 516
Silva 256
Sirventes (Serventes, Serventesch) 3ff.
 16ff. 33ff. 104ff. 147
– joglaresc 36f.

Sirventes-Ensenhamen 8f.
Sirventes-Kanzone 11. 20f. 38f.
Sirventois (s. a. Serventois) 113f. 128.
 132. 151. 516
Sixain 483
Sompni 18. 41
Sonett (s. a. Sonnet) 27. 157f. 173ff.
 186ff. 199ff. 204ff. 220ff. 232ff.
 244ff. 253ff. 344f. 366ff. 376ff.
 386. 394. 404
Sonnet (s. a. Sonett) 185. 210. 243.
 406. 482ff. 516
– régulier 254
Sotte Amoureuse 501
Sotte Chanson (Sote Chanson) 113.
 123. 128. 147ff. 156. 171f. 501
Souhait 160
Soupir 250. 484
Spatialismus 460. 463
Sprechen
–, halluzinatorisches 437
–, hypnotisches 452
Spruchdichtung 122
Stances (s. a. Stanze) 187f. 220ff.
 240ff. 252ff. 351. 406. 516
– libres 252
Stanze (s. a. Stances) 173. 259
Streitgedicht (s. a. Jeu Parti, Joc Partit)
 83
Sylve 508
Sçauans 486

Tarentelle 492
Tenso 18. 44f. 46. 48
Tenzone 8. 41. 44. 95. 127
Terzine 379
Testament 99. 110. 130. 185
Textbild 463
Textdesign 463
Tierce-Rime 516
Tombeau 187. 499. 506f. 510
Torneiamen 48f.
Traumbericht 437. 452
Tricotet 491

Triolet 393. 482 f.
Trobar Clus 61. 63. 94 ff.
Tumulus 181
Tuton-Tutène 498
Tyrolienne 513

Vaudeville 487. 498. 509
Vers 8. 18 ff.
– del Comte 41
– estrayn 41
– lyriques (Ode) 186 f. 208 f.
– mêlés 252. 260 ff.
– del Serv 41
Versdialog 370

Versepistel 195 ff. 344. 361. 367. 370
Verslibrismus 415
Verssatire (s. a. Satire) 236. 248. 269
Viadeyra (Viandela) 52
Vida 3 ff. 63. 66. 91. 96
Vilanelle (Villanelle) 187 f. 393. 482 ff. 510
Villancico 81
Virelai (Virelay, Vyrelai) 51. 81. 107. 112 ff. 128 ff. 158 ff. 173 ff. 190. 206. 232. 255. 393. 482 ff.

Zéjel (s. a. Muwaššah) 20